国家哲学社会科学成果文库

NATIONAL ACHIEVEMENTS LIBRARY
OF PHILOSOPHY AND SOCIAL SCIENCES

科学表征：从结构解析到语境建构

魏屹东　著

科学出版社

内 容 简 介

本书运用认知历史分析和语境分析,在全面、系统梳理和分析科学表征文献的基础上,论述表征概念的起源、含义、隐喻、用法及其理论演变,对科学表征的各种说明理论诸如图像论、相似观、同构观、结构主义、结构经验主义、经验结构主义、自然主义、功能主义、语义论、语用论、推理主义等进行系统性分析和批判性探讨,消解关于表征问题上的实在论与反实在论、内在论与外在论、自然主义与功能主义、结构主义与推理主义、图像论与语义论之争。同时,本书发现科学表征具有认知多样性,提出一种以语境实在论为框架的语境同一表征观及表征模型,从而给出科学表征问题的一种新解释,完成从实质说明和紧缩说明到语境解释的转变,最终提供一种新的科学表征解释纲领。

本书可供科学哲学、科学史、科学社会学、科学知识社会学等相关专业的师生和研究人员阅读参考。

图书在版编目(CIP)数据

科学表征:从结构解析到语境建构/魏屹东著. —北京:科学出版社,2018.3

(国家哲学社会科学成果文库)

ISBN 978-7-03-056721-5

Ⅰ.①科… Ⅱ.①魏… Ⅲ.①科学体系学-研究 Ⅳ.①G304

中国版本图书馆 CIP 数据核字(2018)第 043217 号

责任编辑:邹 聪 刘巧巧/责任校对:贾伟娟 樊雅琼
责任印制:徐晓晨/封面设计:黄华斌

编辑部电话:010-64035853
E-mail:houjunlin@mail.sciencep.com

科学出版社 出版
北京东黄城根北街 16 号
邮政编码:100717
http://www.sciencep.com

北京厚诚则铭印刷科技有限公司 印刷
科学出版社发行 各地新华书店经销

*

2018 年 3 月第 一 版 开本:720×1000 1/16
2020 年 1 月第二次印刷 印张:47 3/4 插页:4
字数:740 000
定价:248.00 元
(如有印装质量问题,我社负责调换)

魏屹东 1958年生,山西永济市人。1994年山西大学研究生毕业,2002年获山西大学科学技术哲学博士学位,2003年赴剑桥大学科学史与科学哲学系及李约瑟研究所访学。2000年至今任山西大学教授,其间曾任哲学社会学学院院长。矢志献身学术研究,以创新为追求目标,先后研究科学史、科学哲学、分析哲学、科学社会学,近十几年以语境论为认识论和方法论框架,开始转向认知科学哲学和认知哲学的研究,始终秉承"认知是人类知识之根,科学与人文在认知层面是统一的"理念。先后主持"科学哲学的语境重建""科学表征问题研究"和"科学认知的适应性表征研究"等国家社会科学基金项目;"科学活动中的利益冲突""语境实在论研究""语境论科学思想史研究"等教育部人文社会科学重点研究基地重大项目,以及多项山西省软科学、留学基金和社会科学规划项目。出版《爱西斯与科学史》《广义语境中的科学》《语境论与科学哲学的重建》《认知科学哲学问题研究》《科学思想史》《认知、模型与表征》等10部专著,《认知科学

哲学导论》《心灵与认知哲学》《溯因推理》等译著，主编审校"认知哲学译丛"，主编"认知哲学丛书""人文与分析哲学丛书""科学史理论丛书"。在《中国社会科学》《哲学动态》《世界哲学》《自然辩证法研究》等刊物及主编、参编的著作中发表学术论文200余篇。

《国家哲学社会科学成果文库》
出版说明

为充分发挥哲学社会科学研究优秀成果和优秀人才的示范带动作用，促进我国哲学社会科学繁荣发展，全国哲学社会科学规划领导小组决定自 2010 年始，设立《国家哲学社会科学成果文库》，每年评审一次。入选成果经过了同行专家严格评审，代表当前相关领域学术研究的前沿水平，体现我国哲学社会科学界的学术创造力，按照"统一标识、统一封面、统一版式、统一标准"的总体要求组织出版。

全国哲学社会科学规划办公室
2011 年 3 月

第五节　表征主义和反表征主义的机制化……………………（147）

第三章　科学表征问题：争论与研究进路……………………（155）
　　第一节　科学表征问题的由来…………………………………（156）
　　第二节　作为科学表征核心的模型哲学………………………（158）
　　第三节　科学理论建模的两个争论……………………………（181）
　　第四节　科学表征研究的两种路径和方法……………………（184）
　　第五节　作为科学表征新路径的认知科学与艺术……………（193）

第二篇　科学表征的实质说明

第四章　结构主义：表征即结构映射……………………………（205）
　　第一节　结构主义的数学起源…………………………………（205）
　　第二节　科学中的结构主义……………………………………（207）
　　第三节　科学中的共有结构……………………………………（210）
　　第四节　共有结构的科学表征…………………………………（215）
　　第五节　科学表征的部分结构主义……………………………（219）
　　第六节　对结构主义的反驳与辩护……………………………（222）

第五章　语义论：理论是模型集表征……………………………（229）
　　第一节　萨普斯的早期语义论…………………………………（230）
　　第二节　范·弗拉森的语义纲领………………………………（232）
　　第三节　唐尼斯和伦敦学派对语义论的批判…………………（237）
　　第四节　拯救语义论的两个策略………………………………（241）
　　第五节　莫里森对语义论的修正………………………………（245）

第六章　结构经验主义：表征是使用模型描述世界的过程……（250）
　　第一节　模型作为科学表征的认知工具………………………（250）
　　第二节　表征模型与四等级科学结构…………………………（259）
　　第三节　模型在科学表征中的核心作用………………………（262）
　　第四节　修正的等级表征模型…………………………………（265）

目　　录

导论 ··· （1）
 第一节　研究动态综述 ·· （2）
 第二节　主要问题域 ·· （67）
 第三节　基本观点 ··· （72）
 第四节　深层问题与研究意义 ································ （74）

第一篇　科学表征的渊源与进路

第一章　表征概念：起源与理论发展 ···················· （85）
 第一节　表征概念的起源和用法 ···························· （86）
 第二节　中世纪的表征理论 ·································· （108）
 第三节　近现代的表征理论 ·································· （112）
 第四节　表征的知识智能行为 ······························· （115）
 第五节　表征与其他心理现象的关系 ······················ （118）
 第六节　表征的本质特征 ····································· （128）
 第七节　结论与展望 ··· （130）

第二章　表征隐喻：表征主义的根源 ····················· （132）
 第一节　逻辑隐喻：一种直觉能力 ························· （133）
 第二节　比例模型隐喻：一种空间因果同一性 ·········· （137）
 第三节　表征关系的其他隐喻说明 ························· （141）
 第四节　表征隐喻的框架问题 ······························· （143）

第五节　基于惯用法的语言理论对标准模型的说明……………（270）
　第六节　抽象模型不是虚构体………………………………………（272）

第七章　语用论：表征是有效替代认知……………………………（278）
　第一节　对表征的"力隐喻"与紧缩观的质疑……………………（278）
　第二节　对替代推理有效性和有根性的质疑………………………（280）
　第三节　对替代推理作为认知表征的分析性解释的质疑…………（283）
　第四节　对解释作为表征的一个实质性说明的质疑………………（287）
　第五节　对表征概念的重建…………………………………………（291）
　第六节　可靠认知表征概念的结构分析……………………………（294）
　第七节　认知表征的分析性解释概念………………………………（296）
　第八节　无结构表征的结构描述分析………………………………（298）
　第九节　意向态射与无意向态射的结构描述分析…………………（300）
　第十节　完全可靠认知表征的意向同构说明的分析………………（302）
　第十一节　对科学表征相似观的发展………………………………（306）

第八章　经验结构主义：表征是抽象结构与现象的同一…………（315）
　第一节　表征的基本观点……………………………………………（315）
　第二节　表征的语境依赖性…………………………………………（317）
　第三节　成像、绘画和缩放比例作为选择性表征…………………（321）
　第四节　测量作为表征方式…………………………………………（327）
　第五节　结构主义表征观的悖论……………………………………（348）
　第六节　经验主义的结构主义………………………………………（355）
　第七节　表征的多面性………………………………………………（365）

第九章　自然主义：表征是基于生物功能的意向图式……………（371）
　第一节　基本表征模型及其特征……………………………………（371）
　第二节　目的语义学对基本模型的修正……………………………（376）
　第三节　表征的命题范式及其问题…………………………………（381）
　第四节　表征与认知语义学的概念空间……………………………（383）

第五节　表征的实在论框架：张量网理论…………………（386）
第六节　表征概念空间的隐喻特征…………………………（389）

第三篇　科学表征的紧缩说明

第十章　格赖斯主义：存在最基本表征……………………（400）
第一节　格赖斯主义的表征策略……………………………（401）
第二节　表征概念的格赖斯主义解析………………………（402）
第三节　科学表征的格赖斯主义解析………………………（406）
第四节　格赖斯主义存在的问题……………………………（408）
第五节　对格赖斯主义的反驳………………………………（413）

第十一章　结构语义论：表征是基于物理设计的模型匹配……（430）
第一节　对结构主义表征观的质疑…………………………（430）
第二节　结构主义的模型观…………………………………（433）
第三节　发展的语义论………………………………………（436）
第四节　基于物理设计的表征模型…………………………（450）
第五节　科学表征的几个哲学问题…………………………（453）
第六节　科学表征的虚构问题………………………………（456）
第七节　科学表征的 DEKI 说明……………………………（474）

第十二章　推理主义：表征是推理替代认知………………（479）
第一节　科学表征的共性问题………………………………（479）
第二节　表征的相似和同构的自然化倾向…………………（481）
第三节　表征的方式与成分的澄清…………………………（484）
第四节　反驳相似与同构的五个证据………………………（486）
第五节　强化相似与同构：增加条件意义不大……………（494）
第六节　弱化相似与同构：一种新的尝试…………………（496）
第七节　科学表征理论的要素问题…………………………（499）
第八节　表征替代推理的三个模式…………………………（501）
第九节　推理概念成立的理由及其优点……………………（506）

第十节　科学表征的真值问题……………………………（510）
　第十一节　表征的真类比及其缺陷………………………（514）

第十三章　功能主义：表征是对现象的理念展现……………（518）
　第一节　概念作为表征和规则……………………………（519）
　第二节　理论作为世界的假设表征………………………（524）
　第三节　模型作为世界的虚构表征………………………（525）
　第四节　思想实验作为世界的理想型表征………………（528）
　第五节　核物理学：一个典型的唯象模型表征…………（533）

第十四章　理论建模：一种抽象表征……………………………（539）
　第一节　无模型的抽象直接表征…………………………（540）
　第二节　模型的抽象间接表征……………………………（545）
　第三节　模型作为替代系统和延展认知…………………（548）
　第四节　模型作为认知人造物……………………………（551）
　第五节　模型作为语用的共有特征………………………（554）
　第六节　科学表征作为语用限制案例……………………（558）

第四篇　科学表征的语境建构

第十五章　语境实在论：科学表征的基本框架…………………（570）
　第一节　科学表征的主要问题……………………………（570）
　第二节　科学表征的语境实在论框架……………………（575）
　第三节　语境作为表征关系的基底………………………（579）
　第四节　表征的语境叠加模型……………………………（584）
　第五节　表征的语境分类学………………………………（593）
　第六节　语境叠加模型对"如果-那么"推理悖论的解决……（597）
　第七节　结论………………………………………………（614）

第十六章　科学认知：一种创造性表征…………………………（616）
　第一节　科学创造的语境与表征…………………………（616）

第二节　科学技术语境中创造性的差异 ……………………（620）
　第三节　创新思路与新观点的表征 …………………………（624）
　第四节　科学认知的社会表征 ………………………………（627）
　第五节　结论 …………………………………………………（639）

第十七章　认知多样性：科学表征的特性 ……………………（641）
　第一节　作为直观相似的图像认知 …………………………（642）
　第二节　作为概念指称的指代认知 …………………………（644）
　第三节　作为假设替换的替代认知 …………………………（645）
　第四节　作为理性建构的推理认知 …………………………（647）
　第五节　作为结构映射的结构认知 …………………………（648）
　第六节　作为假设推理的模型认知 …………………………（649）
　第七节　作为比附类比的隐喻认知 …………………………（651）
　第八节　作为意义显现的语境认知 …………………………（652）
　第九节　结论 …………………………………………………（655）

第十八章　语境同一性：科学表征关系的本质 ………………（656）
　第一节　语境概念的必要性 …………………………………（656）
　第二节　科学表征的指涉性 …………………………………（657）
　第三节　基本表征策略及其问题 ……………………………（661）
　第四节　表征的语境性与语境同一性方法论 ………………（665）
　第五节　表征关系的语境同一性审视 ………………………（673）

参考文献 ………………………………………………………（683）

附录 ……………………………………………………………（735）
　附录1　本书各种科学表征理论和模型概念图谱 …………（735）
　附录2　外国人名译名对照表 ………………………………（737）

索引 ……………………………………………………………（742）

后记 ……………………………………………………………（748）

Contents

Introduction ··· (1)
    0.1 Generalization of Research Trends ································ (2)
    0.2 Main Domains of Problems ·· (67)
    0.3 Basic Points of View ·· (72)
    0.4 Further Problems and Research Significances ················ (74)

Part 1 Sources and Approaches of Scientific Representation

Chapter 1 Concept of Representation: Origin and Development of Theory ··· (85)
    1.1 The Origin and Usages of Concept of Representation ··········· (86)
    1.2 Mediaeval Theory of Representation ····························· (108)
    1.3 Modern and Contemporary Theory of Representation ········ (112)
    1.4 Knowledge Intelligent Action of Representation ················ (115)
    1.5 Relationship Between Representation and Other Mental Phenomenon ·· (118)
    1.6 Essential Features of Representation ···························· (128)
    1.7 Conclusions and Forecasts ·· (130)

Chapter 2 Representation Metaphors: The Roots of Rrepresentationism ··· (132)
    2.1 Logic Metaphor: A Kind of Intuitive Ability ······················ (133)
    2.2 Scaling Metaphor: A Kind of Spatial-causal Identity ·········· (137)
    2.3 Other Metaphors Illustrations of Representational Relation ··· (141)
    2.4 The Frame Problem of Representational Metaphor ············ (143)

2.5　Institutionalization of Representationism and Anti-representationism ·· (147)

Chapter 3　The Problems of Scientific Representation: Debates and Research Approaches ·· (155)
3.1　Origin of Problems of Scientific Representation ················ (156)
3.2　Model Philosophy as the Core of Scientific Representation ····· (158)
3.3　Two Arguments for Modelling of Scientific Theory ············ (181)
3.4　Two Approaches and Methods of Studying Scientific Representation ·· (184)
3.5　Cognitive Science and Arts as the New Ways of Scientific Representation ·· (193)

Part 2　Substantial Accounts of Scientific Representation

Chapter 4　Structionism: Representation Is Structure Mapping ····· (205)
4.1　Mathematical Origin of Structionism ···························· (205)
4.2　Structionism in Science ·· (207)
4.3　Shared Structure in Science ······································· (210)
4.4　Scientific Representation of Shared Structure ················· (215)
4.5　Partial Structionism of Scientific Representation ·············· (219)
4.6　Rebutation and Argument for Structionism ···················· (222)

Chapter 5　Semantics: Theory Is a Set of Models Representation ····· (229)
5.1　Suppes's Early Semantics ·· (230)
5.2　van Fraassen's Semantical Programme ························· (232)
5.3　Downes and London School's Criticism of Semantics ········· (237)
5.4　Two Strategies of Saving Semantics ···························· (241)
5.5　Morris's Modification of Semantics ····························· (245)

Chapter 6　Structural Empiricism: Representation Is a Process Described by Models ·· (250)
6.1　Model as a Cognitive Tool of Scientific Representation ········ (250)

6.2 Representation Model and Four Hierarchical Scientific Structure ……(259)
6.3 The Core Role of Model in Scientific Representation ……(262)
6.4 The Modified Hierarchical Representation Model ……(265)
6.5 The Standard Model Based on Usage-based Linguistic Theory ……(270)
6.6 Abstract Model Is Not a Fiction ……(272)

Chapter 7 Pragmatics: Representation as Effective Surrogate Cognition ……(278)
7.1 Objections to "Force" Metaphor and Deflationary View ……(278)
7.2 Objections to Validity and Soundness of Surrogate Reasoning (280)
7.3 Objections to Surrogate Reasoning as Analytical Interpretation of Cognitive Representation ……(283)
7.4 Objections to Interpretation as a Substantial Account of Representation ……(287)
7.5 Rebuilding the Concept of Representation ……(291)
7.6 Structural Analysis of Faithful Epistemic Representation ……(294)
7.7 Concept of Analytical Interpretation for Epistemic Representation ……(296)
7.8 Structural Descriptive Analysis of Non-structural Representation ……(298)
7.9 Structural Descriptive Analysis of Intentional Form and Non-intentional Form ……(300)
7.10 Analysis of Intentional Isomorphism Account for a Full Faithful Epistemic Representation ……(302)
7.11 Development of the View of Similarity on Scientific Representation ……(306)

Chapter 8 Empirical Structuralism: Representation as the Unity of Abstract Structure and Phenomenon ……(315)
8.1 Basic Ideas on Representation ……(315)

8.2 Context-dependency of Representation (317)
8.3 Imaging, Picturing and Scaling as Alternative Representations (321)
8.4 Measurement as Representational Mode (327)
8.5 Paradoxes of Structuralism Representation (348)
8.6 An Empiricist Structuralism (355)
8.7 Versatility of Representation (365)

Chapter 9 Naturalism: Representation as Intentional Scheme Based on Biological Function (371)
9.1 The Basic Model of Representation and Its Features (371)
9.2 The Basic Model Revised by Teleosemantics (376)
9.3 Propositional Paradigm of Representation and Its Problems (381)
9.4 Representation and Concept Space of Cognitive Semantics (383)
9.5 Realism Frame of Representation: Theory of Tensor Network (386)
9.6 Metaphor Futures of Conceptual Space of Representation (389)

Part 3 The Deflationary Accounts of Scientific Representation

Chapter 10 Griceanism: There Is a Fundament Representation (400)
10.1 Represetational Strategy of Griceanism (401)
10.2 Gricean Analysis of the Concept of Representation (402)
10.3 Gricean Analysis of Scientific Representation (406)
10.4 Issues in Griceanism (408)
10.5 Refutations of Griceanism (413)

Chapter 11 Structural Semantics: Representation Is a Model Matching Based on Physical Design (430)
11.1 Objections to Representation of Structuralism (430)
11.2 Model Viewpoints of Structuralism (433)
11.3 The Development of Semantic Theory (436)
11.4 A Representational Model Based on Physical Design (450)

11.5　Several Philosophical Issues on Scientific Representation ····（453）
11.6　Fictional Problem of Scientific Representation ················（456）
11.7　DEKI Account of Scientific Representation ·····················（474）

Chapter 12　Inferentialism: Representation as Inferential Surrogate Cognition ··（479）

12.1　The Common Issues of Scientific Representation ············（479）
12.2　Naturalized Tendency of Similarity and Isomorphism of Representation ···（481）
12.3　Clarification of Component and Mode of Representation ····（484）
12.4　Five Arguments against Similarity and Isomorphism ··········（486）
12.5　Strengthening Similarity and Isomorphism: Little Implication by Adding Conditions ···（494）
12.6　Weakening Similarity and Isomorphism: A New Attempt ····（496）
12.7　Conpoment Problem of Theory of Scientific Representation ···（499）
12.8　Three Models of Surrogate Inference of Representation ······（501）
12.9　Reasons and Merits for Concept of Inference Being Tenable ···（506）
12.10　The Problem of Truth-value of Scientific Representation ···（510）
12.11　Truth Analogy of Representation and Its Faults ···············（514）

Chapter 13　Functionism: Representation Is an Idea Exhibition of Phenomenon ··（518）

13.1　Concepts as Representation and Rules ·····························（519）
13.2　Theories as Hypothetical Representations of the World ·······（524）
13.3　Models as Fictive Representation of the World ················（525）
13.4　Thought Experiments as Ideal-typical Representations of the World ···（528）
13.5　Nuclear Physics: A Typical Phenomenological Model ········（533）

Chapter 14　Theory Modelling: A Kind of Abstract Representation ····（539）

14.1　Model-free Abstract Direct Representation ······················（540）

14.2　Model-based Abstract Indirect Representation ……………（545）
14.3　Models as Surrogate System and Extended Cognition ………（548）
14.4　Models as Cognitive Artifacts………………………………（551）
14.5　Models as Shared Features of Pragmatics …………………（554）
14.6　Scientific Representations as Pragmatic Limiting Cases ……（558）

Part 4　Contextual Construction of Scientific Representation

Chapter 15　Contextual Realism: A Basic Framework of Representation ………………………………………（570）

15.1　Main Problems of Scientific Representation ………………（570）
15.2　Contextual Realism Framework of Scientific Representation …（575）
15.3　Context as Substrate of Representational Relation …………（579）
15.4　Context-overlapping Model of Representation ……………（584）
15.5　Contextual Taxology of Representation ……………………（593）
15.6　Resolving Paradoxes in "If-then" Reasoning by Context-overlapping Model ………………………………（597）
15.7　Conclusions …………………………………………………（614）

Chapter 16　Scientific Cognition: A Kind of Creative Representation ……（616）

16.1　Contexts and Representations of Scientific Creations ………（616）
16.2　Differences of Creativity in the Context of Science and Technology …………………………………………………（620）
16.3　Representations of Innovative Thinking and New Ideas ……（624）
16.4　Social Representation of Scientific Cognition ………………（627）
16.5　Conclusions …………………………………………………（639）

Chapter 17　Variety of Cognition: Features of Scientific Representations ………………………………………（641）

17.1　Picture Cognition as Visually Similarity……………………（642）

17.2　Denotative Cognition as Conceptual Reference ············ (644)
17.3　Surrogative Cognition as Hypothetical Substitution ········· (645)
17.4　Inferential Cognition as Rational Construction ············· (647)
17.5　Strutural Cognition as Structural Mapping ················· (648)
17.6　Model Cognition as Hypothetical Reasoning ················ (649)
17.7　Metaphor Cognition as Comparative Analogy··············· (651)
17.8　Contextual Cognition as Meaning-presentation ············· (652)
17.9　Conclusions ··· (655)

Chapter 18　Context-identity: The Essence of the Relation of Scientific Representation ············· (656)

18.1　Necessity of the Concept of Context ······················ (656)
18.2　Referentiality of Scientific Representation ················· (657)
18.3　The Basic Types of Representation and Its Problems ········ (661)
18.4　Contextuality of Representation and Methodology of Context-identity ·· (665)
18.5　Surveying the Relation of Representation Through Context-identity ·· (673)

References ·· (683)

Appendixes ·· (735)
　　Appendix 1　Concept Patterns of the Different Theories and Models of Scientific Representation in This Book ··············· (735)
　　Appendix 2　Table for Contrasting Foreign Personal Names and Their Translations ······································· (737)

Index ··· (742)

Epilogue ··· (748)

导　论

科学表征(scientific representation)是20世纪90年代以来科学哲学中异常活跃的一个研究领域，每年都有大量的文献出版[①]，也有学术研讨会和学术沙龙集中于相关主题展开讨论，其中最有影响的是2002年在美国威斯康星州召开的科学哲学协会(PSA)国际会议上关于"科学表征的语用学"的专题讨论，参与学者一致认为，"科学表征已经成为科学哲学的一个核心概念"[②]。2016年10月《斯坦福哲学百科词典》的"科学表征"词条开宗明义地称："科学提供给我们形形色色的表征，诸如原子、基本粒子、聚合物、人口、基因

---

① 2014年6月3日，笔者在百度和谷歌上搜索 representation（表征），有 27 000 000 条结果，搜索 scientific representation（科学表征），有 3 770 000 条结果，搜索 misrepresentation（误表征），有 823 000 条结果。2017年10月22日，在360浏览器和百度上搜索 scientific representation，分别有 1 320 000 条和 3 320 000 条结果，搜索"科学表征"分别有 13 700 000 和 1 000 000 条结果。这些数字虽然粗略，其中也有不少重复，但反映了目前国内外学界特别是科学哲学界对于表征和科学表征问题的关注程度，也表明科学表征已是一个地地道道的重要问题和研究热点，而且研究文献逐年增加。

② 参加此次会议的著名科学哲学家有美国的吉尔、范·弗拉森、伍兹，英国的莫根和苏雷兹，与会者重点探讨了两个主要问题：一是对表征的实用主义和意向说明做出哲学分析；二是选择科学史中精致的案例研究来阐明科学模型的表征功能。范·弗拉森认为表征是意向的，提出"没有什么东西是表征，除非它是我们用来表征某物的东西"；吉尔提出"没有表征者就没有表征"，强调表征的"使用"功能；伍兹认为表征是一种科学解释，具有解释力；莫根认为想象作为表征在建模中发挥重要作用；苏雷兹提出科学表征的推理概念，认为 A 表征 B 仅当一个探寻者成功地通过推理关于 A 及其属性指称 B 的行为的某些方面。他们都关注科学表征的语用功能，这正是此次会议的主题。

树、经济、理性决策、飞机、地震、森林火灾、灌溉系统和世界气候。正是通过这些表征我们才了解了世界。"① 鉴于该主题的重要性和涉及内容的广泛性，笔者将用较大的篇幅详细梳理和深入分析相关文献，概括待研究的主题和问题，旨在为接下来的研究打一个坚实的基础。

第一节　研究动态综述

一、国外研究动态分析

通过对大量相关文献的梳理和分析，国外科学表征的研究状况可以概括为如下 13 个方面。

（一）关于科学表征的综合性研究

对于科学表征的探讨，最初始于 19 世纪末的科学家，特别是物理学家，他们关于理论与模型的讨论，为科学哲学家探讨表征的本质奠定了基础。而真正关于科学表征本质的精致而深入的引领性和导入性的研究文献，则是 20 世纪 80 年代初，特别是近十几年在科学哲学中才出现的事情。这里笔者仅选择 7 篇/部有代表性的文献进行评述。

哈金在《表征与干预：自然科学哲学主题导论》②中围绕科学实在论探讨了自然科学哲学的两个重要问题——表征与干预(介入)。"表征"处理关于科学客观性的不同哲学说明，包括库恩、费耶阿本德、拉卡托斯、普特南、范·弗拉森等著名科学哲学家的观点，内容涉及什么是科学实在论、建构与成因、实证主义、实用主义、不可通约性、指称、内在实在论和替代真理等。"干预"描述了科学家对实验科学的持续处理可达许多年，使用其结果可以给

---

① Frigg R, Nguyen J, "Scientific Representation", 2016-10-10, https://plato.stanford.edu/entries/scientific-representation/.

② Hacking I, *Representing and Intervening: Introductory Topics in the Philosophy of Natural Science*, Cambridge: Cambridge University Press, 1983.

出关于实在论之争的一个新方向，内容涉及实验、观察、推断、计算、模型、近似、创造想象、测量等。哈金详细说明了实验如何有生命力而独立于理论。他辩护称，仅仅根据理论术语我们是不能解决科学实在论的哲学问题的，我们需要一个健全的实验哲学，它才能为实在论的立场提供令人信服的理由。他通过大量的科学案例，特别是高能物理学和细胞生物学的案例，论证了科学中表征与干预的相辅相成的紧密关系。虽然哈金没有提及"科学表征"概念，但内容是关于科学中的表征是如何借助实验科学完成的，而且表明若没有实验介入，表征就是猜测的和不可靠的，科学实在论也可能是空洞的。这是科学哲学中系统探讨表征问题的开始。

休斯的《模型与表征》①可以被看作是这一主题的首篇论文，它激发了后来学者对科学表征的研究热情。它不仅将科学表征问题提到了议事日程，更重要的是，它为后来的"紧缩观"提供了一个基本构架，也为反驳表征概念的"实质观"提供了基本轮廓，开启了科学表征研究的两条路径，其地位和贡献类似于笛卡儿关于光本质的波动说和粒子说的开创性论述。

波内奥罗的《论科学表征：从康德到一种新科学哲学》②是一部关于科学表征的历史导论性著作。他主张语义学和认识论源于康德哲学，并探讨了理论与模型的本质、思想实验、虚构和可能世界语义学。其核心观点认为科学概念、科学规律和科学模型都是表征，客体在认知上是作为表征的一个综合对象。这种对科学表征的哲学历史的探究是非常有意义的，但过于简单。比如，将客体、概念与属性的关系分为经验层次、意向层次和表征层次来阐明，以至于忽视了许多细节；又如，科学表征的结构是什么，概念、理论和模型如何表征真实世界，关于这些波内奥罗并没有给出解答。

范·弗拉森的《科学表征：视角的悖论》③是这个主题的一部非常有分量的著作。作为一名著名的反实在论者，他的工作从早期的科学理论结构的探

---

① Hughes R I G, "Models and Representation", *Philosophy of Science*, Vol. 64, 1997, pp. S325-336.

② Boniolo G, *On Scientific Representations: From Kant to a New Philosophy of Science*, Hampshire: Palgrave Macmillan, 2007.

③ van Fraassen B C, *Scientific Representation: Paradoxes of Perspective*, Oxford: Clarendon Press, 2008.

讨到科学实践模型的语用问题的研究，对科学表征做了系统而深刻的分析，成为科学表征语义论的代表人物。他写这本书的主要目的是阐明经验主义所接受的现代科学的结构主义方法，并为之辩护。范·弗拉森的经验主义观点与他先前主张的结构经验主义观点在某些方面有些不同，后者坚持认为科学的目的是经验的适当性。他的结构主义说明的核心观点是"科学表征是如何工作的"。他认为结构主义的许多版本是失败的，因为它们忽视了一般表征的某些核心方面，并因此发展了科学表征如何工作的一个错误观。对范·弗拉森来说，测量本身是表征的事实，对于某些科学理论如何被给予一个特殊角色而形成我们的信念和行动是至关重要的。在澄清一个经验主义的结构主义可能是什么之后，范·弗拉森提出一个结论性的辩护来反对一个更雄心勃勃的要求，即对于科学理论的某一类完全性要求。通过对相关科学的历史和哲学的仔细考察，他的科学表征研究工作对于科学哲学中的表征、测量和结构主义的主题是一个重要贡献。认真阅读范·弗拉森的这本著作，我们会发现，他的经验主义的结构主义的一个重要基石是图像论，即认为表征是一种类似于图画的东西。不过，这种观点遭到了一些科学哲学家的反驳和批判。

苏雷兹的《科学表征》[①]一文主要区分了科学表征的分析的和实践的探究、紧缩的和实质的概念，认为科学表征目前是分析哲学和科学史及科学哲学中急速发展的一个论题。分析的探究试图弄清理论与世界之间的关系，而科学史与科学哲学家的目标是发展出科学中的一个建模实践说明。这篇论文使用传统方法和基于实践说明的方法，评论了目前关于科学表征的研究工作，认为这两种方法是科学家在建模科学中有效使用而获得表征的方法。这是一篇综合梳理科学表征的论文，对于其他文献是一个很好的补充。

威斯伯格的《计算机模拟时代的科学》[②]是一部关于科学表征中的模拟、理想化和虚构说明的简明可读性著作。他提出了这个领域的许多重要的问题，提供了一个关于表征中使用理想化和虚构问题的工具主义说明。我们知道，

---

① Suárez M, "Scientific Representation", *Philosophy Compass*, Vol. 5, No. 1, 2010, pp. 91-101.

② Winsberg E, *Science in the Age of Computer Simulation*, Chicago: Chicago University Press, 2011.

计算机模拟在气象学和核物理学方面开创性地作为一种科学工具是第二次世界大战期间的事情，但它在众多科学领域逐渐得到广泛运用，包括宇宙物理学、高能物理学、气候科学、工程学、生态学和经济学。数字计算机模拟有助于科学家研究异常复杂的现象，但对于这种新科学实践的限制和可能性我们了解多少？比较模拟与传统实验会怎样？模拟可靠吗？威斯伯格试图回答这些问题。通过对这些问题进行哲学分析，威斯伯格揭示了模拟作为科学证据性质对这些问题的影响，它在科学中的价值，科学中虚构的作用和价值，模拟与实验、理论与数据、不同描述层次的理论之间的关系。它是一种从科学哲学观点研究计算机模拟的著作，为我们理解模拟的认识论、本体论和规范含义奠定了基础，对于模拟建模工作有很大帮助。

平克的《数学与科学表征》[1]全面基于科学实践中的案例研究，探讨了数学哲学和科学哲学中的当代争论，阐明了应用数学的哲学重要性。数学无疑在当代科学中起到了核心作用，但哲学家力图理解这个作用是什么，它对于数学和科学的重要性是什么。平克以一种新方式处理这个长期存在的问题，即通过问数学如何对我们最成功的科学表征有贡献来回答这个问题。在第一部分，他提出我们如何决定科学表征的内容这个棘手的问题。在他看来，数学的每个贡献都能够从认知上去理解，这样，数学的最终贡献都能够与科学知识联系起来。在第二部分，他立足于数学柏拉图主义评价了数学在科学中起作用的不同路径，包括对科学发现和科学解释的潜在作用。平克运用第一部分的结论，坚持认为其辩护能够支持一种弱形式的实在论，即关于数学陈述的真值的观点，主张纯粹数学及其解释具有认识论意义。

其实早在2009年，平克就认为许多哲学家承认数学对我们大多数成功的科学表征的抽象性是必不可少的[2]。然而，仍然不清楚的是，这种抽象性是如何得出的，或者说如何在抽象性与成功之间建立起联系。他通过区分两类抽象性来说明数学如何能够提高我们表征的抽象性。①存在一个抽象表征，它回避了因果内容；②存在着具有一个共同数学内核的表征家族，这个内核有

---

[1] Pincock C, *Mathematics and Scientific Representation*, Oxford: Oxford University Press, 2012.
[2] Pincock C, "Abstract Representations and Confirmation", 2009-04-10, http://philsci-archive.pitt.edu/4568/1/abstract_rep_april_draft.pdf.

着不同的解释。平克通过强调确证(confirmation)将两类抽象性与成功连接起来，并指出数学对这些抽象科学表征的确证有贡献，即数学证明的力量。这种贡献是通过"直接"和"间接"的方式进行的。"直接"是说，当数学促进一个精确表征的确证时，贡献就是直接的；当数学有助于证明一个不精确表征的过程时，贡献就是间接的。当然，平克也承认，尽管他的理论试图解释为什么数学在许多成功的科学理论中是普遍的，但是数学的抽象表征说明仍然是一个相当令人生畏的难题。

(二)关于科学表征的专题性研究

除综合性的个人专门研究外，近年来，通过合作和编辑方式，对学术会议和学术沙龙上集中于科学表征的某一主题做探讨的成果文献也有许多，这里选择一部分具有代表性的文集和编著进行评述。

林奇和伍尔加编辑的《科学实践中的表征》[1]是从科学社会学进入科学表征主题的一部文集[2]，它提供了研究科学表征的一种新路径。它对表征实践的社会学分析涉及许多学科，包括物理学、生命科学、社会生物学、心理学和认知科学，提供了科学家表达他们观点的方法。这本文集将不同主题统一起来，认为科学家以语境组织和语境敏感的方式组成和使用特殊表征，而且这些表征——特别是视觉显示，如曲线图、图解、相片和图画——的意义依赖于它们居于其中的复杂的活动。这就是情境表征，主题包括：实践本质的社会学目标；关于表征与实在论-建构论的争论、研究者相互作用中的证据、时间与文献的固定；生命科学中客体的视觉记录的选择与数学化处理；文本中图表说明的使用；认知科学中的表征实践；科学文本中的图解及科学表征的符号学分析。

莫根和莫里森编辑的《模型作为中介物：对自然和社会科学的透视》[3]，

---

[1] Lynch M L, Woolgar S (Eds.), *Representation in Scientific Practice*, Cambridge: MIT Press, 1990.

[2] 作者有 K. Amann、R. Amerine、F. Bastide、J. Bilmes、K. Knorr、B. Latour、J. Law、M. Lynch、G. Meyers、L. A. Suchman、P. Tibbetts、S. Woolgar、S. Yearley。

[3] Morgan M S, Morrison M (Eds.), *Models as Mediators: Perspectives on Natural and Social Science*, Cambridge: Cambridge University Press, 1999.

是由伦敦经济学院、阿姆斯特丹丁伯根研究院和柏林科学院20世纪90年代中期共同发起的一项研究计划的成果汇编,这部文集建立了所谓的"中介模型"观点。根据这种观点,模型是自主的、独立于理论与数据的。模型作为中介物,在现代科学特别是在物理学和经济学领域扮演各种各样的重要角色,被用于理论的探索、发展和应用,也为科学家使用科学概念和原理介入世界提供工具。该书提供了一种涵盖科学模型建构和概念的框架,并探索出一个能够使我们认知模型与世界的方法。该书作者使用科学史与科学哲学的分析方法,通过精致的案例研究来理解物理学、经济学和化学中的概念与建模的典型要素。

迪兹和弗丽嘉编辑的《科学表征》[1]包括5篇论文。巴特尔为表征的结构(同态)概念辩护,将结构作为表征的说明;伊巴拉和莫曼为干涉主义的表征方法辩护,认为科学理论是干涉表征;苏雷兹和索勒为紧缩方法的多样性辩护,探讨认知表征与真理之间的类比关系;弗丽嘉批评科学表征的语义概念;卡勒德和科恩认为科学表征是一般表征的一种特殊形式,没有什么特别之处,为表征作为规定的格赖斯式说明辩护。

盖尔弗特编辑的《科学实践中基于模型的表征》[2]文集包括5篇论文。克努蒂拉探讨了基于模型表征的人工方法,以及表征与建模的关系;盖尔弗特探讨了数学表征的推理用法,认为成熟的数学形式主义在经科学模型获得表征过程中起核心作用;沃姆斯论述了科学实践中想象模型的模板,定义了表征模板的概念,其中一个主要假设是理论化的哲学研究需要关注其他类型的分析单元,而不仅仅注重传统单元,即理论和模型的逻辑与结构单元,因为科学推理总是依赖于具体的表征工具和具体属性;普迪德斯(Portides D)讨论了现象学的模型建构,在理论驱动模型与现象学模型之间做出区分,认为现象学模型既可作为目标系统的知识源,也可作为目标系统行为的解释;莫里森探讨了模型的非充分决定性,认为问题产生于这样的语境——对同一系统

---

[1] Diez J, Frigg R (Eds.), "Scientific Representation", *Theoria*, Vol. 21, No. 55, 2006, pp. 5-85.

[2] Gelfert A (Ed.), "Model-Based Representation in Scientific Practice", *Studies in History and Philosophy of Science*, Vol. 42, No. 2, 2011, pp. 251-398.

有不同模型,如同一原子的不同模型,指出不同模型之间的互补是不必要的。

胡姆皮雷斯和伊姆伯特编辑的《模型、模拟与表征》①收录了13篇论文,作者既有著名哲学家,也有年轻的哲学工作者。大多数论文诉求于科学表征现存传统的同时,集中探讨一些新型问题——如何在计算机科学中被理解和发展?表征的模板对它们的使用如何要紧?是为了研究还是为了教育?涌现和随附性概念如何能够通过计算机科学获得进一步分析?也就是说,如何通过强调计算机科学中的易处理性来阐明科学推理的哲学分析?这些都是重要的哲学问题。虽然科学模型和模拟有许多不同的方式,但是它们在关于表征的本质方面的哲学问题上是相似的。

沃姆斯和平克主编的《模型与模拟4》②文集从实践角度探讨表征与模拟,其中有三篇论文特别论述了科学表征:波林斯卡讨论了推理概念,珀维斯评论了维斯博格的虚构表征说明,吉尔登哈斯探讨了传统种群遗传中的表征实践。这部文集总体上探讨了模型与模拟的关系。

(三)关于科学建模与表征的历史性研究

科学表征的历史主要体现在自然科学的建模和科学哲学反思两方面上。

在科学中,建模传统及其哲学评论和反思是目前关于科学表征的哲学讨论的根源之一。建模的历史很悠久,可追溯到古希腊时期,特别是在天文学中关于宇宙中心的模型,比如,我们熟知的地心说和日心说模型,近代伽利略的斜面模型和摆模型,牛顿的万有引力和光学模型等。而对模型及建模本身进行哲学反思的主要有三个人,那就是杰出的科学家和思想家玻尔兹曼、麦克斯韦和赫兹,他们关于建模及其哲学的论述开创了哲学地分析物理科学的先河。在他们看来,建模与表征是物理科学的重要支柱。具体说,麦克斯韦开创了将建模作为类比推理的一种新方式,赫兹以新康德式德语形式的建模传统,给出了表征理论发展的一个全面描述,玻尔兹曼则以一种激进的维也

---

① Humphreys P, Imbert C (Eds.), *Models, Simulations, and Representations*, London: Routledge, 2012.

② Vorms M, Pincock C (Eds.), "Models and Simulations 4", *Synthese*, Vol. 190, No. 2, 2013, pp. 187-188.

纳传统，给模型与表征重新打上富有想象力的烙印。他们的工作一起将建模推向了科学表征的中心。

玻尔兹曼是 19 世纪后期最富有想象力和影响力的物理学家之一。他的《模型》[①]是关于模型作为表征的一个经典文本，该文既讨论了模型作为世界图像的本质，也探讨了模型在数学物理学发展中所起的作用。他本人建立的被称为玻尔兹曼方程的数学模型，是非平衡分布函数 $f(k, r, t)$ 所满足的一个方程，求解此方程可得到不同条件下的 $f(k, r, t)$，然后可较精确地求出电子的各种输出参量。玻尔兹曼方程是经典粒子牛顿力学运动模型和能态跃迁的量子力学模型相结合的产物，它包括五条基本假设：①电子和空穴都是微粒子；②粒子之间各自独立，没有相干性，通过散射相互作用；③粒子可用布洛赫理论[②]描述；④散射是一种瞬态行为，没有时间和空间上的持续性；⑤只考虑两个粒子之间的散射，不考虑多个粒子之间的共同作用。这些假设是建模过程中抽象化和理想化的结果，为科学哲学家研究科学建模与表征的表征奠定了基础。

麦克斯韦是19世纪最著名的理论物理学家之一。《自然中的类比：给信徒的随笔》[③]是 1856 年出版的麦克斯韦的最有哲学意蕴的散文集，其中讨论了他对建模的态度和方法。麦克斯韦是继牛顿之后最伟大的物理学家，其主要贡献是建立了麦克斯韦方程组，创立了经典电动力学，预言了电磁波的存在，提出了光的电磁说。他也因此成为电磁学理论的集大成者。如果说牛顿的经典力学打开了机械时代的大门，那么麦克斯韦电磁学理论则为电气时代

---

① Boltzmann L, "Models", In MacKenzie D, Chisholm H, Hadley A T, et al. (Eds.), *Encyclopedia Britannica* (10th ed.), Chicago: Encyclopædia Britannica, Inc., 1902, pp.788-791.

② 布洛赫理论(或定律)因其提出者美籍瑞士裔物理学家布洛赫而得名，它是关于晶态固体的导电性的理论，其数学形式由希尔(1877 年)、弗洛凯(1883 年)和李雅普诺夫(1892 年)独立提出，因此在不同领域有着不同的名称。比如，常微分方程理论中称之为弗洛凯理论，也称之为"李雅普诺夫-弗洛凯定理"；一维周期性波动方程有时被称为希尔方程(Hill's equation)。布洛赫理论说明了一个在周期场中运动的电子波函数是一个自由电子波函数与一个具有晶体结构周期性的函数的乘积。

③ Maxwell J C, "Analogies in Nature: Essay for the Apostles", In Harman P (Ed.), *The Scientific Letters and Papers of James Clerk Maxwell*, Cambridge: Cambridge University Press, 1990, pp. 376-383.

奠定了基石。麦克斯韦的电动力学统一了磁学和电学，处于19世纪末物理学方法论革命的核心，建立了新的建模传统，对后来科学模型的发展具有不可估量的意义，在科学史上占有重要地位。

物理学家赫兹于1888年首先证实了电磁波的存在，发现了光电效应，后来由爱因斯坦给予解释，对电磁学有很大的贡献，故频率的国际单位"赫兹"以他的名字命名。他的《以新形式描述的力学原理》[1]提出并发展了科学表征的图像论，该观点逐渐在20世纪初的德语世界的科学家和哲学家中占统治地位。该书最初出版于1894年，1956年再版，它对科学表征的本质和作用做了富有建设性的讨论，在深度和清晰方面目前仍然是非常卓越的原始文献之一。

在科学哲学中，受上述科学家建模与表征思想的影响，20世纪末到21世纪初的十几年里，一批科学哲学工作者开始关注科学模型与表征的历史。比如，海西[2]率先对科学中的模型与类比做了深入探讨，高斯基和格力高里弗[3]立足辩证唯物主义对现实的科学表征的困难做了探讨，哈特[4]详细论述了19世纪建模的历史，迪·盖特[5]将19世纪图像论与当代关于解释的主题联系起来，奈瑟希安[6]探讨了基于麦克斯韦工作的认知结构，拜勒-琼斯[7]回顾了哲学反思模型的历史。

海西的《科学中的模型与类比》可能是这个主题的第一部科学哲学著作。与杜恒相反，她认为模型与类比整合在一起能够理解一般的科学实践和特殊的科学进步，还特别能够理解一个科学理论的范围是如何被延伸的，理论如何产生新预测。这些模型包括气体动力理论的弹性球模型，基于声和水波类

---

[1] Heetz H, *The Principles of Mechanics Presented in a New Form*, New York: Dover Publications, 1956.

[2] Hesse M, *Models and Analogies in Science*, London: Sheed and Ward, 1963.

[3] Gorski D P, Grigorieff P, "The Scientific Representation of Reality: Its Difficulties", *Diogenes*, Vol. 15, No. 60, 1967, pp. 20-34.

[4] Hunt B J, *The Maxwellian*, Ithaca: Cornell University Press, 1991.

[5] de Regt H W, "Ludwig Boltzmann's Bildtheorie and Scientific Understanding", *Synthese*, Vol. 119, 1999, pp. 113-134.

[6] Nersessian N J, *Creating Scientific Concepts*, Cambridge: MIT Press, 2008.

[7] Bailer-Jones D M, *Scientific Models in Philosophy of Science*, Pittsburgh: University of Pittsburgh Press, 2009.

比的光模型等。在她看来，为了很好地理解一个新系统或现象，科学家通常创造一个类比模型，并将这个新系统与一个更熟悉的系统相比较。为此，她区分了三种科学类比模型：肯定类比、否定类比和中性类比。肯定类比是那些被认为两个系统具有共有特征的类比，否定类比是那些被认为在一个系统中具有的特征在另一个中没有的类比，中性类比是那些作为肯定或否定类比特征不确定的类比，如光的以太模型。中性类比是其中最有趣的一个，它暗示了检验模型的限度的方法，指明了科学进步的方向，比如，中性的以太模型由于遭到迈克耳孙-莫雷(Michelson-Morley)和特鲁顿-诺布尔(Trouton-Noble)实验的否定，因而成为否定模型。否定类比的提出能够使我们进一步描述科学进步，为创造新的和更有信息的模型提供了说明。不过，海西没有将模型、类比与表征联系起来，没有看到模型的认知与表征功能。

高斯基和格力高里弗在《现实的科学表征》中认为，物质实在、不断变化和不断运动及自然中的辩证法，就反映在科学活动中。它们的发展在不同阶段具有明确的形式：知识的结果以语言形式表达，而语言使用术语和符号象征，其观念和陈述有精确的和确定的意义。在这方面，存在两个非常棘手的问题：一是表征变量和不确定性现实的逻辑过程是什么？而这些变量和不确定性实在正是我们在形成知识的过程中所使用的，它们使我们能够创造这个世界的一个科学形象，并在每个阶段处理一个确定的"真相"、构造性和确定的单一性。二是科学知识在这种情形下会扭曲客体的真实位置吗？这其实就是科学表征的机制、精确性和可靠性问题。这有力地表明：在英美分析哲学和科学哲学占主流的 20 世纪 60～70 年代，从辩证唯物主义视角研究科学表征给科学哲学界带来了一股清风。

哈特的《麦克斯韦风格》对 19 世纪维多利亚时代的物理学中的建模态度的形成做了全面分析，详细论述了麦克斯韦、汤姆逊等科学家的模型与建模技术，提供了发展于英伦岛屿的哲学反思表征技术的宝贵历史背景。

迪·盖特的《玻尔兹曼的图像论与科学理解》一文将科学史与科学哲学紧密结合起来，把玻尔兹曼的图像论用于对当代科学解释本质的说明，特别是关于表征的解释力的争论。作者认为玻尔兹曼的图像论是其科学哲学的核心要素，他声称科学理论是心理图像，与实在具有部分相似性，目的是唤起人们不要忽视图像论对于科学解释和理解的重要性。作为科学理论解释的一种认识论观点,玻尔兹曼的图像论不仅对于科学理解的本质具有重要意义,而且对于科学哲学和理论物理学的方法论产生了重要影响。

奈瑟希安的《创造科学概念》通过对麦克斯韦的以太漩涡模型的形成这种认知实践的案例研究,揭示了新科学概念是如何形成的机制。她根据基于模型的推理解释了麦克斯韦建模的方法论,并提供了表征实践如何产生新观念的一个精致说明,也就是概念变化如何发生的问题。她认为新概念不是我们通常认为的来自突然闪现的灵感,而是产生于三个因素的相互作用:尝试解决特殊问题,使用由问题的认知-社会-文化语境提供的概念的、分析的物质资源,以及扩展日常认知的动态推理过程。她对科学实践的研究表明:日常认知与科学认知具有连续统一性,概念变化派生于类比、意象表征和思想实验的使用,以及实验研究和数学分析的整合。她提出一个建构的模型作为混合客体的观点,模型在认知过程中充当目标与类比源之间的中介物。将这个观点加以推广,这些复杂认知操作和结构不仅有助于科学发现,而且有助于形成一个基于模型的推理,正是这种推理方法与她的认知历史方法产生了新奇性。

拜勒-琼斯的《科学哲学中的科学模型》对模型与表征进行了综合的历史说明,引起了人们对科学哲学历史的兴趣。该书论述了19世纪的科学类比观,杜恒对哲学观点的轻视,逻辑经验主义对模型启示法的限制,20世纪60年代英国学者对模型观的支持以及当代的争论。事实上,科学家使用模型作为描述现象的工具以及作为进一步类比的基础,已有几百年的历史。拜勒-琼斯通过原初的和综合的哲学分析,集中论述了历史和当下语境中模型如何被使用和被解释,描述了从数学方程到动物,从物理客体到理论构造的许多形式的模型,说明它们是如何被使用的。她梳理了19世纪物理学家如开尔文和麦克斯韦的力学模型,说明了他们的牛顿数学原理的根源,并与当代力学方法比较。她发现类比在19世纪后期的物理学中是一种理解模型的方法,揭示了类比本身如何成为模型并有助于创造模型。她赞扬了海西的工作对于科学哲学家重新重视模型的意义,进一步分析了模型的隐喻特征、库恩的范式、理论的语义论、卡特赖特和莫里森的案例研究方法,集中讨论了一些争论,如关于现象与数据、模型与理论的区分、表征与实在论、模型中的虚构性等。这本书激起了科学哲学界对模型与表征的重视。

另外，近期关于科学表征的研究，阿加齐[①]认为，我们通常以为科学仅能够提供表征而不能使我们把握实在。这个信条（预设）是一种无理由、不一致预设的遗产，它几乎影响了近两个世纪的现代哲学。根据这个信条，我们仅知道我们的表征而不知道事物，即只见表征不见物，我们不得不找理由以便相信这样的表征与实在相符。这是一种认识论的二元论。阿加齐通过分析这个预设，发现了它的不一致的根源所在，通过指称的操作标准揭示了思想与本体论之间、感觉与智力建构的指称之间，以及同一事物的属性的抽象编码和具体例示之间的一致性，从而为科学表征的认知意图包括物理现象的数学表征辩护。弗里希认为[②]，如果我们要让科学表征的使用不仅在应用上而且在建构模型或表征上作用明显，那么不一致建模的假设不会在我们的表征实践中产生一个不可逾越的障碍。模型与目标客体之间的不一致是模型使用者最担心的，也是建模过程中最困难的事情。

（四）关于表征的句法观与语义论研究

科学理论的本质涉及表征的本质。围绕这个主题是关于句法观与语义论之间的争论。亨普尔和卡尔纳普等的逻辑经验主义传统是句法观的代表，他们发展了科学理论的实证和解释力的说明，如假设-演绎说明模型、内格尔的科学的逻辑结构模型[③]。科学表征研究始于20世纪80年代初期，当时理论的语义概念开始代替逻辑经验主义基于语言的或句法的概念。比如，苏佩[④]重新论述已接受的句法观的历史及其被拒绝的理由，范·弗拉森[⑤]勾勒表征的相空间观点，吉尔[⑥]为基于模型的语义论辩护，

[①] Agazzi E, "Representations and Scientific Realism", *Epistemologia*, xxxv, 2012, pp. 13-29.
[②] Frisch M, "Models and Scientific Representations or: Who Is Afraid of Inconsistency?" *Synthese*, Vol. 191, No. 13, 2014, pp. 3027-3040.
[③] Nagel E, *The Structure of Science: Problems in the Logic of Scientific Explanation*, New York: Harcourt, Brace and World, 1961.
[④] Suppe F, *The Structure of Scientific Theories*, Urbana: University of Illinois Press, 1977.
[⑤] van Fraassen B C, *The Scientific Image*, Oxford: Oxford University Press, 1980.
[⑥] Giere R N, *Explaining Science: A Cognitive Approach*, Chicago: University of Chicago Press, 1988.

萨普斯[①]提出一个大致的表征结构观。

苏佩的《科学理论的结构》是一部关于理论本质的文集，当时所谓的已接受或句法观正向语义论过渡，奉行逻辑经验主义的哲学家继续探讨科学理论的本质。同时，他们在理论对世界的关系中能够将表征作为一个核心概念。因此，苏佩被认为是倡导语义论的第一人。

范·弗拉森的《科学的形象》是关于科学认识论的一个经典版本。他的相空间观为理论的语义论辩护，也为关于理论中假定的假设-不可观察实体的反实在论辩护。他重点提出了三种需要相互论证的理论：一是关于理论与世界关系的理论，即经验意义关系的理论；二是关于科学说明的理论，即理论的说明力以超越其经验意义为特征，而在根本上又依赖于语境；三是对物理理论中的概率说明。这三个理论构成了表征语义论的基础。

吉尔的《解释科学：一种认知方法》论述了一个基于认知科学的语义论版本，特别是在语义概念范围内，在一个理论定义与一个理论假设之间做出一个普遍区分。不过，吉尔的语义论版本不需要模型的一个结构或模型-理论理解。吉尔试图在一个相对小范围内建构一个统一的科学认知理论。这遭到科学社会学的强纲领和各种后实证主义科学哲学立场的反对。因此，该理论极具挑战性，而这正体现了其价值所在。

萨普斯的《表征与科学结构的不变性》运用科学哲学中的形式方法(数学方法)建立一个基本的推理框架——指称的固定框架，它被用于组织各种学说。萨普斯几十年的研究工作试图表明：集合-理论方法如何提供这样一个框架，即覆盖了公理方法、表征、不变性、概率、力学和语言问题，包括对语词和语句的脑波表征的研究。这是一项具有开创性的研究工作，形成了理论的语义概念结构观。不过，关于表征的虚构性、抽象性、理想化和误表征，他并没有给予应有的重视。

(五)关于表征的建模与理想化研究

建模与理想化是近 20 年来科学哲学中关于科学表征的当代争论的又一

[①] Suppes P, *Representation and Invariance of Scientific Structures*, Stanford: CSLI Publications, 2001.

个主题。这方面的文献非常多,我们选择的仅是其中一部分具有代表性的文献。卡特赖特[1]和加里森[2]的著作是重要的、高级的研究文献;弗丽嘉和哈特曼[3]的著作是容易理解的导论;马格纳尼、奈瑟希安和萨伽德[4],琼斯和卡特赖特[5]及布赞克兹[6]的著作是三部关于表征与理想化主题的有难度的文集;维斯博格[7]的论文是近年来该领域突破性研究的一个例子;伍兹[8]所编的论文集讨论了科学、美学和文学等领域的虚构问题,提供了进入科学哲学之外领域的路径。接下来笔者分别对它们进行评析。

卡特赖特的《物理学规律是如何展现的》为实在论的现象学规律和反实在论的解释理论辩护,她对解释的模拟物说明是非常著名的,其主张是解释力或覆盖律力与描述的准确性成反比关系。在她看来,物理学的基本解释律、最深层和最期望的成功,事实上不描述自然中存在的规律性。然而,她并不是一个反实在论者,而是一个新的实在论者,她主张模拟自然规律性的理论实体、复杂且有局限性的规律,能够用实在论解释,但基本理论的简单统一律却不能给出解释。

加里森的《想象与逻辑》论述了现代技术对实验物理学家的冲击,揭示出不断增加的仪器规模和复杂性,使得物理学家远离吸引他们引入实验的那种科学,而且将微观物理学碎片化为不同的技术传统。20世纪初期,物理学

---

[1] Cartwright N, *How the Laws of Physics Lie*, Oxford: Oxford University Press, 1983.

[2] Galison P, *Image and Logic: A Material Culture of Microphysics*, Chicago: University of Chicago Press, 1997.

[3] Frigg R, Hartmann S, "Models in Science", 2006-02-27, https://plato.stanford.edu/archives/fall2012/entries/models-science/.

[4] Magnani L, Nersessian N, Thagard P (Eds.), *Model-Based Reasoning in Scientific Discovery*, New York: Springer, 1999.

[5] Jones M, Cartwright N (Eds.), "Correcting the Model: Idealisation and Abstraction in the Sciences", *Poznan Studies in the Philosophy of Sciences and Humanities*, Vol. 86, 2005, pp. 172-217.

[6] Brzechczyn K (Ed.), *Idealization XIII: Modeling in History*, Amsterdam: Rodopi, 2009.

[7] Weisberg M, "Who Is a Modeler?" *British Journal for the Philosophy of Science*, Vol. 58, No. 2, 2007, pp. 207-233.

[8] Woods J (Ed.), *Fictions and Models: New Essays*, Munich: Philosophia Verlag, 2010.

通常是由一个研究者用一台仪器就可以完成实验的学科,而如今实验室通常比一个城市的街区还要大,实验物理学家领导着不同领域的科学家一起工作,如程序计算机专家、企业界的研究者、科学家与工程师的合作团队,甚至还包括权术之争。由于这些巨大变化,作者描述了建立操作数百万美元的仪器的动态"贸易区"团队的必要性,在这种团队中,仪器制造者、理论家和实验家聚在一起,共同使用仪器、共同研究、相互争论、分享知识,协调现代微观物理学文化产生的巨大分歧。

弗丽嘉和哈特曼在《科学中的模型》中认为模型在许多科学语境中具有核心地位,即模型具有向心性,如气体的弹性球模型、玻尔的原子模型、MIT核子口袋模型、聚合物的高斯链模型、洛伦兹的气象模型、猎食相互作用的洛特卡-沃尔泰拉模型(Lotka-Volterra Model)、DNA双螺旋模型、社会科学中基于行动者的进化模型、不同领域中的一般均衡模型等。科学家在建构、检验、比较和修正模型方面花费大量时间,科学杂志也会使用大量版面介绍、运用和解释这些模型,因此,模型是现代科学的最主要工具之一。科学哲学家也对科学实践中的模型及其作用产生极大兴趣,关于模型的哲学文献量以不可思议的速度增长,内容涉及推测模型、现象模型、计算模型、发展模型、解释模型、贫化模型(impoverished models)、检验模型、理想模型、理论模型、比例模型、启示模型、漫画模型、教学模型、幻想模型、玩具模型、虚构模型、数学模型、替代模型、图像模型、形式模型、类比模型和工具模型等,它们被用于分类模型并说明相关问题和现象。然而,模型的出现同时带来了许多哲学问题——什么东西才能算作模型(本体论)?模型执行的表征功能是什么(语义学)?我们从模型中能够学到什么(认识论)?模型如何与世界发生联系?在科学哲学中关于科学实在论、还原论、解释与自然律的争论,基于科学方法的模型的含义是什么?这些问题仍然还不是十分清楚。

马格纳尼、奈瑟希安和萨伽德编辑的《科学发现中基于模型的推理》是第一部与科学表征密切相关的推理模型的文集,其中许多作者认为模型表征是其意向目标。马格纳尼在另一篇关于外在表征的论文[①]中提出,理论的溯因

---

① Magnani L, "Conjectures and Manipulations: External Representations in Scientific Reasoning", *Mind and Society*, Vol. 3, No. 1, 2002, pp. 9-31.

推理（abduction）①包括语句的和基于模型的，确定地阐明了溯因推理对于创造假设来解释数据的重要性，但当与环境发生联系时，它对于说明发生在科学中的许多案例甚至日常生活中的推理是无用的。在他看来，操作的溯因推理概念在许多情形中起重要作用，比如，行动提供其他方面不可用信息，这种信息能够使行动者通过执行一个适当的溯因推理过程来解决问题。从认识论来看，许多非自主的外在物体能够被转化成"认知中介物"（epistemic mediators），也就是所谓的外在表征。作者以模拟几何推理的计算程序为例，详细说明计算的具体化产生一类平方级的认知中介物——几何构造。这是一种典型的结构主义的表征。

琼斯和卡特赖特的《矫正模型：科学中的理想化与抽象化》②这部文集主要论述了理想化与抽象化之间的区别，这对于科学表征包含虚构和误表征的观点是非常重要的。布赞克兹的《理想化XIII：历史中的建模》③论述了历史

---

① 也称假设推理，它是皮尔士提出的、被认为是继归纳和演绎推理后的第三种推理方法。

② 内容包括：Hoover K D, "Quantitative Evaluation of Idealized Models in the New Classical Macroeconomics"; Pemberton J, "Why Idealized Models in Economics Have Limited Use"; Funkenstein A, "The Revival of Aristotle's Nature"; Griesemer J R, "The Informational Gene and the Substantial Body: On the Generalization of Evolutionary Theory by Abstraction"; Nersessian N J, "Abstraction via Generic Modeling in Concept Formation in Science"; Morrison M, "Approximating the Real: The Role of Idealizations in Physical Theory"; Jones M R, "Idealization and Abstraction: A Framework"; Nivison D S, "Standard Time"; Bogen J, Woodward J, "Evading the IRS"; Norton W M, "Realism Is Dead"; Giere R N, "Is Realism Dead?".

③ 内容包括：Brzechczyn K, "Between Science and Literature: The Debate on the Status of History"; Handelsman M, "Possibilities and Necessities of the Historical Process"; Topolski J, "The Activistic Concept of the Historical Process"; Nowak L, "Class and Individual in the Historical Process"; Topolski J, Idealizational Procedures in History"; Pawłowski T, "Typological Concepts in Historical Sciences"; Topolski J, "The Directive of Rationalizing Human Actions"; Brzechczyn K, "Methodological Peculiarities of History in Light of Idealizational Theory of Science"; Topolski J, "The Model and Its Concretization in Economic History"; Łowmiański H, "Why Did the Polanian Tribe Unite the Polish State?" Topolski J, Comments on Łowmiański; Rutkowski J, "Theoretical Considerations on the Distribution of Incomes in a Feudal System"; Topolski J, "Comments on Rutkowski"; Brzechczyn K, "The Distinctiveness of Central Europe in Light of the Cascadeness of the Historical Process"; Topolski J, "The Economic Model of the Wielkopolska Region in the 18th Century"; Leśnodorski B, "There Was Not One Causa Efficiens of Poland's Partitions"; Malewski A,

上不同学科中的理想模型案例，比如，经济学、社会学、自然科学中建构模型过程的理想化与抽象化，从论文题目可窥见其内容的丰富性和多样性。

维斯博格在《谁是建模者》一文中认为，科学实践的许多标准哲学说明不能区分模型与其他类型的理论构造，究竟谁是建模者并不明确。这种失败着实令人遗憾，因为在目标、程序以及建模者和其他理论家使用的表征之间存在重要的差别。作者认为，我们通过比较和反思不同类的模型，如洛特卡-沃尔泰拉模型与鲍林分子轨道模型、达尔文模型与门捷列夫模型，就会发现它们之间的差异性。前一种研究包括建模，后一种研究没有建模。为了弄清这种区别，作者详细分析了洛特卡-沃尔泰拉模型与门捷列夫发现元素周期律的过程，认为前者通过数学方程描述捕食者与猎物之间的数量变化关系，建立了间接内表征世界的抽象数学模型，而门捷列夫没有使用模型而是直接通过理论抽象建立与真实世界的联系，是一种没有模型的抽象直接表征。这种建模与非建模之间的差异是理解建模实践、不同属性和所使用的抽象化与理想化策略的重要环节。

伍兹所编《虚构与模型：新文集》包括10篇论文[①]，它们集中论述了科学和其他学科中的虚构表征，包括科学中的表征模式与数学、艺术及文学中表征模式之间的有趣类比，强调许多科学表征的虚构特征，认为这些特征可能或不可能与一般表征的科学态度相一致。20世纪70年代，虚构的哲学分析在语言哲学中兴盛一时，今天它仍然是令人关注的研究纲领。早期的虚构研究在语言哲学与分析美学之间的相互作用中推进，今日的研究有更广泛的范围。在文学语义学之外，虚构的概念在数学哲学和科学哲学受到关注，特

Topolski J, "The Nomothetic Versus the Idiographic Approach to History"; Nowak S, "General Laws and Historical Generalizations in the Social Sciences"; Ossowski S, "Two Conceptions of Historical Generalizations"; Such J, "Scientific Law Versus Historical Generalization: An Attempt at an Explication"; Malewski A, Topolski J, "On Causal Explanation in History".

① 内容包括：Howell R, "Literary Fictions, Real and Unreal"; Thomasson A, "Fiction Existence and Indeterminacy"; Fictionalism M B, "Mathematical Facts and Logical/Modal Facts"; Bueno O, "Can Set Theory Be Nominalized? A Fictionalist Response"; Suárez M, "Fictions, Inference, and Realism"; Frigg R, "Fiction and Science"; Azzouni J, "Partial Ontic Fictionalism"; Burgess A, "Metaphysics as Make Believe"; Woods J, Rosales A, "Unifying the Fictional"; Tuzet G, "How Fictions are Credible".

别是在基于模型的科学、形而上学和认识论及伦理学中。现在的研究纲领的一个核心问题是：当哲学家将虚构归于非文学语境范围时，这个概念究竟起什么作用？它还是文学(小说)中的概念吗？它在不同应用中不是一个独特的、为特定目的建构的概念吗？或者它是一个更一般的文学概念，非文学概念仅仅是它的一个例示？显然，在当代的研究中仍然存在许多待解决的问题。这部文集的目标就是试图解决这些问题，进而推进目前的虚构研究纲领。

(六)关于科学表征研究的分析路径

对于表征本质的探索并不是近期的事情，它至少可以追溯到19世纪。当时就有关于表征概念成立的充分必要条件的研究，也就是如何定义表征。在科学中，表征被典型地理解为源与目标之间的关系，在这种关系中，"源"是作为工具(如模型)的，"目标"是表征的意向客体(如自然现象)。更复杂的分析是超越这种二元关系，强调表征关系的多元性，如增加主体与目的的因素。

皮尔士[①]曾经对科学表征做过某些开创性的分析，开创了符号学领域，同时奠定了科学表征的分析的和实践的进路。作为符号学或记号科学的创立者，皮尔士区分了三类记号，提出了一个综合而有影响的表征观。根据这种观点，表征不是二元的而是三元的，它不仅包括一个源、一个目标，还包括这个源的一个解释体，这个解释体允许这个源代替这个目标。根据他的符号学，一个记号(或表征物)在最宽泛的意义上进行表征，它是关于某物能说明某物的某种东西，不必然是符号、语言或人造物。记号替代要被解释的客体，或者说在某些方面表征客体。那些方面就是记号的特征。一个客体是一个记号和一个解释的主题，它可能是任何可设想的东西，如一个特性、一件发生的事件、一条规则，甚至一个虚构物。所有这些(或者是部分)客体是具体的。也就是说，一个客体要么直接是一个记号，即用记号表征的客体，要么是一个动态客体，一个实际存在的客体，它是记号客体表征的对象。一个解释体(解释记号)是一个记号的意义或形式化的观念，是一个解释。或者说，一个解释体是客体的一个记号，以及作为同一客体的记号的这个解释体的"原有事物"

[①] Peirce C S, *Elements of Logic* (Vol. 2), Hartshorne C, Weiss P (Eds.), Cambridge: Harvard University Press, 1932.

(被解释的记号)的一个记号。一个解释体或者直接是一个记号和一类特性或可能性,如词语的通常意义,或者是一个动态解释体,如一个震动状态,或者是一个最终的或标准的解释体。这个三元表征关系奠定了科学表征语义论的基础。

斯沃叶[①]在《结构表征与替代推理》一文中探讨了表征在推理中的重要作用和科学语境中的推论。他认为许多重要的、表面根本不同的表征类型是一个单一关系,即结构表征,它能够以相当哲学的方式被详细地描述和研究。一个结构表征依赖于一个表征与其所表征的客体之间的一个共同结构的存在,它之所以重要是因为为了获得它描述的现象的结论,它允许我们直接进行关于表征的推理。他特别指出,本体论还原(如自然数还原到集合)、语义学的合成说明、几种重要心理表征和蕴含逻辑的可能世界语义学,是结构表征的重要类型,并在结构框架中对它们做了充分研究。

埃德尔曼[②]在《表征是相似性的表征》中认为,智能系统或高级感知系统面临探索世界与其内在表征之间的重要关系问题。他基于二阶同构概念提出一个统一的视觉表征方法,按照这种观点,一个形状是通过与它相似的一系列相关的形状来表征的,并通过基本属性的一个高维空间来测量。这种结果在哲学上具有吸引力,在计算上是可行的。

弗丽嘉[③]的《模型与虚构》是将沃尔顿[④]的虚构(小说)理论运用到科学建模的早期尝试之一。他提出了模型的一个二分层表征说明,认为模型在许多科学语境中具有核心作用,研究模型就是发现它们所替代的现象的属性。在运用模型表征它们的目标系统中,模型是作为目标系统的虚构客体的身份出现的,它通过指代和翻译钥匙(translation-keys)来实现对现象的表征。笔者认为,建模的这种虚构观仅是结构主义方法的一种替代,它过于严格,以至

---

① Swoyer C, "Structural Representation and Surrogative Reasoning", *Synthese*, Vol. 87, 1991, pp. 449-508.

② Edelman S, "Representation Is Representation of Similarities", *Behavioral and Brain Sciences*, Vol. 21, No. 4, 1998, pp. 449-467.

③ Frigg R, "Models and Fiction", *Synthese*, Vol. 172, No. 2, 2010, pp. 251-268.

④ 沃尔顿(1593—1683),英国作家,主要以作品《高明的垂钓者》而闻名,该作品把有关钓鱼的实用信息和民间故事结合起来,并加入了田园歌曲及民歌。

于难以捕获科学模型的重要特征。

杜纳[①]的《模型作为假扮者：现象力、虚构与科学表征》，也是一部将沃尔顿的虚构理论运用于科学表征的著作，它根据模型源提供了关于系统表征的一组充分必要条件。作者认为，科学家通常通过创造简化的或理想化的模型来理解世界，然而建模是很难利用的，不是因为它描述的事物不存在，如理想谐振子，而是因为模型是作为假扮者被使用的。作为假扮者的模型通过灵感为科学建模提供了一种新方法，如儿童游戏中的各种玩具。通过对艺术和小说的哲学探讨，杜纳提出了一个统一的框架来解决建模中的困难的形而上学问题，有助于弄清科学实践的意义。在发展这种方法中，模型作为假扮者将仔细的哲学分析与历史的和社会学的方法结合起来，阐明了一系列问题，比如，从科学家的视觉、触觉与模型的相互作用，到纸板图形在理解原子发展中的作用，等等。

波林斯卡[②]在《认知表征、真实度与可信表征的目的》中认为，科学模型是其目标系统的认知表征，一个认知表征是一个获得其目标系统信息的工具，这种工具能够提供关于它的目标系统的具体信息，即它的真实度，这是科学表征的本质特征。与一般表征概念相比，使用者可靠地表征目标系统的目的对于获得这种特征是必要的。因此，波林斯卡将目的纳入表征关系，提倡科学表征的紧缩方法，即根据源于信息的充要条件来说明推理概念的完全性。因此，他的表征观不是二元的而是多元的，是分析的而非描述的。

另外，鲁萨宁和拉皮[③]提供了一个互补的基于信息的表征观。他们运用分析方法探讨一组完整的条件来定义表征这个抽象概念，还从实践应用论述科学表征问题。

[①] Toon A, *Models as Make-Believe: Imagination, Fiction and Scientific Representation*, Hampshire: Palgrave Macmillan, 2012.

[②] Bolinska A, "Epistemic Representation, Informativeness and the Aim of Faithful Representation", *Synthese*, No. 19, 2012, pp. 1-16.

[③] Rusanen A-M, Lappi O, "An Information Semantic Account of Scientific Models", In de Regt H W, Hartmann S, Okasha S (Eds.), *EPSA Philosophy of Science: Amsterdam 2009*, Dordrecht: Springer, 2012, pp. 315-327.

(七) 关于科学表征研究的实践路径

科学表征的实践方法形成了表征在科学实践中采取的典型方式，而不用考虑这些典型方式是否是关于表征定义的一部分。注重科学实践的科学哲学家、科学史家和科学社会学家不仅描述科学建模实践，也试图理解科学家所使用的表征的不同类型的属性。实践路径与分析路径不是排斥的，而是互补的，比如，皮尔士的符号学的创立是基于他早年作为科学家在美国东海岸所进行的大地测量的科学实践工作。

鲁德尼[①]的《没有表征的智能》说明人工智能研究是在表征观上建立的。当智能以一种增长的方式发展时，它严格依赖于通过感知和行动与世界发生联系，也即感知是智能与世界的界面，在这种界面上依赖于表征的情形消失了。在这篇论文中，作者概述了建构完全智能动物(人)的方法。智能系统的基本解构成分不是独立的信息处理单元，这种单元必须经过表征相互交流。相反，智能系统被解构为独立的和平行的活动。

苏雷兹[②]的《科学中的虚构：关于建模和理想化的哲学论文》包括9篇以实践方式描述科学表征的论文，其中科学家使用虚构和理想化假设作为其部分表征。法因的《虚构主义》[③]是一篇开拓性论文，首次论述了科学中的虚构表征。高德弗里-史密斯[④]将科学中讨论的非实际模型系统与文学中的虚构进行比较，有助于理解模型与实际世界的目标系统之间关系的相似性，指出科学中的虚构的本体论问题是一个"难问题"，这在数学哲学中尤为突出。克纳第拉[⑤]分析了近期的实用主义表征方法和间接推理说明，反映了从分析表征方

---

① Rodney A, "Intelligence without Representation", *Artificial Intelligence*, Vol. 47, No. 1-3, 1991, pp. 139-159.

② Suárez M (Ed.), *Fictions in Science: Philosophical Essays on Modelling and Idealisation*, London: Routledge, 2009.

③ Fine A, "Fictionalism", *Midwest Studies in Philosophy*, Vol. 18, 1993, pp. 1-18.

④ Godfrey-Smith P, "Models and Fictions in Science", *Philosophical Studies*, Vol. 143, No. 1, 2009, pp. 101-116.

⑤ Knuuttila T, "Some Consequences of the Pragmatist Approach to Representation: Decoupling the Model-Target Dyad and Indirect Reasoning", In Suárez M, Dorato M, Redei M (Eds.), *EPSA Epistemology and Methodology of Science*, Dordrecht: Springer, 2009, pp.139-148.

法转向实践表征方法，并从哲学和实践角度做了深入分析。

休斯①的《物理学的理论实践》是由 8 篇关于物理学理论实践的哲学论文组成的文集。前两篇审视了出现在物理学家论著中的实践，比如，牛顿的基本原理和爱因斯坦、玻姆等科学家的论文，说明科学哲学家起到评论家的作用；后六篇处理哲学和物理学的各种重要问题，如规律、统一性、模型与表征、计算机模拟、解释和物理学话语等。该文集是一部全面而有魅力的关于理论物理学中从伽利略到伊辛模型的表征实践和许多历史事件的方法的论述，其中的文本分析方法是一个新的视角。

派里尼②通过许多详细的案例研究说明，科学中关于视觉表征的一些普通假设是错误的。他特别指出视觉表征可能表达真理，一个视觉表征不需要与其目标系统保持任何相关的相似性，并认为视觉表征的符号学理解是作为符号系统中复杂的记号按古德曼方式③表现的。

派斯卡德④的《使建模有意义：超越表征》一文，分析了流体动力学中的模型。在此基础上，他呼吁科学哲学家要消除科学哲学中表征的概念，主张表征是一种活动而非一种关系，也就是，表征在任何情形下都不是我们的概念与外在世界之间的一种关系。这是关于表征的一种新观点，是一种非表征主义，类似于哲学是一种活动而非学科的观点。不过这种观点并不是科学表征的主流观点。

肯尼迪⑤的《一个非表征主义的模型解释观》一文审视了天文物理学中的两种理想化模型，目的是说明理想化在这些模型中起重要的解释作用，反对

---

① Hughes R I G, *The Theoretical Practices of Physics: Philosophical Essays*, Cambridge: Cambridge University Press, 2010.

② Perini L, "Scientific Representation and the Semiotics of Pictures", In Magnus P D, Busch J (Eds.), *New Waves in Philosophy of Science*, Basingstoke: Palgrave Macmillan, 2010.

③ 古德曼以艺术的方式反对表征的结构概念，认为表征是两种客体之间的相似关系的观点既不充分也不必要。详见 Goodman N, *Languages of Art: An Approach to a Theory of Symbols* (2nd ed.), Indianapolis: Bobbs-Merrill, 1968.

④ Peschard I, "Making Sense of Modeling: Beyond Representation", *European Journal for Philosophy of Science*, Vol. 1, No. 3, 2011, pp. 335-352.

⑤ Kennedy A G, "A Non Representationalist View of Model Explanation", *Studies in History and Philosophy of Science Part A*, Vol. 43, No. 2, 2012, pp. 326-332.

各种形式的表征主义说明。作者认为，是这些模型中的理想化，而不是这些模型本身具有解释力。在科学情形中，理想化模型的使用更为普遍，理想化才是模型解释力的实质所在。

(八) 关于科学表征研究的实质性进路

表征的实质性进路是指将表征还原为其他概念，或者以充要条件定义表征。这形成了结构主义的两种主要表征方法——同构和相似。代表人物包括：布诺等[①]和弗雷赫[②]为部分同构观辩护；穆迪[③]和范·斯塔登[④]为句法观和语义论辩护，提出同态观；范·弗拉森[⑤]提出嵌入观，即将同构嵌入一个亚结构；巴特尔[⑥]为表征的结构概念辩护。接下来，笔者将对这些文献做详细评述。

布诺等从部分结构视角审查了数学的两种形式的适应性——在底层，理论结构适应于"现象"；在顶层，数学适应于物理理论。为了顺应这两种适应性，他们主张部分结构方法需要延伸到包括一个"部分同态"的概念。运用案例研究，他们根据玻色-爱因斯坦统计学描述了科学家伦敦对液态氦的超流行为的分析。这一过程包括在顶层的群理论的导入和在现象层次的某些建模，并提供了二者之间关系的一个精致案例，得出伦敦模型的"自主性"结论。

弗雷赫试图以艺术为例子来探讨科学中的表征。在这篇论文中，他审视和论证了四个有争议的观点：同构对于表征是不充分的；同构对于表征是不

---

① Bueno O, French S, Ladyman J, "On Representing the Relationship between the Mathematical and the Empirical", *Philosophy of Science*, Vol. 69, No. 3, 2002, pp. 452-473.

② French S, "A Model-Theoretic Account of Representation", *Philosophy of Science*, Vol. 70, No. 5, 2003, pp. 1472-1483.

③ Mundy B, "On the General Theory of Meaningful Representation", *Synthese*, Vol. 67, 1986, pp. 391-437.

④ van Staden C W P, "Linguistic Markers of Recovery: Underpinnings of First Person Pronoun Usage and Semantic Positions of Patients", *Philosophy, Psychiatry and Psychology*, Vol. 9, No. 2, 2001, pp. 127-129.

⑤ van Fraassen B C, "The Semantic Approach to Scientific Theories", In Nersessian N (Ed.), *The Process of Science*, Dordrecht: Kluwer, 1987, pp.105-124.

⑥ Bartels A, "Defending the Structural Concept of Representation", *Theoria*, Vol. 55, 2006, pp. 7-19.

必要的；模型表征但理论不表征；模型指代但不相似。他主张通过适当的修正，同构形式能够在科学和艺术上支持表征。他进一步认为，近期科学中关于表征本质的讨论倾向于引入艺术、语言和认知等方面的前定的对表征结构的解析。我们喜欢的这些分析首先依赖于我们对理论的信心程度。一方面，如果我们根据一组公理化的逻辑-语言陈述思考理论，那么我们自然会得出语言表征的说明，其中指代概念会显著地起作用。另一方面，如果我们以非语言形式如以模型-理论方法设想或刻画理论，那么我们会从艺术中寻找对表征的分析，因为在艺术中相似概念倾向于被置于核心。正因为此，范·弗拉森将这种分析引入他对科学表征的讨论，认为适当的相似性说明能够根据同构的集合-理论关系给出。这一观点遭到了苏雷兹的强烈批评，认为艺术中的同构不能获得表征，在科学语境中也同样不适当。同样地，休斯赞成古德曼对艺术中相似性的反对，并有点模棱两可地提出表征的模型-理论观。

穆迪的《论有意义表征的一般理论》是一篇早期尝试将物理科学，特别是在与时空理论的关系中的表征理解为同构的论文，在这种语境中，微分同胚(diffeomorphism)不变类似于理论等价，这首先导致了科学哲学家对"表征作为同构观"的信任。比如，范·弗拉森在这里接近承认表征的结构概念，认为一个理论表征一种现象，如果它包含具有与现象同构的亚结构的结构。在此后的研究中，范·弗拉森细化了他的理论，提倡一种紧缩的表征观。

范·斯塔登[①]试图表明，基于经验研究的哲学理论通过心理治疗使患者康复的过程发现第一人称代词语义用法的变化，而哲学理论提供了语义变量，它可以作为患者恢复的标志。这种哲学理论源于弗雷格的语义理论和关系逻辑，并解释了第一人称代词所表达的意义与句法和语用符号化的区别。在范·斯塔登看来，这种区分是值得的，因为经验证据被发现用于在患者恢复过程中这些代词表达的含义的改变，而不是为了改变它们的语法或语用符号化。因此，关于疾病和康复概念的哲学研究被用来推断语义变量是一般康复的标志，而不仅仅是心理治疗。范·斯塔登的研究表明，与实证研究一样，

---

① van Staden C W, "Linguistic Markers of Recovery: Underpinnings of First Person Pronoun Usage and Semantic Positions of Patients", *Philosophy, Psychiatry and Psychology*, Vol. 9, No. 2, 2002, pp. 127-129.

当某人恢复时，语义变量会发生如下变化：占据阿尔法位置（alpha positions），放弃欧米茄位置（omega positions）。这些发现的潜在应用被检查，通过跟踪语义变量可以提高临床医生对患者的理解，监测患者的进展，并促进患者的康复。

巴特尔在《为表征的结构概念辩护》中对针对基于同态定义的表征概念的几个反驳论证——逻辑异议、误表征异议、不必要异议和复制理论异议，逐一提出了反驳。他认为逻辑异议能够通过保持同态关系来解释潜在表征或表征的内容来消除，表征的实际指称（目标客体）异议能够通过意向或因果表征机制来消除，借助于内容和目标的独立维度有助于解决结构概念与误表征的一致性问题，特别指出同态表征不必然是其表征的复制，这反映了科学表征的本质。

关于表征的相似性研究，阿罗逊和哈瑞等[1]、吉尔[2]是早期的支持者，高德弗里-史密斯[3]和维斯博格[4]在后期做了实质性推进。

哈瑞是对建模进行哲学探讨的先驱之一，作为英国著名的哲学家，他在20世纪60年代后期和70年代早期，与布莱怀特、布兰克和海西一起致力于科学模型的研究。阿罗逊和哈瑞等提出这样的观点：表征的源与目标是相似的，在此基础上建构表征的一个本体论的等级结构。

吉尔一直是相似观的倡导者和支持者，他在《模型如何被用于表征实在》中提出表征的一个四元关系，即使用者、表征工具、目标客体和认知目的，扩展了传统的二元表征关系，相似性在其中仍然起重要作用。他还探讨了表征作为一个有效建模策略的各种方法。

高德弗里-史密斯论述了表征的许多相关问题，如虚构与表征，说明它们

---

[1] Aronson J L, Harré R, Way E C, *Realism Rescued: How Scientific Progress Is Possible*, Chicago: Open Court, 1995.

[2] Giere R N, "How Models Are Used to Represent Reality", *Philosophy of Science*, Vol. 71, No. 5, 2004, pp. 742-752.

[3] Godfrey-Smith P, "The Strategy of Model-Based Science", *Biology and Philosophy*, Vol. 21, 2006, pp. 725-740.

[4] Weisberg M, "Getting Serious about Similarity", *Philosophy of Science*, Vol. 79, No. 5, 2012, pp. 785-794; Weisberg M, *Simulation and Similarity: Using Models to Understand the World*, New York: Oxford University Press, 2013.

如何在基于模型的科学中起重要作用。他还为科学表征中相似性的作用做了简洁而清晰的辩护,这一观点继承了吉尔的早期工作,也吸引了他的一些学生继续他的后期研究,比如,马尔斯等[①]近年对认知控制的研究。马尔斯等的研究表明,认知控制方法具有某种潜在处理挑战的能力。他们运用基于模型的方法定义了一个形式的计算模型,它能够执行目前的任务而且与其他研究相互匹配。这种模型的内在变量可以被看作在大脑中被计算的潜在变量的代理服务器。这种方法的优势在于,它能够发现认知控制的神经支撑物及其缺陷,使得使用这种方法获得的解释数据的基本假设更加明显。

维斯博格认为,相似性作为表征说明的基本问题是,它似乎具有错误的逻辑属性来分析表征。根据初步印象,相似性似乎是一个对称的和反身的关系,而表征两者都不是。维斯博格在《严格对待相似性》中试图表明:经验心理学家如何将这种观点用于相似性判断。在《模拟与相似性:使用模型理解世界》中,维斯博格通过案例分析说明解决问题不仅需要经验测量,更需要模型建构策略。例如,20世纪50年代为了解决加利福尼亚州的水短缺问题,议员约翰·雷伯(John Reber)认为只要在旧金山海湾筑坝拦海截水就可以解决此问题。但他的政治对手认为这样做会引发灾难,为了说服立法者,他们不仅使用了经验测量,还建立了一个计算模型,利用模拟和相似性解释了为什么不能这样做。这个例子提供了现代科学实践中的一个建模和理想化说明。维斯博格集中于具体的数学计算模型,探讨模型的性质、建模实践,以及模型与真实世界现象之间的关系属性。这种对物理和数学计算模型的详细分析表明,模拟和相似性提供了关于模型与世界关系的一个新颖的说明。与传统的做法不同的是,维斯博格使用逻辑和数学上的同构概念,提出了一个基于相似性的"加权特征匹配"(weighted feature matching)说明。这种说明的目的是着眼于理解建模实际上是如何发生的,在于说明科学家的理论目标是如何通过分析模型及其应用而实现的。

关于同构与相似,支持者倾向于认为它们对于表征具有普遍性和必要性。

[①] Mars R B, Shea N J, Kolling N, et al, "Model-Based Analyses: Promises, Pitfalls, and Example Applications to the Study of Cognitive Control", *The Quarterly Journal of Experimental Psychology*, Vol. 65, No. 2, 2012, pp. 252-267.

苏雷兹[①]和弗丽嘉[②]指出,这种推定存在的还原概念缺乏表征的基本逻辑属性,因此它们几乎不能构成还原的基础。唐尼斯[③]和杜纳[④]指明了许多明显的表征方式;范·弗拉森[⑤]在认知基础上对同构作为实质性的表征说明做了引人注目的评论。

苏雷兹反对将科学表征还原到相似或同构的观点,认为这些还原观点试图激进地将表征概念自然化,因为它们将科学家的目的和意图看作表征的非本质属性。他区分了表征的方式和构成部分,主张相似和同构是表征共同具有的属性但不是普遍方式,提出五种论证来说明相似和同构不是科学表征的构成部分,提倡这些理论的弱的版本,进一步指出只有取消激进的自然化科学表征的目标的理论,才可能是成功的。也就是说,他提出五种论证反对同构与相似,认为表征不能还原到这两种二元关系中的任何一个。这种观点过于强硬,遭到语义论支持者的强烈批判。

弗丽嘉注意到,科学哲学界一般认为模型处于获得和组织科学知识的核心。这是正确的哲学判断的一部分,大多数模型以这样或那样的方式表征其目标系统,这也是较被普遍接受的观点。然而,一个模型表征它的目标系统是什么意思?弗丽嘉提出了科学表征必须面对的三个难题,即同构、相似的充要问题及误表征问题,然后论述了理论的语义论是否能够提供我们这三个问题的适当答案。而语义论是被广泛接受的理论和模型的说明。通过详细的分析,他指出了科学表征说明的可能探寻方向,认为理论应用的语义概念自然地引起表征作为同构的一个结构概念。因此,弗丽嘉是一个典型的语义结

---

① Suárez M, "Scientific Representation: Against Similarity and Isomorphism", *International Studies in the Philosophy of Science*, Vol. 17, 2003, pp. 225-244.

② Frigg R, "Scientific Representation and the Semantic View of Theories", *Theoria*, Vol. 21, No. 55, 2006, pp. 49-65.

③ Downes S, "The Importance of Models in Theorizing: A Deflationary Semantic View", In Hull D, et al (Eds.), *Proceedings of the Philosophy of Science Association 1992*, Vol. 1, 1992, pp. 142-153.

④ Toon A, "Similarity and Scientific Representation", *International Studies in the Philosophy of Science*, Vol. 26, No. 3, 2012, pp. 241-257.

⑤ van Fraassen B C, "Representation: The Problem for Structuralism", *Philosophy of Science*, Vol. 73, No. 5, 2006, pp. 536-547.

构主义者。

唐尼斯通过审视理论的语义论点得出如下结果：首先，作为语义论的支持者，他指出科学中的模型与数学中的模型不同；其次，当详细审查科学中语义方法的几个案例时，他发现除它们的模型建构细节外，在它们之间没有共同之处。这一结果使得唐尼斯提出一个紧缩的语义论，这种观点认为模型建构是科学理论化的一种重要组成部分。这种紧缩观与科学哲学中的自然化方法一致。也就是说，表征的紧缩观就是一种自然化方法。可以说，这是早期的和开创性的紧缩主义，尽管唐尼斯将表征限制在语义概念框架中，但后期准确地预期了对表征的实质性说明的某些反驳趋向。

科学表征的相似观在近期受到了强烈的批评，这种观点试图根据科学模型与世界之间的相似性来解释表征。杜纳审查了相似观的主要支持者吉尔对这种观点的更详细的说明，与朴实的观点相比，吉尔的说明诉诸科学家使用科学模型所起的作用。描述的相似理论的支持者提出了一个类似的要求，他们借助艺术家或是绘画评论家所起的作用。杜纳梳理了为科学表征的相似观辩护的支持者面临的描述困难，认为这种观点是不成功的，因为当诉诸科学家的作用而提出一个有希望的辩护方式时，吉尔的说明不能解释当科学家使用模型表征世界时他们究竟做了什么。总之，杜纳是相似观的反对者。

范·弗拉森在《表征：结构主义的问题》中首先提出这样的问题——以抽象结构嵌入现象是什么意思？或者以结构表征现象是什么意思？理论的语义论会遇到一个严重的问题，如果这些概念或者以形而上学的方式，或者以非常接近早期句法观的模式天真地被构造的话。范·弗拉森认为，建设性的经验主义和结构实在论都会遇到这些困难。在这篇论文中，他对他早期的观点提出了质疑，比如，反对表征的纯粹结构概念，提出了一个意向的和实用主义的表征概念。这为他后来的经验主义的结构主义表征观奠定了基础。

(九)关于科学表征研究的紧缩性进路

与实质性进路或方法相比，紧缩观典型地假设表征缺乏充分和必要条件。紧缩主义者典型地坚持主张表征不能被还原到客体的任何属性、关系或属性与关系集，这些客体起到表征源和目标的作用。他们提出要在特殊语境中集中于哲学地关注行动者使用表征的特征，任何时候可能的话，都要尝试对使用表征做出概括。在近期的文献中,大致有两类紧缩路径或方法。

第一种是指代(denotation)和规定(stipulation)。这种观点认为,若将表征与行动者的行为规定联系起来,它就是行动者固定被使用的记号的指代。卡勒德和科恩[①]强调行为规定本身的作用,而古德曼、休斯和埃尔金[②]强调指代关系和已确立的指称关系的目标。在时间顺序上,古德曼无疑是开创者,但休斯的后续工作不仅具有洞见,而且是清晰的和简洁的。古德曼的《艺术语言》是对指代理论的经典陈述,它首先对相似或者相似性理论提出了批评,然后阐明了这样的观点,即表征本质上是在一个复杂的记号系统中通过一个符号对一个客体的指代。这是对表征的指代理论的最早定义和论述,因此古德曼是这一理论的开创者。休斯的论文堪称是这一领域的经典之作,是该领域被引用最多的论文之一,也是古德曼理论辩护者的又一个精致的版本。在该论文中,他提出了一个被称为指代-证明-诠释(Denotation-Demonstration-Interpretation,DDI)的说明模型。根据这个说明模型,表征典型地(虽然不是必然地)由这个模型中三个分立的要素描述,建模被认为由这三个要素构成,物理世界的元素由模型中的要素指代,模型具有一个内在动力学,它允许我们说明理论结论,如果我们要做预测的话,这些反过来需要解释。总之,DDI 说明能够被扩展到科学实践的不同方面。卡勒德和科恩认为,科学表征仅仅是一般表征(非自然的,如惯例)的另一种特例,因此不存在关于科学表征的特殊问题。他们指出一个格赖斯式(Gricean)概念阐明了一系列由科学表征产生的难题。埃尔金根据指代的功能对古德曼的说明做了延伸,认为它面临一个虚构或者非存在实体(如独角兽)的表征的问题。埃尔金认为,指代功能不是一个成功的术语,因此一个具有指代功能记号或者源,如独角兽的画像,不需要指代真实世界中的任何东西。

第二种是推理(inference)。这种紧缩观集中于表征推理的运用。苏雷兹[③]坚决反对科学表征的两个自然主义进路,即将表征还原到同构和相似。他区

[①] Callender C, Cohen J, "There Is No Special Problem about Scientific Representation", *Theoria*, Vol. 21, No. 55, 2006, pp. 67-85.

[②] Elgin C, "Exemplification, Idealization and Understanding", In Suárez M (Ed.), *Fictions in Science: Philosophical Essays on Modelling and Idealisation*, London: Routledge, 2009, pp. 77-90.

[③] Suárez M, "The Pragmatics of Scientific Representation", *Centre for Philosophy of Natural & Social Sciece*, DP 66/02, 2002.

分了表征的方式和成分,认为同构和相似是表征的普通方式虽不是普遍方式,但它们不是科学表征构成成分。在他看来,只有弱化自然主义进路才能放弃自然主义表征的目标,我们才能获得成功的表征理论。他提出表征是紧缩概念,认为这个概念通过两个必要条件使这个概念最小化。这两个条件是:表征本质上是意向的,并有能力允许替代推理与推论。这样,他借助推理概念试图克服同构与相似的内在矛盾,从而阐明科学表征的真理性和准确性。所以,苏雷兹①是表征的推理概念早期论述者,这导致康特萨②发展了他的"诠释变种"观点。布诺和考里范③、纽曼④近年尝试进一步将推理概念分别运用到具体的数学表征和解释中。载姆拉-波尼拉⑤和迪·多纳托等⑥试图为推理概

---

① Suárez M, "An Inferential Conception of Scientific Representation", *Philosophy of Science*, Vol. 71, 2004, pp. 767-779.

② Contessa G, "Scientific Representation, Interpretation, and Surrogative Reasoning", *Philosophy of Science*, Vol. 74, No. 1, 2007, pp. 48-68.

③ Bueno O, Colyvan M, "An Inferential Conception of the Application of Mathematics", *Noûs*, Vol. 45, No. 2, 2011, pp. 345-374.

④ Newman M, "An Inferential Model of Scientific Understanding", *International Studies in the Philosophy of Science*, Vol. 26, No. 1, 2012, pp. 1-26; Newman M, "Refining the Inferential Model of Scientific Understanding", *International Studies in the Philosophy of Science*, Vol. 27, No. 2, 2013, pp. 173-197; Newman M, "EMU and Inference: What the Explanatory Model of Scientific Understanding Ignores", *European Journal for Philosophy of Science*, Vol. 4, No. 1, 2014, pp. 55-74.

⑤ Zamora-Bonilla J, de Donato X, "Explanation and Modelization in a Comprehensive Inferential Account", In de Regt H W, Hartmann S, Okasha S, et al (Eds.), *EPSA Philosophy of Science: Amsterdam 2009*, Dordrecht: Springer, 2012, pp. 33-43.

⑥ *EPSA Philosophy of Science: Amsterdam*（2009年）是一部很有影响力的科学哲学文集,包括36篇论文,值得一读:①Boumans M. Modeling Strategies for Measuring Phenomena in and Outside the Laboratory; ②Bracanovic T. Mating Intelligence, Moral Virtues, and Methodological Vices; ③Cordero A. Rejected Posits, Realism, and the History of Science; ④ de Donato X, Zamora-Bonilla J. Explanation and Modelization in a Comprehensive Inferential Account; ⑤ Fagan M. Experimental Standards: Evaluating Success in Stem Cell Biology; ⑥Forber P. Modeling Scientific Evidence: The Challenge of Specifying Likelihoods; ⑦Friebe C. Persistence in Minkowski Space-Time; ⑧ Grose J. Genuine versus Deceptive Emotional Displays; ⑨ Houkes W.Tales of Tools and Trees: Phylogenetic Analysis and Explanation in Evolutionary Archaeology; ⑩ Kelp C, Douven I. Sustaining a Rational Disagreement; ⑪ Kietzmann T C. Philosophical

念提供布拉多姆①语言哲学的基础。

苏雷兹在《科学表征的一个推理概念》中提出了一个新概念——推理。他以紧缩观念和最小地描述科学表征的方式为推理概念辩护，区分了表征力与推理能力，认为正是表征力构成了模型建构的动力学。在苏雷兹看来，表征这个概念通过两个必要条件出现在科学中：它的实质性方向性、它的允许替代推理和推论的能力。推理概念比较成功地满足了对同构和相似作为科学

Accounts of Causal Explanation and the Scientific Practice of Psychophysics; ⑫ Kilinc B.Meta-analysis as Judgment Aggregation; ⑬ Laudisa F. The Uninvited Guest: "Local Realism" and the Bell Theorem; ⑭ Liston M. On Tins and Tin-openers; ⑮ Lombardi O, Fortin S, Castagnino M. The Problem of Identifying the System and the Environment in the Phenomenon of Decoherence; ⑯ Love A. Formal and Material Theories in Philosophy of Science: A Methodological Interpretation; ⑰ Lyons T D. Axiological Scientific Realism and Methodological Prescription; ⑱Martini C. Consensus Formation in Networked Groups; ⑲ Michael J. Mirror Neurons and Social Cognition: An Expanded Simulationist Framework; ⑳ Morganti M. Identity in Physics: Statistics and the (Non-)Individuality of Quantum Particles; ㉑ Muntean I. The Fiber Bundle at the Gates of Metaphysics. Challenging Maudlin's Proposal; ㉒ Needham P. The Phase Rule and the Notion of Substance; ㉓ de la Rosa L N, Etxeberria A. Pattern and Process in Eco-Devo: Descriptions and Explanations; ㉔ Persson J. Three Conceptions of Explaining How Possibly—And One Reductive Account; ㉕ Pettigrew R. An Improper Introduction to Epistemic Utility Theory; ㉖ Pietsch W. Defending Underdetermination or Why the Historical Perspective Makes a Difference; ㉗ Rusanen A-M, Lappi O. An Information Semantic Account of Scientific Models; ㉘ Saatsi J. Scientific Realism and Historical Evidence: Shortcomings of the Current State of Debate; ㉙ Pedro I S. Venetian Sea Levels, British Bread Prices and the Principle of the Common Cause: A Reassessment; ㉚ Sober E. Coincidences and How to Reason about Them; ㉛ Stanev R. Stopping Rules and Data Monitoring in Clinical Trials; ㉜ Stergiou C. Two Comments on the Common Cause Principle in Algebraic Quantum Field Theory; ㉝ Weber E, van Bouwel J, Lefevere M. The Role of Unification in Explanations of Facts; ㉞ Weirich P. Calibration; ㉟ Werndl C. Observational Equivalence of Deterministic and Indeterministic Descriptions and the Role of Different Observations; ㊱ Wuthrich C. Demarcating Presentism.

① 布拉多姆生于1950年，是美国著名哲学家，从教于匹茨堡大学，主要从事语言哲学、心灵哲学和哲学逻辑研究，在这些领域表现出系统的和历史的兴趣，被认为是美国实用主义哲学传统的一部分。他的两本重要著作是：*Articulating Reasons: An Introduction to Inferentialism*, Harvard University Press, 2000; *Making It Explicit: Reasoning, Representing, and Discursive Commitment*, Harvard University Press, 1994.

表征的异议，抓住了科学使用的认知表征的客观性，阐明了它们的真理和完备性，解释了表征的科学与艺术模式之间的类比来源。不过，这种观点也遭到语义论支持者的批判。

苏雷兹[①]反对休斯关于科学表征的 DDI 说明，认为它根本不能说明虚构体的表征问题，因为科学要求所指代的目标客体是实在的，只有弱化指代和诠释条件才能够说明虚构体，他因此修正和扩展了 DDI 说明模型。扩展的 DDI 说明模型揭示了科学表征的一个紧缩特性，即表征不是关系本身，而是通过在确定语境中按照确定的关系被例示的。这样，苏雷兹[②]进一步为修正的 DDI 说明模型和推理概念辩护，认为紧缩观类似于关于真理性质讨论中的同名立场(the homonymous position)，即这样一种论调——谓词"真"服从于实践层次，而不考虑任何对它的本质的更深入或更实质的说明。更一般地，对于任何概念 X，紧缩方法被定义为实质方法的对立面，在那里一个对于 X 的实质方法就是根据 P 的某些属性或关系 R 分析 X，说明和解释 X 的标准使用。因此，以三个清晰的观念——"非理论"观、"最小主义"观和"基于使用"观——来刻画科学表征的紧缩观就是可能的，这与哲学文献中关于真理的三个标准紧缩回应(反映论、符合论和融贯论)是一致的。在他看来，DDI 说明模型和推理概念都可能在这三种不同意义上得到适当的理解。这些紧缩的"解释学"(hermeneutics)的应用对 DDI 说明模型产生了重要的改进，进而与推理概念紧密联系。最后，苏雷兹认为这些方法或进路共同所具有的，即科学表征的任何紧缩说明的关键是，否定科学表征可能唯一地被还原到表征源或目标或它们的关系的任何实质性解释属性。

布诺和考里范声称，他们提出了一个由数学结构构成的不同类科学表征的推理说明。尽管他们反对表征的实质性概念(这里指"匹配说明")，但是他们仍然尝试说明模型的推理能力提升了结构关系。在数学哲学界，许多人主张一种结构方法来说明数学的应用，这种方法被称为匹配说明。根据这种

[①] Suárez M, "Scientific Representation, Denotation, and Fictional Entities", *Springer International Publishing*, Vol. 1, No. 2, 2015, pp. 331-341.

[②] Suárez M, "Deflationary Representation, Inference, and Practice", *Studies in History and Philosophy of Science* (Part A), Vol. 49, 2015, pp. 36-47.

说明，数学的适用性完全可以通过识别所研究的经验系统与那个系统的研究所使用的数学之间的相关结构相似性来说明。这种应用说明要求被使用的数学断言或陈述的真理性，但是不要求数学客体的存在。他们在论文中推断这种说明的缺点，并说明这些缺点如何通过数学应用的一个更宽泛的观点（推理概念）被消解。这里蕴含了一个根本性问题：一方面要求数学陈述的真理性，另一方面又不要求数学客体的客观存在，那么这种陈述的真理性如何保证呢？通过客观的经验检验是行不通的，那只有通过推理来保证了。推理的真理性又根据什么来保证呢？这是数学表征面临的一个难题。

康特萨进一步发展了苏雷兹对指代、认知表征与可靠认知表征之间的区分范围，勾勒了认知表征的一个诠释性说明。根据这种说明，对于某一个使用者，一个工具表征一个目标，当且仅当这个使用者根据这个目标采用这个工具的一个诠释，这允许它们执行从这个模型到这个系统的有效但不必然完全的替代推理。康特萨的诠释概念与苏雷兹的推理概念之间的主要差异在于：诠释概念是一个实质性说明，也即诠释不只是表征的一个征兆，它是使另一物成为一个认知表征所必需的东西。也就是说，康特萨提出了一个诠释的替代推理概念。

纽曼是圣迭戈表征学派①的一个重要成员，在《科学理解的一个推理模型》一文中，他进一步应用表征的推理概念，在推理概念的基础上区分了理解与解释，认为科学理解的两个近期说明（即同构和相似）是不正确的，并提出一个替代理论。纽曼的新推理说明吸取认知心理学的最新成果，揭示出在新信息的基础上进行因果和逻辑推理的重要性。为了理解一种现象，我们需要做出关于我们给出解释的特殊类型的推理，特别是，如果我们要科学地理解一种现象，那么我们需要发展心理模型来合并正确的因果和逻辑属性，用于负责说明要被解释现象的因果或逻辑属性。在《细化科学理解的推理模型》中，纽曼使用一个表征的计算说明的心理模型来论述他之前描述的科学理解的推理模型的细节，目的是阐明科学理解概念背后的可能机制。在他看来，如果心理模型是建模认知的一个似真方法，那么理解最好被看作特有规则的耦合。

---

① 该学派的成员还有卡勒德和库恩等，主要从事科学表征和建模的哲学研究，因此被称为圣迭戈表征学派。

他将我们的信念看作普通条件规则,将耦合过程看作与一个普通规则随后发生结果匹配的规则,并激活这个规则的前项,这个前项借助激活一个中间推理规则来实现与普遍规则的匹配。按照这种方法,一种解释的知识在一个认知等级结构中就是普通规则的激活,而当那些被激活的普通规则经过正确的推理规则也被耦合时,我们就获得了理解。他没有直接论述心理模型本身的似真性问题,也没有论证计算方法的心理适当性,而是在一个已假定的计算环境中细化推理模型。在《科学理解的解释模型(EMU)与推理》中,纽曼认为哈里法最近提出的EMU[①]是一个紧缩论题,EMU依赖于两个关键观念:所有理解相关知识本质上是命题的;我们用于形成理解的能力仅仅是我们普通的逻辑推理技巧。在这篇论文中,纽曼提出论证来反驳这两个观念,认为科学理解需要大量的非命题知识,这种知识不是通过逻辑关系被理解的。他使用科学理解的推理模型来揭示,我们如何最佳地表征什么构成了理解一个科学事件的过程。特别是,这个模型不仅说明了逻辑和概率推理,也说明了我们必须理解一个解释的那些概念联想和范畴化。

载姆拉-波尼拉和迪多纳托等主张,科学表征(模型)的推理特征能够根据布拉多姆的语义推理主义[②]来理解,他们试图说明布拉多姆的语义理论在发展科学模型中有资格和义务成为一种有益的类比。

(十)关于科学表征研究的杂交或混杂进路

皮尔士曾经在其符号学中指出,任何表征都是由符号本身、符号指称和符号解释项这三个不可还原的关系构成的,而且任何表征都是图像性、指示性和象征性的混杂或复合,例如,一幅人像,既是图像的、指涉某人的,也

---

① Khalifa K, "Inaugurating Understanding or Repackaging Explanation?" *Philosophy of Science*, Vol. 79, No. 1, 2012, pp. 15-37.

② 布拉多姆的语义推理主义坚持"自上而下"和"实质推理"方法,将概念内容、理由与推理联系起来,提出自己的推理主义语义学。在他看来,一方面,概念内容的确定取决于推理作用,而且这种推理必须建立在实质推理的基础上,而不是建立在传统的形式推理的基础上;另一方面,他将概念内容理解为既能充当也能满足理由的需要,而理由的观念是通过推理的形式来理解的。布拉多姆的这种推理主义主张,概念内容的确定并非来自表征外部世界的对象,而是来自系统中语句的推理过程。

是象征性的(如突出某人和蔼的一面)。原子的表征,既是概念指涉的、命题描述的,也可以是图像的、模型的表征。这种杂交或混杂的表征,其实就是同一对象的不同表征方式,这在科学表征中是非常普遍的。不过,皮尔士误将象征(symbol)当作表征(representation),笔者认为这是对表征的误解。因为表征是再现或呈现对象,不仅是符号化(象征[①])对象。比如,烟象征火,但不表征火;鸽子象征和平,但不表征和平。表征是具有指向的对应替代关系,它本身就具有符号性、指代性和解释性特征,是多种表征方式的综合或混合,因为任何表征不仅要指明所表征的对象,还要对其属性和结构等进行描述和做进一步的说明,这是任何单一表征方式所不能完成的。

刘闯在《科学表征概念的再膨胀》[②]中提出了一种关于科学建模的混杂观点(the hybrid view of scientific modelling),认为任何模型表征都有两种作用:一是必须使得使用者能够识别其表征的对象是何物;二是必须向使用者显示出它所模型化的对象是如何被刻画的。模型的这两种作用缺一不可,否则就不构成表征,也即,在科学建模中,这两种作用是相互结合和补充地来表征目标系统的。这表明:一方面符号性要素如名称、图标等指涉目标系统的因素;另一方面模型化要素如数学的、符号的、图像的、物理的,显示目标系统的属性、结构等特征。这种混杂观与紧缩观相对立,是对科学表征概念的再膨胀,因为紧缩是二元的,而混杂是多元的。从语境论来看,混杂观是有道理的,因为语境论也强调表征的多元性。刘闯还进一步认为[③],符号是方便的工具,它们的简单功能就是指代;而模型是认知工具,其主要功能是显示它们的目标客体在相关方面是相似的。他解释了这为什么与科学建模的紧缩观不相容。尽管同一对象可能服务于两种功能,但这两个工具(符号与模型)在概念上是确切的,大多数模型使用这两种元素。通过澄清这一点并与紧缩

---

① 笔者认为,象征是包含思想或意义的符号或记号,如各种图腾,它们不仅是图符,而且是社会化约定的结果,负载了特定的含义,如中国的龙图腾,但是我们不能说龙图腾表征了中国。

② Liu C, "Re-Inflating the Conception of Scientific Representation", *International Studies in the Philosophy of Science*, Vol. 29, No, 1, 2015, pp. 41-59.

③ Liu C, "Symbolic versus Modelistic Elements in Scientific Modeling", *Theoria*, Vol. 30, No. 2, 2015, pp. 287-300.

观进行比较,他进一步强化了紧缩观的一个替代说明——混杂说明。

总之,表征由于其多面性,是不能由单一方式来说明的。它本身蕴含了多样性,其表现方式也必然是多样的。因此,试图用单一方式来说明表征是不现实的,也是注定要失败的。多种方式的结合或从多角度说明表征才是科学的态度。

(十一)关于心理表征与认知科学的研究进路

在心灵哲学和认知科学领域,关于表征的文献也非常多。科学哲学家通常会浏览这些文献,借鉴其观点从中吸取灵感,尽管在这两个领域特别是心灵哲学中,表征被看作是心理状态,但这一点科学哲学家会刻意回避,因为这与目前关于科学表征的种种观点不相符。然而,科学哲学中的某些争论重复了这些领域的旧争论,比如,卡明斯[1]将科学表征作为同构的实质性观点与心理表征观点进行类比,认为心理表征是结构性的。这种观点与科学哲学中的同构观极为相似,也同样遭到了不少批判。特别是密立根[2]提出一种相当有吸引力的回应,沙格利[3]的一个说明从结构性的同构观吸取灵感,但不再尝试还原方法。在科学哲学领域,吉尔[4]一直尝试将认知科学用于科学表征,试图用认知方法解释科学表征,鲁珀特[5]对密立根的标志性著作《语言、思想和其他生物学范畴》[6]做了深入分析,拉姆塞[7]对表征做了深入的再思考,并提出了一个关于心理表征的部分取消主义策略。

心灵哲学家卡明斯的《表征、目标与态度》是一部关于心理表征的结构概念的开创性著作,在心灵哲学领域中有很大影响。密立根对这部著作的评

---

[1] Cummins R, *Representations, Targets, and Attitudes*, Cambridge: MIT Press, 1996.

[2] Millikan R G, "Review of Cummins, Representations, Targets and Attitudes", *Philosophy and Phenomenological Research*, Vol.60, No. 1, 2000, pp. 103-111.

[3] Shagrir O, "Structural Representations and the Brain", *British Journal for the Philosophy of Science*, Vol. 63, No. 3, 2012, pp. 519-545.

[4] Giere R N, *Scientific Perspectivism*, Chicago: University of Chicago Press, 2006.

[5] Rupert R D, "Mental Representations and Millikan's Theory of Intentional Content: Does Biology Chase Causality?" *Southern Journal of Philosophy*, Vol. 37, No. 1, 1999, pp. 113-140.

[6] Millikan R G, *Language, Thought and Other Biological Categories*, Cambridge: MIT Press, 1984.

[7] Ramsey W, *Representation Reconsidered*, Cambridge: Cambridge University Press, 2007.

论给心理表征的结构概念提出了许多问题,比如,心中的什么东西表征某物?卡明斯从前所未有的视角审查表征理论的相关问题,比如,什么信息在心中被表征?心理表征采取什么形式?表征图示在大脑中如何被执行?一个物体表征另一个物体是什么意思?不是采取通常的为"指代器"语义学的版本辩护的程序,卡明斯从表征错误的理论开始,使用这种理论限制表征内容的说明。因此,"污染"所有其他说明的误表征问题一开始就可以避免。他认为表征错误能够被包容,仅当一个表征的内容是内在的,也即独立于它在系统中的使用和因果作用。笔者认为,卡明斯的错误理论基于目标的目的论观念,这是一个意向概念但它不同于普通意向客体的概念,他使用这个概念提出表征的一个图解理论和命题态度的一个说明,这不同于概念角色语义学、福多的心的表征理论(RTM)和普特南的孪生地球假设。

沙格利在《结构表征与大脑》中表明:认知科学家倾向于从神经生物学和神经学尝试理解心理表征,但不能将心理表征还原为任何结构映射。关于表征,拉姆森认为结构表征的概念是由经典认知理论(计算表征主义)提出的,包括联结主义建模。沙格利对这种联结主义的新说明提出挑战,认为它也假定了结构表征。事实上,这个概念在当代认知神经科学的计算方法中起到了重要的理论作用。他以眼球运动系统的计算工作为例,详细论述了结构表征的概念。

吉尔的《科学透视主义》继续为他的认知科学作为理解科学建模的工具的观点辩护,特别是在第5章,他提出一个分布式认知建模方法。事实上,许多人假设科学家断言的客观真理,但是历史学家、社会学家和科学哲学家一直认为,科学断言反映特定的历史、文化和社会语境,这些断言正是在这些语境中得出的。科学知识的本质不是绝对的,因为它受到实践和人类观点的影响。科学透视主义主张观察和理论化的行动都是透视的,这种特征使得科学知识成为有条件的,正如科学史家库恩20世纪60年代所讲的那样。吉尔通过人类的色彩视觉例子来阐明他的透视主义理论如何起作用。在他看来,色彩在客观上是不存在的,相反,色彩是世界的某些方面与人的视觉系统之间相互作用的结果。他将这个论点延伸到人类感知的一般解释,而且有争议地延伸到科学观察,并推测科学仪器的输出是透视的。他进一步认为,复杂的科学原理并没有对世界做出任何断言,而是基于模型的原理能够被用来对世界的特定方面做出断言，比如，麦克斯韦方程(数学模型)描述了电和磁场的行为。通过审视科学哲学中过去30年的各种争论，吉尔认为科学工作者将对他的科学透视主义产生兴趣。

鲁珀特认为，密立根运用生物功能概念来解决哲学问题，这些问题涉及语言现象、思想和意义。根据密立根的理论，语言和思想是生物有机体的活动，当试图回答相关哲学问题时，我们不能忽视这一点。在这里，密立根运用生物功能概念来解释，为什么自然中的一个物体关涉另一个物体，比如，蜜蜂跳舞的行为与花蜜源的场所相关。而鲁珀特所关注的是，密立根的意向性说明是否适当地解释了人类如何以语言或思想方式获得其环境中的个体或群体的指称。通过将她的意向内容理论加载到人类活动上，密立根在很大程度上集中于自然语言的讨论。或者说，支撑密立根意向内容理论的是生物学和心理学原理，这是一种自然主义的方法，因为自然语言的术语和语句是生物学范畴的，意向内容是心理学层次的。这涉及心理表征的内容问题。鲁珀特已经意识到，将密立根的理论运用于解释心理表征的内容可能面临一个意义空泛问题，即心理表征如何加载自然语言内容的问题。如果我们将密立根的理论看作意向内容理论，试图解释指称的本质，那么该理论缺乏一个极其重要的方面，那就是，密立根要解释一个心理或自然语言术语如何指称一个生物功能。事实上，密立根并没有告诉我们在自然顺序中是什么构成了指称关系。

拉姆塞的《表征再思考》是一部关于认知科学中心理表征的极有洞见的著作，其中提出了一个大胆的创新观点，即科学心理学中关于心理表征的部分取消主义或部分排除主义(partial eliminativism)。按照拉姆塞的这种观点，一旦我们审查需要满足某物有资格作为一个表征的条件，我们就能够看到那些条件并没有得到大多数现代心理学所主张的"表征"的执行。认知科学也没有理由为这种表征辩护。事实上，拉姆塞的论证结构重复了丘奇兰德、斯蒂克的取消主义策略。该策略包括三个步骤：第一，为了证明某物表征另一某物 X，那个某物必须满足一个确定描述 D，如信念必须满足大众心理学的描述；第二，主张表征是我们的最佳知识，就没有什么满足那个描述 D，如大众心理学是错误的；第三，得出结论——由于没有什么满足描述 D，就不存在 X，如没有信念。这是该策略如何执行的问题。一方面，拉姆塞为一个表征必须满足的某种最小条件辩护，他称之为"工作描述"（job description）；另一方面，他详细、深入地考察了当前最佳心理学理论使用表征概念的方法，认为这些使用方法没有一个满足与一个真实表征相关的工作描述。不过，他并不否认经典认知计算理论提出的一些表征的确有资格作为真实表征。拉姆塞声称，那些经典理论在认知科学中是少数，而且在该领域不断萎缩。因此，拉姆塞得出结论，在大多数认知科学中，不存在任何心理表征。在笔者看来，这个结论过于悲观，无论是在心理学上还是在认知科学上，心理表征都是一个不可忽视的概念。近年来，大量关于心理表征的文献业已说明，心理表征的研究对于科学表征问题的进一步探讨和说明是不可或缺的。

在纯粹心理表征研究方面，范·埃卡德[①]对拉姆森的观点——联结主义表征不能获得它的解释必然性——进行了反驳。他首先识别了两种解释需要：相对于一个可能解释的需要和相对于一种真解释的需要，认为内在表征对于联结主义或非联结主义的可能解释都是不需要的，但是它们对于真实解释很可能是需要的。然而，要表明后者的确如此，就需要更多考虑涉及的解释形式。但是，如何选择解释形式又会面临问题。

罗林斯[②]认为，图像表征是认知科学与美学共同感兴趣的一个主题。标准描写理论通常刻画图像科学，而图像科学必须给出图像感知的一个说明。然而，标准描写理论不能给出适当的说明。罗林斯描述了感知新理论的描述方法，这种理论将表征主义的元素与强调注意与运动控制的观点相混合。事实上，这种理论在感知任务中限制了对心理表征的依赖。罗林斯的研究为描写理论提供了基础，而在描写理论中图像表征是根据心理表征和感知策略来解释的。在这种情形下，他主张心理表征最可能通过功能和概念作用被具体化，而不是通过它与外在世界的联系被具体化。

莫里斯[③]主张，在"表征"被心的计算理论使用的意义上，不存在任何心

---

① von Eckardt B, "The Explanatory Need for Mental Representations in Cognitive Science", *Mind and Language*, Vol. 18, No. 4, 2003, pp. 427-439.

② Rollins M, "Pictorial Representation: When Cognitive Science Meets Aesthetics", *Philosophical Psychology*, Vol.12, No. 4, 1999, pp. 387-413.

③ Morris M, "Why There Are No Mental Representations", *Minds and Machines*, Vol. 1, No. 1, 1991, pp. 1-30.

理表征。他把卡明斯的意义和心理表征作为他的"借口",认为卡明斯的观点一旦被适当地加以发展,就会弄巧成拙,因为这种论证含蓄地、逐渐地削弱了福多的心灵观。由此他得出结论:心理表征观点只能通过诉诸丹尼特式的工具主义得到拯救。不过莫里斯不赞成这种方式,认为没有任何好的形而上学理由来支持我们相信心理表征,认知科学不用心理表征概念也能够很好地运作。因此,心理表征如何得到认知科学的支持是心理学家面临的一个重要问题。

巴特勒[①]认为,联结主义为统一神经科学、计算科学和认知心理学提供了希望。这种希望遇到了某些来自经典计算主义的挑战或抵抗,因为正是它激发了联结主义者为了捍卫联结主义模型而反击计算主义。在这篇论文中,巴特勒通过审查三个密切关联的问题,证明联结主义的主张是错误的。然而,他强调这不能被理解为是对联结主义的攻击,因为被放大的联结主义的不适当观点能够通过修正得到"治疗"。联结主义不能解决虚幻问题,但这不是它的过错。

马迪克[②]指出,许多人极力主张,对意识的物理主义心理学理解的最大障碍是在与意识的主体性连接中产生的问题。这些问题实际上大多数是在考虑反对物理主义的知识论证中被表达的。马迪克通过解释心理表征可能是透视的方式,提出意识主体性的一个新说明。这个新说明的决定性特征涉及包含在感觉经验中的表征,与图像表征显示透视图或观点的方式之间进行类比。这样,主体性的综合说明为物理主义能够给知识论证做出最强回应提供了一个基础。

布亚特[③]对近期的认知信息学的一些重要问题和核心概念做了梳理和评述,认为认知信息学的许多核心概念和计算的一般领域的某些观点是基于无实际根据的实在论假设和被称为表征的功能主义观点。他认为这些观点即使是一种被修正的形式,也能够得到辩护,在传统计算观点之外一定存在某些更广泛的基于信息的表征观。这为科学表征研究提供了一个新的方向,同时

---

① Butler K, "Representation and Computation in a Deflationary Assessment of Connectionist Cognitive Science", *Synthese*, Vol. 104, No. 1, 1995, pp. 71-97.

② Mandik P, "Mental Representation and the Subjectivity of Consciousness", *Philosophical Psychology*, Vol. 14, No. 2, 2001, pp. 179-202.

③ Bryant A, "Cognitive Informatics, Distributed Representation and Embodiment", *Brain and Mind*, Vol. 4, No. 2, 2003, pp. 215-228.

也产生了表征与信息的关系问题和信息表征的语义问题。

拜勒[1]通过审查关于表征的各种哲学争论焦点,为心理表征的二元方法辩护。这些争论焦点包括:表征是概念的还是非概念的;假如心理表征是概念的,那么有意识的感知表征是否是类比的或数字的;假如表征的内容是其表达的概念,那么这个内容是否是外延地或内涵地被具体化的;内涵概念是否是由外延或内涵条件具体化的;假如概念内容是被外在地决定的,那么概念的占有条件是否是外在的或内在的。最后,拜勒审查了表征与意识之间的关系,认为心理表征的任何说明对它本身都不是充分的,尽管对意识的一个完全说明是必要的。

斯库贝纳[2]指出,认知的嵌入和延展方法极力主张:复杂的内在表征可通过让环境属性控制行为而被避免;环境结构在认知中起到启动作用,允许先前认知过程解决新任务。这些方法自然处于反对"语言结构化的论点"的位置,使用语言的能力在心理表征中引起一个大规模的语义结构的重演。采取这种立场的著名哲学家包括克拉克、维勒和罗兰兹,他们明显是联结主义者,积极倡导心理表征的说明。斯库贝纳深入研究了人工神经网络中的形式语言计算,研究结果表明:语言结构化的一种强形式是正确的,也即内在表征系统重述了重要的语义结构,甚至心理表征的联结主义说明也是如此。这一结论与认知过程中语言结构所起作用的嵌入和延展说明是一致的和互补的。

卡特和奥卡斯福德[3]认为,反事实和因果性是智能的核心,无论这个智能是自然的还是人工的,都有助于为形式地分析因果性创造一个丰富的数学和计算框架。他们在这里引出认知科学中这些观点与各种当前争论问题之间的联系,包括心理程序和心理表征的本质,认为由算法和数据结构构成的程序具有一个因果(反事实支持)结构,这些反事实能够揭示心理表征的本质。程

---

[1] Bailey A R, "Representation and a Science of Consciousness", *Journal of Consciousness Studies*, Vol. 14, No. 1, 2007, pp. 62-76.

[2] Schonbein W, "The Linguistic Subversion of Mental Representation", *Minds and Machines*, Vol. 22, No. 3, 2012, pp. 235-262.

[3] Chater N, Oaksford M, "Programs as Causal Models: Speculations on Mental Programs and Mental Representation", *Cognitive Science*, Vol. 37, No. 6, 2013, pp. 1171-1191.

序也能够提供外在世界的一个因果模型。这种模型在感知、认知和语言加工中是普遍存在的。科学表征的情形或许也是如此。

(十二)关于艺术表征与科学表征类比的研究

科学哲学家一直重视向其他学科学习，特别是最近几年他们转向关注美学和艺术哲学中关于表征的看法。事实上，表征的科学模式与艺术模式之间的类比，的确为我们更好地理解科学建模提供了大量的文献和有益的观点。

关于美学中的表征，艺术哲学中的一个经典文本是上述提及的古德曼的一本书，该书提出的"指代"作为表征的理论对当前关于科学表征的讨论产生了极大影响。除此之外，还有一些文献对科学表征也产生了相当大的影响，这些文献包括：冈布里奇[①]首次提出表征的替代说明，在该领域产生了重要影响；乌尔亥姆[②]尝试对艺术中的表征进行哲学探讨；洛佩斯[③]对古德曼的相似理论做了全面评价；库尔维奇[④]则发展了古德曼的方法。

冈布里奇的《艺术与幻想》是一部关于想象-制造的经典著作。它试图回答一个简单的问题——为什么存在想象这样一个思维风格？这个问题虽然简单但却难以回答。通过对图像表征的历史与心理学的广泛探讨，冈布里奇审视、质疑和重新评价关于模仿的本质、传统的功能、抽象问题、透视的效力和表达的诠释等问题，所有这些问题揭示图像表征远不是一个简单的问题。冈布里奇严格运用实验科学的发现来理解艺术，解决复杂观点和理论问题。然而，他总是对人类大脑的无限能力保持好奇心，以认真、精细的态度看待世界与创造艺术之间的关系。表征问题是艺术史的基础，表征替代观与目前科学哲学家强调的模型的自主性是一致的。

乌尔亥姆是英国著名的哲学家，他提出一个新概念——"眼见"(seeing-in)，这个新概念诉诸某些基本和原始的心理倾向，将"眼见"与心

---

① Gombrich E H, *Art and Illusion*, London: Phaidon Press, 1960.
② Wollheim R, *Painting as an Art*, Cambridge: Harvard University Press, 1987.
③ Lopes D, *Understanding Pictures*, Oxford: Oxford University Press, Clarendon Press, 1996.
④ Kulvicki J, "Pictorial Representation", *Philosophy Compass*, Vol. 1, No. 6, 2006, pp. 535-546.

理表征联系起来探讨显现象与隐现象之间的内在关系。这是通过视觉表征探讨心理表征的一种方法，科学表征也与此相关。

洛佩斯的《理解图像》是一部全面论述艺术哲学中关于表征观点的著作，它对艺术表征的相似理论做了深入的分析与评价，而相似理论是科学哲学家一直用于说明科学表征的观点，这对库尔维奇的工作产生了重要影响。洛佩斯认为，刻画世界有许多方式，如X线照片、立体派拼贴画、美国印第安人分体式肖像、两点透视图画等，每一个都在不同程度上表征了它们的对象。在他看来，识别图像的主体类似于认知其外观不断变化的客体。他提出一个图式来分类图像表征的不同方式和它们具有的不同类的意义，认为描写的认知价值在于它的表征多样性。他还提出图像经验现象学的一个新说明，即将图像与视觉假体进行比较，类似于镜子与双筒望远镜的关系。这对科学表征研究具有重要的启示意义。

库尔维奇支持古德曼的表征作为指代的符号系统观，并做了进一步的发展，认为地图、注释、描述、图解、流程图、照片、绘画和印刷品等，所有这些都以一种或另一种方式尽量关涉某物或替代某物。他探讨了哲学家解释图像表征世界的三种方式，描述了某些主要的感知说明，详细探讨了表征的内容和结构替代物，提供了一个进入表征领域的方法。

关于科学表征与艺术表征，有关文献主要论述的是二者之间的类比。苏雷兹[①]是早期尝试探讨这两种表征之间类比的科学哲学家之一，他在这篇论文中引入了理论表征与非表征使用的区分，根据毕加索等的绘画阐明了这种区分，并通过艺术表征类比科学表征。

戴布斯和瑞海德[②]提出科学中表征的一个惯例主义说明。他们将客观性与结构不变性或对称性这两个通常混淆的概念区分开来，强调我们需要选择任何表征的惯例属性，这些属性能够通过表演艺术的例子来阐明。大多数观察者同意，现代物理学理论试图提供实在的客观表征。然而，表征是基于惯例

---

① Suárez M, "Theories, Models and Representations", In Magnani L, Nersessian N, Thagard P (Eds.), *Model-Based Reasoning in Scientific Discovery*, New York: Springer, 1999, pp. 75-84.

② Debs T A, Redhead M, *Objectivity, Invariance, and Convention: Symmetry in Physical Science*, Cambridge: Harvard University Press, 2007.

选择的这种观点被许多人看作是对其客观性的否定。因此，表征中的客观性和惯例性常常被表达为对立的两极。他们通过对现代物理学中的对称性进行新的评价，对相对论和量子力学进行详细的案例研究，发现物理科学尽管依赖于惯例，但可能产生实在的客观表征。他们的研究表明：实在论者和建构论者已认识到他们各自理解科学的重要因素是不矛盾的。他们提出的"透视不变主义"观点强调了物理学中对称性方法的缺点。对于建构论者，这种观点说明表征依赖惯例进入技术科学的领域；对于实在论者，这种观点作为证据反驳了"惯例性削弱了客观性"的主张。当坚持科学文化的观点时，他们认为我们应该相信存在一个真实的本体论。

唐尼斯[①]的《模型、图像与表征的统一说明：美学对科学哲学的启示》从美学表征观审视科学表征，认为古德曼和洛佩斯反对相似性论证的类比，也反对表征的实质性概念。他首先讨论了吉尔的模型表征观和弗雷赫的同构观，提出论据反驳他们的观点，认为相似和同构都不能说明科学表征的本质，模型的功能不仅仅是表征，它还有别的功能，如解释和推理。科学想象具有推理能力，但这种能力不是表征关系，而是认知能力。

弗丽嘉和哈特尔[②]所编是2006年在伦敦召开的关于"艺术与科学中的表征"会议文集，其内容包括虚构表征、模型与寓言故事、言外表征言语行为、表征的功能对信息概念，以及其他与科学哲学和艺术哲学相关的主题。其中，查克拉瓦迪的《科学表征的信息对功能理论》[③]认为，关于科学表征的本质的两种理论似乎是冲突的，"信息观"强调表征（模型、理论、图解、模拟等）与其目标系统（真实现象、客体）之间的客观关系，如相似、同构和同态，而"功能观"强调表征过程中连接目标系统的认知活动，如诠释和推理。他们认为这两种观点都有缺陷，它们应该是互补的而不是冲突的。

[①] Downes S, "Models, Pictures and Unified Accounts of Representation: Lessons from Aesthetics for Philosophy of Science", *Perspectives on Science*, Vol. 17, No. 4, 2009, pp. 417-428.

[②] Frigg R, Hunter M (Eds.), *Beyond Mimesis and Nominalism: Representation in Art and Science*, Berlin, New York: Springer, 2010.

[③] Chakravartty A, "Informational Versus Functional Theories of Scientific Representation", *Synthese*, Vol. 172, 2010, pp. 197-213.

查克拉瓦迪①还在《科学中的真理与表征：源于艺术的两个启示》中探讨了科学知识与艺术知识之间的类比。实在论者认为，我们的最佳科学表征真实地描述了世界的可观察和不可观察属性，这涉及近似真的概念。然而，由于理论和模型不是绝对地真，实在论者要求科学陈述尽量排除错误而逼近真理。在查克拉瓦迪看来，这种传统的近似真理的方法没有充分关注科学知识的这两个属性之间的区别，而每个属性在科学和艺术的表征实践之间的类比都有助于我们理解科学表征。科学中常使用的抽象化和理想化方法通常会背离真理，艺术中的抽象化与理想化在近似真理的意义上显然是不同于科学的，也就是说，这两个概念是异质的，在不同的表征语境中近似真理是可多重实现的。艺术中的现实主义与非现实主义表征之间的区分，对于科学哲学中实在论与非实在论表征之间的区分是有启迪意义的。

（十三）关于元表征与表征变化的研究

这是被科学哲学界普遍忽视的研究领域。笔者考察了科学表征主题下许多著名科学哲学家论著的文献，发现其中竟然没有一个人引用海里根②的著作。为什么会出现这种难以理解的现象呢？笔者认为原因可能主要有两点：一方面，科学哲学家关注的是科学表征的属性和认知机制，忽视了表征本身的研究，即对表征的元研究；另一方面，科学哲学家关注本学科的文献和研究动态，忽视了科学家对表征的及其变化的研究。还有一点可能是该书过于数学化和专业化，其他领域的人理解起来有难度。

《表征与变化》③是一部跨学科研究的成果，涉及认知科学、系统理论和理论物理学，它在系统理论框架下，探讨表征、元表征及其适应性变化的问题，具体说就是，对物理学理论进行认识论分析，并将认知科学概念应用于

---

① Chakravartty A, "Truth and Representation in Science: Two Inspirations from Art", 2007-07-26, http://philsci-archive.pitt.edu/3397/.

② 海里根在布鲁塞尔自由大学获得数学物理学博士学位，主要从事系统理论与认知方面的研究。他一直在自由大学从事复杂进化的建模研究以及复杂问题的计算机模拟与问题解决的应用研究，是一位有哲学头脑的科学家。他的元表征研究具有形而上学的特征。

③ Heylighen F, *Representation and Change: A mentarepresentational Framework for the Foundations of Physical and Cognitive Science*, Ghent: Communication & Cognition, 1999.

其中来探讨科学表征的适应性变化。这种分析产生的一个基本概念是"区分守恒"(distinction conservation)，这一概念贯穿全书，它对于区分非经典表征(相对论、量子力学和热动力学)与经典表征(经典力学)是充要的。海里根发现，最重要的物理和认知过程是非经典表征的，也就是区分不守恒，而建模及其解释的范式基本上是经典表征的，也就是区分守恒的。这反常地导致了概念问题，如量子力学的悖论。为了解决这些问题，海里根提出一个"适应性元表征"(adaptive metarepresentation)概念，它构成了非区分-守恒结构和表征变化的一个总表征框架。总的来说，作者所持立场是一种数学的形式主义(运用布尔代数和群数学表征)，与科学哲学中的表征结构主义(同构、同态、映射)的思想基本是一致的。海里根的工作其实是科学表征的应用研究，这将有助于我们将科学表征看作一种适应性关系，科学认知就是适应目标系统的过程，量子力学、相对论、时空理论、热动力学、生物学和化学的表征可能皆是如此。

二、国内研究动态分析

国内关于科学表征及其相关问题的研究主要体现在以下十一个方面。

(一)关于表征与认知的基本问题

刘西瑞[①]从人工智能哲学角度提出，表征是作为认知对象的替代物而存在的，是在思维中可以被加工的形式，其物质承担者是大脑的神经系统。但神经系统如何进行加工目前还难以说明，对其说明的是在心理层次展开的，这就是通过知觉表征、自然语言和科学知识表征三种形式实现的。刘晓力[②]认为，表征一般来说是外部事物在心理活动中的内部显现，是以某种事物表示其他事物，这就是表征内容与表征的意向性问题。这就是说，表征是被表征客体的中介或替代物，这显然是一种工具主义表征观。从根本上说，在表征关系中，表征物如模型、命题等是作为中介工具起作用的。笔者赞成这种作为工

---

① 刘西瑞：《表征的基础》，《厦门大学学报》(哲学社会科学版)2005年第5期，第25—31页。

② 刘晓力：《表征与行动》，见《"分析哲学：中国与世界"上海国际研讨会暨第七全国分析哲学研讨会论文集》(未出版)，2011年10月28日。

具的表征主义，只是不应该忽视这种工具是"语境中的工具"，即表征是语境化的。

刘晓力进一步通过对安德森和罗森伯格 2004 年提出的"作为行动指南的表征理论"（GTR）的深入分析，认为 GTR 试图以行动的意向性代替表征的意向性，最终建构一种交互式的基于感知优先的表征理论。这可能是一种可与因果论、目的论语义学和功能作用语义理论竞争的新表征理论。然而，通过对 GTR 的自然主义进路和进化-涉身认知理论背景的分析，刘晓力指出由于 GTR 引入了"使用标准"和"信息假设"等概念，它包含了某种循环论证，不仅没有克服流行的表征理论的根本缺陷，也未能对表征内容给出一种不依赖意向性的自然主义说明，因而原来期望消除感知系统和高阶认知系统在表征层面的差别以将行动概念进行某种拓展的目标落空，这是因为 GTR 本身存在理论缺陷，不能完全令人信服。这是国内学者首次对 GTR 所做的有创见的评价。

李恒威和黄华新[①]通过对认知科学中的继符号主义和联结主义后新兴起的认知动力系统理论的比较分析，发现动力主义和符号主义之间的一个基本分歧是关于表征在认知发展中究竟起何种作用的问题。物理符号主义假设认为，符号表征的计算对于认知是充分和必要的；而持强耦合观点的动力主义者认为，表征对于认知系统是不必要的。他们从认知发展入手，将认知发展区分为感觉运动、意象表征和语言表征三个层次，主张表征对于认知是必要的，但不是充分的，因为种系演化和个体发育中存在一个非表征的认知期。不过他们也反对动力主义完全否定和反对表征的强耦合的观点，得出耦合不存在完全的表征，但不完全表征在人类的认知活动中是普遍存在的结论。这是将表征与认知发展相结合来探讨认知表征的问题，得出了有新意的观点，对科学表征有重要的启示。

（二）关于科学表征与实践介入

这一主题是从王巍关于《表征与干预：哈金的实在论辩护》[②]开始的，2011

---

① 李恒威、黄华新：《表征与认知》，《中国社会科学》2006 年第 2 期，第 34—44 页。
② 王巍：《表征与干预：哈金的实在论辩护》，《中国社会科学报》2010 年 3 月 18 日。

年他与孟强合作翻译出版了哈金的《表征与干预》(科学出版社 2011 年)。哈金的"表征"针对的是表征对象的科学实在论问题,"干预"(介入)指实验科学的介入问题,说明实验具有独立于理论的特征。哈金认为,如果我们能够利用理论概念通过实验成功地干预世界,那么这些理论概念就是实在的,因而提出一种实体实在论或实验实在论。

同年,成素梅翻译出版了帕特里克·苏佩斯的《科学结构的表征与不变性》(上海译文出版社 2011 年)。苏佩斯认为,科学哲学中运用形式方法的一个根本原因是有一个固定的指称框架,这种指称框架就是集合论方法,它可以被用于组织许多理论。显然,苏佩斯主张的是一种公理化方法,表征的不变性就是指这种方法。这其实是一种紧缩的表征观,因为表征的二元结构无论是在构成元素数目上,还是在用集合、概率描述上,都是固定的,也就是说,表征关系是不可还原的。

吴彤[①]从科学实践哲学立场出发,认为科学活动本身既包括"表征"(representing,动词),也涉及"介入"(intervening),介入活动是其中最为重要和主要的部分,但介入活动在传统科学哲学中注重表征而忽略了介入,这种倾向被称为"理论优位",是一种极端的表征主义。他反对这种类型的表征主义,并将表征(representation)称为"表象"。笔者认为"表征"与"表象"是相关但不同的两个概念,表象是外在物体在心中形成的形象,即心理图像,它是一种从外而内的生成过程;表征则是用一物体描述另一物体,两种物体都是外在于心的客体,本质上是一种从内而外的生成过程。另外,表象主要是心理学的概念,其表现形式是心理表征;表征则主要是哲学概念,强调通过某个中介如模型、命题等对世界的某方面的描述,科学表征则更强调对自然类的描述和解释。

刘高岑[②]探讨了科学研究中的图像表征方法及其功能,认为图像表征是科学表征的三种基本形式之一。与语言描述、数值表示等表征形式相比,图像

---

① 吴彤:《科学研究中的表征——从科学实践哲学的立场看》,《哲学分析》2012 年第 1 期,第 18—30 页。
② 刘高岑:《科学研究中的图像表征方法及其创新功能》,《科学学研究》2011 年第 12 期,第 1780—1785 页。

表征能够直接给出研究对象的多层次的抽象信息，因而具有特殊的认识论地位和方法论意义。然而事实上，图像只是科学表征特别是具象表征的形式之一，抽象的模型和符号才是科学表征的主要形式，图像由于其视觉表征的特征，由初始认知的主要表征形式成为高级认知的辅助表征形式，毕竟"看见"对于抽象思维作用有限。"看见"的不一定是真实的。

（三）关于科学表征的隐喻与语境化建模

郭贵春等[①]基于语境实在论探讨了科学表征中的隐喻建模问题，认为隐喻建模是将隐喻方法与模型方法相结合的一种表征形式，其本质是基于隐喻推理进行科学建模的表征实践；而隐喻建模必须被置于语境框架中，具体体现为建模主体的意向性、表征关系的精确性和建模对象的实在性。他们进一步认为，隐喻表征基于动态层级性与语境关联性，科学家可通过隐喻建立起依托于相似性的连接，即将两个事物置于相似的语境中加以解释，从而达到对新事物的科学表征。这的确是一种新颖的观点。它强调隐喻在建构科学表征中的重要性，认为隐喻的互动性和层级性是以语境关联相似性为前提的，因此隐喻最终表现为一种动态的层级体系。这是通过隐喻方法对客观实在的一种语境化建构，因为只有通过语境的不断重构，才能真正把握隐喻表征的实质和有效性。安军[②]基于对科学类比、科学模型与科学隐喻的区别和关联的考察，分析了它们之间存在的家族相似性，认为科学类比和科学模型均蕴含着隐喻思维。这表明，隐喻对于我们理解世界的作用是不可或缺的。

然而，隐喻表征不能代替数学和逻辑表征，它只是为科学理论的实践提供了一种新的可能性，而且隐喻建模的根据是语境的相似性，相似性作为可靠表征的依据是有问题的。因为表征关系不仅仅是相似，更包括同构、推理、指代等。比如，董冉功[③]对隐喻与科学模型之间的关系的分析，不仅说明隐喻

---

① 郭贵春、杨烨阳：《科学表征中的隐喻建模——基于语境实在论》，《哲学研究》2016年第2期，第110—116页。

② 安军：《家族相似：科学类比与科学模型的隐喻思维特征》，《科学技术哲学研究》2009年第26卷第4期，第21—25页。

③ 董冉功：《隐喻与科学模型》，《图书情报导刊》2005年第15卷第19期，第186—187页。

在建构科学模型中起着十分重要的作用，尤其是当模型用于表示尚未认识的对象时，而且指出了并不是所有的模型都是隐喻性的，即便是隐喻性的模型，也不一定能对研究对象加以准确和恰当的表征。这说明隐喻建模虽然很重要，但其局限性也是显然的。可以肯定，科学要建构出意义世界，语境是必需的。因此，立足语境实在论立场来审视科学表征的结构、意义和功能，就是一种必然趋势。这是笔者采用语境框架和语境实在论立场解决科学表征问题的主要依据之一。

（四）关于科学表征的语用学进路

李平等[1]通过考察当代语用学进路的三种科学表征学说——语义学、推理观和虚构观，认为科学哲学近20多年发生的重要变化之一就是在科学理论的语义学进路不断推进的同时，语用学进路在多条路线上兴起。在科学表征问题上，语用学进路不仅要回应"模型何以能够成为现实世界对象的表征"这类传统的语义学问题，还要分析理论建模，即表征活动的要素和环节，说明科学家是怎样运用模型来表征现实世界对象的。他们指出，科学表征的语用学说明是作为语义学进路的辩护和修正出现的，但将语用学进路片面理解为表征手段是错误的，推理观和虚构论至多能够说明模型的可表征性，并没有真正揭示模型的表征性。

李元明[2]通过分析范·弗拉森和吉尔的表征思想，认为他们都将科学理论理解为由非语言实体的模型集合构成的体系，都在表征问题上突出科学主体的作用，并因此选择了语用学进路。但在模型本体论、科学表征及对待科学实在论的态度方面，他们之间存在根本的差别。王伟[3]梳理了语义学和语用学这两种科学表征的说明理论，认为语义-语用的融合是在对语义学的批评中发展起来的第三条进路，而且从范·弗拉森、吉尔到彻库瓦尔提，融合的趋向越来越明显，几乎成为一体。然而，语义-语用进路的融合不能代

---

[1] 李平、丰正鑫：《科学表征的语用学进路》，《现代哲学》2014年第2期，第90—97页。

[2] 李元明：《科学表征语用学两种进路探索》，《科学技术哲学研究》2016年第2期，第6—11页。

[3] 王伟：《科学表征理论发展的新趋势》，《人文杂志》2017年第2期，第22—26页。

替语境进路，语境进路才是语义-语用进路之后的一种新趋势，因为语境囊括了语义与语用。

显而易见，上述对语用进路的探讨主要是对国外科学表征研究的述评，没有建立自己的科学表征说明理论或方法论，如生成进路、信息进路、生物符号学、语境进路等。笔者认为，语用表征是一种基于语境的认知推理，也是一种语境论的知识表征观。它不仅消解了关于模型的反结构主义的质疑，而且有助于将心灵、语言和世界整合于模型的建构之中。科学家的认知能力在确认目标系统的潜在粗略结构方面发挥着重要作用，而且这种结构处于语境之中。基于认知科学的语用模型表征，经过逻辑的重构，使认知和逻辑在语境基底上走向协同，并表现出有力的认知推理的功能。

(五) 关于科学表征的同构说明

孙保学[①]认为，科学模型究竟如何表征其目标系统，语义论长期支配着我们对科学理论和模型的理解，而且科学表征并不能根据模型和目标系统之间的同构关系获得解释，结构同构观并不是一种可行方案。因为模型虽然包含结构，但科学表征不能仅仅还原为结构表征。科学表征依赖于对目标系统具体的信息描述，并且与实际的推理功能紧密关联。在这里，作者将语义论与同构观混同，这是一种误解。同构观是一种严格的数学结构主义，强调表征物与被表征物之间的一对一映射；而语义论虽然也接受结构主义的映射观点，但更强调表征物对被表征物内容或意义的映射，而且突出科学理论是模型的集合。由于语义论强调模型与其表征对象的映射关系，因此被认为是结构主义表征理论的翻版。这种映射的语义论已经受到许多批判，因此，笔者这里所做的批判性梳理工作有一定意义。

(六) 关于表征的因果说明

因果说明是科学表征的一种习以为常且作为潜在接受的观点。彭新波[②]从

---

① 孙保学：《结构同构与科学表征》，《自然辩证法研究》2015年第8期，第9—13页。
② 彭新波：《社会科学中因果关系的模型表征》，《自然辩证法研究》2016年第6期，第9—13页。

社会科学中的因果关系模型说明可操控性论和机制论是社会科学哲学中关于因果关系问题的两个主要理论,而这两个理论之间需要考虑社会科学中的因果关系的模型表征问题。语义模型研究所遭遇的问题和提出的解决方案对推进社会科学哲学中的因果关系问题有启发性,而可操控性理论对机制论的批判和对克服语义模型遇到的困难有启发性。事实上,因果表征在科学中是常见的,如决定论就是基于因果表征的说明,因此因果关系在自然科学中比在社会科学中普遍得多,几乎成为科学哲学的一种共识。

(七)关于与表征相关的表象理论的研究

周昌忠[1]立足康德的表象理论,探讨了"表象科学观"和"实践科学观",认为认识主体是表象者,它以心智对客体作表象。感性纯直观和知性纯粹思维都是作表象。它们是经验性直观的表象和知性的一般概念思维的表象的前提、基底和条件。心智本身作为主体意识,就有一种表象能力来保证诸表象的综合统一性,使所综合的表象确定地对应于客体,从而使认知成为可能。在他看来,心智所认识的是物体的表象而不是物体本身,所以表象是由心智的结构和机能决定的,也就是由心智施于物体后而呈现或说出的东西。这里所说的表象其实质就是心理表征,它是科学表征的心理基础。科学是实践的一种形式,不存在"实践科学观"取代"表象科学观"的问题。这实质上是表征的心理层次与感知层次的区分问题。

高秉江[2]则从胡塞尔的现象学探讨了图像、表象与范畴的关系,认为无须前提保证的意识直观是现象学和所有意识哲学的方法论基石。虽然胡塞尔认为直观的对象可能是图像、表象和范畴意义,但他明确反对心理主义的意义图像论,从而修正了布伦塔诺的表象论,最终确立了范畴联结意义直观作为现象学的基础。厉才茂[3]则从早期胡塞尔对意向性基本结构的探索,说明了表

---

[1] 周昌忠:《康德表象理论研究——兼论表象科学观和实践科学观》,《哲学分析》2011年第2期,第66—74页。

[2] 高秉江:《图像、表象与范畴——论胡塞尔的直观对象》,《哲学研究》2013年第5期,第82—87页。

[3] 厉才茂:《表象、客体化行为与意向性——早期胡塞尔对意向性基本结构的探索》,《哲学研究》2003年第3期,第40—44页。

象、客体化行为与意向性的关系，认为胡塞尔对布伦塔诺的"表象"概念的批评，其焦点只有一个，即布伦塔诺认为表象是所有意向体验的基本意向性结构，而胡塞尔则认为客体化行为才是所有意向体验的基本的意向性结构。表征无疑具有意向性，因而从现象学角度探讨科学表征问题也是近年来的一个热点。

然而问题在于，表象不等于表征，二者是有区别的。科学表征虽然涉及意向性（关于、指向），但表征更突出对客体的指涉性及客体本质的再现，表征概念比意向性包含了更多的内容，因为表征承载了内容，内容是需要解释和说明的，意向性只是指明了意识的一种特征，是用来特别说明意识的，尽管表征也涉及意识。

（八）关于科学知识的表征问题

这一主题更多是从科学知识社会学（SSK）或社会建构论角度进行探讨的。邢冬梅、蔡仲[1]分析了科学知识社会学如何把社会结构、社会利益、人类技能等都视为科学的组成部分，如何围绕单一的"社会利益"全方位说明科学，最终是用"社会实在论"取代了"自然实在论"，走向了其自身理论批判的反面。他们主张表征主义的科学观是科学的社会建构理论的问题和困境产生的基础，强调解决此困境的出路在于走向操作语言的科学实践观。邢冬梅[2]还进一步认为，对科学知识的表征性语言描述，使实在论与反实在论之争陷入了"理性的危机"，其结果让科学研究陷入了一种认识是否能够真实反映实在的"方法论恐惧"之中，科学实践转向才是其出路。

王建安和叶德营[3]从赖尔的知识分类探讨了知识分类与表征问题，认为问题的焦点是"如何知道"是否意味着能力，以及"知道如何"是否只是一种特殊的"知道什么"的知识。他们在内部表征和外部表征这种二分知识的基

---

[1] 邢冬梅、蔡仲：《从表征到操作：科学的社会建构困境与出路》，《南京工业大学学报》（社会科学版）2007年第6卷第3期，第5—10页。

[2] 邢冬梅：《从表征到操作：科学的实践转向》，《社会科学》2009年第1期，第134—138页。

[3] 王建安、叶德营：《知识分类与知识表征——评赖尔的知识分类和围绕它的争论》，《自然辩证法通讯》2010年第4期，第13—18页。

础上,利用认知心理学和认知神经科学的成果,将"知道如何"理解为内部表征的程序性知识,将"知道什么"理解为内部表征的陈述性知识,但"知道如何"并不等同于能力,能力不仅与"知道如何"有关,也与"知道什么"有关,更与身体状况及某些外部条件有关。另外,王瑞明等[1]从知觉符号理论探讨知识在人脑中是如何表征的。这是不同于占主流的命题符号理论的新进路,不过他们只是对这一新理论做了介绍和评述,比较了它与命题符号理论的差异,并没有提供新的观点。但不可否认的是,这的确是一种研究科学表征的新进路,与生物符号学一起有望成为说明科学表征的新理论,值得我们重视。

(九)关于科学模型分类与功能问题

叶红波[2]认为,科学模型是现实系统的描述、模仿或抽象。他按照表示原型运动状态的性质,将模型分为动态模型和静态模型;按照其抽象程度,将模型分为形象模型、模拟模型、数学模型三种类型;根据模型与原型关系的性质及代替原型的方式,将模型分为抽象模型和具体模型。从潜科学来看,科学模型表现为由潜到显的演化过程,于是科学模型就有显科学模型和潜科学模型两种基本类型。这相当于显表征与隐表征模型的划分。

孙小礼[3]认为,模型是现代科学的核心方法。她将模型分为天然模型和人工模型,探讨了思维形式的科学模型、建模的方法论原则、科学模型的多重功能、模型的多样性和局限性。在她看来,构建模型是把模型用作研究客体的一种创造性手段,如用抽象符号表示地理位置的地图就是一种模型。也就是说,科学模型是科学家按照科学研究的特定目的,在一定的假设条件下,用物质形式或思维形式再现原型客体的某种本质特征,如关于客体的结构、功能、属性、关系、过程等。这种借助模型来获取客体的认识方法,就是模

---

[1] 王瑞明、莫雷、李莹:《知识表征的新观点——知觉符号理论》,《心理科学》2005年第3期,第738—740页。

[2] 叶红波:《科学模型的浅科学分类及其意义》,《长春师范大学学报》1995年第6期,第55—57页。

[3] 孙小礼:《模型——现代科学的核心方法》,《哲学研究》1993年第2期,第20—26页。

型方法。思维形式的科学模型常表现为抽象的、数学的、理论的形态，相应地就有理想模型、数学模型、理论模型及半经验半理论模型，建立这些模型的方法论原则包括相似性与简单性的统一、可验证性和多种知识和方法的综合运用。科学模型体现了科学研究的间接方法、研究纲领作用和实践指导多重功能。当然，模型虽然具有多样性，但它们不是万能的，局限性也很明显，毕竟模型还不是要研究的客体或系统本身。模型只是作为中介起作用。这是对科学模型较为系统进行分类和功能分析的研究。

文祥、曹志平等[①]将科学模型分为实物和观念两种基本形态，认为科学模型是以对象原型的各项认知特征为样本、标准或基准，进行模拟后的"凝固了的"概念或理论，它们是理解和解释科学研究对象的基本手段。之所以要使用模型是由于我们很难真正触及客体本身（原型），必须借助中介模型获得对原型的间接接触。这种情形在微观领域异常突出。李大超[②]认为，科学模型表面看来呈现出极大的异质性，诸如实物模型、现象模型、解释模型、例示模型、检测模型、数学模型、形式模型、类比模型、计算模型等。他通过考察科学哲学中的结构观、表达观和虚构论来说明如何理解科学模型的功能与特征。

蔡海锋[③]考察了科学模型的虚构特征，认为科学家往往通过直接研究模型而间接地研究世界。他将传统观点统称为模型的"拟真观"，这类观点认为科学模型与现实对象之间应当具有同构或相似关系，科学模型至少是对真实世界的近似化或理想化的反映。"虚构观"则主张模型既不必同构或相似于目标客体，也不必在真实世界中有其对应物，科学模型本质上是虚构的，强调科学模型的违背现实或依赖于想象的缺陷。

李元明[④]认为，科学样例和模型是科学家在表征外部世界过程中所取得的重要成就。作者通过对埃尔金例证学说的考察，说明科学样例的符号分析丰

---

① 文祥、曹志平、易显飞：《科学模型的演进及其认识论特征》，《湖南工业大学学报》（社会科学版），2011年第16卷第4期，第29—33页。
② 李大超：《科学模型的形态》，《哲学动态》2012年第1期，第86—90页。
③ 蔡海峰：《科学模型是虚构的吗？》，《自然辩证法研究》2014年第4期，第3—9页。
④ 李元明：《科学中的例证与假装》，《自然辩证法通讯》2016年第38卷第1期，第56—60页。

富了科学实践哲学。在他看来，由于表征的语言学范式不能很好地处理虚构建模问题，埃尔金借助于"贴切的非真"概念来加以解决。但是此概念存在难以克服的困难。而在如何理解虚构与表征问题上，作者认为假装（即扮假）理论提供了一个更好的概念框架，可用于对模型的分析。在笔者看来，这过分强调了模型的虚构成分，而忽视了模型的中介替代认知功能。

（十）关于与科学表征密切相关的心理表征问题

这一主题的研究成果主要是心理学和教育学领域的，包括心理表征理论、模型、实验与方法等，哲学的成果近些年也在不断增加。这里主要对以往的心理表征的哲学研究做分析和评述。根据所掌握的文献，笔者将这一论题分为以下五个方面。

1. 关于心理表征的理论与争论

申继亮[①]梳理了20世纪早期西方心理学中占压倒优势的行为主义和精神分析主义，这种情形到80年代发生了深刻的变化，一个重要标志就是行为主义的衰落和认知心理学的兴起。认知心理学有广义和狭义之分。广义的包括结构主义心理学、心理主义和信息加工心理学；狭义的是指信息加工心理学。在认知心理学产生初期，认知心理学家用信息加工研究取代了行为主义的刺激-反应模式，强调信息加工的过程，用简单的流程图描述人的行为，把人的行为分为不同的阶段。这种模型是一种匀质的序列模型。随着认知心理学的发展，人们从简单模型的研究兴趣转向内部机制的性质，如对心理表征的大量研究。心理表征指的是内部再次呈现，但对以何种方式再次呈现是有争论的，这大致有三种观点：基本表象说、双重编码理论和概念编码理论。这三种观点构成了认知心理学的表征理论，也构成了说明科学表征的基础。

李文玲和刘谦[②]论述了心理表征及其争论，认为表征问题是研究人类认知过程的中心论题，知识的使用及存储方式问题几乎涉及认知过程的各个方面，对于表征特征的观点也是现代认知心理学中最有争议的内容之一。表征是用

---

① 申继亮：《心理表征的若干研究》，《心理科学进展》1988年第1期，第23—29页。
② 李文玲、刘谦：《心理表征及其争议》，《心理科学》1992年第1期，第56—58页。

来表示某种事物的东西，它是表示事物的一种模型。帕尔默对表征世界和被表征世界这两个概念进行了区分，认为被表征世界的同一特性以不同的表征方式来表征，即事物的一个特性有多种不同的表征方式。表征世界中的表征，若不能利用和解释表征结构上的某些加工过程就没有意义了。对于表征系统及其争论，并非集中在表征形式的存在性上，而在于表征形式的特性及其操作状态上。他们将表征系统划分为三类：基于命题的表征系统、类比表征系统及过程性表征系统。这种区分有一定的道理，因为表征必须借助语言（命题）、隐喻（类比）和程序（符号系统）。

刘宇红和王志霞[1]将表征区分为现实表征、心理表征、语言表征，认为这是三种紧密联系的表征形式，依次具有逻辑上的依存性。现实表征是客观世界的存在样式，但它不是自在的客观世界，而是以人类活动为前提的自为的客观存在。心理表征以现实表征为基础，是客观世界的主观映现，是一种概念化的存在。语言表征是心理表征的语言实现，包括表征为单个概念的词和表征为复杂概念的词组、句子等。心理表征以现实表征为基础，语言表征又以心理表征为前提。从现实表征经过心理表征再到语言表征，人的特性或说人的文化属性得到越来越多的体现，而客观性的成分则呈递减的趋势。相比而言，心理表征与现实表征具有更多的相似性，而语言表征在实现对心理表征的再现时受到多方面因素的限制，如心理表征是多维的、立体的，而语言表征是一维的、线性的，而且还受特定的句法、语义、语用规则及文化规范的制约。

王亚同和蒋艳菊[2]认为，心理表征是有机体环境信息的载体，认知系统具有一种承载信息的内部状态，即中介状态。这种中介状态具有五种特征：持久性、差异性、抽象性、具有成分结构和受规则控制。认知系统存在着某种承载信息的中介状态。中介状态就是系统的内部状态，系统提供的信息被系统自身利用以实现自身的目标。但并非所有的系统状态都是信息状态，有些

---

[1] 刘宇红、王志霞：《现实表征、心理表征、语言表征》，《湘潭大学学报》（哲学社会科学版）2005年第29卷第1期，第147—150页。

[2] 王亚同、蒋艳菊：《心理表征及其特征》，《河南大学学报》（哲学社会科学版）2006年第46卷第3期，第165—170页。

是目标状态。中介状态是表征的上位概念，它为解释表征的具体特征提供了基本理论框架。根据控制论，认知系统通过反馈环来控制环境的任何实体一定有内部状态，这种内部状态将环境的实际状态与期望状态进行比较。

杨盛春和贾林祥[①]认为，心理表征问题的自然解释是建立在有关概念和命题表征的预设的基础上的，因而有必要弄清概念表征和命题表征的哲学解释。根据联结主义心理表征是根据被表征的是什么以及通过什么来表征，其网络主要通过四种方式对概念和命题进行表征。在他们看来，联结主义对概念和命题的表征与它们的哲学解释并不是一一对应的，其方法论基础是费耶阿本德的多元方法论。在笔者看来，心理表征的自然解释其实质是一种自然主义的表征观，它主张用自然科学特别是生物学术语给出心理表征的功能说明。

王永红[②]对心理表征和原型实例进行了结构性审视，认为心理表征是对具体实例命题性核心以隐喻和转喻方式进行的映射。为探索范畴化认知机制，他在区分心理表征和原型实例的基础上，从范畴化视角审视原型心理表征和具体实例间的结构性关系，探索了抽象范畴如何对具体实例进行心理表征，认知过程中原型实例的表征机制，以及心理表征和具体实例的结构映射。他发现，心理表征是基本层次范畴基础上范畴成员意象的综合，兼具区别于其他范畴的整体性特征或属性；心理表征和原型实例存在一对多的关系，抽象概念也有上位范畴、基本层次范畴和下属范畴之分。这是对心理表征和实物客体之间多重关系的研究，有助于心理表征的分类。

张旭红和丁志义[③]对心理表征结构存在的问题给出了解决方法，认为话语表征结构是话语表征理论的核心，是对回指进行有效消解的关键手段。而当前的话语表征结构并不能对交际中普遍存在的深层回指问题进行有效消解，他们提出引入皮尔士的溯因推理，将知识表征引入话语表征结构中，并使话语隐性衔接在受话者心智中的表征得以充分刻画。这是运用溯因推理解决心

---

① 杨盛春、贾林祥：《心理表征哲学及其联结主义诠释》，《心智与计算》（电子刊物）2007年第2期。
② 王永红：《心理表征和原型实例的结构性审视》，《中南大学学报》（社会科学版）2013年第3期，第233—236页。
③ 张旭红、丁志义：《心理表征结构存在的问题及其解决》，《学术交流》2014年第8期，第147—151页。

理表征结构的一种方法，与苏雷兹的推理主义表征观不谋而合。

2. 关于心理表征的空间、位置的研究

赵民涛[①]对物体位置与空间关系进行了心理表征的分析，认为外界环境中物体位置与空间关系在记忆中如何表征，一直是空间认知研究领域探讨和争论的焦点。他从空间表征的参照框架、朝向特异性、组织结构和存储内容四个方面，追忆了近年来对空间表征形成机制与内在特征的理论探讨。在此基础上，他进一步讨论了空间表征研究中存在的生态效度问题，以及将虚拟环境技术引入空间认知研究中的发展趋势。这与目前认知科学中认知生成主义很相似。

王一峰等[②]对空间量化的心理表征做了探讨，认为空间量化是空间知觉的基础，也是对特定空间性质的表达。离散量与连续量分别反映了空间分立和连续的性质，二者有着相似的行为效应，在神经表达上也有部分重叠。在他们看来，这些证据暗示了二者可能有共同的表征机制，即模拟表征；而数量空间映射提供了数量与空间关系的直接证据。但空间量化的动态表征、量化机制的普遍性、参照点问题、复杂和多维空间的量化等问题仍然没有得到解决。他们认为在具身认知框架下，空间量化的心理表征研究有望对空间的性质做出更深刻的回答。这是认知科学具身认知范式在心理学中的应用。

闫秀梅等[③]通过两个实验说明空间描述的复杂程度对文本心理表征的影响。他们采用动窗技术和回指解决范式，分析文本空间描述的复杂程度对空间情境模型建构的影响。一个实验表明，简单空间描述条件下读者对文本所描述的位置信息进行表征，建构以类别距离为基础的空间情境模型，并据此完成回指解决任务。另一个实验表明，文本空间描述较复杂时，读者没有建构深层次的空间情境模型，只对所描述内容保持最基本的文本表征，

---

① 赵民涛:《物理位置与空间关系的心理表征》，《心理科学进展》2006年第14卷第3期，第321—327页。
② 王一峰、张丽、刘春雷等:《空间量化的心理表征》，《心理科学进展》2010年第18卷第4期，第560—568页。
③ 闫秀梅、莫雷、伍丽梅等:《文本阅读中空间距离的心理表征》，《心理学报》2007年第39卷第4期，第602—610页。

而且通过文本表征完成回指解决任务。他们的研究表明：类别距离和几何距离都对空间情境模型的回指解决产生独立的影响。这是心理表征的实验或实践路径。

连灵和游旭群[①]探讨了三维物体识别的心理表征问题，认为"物体识别是角度独立还是角度依赖"一直存在争议。以物体为中心理论认为是角度独立，而以观察者为中心理论认为是角度依赖。他们参照物体识别的"小几何体"思想自制实验材料，采用启动范式，在两个实验中通过考察结构信息和视图信息对物体识别的影响，揭示了物体识别的心理表征。实验结果发现：形状信息和类别空间关系信息影响物体识别，说明以物体为中心理论对物体识别表征机制解释的合理性；角度信息可能独立于形状信息表征，深度旋转方式下的识别成绩优于平面旋转，说明以观察者为中心理论能够更好地解释三维物体识别的深度旋转现象。这一结论为物体识别理论的融合提供了实证依据，也为科学表征的心理说明提供了实验证据和方法。

3. 关于概念的心理表征问题

菲尔·N. 约翰逊-莱尔德和张雪梅[②]探讨了意义的心理表征。他们以认知科学的最新成果为依据，试图回答两个问题："人们在理解言语时相应的心理建构是什么？""他们如何实现这一建构过程？"他们承认存在着识别言语和分析句法的心理过程，如心理联想，它是心理学的普遍构件，而语词不过是一种特殊的联想性刺激物，它引起同语称对应的客体的表征。

刘松林[③]探讨了类别概念的心理表征，认为直到20世纪70年代初，心理学家对概念的研究都集中于概念获得的过程，而没有什么实验和理论探讨概念的结构和概念的记忆表征。在研究概念获得或概念形成时，使用的都是有确切定义的人工概念，几乎没有人研究人们日常生活中使用的自然概念。罗施于1973年第一次系统地研究了自然类概念，此后对自然类的实验研究一直

[①] 连灵、游旭群：《三维物体识别的心理表征：角度依赖还是角度独立》，《心理学报》2011年第43卷第9期，第983—992页。

[②] 菲尔·N. 约翰逊-莱尔德、张雪梅：《意义的心理表征》，《国际社会科学杂志》1989年第1期，第47—64页。

[③] 刘松林：《类别概念的心理表征》，《心理科学进展》1990年第8卷第1期，第8—15页。

是认知心理学中的一个热点，实验结果导致了各种关于类别概念的理论，而这些理论集中关注的是类别的心理表征问题。对自然类的研究也改变了心理学家对一般概念的观点，也为科学哲学家提供了研究自然类的实验和分析方法。

章宜华[①]研究了自然语言的心理表征问题，认为传统消极型词典不能适应学习和教学的需要，编纂出版积极型学习词典是必然趋势。在作者看来，大多数学习词典仍采用传统的"充分必要条件"进行释义，继续严格遵循"替代性"原则，使释义的质量难以得到根本的提高。从自然语言语义生成的心理表征入手，作者采用自然语言的概念结构、语义结构和句法结构分析，在各种规范化规则和语用规则的制约下进行释义，从根本上改变了传统的释义方法和原则。这虽然是关于一般知识的教育与学习方面的，但对于科学知识的心理表征不无启迪意义。

赵晨[②]提出概念隐喻是域映射还是结构相似的以及在大脑中如何表征的问题。他从论证的有效性、同一域的多隐喻和词的多义几方面对隐喻与相似关系进行了比较分析。根据隐喻表征，概念隐喻的目标域不能独立地自我表征，必须借助于始发域（源）的表征，因此目标域和始发域之间是映射关系。而根据结构相似，目标域和始发域各自独立表征，它们构成概念隐喻是因为它们具有结构相似性。这是对表征同构观和相似观的比较和应用研究，并没有超越两种已有观念。

韩世辉和张逸凡[③]从文化神经科学探讨自我概念的心理表征问题。他们认为人类自我概念的心理表征虽然在心理学和哲学中有深入的研究，但跨文化心理学研究揭示了东西方文化自我概念的结构差异性。而神经科学借助脑功能成像技术研究自我相关信息加工过程的神经机制，揭示是否存在文化特异的自我概念的认知神经表征。跨文化神经成像研究表明，自我概念在知觉水

[①] 章宜华：《自然语言的心理表征与词典释义》，《现代外语》1998年第3期，第49—63页。

[②] 赵晨：《概念隐喻的心理表征》，《湖北师范学报》（哲学社会科学版）2009年第29卷第5期，第132—135页。

[③] 韩世辉、张逸凡：《自我概念心理表征的文化神经科学研究》，《心理科学进展》2012年第20卷第5期，第633—640页。

平和人格特征表征方面都存在文化差异。杜翠利等[①]发现自我概念的心理表征研究中影响自我心理表征有三个因素：情感因素、认知因素和文化因素。随着文化神经科学的兴起，大量的研究主要基于东西方基本文化差异维度下独立型-互依型自我解释的神经机制，而要深入研究中国人的自我心理表征，还需要更多本土化的理论和研究方法。他们的研究有助于我们理解自我概念表征文化差异背后的神经机制，有助于理解东西方人思维方式不同的文化根源。

杨永庚[②]分析了哲学概念的心理表征，认为哲学概念或命题是做哲学或哲学思维的基本单元，它是以命题、表象、产生式和图式等方式表征的，具有表象优先性、丰富性、相关性、个体性、可变性的特点。理解哲学概念的本质是形成恰当的心理表征，只有充分利用正确度、深度、速度和维度等效度，才能对哲学概念做更为精致的判断。如果这个结论是正确的，科学概念的心理表征也应该与此类似。

4. 关于心理内容的表征问题

李侠[③]对心理内容的表征和语义加载问题做了深入研究，认为思想语言不仅是心理表征的载体，而且是语义加载与心的计算理论（CTM）的载体。在模块内部，由于域的特殊性，语义加载与心的计算过程和思想语言的句法结构高度敏感；中枢系统被假定是领域一般性的，语义加载与心理计算模式与语境高度敏感，因此他们得出结论：完整的心理表征的语义内容的获得，是通过分段累积加载模式实现的，这就是他们提出的"语义加载模型"，它用于说明心理表征中的语义内容是如何实现的。从我们自己个人的经验判断，没有内容的心理表征是不存在的，也是没有意义的。基于这个判断，李侠[④]进一步探讨语义加载模型与丹尼特的多重草稿模型的关系，并通过对失认症患者所

---

① 杜翠利、李妍、潘蕾等：《自我概念心理表征的神经科学研究》，《学理论》2013年第5期，第65—66页。
② 杨永庚：《哲学概念的心理表征及其应用探讨》，《新疆社会科学》2016年第3期，第5—9页。
③ 李侠：《关于语义加载与心理内容表征的两个问题研究》，《哲学研究》2011年第6期，第86—92页。
④ 李侠：《从幻肢痛现象看心理内容的表征问题》，《自然辩证法研究》2012年第7期，第1—6页。

反映出来的认知障碍的研究,探讨概念性内容与非概念性内容在心理表征中的语义加载机理。幻肢痛现象自19世纪后期被发现以来,其作用机制目前仍尚不清楚,也没有有效的治疗方法。他认为利用心理内容理论可以很好地解释幻肢痛现象,以及心理内容的表征机制。因为幻肢痛现象是一种感受性,而感受性概念在意识与心理内容之间架起了一座桥梁。作为经验主观特性的感受性无疑是存在的,它在心理内容表征中具有四个关键性作用——心理内容的分类、提取、计算和意识与无意识之间的桥梁,从而提高了心理表征的速度与准确性。白洁[1]对记忆重构与意象表征的分析表明,心理内容的记忆和意象都是一种心理过程,记忆的重构和意象的表征都是知识获得、心理表征的过程,它们在表征的过程中都有意识地参与,都以脑部区域存在为前提。因此,记忆的重构和意象的表征互为条件、相辅相成,也是人类所特有的能力。他们的研究对于科学概念和知识形成的心理机制有重要意义。

宋荣[2]从当代西方心灵哲学方面探讨了心理内容的表征维度,认为心理内容问题最初源于人们对自身心灵之谜的探索,在当代其主要来源是认知科学背景下的表征问题。心理表征是表征的最根本形式。她通过对心理表征的ARC(agent-representation-content)结构的分析,发现心理表征的一个核心问题是:在一个认知系统中,是什么使得某个心理状态成为一个表征?基于认知科学,她将心理表征定义为:心理表征是通过心理状态而关涉世界的表征。这表明,表征是一个事物指涉另一个事物的过程,其中包含了意向性。

5. 关于心理表征的隐喻与语境模型

笔者[3]多年前开始探讨此问题,认为心理表征是人类认识世界过程中必不可少的环节,它与隐喻有着极为密切的关系。隐喻既是一种修辞方式,也是一种认知和表征手段。心理表征的根隐喻(root metaphor)主要有逻辑隐喻和比例模型隐喻两种。前者具有解释思想序列的保真性、解释的系统性、抽象表征性和描述性特征;后者具有易操作性、结构同一性、可测量性、易理解

---

[1] 白洁:《记忆重构与意向表征》,《自然辩证法研究》2014年第6期,第114-117页。
[2] 宋荣:《当代西方心灵哲学中的心理内容的表征维度》,《江汉论坛》2015年第5期,第50—53页。
[3] 魏屹东:《心理表征隐喻与框架问题》,《学术月刊》2011年第4期,第46—52页。

性和对框架问题的免疫性特征。前者通常会遇到框架问题,后者则对框架问题有免疫性。而仅依据内在和外在表征的区别来说明这两种隐喻对框架问题的敏感性是有问题的,因为这太依赖于固有和任意约束的区别。认知科学家常常以这两个隐喻为前提,试图通过机制化形式实现人的认知和思维过程,这也正是科学哲学家极为感兴趣并提出质疑的症结所在。当然,心理表征也被看作是一种情境化潜意识状态,所以情境化的智能可能是无表征的。德雷福斯的技能获取理论表明,智能行为的两种最基本形式,即学习和技能,无须借助于心灵或大脑表征也能够被描述和解释。这种现象能够通过现象学的意向弧和获得最大把握趋向及吸引子理论得到说明,这表明无表征智能现象不仅大量存在,而且可能是人类智能的本质。虽然说心理表征理论较易机制化,但在处理框架问题时却遇到了困难。针对这个问题,德雷福斯等提出了反表征主义的海德格尔式的具身认知理论,具身理论虽然可以解决框架问题,但它还处于隐喻阶段,如何使它实现机制化仍然面临诸多困境。白洁[1]根据语境框架建立一个心理表征的生存语境认知模型,并以此来整合已有的心理表征模型,目的是回答心理表征是什么、其过程如何、最终目的是什么这些问题。

(十一)关于表征的语境化方法论

笔者认为表征是一种认知方式,在方法论上表现为隐喻、假设、建模[2]。从古希腊到现代的认知哲学家和认知科学家都对这个问题进行过探讨,提出了认知表征的内省主义、经验主义、自然主义、行为主义、功能主义、联结主义等理论,这些理论一般是基于某些隐喻提出假设,然后建立模型来完成的,体现了认知研究的方法论意义。由于表征过程需要使用语言,所以表征必然是语境化的,对其进行语境分析就是必需的,基于这个理念,笔者[3]将认知科学的中心假说——心智的计算-表征理解(CRUM)作为"文本",对其进

---

[1] 白洁:《心理表征的生存语境认知模型》,《哲学动态》2014年第10期,第90—97页。
[2] 魏屹东:《认知表征的方法论:隐喻、假设与建模》,《山西大学学报》(哲学社会科学版)2009年第32卷第5期,第24—28页。
[3] 魏屹东:《计算——表征认知理论的语境分析》,《自然辩证法通讯》2003年第25卷第1期,第37—43页。

行语境分析，提出"认知语境"的概念，给出了 CRUM 的认知语境结构及其工作机制，并对 CRUM 的认知语境做了扩展与补充。因此，科学作为一种认知现象是在其认知语境中产生的。表征也包含推理，推理是语境敏感的。所以，语境不仅仅是一个定性的、模糊的概念，它还具有清晰的结构，可以表征计算。语境可以分为文本语境、境遇语境和认知语境，每个都有自己的结构和表征计算形式①。每个语境形式都有自己的变换模式，科学推理是基于语境的认知推理过程。比如，科学哲学中的归纳推理是依赖语境的，其结论的或然性是由语境规定的；科学说明的模型包括 D-N 模型和 I-S 模型及其修正的 C-R 模型、S-R 模型、D-N-P 模型和 C-C 模型，也都是在特定语境中做出说明的。因此，一切说明，只要它是语言表述的，都是受到语境限制的。或者说，表征离不开语言，特别是自然语言，正是语言在认知过程中扮演了十分重要的角色。语言因此不仅是"说出"，而且是在说中表达出各种各样的东西，如我们谈论的一个事实、一个事件、一则新闻、一种恳求等。语言是否在说和表达的过程中真实地反映了现实的存在，这就涉及表征的客观性和实在性问题。

值得指出的是，2004 年、2006 年和 2009 年在中山大学举办的三届"哲学与认知科学国际研讨会"的主题都涉及科学表征问题，如科学中的数学表征和基于模型的推理。近几年国内召开的科学哲学和分析哲学学术会议，其中一少部分内容是关于科学模型、建模与认知表征的。这些迹象表明，国内学者开始关注科学表征问题，但对这个领域还缺乏全面而深入的研究。

概言之，相对于国外特别是英美国家，国内关于科学表征及其相关领域的研究要滞后许多，而且所做研究更多的是一些评介和著作翻译，有创见的观点或理论不多。这是国内在这方面研究的不足。在笔者看来，表征是一种承载意义的中介体，要给出它所蕴含内容的解释，自然是离不开语境的，也就是表征是依赖语境的或语境敏感的。然而，从语境同一性视角探讨科学表征问题是很少受关注的，这就为笔者在语境同一论框架下探讨科学表征问题提供了契机。

---

① 魏屹东：《语境与认知推理》，《山西大学学报》（哲学社会科学报）2008 年第 31 卷第 6 期，第 21—26 页。

第二节 主要问题域

上述梳理与分析表明:科学表征已经成为近年来科学哲学(包括分析哲学、心灵哲学、语言哲学)、认知科学、科学知识社会学和科学史的研究焦点及热点问题。比如,分析哲学试图探询理论与实践之间的关系,科学史与科学哲学试图从传统和科学实践中发展出一种科学表征的建模说明。根据《斯坦福哲学百科全书》的归纳,一个科学表征理论必须回答如下五个问题。

(1)表征的划界问题——科学表征与其他类型的表征有何不同?

(2)科学表征问题——根据什么一个科学表征描述了目标客体,或者说"当且仅当 S 是 T 的一个科学表征"(S 代表进行表征的客体,T 代表要被表征的目标系统)?这是主张在科学表征与非科学表征之间做区分的理论必须回答的问题。而反对这种划界的理论必须回答认知表征问题——"当且仅当 S 是 T 的一个认知科学表征?"

(3)方式问题——存在什么表征方式,我们如何能够刻画它们?

(4)准确性标准问题——我们如何识别是什么构成一个准确的表征?

(5)本体论问题——哪类客体能够充当表征?

任何对这些问题的回答必须满足五个适当性条件。

(1)替代推理——科学表征允许我们产生关于其目标系统的假设。

(2)误表征的可能性——如果 S 没有准确表征 T,那么它就是一个误表征而不是一个非表征。

(3)无目标的模型——什么是我们的科学表征缺乏目标。

(4)方向性要求——科学表征是关于它们的目标的,但目标不是关于它们的表征的。

(5)数学的适应性——一些科学表征中使用的数学工具如何锁定物理世界。

回答上述问题的科学表征理论概括起来主要有如下六个流派。

一、结构经验主义

代表人物是吉尔。他认为近年来科学哲学多集中于语言实体与世界间的二元关系，特别是指称与真理间的语义关系研究。他奉行科学表征的结构经验主义，提出了一个基本的表征关系 SXWP 模型，即"主体 S 使用模型 X 表征世界 W 为了目的 P"，认知表征过程体现为一个等级结构：原则性模型→表征模型→具体假设和概括←实验和数据模型←世界。这是一个包括自上而下和自下而上策略的认知过程，科学家使用模型与世界某些方面的相似性来形成假设和概括，进而产生科学理论。这是科学哲学界较普遍接受的观点。吉尔将他的这种表征观称为"科学透视主义"。

二、经验结构主义

代表人物是范·弗拉森。一方面，他赞成被称为"夹心蛋糕"结构的语义论，认为表征关系不是模型与世界间的直接关系，而是像"夹心蛋糕"那样由多种模型(理论的、数据的)形成的结构关系；另一方面，他强调科学表征关系更是一种嵌入关系，即经验现象嵌入某种抽象结构(理论模型)，模型是根据结构同构得以描述的，采用这种图景，就可以避免结构经验主义面临最严重的挑战，即"抽象实体，如数学结构，如何表征真实客体，如自然客体"的问题，科学家运用抽象数学结构表征世界不是直接表征世界本身，而是表征另一个抽象数学结构，数据模型如测量才与世界直接联系。科学表征是一种人造物，无论是根据同构还是相似表征，都存在一个选择问题，这是语境相关的。范·弗拉森将它的表征观称为"经验主义的结构主义"，这是一种将结构主义经验化的观点，或者说将经验主义与结构主义结合的观点。

三、语义论

代表人物是弗丽嘉。他认为，模型是获得和组织科学知识的核心，它以这样或那样的方式表征其目标系统——模型=结构+物理设计+匹配过程，但如何表征会遇到三个难题：本体论难题(模型是哪类客体，其结构在集合论意义上是虚幻客体、实际客体、描述体、方程或别的什么东西)；表征难题(模型是根据什么表征目标系统的);表征策略难题(模型是以何种方式表征的)。其中,一个是本体难题,两个是语义难题。笔者认为还应加上准确性难题,即误表征的可能性问题,不是所有的科学表征都是准确的和可靠的。弗丽嘉的表征观的实质仍然是结构主义,只不过是改造过的结构主义。

四、语用论

代表人物是苏雷兹和康特萨。苏雷兹反对将科学表征还原为同构和相似的自然主义倾向,认为同构和相似只是科学表征的通常但非普遍方式,不是构成成分,主张在方式和构成间做出区分。他提出一种科学表征的紧缩概念,强调它必须满足两个必要条件:科学表征本质上是意向的,它能够进行替代推理和推论。在此基础上,他建立了科学表征的推理模型:A(源系统)表征B(目标系统),当且仅当A的表征力指向B,且A作为有能力的知识主体能够做出关于B的明确推论。康特萨发展了苏雷兹的语用论,提出了解决结构主义面临问题的方案:区分三种表征概念(指代、认知表征和可靠认知表征);准确理解表征的结构概念;使用认知表征的说明概念。科学表征的语用论是我们奉行的语境论的基础。事实上,语用论就是一种语境论,只是它更突出"使用"或"语用",而"使用"或"语用"是依赖于语境的。

五、自然主义

结构经验主义和经验结构主义都坚持科学表征的自然化,也可以被认为是某种意义上的自然主义。同构观和相似观是其核心主张。同构观是说A表征B,当且仅当A的结构与B的结构同构;相似观是说A表征B,当且仅当A与B相似。前者表明A与B是结构一对一的映射关系,范围和结构相同;后者是A与B的视觉相似关系,具有反身性、对称性和传递性。苏雷兹提出五种反驳论证:多样性论证(同构和相似不适用于所有表征工具);逻辑论证(同构和相似不具有表征的逻辑性,表征是非对称、非传递、非映射、非反身的);误表征论证(同构和相似没有为不准确表征留下空间);非必要论证(同构和相似对于表征是不必要的,没有它们也可获得表征);非充分论证(同构和相似对于表征是不充分的,即使坚持它们表征关系也可能不成立)。自然主义强化了结构与经验，弱化了假设与理性。

六、功能主义

代表人物是波内奥罗。他从康德出发，通过对卡西尔、弗雷格和逻辑经验主义哲学家的分析，试图由科学表征建立一种新的科学哲学。在概念与客体的表征关系研究中，他坚持降低实体概念，提升功能概念，即主张从类概念到功能概念，再从功能概念到功能概念。这样一来，他把概念和规则作为表征客体的综合，把理论看作对世界的假设表征，把模型看作对世界的虚幻表征，把思想实验看作想象表征，把真实实验看作物理表征，把反事实描述看作误表征，奉行一种科学表征的功能主义。功能主义的不足是拒绝语境论。

另外，物理学家还奉行科学表征的"图像论"，数学家奉行形式主义和结构主义，艺术家奉行虚构主义和透视主义。这些都是表征的不同观点或者主张，值得我们关注。

上述科学表征理论在笔者看来涉及了如下六个问题。

(1) 科学表征的划界与分类问题，即在表征和非表征、科学表征与非科学表征之间做出区别。这是我们研究的前提和基础，具体应该研究：划界的标准(根据对象、载体、功能、方式、目的、属性)；科学表征的分类(概念表征、命题表征、规则表征、模型表征、物理表征、图像表征、数学表征)；科学表征与其他表征[心理表征、知识表征、认知表征、内在表征、外在表征、机器表征、潜意识表征、意会(tacit)表征]的关系；科学表征的载体(语言的、符号的、图像的、物理的)。这是表征的分类学要研究的。

(2) 科学表征的结构与条件问题，即一个科学表征由什么构成，凭什么说是科学表征。这是一个核心问题，具体应该研究：科学表征的结构包括共有属性的相似性假设(决定哪些方面模型能够表征目标)；认知目标(决定细节和准确性)；推理力(根据共有属性进行推理)；表征模型的经验适当性(决定认知目标的接受程度)；表征的反馈环(检验科学表征的经验适当性)。科学表征的条件(A 科学地表征 B 需要满足一系列相关属性和认知目标)包括：A 与 B 之间是否有共有相关属性；根据这些属性 A 是否引起推理达到目标；这些推理是否产生由经验适当性检验的结果；这些结果是否是可接受的；A 展现的这些属性是否与认知目标一致。

(3)科学表征的过程与机制问题,即表征是如何运作的,也即其推理过程是什么。这是要研究的根本问题,具体应该研究:科学表征的心理发生根源;表征重述推理(通过表征变化的认知推理);图表征推理(树状的、列表的、图像的);语义网表征推理(一组节点和联系表征命题信息的联结);符号表征推理(经典力学、量子力学);方程表征推理(动力系统理论);框架表征推理(一组槽(slot)和描述原型项的槽的填充者的集合,槽被用来捕捉要被表征对象的不同特征);脚本表征推理(关于原型事物的一个详细的因果链,用槽表征子事件);规则表征推理[如果-那么(if-then)、情境-行动(situation-action)方法,即如果有某个情境,就会有某个行动发生];逻辑表征推理(如一阶谓词演算给出了用于命题推理的形式规则);语境表征推理(语用的、情境的、类比的整合,包括概念、命题、成真条件等的语境矩阵)。这些推理构成科学表征的过程与机制。

(4)科学表征的可靠性与真值问题,即一个科学表征是否是自然事件的描述,是否具有可靠性。这是要研究的焦点,具体应该研究:科学表征成真的条件(观察事实的选取、认知目标的设定、表征工具的设计、推理的合理性、结果的经验适当性);误表征的根源(不充分表征、扭曲表征和过度表征);科学表征的可靠性判断(一致性、新奇性、简单性、预见性、实证性);科学表征的可靠性保证(通过对认知目标的假设、理论和经验层次分析提高精确性,通过纲领计划、启示法和洞见提高创造性,通过概念形成、模型结构和表征推理分析保证准确性)。

(5)科学表征的特征与功能问题,即科学表征不同于一般表征的本质及其作用。这是关于表征的哲学探讨,具体应该研究:科学表征的预设和本体(形而上学);科学表征的元表征(也称二阶或高阶表征);表征的根隐喻[包括图隐喻(表征是图画)、逻辑隐喻(思想先于行动)和比例模型隐喻(表征是同构物)]。表征的功能(建立内部表征的连贯性、对应性,以及与背景知识的关系)包括:反省功能(高阶表征如思想具有内省功能,即科学表征包含了意识);解释功能(认知概括诉诸表征,表征是语义关系);建构功能(表征不是由问题引起的,而是被建构的);执行功能(为了思维,必须能在表征上进行操作,或操作表征);概括功能(内容是思想的概括,并非实际所指对象)。

(6)科学表征与意向性、命题态度、记忆(意象)、感受性的关系问题。这是表征问题的进一步拓展,具体要研究:科学表征的意向性(关于某物的一种关涉,但意向性不是表征);科学表征的命题态度(对命题的认知立场包括思想、信念、愿望、感知和表象);科学表征的语义特性(表征是有内容的,无论是抽象的还是实在的)包括内容、指称、真理条件、真值等;科学表征的记忆(意象)基础(没有记忆就不会有表征);科学表征的感受性(依赖还是不依赖感受性,感受性是否具有表征功能,是否具有内容)。这是科学表征的认知根源问题,与认知科学、心灵哲学、认知心理学、生物学密切相关。

第三节 基本观点

笔者首先运用认知历史分析对哲学史上的有关表征思想进行挖掘和整理,厘清其发展脉络;其次梳理科学中的表征思想、理论、类型、方法,以及科学哲学中关于科学表征的各种观点;再次用案例和概念分析对科学表征的各种预设、核心概念、主要范式、模型表征等进行深入研究;最后以语境实在论为纲领,运用语境分析研究语境表征模型及其在科学表征中的应用,探讨新的认知规律。重点要探讨:科学表征的发生机制、本质特征、成真条件、可靠性及语境表征模型和推理机制;意识经验如何与不断增长的科学知识匹配,思想如何表征外部世界及科学表征的语境叠加模型建构。笔者的目的是消解实在论与反实在论、内在论与外在论、自然主义与功能主义、结构主义与语义论之争;以模型与表征代替理论与真理,解决科学主义与人文主义之争;以语境表征模型整合各种观点,为认知表征提供可供选择的理论依据。

本书的基本观点主要有以下十个。

(1)原则上,所有科学事实都有一个表征,当科学家为某一科学对象的基本事实创造出描述时,就建立了这个事实的表征,比如,一个测量就是一个表征,一个观察描述就是一个表征,一个概率统计就是一个确定的表征。

(2)科学表征是科学家为描述自然世界某些方面而设计的功能客体,是一个信息展现的实在过程，但信息本身不是表征；它也是两个事物间的替代关系，是作为某物替代表征的一个解释，是一种有意识、有目的和意向性的认知过程。

(3)科学表征是心理表征的一个子集或殊相，它依赖抽象化和理想化的属性，虽然可物理地实现但不是必需的。心理表征是任何表征的心理学基础，没有心理表征就不会有认知，没有认知就谈不上有科学，更谈不上有表征。以科学表征否认或排斥心理表征的做法是不可取的。

(4)心理表征成为科学表征要满足四个条件：心理表征与自然世界的某些方面相似，也就是在相关方面有交集，且这个交集包括自然世界的抽象和理想特性；根据这个交集，心理表征允许替代推理并能够从原始事实直接得出结论；这些结论是经验上可检验的；这些结论在经验上是适当的，并与我们的认知目标一致。

(5)区分科学表征与非科学表征、探讨科学表征的本体论和认识论是一种形而上学诉求，语境论介入科学表征研究是表征模型发展的必然要求，表征推理用于科学知识发现是一种实践要求。

(6)任何表征均是语境依赖的，表征的解释和评价更是语境约束的；语境是变化的，语境中的表征关系也随之变化；语境变化的实质是新事实和新内容的增加。

(7)科学的表征主义是一种实在论，它强调表征是真实的，能够物理地实现存在物；表征关系是特定语境中的指涉关系，语境同一性是其本质特征。

(8)科学表征是认知主体和认知客体之间的中介，不论这种中介以何种形式出现，一定都是人造物；表征的不同方式是不同的认知方式；表征过程就是认知创新的过程。

(9)科学表征既是知识呈现的途径，也是说明和理解的方式，没有表征就没有显知识；心理表征是存在的，它是潜知识或意会知识的根源，是借助心理语言或思想语言实现的。具体说，科学表征是使用者在其与表征工具和表征目标构成的新语境中对目标进行探究性重构。或者说，表征是表征者与表征对象语境叠加的结果，其本质是语境的同一性。

(10)科学认知的核心是表征问题，知识创新的方式是科学发现的表征方式问题。科学表征具有认知多样性，每一种认知形式都是表征的某一方面的说明。语境认知是这些认知的综合统一。图像是一种相似认知,指代是一种概念指称,替代是一种假设替换,推理是一种理性建构,结构是一种映射,模型是一种假设推理,隐喻是一种比附类比,语境是一种意义整体。

第四节 深层问题与研究意义

毫无疑问,科学表征的确成了科学哲学领域极有吸引力的一个论题。许多科学哲学家加入了这个行列[①],表征概念已然成为科学哲学中许多争论的核心,如实在论与反实在论的争论、因果本质的争论、模型表征的争论、最佳解释优点的争论、概念的自然主义化的争论等。

然而,迄今为止,科学哲学界,无论是国外还是国内,不乏对这个概念本身系统而深入的分析,但围绕表征是什么的争论还在继续,就如同科学概念一样,至今是什么仍然在争论。不过,令人兴奋的是,关于科学表征的一个逐渐令人信服和较完善的哲学说明已经建立,比如,吉尔的结构经验主义、范·弗拉森的经验结构主义、苏雷兹的语用表征推理主义等,几个有说服力的表征模型业已提出,如休斯的 DDI 说明模型、苏雷兹的 IA 模型、杜凯恩的共有特征的语用模型(pragmatic model of shared characteristics,PMSC)。这些观点和模型也引起了激烈的争论,而正是这些争论有力地推动了科学表征的研究。比如,一个引起广泛关注的争论是所有表征都是理想化的观点。也就是说,表征至少产生某些假设——它们表征的客体或系统表面上是假的。例如,在物理学中,斜面模型、摆模型、原子核模型、引力透镜模型和超导模型等都是高度理想化的。这是表征的理想化问题。

与此相关但还未引起足够重视的一个问题是虚构(fiction)在科学建模中所起的普遍作用。科学模型表征的许多实体,即使以理想化和逼近的方式,也不是真实的实体,而是虚构的实体,如以太、真空。虽然以太模型在科学史上是一个典型的例子,但在当代整个科学实践和活动中,虚构仍然是存在

---

① 典型的有范·弗拉森、弗里德曼、凯切尔、吉尔、莫里森、卡特赖特、哈金、苏雷兹等。

的。换句话说，虚构在科学的过去、现在和未来都不可能被消除。

当代物理学中也有一些典型例子，如费曼的虚拟粒子、玻姆的量子潜势，甚至测量相互作用的规范量子力学模型，它对封闭量子系统之间的相互作用进行建模。进一步讲，理想化情形也可以被看作虚构表征的情形。比如，无摩擦平面模型能够被当作一个真实平面的逼近，也可以被当作一个虚构的无摩擦平面的一个文字描述。经典力学中的简单谐振子模型，既可以被看作真实摆的一个理想模型，也可以被看作一个服从于无摩擦的虚构摆的一个文字上真实的模型。引力透镜模型既可以被看作真实现象的逼近，也可以被看作虚构过程的文字描述。

这是为什么呢？这显然与科学追求真实和客观性的目标似乎不一致。按照这种方式，模型建构的整个活动可以被当作是在从事科幻的使用和传播工作。在科学哲学中，这种虚构主义有悠久的历史，至少可以追溯到费英格的作品《好像哲学》[①]。

另一个重要的问题是科学表征提供的推理空间问题。我们知道，为了探索我们模型化的那些实体的本质、功能或结构，科学建模的主要功能是允许替代推理或假设推理。要做到这一点，我们必须建构特别清晰的表征，也就是适当解释的表征。这些表征允许任何一个有能力、有知识的使用者推出关

---

① 费英格（1852—1933），德国哲学家，以研究康德而闻名，其代表作是《好像哲学》。他认为人类根本不能真正知道这个世界的基本真实物，其结果是，我们构造思想系统，然后假设这些思想符合真实事物，也即，我们以为这个世界"好像"与我们的模型匹配。他特别以物理学中的质子、电子和电磁波为例说明了他的观点。在他看来，这些现象我们从来没有直接观察到，但是科学家自称它们存在，并利用观察制造假设来创造新的和更好的构造。费英格的好像哲学对其后的心理学和心灵哲学及科学哲学都产生了较大影响。比如，凯里认为，他的个人构造心理学就是以好像哲学为基础的，他承认他的观点"我们的构造最后被看作有用的假设而不是客观实在物的表征"受到费英格的深刻影响。笔者认为，费英格的哲学思想对科学哲学的影响也不可小觑。在好像哲学中，他建立了一个思想体系，其核心主张是：上帝和真实事物最好被描述或表征为范式，这并不是说上帝或真实事物比人类意识范围中的其他事物更不确定，而是说，人类面临的所有事物最好被以假设的方式看待。这种好像哲学的实质是反实在论的。详细内容见：Vaihinger H, *The Philosophy of "As If": A System of the Theoretical, Practical and Religious Fictions of Mankind*, Ogden C K (trans.), London: Routledge, Kegan Paul, 1924.

于这种表征的系统的有趣结论。因此，我们能够说，一个科学模型在一套解释和推理规则范围内进行操作。一套解释保证表征的清晰性，推理规则允许替代推理。根据微分动力方程描述物理过程的数学模型就是典型的例子，比如，用于量子测量相互作用的薛定谔方程，就是在希尔伯特矢量积空间中被模型化的。概言之，任何科学模型都需要一套解释和推理规则，以便通过推理表征世界的某些方面。

上述三个问题的内在关系可以概括为两个大问题：其一，自然的、社会的或科幻的高度理想化的表征，如何提供它们表征的真实系统的知识？其二，这些表征如何能够被用于指称这个真实世界中任何我们关注的事物？这两大问题是科学哲学家必须要回答的，也是科学表征的理论解释问题。笔者认为这两个问题可以分解为一系列具体问题。

(1) 什么是科学表征？表征如何被用来推断任何关于真实世界的东西？自然或社会系统是科学的高度理性化表征的对象吗？如何提供关于它们的真实客体的知识？科学表征就是主体 S 使用 X 描述世界 W 以达到目的 P (吉尔)？科学表征是心理表征的一个子集？表征是心灵与世界的界面？X 把 Y 表征为 F，比如，"雪是白的"是把雪表征为颜色，"雪是水的凝聚"是把雪表征为凝聚态（范·弗拉森）？理论是对世界的假设表征，模型是对世界的想象表征（波内奥罗）？这些对于科学表征的定义或理解是否正确或准确？

(2) 科学表征如何分类（划界）？自然能否表征？一方面，从语境论来看，表征是语境化的，自然不是语境化的，因此自然不能表征，而只能显现，因为表征是属人的，是以意识和语言的出现为前提的。如果说自然能够表征，那也是一种拟人的说法，自然是"自在之物"，只是显现自身而不是描述自身。这种观点成立吗？如果不成立，就需要在自然表征和非自然表征之间划界，但是如何划界呢？标准是什么？另一方面，如果将表征看作一种显现，自然就能够表征，自然表征是自然本身呈现的物理现象，如树的年轮、自然地貌，它是一种非人化的物理表征。比如，生物符号学[①]研究构成认知系统的大分子、

[①] 这是美国符号学家西比奥克(Thomas A. Sebeok)等坚持把符号学扩大到生物领域而形成的一个领域。若把信号、记号看作符号，符号学就可扩展到动物符号学(zoosemiotics)和植物符号学(phytosemiotics)。

蛋白质、基因编码等表征问题，以此来揭示心灵的起源[①]。然而，将表征理解为显现是正确的吗？如果不存在所谓的自然表征，那只有非自然表征，即人工表征了。也就是说，所有表征都是人为的或人化的，也即主体人通过各种手段或形式呈现世界的方式，它是一种人化的表征，如心理表征和知识表征。情形是这样吗？

如果表征仅仅是人造的，我们就可以将这种非自然表征再分为语言表征和非语言表征，前者是利用人创造的语言如日常语言、逻辑语言、数学语言对事物或事件的刻画或描述，后者是运用非语言形式如图像、模型、表象（心像）、图表对事物或事件的表达或表征。这是值得我们深入思考的一个重要问题，也是关于表征的一个元问题或形而上学问题。

如果表征被理解为是人为或人工的，那么我们就需要进一步在科学表征与非科学表征（一般表征）之间划界。这是科学表征的分类学问题。按照这种观点，所谓（一般）表征，就是行动者运用某个工具对世界的某方面做出描述或刻画。所谓科学表征，是指科学家为了达到某个认识目的运用某种合适的工具如模型、数学语言等来表达客观世界的某些方面。这种关于表征的分类是合理的吗？由此看来，表征的分类是科学表征的前提和基础，这个问题不厘清，其他问题就难以解决。

（3）科学表征理论有哪些？到目前为止，关于科学表征的理论或观点主要有表征的结构主义（同态论、同构观和相似观）、表征的语义论和语用论、表征的功能主义、表征的自然主义、表征的经验主义和推理发生论等。这些理论是否解答了科学表征问题？这些理论在本书中均有详细论述，但都没有真正给出科学表征问题完全令人信服的解释。这也是笔者从语境论、实在论、工具主义相结合的视角思考科学表征问题的一个原因。

（4）科学表征有哪些模型？这是上一个问题的具体化或拓展。迄今，关于表征的模型主要有休斯的 DDI 说明模型、苏雷兹的 IA 模型、杜凯恩的 PMSC、表征的语用模型等。它们不是将模型作为世界的间接表征或者作为目标的替代系统，就是将模型作为延伸推理。这些模型在书中也都有论述。在梳理分析这些模型的基础上，笔者提出一个基于语境同一的表征模型，试

---

① Liz Swan (Ed.), *Origins of Mind*, Dordrecht: Springer, 2013, pp. 21-128.

图将不同模型整合起来。

(5)科学表征有哪些特征？根据梳理与概括已有文献，笔者发现科学表征的特征一般包括理想性、抽象性、虚构性、意向性、描述性、推理性等。当然不排斥还可能有其他特征，如目的性、人为性、好像性等。

(6)科学表征有哪些哲学问题？笔者认为表征的哲学问题应该包括：表征的本体是什么？是实在的还是非实在的？表征的认识论和方法论是什么？科学表征由什么构成？发生机制是什么？科学表征的价值(意义)是什么？其表征真值如何？这些问题在本书中都有论及，分析得是否深刻，就只能由读者自己判断了。

可以肯定，科学表征是一个难问题，有的问题只是讨论了皮毛，有的问题刚刚深入下去，如语境表征模型的建构，更为深刻的问题还没有完全搞清，如元表征、适应性表征、情境表征等问题。那些还未弄清或还没有做更深入分析的问题，是我们今后要努力探讨的方向，也有待于做更进一步和更深入的研究。在这个意义上，科学表征绝不是一个小问题，它是一个关涉科学创新和创造的大问题，一个关涉诸多哲学争论的开放问题。

上述国内外研究动态的梳理与评析表明，科学表征是一个关乎科学创造机制和知识表达的极其重要的问题。对于科学研究与哲学研究来说，其学术价值和现实意义主要表现在以下五个方面。

(1)彰显认知历史分析和语境分析方法论的作用。认知历史分析有助于弄清表征的概念形成与表达过程，语境分析有助于说明科学表征的意义获得过程。因此，科学表征问题必须在认知层次和语境层次上来澄清。因为认知是科学表征的深层结构与机制，语境是所有形式表征的说明与解释基底。

(2)通过澄清表征概念的起源、含义、用法及其理论演变与缺陷，消解科学表征问题上的实在论与反实在论、内在论与外在论、自然主义与功能主义、结构主义与推理主义、图像论与语义论和语用论之争，以模型与表征代替理论与真理，最终在语境框架下解决"科学表征问题"。

(3)以语境框架整合不同表征理论，以语境叠加模型解释表征关系的形成与知识获得过程，以认知多样性消解不同表征观之间的分歧与争论，最终提供一种基于语境同一性的新解释纲领——语境同一论。这样，通过将表征关系界定为语境交叉形成同一语境，给出了表征关系成立的充要条件。

(4)通过有无意识介入作为标准用阶数划分表征,基本解决了科学表征的划界问题。划界问题不解决,科学表征问题就难以澄清。根据表征阶数,表征可分为自然表征(零阶)、物理表征(一阶)、自然语言表征(二阶)、数学表征(三阶)和心理表征(四阶)不同类型。表征的类型不同,其表征方式也必然不同,这样掩盖在表征名下的各种易混淆的问题就将一一得到澄清。

(5)运用语境同一性原理与语境叠加模型合理地解释甚至解决表征关系的可靠性问题,以及两个或多个命题产生的悖论问题,如"如果-那么"推理的悖论。这是语境模型的应用价值所在。

第一篇

科学表征的渊源与进路

第一篇

"表征"概念与心灵哲学一样历史悠久。它一般被认为是心灵呈现客体和知识的方式。心灵作为表征者，通过感觉、感知、意象等把它之外的客体以命题、公式、图像等方式呈现于心中，然后以文字、符号形式表达出来形成知识。

本篇包括第一章到第三章内容，论述了表征概念、表征隐喻与科学表征的争论。第一章讨论了表征概念的起源、用法与理论发展，笔者发现不同历史阶段的表征概念的含义不尽相同，但认知性和指向性无疑是它们的共性。古代心灵哲学家把表征分为感觉表征、内在表征和概念表征；现代心灵哲学家关于表征的观点有纯、强和弱表征主义，窄内容与宽内容表征主义，还原与非还原表征主义，显在和潜在表征主义。

在人工智能和认知科学中，表征是关于知识的表达，它是数据结构和解释程序的联合，能够引起知识行为，并表现出承载性、语义性、意向性、解释性和中介性特征。在科学哲学中，表征是指用一个事物（模型、图像等）描述另一个相关的事物（世界、现象等），它不仅构成了科学创造的核心部分，也已成为科学哲学的一个核心概念，成为各种实在论与反实在论争论的焦点；表征不仅在科学解释中起重要作用，影响了关于自然律、时间和空间因果的争论和关于真理问题的讨论，而且是关于科学建模和理论化的哲学反思的关键。

在心理学特别是认知心理学中，表征就是心理表征，是指信息或知识在心中的表现和编码、记载的方式。或者说，表征是外部事物在心中的再现，它一方面反映客观事物，另一方面又是心理加工的对象。双重代码假说认为，人具有语言和表象两个平行的认知编码系统，语言系统加工离散的语言信息，表象系统则对具体的客体或事件的信息进行编码、存贮、转换和提取。而命题表征假说认为，无论是抽象的还是具象的信息，都是由命题组成的概念系统存储的。多水平表征模型认为，在不同的认知阶段有不同的表征，也就是，知觉阶段对物理特征的表征，工作记忆阶段对语言表象和视觉表象的表征，长时记忆阶段的命题表征或语义表征。

第二章论述了表征的隐喻及其衍生的理论。表征的根隐喻主要有两种：一种是逻辑隐喻；另一种是比例模型隐喻。前者具有解释思想序列的保真性、解释的系统性、表征的抽象性和描述性特征；后者具有易操作性、结构同一性、可测量性、易理解性和对框架问题的免疫性特征。前者通常会遇到框架问题，后者则对框架问题有免疫性。它们是表征的认知根源，说明了认知的直觉性和因果性。认知科学家常常以这两个隐喻为前提，试图通过机械化形式实现人的认知和思维过程。这些也正是科学哲学家极为感兴趣并提出质疑的症结所在。他们要么持表征主义立场，要么持反表征主义立场，前者认为智能行为如知识表达依赖表征，后者则认为智能行为如意会知识无须表征。这种争论目前仍然在持续。

第三章论述了科学表征问题的形成与争论。关于科学表征是否能够成为一个不同于一般表征的特殊问题这一问题，学界出现了分歧，但认为科学表征有其特殊性是主流观点，于是产生了所谓的"科学表征问题"，具体包括构成问题、划界问题和规范问题。模型是"科学表征问题"的集中反映。它作为主要科学表征方式有许多种，诸如探测模型、唯象模型、计算模型、解释模型、检验模型、理想化模型、数学模型、图像模型、类比模型等，这些名称构成了模型的划界问题，同时也产生了模型的认识论和语义学问题。

认识论问题是模型如何描述世界的方法问题，语义学问题是模型如何承载意义问题。模型描述了目标系统或客体的某些方面，而它们本身并不是目标系统的一部分。在表征的意义上，模型不仅是心理表征的一个特殊方面，也是实构与虚构、具象与抽象的统一体，表现出假设生产性、理想化与近似性、聚焦性、目标重设性的特征。科学表征问题及模型表征引发了关于科学表征的实质说明与紧缩说明的争论。相应于这两种说明，在方法论上表现为还原分析方法和整体实践方法。两种说明和方法的对立，使得人们从认知科学和艺术的表征方式入手，提出可能解决"科学表征问题"路径，但笔者发现问题仍然存在，如艺术的虚构表征与科学的假设表征的同一性问题。科学表征最终能否成为一个不同于一般表征的特殊问题，此后的章节会做进一步的讨论。

第 一 章
表征概念：起源与理论发展

"表征"是认知科学和认知心理学的核心概念之一。它既是心灵把握世界和信息在大脑或计算机中的显现方式，也是人类表达知识的主要形式。认知科学侧重认知表征，认知心理学侧重心理表征，人工智能侧重知识表征，科学哲学侧重科学表征。不论不同的学科侧重表征的哪一方面，表征本质上都是一种认知活动。几乎所有的认知科学领域都涉及表征，它也因此被认为是关于心智表征的科学。

然而，尽管这个概念被广泛讨论并接受，但关于它的含义、类型、特征、功能、内容、感受性、解释力等则始终存在争议。1999 年 8 月，"心理表征的新理论"高峰论坛在澳大利亚的悉尼大学召开，著名认知科学哲学家克拉克、卡明斯、B.C. 史密斯、丹尼特、豪格兰德参加了讨论[①]。会议主要讨论了三个问题：认知科学应该如何说明、确定和利用表征？表征内容如何依赖表征本身？表征的形而上学是什么？

克拉克提出认知表征系统的非线性动力理论，认为大多数命题编码的知识是潜在地储存的，或非命题地储存在联结主义的权重矩阵中或行为体(agent)生活的环境中的。此理论与联结主义匹配，是非表征的和语境敏感的。卡明斯认为表征是同构(isomorphism)或结构共有(structure-sharing)，同构是基于相似性的表征；如果表征 R 与其内容 Y 同构，那么它就是表征，不管它是否表征了真

[①] Clapin H, *Philosophy of Mental Representation*, Oxford: Clarendon Press, Oxford University Press, xiii, 2002.

实事物；表征行为由表征和目标构成；表征力包括表征、应用表征于目标、对应用的态度和态度决定的知识结构。史密斯的情境认知(situated cognition)理论强调了语境决定意义的重要性，认为表征行为使世界的对象和性质成为现实，任何谈论世界的尝试都是建构对象的表征行为，人和机器的表征能力产生了深刻的形而上学和认识论问题。表征的情境认知强调了认知过程和语境依赖，而同构是具有内容的静态结构，它必须说明它与产生行为的结构之间的关系。

丹尼特把表征分为显表征和潜表征，主张显表征源于潜表征，潜表征是思维的工具。他的意会表征(tacit representation)包括两方面：一是符号表征程式的语义性归于这个程式的潜结构背景；二是智能系统不用表征而本身含有信息。这样，意会表征就成为符号表征和具身性(embodiment)之间的桥梁，显表征预设了潜表征，而不是相反。他的"华丽的表征"(florid representation)是一种具有自我概括能力的表征，可用以说明行为体如何表征世界；豪格兰德分析了不同表征和不同表征内容，认为表征与对象的结合产生内容，意向性和客观性是"硬币的两面"；逻辑的、图像的和分布式表征的区别是其内容不同所致，而不是表征程式不同所致；表征不能解释世界如何有意义，世界本身有意义。这必然涉及本体论和客观性问题。

争论虽然激烈，但关于表征问题并没有达成一致，不同表征及其关系蕴含的哲学问题还没有澄清。表征是什么？表征什么？表征与意向性是什么关系？内在状态为什么是表征的？内在表征如何有了内容？规则、图式、意象、构架是不是表征？有没有无意识表征？计算表征是否具有语义性？表征怎样才有解释力？不同的表征形式本质上是相同的吗？在不同表征形式之间如何划界？这些问题构成了认知哲学要研究的重大问题。在这一章，笔者针对以上问题，主要探讨表征概念的起源与理论演变，表征的不同形式，知识表征与智能的关系，表征与意向性、命题态度、感受性、意象和内容决定的关系，以及表征的本质特征。

第一节　表征概念的起源和用法

在西方哲学史和心理学史上，当代计算心灵主义与中世纪经院哲学在表征方面的联系远比其他认知方式多,对它的思考也深入得多[1],因此,我们有必要对这个概念的起源做系统而深入的探讨。

表征这个概念最早可追溯到拉丁词 repraesentare 和 represaesentatio,其含义是"再现"。而将这些词与心灵联系起来则要归功于阿拉伯思想家阿维森纳[2]和阿威洛依[3]著作的拉丁语翻译工作[4]。当时的学者运用这些拉丁词翻译了一些阿拉伯词,创造了内在表征的概念。在他们看来,是内在感觉而不是概念才具有表征特性。现在看来这个观点是有问题的,因为没有概念,我们就不能进行知识表征,感觉只是表征的心理和生理基础。

英语单词 representation 经古法语源于拉丁语动词 repraesentare 和名词 represaesentatio。但这两个词在拉丁语中并不常用。《牛津拉丁词典》给出了这个词的三种意义:(1)现款支付;(2)将某物呈现于心灵的行动;(3)艺术中的想象或表达。(2)和(3)具有再表现某物的含义,只有(2)属于内在表征,(3)属于外在表征。这与现在的用法接近。(1)从表面看似乎与表征无关,仔细思量会

---

[1] Tweedale M M, "Mental Representation in Later Medieval Scholasticism", In Smith J-C (Ed.), *Historical Foundations of Cognitive Science*, Dordrecht, Boston: Kluwer Academic Publishers, 1990, pp. 35-48.

[2] 阿维森纳(Avicenna,980—1037),亦称伊本·西纳(Ibn Sina),塔吉克族哲学家、自然科学家、医生。生于布哈拉(Bukhara)附近的阿福沙纳(Afshana),卒于哈马丹(Hamadan),在波斯萨曼王朝与突厥喀喇汗王朝、伽色尼王朝时代的花剌子模和波斯工作。他的著作达200多种,最著名的有《哲学、科学大全》和《医典》,至今仍有参考价值。他的著作中包含大量的几何、天文、算术和音乐理论方面的内容。在几何学方面,他讨论了平面几何和立体几何的基础,被认为是对欧几里得(Euclid)的《几何原本》的评注。在对定义、公设、公理、定理的次序安排和对定理及问题的证明方法方面,都具有独创性。

[3] 阿威洛依(Averroes)是拉丁文名,阿拉伯名为伊本·路西德(Ibn Roschd,1126—1198),生于西班牙,是对西方影响最大,同时在哲学上也最接近于亚里士多德的哲学家。阿威洛依也是一位医生和自然科学家,他极其崇拜亚里士多德,认为亚里士多德的学说是最高真理,因为他的理解力是人类理解力的极限。因此,他一生的著述活动主要是对亚里士多德著作进行注释。他从唯物主义方面发展了亚里士多德关于质料与形式、可能与现实的思想,坚持物质的永恒性,认为物质是既不能创造也不能消灭的,形式并不是从外部加给物质的,永恒的物质根据其潜能已经包含了所有的形式在自身,并在发展过程中实现形式。他还否认不死的个体灵魂,只承认超个人的精神不死,这就是统一的、普遍的理性。

[4] 阿拉伯学者继承了古希腊的思想遗产,大量的古希腊思想正是通过这些阿拉伯学者得以保存和留传的。

发现，用现款(替代物)购买到某商品(目标物)，这是等价交换，相当于"用一物表征了另一物"，其实质是同构表征观的隐喻表达，含义隐晦但更为深刻。

中世纪早期的语言学家昆体良①在(2)的意义上使用名词 represaesentatio。在他看来，清晰的图解就是表征，它是人们在心中表达事物的重要修辞工具。如果一个讲演者能够通过 represaesentatio 说服听众，这个 represaesentatio 就是不证自明的。柏拉图和亚里士多德所使用的希腊词 phantasia(心像)有"表征能力"的含义，而复数词 phantasmata 就是表征。在亚里士多德的用法中，phantasia 是介于智能活动开始和情感结束之间的东西。这样，phantasmata 就是对外在客体的感觉表征。昆体良把拉丁词 repraesentare 与希腊词 phantasia 联系起来。希腊人称 phantasia 的东西，当时的人叫 repraesentare，它们是人们通过眼睛把客体再现于心中的印象。用现代心理学的术语说，就是心理表征。不过，昆体良是在严格的修辞学意义上使用表征的，并没有涉足心理学，那时的心理学还没有从哲学中分化出来。

中世纪中期，repraesentare 和 represaesentatio 仍然是在(2)的意义上被使用的。神学家则更多是在(3)的意义上使用这两个词的，即把表征作为想象和例示。比如，他们相信在基督教圣餐期间，耶稣基督不仅在他们心中，而且就在他们眼前。前者是内在表征，后者是外在表征。

表征概念的这种用法在神学家德尔图良②的著作中频繁出现。他在三种意

---

① 昆体良(M. F. Quintilianus，约35—约95)，古罗马时期的著名律师、教育家和皇室委任的第一个修辞学教授，也是公元1世纪罗马最有成就的教育家。他出生在西班牙，其父在罗马教授雄辩术，颇有名声。他当过10年律师，公元70年被任命为一所国立拉丁语修辞学校的主持人。由于在雄辩术方面的造诣以及在办学上的卓越成就，当罗马帝国在公元78年设立由国家支付薪金的雄辩术讲座时，他成了该讲座的第一位教师。

② 德尔图良(Tertullianus)是基督教著名的神学家和哲学家，生卒于迦太基(今突尼斯附近)，因其理论贡献被誉为拉丁西宗教父和神学鼻祖之一。他曾受希腊和拉丁文化双重教育，对哲学、文学、医学颇有研究，尤为擅长法律诉讼，他使用的神学方法，主要以写作思辨性的基督教神学与反对异端的著作为主。德尔图良对于"三位一体"与基督的"神人二性"这两个教义的阐明，为后来东方与西方两个教会的正统教义奠定了基础。他首先发现理性有极限，人在冲破这个极限的时候，就应该有信仰做指南，以发展人生的未来。他认为在人性的能力中，除了感观之外，还有理性；在理性之上，还有信仰，人的感观所不能达到的极限，由理性可以补足；在理性所不能达到的极限，由信仰可以补足。这样，他将自己的信仰用希腊哲学、罗马辩论的形式表现出来。

义上使用 repraesentare 一词：①物理表征，与真实表达的事物有关；②心灵表征，与印象中的表征有关；③道德表征，与例子的想象有关。这三种用法与神学的表征建立了联系。在德尔图良之后的中世纪哲学家和神学家的著作中，很少出现表征概念，也没有把这个概念与心灵相联系。

中世纪后期(约 12 世纪)，把表征与心灵结合而形成的表征形式主要有三种：感觉(视觉)表征、内在(感觉)表征和心灵(概念)表征。

12 世纪意大利比萨的勃艮第奥(生平不详)可能是第一个提出感觉表征的人。他把希腊语 parhistemi 翻译为 represento，意思是"置于……前面"。这个词被用以指称心灵对其外部事物的感觉表征。视觉正常时，它能够正确地表征出现在它面前的事物，因为在一定范围和正常条件下，事物就是它们出现的东西。远处的事物并不总是像它们实际呈现的那样，比如，在视觉表征中，感觉表征的圆或许就是方的。因此，感觉表征虽然十分重要，但并不可靠。

把 repraesentare 和 represaesentatio 用作内在表征似乎也始于阿维森纳著作的拉丁语翻译工作。他之前的学者几乎没有人把这些词与内在感觉联系起来。他之后的学者把他的心理学称为官能心理学。他提出的官能有五种[①]，即常识、想象力、思考力、判断力和记忆力，常识接受所有感觉印象，想象力保持印象，思考力连接储存于想象中的形式或图像，判断力使行动者知道如何选择，记忆力保存先前的表征。

阿维森纳所说的表征与这些官能密切相关。在他看来，通过常识接受并储存在 phantasia 中的形式就是表征。想象中的 phantasia 因智能的参与而得到加强。思考力和判断力连接并划分在想象中集中起来的 phantasia 而产生新的表征。这些新产生的表征可能没有相应的实体，但是它们仍然是某种想象。也就是说，想象力表征心灵倾向于选择混合的形式。

在阿维森纳看来，这些感官理解客体的可感觉形式，判断力理解被感知客体的意向。比如，人关于狼的意向会使人感到恐惧。所有内在感觉表征包括在这个过程中，表征概念在解释它的发生中起决定性作用。记忆保持客体

---

① 阿维森纳把官能分为外在感觉和内在感觉。外在感觉就是我们熟知的视觉、听觉、嗅觉、味觉和触觉；内在感觉是常识、想象力、思考力、判断力和记忆力，包括智能。

的表征,并对这个表征做出判断。这样,当某个表征被唤起时,判断便随之发生。由判断产生的记忆表征转化为它的想象中的相应表征,而且表征想象中的任何形式。想象中的 phantasia 是智能活动的基础。感觉通过某些形式表征想象,而想象表征智能。阿维森纳还认为,思维总是全称的,但它在想象中表征的任何东西却是单称的,即心灵一次只能表征一个对象,实在或非实在的。因此,智能必须从任何被表征的对象那里获得意向。如果同一类的形式被表征到智能上,智能显然就不会从它那里获得另一个意向。也就是说,智能中的一种形式与许多形式相关,正是在这种意义上,阿维森纳才说思维是全称的或普遍的。

在这里,阿维森纳实际上描述了这样一个抽象过程:一类特殊事物在想象中的表征如何在智能中是全称的,如一朵玫瑰花如何成为花。全称形式是从想象中的表征抽象出来的,并从能动智能(agent intellect)流入被动智能(passive intellect)[1]。由于在智能中没有储存能力,这个过程需要在每个智能活动中得以实现。不过,阿维森纳并没有把表征这个词与智能联系起来。

阿维森纳的表征理论对后来的阿奎那有很大影响。阿奎那在说明心灵的能力时是在 phantasia 的意义上使用表征概念的,没有把它与外在感觉和概念联系起来,但表征总是与内在感觉或抽象全称类相联系。这类表征由于可以不涉及物质条件,因此也被称为感觉和智能类(intellect species)[2]。

关于概念表征,当代表征理论常常是在具有语义功能的词语意义上使用的。而中世纪思想家在逻辑中将表征与概念相联系。考姆普提斯的《辩证法》和法国中世纪逻辑学家阿伯拉尔的《辩证法》中就区别了词的强迫意义和表征意义[3],比如,源于名词"白色的"这个词,被强迫用来表示一类事物是白色的,而它本来表示的名词"白色"是存在于这个事物中的。也就是说,白色的事物是白色的一个例示或一个替代。在中世纪后期的逻辑中也有这样的用法。当时的逻辑学家认为,一个名称或术语并不是名义上同时表征了它应

---

[1] 能动智能也即积极智能,被动智能也即可能智能。
[2] 表征的这种用法也是由阿维森纳激发的,他把表征看作一类不依赖外部物质条件的心理现象。
[3] 一个词被强加上去的意义和人主动表达的意义。

该表征的事物及其性质，但它总是命名那种事物，因为它是被强加上去的。然而，性质是非名义地表征的。更准确地说，它是一种事物的一个表征和一个决定，以便与这种事物强加上去的含义一致，这就是为什么每个名称都会有两种含义的原因①。

每个名称有两种含义的观点是有争议的。具有两种含义的名称或术语被称为通称术语（appellative term），它应该与物质术语或自然类术语区别开来。这类术语具有强迫接受的含义。奥卡姆把这类术语叫作内涵术语，其意义是通过首要含义和次要含义这两种含义表达的。他说的首要含义是一个物质的名称所指的表面意义，次要含义是那种物质性质的意义。

然而，把表征概念内化于心灵的用法，在中世纪后期以及阿维森纳的著作被翻译成拉丁语期间是没有的。这一工作由14—15世纪的唯名论思想家完成。他们对思想语言假设非常感兴趣。奥卡姆和布里丹是这一传统的代表。他们认为，概念是作为被思考的东西的记号起作用的。这些记号之所以表征客体，是因为它们是由这些客体引起的。它们之所以是心灵的，仅仅是因为它们在心中。而且，心灵表征之所以表征一个客体，是因为它表示了那个客体，它也因此在心灵语言中是作为那个客体的一个"词"起作用的。

应该看到，虽然奥卡姆和布里丹是在与外部客体引起的概念的联系中使用表征概念的，但他们在讨论一个概念的意义时并不常使用这个概念。但是表征概念在康德哲学中有重要地位。在康德那里，表征（称为表象）通常是指在心灵、图像、模型、复本等事物中的要素，它代表了由相似性或基于其他理由而存在的他物。康德把表征分为有意识表征和无意识表征。经验和知识的所有要素都归于有意识表征。对康德来说，表征主要与直觉有关，而直觉又分为主观的感知或感觉和客观的感知或认知。认知的表征又进一步分为直觉和概念。这种二重性是康德哲学的基本特征②，体现了他的这样一种主张，即通过把概念应用于直觉，知识需要这两种表征方式。

---

① 一个是某种事物被迫接受的含义，另一个是表征这种事物性质的含义。
② 按照这种二重性，康德就通过知觉将表征分为感觉和知识；知识进一步分为直觉和概念；直觉又分为纯粹直觉和经验直觉（包含感觉的直觉，即感觉和直觉的结合构成经验直觉）；概念又分为纯粹概念与经验概念（包含感觉的概念，即感觉与概念的结合构成经验概念）。

具体而言，康德将直觉和概念看作两种不同的基本表征[①]，直觉是无意识的，概念是有意识的[②]。在康德看来，概念是"间接表征"，即它通过表征事物的一般特性表征事物，比如，一把真实的椅子，它的"木质""棕色""靠背"等概念就是椅子的间接表征。这些概念通过表征这把椅子的一般特性——是棕色，是木质的，是可倚靠的等属性，表征了这把椅子。直觉是非间接表征，也即直接描述事物的表征，例如，你对椅子的知觉就是一种直接表征。知觉直接表征了椅子而没有通过任何一般特性。因此，在康德看来，我们人类内部具有表征（心理表征），并能够意识到它们的存在，如想象一棵树。然而，不论这种意识涉及的范围有多么广泛，也不论它可能有多么的仔细和准确，它们仍然仅仅是表征，也就是我们心灵在这种或那种时间关系中的内在规定而已。因此，显而易见，康德的表征观是一种关于心的表征理论。

可以看出，"表征"是一个具有悠久历史和不同含义的哲学术语。似乎所有哲学家在谈论这个概念时，都是以一种特殊的方式——知识的、政治的、法律的、艺术的、心灵的和科学的——阐释其意义的。他们在使用这个概念时，所指意义也不尽相同，因为从古希腊文到拉丁文，从拉丁文到现代其他哲学语言的翻译过程，导致了表征概念意义的巨大差异。这就是语言转译中的"译不准"原理。出于这个原因，即使在当代，将一种哲学语言翻译为另一种哲学语言，也是相当有困难的。

然而，在科学哲学和认识论领域，根据波内奥罗的考察，representation（表征）的历史通常与"形象"（image）和"图像"（picture）这两个概念密切相关[③]。在英语中，"表征""形象"和"图像"通常被看作是近义词或同义词，但"表

[①] Kant, Critique of Pure Reason, https://en.wikipedia.org/wiki/.
[②] 康德将概念进一步分为先天（纯粹）和后天（经验）的概念，将直觉分为纯粹直觉和经验直觉。纯粹直觉是不包含任何感觉的直觉，经验直觉是包含感觉的直觉。比如，对任何物理客体的感知就是经验直觉，所有这种直觉都是直接表征，即它们具有表征的可感觉内容。而纯粹直觉是关于时间和空间的直觉，即我们心灵的主观条件协调可被感知的事物。在康德看来，人类对时间和空间的表征不是客观和真实的，而是在那些表征内不包含感觉的直接表征。这两种表征按照康德的看法都是纯粹直觉。
[③] Boniolo G, *On Scientific Representations: From Kant to a New Philosophy of Science*, Hampshire: Palgrave Macmillan, 2007, pp. xvi-xix.

征"通常与 representation 对应。在德语中，Bild（图像）及其同根词 [bildung、abbildung（成像）、einbildung（插图）]、vorstellung（想象、概念）、darstellung（图式、制图）也被看作是同义词。在波内奥罗看来，这些概念都与柏拉图的"理念"和"心像"概念相关，而这两个概念可以被认为是关于表征的理论化的最初尝试。历史地看，英语和德语中的这些概念都与古希腊时期的拉丁文的概念 imago（想象）和 repraesentatio（表达）相关。它们是经过中世纪的哲学家奥古斯汀、阿奎那等的再思考、再翻译而成为现代的术语。随着现代哲学语言的诞生，从词源学来看，这些术语或概念是如何由希腊语和拉丁语发展而来的仍然是一个谜。

不过，从新拉丁语和某些盎格鲁-撒克逊语的词根中可以发现这些术语的希腊语和拉丁语的根源。这表明一个不可否认的历史事实：某些词，如英语和德语中的"表征"概念，是源于希腊语和拉丁语的。这是由这两种语言的历史语境决定的。就像日语的形成离不开汉语历史语境一样，许多日语词汇就是以汉语的语形出现的。在哲学的语境中，情形可能会更复杂。例如，在将某个术语翻译成某一语言时，翻译者会从本族语中寻找意思相对应的词汇。波内奥罗以德语词汇 bild 为例来说明，希腊语 eidolon、eikon，拉丁语 imago、species 翻译为德语时，可能源于古德语 bilidi，其意思是某物类似于"被赋予魔法的表征"。类似地，德语 vorstellung 也被第一个翻译者从希腊语和拉丁语的哲学文本翻译成德语，被用于翻译希腊语 phantasia 和拉丁语 repraesentatio。英语的情形也类似。

当代不同语言之间的互译则更为复杂。波内奥罗以两个德国哲学家弗雷格和维特根斯坦为例，将他们的德语原著与其英语译著进行对比，发现他们具有某些盎格鲁-撒克逊的思维方式。在弗雷格的著作中，他发现，德语的 bildens 和 vorstellungen 分别对应于英语的 pictures 和 ideas。也就是说，bild 被翻译为 pictures，vorstellung 被翻译为 ideas。与康德的用法相反，vorstellung 被翻译为 representation。弗雷格主张 bild 表征某物，也就是图像表征某物。他通常使用德语动词 darstellung 表达概念"表征"的意义，这在现象学的传统中是被普遍接受的。使用 darstellung 说明一个客观的表征，使用 vorstellung 说明一个主观的表征。显然，在弗雷格那里，他使用不同的词来描述两类表征——主观的和客观的。

波内奥罗还发现，在维特根斯坦的《逻辑哲学论》（1922 年）中渗透了赫兹的著名的"力学原理"(1894年)的成分。在《力学原理》中，赫兹至少是在三种意义上使用术语 bild 的：①作为某一现象的一个一般表征；②作为一种理论；③作为一个理论的一个特殊说明。比较德语与英语文本的表达，Bild 对应于 picture，darstellt 对应于 represent，representation 对应于 abbildung。赫兹与维特根斯坦都使用 bild 和 darstcllt，但英语翻译不同：赫兹的 bild 被翻译为 image，而维特根斯坦的 bild 被翻译为 picture。尽管这两种翻译不同，但都是指代 represent，这个似乎低估了德语 darstellen 和 vorstellen 之间的细微区别。

因而，在认识论或知识论领域，关于表征的语言复杂性可能是不可避免的。以上所有术语包括表征的不同观点，从词源到现在的使用，一般具有两种特征：其一，表征可以被认为是一个行动或那个行动的结果，行动与心理学和认知科学相关，行动的结果与认识论相关；其二，任何表征是表征某物的东西，而且在表征与被表征物之间存在某种相似性，这依赖于我们关于表征的信条，如是同构或相似。

据笔者的考证，关于 representation 这个术语或概念，国内学界不同学科的译法不尽相同，有的译为"表征"，有的译为"表象"[①]。在符号学领域，representation 被译为"表象"或"表象活动"[②]，是将指号作为一种观念、一种心理表象。根据符号学，符号与表象既有联系又有区别，一个符号必然是一个表象，但一个表象不一定就是一个符号；表象与符号的区别就是对象与符号的区别，因为表象必须有所指，或者是实在的，或者是虚构的。或者说，一个表象可能是或可能不是一个对象，但一个对象必然是一种表象。这表明，

[①] 维基百科和百度百科都将 representation 释义为"表象"，即"表象是客观对象不在主体面前呈现时，在观念中所保持的客观对象的形象和客体形象在观念中复现的过程"。这显然是 image 的含义，即心中或观念中的形象，也就是经过感官感知的外部事物在脑中再现的形象。若将 representation 译为"表象"，就容易与 image 混淆。按照笔者的理解，image 是心理图像，representation 是呈现于心外的形象，前者是内在的、一阶的，后者是外在的、二阶的。也就是说，"表象"是头脑中形成的外在事物的形象，"表征"是再将"表象"或以语言的，或以图像的，或以绘画的，或以符合的方式再现出来的东西，如文本、方程式、雕像等。总之，"表征"是从心中显现出来的东西，存在于心中的只能是"表象"或"心理印象或影像"。

[②] [美]莫里斯：《指号、语言与行为》，罗兰、周易译，上海人民出版社1989年版，第334页；[美]约翰·迪利：《符号学基础》（第六版），张祖建译，中国人民大学出版社2012年版，第345页。

表象是对外在事物的心理刻画。

在量子力学中，一种"表象理论"被认为是研究量子力学规律的各种数学表达形式，以及这些不同形式之间的变换的理论。在呈现的意义上其实就是表征理论，因为它所指的表象是微观粒子体系的状态（量子态）和力学量的数学表达形式，如矩阵形式，这显然是一种数学表征。因为"表象"是外物呈现于心的形象，"表征"是用心设计的某物呈现外在事物或客体，量子态显然是外在客体。或者说，这种"表象"就是心理学意义上的表征。

心理学中的"表象"是指对外部事物的一种心理影像或印象（image、imagery），或者是指过去感知过的事物形象在头脑中再现的过程。也就是说，表象是事物不在面前时，人们在头脑中出现的关于事物的形象。从信息加工的角度看，表象是外来信息在人头脑内生成的东西，是外物在我心中产生的印象。也就是说，"表象"是内在于心的外在事物的形象。这就是心理表征。

在法语世界里，在皮亚杰的 *Le Structuralisme* 的中译本《结构主义》里，法语词 représentation 被译为"表象"①。皮亚杰是著名的心理学家，他的 représentation 是在"心理印象"意义上使用的，例如，他谈到由内省得到启发的"主体的表象"这种心理结构即格式塔时，认为人在感知-运动阶段的智力还没有表象，这主要与动作和各种动作的协调作用有关，但自从有了符号功能（如言语、象征性游戏、意象等）之后，人才有了表象或思维，于是抽象的概念反映形式出现了②。在他看来，在这种概念性表象层次，同化作用最终产生了普遍性图式，即各种结构。然而，象征性或符号性功能，除言语外还包括以表象形式进行的模仿，如姿态模仿、象征性游戏、心理表象等，这说明表象作用与思维的发展是同符号功能相联系的，而不仅仅和言语相联系。正因为如此，没有脑损伤的幼年聋哑人能够掌握象征性游戏、手语等，而有脑损伤的幼年聋哑人则没有这种符号功能③。知觉现象学④中虽然没有出现 représentation 这个术语，但它所指的"表象"也是指 image（映像、形象、表

---

① ［瑞士］皮亚杰：《结构主义》，倪连生、王琳译，商务印书馆2006年版，第140页。
② ［瑞士］皮亚杰：《结构主义》，倪连生、王琳译，商务印书馆2006年版，第54页。
③ ［瑞士］皮亚杰：《结构主义》，倪连生、王琳译，商务印书馆2006年版，第79页。
④ ［法］梅洛-庞蒂：《知觉现象学》，姜志辉译，商务印书馆2001年版。

象)。正如他指出的:"对我们来说,重要的正是知道世界存在的意义。在这个问题上我们不应该预先假定任何东西,因此也不应该预先假定一个自在存在的天真观念,也不应该预先假定一个与之相关的表象存在的观念,一个为意识存在的观念,一个为人存在的观念,这就是有关我们对世界的经验,同时有关世界存在的问题中我们要重新思考的。……于是,现在我们的知觉中有事物本身,而不是事物的表象……"①这表明现象学中的"表象"不是指 representation,主要是指在感觉知觉层次上形成的心理印象,也就是外在事物在心中形成的图像——一种心理表征。而 representation 是心理形象的外显或物化。

在德语世界里,哲学中的"表象"通常对应于德语词 Vorstellung,其含义与 image 相近。例如,《时间概念史导论》②《纯粹现象学通论——纯粹现象学与现象学哲学的观念》③《逻辑研究》④《小逻辑》⑤《哲学史讲演录》⑥《存在

---

① [法]梅洛-庞蒂:《可见的与不可见的》,罗国祥译,商务印书馆2016年版,第16页。在法语中,单词 uprāsentation 与 représentation 的意思容易混淆,前者的意思是"呈现",后者的意思是"再现""表征",二者意义相近但不相同。根据直觉现象学,前者是指从无条件的或绝对的存在(即自在之物)中挖掘出来的可感之物,是事物本身表现出来的特性存在于人的视界的存在,即被感知的存在本身;后者是指主体人使用某种中介(如语言)描述外在客体(如原子)而呈现出来的东西,如原子模型。

② [德]海德格尔:《时间概念史导论》,欧东明译,商务印书馆2014年版,第515页。

③ [德]胡塞尔:《纯粹现象学通论——纯粹现象学与现象学哲学的观念》(第1卷),李幼蒸译,中国人民大学出版社2014年版,第384页。在第551页,李幼蒸将这一概念的德语(*Vorstellung*)、法语(*représentation/objectivation*)、英语(*representation*)进行对比,中译为观念、表象、呈现、再现,也将 *Vorstellung* 对应于英语的 *representation*。

④ [德]胡塞尔:《逻辑研究》(第二卷第二部分),倪梁康译,商务印书馆2015年版,第1193页。在这部书的第一部分第六章第44—45节,胡塞尔专门讨论了表象及其内容。不过,译者将 Repräsentation 译为"代现",也就是"表征"。在笔者看来,德语的 Repräsentation、法语的 représentation、英语的 representation 是相对应的词,意思基本相同,因为它们都源于拉丁词 represaesentatio。至于表象的内容问题,在胡塞尔看来,表象与表象内容是一回事,因为表象本身是负载内容或意义的,在笔者看来,这实质上是心理表征的语义加载或者是心理内容的表征问题。

⑤ [德]黑格尔:《小逻辑》,贺麟译,上海人民出版社2017年版,第394页。黑格尔的表象是指"观念",是一种对外物范畴化的心理表征。

⑥ [德]黑格尔:《哲学史讲演录》(第四卷),贺麟译,上海人民出版社2017年版,第442页。在这本书里,他们将 Vorstellung 与 representation 对应,是指经知觉形成的表象,如抽象

与时间》①中均将 Vorstellung 译为"表象"，主要是指一种观念。这表明三位德国哲学家海德格尔、胡塞尔、黑格尔均使用了 Vorstellung 来表达"心灵对外在客体的主观反映"这一事实。不过，莱布尼茨在其《人类理智新论》中表达"描述、叙述、表示"的意思时使用的是德语词 Darstellung 而不是 Vorstellung，该书的法语本将其译为 représentation，英译本译为 representation，而根据法语版翻译的中译本则将该词译为"表象"②。在笔者看来，Darstellung 译为"表征"更为准确，因为莱布尼茨表达的意思是对概念的清晰表达，如对上帝的表达，这当然是所描述对象的语言表征问题，而不是心理印象。

在黑格尔的精神现象学③中，"表象"（Vorstellung）是指包括想象、神话、象征、形象思维等精神性的概念或观念。在谈到宗教时，黑格尔认为宗教作为意识形态是通过表象把握绝对精神的，或者说，绝对精神只是通过表象体现在宗教中的，而绝对知识、哲学则是通过纯概念把握绝对精神的，即绝对精神是通过概念体现在绝对知识和哲学中的。黑格尔还着重区分了感觉、表象与思想，认为这种区分对于我们了解认识的本质和类别至关重要④。在他看来，感觉或感性事物与思想的区分在于，感觉的特点是个别性的；表象是以那样的感性材料为内容，但这种内容是被设定为"在我之内"，具有"我的东西"的规定，因而也具有了普遍性、自我联系性和简单性；除以感性材料为内容外，表象也能以出自自我意识的思维材料为内容，如关于法律的、伦理的和宗教的表象，甚至关于思维自身的表象。正是由于表象具有这两方面的

的形而上学以表象为前提。黑格尔的表象有许多种，诸如一般表象（单子）、单纯表象、通常表象、具体表现、感性表象（感觉）、形式表象、无意识表象、普遍表象、永恒表象、混乱表象。在宗教中，根据黑格尔的精神现象学，表象的内容就是绝对精神。

① ［德］海德格尔：《存在与时间》，陈嘉映、王庆节译，熊伟校，陈嘉映修订，生活•读书•新知三联书店 2015 年版，第 510 页。

② ［德］莱布尼茨：《人类理智新论》（上、下册），陈修斋译，商务印书馆 2006 年版，第 663—664 页。中译本是根据 C. L. Gerhardt 编的 *Die Philosophischen Schriften, von G. W. Leibniz 1875-1890* 即《莱布尼茨哲学著作集》（第 5 卷）法语翻译的，英译本是指 A. G. Langley 的译本 *New Essays Concerning Human Understanding*, Kessinger Publishing Co, 1916.

③ ［德］黑格尔：《精神现象学》（上卷），贺麟、王玖兴译，上海人民出版社 2017 年版，第 27—28 页。

④ ［德］黑格尔：《小逻辑》，贺麟译，上海人民出版社 2017 年版，第 84—85 页。

内容，Vorstellung 有时被译为"表象"，是指"以感性材料为内容"的表象，有时被译为"观念"，是指"以思维材料为内容"的表象。这两个内容类似于康德在《纯粹理性批判》首页中提出的"质料"（stuff）和"形式"（form）之间的区别，"赖因霍尔德的证明是这样的：在任何的表象中必定存在某物，它通过表象与主体和客体有联系。……在任何表象中都必须有两个要素。这些要素是质料与形式。所有表象既有质料的一面又有形式的一面。一个表象通过质料的方面与客体有联系，通过形式的方面与主体有联系"①。这表明表象（表征）这种认知中介具有双重性——形式的主观性（人的设计）和客体的实在性（客观性），主体与客体是通过表象（表征）联系的。在这个意义上，表象（表征）是认知活动不可或缺的要素，是认知过程中必需的一个基本事实，而描述这种基本事实的基本命题就是所谓的"意识命题"——"在意识中，主体把表象与主体和客体区别开来，并且把表象与它们两者联系起来。"②正因为表象概念如此重要，所以"赖因霍尔德把关于单维度体系的方法论考虑与'表象'术语结合起来，康德把这个术语放在他的认识论术语的'谱系图'的顶

---

① ［德］迪特·亨利希：《在康德与黑格尔之间——德国观念论讲座》，乐小军译，商务印书馆2013年版，第247页。该书是根据 Dieter Henrich 的 *Between Kant and Hegel: Lecture on German Idealis*（Harvard University Press, 2003）译出的，英译本作者将 Vorstellung 译为 representation，中译本作者将 representation 译为"表征"，第239、246页。

② ［德］迪特·亨利希：《在康德与黑格尔之间——德国观念论讲座》，乐小军译，商务印书馆2013年版，第239页。这个命题遭到了亨利希的质疑与批评。他是这样分析的：在意识中有一个对某物的表象，如我的一个知觉，且这个知觉是对某物的。我可以将这个知觉与知觉的我自己区分开来，如知觉一个人从我面前走过，我是从某个角度和某种距离，在某种光线下知觉那个人的。这等于把我的知觉与作为知觉者的我区分开来，或者说二者并不同一。因此，我把这三个要素彼此区分开来，就像我把它们联系起来一样。在亨利希看来，这相当于说处于表象某物的状态中意味着把这三个要素看作是既彼此区分又彼此联系。对于认知状态，亨利希认为，这是有问题的，因为不诉诸表象之外的某个客体，我们就不能根据命题意识来解释这种知觉。在非认知状态，意识命题会遇到更多麻烦，如某肢体疼痛不是关于某物的，或者说，某人不是根据疼痛表象肢体的。在笔者看来，亨利希误解了赖因霍尔德的意识命题，因为他把表象仅仅看作知觉，知觉是表象的感觉基础，但不是表象本身，表象还包含想象、意识等意向属性。比如，疼痛是感觉而不是表象。这是心灵哲学中的感受性问题。不过有一点他是对的，即表象必须借助表象以外的某个客体如语境才能解释清楚。这样一来，对表象（表征）关系的理解与解释，必须置于某种特定语境中才能说明。

部"①。至于表象与关于这些表象的思想之间的区分是困难的,因为表象既具有思想的内容,也具有普遍性的形式,而普遍性为"在我之内"的任何内容所具有,也为任何表象所具有。然而,关于表象的特性,在黑格尔看来,又必须在内容的个别性中去寻找。于是,区分表象与思想的更大的重要性在于,哲学除将表象转化为思想,将单纯抽象的思想转变为概念外,没有别的工作可做。

在胡塞尔的现象学和认识论中,"表象"一词有多种含义②:①作为行为质料或作为为行为奠基的代现(表征),即作为行为所具有的除质性外的所有内涵;②作为"单纯表象",作为某种存在信念形式的质性变异,如作为单纯的语句理解;③作为称谓行为,如作为一个陈述行为的主语表象;④作为客体化的行为,即在这样一个行为种类上的表象,这个行为种类必然在任何一个完整的行为中都得到代表(表征);⑤表象某物意味着对一个单纯被思维的东西进行一个相应的直观,即对一个被意指但远还没有充分直观化的东西进行一个相应的直观;⑥作为图像的回忆,如某人在描绘或勾画的图像中看到一棵树在他面前,他就是在表象它;⑦作为具体的想象行为,即作为物理事物的图像也是对被映射之物的表象,比如在"这张照片表象出彼得教堂"的语句中就是如此。胡塞尔特别提醒,在这些不同的表象意义中,一旦假设了图像关系,我们就必须清楚,这个心中的图像或内部图像表象同一事物的方式是意向地建构起来的,它们本身不能被看作是这个想象之物的实在因素,也就是说,心理图像不是实在的客体,它仅仅是外在客体的印象。不过,心外之物,无论是自然类还是人工符号,包括图像符号和指称符号,都是对被标示物的表象,是一种显现、一种表征。

在康德的《纯粹理性批判》的不同中译本(无论是译自德文版还是译自英文版③)中,德语 Vorstellung 或英语 representation 均译为"表象",比如,史

---

① [德]迪特·亨利希:《在康德与黑格尔之间——德国观念论讲座》,乐小军译,商务印书馆 2013 年版,第 236—237 页。

② [德]胡塞尔:《逻辑研究》(第二卷第一部分),倪梁康译,商务印书馆 2015 年版,第 861—868 页。

③ 英译本有 Francis Haywood(1838 年)、J. M. D. Meiklejohn(1855 年)、Thomas Kingsmill Abbott(1873 年)、Friedrich Max Müller(1881 年)、Norman Kemp Smith(1929 年)、Wolfgang Schwartz(Concise Text,1982 年)、Werner S. Pluhar(1996 年)、Paul Guyer 和 Allen Wood(Cambridge University Press,1999 年)。中译本有胡仁源本、蓝公武本、牟宗三本、韦卓民本、邓晓芒和杨祖陶本、李秋零本。其中,蓝公武本和牟宗三本是根据 Kemp Smith 的英译本转译的。

密斯[①]的英译本中的 representation 被蓝公武、牟宗三译为"表象",卡勒斯英译本《任何一种能够作为科学出现的未来形而上学导论》被庞景仁译为"表象(出现)"[②]。在笔者看来这是有道理的,因为康德所说的"表征"实质上就是心理表征,译为"表象"就是准确的。比如关于时间和空间本身,在康德看来,它们都源于主体的直觉或知觉,因而它们不是"物自体"。时空中的存在物也不是客观的"物自体",只不过是主观的存在物及客观世界的表象而已。通过我们的内心"我们把对象表象为在我们之外……空间不是什么从外部经验中抽引出来的经验性的概念……空间是一个必然的……表象"[③]。而且,时间也是"为一切直观奠定基础的一个必然的表象"[④]。关于纯粹数学特别是几何学,在康德看来,只有在涉及感官对象时才有其客观实在性,"不过,关于感官对象,原则是这样的:我们的感官表象决不是自在之物的表象,而是物由之而向我们表现的样式的表象。……假如感官必须按照客体本身那样来表象,那么事情就完全两样了。因为那样一来,从空间的表象(几何学家拿它以及它的一切性质当做一种先天的根据)就绝对不能看出所有这些以及由这些得出来的一切结果在自然界里必须如此。"[⑤]这就是说,对象是由于感性才提供给我们的,而感性并不表象自在之物本身,而只表象自在之物的现象。我们"没有看到几何学空间决不是自在之物本身的属性,而是我们感官表象能力的形式;没有看到空间里的一切对象仅仅是现象,这些现象不是自在之物本身,而是我们的感性直观的表象"[⑥]。这样,如果把只是作为表象的样式说成是也存在于我们的表象之外,显然就是自相矛盾的。"因此,感官的对象只能存在于经验之中;但是,把脱离经验或先于经验而本身自存的存在性加给

---

① Kant I, *Critique of Pure Reason*, Smith N K (trans.), Houndmills: MacMillan, 1992.
② [德]康德:《任何一种能够作为科学出现的未来形而上学导论》,庞景仁译,商务印书馆1997年版,第214—215页。
③ [德]康德:《纯粹理性批判》,邓晓芒译,人民出版社2009年版,第27—28页。
④ [德]康德:《纯粹理性批判》,邓晓芒译,人民出版社2009年版,第34页。
⑤ [德]康德:《任何一种能够作为科学出现的未来形而上学导论》,庞景仁译,商务印书馆1997年版,第47—48页。
⑥ [德]康德:《任何一种能够作为科学出现的未来形而上学导论》,庞景仁译,商务印书馆1997年版,第498页。

感官的对象，这就等于把经验想成是实际上脱离经验或先于经验而存在。"①总之，"一切对我们可能的经验的对象，都无非是现象，即一些单纯的表象……在我们的思维之外没有任何以自身为根据的实存"②。

笔者对叔本华的《作为意志与表象的世界》(*Die Welt als Wille und Vorstellung*) 的不同英译本做了详细的考察，发现德语 Vorstellung 分别被译为 idea、representation、presentation 三种形式。在最早的霍尔丹和克姆③以及后来伯曼等④的译本中，Vorstellung 被译为 idea。原因可能是叔本华在该书第一卷第三部分"再论作为表象的世界"中集中讨论了与柏拉图的"理念"(ideas) 相关的 idee，他们将 Vorstellung 译为 idea 后，也将 idee 译为 idea，以示区分。但按照伯曼的说法，idea 对于英语读者显得不那么晦涩，故而将 vorstellung 译为 idea。

在佩恩等⑤、伯曼⑥和诺曼⑦的译本中，Vorstellung 被译为 representation。佩恩在翻译序言里表明，representation 是英语中一个最能传达 Vorstellung 意义的词，法语和意大利语的译本也选择了 representation。佩恩还认为克姆的译法容易产生 idea 和 idee 之间的混淆。伯曼和诺曼等也大致与佩恩有相似的看法。尽管 representation 和 presentation 意义很相近，但他们更愿意使用 representation 这个更加传统的概念。

---

① [德]康德：《任何一种能够作为科学出现的未来形而上学导论》，庞景仁译，商务印书馆 1997 年版，第 126 页。
② [德]康德：《纯粹理性批判》，邓晓芒译，人民出版社 2009 年版，第 404 页。
③ Schopenhauer A, *The World as Will and Idea*, Vol. 3, Haldane R B, Kemp J (trans.), London: Routledge, Kegan Paul, 1886.
④ Schopenhauer A, *The World as Will and Idea* (1819) (Abridged edition), Berman D (Ed.), Berman J, Dent J M (trans.), London: J. M. Dent, Orion Publishing Group, 1995.
⑤ Schopenhauer A, *The World as Will and Representation*, Payne E F J, Hills I (trans.), New York: Dover Publications, 1996.
⑥ Schopenhauer A, *The World as Will and Representation*, Berman B (trans.), New York: Dover Publications, 1969.
⑦ Schopenhauer A, *The World as Will and Representation*, Norman J (Ed.) (trans.), New York: Cambridge University Press, 2010.

在阿奎拉等①的译本中，Vorstellung 被译为 presentation②。他给出的理由是，representation 没有必要引入这样一种含义，即存在于头脑中的一个"明确的术语"，只是一个副本、描述或替代，而不是这个"明确的术语"本身。presentation 这个词类似于 Vorstellung 的地方在于，某物未必简单地发生于心里，或者进入它的意识经验中。阿奎拉③还进一步认为，idea、representation、presentation 这三个词作为 Vorstellung 的对应翻译术语，都是可以接受的，但是 vorstellung 蕴含着"表现"（performance）或"表演"（theatrical presentation）的含义，其他两个词并没有体现出来。在他看来，我们所察觉的世界，是一个事物或客体在我们心智剧场中的"表现"或"表演"的舞台，其中观众、演员要与编剧、舞台监督、舞台管理、布景、灯光、音响、化妆、服装等互动协作。而世界的另一面，意志或"物自体"，是不能作为"表现"被察觉的，它存在于时间、空间和因果性之外。

最近，卡特从认识论、审美和科学的其他表象方面探讨了形象化、表征与推理，认为术语 presentation 和 representation 之间的区分是含糊不清的④。从表征主义和意向主义精确性的角度看，模糊视力就像幻觉，就是误表征的一个不精确的例示。事物不是以它们被察觉或被表征为存在的方式显现的。可能的情形是，模糊与错误一起在更广泛的意义上有它自己表现的清晰的现象学条件。因此，模糊挑战视觉表征的透明性和它的内容。卡特提出误表征

---

① Schopenhauer A, *The World as Will and Presentation*, Aquila E R, Carus D (trans.), New York: Longman, 2007.

② 贝利 J. B. Baillie 在将黑格尔的《精神现象学》译为英译本时，将 vorstellung 译为 figurative presentation 或 figurative idea。相应的中译本将它们均译为"表象"，也就是将 presentation 和 idea 等同（[德]黑格尔：《精神现象学》，王诚、曾琼译，中国社会科学出版社2008年版，目录第1页，序言第92—93页）。

③ Aquila E R, "It's All in the Presentation: A New Look at Schopenhauer", 24 June 2009. Archived from the original on 22 July 2013. Retrieved 14 May 2012.

④ Cat J, "Epistemology, Aesthetics and Pragmatics of Scientific and Other Images: Visualization, Representation and Reasoning", In Cat J, *Fuzzy Pictures as Philosophical Problem and Scientific Practice*, Dordrecht: Springer, 2017, pp. 47-67; Cat J, "Vague Pictures: Scientific Epistemology, Aesthetics and Pragmatics of Fuzziness; From Fuzzy Perception to Fuzzy Pictures", In Cat J, *Fuzzy Pictures as Philosophical Problem and Scientific Practice*, Dordrecht: Springer, 2017, pp. 73-82.

或不充分表征一个可替代观点,即模糊的现象学属性是过度表征的一种形式,可以通过现象学加以分析和说明。

对《作为意志与表象的世界》的中文翻译,最早是由台湾学者刘大悲翻译的①,它是中文的第一个译本,此后在大陆再版。此后有了台湾学者林建国的译本②,但该译本是根据佩恩的英译本翻译的,并不是由德语本译出的。最流行的中译本则是由石冲白翻译、杨一之校的版本(第一版是1982年版,后多次再版)③,这个版本是根据格瑞巴赫(E. Griebach)编的 1859 年版 *Arthur Schopenhauer Sämtliche Werke* 第一卷译出的。最新的中译本是景天翻译的④,目前的中文版本均将德语 Vorstellung 译为"表象"。译自英文版的译本,无论将 Vorstellung 对应于 idea、representation 还是 presentation,也均被译为"表象"。

究其原因,在笔者看来,叔本华的"表象"实质上指的就是基于感知的"心理图像或印象",只不过更强调身体体验在其中的作用,用当代心灵哲学的术语讲就是"心理表征",用当代认知科学的术语讲就是"具身认知"。例如,他对唯心主义辩护时指出:"认知者由物质构成,而物质只是表象;但这只是一个方面,因为坚持唯物主义哲学的那些人没有把他们自己考虑进来。"⑤"即便我本人对其他人而言是客体,因而是他们的表象,但我确信,即使没人在他的内心中形成我的表象,我也应该存在。"⑥也就是说,对于他人,我是他的客体,不是绝对的主体,他原本只是一个认知存在者。因此,若他也不存在,或他存在而我不存在,"这绝不是对客体只存在于其表象中的主体的取消"⑦。显然,叔本华所说的"表象"就是"心理表征",包括图像和观念。

---

① [德]叔本华:《作为意志和表象的世界》,刘大悲译,哈尔滨出版社2015年版。
② [德]叔本华:《意志与表象的世界》,林建国译,远流出版公司1978年版。
③ [德]叔本华:《作为意志和表象的世界》,石冲白译,杨一之校,商务印书馆 2010 年版。
④ [德]叔本华:《意志与表象的世界》,景天译,中国华侨出版社2017年版。
⑤ Schopenhaur A, *The World as Will and Representation*, Payne E F J (trans.), New York: Dover Publications, 1966, p. 13.
⑥ Schopenhaur A, *The World as Will and Representation*, Payne E F J (trans.), New York: Dover Publications, 1966, p. 6.
⑦ Schopenhaur A, *The World as Will and Representation*, Payne E F J (trans.), New York: Dover Publications, 1966, p.6.

就《作为意志与表象的世界》的书名来说，叔本华想要表明的是：世界是作为意志和表象的存在，世界即表象，除作为意志和表象的世界外没有别的东西存在。显然，叔本华将表象分为两类：一是知觉表象，二是抽象表象。知觉表象是可直观的表象，即可直接经验地感知的表象；抽象表象是不能感知的，只能靠观念或理性去把握。这类表象只有一种，而且只有人类心智才具有这类表象，那就是概念。概念是人区分于其他动物的概念活动能力，也就是理性能力。或者说，概念只能被理解，不能被直观。这类知觉表象包括整个可见世界或经验总体及其种种可能的条件。这是康德的重要发现之一。这些条件和这些可见世界的形式，知觉中的绝对普遍要素、所有现象的共同属性、空间和时间，即使离开它们的内容去了解其本身，我们也可以抽象地思考，还可以直接地知觉。然而，在叔本华看来，这种知觉或直觉并非产生于经验的幻想，而是完全独立于经验；空间和时间的各种性质，以先天知觉或直觉方式被认知时，对一切可能经验都是有效的。叔本华进一步认为，我们感觉的空间和时间是纯粹的，没有内容，是一种特殊而独立的观念。这种直觉的不同普遍形式的性质是康德发现的。这种普遍形式离开经验而就其本身被认识的性质——可被视为表现数学基础的那些法则的性质——对于抽象思维是非常重要的。

然而，在叔本华看来，空间和时间的另一种性质也应该被说明，因为把经验限制为因果法则和动机法则，并作为判断基本法则的充分根据律，以一种完全特殊的形式出现。叔本华称这个特殊形式为"存在根据"（即存在的基础）。就时间而言，这个特殊形式是时间片断的连续；就空间来说，它是空间各部分的位置彼此限定。在充分根据律[①]下，如果所有不同形式的内容完全相

---

① 叔本华所说的充分根据律或充足理由律是解释一切事物或现象的基本原则，它是人类先验意识到的、客体所具有的一切形式的共同表达，是表象之间必然联系的规律，因为在他看来解释一个事物就意味着将它的存在或关系归因于某种形态的根据律。叔本华将充分根据律分为四种形态：存在的、变化的、行为的和认识的。存在的包括外在的和内在的感性，即空间和时间形式中的感知；变化的包括知性和因果性；行为的包括自我意识和动机；认识的包括理性、认识和逻辑。所有事物都要服从根据律，也都存在于根据律的不同形态之中。而主体人则不包括在根据律中，也即人是这些形态的前提，或者说，世界是以人的存在而被认识的，没有认识，世界的存在就是不可想象的。正是在这种意义上，叔本华说世界就是表象，这是他的"表象论"成立的根据或支柱。

同，那么人们一定会相信认识这些形式中的简单形式也相当重要，这就让人们体验到自己内在的本性。时间就是这个原理的简单形式。在时间中，只有后一瞬间排除前一瞬间时，每一瞬间才是它的产生者，而它本身也会很快地又被另一瞬间所湮灭。过去和未来像梦一样空幻，现在唯一不能分开的是它们之间的短暂界限。在充足根据律的所有其他形式中，我们会发现一些枯燥、空洞的东西，也会了解它们，不仅时间只有相对的存在，而且空间及其内容，所有从原因和动机产生的东西，也只有相对的存在，它们都只是通过另一个和本身相似的东西而存在的。事实上，叔本华的这个观点自古有之。赫拉克利特所说的万物永恒流动性，柏拉图所说的恒变不居的客体，斯宾诺莎所说的所谓唯一存在、实体的偶然性质，康德的现象和"物自体"（自在之物）的对立，其实都是在表达这个观点。但是，所有这些观点的意义及其所表明的，就是叔本华所说的遵循充分根据律的表象世界[①]。所以，在叔本华的观念里，世界就是我的表象，而表象是意志的产物，或者说，世界就是意志和表象，这种观点将唯意志论表现得淋漓尽致。

　　对科学知识而言，科学家和科学哲学家更看重"表征"，"表象"在他们看来是不言而喻的，因为科学知识必须从心里再现出来才能为人们所理解和掌握。再现就是表征。如果说 presentation 是一阶描述，那么 re-presentation 就是二阶描述，即将心理的图像或思想语言，转化为自然语言或形式语言表达的知识。在这个意义上，将 representation 翻译为"表征"，比"表象"更符合科学认知的要求。例如，刘西瑞[②]根据人工智能哲学，将表征看作是认知对象的替代物，它是在思维中可以被加工的形式，其物质承担者是大脑的神经系统。但神经系统如何表征我们知之甚少。对表征进行说明可在心理层次展开的，那就是通过知觉表征、自然语言和科学知识表征来实现的。刘晓力[③]认为，表征是外部事物在心理活动中的内部显现，是以某种事物表示其他事物，

---

　　① [德]叔本华：《作为意志和表象的世界》，石冲白译，杨一之校，商务印书馆 2010 年版，第 30—32、74—76 页。

　　② 刘西瑞：《表征的基础》，《厦门大学学报》（哲学社会科学版）2005 年第 5 期，第 25—31 页。

　　③ 刘晓力：《表征与行动》，见《"分析哲学：中国与世界"上海国际研讨会暨第七届全国分析哲学研讨会论文集》（未出版），2011 年 10 月 28 日。

这涉及表征内容与表征的意向性问题。这两种定义均是基于心理表征做出的。

卡尔哈特考察了《牛津英语词典》的词条 representation，按照动词形式将其概括为九种含义①。"a 表征 b"意味着：(1) a 代表 b；(2) a 指代 b；(3) a 代替 b；(4) a 为了 b 而行动；(5) a 扮演 b 的角色；(6) a 描述 b；(7) a 是 b 的语言说明；(8) a 是 b 的假扮同一者；(9) a 是 b 在心中的想象(心理图像)。他认为按照哲学和科学中的用法，还有两种含义：(10) a 与 b 自然地相关；(11) a 携带关于 b 的信息。这 11 种含义既不是相互排除的，也不是联合排除的，比如(2)—(11)可推出(1)，因为(1)是表征的最小概念；(7)推出(2)，因为指代是概念化的说明。这些含义预示了视觉表征，没有涉及听觉、触觉、味觉和嗅觉的表征。事实上，后两种含义是前九种含义的必要条件，尽管它们并不充分。

根据以上含义，卡尔哈特归纳出四种表征：基本表征，即 a 代表 b；意向表征，即 a 将 b 作为其内容，包括图标表征和符号表征；代理表征，即 a 是 b 的代表；假扮表征，即 a 是 b 的假扮同一者。基本表征包括了其他表征形式。这是最小意义上的表征关系，在这种表征关系中，a 是表征的源，即表征工具，各种人造物，b 是要表征目标，即表征对象，真实的或虚构的。在科学哲学中，除上述含义外，"a 表征 b"还特别指：(12) a 推出 b(推理主义)；(13) a 映射 b(同构观)；(14) a 类比 b(相似观)。这些含义均是意向表征，而且要求被表征对象是实在的而不是虚假的。这是科学表征与一般表征或非科学表征的本质区别。事实上，在人的语境中，所有表征都是意向性的，是一种带有目的性的指涉关系。因为科学是求真的，其表征不能是无实际对象的虚假表征，尽管这种表征可能不准确、不可靠，甚至可能出现误表征。这是表征对象的实在性和客观性问题。

虽然《牛津英语词典》使用"代表"(stand for)、"指代"(refer to)、"代替"(stand in)、"象征"(symbol)、"代理"(agent)、"扮演"(play)、"假扮"(make-believe)、"描述"(describe)等概念来解释表征，但是这些用于解释的概念表面意义相近，彼此之间仍然存在差异。按照笔者的理解，表征是"再现"(re-present)，是对所指涉客体的再表达(客体作为现象是一阶呈现，我们

---

① Kalhat J, "Varieties of Representation", *Philosophy*, Vol. 91, 2016, pp. 15-37.

运用表征工具如语言对其描述就是二阶表达）；代表是"替代"，在受托或指派的意义上与"代替""代理"同义，在表达抽象属性上与"象征"同义，如鸽子代表或象征和平。指代在表征层次是"指示"，即用概念指示所指物，如"猫"指称猫。象征是在抽象意义上使用的，即用符号或记号表达某种思想或意义，如 x 通常表达未知数或事物。由于象征的抽象特征，它通常使用隐喻表达，如"蛇蝎心肠"，就是以蛇蝎的狠毒隐喻人性的残暴，但是"蛇蝎"无论如何都不表征人。代理是受托代办，表现出中介性，在计算机科学和认知科学中，代理是指具有自主能力的行为体（人或物）。扮演是执行某个角色（化装或不化装），如演员。假扮是指假装，多用于儿童游戏，如"过家家"。描述是使用某种语言对客体或事件及其发生过程的刻画或表达，如各种命题、陈述。在笔者看来，表征同时部分地具有这些概念的含义，是一种综合概念和描述范畴，本质上是一种中介表达工具，一种"工作描述"（job description）[①]，具有语境依赖性。

显然，在不同的学科语境中，表征含义的侧重点不同。在心理学和认知科学，表征主要是指心理表征，一种内在图像；在人工智能中特指知识表征，一种程序性知识；在认知神经科学中是指神经表征，一种神经连接描述。比如，神经表征需要满足两个必要条件：表征对于事件是唯一的和具体的；表征执行与这些事件相关的任务[②]。因此，在不同的语境中，表征的含义会有所不同。这就需要对表征进行划界与分类。

总之，"表征"概念几乎是所有知识领域的基本概念图式，很少有哪个概念能像它那样遍及整个知识领域，尽管表征的形式多种多样、千差万别——艺术中的绘画、照片、雕塑、舞蹈、舞台演出、电影、电视、动画；音乐中的五线谱、音响；文学中的各种印刷作品（科幻或纪实）；科学中的各种模型、图表、曲线图、概念和命题；逻辑和数学的符号表达式；军事地图、烽火台；交通图标和信号；各种玩具、样品、道具、替身、假扮游戏；身体姿势、眼

[①] Ramsey W, *Representation Reconsidered*, Cambridge: Cambridge University Press, 2007, Chapter 1.

[②] Morris R, Tarassenko L, Kenward M, *Cognitive System: Information Processing Meets Brain Science*, Cambridge: Elsevier Academic Press, 2006, p. 72.

神;心理状态,如信念、意愿;各种"代表",如大使、律师、代理机构、人大代表;等等。这些表征形式存在于人类社会的方方面面,构成了一幅极其丰富的社会表征图景。

第二节 中世纪的表征理论

肯英将中世纪哲学家的表征理论概括为四种[①]:①表征和被表征的事物有相同的形式(R1);②表征与被表征的事物类似或相像(R2);③表征由被表征的事物引起(R3);④表征意指被表征的事物(R4)。R1 是表征的同形观,R2 是相似观,R3 是表征的因果观,R4 是指称观,它们构成了表征的正形理论(conformality)、相似理论(likeness)和协变理论(covariance)。这些理论已经成为现代认知科学的思想基础。

一、正形理论

R1 是思维理论(theory of thought)[②]的核心,影响深远。它至少可以追溯到古希腊的亚里士多德和中世纪的阿奎那。R1 是说,表征(阿奎那称智能类)表示客体,因为它与客体有相同的形式。在阿奎那看来,关于杯子的思想是说杯子和关于它的思想有相同的形式,或者说,心中表征的杯子和实际的杯子是同一个杯子的两类不同存在形式。事实上,心中的杯子并不以实际的杯子相同存在的方式存在。心灵并不因为它思考了杯子而本身成了杯子。

表征的正形说明是一种简单的因果解释,因为外部客体引起了心灵的表征,所以表征的客体与被表征的客体具有相同的形式。在这一过程中,表征是主体与客体之间的中介。这一理论的一个推论是:思维总是普遍的,因为它是从思想客体的物质条件和详细说明抽象而来的。但这产生了一些形而上

---

① King P, "Rethinking Representation in the Middle Ages: A Vade-Mecum to Mediaeval Theories of Mental Representation", In Lagerlund H (Ed.), *Representation and Objects of Thought in Medieval Philosophy*, Aldershot: Ashgate, 2004, pp. 83-102.

② 该理论主张心灵采取思想客体的形式,与后来福多的思想语言假设类似。

学问题，比如，心灵的个体化原则是什么？关于杯子的思想为什么是关于单个杯子的思想，而不是关于一般杯子的思想？阿奎那认为，心中的形式是一般的而不是特殊的，因为心灵是非物质的，而物质不能作为心灵的个体化原则。换句话说，思考单个杯子是通过普遍的杯子形式进行表征的。不过，阿奎那并没有给出思想是如何关于个体事物的满意说明。

另一个问题是关于正形本身性质的问题。心灵之外的杯子为什么不表征关于杯子的思想？心灵内外的形式相同意味着心灵的表征是对称的。阿奎那对这个问题的著名回答是：杯子形式的存在方式使外部的杯子不表征思想。实际杯子的形式真实存在，而心中的杯子是意向地存在。

客体形式的真实存在和意向存在的区别是阿奎那自然哲学的核心，但他对于表征的说明是简单的，因为他并没有把意向性看作心灵的重要标志。斯各脱通过区分表征的事物和被表征的事物，发展了阿奎那关于表征的正形理论。阿奎那认为，心中的形式既是表征的事物，也是被表征的事物。这个假定使他最终在一个形式存在的客体和一个意向模式之间做出区别。当然，断言心灵在表征是因为被表征的客体在心中具有意向存在，这并不能导致对心灵表征的一个满意说明，但这毕竟是一种解释。

斯各脱把表征的事物看作心灵行为[①]或概念，而把被表征的事物看作被思考事物的形式，而且认为想象中的心像和能动智能以某种方式共同起作用，以便以可能的智能产生一个抽象性质的表征。这种观点仍然是心灵表征的正形说明。从本体论上看，心灵行为是心灵的偶然事件（一个实质形式），它是主观的，而被表征的事物是客观地存在于心中的东西。在他看来，表征客体的存在是与被表征的事物的性质保持一致的，这样可以表达心灵表征的内容方面。

斯各脱实际上提出了一种表达布雷塔诺后来叫作意向性（intentionality）的新方法，如思想客体存在于心中的方式。在他看来，思想客体是客观地存在于心中的，它是真实存在与非真实存在之间的一种状态，这后来被看作心灵的标识。

---

① 这是斯各脱提出的关于心灵表征的一个新术语。

二、相似理论

R2 是说，A 如果与它表征的 B 相似，就说 A 是 B 的表征。这样一来，心灵表征是通过与它所表征东西的相似性进行表征的。这一观点在中世纪非常流行。它至少包括性质相似和图相似两种观点。

中世纪的克雷索恩①是性质相似观的代表。他认为表征必须与它表征的东西有相同的性质，因此一个红色物体的表征必须事实上是红色的。如果色彩的相似是真实色彩，那么表征的色彩就是真实色彩。这实际上蕴含了这样一个假定——表征基于相似性。克雷索恩进一步说明了这种相似必须是自然地相似，如果它们是完全表征的，而且自然相似必须与它们相似的客体有相同的性质。

表征的性质相似观受到图表征观的挑战。图表征观认为，表征通过画图方式进行。其实，画图也是根据相似性进行的，但是中世纪哲学家没有在相似和图像之间做出区别。有人主张表征是基于符合(correspondence)的，即表征与被表征的客体一一对应。这种符合表征观应该说是一种进步，因为相似或图像无须看上去像它要表征的客体，比如，设计图表征建筑物，但它肯定不像这个建筑物。

根据阿奎那的看法，任何两个事物的相似性可以从两方面考虑：根据自然齐一性，表征者和被表征者之间不需要相似；关于表征，二者之间需要相似。按照这种看法，虽然自然相似是对称的，但表征相似则是不对称的。

与 R1 比较，画图观在中世纪哲学中占有非常重要的位置。几乎所有哲学家赞成这样的观点——在认识活动中，在心中意向地表达的形式或智能类与表达的客体相似。这个形式的表征能力通过与它表征的客体的相似来解释。这个方法的一个问题是，辩护者没有说明相似由什么构成。他们也没有说明表征与客体因何而符合，即没有说明二者之间的转化规则是什么。没有这些规则，他们就不能清楚地说明表征。这也是现代认知科学表征理论和当代科学哲学的科学表征理论要说明的重要问题。

---

① 对他的生平知道甚少。他可能出生在英国北约克郡的一个叫作克雷索恩(Crathorne)的村庄。在来到牛津之前，他是天主教多明我会的一名男修士。在牛津，他讲授语言学，研究认识论、语言哲学、本体论和范畴以及原子论。

尽管如此，相似观和图像观还是在某种程度上解释了表征的特性。比如，奥卡姆认为图相似不能说明不同人的思想，因为不同人的表征有差别，表征应该有多种方式。他提出的表征的协变理论改变了中世纪哲学心理学的进程。

三、协变理论

R3 主张，如果表征由它表征的客体引起，它就表征了那个客体。这意味着客体和表征是协变的。也就是说，客体和表征中一个变化，另一个也跟着变化。R4 刻画了表征的语言角色，这意味着表征起着表征客体的心灵词语（思想语言）的作用，表征它代替的东西。正如 R1 和 R2 相关一样，R3 和 R4 也是相关的。

奥卡姆是这一理论的代表。他认为一个表征就是一个概念，它由直觉认知产生。直觉认知是认知主体的一个严格条件，不是因为它比别的东西与一个事物更相似，而是因为它由这个事物引起而不是由别的事物引起。在奥卡姆看来，相似是普遍的，它从来不由一个事物引起。世界由一个个人组成，所以一个人在心中产生一个概念时，他产生他自己的一个单称概念。除此之外，没有什么东西能够产生概念。单称概念是作为那个客体的一个词起作用的，而那个客体在思想语言中产生了这个概念。单称概念是原子概念，它们可以彼此组合成复杂的概念或句子。这是一种功能主义，因为概念的内容完全由输入（协变）和输出（语言角色）决定。

可以看出，奥卡姆的表征理论不仅包括意义理论，而且包括逻辑语义特性，如内涵和假定，它解释了概念是如何集合成为心理语言来描述世界的[①]。由 R1 和 R2 描述的阿奎那的亚里士多德主义，已经由奥卡姆描述的 R3 和 R4 理论所取代。两个传统都对 15—16 世纪以及当代表征理论产生了深刻影响。

概言之，中世纪时期的表征理论主要有两类：一类是亚里士多德式的正形理论，主张心灵呈现客体的形式，并根据它的相似或图像表征它；另一类是非亚里士多德式的内在理论，主张思维仅仅是在心中具有概念，概念由它表征的客体引起，并以思想语句的形式充当它的记号。

---

① Panaccio C, "Semantics and Mental Language", In Spade P V (Ed.), *The Cambridge Companion to Ockham*, Cambridge: Cambridge University Press, 1999, pp. 53-75.

第三节 近现代的表征理论

在近现代心灵哲学中,关于表征已经形成相互对立的不同主张——纯、强和弱表征主义(representationalism)[①],窄内容与宽内容表征主义,还原与非还原表征主义,显和潜表征主义。

纯表征主义主张,表征完全是人们开始形成感受性(qualia)[②]的所有东西。劳埃德认为[③],表征一种确定事物的内容对于感受性来说已经足够了,感受性就是表征。强表征主义主张,表征一类确定事物感受性已够用,通过感受性,被表征对象能够用功能主义或唯物主义术语详细说明,而不用借助任何本体论的"新"种类的特性。弱表征主义假定,只有质性(qualitativeness)状态具有表征内容,这与感受性相容,因为感受性也必然包括本体论上新的特征。弱表征主义的观点基本上不存在争论,至少反对它的人必须尽量解释,我们为什么要区别真实和非真实经验。还有一种被布洛克称为准表征主义的混合的表征功能观[④],这种观点认为,一种主张仅仅诉诸功能考虑就能把感受性与其他表征特性分离,另一种更强的主张是使用功能来区别具有相同意向内容的不同经验。

普特南在关于命题态度的讨论中,对窄内容和宽内容表征做了区别[⑤]。一个态度的表征内容一般被认为是"宽的",因为它不依附于人头脑中的内容。按照这种观点,两个不能在分子上区别开的人可能具有不同的信念、期望和内容,这部分是由他们各自环境中的客体决定的。根据表征理论,由于感受性本身是真实或不真实环境的属性,这个理论就暗示感受性也是宽的,而且

---

① 有时也称指称论(referentialism)或者实在论(realism),这是因为,当表征被理解为用 A 指代 B 时,无论 B 是存在的还是不存在的,是真实的还是虚构的,表征就是一种指称关系;当 A 指代的 B 是自然类或者真实存在物时,表征反映的就是一种客观性关系。

② 也称现象性质或者感受质,它最初由刘易斯引入,意指"所予的可识别的质性"。

③ Lloyd D, "Leaping to Conclusions: Connectionism, Consciousness, and the Computational Mind", *Springer Netherlands*, Vol. 9, 1991, pp. 444-459.

④ Block N, "Mental Paint and Mental Latex", *Philosophical Issues* Vol. 7, 1996, pp. 19-49.

⑤ Putnam H, "The Meaning of 'Meaning'", In Putnam H, *Philosophical Papers*, Vol. 2, Cambridge: Cambridge University Press, 1975, pp.215-271.

分子上同一的人能够体验不同的感受性。德雷特斯克和利康为这种表征外在主义辩护[1]，而其他表征主义者[2]拒绝这个观点，相信感受性是窄的，它必然是分子上相同的人共有的；人人都有相同的感受性，如疼痛，否则人们就不能交流，如表达疼痛的感受。

在窄内容或宽内容表征主义中，关于哪种特性被表征也是有争议的。两种表征主义都假定，被公认的表征是环境的特征，如物质客体的颜色。但拜恩和莱文恩[3]坚持主张感知经验可能不表征感觉材料，而是表征物理客体实际上不具有的非存在色彩特性。舒马克[4]主张颜色经验表征倾向性，即倾向性引起那个类型的经验，认为一类特殊的准色彩特性存在于心中，不同于实际色彩但与实际色彩相关。

查尔莫斯在罗素内容和弗雷格内容之间做出区别。罗素内容可能是单一命题或客体的一个构形(configuration)及其特性，命题可能被认为处于一个表达模式内，但这个模式不是内容本身的一部分；弗雷格内容包括表达模式，但不包括个体客体本身，它是纯形式的。表征主义者通常以罗素术语思考感知内容，但查尔莫斯主张感知经验内容是弗雷格式的[5]，因为它忽视了客体本身，弗雷格的选择引起了窄内容表征主义的说明。

关于表征的还原特性，克莱恩[6]等指出表征主义不必是还原的。一个人可

---

[1] Dretske F, *Naturalizing the Mind*, Cambridge: MIT Press, 1995; Lycan W G, "The Case for Phenomenal Externalism", *Noûs*, Vol. 35, 2001, pp. 17-35.

[2] Horgan T, *Narrow Content and the Phenomenology of Intentionality*. Presidential Address to the Society for Philosophy and Psychology, New York, 2000; Kriegel U, "PANIC Theory and the Prospects for a Representational Theory of Phenomenal Consciousness", *Philosophical Psychology*, Vol. 15, No. 1, 2002, pp. 55-64.

[3] Byrne A, "Intentionalism Defended", *Philosophical Review*, Vol. 110, 2001, pp. 199-239; Levine J, "Experience and Representation", In Smith Q, Jokic A (Eds.), *Consciousness: New Philosophical Perspectives*, Oxford: Oxford University Press, 2003, pp. 77-96.

[4] Shoemaker S, "Phenomenal Character", *Noûs*, Vol. 28, 1994, pp. 21-38.

[5] Chalmers D, "The Representational Character of Experience", In Leiter B (Ed.), *The Future for Philosophy*, Oxford: Oxford University Press, 2004, pp. 153-181.

[6] Crane T, "The Intentional Structure of Consciousness", In Smith Q, Jokic A (Eds.), *Consciousness: New Philosophical Perspectives*, Oxford: Clarendon Press, 2003, pp. 77-96.

能赞成强表征主义，认为感受性与意向内容同一，但同时也主张如果不涉及感受性，意向内容特性就不能得到描述。尽管二者具有同一性，但没有反馈循环就不能还原。查尔莫斯为非还原表征主义辩护，认为感受性需要表征的一个特殊现象方式，且那种方式不能被还原为功能。表征主义者赞同塞尔的观点，即意向性既有理由需要意识，也有理由保持非还原性。心理状态的意识存在于这个状态的表征之中，而这个状态本身是不能被还原的。舒马克的观点是非还原的，从根本上讲它是根据表征特性说明经验的量性的。反过来，表征特性又根据经验具有的量性得到描述。然而，许多其他的表征主义者赞成唯物主义，主张把感受性还原为意向性，坚持认为意向性是二者当中更容易用唯物主义说明的。这样，表征主义实际上奉行的是还原策略。

丹尼特是区别显表征和潜表征的第一人[①]。潜表征不同于显表征主要表现在两个方面：其一，被一个能操作显表征的系统具体表达的"知道怎样"(know-how)是一种潜表征；其二，这个系统的某些状态潜在地表征这个世界的这些状态，而且这个系统与其对这个世界关系的某些方面可靠地发生共变。这一区别蕴含了概念的优先性，即显表征预设了潜表征而不是相反，且涉身的潜内容在认知解释方面具有基础作用。

丹尼特[②]不仅区别了这两个表征，而且澄清了两个观点。第一个是赖尔的观点。赖尔认为，使用表征系统是一个需要某些知识的技巧，就连计算机为了计算也必须拥有这个"知道怎样"。丹尼特主张计算机使用显符号的技巧物化在它的硬件中，而这正说明了符号的表征能力。第二个是丹尼特的观点。他认为显符号表征是从自然地发生的潜表征进化而来的。他以两栖动物为例说明了这个观点。这类动物在决定是待在水里还是待在陆地时，是根据不同的具身规则或倾向做出的。比如，决定"下水"激发了从一套规则转化为另一套规则来改变内在状态。这种情形可能是从复杂而短暂的潜"知道怎样"开始的，显表征可能就是从这种潜"知道怎样"产生的。

显表征预设潜表征的观点在现代计算机中得到验证。冯·诺伊曼构架计

[①] Clapin H, *Philosophy of Mental Representation*, Oxford: Clarendon Press, 2002, p. 296.
[②] Dennett D, "Styles of Mental Representation", *Proceedings of the Aristotelian Society*, Vol. 83, 1983, pp. 213-226.

算机的 CPU 就是一个电子计算的功能设计，它具有执行程序语言指令的能力。在丹尼特看来，CPU 的硬件物化了"知道怎样"来执行这些指令。这样，显表征如程序指令就使用了"知道怎样"。对于计算机，显然是功能构架在表征。对于人，肯定是心灵在表征，而且这种表征是具身的，往往通过知识表征来实现。这里蕴含一个"知道怎样"是否是具身的问题，或者说，认知能力是否是依赖于身体的。这就是目前认知科学的具身范式形成的问题来源。

赫尔德[1]不赞成显表征和潜表征的划分。他认为这是基于透明-不透明隐喻[2]而做出的，而这个隐喻是有问题的，因为我们误认为显表征是透明的，潜表征是不透明的。心灵表征其实没有透明和不透明之分，只有有表征对象和无表征对象之分。他提出对象和非对象表征的概念，并主张以此代替显表征和潜表征。他还以心灵的符号表征和图表征为例，说明对象和非对象表征之间的关系。在他看来，自我归属的命题表征和命题态度，既是符号表征也是对象表征，而命题表征既是符号表征又是非对象表征；心理想象和心理模型，既是图画表征也是对象表征，而知觉表征既是图画表征也是非对象表征。

第四节 表征的知识智能行为

人类认识世界就会产生知识。知识是心灵和世界相互作用的产物，它是通过文字、图像、符号和方程式等可感知的载体表征的，这就是知识表征问题[3]。戴维斯等[4]概括了知识表征的五个特征：

---

[1] Held C, "Mental Model as Objectual Representations", In Held C, Knauff M, Voscerau G (Eds.), *Mental Models and the Minds*, Amsterdam: Elsevier, 2006, pp. 238-239.

[2] 心灵表征的透明隐喻是说，认知具有可穿透性，即可以"透过……看"。

[3] 意会知识虽然难以言说，但它仍然是显表征，可以通过肢体动作表达，如一个眼神或者一个动作。因此，蕴含意义的肢体动作也是一种潜语言，只是这种特殊语言需要在特殊语境中才能够被理解、被领悟。

[4] Davis R, Shrobe H, Szolovits P, "What Is a Knowledge Representation?" *AI Magazine*, Vol. 14, No. 1, 1993, pp. 17-33.

(1) 知识表征最基本的意义就是替代(stand-in)，它是表达事物本身的一个替代，通过思维而不是行动确定一个实体，比如，通过推理而不是对它采取行动；

(2) 它是一套本体论承诺，比如"我们用什么术语来思考世界？"；

(3) 它是智能推理的一个组合理论，通过三个组分来表达：表征的智能推理基本概念、表征支持的一套推论和它依托的一套推论；

(4) 它是独立有效计算的一个中介，比如思维得以完成的计算环境；

(5) 它是人表达的一个中介，比如我们关于这个世界的语言。

从这五个特征我们可以看出，知识表征是人为了实现某个目的而认识外部世界的中介。人要认识世界，就必须借助知识表征这个中介来完成。知识表征也因此成为认知科学的核心认识论问题。比如人工智能对知识的表征，它既是认知计算模型的具体化，又是机器进行知识表征的成功典范。那么，知识表征的结构如何呢？

索瓦[①]主张知识表征运用了逻辑、范畴和计算三个领域的理论和技术。逻辑提供形式结构和推理规则，范畴限定存在于应用范围事物的种类，计算支持从纯哲学识别知识表征的应用。普尔等[②]认为知识和推理不可分，它们构成一个表征和推理系统(RRS)。RRS 是一个由能同计算机对话的语言、把意义赋予这种语言的方式，以及用这种语言通过计算确定答案构成的程序。RRS 的一个简单例子是数据库系统(database system)。在这个系统中，人们可以告诉计算机关于一个领域的事实，然后通过提问重新得到这些事实。而使数据库系统进入 RRS 的是语义学概念，因为语义学允许我们在知识的基础上讨论关于信息的真理，并使这些信息成为知识而不仅仅成为数据。

美国俄勒冈州大学的计算智能研究实验室对知识表征的研究揭示，知识表征是研究关于世界的知识是如何被表征，以及运用哪种知识进行哪种推理

---

① Sowa J, *Knowledge Representation: Logical, Philosophical, and Computational Foundations*, Pacific Grove: Brooks/Cole, 2000, Preface.

② Poole D, Mackworth A, Goebel R, *Computational Intelligence: A Logical Approach*, New York: Oxford University Press, 1998, pp. 9-10.

的领域。其中的重要问题包括：如何在表征适当性、逼真性和计算成本之间保持平衡；如何在动态环境中制订计划、给出解释；如何最好地表征缺省和概率信息。不过，知识表征的实践表明：几乎没有表征知识的最好方法，每个问题需要适当类型的思维和推理及适当的表征。

相对于人工智能的知识表征，传统知识表征系统是典型的"中央集权的"，要求每个人严格地共有普通概念，如"母亲""工具"的相同定义。但是，这种控制是低效的，因为迅速增加这种系统的大小和范围是很难控制的。数字计算机系统就是典型代表，它最基本的特性是"真"和"假"，"0"和"1"的表征是作为开或关的转化，并使用电子逻辑门做决定，执行算法。这一思想源于申农的信息论。

在笔者看来，至少在重要性方面，使用语言和使用图表的推理是不同的。这一点在毕达哥拉斯发现无理数时就已经明确了。语言、等式和图表不仅仅是保证从前提到结论的机械推理过程，在它们的日常使用中，其真正的重要性在于它们首先有助于我们得出结论。其实，在我们如何看待自然语言在人工智能系统中的作用方面，基于自然语言的知识表征和推理系统研究已经引起了巨大变化。这种传统观不仅在人工智能和计算语言学领域得到广泛认同，而且把自然语言作为一个系统的界面，如专家系统。这样，推理和其他信息及知识加工任务就不是自然语言加工的部分。

人工智能的大多数技术是通过使用明晰的表征知识和谨慎设计的搜索算法来实现智能的。一个非同寻常的途径是寻求用模型建立智能程序，或使用在遗传算法和人工生命中建立的进化模式模拟人脑的神经元结构功能。比如，爱丁堡大学情报学系的人工智能应用研究所（AIAI）的研究人员专门探索人工智能的知识表征，他们认为知识表征不仅包括范畴、策划模型和知识管理，还包括知识工程、获得形式模型及其检验其结构的工具，甚至包括语义网。

那么，什么是表征和组织常识知识的好途径呢？麻省理工学院（MIT）媒体实验室的研究人员发现，进行知识表征不是要建构一个孤立的、单块集成电路的常识知识库，而是要探索不同途径把问题分为更明确的广谱知识库。他们以语义网、概率图模型和故事脚本的形式表征知识，开发出独立的知识库。在人工智能中，知识表征是数据结构和解释程序的联合。如果以正确的方式使用的话，这种表征将引起知识行为。为了在计算机程序中储存信息，人工智能中的知识表征工作已经涉及几种数据结构的设计及程序的开发，这种程序允许这些数据结构的智能操作进行推理[①]。

可以说，知识表征是理解智能的关键。它的目标是自上而下地理解和建构智能行为，而不是自下而上地理解或建构大脑。因此，人工智能的知识表征应该集中于这样的问题：为了智能地行动，行为体需要知道什么？这个知识如何能够被符号地表征？自动推理程序如何使这个知识按照需要成为可用的？例如，达弗恩和米尔克提出了一种新的表征语言用于开发多-行为体(multi-agent)[②]影响程序(MAIDs)[③]。这个表征把用于概率分布绘图模型扩展到一个多-行为体做决定语境，而游戏程序的经典表征使用了展开型或战略型，这使得在真实世界游戏中表达的大多数结构在游戏程序中不明确。这是语境论在人工智能中的一个典型应用。

第五节　表征与其他心理现象的关系

表征与意向性、命题态度、感受性、意象和心理内容这些心理现象是什么关系呢？对于这个问题笔者通过以下五个方面来说明。

[①] Avron B, Feigenbaum E A (Eds.), *The Handbook of Artificial Intelligence*(*1*), Stanford: Heuris Tech Press, 1981, p. 143.

[②] agent 这个词的词根是 ag，其基本意思是"做，代理做"，因而就有多种含义，如代理、中介、媒介、特工、试剂等，译名在不同学科也有所不同，如"主体""行动者""施动者"等，这里译为"行为体"。作为一类事物或自然类，它可以指人，也可以指物或系统，但不是一般的物或系统，而是具有自动性、能动性的物或系统，如计算机中的 CPU 就是一种 agent。由于该词的多义性和使用的广泛性，在计算机科学中为了表达的准确性，通常保持原词而不翻译。

[③] Daphne K, Milch B, "Multi-Agent Influence Diagrams for Representing and Solving Games", In *Proceedings of the 17th International Joint Conference on Artificial Intelligence*, 2001, Abstract.

一、基于意向的表达即表征

表征与意向性本质地密切相关，因为意向性就是具有表征特性的关涉（aboutness），表征要具有内容必须是关于某物的。虽然布雷塔诺把意向性作为"心灵的标记"激发了人们探讨意向性的热情，但他没有用表征说明意向性。把二者联系起来的工作是维特根斯坦以后哲学的事情，而且主要是胡塞尔的工作。德雷福斯评价说："胡塞尔终于被认为是现代意向性的先驱——语言哲学和心灵哲学中提出心灵表征理论的第一人。作为把心灵表征置于其哲学核心的第一个思想家，他也开始作为当代认知心理学和人工智能之父。"[①]

胡塞尔的"现象学还原"方法论主张，心理状态的意向性就是表征特性，它独立于它表征的实在客体。这样，一个心理状态可以表征一个事实上不存在的客体。即使所表征的东西存在，它的性质也不必与实际存在的东西一致。这与福多的方法论的唯我论一致，而与现代计算表征主义不同。胡塞尔的认识论主张，我们所认识的心理状态的实在表征，在认识论上先于我们所认识的实在的性质，因为除了我们对它的心灵表征外我们没有通达实在的通道。这样，我们对自然实在之信念的哲学理解，最终必须来自对心灵表征的研究[②]。尽管德雷福斯认为当代心灵表征概念是胡塞尔意向性概念的升级版，但笔者认为这两个概念之间还是有差别的，毕竟心灵表征是心的表征理论的重要概念，意向性是现象学的重要概念，前者诉诸因果性说明，后者诉诸现象学还原说明，心灵表征具有意向性，而意向性本身还不是表征，尽管二者密切相关。

福多认为，心灵表征依据语言指称的因果理论来说明，按照这个理论，语言和世界的基本关系是因果关系。每个名称(有所指)都有着复杂的因果链，把它的各种用法与世界中的某个事件连接起来，那个事件就是那个名称的所指，其他指称形式源于这样的因果形式。比如，我们关于某物的思想就是我们与这个事物之间的一个因果连接，或者说，一个心理状态"关于"某物，仅仅是由于它与一个心灵表征相关，这个心灵表征代表某物本身的一个适当因果

[①] Dreyfus H L, *Husserl, Intentionality and Cognitive Science*, Cambridge: MIT Press, 1982, p. 2.

[②] Mcintyre R, "Husserl and the Representational Theory of Mind", In Smith J-C (Ed.), *Historical Foundations of Cognitive Science*, Dordrecht, Boston: Kluwer Academic Publishers, 1990, pp. 213-214.

关系。这样，福多就把心灵表征的指称特性看作因果关系。胡塞尔认为，一个心理状态的意向性是这个心理状态本身的一个内在特性，独立于它与外部事物的因果关系。意向性不是客体本身，而是一种客体关系，一种指向性体验。

尽管福多和胡塞尔的观点并不完全矛盾，但心灵表征和意向性还是有些模糊。史密斯[①]对心理状态的意向或表征关系及其性质做了分析。他举了这样一个例子。你在房间看到一根盘绕着的绳子，以为是一条蛇，吓得逃离房间。在这种情形下，你看到了什么？你的视觉表征表达了什么？一方面，你的确看到的是绳子，你的表征也是"关于"绳子的；另一方面，你的经验告诉你，你曾经看到过蛇，也害怕蛇，只是你把绳子误当作了蛇。我们如何解释这种"一朝被蛇咬，十年怕井绳"的现象呢？

从因果理论看，是有关蛇的经验使你把绳子和蛇联系起来，经验中的蛇是原因，害怕蛇是结果。从现象学看，你的视觉经验拥有关于蛇的意向或表征特性。在表征的意义上，胡塞尔似乎是对的，因为心理状态具有那种表征特性，即使你实际上看到的是绳子。也就是说，即使完全没有真实蛇的刺激，心理状态也具有害怕蛇的特性。意向或表征关系涉及心理状态和心灵表征与世界联系的方式。当然，福多关于那些关系与世界是怎样的没有关联的看法也是有道理的，因为看到绳子毕竟不是看到真实的蛇。如果胡塞尔是正确的，心理状态与心灵表征本身具有内在表征特性，这种特性使得那些表征似乎与附加心理事件相关，而不管它们是不是真实的。

对胡塞尔来说，意向性问题不是解释心理状态实际如何与世界相关，而是解释心理状态如何与任何相关事件的内在表征特性相关。胡塞尔诉诸指称语义学解决这个问题，完全不同于因果解释。他指出："客体的指称由意义构成。有意义地使用一个表达和指称一个客体(形成这个客体的一个表征)是一回事。不论这个客体是实际存在的还是虚幻的，甚至是不可能的，这没有任何区别。"[②]在他看来，心理状态的意向表征是与被表征物的意义相关的[③]。这

---

① Smith D W, "Content and Context of Perception", *Synthese*, Vol. 61, 1984, pp. 61-87.
② Husserl E, *Logical Investigations*, Findlay J N (trans.), New York: Humanities Press, 1990, p. 293.
③ 这一观点与弗雷格的"意义决定指称"非常相似。

样，即使一个心理状态缺乏实际指称物，一个表达的意义不仅使它有意义，而且也使它具有指称特性。

其实，胡塞尔所说的意向表征就是塞尔所指的心理状态本身。在塞尔看来，心理状态具有"满意条件"，所以它是意向的，不论事件状态是否实际上满足它们，这是因为意向是心理状态这种实体的一个基本特性[①]。如果心理状态的确具有这种内在意向性，那么现代心灵主义者就不能完全把意向性问题交给认知科学。但是我们也应该看到，这个问题仅通过功能主义或计算表征主义来解决也是有困难的。它毕竟与感受性如疼痛这样的问题的功能主义解释不同，因为心理状态的意向性不能简单地还原为因果性或计算性。现代表征主义取消意向性的倾向恐怕是有问题的。

二、命题态度即认知立场

表征也是心的计算理论的一个基本概念。根据这个概念，认知状态和过程由心灵/大脑中的一种或多种信息承载结构(information-bearing structures)——表征的发生、转化和储存构成。心的计算理论表明：认知状态由不同的心灵表征的计算关系构成，认知过程是这个状态的序列。然而，假设表征是一个具有语义特性(内容、指称、真理条件、真值等)的客体，一个心灵表征可能更宽泛地被解释为具有心理特性的心理客体。这样，心灵表征连同包含它们的状态和过程不必仅以计算术语去理解，表征本质上是具身的，大众心理学的术语或许更适合心灵表征。

心的表征理论把常识心理状态如思想、信念、愿望、感知和意象作为它的始点。这些状态不仅具有意向性，而且可以根据一致性、真理性、适当性和精确性进行评价。心的表征理论把这些意向心理状态定义为对心灵表征的关系，并用后者的语义特性解释前者的意向性。比如，相信某人死亡是适当地与关于某人死亡的命题内容的心灵表征有关。感知苹果就是具有品尝某种苹果的感觉经验，这与苹果适当地相关。心的表征理论还把思考、推理和想象这些心理过程理解为意向心理状态的序列。例如，想象月亮从山后升起就意味着接受一系

---

① Searl J R, "Intentionality and Its Place in Nature", *Synthese*, Vol. 61, 1984, pp. 3-16.

列月亮和山的心理意象。从命题 p 推出命题 q，并且如果 p 那么 q，就是具有形式 "p，如果 p 那么 q，q" 的思想序列。这是基于逻辑的表征与推理。

当代心灵哲学假定心灵是可以被自然化的，所有心理事实可以根据自然科学得到解释。这个假设在认知科学中同样存在，比如，认知科学家试图根据大脑和中枢神经系统(CNS)的特性解释心理状态和过程。在这个解释过程中，认知科学的不同分支学科，如认知计算心理学、认知计算神经学，假定了许多不同类型的结构和过程，其中许多没有直接与心理状态和过程关联。然而，它们有一个共同信念——心理状态和过程可以根据心灵表征来解释。

最近几十年，关于心灵表征的争论围绕以下问题展开：命题态度是否存在？如何决定它们的内容，即它们如何获得它们所指的东西？感受性以及它们对思想和感觉经验内容的关系是否存在？在认知科学中，有关哲学争论一直围绕着大脑和中枢神经系统的计算构架、心理性(mentality)的科学和常识说明的兼容性(compatibility)进行。这些问题今天仍然没有得到很好的解决。

在笔者看来，命题态度是人们相信和希望的东西。它本身不是表征，而是对所表达的命题的一种认知立场。它加上所要相信或希望的内容就是表征。比如，"我相信雪是白的"就是一种表征。意向实在论者如德雷特斯克和福多发现，我们在日常生活中用于预测和说明彼此行为的概括通常是大众心理学的，它既非常成功又绝对必要。一个人相信、怀疑、期望、恐惧的东西，是他所做的高度可靠的行为指导。除利用这些状态和应用的相应概括外，我们没有别的方式弄清彼此行为的意义。意向取消主义者丘奇兰德和丹尼特[1]等认为，我们的心理生活和行为的成功说明与预测，根本不涉及命题态度以及它们所依托的表征状态这样的东西。丘奇兰德否认命题态度的心理学概括的真实性，认为大众心理学虽然有着悠久的历史，但它拒绝融入现代认知心理学的框架，所以它就像炼金术和燃素说一样被抛弃，它假定的状态和表征并不存在。

丹尼特承认大众心理学的概括是正确的和绝对必要的，但否认这并不是

---

[1] Churchland P M, "Eliminative Materialism and the Propositional Attitudes", *Journal of Philosophy*, Vol. 78, 1981, pp. 67-90; Dennett D, "True Believers: The Intentional Strategy and Why It Works", In Dennett D, *The Intentional Stance*, Cambridge: MIT Press, 1987, pp. 13-35.

让人相信它所指实体存在的充分理由，对一个系统的行为做意向解释仅仅是对它采用了"意向姿态"。如果给予一个系统以内容状态，并预测和说明它的行为的策略是成功的，那么这个系统就是意向的，而且我们应用于它的命题态度的概括就是真实的。但是，这并不能说明命题态度是存在的。尽管丹尼特一贯认为意向解释应该是工具分析性的，但是他坚持认为他是关于命题态度的"温和"的实在论者，因为他相信一个系统的行为模式和行为倾向是客观上真实的，在这个系统中，我们的确把意向状态归于这个系统。

戴维逊和刘易斯[①]也否认具有命题态度的东西仅仅是以特殊方式被解释的观点。然而，他们关于命题态度的观点是否是非实在论的还是有争议的。认知心理学不是完全以心理状态的语义特性对其进行分类的，因为在科学心理学的语境中，内容对心理状态的归因对产生它的因素是敏感的。认知心理学寻求对行为和认知的因果解释，而且主张心理状态的因果力是由它的内在"结构"和"句法"特性决定的，而心理状态的语义特性是由它的外在特性，如它的历史、环境或内在心理关系决定的。因此，这些特性不能纳入行为的因果性解释。

三、感受性是表征的感觉通道

感受性就是人感觉的特性。它是具身认知的一个特性，也是人表征的基础，没有它就不会有表征。实在论关于表征有这样一个流行假定：表征状态以两种基本变化出现，一种由概念组成，如思想，不具有任何感受性；另一种具有感受性但不具有概念成分，如感觉经验。按照这种分类，心理状态既可以类似自然语言的表达方式表征，也可以类似绘画、制图、地图和照片的方式表征。而关于表征特性的一些历史讨论似乎假定：非概念表征，如知觉对象（印象）、意象（观念）等，是唯一一种心灵表征，而且心灵根据事物的相似状态表征世界。按照这种看法，所有表征状态依据其感受性具有其内容。这与纯表征主义一致。

关于非概念表征的当代争论涉及感受性的存在和本质，以及它们在决定

[①] Davidson D, "Belief and the Basis of Meaning", *Synthese*, Vol. 27, 1974, pp. 309-323; Lewis D, "Radical Interpretation", *Synthese*, Vol. 27, 1974, pp. 331-344.

感觉经验内容中所起的作用。丹尼特完全否认感受性这样的东西，认为不需要感受性来说明感觉经验的内容。这是典型的取消主义。他们承认经验具有现象内容，只是有的认为经验可以还原为意向内容，有的则认为不能还原。不少人反对概念表征需要现象学的传统主张[1]，认为纯符号表征状态本身具有现象学特征。如果这一观点是正确的，那么现象学在概念表征决定内容方面起什么作用的问题又出现了。这样，取消主义就会遇到新的挑战。

不过，在实在论阵营中，关于感受性主要是意向论和现象论。意向论主张心理状态的感受性可还原为一类意向内容，即感受性是表征的或意向的，而现象论主张心理状态的感受性不能还原。尽管"意向论"这个术语经常被用于还原主张，但这一陈述在还原和非还原主张之间仍然是不明确的。一方面，它可以意指经验的现象内容是一类意向内容；另一方面，它可意指经验的不可还原感受性决定意向内容。

大多数还原的意向论者坚持这样的信念——意向性的一种或另一种自然主义解释是宽泛的、正确的概括，期望通过把这些理论应用到现象问题完成心理状态的自然化。意向论的辩护主要诉诸经验的可穿透性(transparency)。描述相似的东西具有感知经验的特性，是作为感知客体的特性在经验中被表征的。比如在注意一个经验时，你似乎是"透过它看"到你经验的客体及其特性。这些客体及其特性不是作为经验本身的特性被表征的。在意向论者看来，经验的感受性应归于它描述的客观的非经验的特性。这样，反省就是间接的感知，也就是说，你开始知道你的经验具有的感受性，是通过知道它表征的客观性进行的。

心灵表征与感受性的关系具体表现为思想和经验的关系。德雷特斯克在探讨经验和思想功能的起源与本性的基础上区别了经验和思想。一方面，感受性 P 的经验是系统的一个状态，这个系统的进化功能显示 P 在环境中的存在；另一方面，表征特性 P 的思想是系统的一个状态，这个系统的赋值功能是校正经验系统的输出。泰伊根据它们的功能作用和表达工具的内在结构区别了思想和经验。在他看来，在类语言中介中，思想是表征，而经验是由符

---

[1] 例如 Chalmers、Flanagan、Goldman、Jackendoff、Levine、McGinn、Pitt、Searle、Siewert、Strawson。

号填充排列构成的类意象表征。

现象论者倾向于利用同类特性(功能、内在结构)解释思想和经验之间的某些直觉差异。但是他们没有假定这些特性穷尽了现象和非现象表征之间的差异。在现象论者看来，正是经验的感受性本身，才构成了经验和思想之间的基本差异。比如，皮卡克①发展了知觉"场景"(scenario)②概念，其含义是在相应的"情景"(scene)中，如果一个语义特性是"正确的"，当它的现象相似物处于场景中时，其特性是分布式的。

现象论者支持的另一类表征是"现象概念"，它是概念和现象的混合物，由现象学的"例子"(意象或正在发生的感觉)构成，这个例子整合了概念成分。现象概念被要求说明显在的事实，比如，除非你自己例示这些特性，否则你不能形成意识特性概念。也就是说，你不能拥有感受性 P 的现象概念。因此，关于 P 的现象信念不具有 P 的经验，因为 P 本身在某种程度上由 P 的概念构成。

四、意象是一种基本心理表征

意象(imagery)是一种心理图像，在心灵哲学史上起重要作用，但关于它的现代重要文献主要是心理学的。20 世纪 70 年代所做的一系列心理学实验表明：在包含被表征特性的心理操作和检验的任务中，被试的反应时间随被表征特性的空间特征(大小、方向等)成比例变化。这些实验结果产生的问题激发了关于意象和想象本性的争论。

科斯林主张认知任务是经过具有空间特性的心灵表征的检验和操作得以完成的，如图表征或意象。派里夏恩③则认为，经验事实可以专门按漫述的(discursive)或命题的表征得到解释，认知过程由这些经验事实定义。他把这种表征看作思想语言中的句子，图表征是头脑中的图画。这种观点并不被想

---

① Peacocke C, "Scenarios, Concepts and Perception", In Crane T (Ed.), *The Contents of Experience*, Cambridge: Cambridge University Press, 1992, pp. 105-135.

② 意思是把现象特性分配到一个三维自我中心空间坐标上。这是一种类似于三维物理空间的心理空间，如某物在心理旋转的场景。

③ Pylyshyn Z, "The Rate of 'Mental Rotation' of Images: A Test of a Holistic Analogue Hypothesis", *Memory and Cognition*, Vol. 7, 1979, pp. 19-28.

象的图画观的拥护者所支持;相反,他们赞成心理意象是以类似图画表征的方式进行表征的主张。古德曼认为,我们可以按照类比和数字表征之间的区别,对图画和漫述表征的区分进行描述。也就是说,相对于类比和数字区别的理解,想象表征是类比的,而概念表征是数字的。想象表征根据不断变化的特性进行表征,而概念表征的特性一般保持不变。

当然,我们可以假定图表征和漫述表征最好根据现象/非现象来区别,但情形是不是这样目前并不清楚。首先,可能存在着不断变化的表征的非感受性,而且理解图表征的方式有多种,这种图表征既没有预设现象性(phenomenality),也没有预设类似性(analogicity)。比如,科斯林[①]认为心灵表征是准图画的,当表征的每一部分符合被表征的客体的部分时,被表征客体部分之间的相对距离就被保存在表征部分之中。泰伊认为意象是混合表征,由图和漫述因素组成,意象是被解释的符号填充排列,符号漫述地表征,它们在排列中的安排具有表征意义。

在笔者看来,意象就是一种心理表征,只是它仅仅是存在于大脑中的图像,至于这种图像是不是世界中实在客体的表征,那就要看表征者对于被表征对象的认知程度和理解程度了。

五、表征负载语义内容

表征是有语义内容的,其内容是典型的抽象客体。对于自然主义来说,一个紧迫的问题是:心灵表征是如何具有内容的。在这里,问题不是如何自然化内容(抽象客体不能被自然化),而是如何提供关于心灵表征及其表达的抽象客体之间的内容决定关系的自然主义说明。

关于内容决定的当代自然主义理论有两种:一种是因果信息理论,另一种是功能理论。因果信息理论主张心灵表征的内容以它携带的、由什么引起或将要发生的信息为基础。然而,普遍一致的看法是,因果信息关系对决定心灵表征的内容是不充分的。这样的关系是常见的而表征不是。详细说明什么使因果信息状态成为心灵表征的观点主要有非对称依赖理论和目的论。前

[①] Kosslyn S M, "The Medium and the Message in Mental Imagery: A Theory", *Psychological Review*, Vol. 88, No. 1, 1981, pp. 46-66.

者在彼此间的高阶关系的基础上把信息关系与表征关系区别开来：信息关系依赖表征关系而不是相反；后者主张表征关系是这样一种关系，即一个表征形成机制具有建模的可选择功能(通过进化或学习)，比如斑马引起的马表征不指斑马，因为这种记号被形成的机制具有指代马而不是斑马的选择功能。这种对应于斑马的马表征形成机制是有问题的。

功能理论[①]认为，一个心灵表征的内容是建立在它与其他表征关系(因果计算的、推论的)基础上的。两种理论的分歧在于，这些关系是否包括所有其他心灵表征或部分表征，是否包括事件的外部状态。一个心灵表征的内容由它与其他所有表征的推论/计算关系决定的观点是整体论(holism)的，而仅由某些其他心理状态关系决定的观点是部分论(localism)或分子论(molecularism)的。不承认内容决定外在关系的功能理论被称为唯我论。麦金[②]给出了内在和外在连接的独特作用，内在作用决定类似于感觉的语义特性，外在作用决定类似于指称的语义特性。还原的表征主义者通常用其中一个理论提供经验状态的非概念内容的说明，他们因此倾向于现象论及概念内容的外在论。现象论者和非还原表征论者承认这种状态的表征内容是由它们的内在感受性决定的。

我们说一个心理客体具有语义特性，就等于说它是关于一个客体的，无论它是真实的还是虚假的。言语行为似乎与心理状态共有这些特性。语言表达的语义特性是这些表征的语义特性，这些表征是它们按照惯例用于表达的状态的心理关系。比如戴维逊[③]主张没有语言，人类具有思想是不可能的，所以从属关系可能要倒过来，或者说是相互的。后来，有人对"基于意向的语义学"的成功感到绝望。而被广泛认可的观点是，除具有这样的特性，如指称、真理条件和真理外，即所谓的外延特性，自然语言的表达由于表达特性或命题也具有意向性。例如，根据具有意义或感觉，两种表达可能有相同的

[①] Block N, "Advertisement for a Semantics for Psychology", In French P A, Uehling T E, Wettstein H K (Eds.), *Midwest Studies in Philosophy*, Vol. X, Minneapolis: University of Minnesota Press, 1986, pp. 615-678.

[②] McGinn C, "The Structure of Content", In Woodfield A (Ed.), *Thought and Content*, Oxford: Oxford University Press, 1982, pp. 207-258; Sterelny K, "Fodor's Nativism", *Philosophical Studies*, Vol. 55, 1989, pp. 119-141.

[③] Davidson D, "Rational Animals", *Dialectica*, Vol. 4, 1982, pp. 317-327.

指称、真理条件或真值，但表达不同的特性或命题。如果自然语言表达的语义特性来自它们表达的思想和概念，或者相反，那么类似的区别可能适合于心灵表征。

第六节　表征的本质特征

综上可知，表征理论及表征方式有多种，至于哪种更好是有争论的。迪特利克[①]按照表征的性质将它分为具有矛盾性的五个特征：持久性与短暂性、离散性与连续性、合成性与非合成性、抽象性与非抽象性、规则支配性与非规则支配性。

表征的持久性是说它可以长期存在，如长时记忆。表征的短暂性是指它的易消失性，如短时记忆。计算机的表征可能是持久的，而人的表征兼有二者。表征的离散性是指它在构成上是可拆分的，比如语言由词和短语组成，词语可以不同方式组合。这样的表征通常叫作符号表征，如特征表表征、语义网表征等。一般来说，计算机的表征是离散的，一个系统具有离散表征，当且仅当它能够区别它的输入。也就是说，如果一个系统能够进行分类，如在概念系统层次上区别输入，那么它就是离散表征。

表征的连续性是指表征没有中断。在认知过程中，表征的这个特征更明显。当然，离散表征也有连续的特点，因为离散的组合构成了连续。一个典型的例子是吸引子状态。吸引子状态在动力系统和迭代联结主义模型中是持久的，但它不是离散表征。这样，不是所有的认知过程都需要表征。动力系统和联结模型使用空间表征，是认知行为的好的模型，因为这些表征过程是语境敏感的，而语境敏感则体现了表征的连续性。

表征的合成性是说，认知过程具有概念组合性。特别是在语言的使用中，表征者能够把简单概念组合为复杂概念，用并列的语词描述行为。由于我们能

[①] Dietrich E, "Representation", In Thagard P (Ed.), *Philosophy of Psychology and Cognitive Science*, Amsterdam: Elsevier, 2007, pp. 11-25.

够容易和自由地组合概念，因此说表征具有了组合的或角色论证(role-argument)结构，这种结构能够促进概念的组合。角色论证的认知过程的核心问题是：它需要对组合概念敏感。结构敏感过程比非合成结构(状态)过程更复杂，比如，当表征是空间的，处理过程包括测量空间距离。非合成表征常用于认知系统的低层次感知系统，比如，视网膜和初期视觉信息处理系统。这种表征也常用于身体协调运动。因此，这种表征是系统整体的或状态的表现。需要指出的是，非合成表征、连续表征及短暂表征能够很好地说明感觉运动相互作用的动力特性。当然，这并不是说合成表征、离散表征及持久表征不能解释认知的动力特性。相反，它们被广泛地用于动力的、高层次的认知活动的说明。

表征的抽象性是说，思想和信息的处理是远离经验的，而且在不同领域交错使用。因为世界本身并没有进入我们的大脑，影响到我们的行为，即使是感觉材料也是到达我们感官的物理刺激经过神经系统传递的结果。因此，我们对世界的表征是抽象思维的结果。非抽象表征就是具体表征，是一个个实例的呈现。人的许多推理过程就是由具体表征实现的，如简单的算术运算、儿童的想象思维。一般来说，抽象表征往往是语境依赖的或语境限制的，而具体表征往往是无语境的，也即可以脱离语境进行表征。比如，执行 2+2 的运算在任何情形中都是如此，不因语境改变而改变。问题是，多少种表征是抽象的，多少种表征是具体的，不同认知过程使用何种程度的抽象。这是认知科学哲学面临的又一些重要问题。

规则支配的表征意指表征过程是基于规则的。传统认知模型都包括了规则，比如，皮亚杰的阶段论基于认知发展的最后阶段，是一种形式操作能力的观点。乔姆斯基的语法先天论假定语法包括规则，这些规则能够把深结构转化为浅结构。传统人工智能假定可以通过使用算子解决问题，问题解决是一个通过问题空间的搜索过程，而这个问题空间是把规则应用到当下状态产生的。非规则支配的表征是指认知过程不需要规则。在认知过程中，这样的情形很多。德雷福斯的无表征智能理论[①]就是典型的例子。他认为新手要学会

---

① 德雷福斯把新手成为专家必须经过的技能接受分为五个阶段：初学者阶段(novice)、高级初学者阶段(advanced beginner)、胜任阶段(competence)、熟练阶段(proficiency)、专家技能阶段(expertise)。

识别大量技能所涉及对象的客观特征，并接受在相关事实和特征基础上进行行动的规则。新手接着通过处理真实情境获得了大量实际经验，使其技能达到一个新的水平。之后，新手学会制订计划来应付复杂的局面，在熟练后，技能行为开始呈现出无意识，即对于行动的最佳计划的选择已经达到在潜意识就可以做出决断的程度。最后新手成为专家，专家不做有意识的考虑，而是完全投入技能世界中，达到了"无我之境"。这样，在某些情境中，熟练的技巧是不需要规则表征的。也就是说，熟练行为是无表征的潜意识过程，它是情境化的。而表征是基于规则的有意识过程，它是去情境化的。

在笔者看来，任何表征，无论是心灵表征、知识表征还是元表征(metarepresentation)①，都具有五个基本特征：①承载性，即通过某种载体实现表征；②语义性，即具有内容，或表征一个或多个客体；③意向性，即表征是关于外部事物的，具有目的性；④解释性，即能够被解释者解释；⑤中介性，即表征是心灵把握世界的中介。如果我们把心/脑看作是计算装置，那么表征的载体就是计算结构或状态。这些结构或状态的特性取决于计算机类型对于心/脑所做的假定。对于基于规则的冯·诺伊曼式计算机，表征的载体就是数据结构；对于平行分布式计算机，表征的载体就是连接节点的激活状态，它是一种隐含的表征(储存信息)。

概言之，我们需要许多类的表征来说明心灵是如何工作的，它需要多种表征形式。可以肯定，没有哪一类表征能够解释所有认知现象，但是没有表征我们就不能解释认知现象。这意味着，心灵在反映世界时使用了许多类的表征。

第七节 结论与展望

所有表征，无论是内在的还是外在的，是显在还是潜在的，是文字的还是图像的，是宽内容的还是窄内容的，都不外乎是心灵与外部世界直接或间

---

① 也就是把表征本身作为研究对象，就像元语言和元认知一样，是一种高阶表征。这将是一种形而上学的探讨。

接相互作用的产物。因此，心灵就是表征者，外部世界就是被表征对象，表征本身则是心灵通达世界的手段或工具。

作为表征者的心灵，它构造、处理和储存它之外或者之内的事件或事物的表征。一个表征就是一个替代，它表达了两个事物之间的一个关系，其中一个是另一个的替代。心灵本身不能以文字和图像的方式表征它自己，因为它是潜在的，因而也就具有了神秘性。而它表征它外部的事物时，通常是以文字、符号或图像的方式进行的。因此，表征的呈现方式是多样性的。

表征是作为某物替代品的表征的一个解释，但解释本身不是表征，表征是一个比解释更基本的概念，它包含信息或内容；表征是一个信息展现的过程，但是信息本身不是表征，它是表征要显现的对象；一个表征是一个执行过程，但执行本身不是表征，它是表征的应用；表征也可以是一种计算，但是计算不是表征，它是表征是操作形式；表征也是一种意向行为，但意向性还不是表征，它是表征的一种内在特性。那么，表征与解释、执行、信息、计算和意向性是什么关系呢？这些既重要又很难回答的问题，是我们今后要研究的重大问题。

但是，一个至关重要、不可否认的事实是：心灵依赖于大脑，是大脑执行心灵，而不是心灵执行大脑。大脑是心灵运作的载体，没有大脑，就没有心灵。当然，没有人，也就没有大脑，也就没有心灵。对于心灵，人的存在是第一位的，而人的存在又是语境化(contextualization)[①]的。因此，心灵认知肯定是具身(embodiment)[②]的，同时也是语境化的。心灵的具身化说明和语境化说明将是今后认知表征研究的一个重大任务。

---

① "语境化"是指人作为语言的使用者，其活动始终处于语言的场域中，始终受到语言的制约和影响，脱离语言的人和人类活动是不可想象的。

② "具身"是指人的认知行为是与其身体密不可分的，认知不仅是大脑的行为，而且是作为整体的人(大脑加身体)的行为。这种强调具身的认知，主要是针对人工智能的无身认知，以及大脑是认知的器官观点而言的。

第 二 章

表征隐喻：表征主义的根源

表征（心理的或科学的）是人类认识世界过程中必不可少的环节。它与隐喻有着极为密切的关系。隐喻既是一种修辞方式，也是一种认知和表征手段。表征的根隐喻主要有两种，一种是逻辑隐喻，另一种是比例模型隐喻，它们都有各自的优势。前者具有解释思想序列的保真性、解释的系统性、抽象表征性和描述性特征，后者具有易操作性、结构同一性、可测量性、易理解性和对框架问题的免疫性特征；前者通常会遇到框架问题，后者则对框架问题有免疫性。而仅依据内在和外在表征的区别来说明这两种隐喻对框架问题的敏感性是有问题的，因为这太依赖于固有和任意约束的区别。认知科学家常常以这两个隐喻为前提，试图通过机制化形式实现人的认知和思维过程，而这些也正是科学哲学家极为感兴趣并提出质疑的症结所在。现代认知科学也表明：一个表征是一个具有语义特性，包括内容、指称、真理条件、真值的心理客体，它的状态和过程既可以通过计算机术语去理解，也可以通过心理学的术语去理解。在本章中，笔者试图通过隐喻这种形式把握和理解心理表征的本质特征。

隐喻既是一种修辞形式，也是实现理解和刻画心理表征的认知和思维方式。正如卡西尔所说，"隐喻思维是人类最初最基本的思维方式"[①]。研究认知和思维的认知科学充分利用了隐喻，如思维的计算机隐喻、记忆的库隐喻、

[①] [德]恩斯特·卡西尔：《语言与神话》，于晓等译，生活·读书·新知三联书店 1992年版，第12页。

意识的聚光灯隐喻等。就心理表征而言，它也有两个根隐喻——逻辑隐喻（表征是逻辑序列）和比例模型隐喻（表征是比例模型）。逻辑隐喻一直被用于说明人的思想过程的一些重要特性，如表征大量事态和以保真（truth-preserving）方式操作这些表征的容量、思考抽象事态和类的能力，但逻辑隐喻常常会遇到框架问题（frame problem）①。比例模型隐喻则提供了一个非常优雅的系统性说明，并对框架问题表现出免疫性。以这两个隐喻为前提，认知科学家试图通过机制化的再形式化来实现认知和思维过程。这是一个从隐喻解释到机制化解释的转化过程。

第一节 逻辑隐喻：一种直觉能力

　　逻辑隐喻通常被理解为，人在行动之前思考、相信许多关于心理状态性质的哲学直觉能力。也就是说，人在行动或相信某些事物之前，就先天地具有逻辑能力。因此，逻辑隐喻就是人所特有的一种本能。它是含义是：表征者（逻辑形式）与表征对象（内容或意义）是按照规则演绎地推出的。笔者将逻辑隐喻的本质特征概括为以下四点。

一、逻辑隐喻具有解释思想序列的保真性

　　这是它的最基本特点。思想序列是指思维的连贯性；保真性是说，从真的逻辑前提推出的结论必然为真。这样的思想序列被认为是人们预先思考的基础，它描述了人在遇到新的环境条件时，通常表现得敏捷、有效的情形。

---

① 框架问题一般被认为是由麦卡锡（McCarthy）和海耶斯（Hayes）首先提出和命名的，它与表征系统预测什么变化和什么保持世界状态的变化有关。这个问题最初出现在表征变化世界的情境演算系统中。这种系统包含了许多关于预先发生事件的条件变化的"公理"。由于推理仅仅被限于演绎，不变的公理就是必需的。没有这些框架公理，一个系统就不能严格地演绎任何持续的状态。这样问题就产生了，如果不使用框架公理，每个表征的发生与每个表征的不变性潜在的相关性就难以说明；如果使用框架公理，需要多少个公理才是适当的与合理的呢？这就是所谓的框架问题。

也就是说，人的行为受到先见(forethought)的规定和指导。亚里士多德曾认为，人是在想象的基础上进行思考的，并在与现存事件的关系中计划要发生的事情。霍布斯试图用机械论(微粒)世界观解释先见，他的联想主义提供的追溯推理方法，用以解释人的思想序列为什么从控制到非控制地变化。在现代认知科学中，先见不仅被认为具有强大的解释功能，可以洞见问题，而且被认为是人区别于其他灵长类动物的标志。而以保真方式操作表征的能力蕴含这样一个假设：人类行为在新条件下通常是非常适当的。这个假设构成了一个好的因果解释。根据这个假设，当新情境出现时人就会自动地表征新情境，然后操作这些表征以便产生关于世界如何变化的预测过程。

沃思坎把逻辑隐喻产生表征操作的过程分为以下三个阶段[①]。

第一阶段是表征的生产性[②]。表征是人的有意识计划过程，它是人面对环境的偶然事件时而进行的刻画性建构。这就是说，人拥有一个高度的生产表征系统，许多形式语言根据它们的组合和递归句法可产生大量的表征。例如，一个简单的句子"人击球"，根据词语的不同组合可形成"球击人""人球击""球人击"等句子，这些句子在结构上是分子式的自然语言表征，即它们的意义由基本成分——单词的意义、单词出现的次序(句法规则)，以及常识知识(语境)共同决定，这样就可以排除一些无意义的句子，如"球人击"。如果增加单词数量，句子的数量就会大大增加。如果用连词将简单句子连接起来构成复合句，句子的数量还会增加。这就是表征的生产性，它是逻辑隐喻的一大优点。

第二阶段是表征的保真操作。与自然语言相比，形式语言如谓词演算的优点是可以保证表征操作的真值。由于形式语言是基于语言的思想模型，它由一套句法敏感的推理规则所补充，正是这些推理规则保证了表征的保真操作。在人工智能中，表征的保真操作通常是由"如果-那么"规则保证的。比如，"如果明天下雨，那么我们就不去野餐"。如果这个逻辑隐喻是正确的，我们就可以说人大脑储存了大量心理推理规则。这就是逻辑隐喻蕴含的理性

---

① Waskan J A, *Models and Cognition: Prediction and Explanation in Everyday Life and in Science*, Cambridge: MIT Press, 2006, pp. 112-116.

② 生产性是指表征许多事态的容量或能力。

的东西。当然，如果运用不当的话，"如果-那么"规则也会产生悖论，比如，"如果明天下雨，那么我们就去野餐"。这显然不合常理，但又不违背逻辑规则。这是为什么？笔者在第十五章第六节专门讨论了这个问题。

第三阶段是适当行为的选择。为了能够有效地指导行为，使人达到目标的变化序列必须是从许多可能的表征中选择的，这样可以保证表征的保真性。例如，你要完成去北京的愿望，你可以选择最适合你的方式，如乘汽车、火车或飞机。当你做计划时，你会仔细考虑这些选项，以便实现你的愿望。在人工智能的情形中，逻辑隐喻能够保证这些重要过程的实现。这些过程包括一套更大的机械装置的说明，这些装置中嵌入了基本的保真操作。这套机械装置能够使这个过程作为启示来引导搜索、追溯推理和学习。当然，这些过程是高效的、可错的推理方法，它们以人类喜欢的方式进行。生产系统就是更深层的、高阶的、句法敏感的推理规则的结合，它被用于这些过程的建模。建模反过来又加强了人们对逻辑隐喻的表征和推理的信任，因为建模过程清楚地说明了基于逻辑过程的类型，而且这些过程描述了人类有效使用基本保真工具的能力。

二、逻辑隐喻具有解释的系统性

许多哲学家相信逻辑隐喻的一大优点是解释的系统性，而解释的系统性是与语言能力的系统性相关的。所谓语言能力的系统性是说，一个言语流利的人不仅能产生和分析某个句子，而且能产生和分析那个句子的系统变量。比如，我们能理解"甲打乙"就能理解"乙打甲"。这意味着，言语流利的人先天具有组合和解析句子的能力，他们已经掌握了语言的组合和递归句法。如果人的言语能力在句法和语义上都是系统的，那么思考能力和语言能力一样就是系统的。或者说，思想和语言一样是系统的，人的思考力植根于人掌握思想语言的组合和递归句法之中。言语能力反映了人的思维能力。

逻辑隐喻隐含了思想的系统性。如果心理表征具有描述自然语言和形式语言的同一句法结构，那么允许一个心理表征的这个同一句法约束，将通过一个简单的成分重排，并产生一个系统地相关的表征。不过，思想和语言同样是系统的观点是有争议的，因为句子在句法上是系统的，并不一定在语义上也是系统的。比如,"人吃苹果"和"苹果吃人"在句法上是没有问题的,但是"苹果吃人"在语义上是不可理解的。

三、逻辑隐喻具有抽象表征性

同表征的比例模型隐喻相比,逻辑隐喻更容易说明人能够理解难以直接描述的抽象概念的能力,比如,像"人性""经济膨胀"这些表示性质和过程的词。福多的思想语言假设认为,我们拥有一套句法敏感规则或"意义假定",它们能够使我们实现相关语义推理。例如,"经济膨胀"的意义可以通过认知推理规则"如果-那么"说明:如果经济 X 通货膨胀,那么 X 中的流通单位就会降低购买力。逻辑隐喻还容易说明属(genera)这种更一般的东西,如苹果和水果,相对于苹果,水果就是属。这表明,我们不仅能够思考具体的东西,而且能够思考一般的、抽象的东西。

四、逻辑隐喻具有描述性

逻辑隐喻实质上是一种理性隐喻,即人有进行抽象思维和推理的能力。具有这种能力的人自然能够合理地描述他遇到的事物。也就是说,逻辑隐喻的机制化的再形式化能够使人理解抽象的多重独立层次。一方面,我们能够以某种媒介如声波,描述自然语言表达的物理事物,而且一种表达可在不同的媒介实现,比如,语言的声波表征可以在空气、水和固体中实现,也即自然语言表达可以在不同媒介多重实现。另一方面,我们进行抽象思考时不考虑不同表达类型如何实现之间的差异,而且纯粹以那些类型的性质术语进行描述[①]。例如,哲学思考就是借抽象概念及其关系进行的,而不用涉及概念的指称。数学思维就是纯粹的符号思维,符号并没有指称。不同表达类型可以在许多物理媒介实现这一事实说明:谈论事物表达的性质比谈论实现媒介的性质处于更高、更独立的抽象层次。

虽然逻辑隐喻有充分的理由说明表征的生产性和保真性,但不能说明推

[①] Pylyshyn Z W, *Computation and Cognition: Toward a Foundation of Cognitive Science*, Cambridge: MIT Press, 1984, p. 33.

理的生产性，即不能预测许多变化结果。这就是逻辑隐喻的框架问题。框架问题一般包括预测问题和限制问题。预测问题源于这样的事实——为了实现预测推理我们需要无数个推理规则或框架公理(frame axiom)。从人工智能观点看，无论将多少个变化/推论对(alteration/consequence pairs)嵌入一个模型的知识库，总是还有许多被忽略了。也就是说，变化/推论对是呈指数增长的。这样，我们处理的仍然是简单物理系统(尽管已经很复杂)，这远比人遇到的情形简单得多。可以说，凡是涉及实在系统的地方，详细说明每个可能变化的推论数目似乎是无限的。比如生产系统，"当操作一个大的物理系统时，在问题解决中使用的算子的数目和可能描述状态的数目将是非常大的，甚至是无限的"①。然而，我们迄今谈论的知识是有限客体的离散系统变化的推理知识，而实在世界变化的实际知识比这要复杂得多。为了实现实际知识的推理，一个框架公理必须包括如何详细说明无数可能变化之间的相关推论的规则。但是，这样的规则是难以建立起来的，因为有限的框架公理对于描述世界的无限可能变化是不充分的。

限制问题即资格问题，它与预测问题混合在一起。之所以是混合的，是因为为了实现我们对世界的不同变化结果的把握，我们不仅需要无数个规则，而且每个规则在无数的变化方式上是有限制的。为了掌握这些变化的结果，所有相关限制条件必须被加到相应的框架公理上。而这一点又是很难做到的。因此，如何使逻辑隐喻克服框架问题，是知识表征领域一直要面对的一个难题，也是认知哲学要解释的一个问题。

第二节 比例模型隐喻：一种空间因果同一性

比例模型隐喻是一种物理同构模型(physical isomorphic model，PIM)②。

---

① Congdon C B, Laird J E, *The Soar User's Manual: Version7.0.4*, Ann Arbor: University of Michigan, 1997, p. 28.

② 它是这样一种表征，即表征与被表征对象有相同的结构和性质。这本质上是一种复制观点，遭到了其他表征理论如推理主义、自然主义的批判。

它的含义是：表征者（比例模型）与表征对象（外在事物）是结构和性质同一的。由于先见需要三维空间和因果关系表征的保真操作，比例模型在现代认知科学语境中受到特别关注。笔者将比例模型隐喻的本质特征归纳为以下五点。

一、比例模型隐喻具有易操作性

与逻辑隐喻相比，比例模型隐喻由于其结构特点操作性更强。对于表征者和表征对象（即表征客体与目标客体），比例模型隐喻强调二者之间的比例关系，而与建模媒介无关。比如，我们可以用拼装砖而不用真砖去建构大厦模型，因为模型本身与建模媒介没有关系。随着建模元素数目的增加，被表征事态的数量也随之增加，操作的过程也更加复杂。还有事物的图像表征，也是一种比例模型，因为图像是按照被刻画事物的比例大小进行表征的。由于比例模型只关注被表征对象的比例属性而忽略了其物理属性，它的易操作性就是显而易见的了。不过，我们应该注意到，只关注表征者与表征对象之间的比例关系而忽略表征对象的物理性质，是只考虑了量的关系，而忽略了质的特性。因此，比例模型隐喻表现出易操作性的同时也暴露了其严重缺陷——表面性。

二、比例模型隐喻突出了表征者与表征对象结构的同一性

这意味着，心中的表征与被表征对象在结构上具有同一性。比如，心中树的形象表征了真实的树，但不是照相式的表征，而是抽取了真实树的重要特征——树冠和树干。依据同一性的表征，既保留了客体的主要特征，又避免了使用框架公理。这是比例模型隐喻的一个优势，逻辑隐喻的表征没有这个优势。然而，比例模型隐喻的这个特征过于强，因为不是所有的表征者与表征对象都具有结构的同一性，而且比例模型也没有完全描述表征者与表征对象的同一性。比如，一座桥梁的模型与真实桥梁并不是完全一一对应的，而是利用了表征者与表征对象的部分相似性。因此，形状的相似或结构的相似并不是同一。这导致了关于表征问题的同构观和相似观之争[1]。

---

[1] Suárez M, "Scientific Representation: Against Similarity and Isomorphism", *International Studies in the Philosophy of Science*, No. 17, 2003, pp. 225-244.

数学中的映射是描述比例模型隐喻的一个好工具。映射就是一一对应关系，包括结构的和性质的。比如，笔者对语境的表征就是运用了映射[①]。以文本语境为例，其边界是语言，它的语境是由语形、语义、语法和语用组成的。文本语境 C_t 可表示为 $C_t=(N, S, G, P)$。其中，N 为语形，S 为语义，G 为语法，P 为语用。就文本来说，它的结构为 $T=(N, S, G)$，这是一个静态的二维结构或平面结构，其意义是潜在的，也就是还没有被人理解。当它被纳入理解者的阅读范围时，即进行语用实践 P 时，潜在的意义才显现出来，变为显在的意义。或者说，文本的原始意义变换为理解意义。意义显示的过程是一个映射过程

$$F: (T) \to Y$$

其中，(T) 为文本的特性集（如字体、颜色、版式、语种等），Y 为文本对理解者的意义集（有意义、无意义、好、坏、是、非等）。

三、比例模型隐喻具有可测量性

由于表征结构的同构可以运用数学工具表达，比例模型隐喻也因此就具有了预测功能。例如，二维空间矩阵不仅能被用于表征客体的结构，而且这些表征可以被用于预测这些客体的变化结果的相对位置和方向。围棋盘是一个典型的二维空间矩阵表征系统，棋子的位置和方向是可测量和确定的。表征维可以按照比例增加以包括更多的客体。表征维的有限性使得这种表征避免了框架问题，而依赖框架公理的系统会遇到测量性问题。正是由于这个理由，测量性被作为一个表征系统是否遭遇框架问题的指示器，"框架问题被严格控制的标记是表征能够被逐渐扩展：增加认识世界的工具就是增加表征的形式"[②]。

在笔者看来，关于先见或思想的一个可靠模型必须能够解释三维空间中

[①] 魏屹东：《认知科学哲学问题研究》，科学出版社2008年版，第122—128页。

[②] Janlert L, "The Frame Problem: Freedom or Stability? With Pictures We Can Have Both", In Ford K, Pylyshyn Z (Eds.), *The Robot's Dilemma Revisited: The Frame Problem in Artificial Intelligence*, Norwood: Ablex, 1996, p. 40.

的空间和因果变化结果的能力。心理表征的比例模型隐喻可以满足这个要求。它也因此一直被认为是设计检验的一个支柱。如同表征支持先见一样，比例模型被用于预测无数系统的行为，无论是熟悉的还是不熟悉的，物理的还是数学的，自然的还是人工的，认知的还是非认知的。

四、比例模型在任何多重独立抽象层次具有易理解性

表征的多重实现在比例模型中得到了充分运用。比如，如果我们使一个已知类型(type)模型包含记号(token)模型，那么将会有多重建模媒介被用来实现这个模型类型。模型的一个类型是一种被用来预测世界上各种三维空间中的事物变化的类。我们可以使用这样一个模型表征不同的事物。也就是说，存在着模型类和不同媒介之间的一个多重实现关系，这种关系能够被用来实现这些模型。这样，在比例模型可理解的意义上有两个抽象层次：一个是建模媒介层次，另一个是展示模型的类型层次[1]。例如，对某人形象(已知类型)的表征形式(记号模型)是多样的，我们可以用语言刻画，可以用笔绘画，可以用照相机拍照片，可以制成各种材料的人像，如蜡像、泥像、石像、木像等。这就是已知类型的多重实现。多重实现性显示了比例模型的易理解性。

五、比例模型隐喻对框架问题具有免疫性

与逻辑隐喻相比，比例模型由于具有更宽的表征维而避免了预测性问题。比如，沃思坎举了这样一个例子。在房间有一只桶，桶中有一个球，我们可以运用比例模型预测各种可能情况。当把桶放在门上，门被推开时会有什么情况发生呢？当然是桶掉落并翻倒，球滚出来。这种情形不需要详细的规则说明就能够做出预测。也就是说，这种预测是表征系统自动做出的。比例模型隐喻也可以避免限制问题。因为模型化事物的真实性就是那个事物的比例模型的真实性。在上面的例子中，如果球是固定在桶中的，当门被推开时，虽然桶会掉落并翻倒，但是球不会滚出来。这种情形不是门-桶-球这种比例

---

[1] Waskan J A, *Models and Cognition: Prediction and Explanation in Everyday Life and in Science*, Cambridge: MIT Press, 2006, p. 127.

模型事先规定的，因此也就不会发生这种情况。这就是比例模型可以避免限制问题的原因。

不过，由于比例模型侧重于表征者与表征对象结构的同一性或性质的相似性，而对于抽象概念或句子内容的表征则是无能为力的，如像意志、毅力、期望、恐惧这样的概念，比例模型不能按照同构或相似进行表征。换句话说，比例模型对于被表征对象的语义内容是无能为力的。这需要语义学、语用学甚至现象学的介入。

第三节 表征关系的其他隐喻说明

除了逻辑隐喻和比例模型隐喻这两个最基本的隐喻外，对于两个不同客体之间形成的表征关系的说明理论主要有图像论、相似观、同构观、替代观、推理主义、功能主义等。它们本质上都是隐喻式的。图像论认为，a 表征 b，当且仅当 b 是 a 的心理图像；相似观认为，a 表征 b，当且仅当 a 与 b 相似，结构的或属性的；同构观认为，a 表征 b，当且仅当 a 与 b 同构，即 a 映射 b；替代观认为，a 表征 b，当且仅当 a 代替 b；推理主义主张，a 表征 b，当且仅当 a 推出 b；功能主义认为，a 表征 b，当且仅当 a 的功能彰显了 b 的功能。这里笔者不对这些观点的优劣做评论，只是论证它们的说明手法都是隐喻式的。

图像论的隐喻是"感受器"[①]，表征就是通过感受器将外部客体的形象印记于脑中而形成的图像，客体形象与心理图像之间依赖的是相似性，因此感受器也是相似观的根隐喻。感受器类似于照相机镜头，大脑类似于照相机的核心结构，形成的心理图像类似于图片或照片。同构观的隐喻是"探照灯"，表征就是一个客体向另一个客体在属性或结构方面的一一对应的照射或映射，在表达上通常运用数学的集合，如科学中的结构主义表征。

替代观的隐喻是"代表"，表征就是一个人或客体或事物代表另一个，如

[①] Morgan A, "Representations Gone Mental", *Synthese*, Vol. 191, 2014, pp. 213-244.

律师作为当事人的代理。代表既可以是全权代理，也可以是部分权限代理；既可以是长期的，也可以是临时的，如儿童游戏中用木桩代表熊就是临时指定的。在替代关系中，代表者与被代表者之间几乎没有相似性，无论是属性还是结构，它突出的是"代"，忽略两个客体的性质，如牛顿力学中，地球、月亮等天体均可看作质点，而不考虑它们的形状、大小和结构等物理性质。或者说，质点并不表征地球、月亮等行星，仅仅是代表它们而已。

推理主义的隐喻是"力"，表征就是一个事物"用力"推出另一个，推出本身也是个隐喻，以实际的"力推"类比思维的"理推"。若推出关系意味着一个包含另一个，依据规则推出后者，前者是条件，后者是结论，这就是逻辑上的蕴涵关系；若推出意味着一个引起另一个，前一个是原因后一个是结果，这是因果关系，如行为的心理因果解释。但是许多表征并不是推出关系，它们之间没有严格的逻辑或因果关系，如用桌子上的盐瓶指代台湾，但从盐瓶推不出台湾。因此，表征关系很少是推理关系。只有数学模型的计算结果的表征才是推出关系。推理主义严格说也是结构主义表征观的变种。

功能主义的隐喻是"模型"，表征就是用模型描述目标客体或系统，如DNA模型、原子模型等。模型是制作实物如铸件的工具，也称模子，它是依据实物的形状和结构按比例制作的，如出土文物的复制品、飞机模型。模型表征是科学中最常见的，科学的语义论就认为科学理论由模型构成[①]，建模是科学研究的常态，无论是抽象的理论模型还是具体的物理模型，模型都在科学认知中起到了关键作用。但模型不是目标客体本身，它只是目标客体的工作描述，至于这种模型是否真实、可靠地反映了目标客体，还需要得到实验的检验。这与"代表""替代""假扮"意义上的表征不同，这些表征不需要检验。

总之，所有表征的根隐喻都是"工具"，图像、模型、语言、符号等，都是作为描述目标客体的工具客体。在这种意义上，表征的最合理论应该是工具主义，因为表征实质上就是中介或代理。人是真正的表征者和解释者，表征是人使用工具诸如模型、图像、语言、符号、方程式等，描述所研究的

[①] Suppes P, "What Is a Scientific Theory?" In Morgenbesser S (Ed.), *Philosophy of Science Today*, New York: Basic Books, 1967, p. 56.

目标客体。表征工具是人造物——物质的或符号的,本身加载了内容,一幅图画如《蒙娜丽莎》,一个方程式如 $F=ma$,是有特定内容的。它们具有的内容是对目标客体的说明或描述。在这个意义上,表征就是对目标客体的工作描述,是一种工具性或中介性表达。

第四节 表征隐喻的框架问题

如上所述,逻辑表征,如谓词演算型表征,会遇到框架问题,而比例模型表征不会。原因是,前者是外在表征,后者是内在表征。当表征必须考虑固有约束来描述一个已知被表征域是任意约束时,表征是外在的;而当表征需要考虑固有约束来描述一个被表征域而无须被任意约束时,表征是内在的[①]。

按照这一看法,使用谓词演算预测物理系统的行为一般会产生外在表征。这是因为"逻辑本身与世界之间很少是同构的"[②]。因此,约束必须是以附加推理规则或公式的形式被强加上去的,目的是让谓词演算支持必备的保真表征操作。同样,比例模型构成内在表征,理由是,为了使所表征的对象具有保真性而不需要强迫接受任意约束。

在笔者看来,依据内在和外在表征的区别来说明逻辑隐喻和比例模型隐喻对框架问题的敏感性是有问题的,因为这种区别太依赖固有和任意约束的区别。这种区别目前还不是很清楚。例如,如果要描述高低关系的真值,我们可以设计一个逻辑系统,如谓词演算。这个系统不需要是任意约束的,其中包含的公式描述了相对高度的内在表征。但是,如果系统中的一两个简单公理使得谓词演算成为相对高度的内在表征的媒介,那么内在和外在表征的区别就会更麻烦。这种区别不能使我们清楚地区分逻辑表征和比例模型表征,

---

① 内在和外在表征是由帕尔默首先提出的,他把这种划分看作是区别表征的不同类型的方式。参见 Palmer S, "Fundamental Aspects of Cognitive Representation", In Rosch E, Lloyd B (Eds.), *Cognition and Categorization*, Hillsdale: Erlbaum, 1978, pp. 101-116.

② Haselager W F G, *Cognitive Science and Folk Psychology: The Right Frame of Mind*, London: Sage, 1997, p. 64.

也没有说明前者遭遇框架问题而后者没有。不过，应当承认，逻辑表征和比例模型表征支持保真性的方式显然是有差异的，而且它们都对框架问题有一定的敏感性。

那么，如何区别逻辑表征和比例模型表征呢？我们可以根据它们是否在独特数据结构基础上支持特殊变化/推论对的预测，或者根据它们是否支持每个变化类型的结果做出区别。为了产生特殊变化结果的预测，传统的框架公理方法利用推理规则，这些规则的先行假定指明了初始条件和变化的性质，它们的结果说明了变化的混合结果。也就是说，框架公理方法要求使信息更加明确。这就是框架公理方法之所以遭遇框架问题的原因——为了实现人知道关于世界变化的结果，一个框架公理系统必须包含明确的规则来说明，每个客体相对于另一个是如何按照每个可能变化行动的。

然而，比例模型不需要任何数据结构来预测特殊客体相对于其他客体是如何根据特殊变化行动的。选择一个适当的比例模型，表征的变化结果将自动地反映被表征系统的变化结果。这就是说，所有相关信息是隐含在表征中的，不需要使其显现。不过应该指出，比例模型按比例增加的理由是，比例模型每增加一个新项，也将隐含地包括需要对新系统的变化结果做出预测的所有信息。即使是同一记号的比例模型，这一方法也不只严格限制于包含有限客体的单一系统。运用比例模型方法，我们不需要对每个客体与其他客体的变化关系做详细的说明，也不需要对世界的结构做详细的说明，因为我们需要的信息就包含在这个模型中，而且信息的表征是一目了然的，只是我们把这些信息看作环境规定。

当然，当我们预测物理系统的行为时，孤立地使用每个性质的内在表征是不充分的。比如，运用杠杆撬动物体时，不仅要考虑杠杆的长度，还要考虑被撬动物体的大小、重量和支点的位置。对于逻辑系统而言，系统要素之间的约束是相互依赖的，而且复杂的维间约束(inter-dimension constrains)的内在表征是很难被发现的。对于比例模型来说，不存在这些问题，因为表征是内在的。对于大脑这个表征系统，特殊属性的内在表征和外在表征是并存的，而且外在表征以获取被表征系统的维间约束的方式与内在表征协调。由于获取不同性质之间相互作用的复杂性，这种内外表征混合的说明也会遇到框架问题，做出预测发现也是困难的，因为"随着维度的增加，高阶结构也快速增加"①。这样,为了避免框架问题,表征复杂系统所需要的东西就是维间约束的内在表征。

也可能存在这样的情形,基于执行基础(implementation base)②的编码表征将隐含地包括信息,这些信息将在给定的执行基础上被展示出来。比如,我们不是通过建立单一数据结构来对应每个变化/推论对,而是依赖一个虚拟机器的初始操作,这个虚拟机器能够把相同的逻辑属性作为某个关系包含在被表征系统中。然后,我们只需指明这个被表征关系的逻辑类型是什么,因为"其他信息可以作为使用那种特殊初始操作的副产品被自由地包含在其中"③。

当不同的被表征维相互作用时,我们同样会遇到框架问题。例如,为了从"A 比 B 高,C 比 A 高,那么 C 比 B 高"这样的事实进行推理,系统使用了某个初始操作的传递性。同样,系统也使用了另一个初始操作的对称性进行推理,如果 C 与 B 海拔相同,B 与 A 海拔相同,那么 C 与 A 海拔相同。或许大量的附加信息隐含在这个图式中,但是不包括这样的事实——C 的顶点比 B 的顶点处于更高的高度。为什么会这样呢?原因是系统没有自动地表征性质是如何相互作用的。

从这个例子可以看出,即使进行非常简单的推理,物体的基准海拔和顶点高度的关系必须是明确的,除非这个虚拟机器拥有更复杂的初始操作能够展示相关的同构性。另外,还得考虑被表征的维,因为需要被显示的信息量呈指数增长。而信息量的指数增长又会导致框架问题。

关于表征的框架问题还需要注意的是,框架公理的原子成分被看作是由对应的自然语言描述的术语构成的某种一一对应关系的东西④。事实上,框架公理系统对框架问题的感受性似乎只是系统的有限推理容量的一个说明,而这些系统把它们的预测完全建立在客体类型和关系类型概括的基础上。这样,

---

① Palmer S, "Fundamental Aspects of Cognitive Representation", In Rosch E, Lloyd B (Eds.), *Cognition and Categorization*, Hillsdale: Erlbaum, 1978, p. 274.

② 一种虚拟机器,具有一定的编码和表征能力。

③ Pylyshyn Z W, *Computation and Cognition: Toward a Foundation of Cognitive Science*, Cambridge: MIT Press, 1984, p. 100.

④ Haselager W F G, "Connectionism, Systematicity, and the Frame Problem", *Mind and Machines*, Vol. 8, 1998, pp. 161-179.

一个相似的问题在联想主义模型，如霍布斯和其后的经验主义的模型中出现了。正如莱布尼茨在他的联想主义心理学中指出的那样，统计概括可能使你希望一类事件接着另一类事件发生，但是由于它们没有告诉你为什么，当预测同一系统的其他变化结果时，它们几乎没有什么用处。

当代联结主义表征模型也同样会遇到框架问题。一阶联结系统似乎不能学习如何敏感地处理结构变换概括(structure-transforming generalization)。让我们简单地设想一下，联结主义系统已经掌握了这样的知识——一只桶被置于门顶上，桶里放有一个球，门被推开时桶连同球一起掉下。如果要求系统决定桶能否将球带出门，这点知识对于这个系统几乎没有用。换句话说，当一套联结权重有能力认识到装有一个球的桶将从被推开的门顶掉下，为了预测竖立的桶从走廊被运走时将会发生什么，这套权重不能被重新配置。为了能做出预测，一套新的统计规律必须与一个新的、可能交叠的权重相匹配。也就是说，需要一个新的数据结构被合理地建构的东西，因为必备的信息在先前的权重中不是隐含的。这样，前馈联结主义系统似乎遇到框架问题，至少当这些系统被用来与关于桶、球和门这些项的变化结果的初始规律匹配时是如此。

以上分析只是框架问题的一部分。我们必须意识到，完全靠微观特征分析是不能消解框架问题的，无论是对于框架公理系统还是前馈联结主义系统。比如，客体构成部分的纯粹微观特征编码，不会靠客体自己编码关于客体构成的或客体相互转移关系的相关空间安排的任何信息。当这些信息以更深的特征形式被显现时，它们的可测量性就大大减弱了。

总之，心理表征，无论是内在的还是外在的，是逻辑的还是比例模型的，都不外是心灵与外部世界直接或间接相互作用的产物。或者说，心灵在进行表征时，是通过运用逻辑隐喻和比例模型隐喻这些表征者对外部世界对象进行表征的，表征本身是心灵通达世界的手段或工具。随着现代程序计算机的迅速发展，一方面，心理表征的逻辑隐喻的支持者至少能够提供一个更加文字化、更机制化的解释；另一方面，比例模型隐喻的支持者目前还不能完全做到这一点。不过，笔者相信，比例模型隐喻也能够以更加文字化、机制化的术语被再形式化。事实上，现代计算机已经能够储存非句子的比例模型和图像。人的大脑更是如此。

第五节 表征主义和反表征主义的机制化

我们已经看到,表征包括心理表征较易机制化,但在处理框架问题方面却遇到了困难。针对表征理论的这个问题,德雷福斯等提出了反表征主义的海德格尔式的具身理论。

众所周知,心灵表征主义[①]的出现是认知革命的一个突出标志。此后,心灵研究的重心转向了认知的"过程",该过程围绕着一个中心词"表征"展开。认知过程即表征的生成、存储、检索、操作和使用的过程。可以说,哲学对认知科学的参与也主要体现在心灵表征理论的介入和认知科学对该理论的确证之上。心灵的表征主义理论设定了心灵的多层次模型,它使得心理状态和物理状态并不是两个分离的和不相容的本体论领域,相反,心理状态被理解为物理状态另一层次的描述。在这种表征主义多层次模型的框架下,逻辑隐喻和比例模型隐喻能够较容易地实现机制化,但框架问题却成为其一个巨大的障碍。

为了克服表征主义遇到的这种障碍,海德格尔式的具身进路应运而生。具身进路放弃了一种孤立的和分离的心灵假定,将思维理解为一种具身行为的结果,即一种脑、身体运动和世界本身的互动。如果将身体看作是直接嵌入世界的,那么世界本身是其自身最好的表征。

我们首先讨论表征主义的机制化进路。

---

① 心灵表征主义也称知觉的因果理论,与朴素实在论和现象论相对。在福多那里就是心的表征理论,其核心是思想语言假设——一个无限集的"心理表征",它既作为命题态度的直接对象,也作为心理过程的范围。朴素实在论认为我们直接感知的东西就是物理对象,而表征主义主张知觉是神经和大脑操作的结果,我们所直接意识到的是主观的私人感觉。现象论认为物理对象是由感觉材料建构而成的,不能独立存在;而表征主义则认为,感觉材料是物理对象的表征或符号表征,是物理对象被推理为感觉材料的原因。总之,表征主义是这样一种观点,即一个知觉只有当由相应的对象引起时才是真实的。根据表征主义,一个表征是一个真实的、以物理方式实现的存在物,心理过程就是心理表征记号的因果序列,信念的属性是用与其相关联的表征的属性来说明的。显然,这种表征主义是一种因果决定论,在科学界特别是神经生理学和神经科学界受到普遍推崇。

从上述的论述可知，隐喻地看，心灵的表征理论通常表现为逻辑隐喻和比例模型隐喻，但是表征理论结构的说明必须指向隐喻机制化后的模型。也就是模型被设想为表征的机制，其功能途径与所表征现象的功能途径相同，而且该机制能生成各种各样的行为和思想。科学和哲学中存在大量类似的说明隐喻。尽管这些隐喻机制化形成的难易不同，其机制化实现的策略是相同的，即存在或可能存在物理系统，该系统与研究系统类似。表征主义的机制化进路就是运用上述策略将逻辑隐喻和比例模型隐喻模型化，从而实现机制化。

尽管两种隐喻机制化后都声称对框架问题具有免疫性，但二者都是限定可选择的框架和范围，回避了而不是真正意义上解决了框架问题。逻辑隐喻被认为是可说明人类先思考而后采取行为的能力，满足许多关于心理状态本质的哲学直觉，其实质是一种心理逻辑。它以保真的方式操作表征的假想能力，被用来说明为什么在面对新的环境时人们的行为总是恰当的。按照这种模型，当新的境遇出现时，我们对其进行表征；然后操作表征以做出预测，并关注世界的变化是如何展开的；最后选择行动或行动的序列，通过该行动达到我们的目的，并填补这一过程的全部细节[①]。

那么这一模型如何机械地实现呢？现代编程计算机的发展使得心理逻辑假设从说明的隐喻走向说明的机制，这是心理逻辑假设走向成熟的一个分水岭。同时，这也有力地表明了借助句法结构化表征和句法敏感的推理规则可以说明某种行为的机制。具体到心智行为，求助于多重实现关系，我们可以将心智系统区分为不同的抽象层次。在某一较高的抽象层次，该心智系统的行为可由句法敏感的推理规则和句法结构的表征加以说明。

如何区分不同抽象层次的方法源于计算机科学家，他们不仅认识到存在一些截然不同和独立的层次，其中最高或最抽象的层次是算法层次，而且认识到从相对低的抽象层次去理解计算机系统时，计算机系统表现了某些特性；而当计算机系统在更高抽象层次去理解时，这些特性却不复存在了，反之亦然。从最高抽象层次角度，通过将句法敏感的推理规则应用于句法结构化表

---

① Waskan J A, *Models and Cognition: Prediction and Explanation in Everyday Life and in Science*, Cambridge: MIT Press, 2006, p. 110.

征，计算机的工作机制可以得到说明，从而表明一般类型的处理过程是可以实现机制化的。计算系统通过一定程序可以应用逻辑隐喻的理念，诸如计划、语义记忆、语言理解等认知过程是基于逻辑的计算模型，它们体现了逻辑隐喻的特征，这些特征使得逻辑隐喻能够解释表征的生产性、保真性、系统性和类表征。总之，逻辑隐喻的理念是可机械地实现的，这些计算系统为该主张提供了证据。

逻辑隐喻虽然不能克服框架问题，但可以巧妙地回避该问题。这是通过逻辑推理的语境化实现的。如果在推理中使用经典逻辑，我们将不得不考虑所有逻辑可能的世界，或者至少揭示所考虑世界的确切范围。这必然会造成人工智能中所谓的框架问题。逻辑隐喻模型应对这种框架问题的尝试是基于一种对逻辑推理语境化的理解来完成的。

逻辑推理的语境化不是将逻辑的规范性与逻辑的唯一性捆绑起来，而是主张规范性问题不是出现在逻辑规律的层次，而是在兴趣领域所框定的描述这一层次，转换逻辑规律等同于转换领域的描述。也就是说，仅在论证中（逻辑或非逻辑的）表达的解释被确定后，规范才能应用于推理的案例。或者说，一般存在着对这种解释的多种自然选择。推理的过程不可避免地涉及意在确定解释的步骤。解释确定后，掌控逻辑推理的规范也就确定了。这种新的推理观展示了推理和解释的双向过程，即从推理到解释和从解释到推理①。

根据逻辑的语境化理解，如果将推理的规范性建立在领域相关的基础上，就形成了一种封闭世界推理系统。这种封闭世界推理系统是一种关于计划的逻辑，人们按照其对世界的期望做出计划，而不是像使用经典逻辑那样，考虑所有的逻辑可能性才做出计划。人们一旦做出计划就必须面对。

比例模型隐喻如何机械地实现呢？通过显示存在计算的系统，该系统在高阶抽象层次体现了隐喻说明的特点。基于类似性考虑，我们可以提出一种反主流的观念来论证：比例模型隐喻也可在计算系统中实现机制化。沃思坎认为，在高阶层次的描述层面上，如科斯林的计算系统，拥有非句子和意象的表征。在此基础上，沃思坎提出了一种内在认知模型假设（Intrinsic-Cognitive-Models

---

① Stenning K, van Lambalgen M, *Human Reasoning and Cognitive Science*, Cambridge: MIT Press, 2004, p. 11.

Hypothesis），即人类拥有和操作特定的内在认知模型的能力，该模型包含复杂的、关联维度的物质世界的约束。这种认知模型假设的提出得益于比例模型和计算模型的类比。同在计算模型中一样，模型本身和建构出该模型的行为体可以做出明确的区分。

谈论模型时，我们定位的是更为抽象的层次。可以确定的是，行为体被用于建构计算模型，类似于将句法敏感的推论规则应用于句法结构的表征，从这一角度就能更好地理解行为体。所以，可以恰当地将行为体描述为依赖于外在的、句子的表征。尽管如此，在模型的更高层次，我们还是能发现复杂的、关联维度约束的内在表征。这再次印证了一个系统在低层次所发现的特性，在高水层次上却缺失了，反之亦然。

相同的层次个体化标准可被用于个体化不同的抽象层次，其间真实比例模型的行为和特性能够被理解。表征的类型超越了任何在执行层面所发现的特定句子集合。表征不仅为同一行为体多重实现，而且也能为不同的行为体所实现。同样，在真实的意象中，更高的层次以事实为标定，这一事实是在那一层次人们发现了关于对象、特性和关系的事实及反事实表征，而在执行层面的特征是原始约束的集合控制着表征的行为体。

比例模型对框架问题的回避是在应用层次上实现的。尽管比例模型的表征基础可能是语句的和外在的，但模型本身却可以是交互维度整体约束的内在表征。而且，并不是在一个应用基础的原始操作层面，而是在表征被实现的层面，即表征的实现是通过一个给定的原始约束的应用层面实现的，由此，我们发现了内在的表征[①]。而且，一旦一个用于建构和操作被创造出来，其途径是施加相关的过程约束，我们发现以这一行为体所提供"物质"构建的表征，展现了对框架问题的免疫性。

接着讨论反表征主义的海德格尔式具身进路。

作为海德格尔式的具身观的主要倡导者和诠释者，德雷福斯对计算和认知进行了深层哲学反思，揭示了现象世界和符号表征世界无法弥合的裂痕。可以毫不夸张地说，透彻掌握具身化的知识，不仅是人工智能的核心问题，

---

① Waskan J A, *Models and Cognition: Prediction and Explanation in Everyday Life and in Science*, Cambridge: MIT Press, 2006, p. 180.

而且成为重新评估哲学的推动力。然而,虽然这种进路有望解决框架问题,但在目前却难以实现机制化,理由有以下三方面。

第一,传统心理计算主义的局限。笛卡儿的二元主义假设伴随着一个问题:纯心理的事物如何成为纯物理事物的原因?换言之,我们如何能够得到我们意向行为的心理解释,同时又与物理的规律相容呢?心灵的计算模型或心灵表征的进路试图回答这一问题。这一模型不得不假设行为研究所发现的关系背后隐藏着认知的机制。如前所述,心灵的表征理论为这一目的设定了心灵的多层次模型。按照这一模型,心理状态和物理状态并不是两个分离的和不相容的本体论领域,相反心理状态被理解为物理状态另一层次的描述。

然而结果表明,在试图将智能行为转化为形式规则或模型的过程中,这一进路遇到了理性主义所遇到的相同的难题,即用以说明知识的规则或模型与事实上的知识产生大相径庭。用莱德迈尔的话说,以这种方式,我们在俗世中迷失了方向,习惯于追寻规则的解释,在陷入现实的计算建构洪流中不能自拔。这样,由于我们仍然依赖于笛卡儿哲学的基本假定,认知科学便全盘接受了经典计算模型的错误[①]。

第二,海德格尔式具身进路的优势。为了克服笛卡儿理性主义的缺陷,也即表征主义的缺陷,一个新的方法论进路出现了,它以激进的具身为特征,其历史根源可追溯到海德格尔和梅洛-庞蒂。具身进路不是要暗示一种内在的表征,该表征引起感官材料和其解释的严格分离,引起直接感知和其反射的严格分离,而是要将身体看作直接嵌入世界,世界本身是其自身最好的表征。这种思想与海德格尔的哲学精神一脉相承。对海德格尔来说,人类从原初就寄居于这个世界。按照这一观念,当我们遇到事物时,我们不是将其看作理论的对象,而是看作实践中面对的事实。显然,海德格尔式的具身进路是一种反表征主义的观念。

德雷福斯反对感觉数据和其表征(该表征处在心灵概念中)的分离,他采取了一个比较激进的做法,从一开始就避免像传统那样割裂心灵和现实(现实被认为是独立于心灵的)。在他看来,正是这种表征主义使人工智能无法实现

---

① Leidlmair K (Ed.), *After Cognitivism: A Reassessment of Cognitive Science and Philosophy*, Dordrecht: Springer, 2009, Preface ix.

其目标,只要思维被理解为将解释的集合图式投射到感觉数据上,人工智能中的框架问题就不可能解决。从海德格尔和梅洛-庞蒂的现象主义路径以及神经生物学研究出发,德雷福斯提出,我们的感觉数据可以直接被感受到是有意义的,而不是像表征主义所认为的那样是指派给的。这主要是基于以下两方面的原因[①]。

一方面,研究者遇到了表征显著性(significance)和关联性(relevance)的问题。德雷福斯认为这一问题隐含在笛卡儿对世界的看法当中。笛卡儿把世界理解为一个无意义事实的集合,心灵将他称为价值的东西指派给事实。但是,海德格尔警告说,价值是更加没有意义的事实。他举例说,当我们使用锤子时,说锤子有敲打的功能,忽略了锤子之于钉子和其他设备、锤子之于构筑物的点、锤子之于所需的技巧等的确定关系。所用的这一切透露了锤子的存在方式,海德格尔称之为"上手性"(readiness-to-hand)。仅仅指派形式的功能术语给赤裸裸的事实,如锤子,并不能捕捉到锤子的存在方式,同样也无法捕捉到日常世界的有意义的组织性(其间敲打有其自身的位置)。海德格尔认为,通过在价值的特性中寻求庇护,我们远未触及存在作为上手性的真面目。

另一方面,我们所经验的日常世界是给定的,并被看作是从显著性和相关性方面组织起来的。而且,显著性的建构不能通过赋予本有事实(brute facts)意义来实现。因为我们不能够经验本有事实,即使我们能够经验,也没有价值谓词(value predicate)能够给这些事实情境以显著性。然而,有机体所能接受的仅仅是物理的能量。这些无感觉的物理刺激是如何被直接经验为显著的呢?所有被采纳的表征主义的模型对该问题的回答都无所助益。因为它们仍然套用的是笛卡儿式的模型:大脑通过其感觉器官接受外界的输入;大脑从这些刺激信息抽象出特征,凭借该特征大脑构建一个世界的表征。

第三,海德格尔式具身进路难以机械地实现。德雷福斯认为,表征世界最好的模型就是它本身。但是,我们应该意识到,人工智能研究人员一方面需要明白,我们日常处理行为不能够从符号表征推论的角度来理解;另一方

---

① Leidlmair K, *After Cognitivism: A Reassessment of Cognitive Science and Philosophy*, Dordrecht: Springer, 2009, Preface 41.

面还需要明白，我们日常处理行为也不能从环境的固定特点引起的反应的角度来理解。也就是说，人工智能研究人员需要考虑这一可能性，即具身的存在物（如我们）接受来自物理世界的能量，通过某种方式的回应，具身的存在物将自身对这个世界开放，或者说，这个世界是以我们自己的需要、兴趣和身体的能力组织起来的。

但是，我们应该看到，海德格尔式的具身进路虽然可能解决框架问题，但还处于隐喻阶段，因为若要形成机制化，我们不仅需要一个大脑的模型，大脑的功能隐含在耦合对中，还需要一个特殊的处于语境和具身的模式，据此模式我们所经验的事物以其特殊的方式对我们有意义。也就是说，在机制化过程中我们不得不纳入一种像人类自身一样的模型，其拥有人类的需求、欲望、快乐、痛苦、移动的方式和文化背景等。尽管人工智能研究人员的工作对海德格尔式的人工智能进路起了很大的推动作用，但这一进路从隐喻到机制化还有很长的路要走[①]。

此外，这种反表征要避免给人们这样一个错觉，即拒斥笛卡儿的二元论等同于一个盲目和无思想的处理事物的方式。海德格尔本人着重区分了作为"存在于世"的此在（dasein）的描述和一种发生在动物身上的无意识的功能的耦合。具身几乎处于所有意向性的中心，但其需要一个重要的补充——此在在这个世界中存在的社会维度，即思维不仅仅是具身的，还处于社会语言文化的语境中。如果要引入人类的这种社会性，具身进路隐喻的机制化就变得十分困难。这其实就是表征的语境化问题，语境化表征可能是解决这个问题的有效途径之一，还有待我们做进一步的研究。

如果说反表征主义有存在主义的倾向，那么认知科学中的现象学的反表征主义倾向也十分明显。瓦雷拉和汤普森在批判认知主义的表征观时，以现象学的大脑-身体-环境的整体交互作用替代计算表征主义，但不完全反对表征在认知中的作用。他们区分了强表征与弱表征，前者主张"世界是预先给予的，它的特征可以先于任何认识活动而被规定"，这显然预设了本体论和认识论的承诺，即"世界是预先给予的；我们的认知是关于这个世界的——即

---

① Leidlmair K, *After Cognitivism: A Reassessment of Cognitive Science and Philosophy*, Dordrecht: Springer, 2009, p. 72.

使只是部分；我们认知这个预先给予的世界的方式就是表征它的特征，接着在这些表征的基础上行事"；后者认为表征是"任何能够被解释为关于某物存在的东西"，它不需要做出任何本体论和认识论承诺也是合理的，因为"如果不把它作为某种方式的存在，那么就没有任何东西是关于其他东西"[1]。

夏皮罗将这种倾向称为"表征的怀疑主义"，并将其观点概括为四点[2]：①表征是真实客体的替代；②一个主体与其所需的交互作用客体不断发生着关联；③若一个主体与客体发生着联系，它就不需要那些客体的替代；④因此一个主体不需要表征状态作为真实客体的替代。按照这种观点，认知就不需要表征。如果情形是这样，问题就出现了。若取消表征，知识如何呈现呢？我们所读的书本是什么？显然，完全取消表征是不可行的，笔者认为表征是知识呈现的前提或必要条件，尽管可能不一定是充分条件。这样，完全以表征认知排除无表征认知，或者以无表征认知排除表征认知，都是不可取的。我们需要在表征与无表征之间保持一种辩证的张力。

总之，表征主义的进路因框架问题而步履艰难，反表征主义海德格尔式和现象学的具身进路也使我们陷入了两难的处境。由于框架问题是心灵-世界关系的原子认知主义或计算主义进路的人工产物，取而代之的海德格尔式和现象学的具身进路有望使人工智能研究彻底解决框架问题。它虽然给予我们某些关于身体和脑结构模型的启发，但同时也使得该进路的机制化变得十分困难。如何解决具身进路的机制化问题，是今后认知科学和认知哲学要研究的重大问题。

---

[1] [智]F. 瓦雷拉、[加]E. 汤普森、[美]E. 罗施：《具身心智：认知科学和人类经验》，李恒威、李恒熙、王球等译，浙江大学出版社 2010 年版，第 108—109 页。

[2] Shapiro L A, *Embodied Cognition*, New York: Routledge, 2011, p. 150.

第 三 章

科学表征问题：争论与研究进路

根据导论中笔者对科学表征文献的详细梳理与分析，关于这个主题的研究路径大致可概括为两条：一条始于19世纪末科学中关于表征与建模关系的争论，特别是麦克斯韦和赫兹的"图像论"，后来哲学家也参与其中；另一条是始于20世纪50年代科学哲学中关于科学理论本质的哲学研究，逻辑经验主义是其代表，特别是卡尔纳普的"句法观"开创的"语义论"和"结构观"，使得表征逐渐成为核心内容。这两条路径今日汇聚成"科学表征问题"的研究。

同时，其他两个关于科学表征的哲学探讨也汇入"科学表征问题"。一方面是关于理论或模型与要表征的真实系统或现象之间表征关系的本质问题，这个问题更多的是抽象的形而上学分析，构成了后来的关于表征的"分析方法"；另一方面是关于科学实践中科学家如何使用表征的建模方法探讨，构成了今日的科学表征的"实践方法"，包括描述分析、基于案例的分析、归纳与演绎、例示、源于实践的推理、基于模型的推理等。第一条路径和分析方法构成了科学表征的"紧缩观"，即将表征理解为不能还原的原始概念，类似于罗素和维特根斯坦的逻辑原子主义主张的原子事实和原子命题；第二条路径和实践方法构成了科学表征的"实质观"，即表征概念可还原为另一种更基本的东西，如心理图像。"紧缩观"和"实质观"共同构筑了科学表征研究的历史，为进一步研究奠定了坚实的基础。

第一节　科学表征问题的由来

"科学表征问题"与模型、理论和世界的关系的讨论密切相关。这就是始于 20 世纪 60 年代的萨普斯，80 年代得到范·弗拉森和吉尔等发展的关于科学理论的语义论。语义论主张科学理论的整个语义或元数学模型的类型提供了它的语义内容。不论语义论的优缺点如何，它使得解释模型与世界之间的关系问题重新受到重视；也无论我们把模型理解为抽象的或具体的，是否从理论提炼而来，许多哲学家怀疑模型不是某种具体真理倾向或近似真理倾向的东西，就像说玩具飞机模型有真假是错误的一样，声称科学模型如原子模型、逻辑图等有真假也是错误的。即使模型不总是真理倾向的，它们在某种意义上也是关于世界的。准确地说，模型能够表征世界或世界的某些方面。如果模型能够表征世界，那么是什么构成了二者之间的关系？或者说，是它们的哪些属性或结构将它们联系起来的？

这就是表征的构成问题。吉尔认为，模型与世界之间在某些方面或某种程度上是相似或适合关系，其中某些方面或程度是科学家使用模型有目的地选择的。弗雷赫认为模型与真实世界之间是同构或部分同构关系，苏雷兹则认为是推理关系，模型的表征力指向世界的某些方面。休斯则通过分析伽利略使用几何图形解决力学问题，发现科学表征典型地具有"指代""证明"和"诠释"三个成分，指代是模型的元素，如线条指称现象，证明是指使用者运用模型得到一个结果，诠释是指这个结果得到物理上的说明。这就是著名的 DDI 模型。DDI 不是提供一个充分必要条件来说明表征何时发生，而是要"提出一个更适合的建议——如果我们在心中用这三个活动检验一个理论模型，那么我们将获得模型提供的这种表征的某些洞见"[①]。显然，DDI 既试图说明表征的构成问题，也试图解决科学表征的划界问题，告诉我们哪类表征发生了，如区分了伽利略的科学记录与其他人的手稿。

---

① Hughes R I G, "Models and Representation", *Philosophy of Science*, Vol. 64, 1997, p. 329.

这两个问题与"表征的核心问题"(模型根据什么表征和如何确定是什么构成了一个正确的表征[①])相关。前者类似于构成问题,后者与规范问题(什么使得模型表征或解释)相似,即"一个模型的表征力和解释力是相互关联的"[②]。笔者认为这虽然是对的,但这是两个不同的问题,因为表征力是指模型的指向属性,解释力是指模型的说明属性,前者与构成问题相关,后者与规范问题相关,而且二者之间的关联程度如何还不十分清楚。假如一个模型有较强的表征力,但表征目标有误,在这种情况下,我们还能够说它表征力强吗?它还有解释力吗?罗伦兹大气对流模型是一个典型例子,它虽然在某些方面能够解释对流现象,但遗漏了地球实际对流模式的许多特征[③]。换言之,该模型忽略了与大气相关的大量参数,产生了许多错误假设,因此仅捕捉到少量的空气动力行为。由于这些问题的存在,以及难以解决,一些坚持同构观的人退却到部分同构,模型的理想化和抽象性导致拜勒-琼斯认为模型能够使命题在某些非逻辑意义上成为必然[④]。例如,根据桥梁的设计图,工程师能够提出种种命题,其中有些是真的有些是假的,为了保证理想模型的表征力,工程师必须保证真命题的高比例。

非逻辑如何能够保证真命题比假命题比例更高呢?在笔者看来,表征关系应该是符合逻辑的,非逻辑不能保证表征力。在日常生活中,交通规则"红灯停,绿灯行"就是一种逻辑规则,违反就可能酿成事故。在科学表征的情形中,逻辑的要求更强,因为逻辑就是规范。如何区分科学表征与非科学表征就构成了表征的划界问题。

概括地讲,"科学表征问题"蕴含了三个具体问题:第一是构成问题,即是什么构成了模型与世界之间的表征关系,或者说,科学表征的本质是什么;第二是划界问题,即如何区分不同表征,如语言表征、图像表征、物理表征、

---

① Callander C, Cohen J, "There Is No Special Problem of Scientific Representation", *Theoria*, Vol. 21, No. 55, 2006, p. 69.

② Morgan M S, Morrison M (Eds.), *Models as Mediators: Perspectives on Natural and Social Science*, Cambridge: Cambridge University Press, 1999, p. 40.

③ Smith P, *Explaining Chaos*, Cambridge: Cambridge University Press, 1998, pp. 9-12.

④ Bailer-Jones D M, "When Scientific Models Represent", *International Studies in the Philosophy of Science*, Vol. 17, 2003, pp. 59-72.

符号表征等，或者说，判断不同表征的标准是什么；第三是规范问题，即在什么框架下的描述才是正确的表征，或者说，适当的和成功的科学表征是什么样的。这些是任何一个科学表征理论都会面临的核心问题。

第二节　作为科学表征核心的模型哲学

物理科学中的建模及其哲学反思是目前关于科学表征问题讨论的根源之一。建模的历史很悠久，如古希腊时期关于宇宙中心的地心说和日心说，近代伽利略的斜面模型和摆模型，牛顿的光学模型等，而对模型及建模本身首先进行审视的是物理学家麦克斯韦、玻尔兹曼和赫兹。麦克斯韦开创了将建模作为类比推理的一种新方式，赫兹以新康德式德语形式的建模传统给出了表征理论发展的一个全面描述，玻尔兹曼则以一种激进的维也纳传统给模型与表征重新打上富有想象力的烙印。他们的工作一起将建模推向了科学表征的中心。在他们看来，建模与表征是物理科学的重要支柱。玻尔兹曼认为模型是世界图像的本质，它在数学物理学发展中起核心作用。麦克斯韦的电磁动力学处于 19 世纪末物理学方法论革命的核心，确定了新的建模传统，对后来科学模型的发展具有不可估量的意义。赫兹于 1894 年提出并发展了科学表征的图像论，对科学表征的本质和作用做了建设性的讨论，逐渐在 20 世纪初的德语世界的科学家和哲学家中占统治地位。

在科学哲学中，受上述物理学家建模与表征思想的影响，20 世纪 60 年代到 21 世纪初的十几年里，一些科学哲学家开始关注科学模型与表征的历史。英国科学哲学家海西率先对科学中的模型与类比做了深入探讨，认为模型与类比整合在一起能够理解一般的科学实践和特殊的科学进步，还特别能够理解一个科学理论的范围是如何被延伸的，理论如何产生新的预测。为了很好地理解一个新系统或现象，科学家通常创造一个类比模型，并将这个新系统与一个更熟悉的系统比较。迪·盖特则把玻尔兹曼的"图像论"用于解释当代科学的本质，特别是关于表征的解释力的争论，声称科学理论是心理图像，与实在具有部分相似性①。

在科学实践方面，奈瑟希安通过对麦克斯韦的以太漩涡模型的形成这种认知实践的案例研究，揭示了新科学概念形成的机制和认知结构。她根据基于模型的推理解释了麦克斯韦建模的方法论，并提供了表征实践如何产生新观念的一个精致说明，也就是概念变化如何发生的问题。她认为新概念不是我们通常认为的来自突然闪现的灵感，而是产生于三个因素的相互作用：①尝试解决特殊问题；②使用由问题的认知-社会-文化语境提供的概念的、分析的和物质的资源；③扩展日常认知的动态推理过程②。她对科学实践的研究表明：日常认知与科学认知具有连续统一性，概念变化派生于类比、意象表征和思想实验的使用，以及实验研究和数学分析的整合。拜勒-琼斯发现类比在19世纪后期的物理学中是一种理解模型的方法，反对逻辑经验主义对模型启示法的限制，运用综合的哲学分析说明在语境中模型是如何被使用和被解释的，揭示了类比本身如何成为模型并有助于创造模型，为模型表征的哲学研究提供了一个新视角③。笔者认为模型在认知过程中充当目标与类比源之间的中介物，这些复杂认知操作和结构不仅有助于科学发现，而且有助于形成一个基于模型的推理，正是这种推理方法与认知操作的结合产生了新奇性，也使模型成为科学理论创新的核心。

因此，在科学表征的众多方式中，模型是最重要、最常用、最有特色的一种。在许多科学语境中，如物理学、化学、天文学、生物学等，模型都处于核心地位，大量模型——各种原子模型、理想气体分子模型、各种宇宙模型、DNA 模型、洛伦兹的气象模型、MIT 核子口袋模型、聚合物的高斯链模型、经济学中市场的一般均衡模型、社会科学中基于行动者的进化模型等，成为现代科学的标志。科学家花费大量时间建构、检验、比较、修正模型。一句话，模型成为现代科学的最主要的表征工具。

在科学哲学的语境中，模型研究的文献以惊人的速度增加，模型的名称

---

① de Regt H W, "Ludwig Boltzmann's Bildtheorie and Scientific Understanding", *Synthese*, Vol. 119, 1999, pp. 113-116.

② Nersessian N J, *Creating Scientific Concepts*, Cambridge: MIT Press, 2008, pp. 2-25.

③ Bailer-Jones D M, *Scientific Models in Philosophy of Science*, Pittsburgh: University of Pittsburgh Press, 2009, pp. 1-28.

也是五花八门、种类繁多，诸如探测模型、唯象模型、计算模型、发展模型、解释模型、检验模型、理想化模型、理论模型、比例模型、启示模型、漫画模型、玩具模型、教育模型、幻觉模型、想象模型或虚构模型、数学模型、替代模型、图像模型、形式模型、类比模型、工具模型等，不一而足。这些名称基本上构成了模型的分类学。

同时，这些不同的名称也产生了一系列哲学问题：

(1) 模型是什么？如何分类？

(2) 哪类客体是模型？

(3) 我们能从模型知道什么？

(4) 模型如何实现表征客观实在的功能？它与理论、数据是什么关系？

(5) 模型在表征中起什么作用？或者模型如何承载语义？

(6) 在科学哲学中，科学实在论、还原主义、结构主义、自然主义等关于模型的含义是什么？它们的模型在说明科学解释与自然规律问题的态度或观点是什么？

问题(1)是模型的分类问题；问题(2)是本体论问题，或者形而上学问题；问题(3)是认识论问题，即模型如何描述世界；问题(4)是方法论问题；问题(5)是语义学问题，即模型如何具有意义；问题(6)是科学哲学内部关于模型的争论，是一般科学哲学问题。接下来笔者将对这些问题做出尝试性分析和讨论。

一、关于模型的分类学

在科学实践中，模型的类型有许多。关于如何分类不同的人有不同分法。按照表示原型运动状态的性质，模型可分为动态模型和静态模型；按照其抽象程度，模型可分为形象模型、模拟模型、数学模型三种类型；根据模型与原型关系的性质及代替原型的方式，模型可分为抽象模型和具体模型[①]。模型也可分为天然模型和人工模型，思维形式的科学模型常表现为理想模型、数

---

① 叶红波：《科学模型的潜科学分类及其意义》，《长春师范学院学报》1995年第6期，第55—57页。

学模型、理论模型及半经验半理论模型①。科学模型还可分为实物和观念两种基本形态,它是以对象原型的各项认知特征为样本、标准或基准进行模拟后"凝固了的"概念或理论,是理解和解释科学研究对象的基本手段②。这是对科学模型的初步分类。

汤姆逊-琼斯通过梳理科学文献将模型分为以下五类③。

(1)真之制造地图:模型作为源于一种语言的映射,为那种语言的某些给定语句集提供一种解释并使其为真。

(2)真之制造结构:模型作为一种(一般)非语言结构,为某些语句集提供一种解释并使其为真。

(3)数学模型:模型作为一种数学结构,被用于表征一类所研究的系统(目标系统)。

(4)命题模型:模型作为一个命题集,其成员共同形成所研究系统的一个表征。

(5)物理模型:模型作为一个真实的、具体的物理客体,被用于表征一类所研究的系统。

可以看出,一方面,这五种模型有两个成分:一是作为某种物体;二是赋予那种物体某种角色或功能。比如命题模型,这种模型是一种命题集,这个命题集表征目标系统。另一方面,这五种模型可以分为两大类:前两种是一类,它们不仅形成表征关系,而且要求结果是真的;后三种是一类,它们只是要求形成表征关系,不要求结果是真的。第一类是把模型作为真之制造者(truth-maker),第二类是把模型概念作为表征。

在科学实践中,模型作为探索工具,其使用者必然要求它能够真实地反

---

① 孙小礼:《模型:现代科学的核心方法》,《哲学研究》1993年第2期,第20—26页。
② 文祥、曹志平、易显飞:《科学模型的演进及其认识论特征》,《湖南工业大学学报》(社会科学版)2011年第4期,第29—33页。
③ Thomson-Jones M, "Models and the Semantic View", *Philosophy of Science*, Vol. 73, 2006, pp. 524-535.

映目标系统，不仅仅只是描述目标系统而已。也就是说，模型作为真之制造者与科学的求真目的基本一致；在一般表征如艺术表征中，模型作为描述者与艺术的审美目的基本一致。由于目的不同，使用者对模型的功能要求也会有所不同。一个模型，如果兼有这两方面的作用就更好了。当然，由于目标系统或客体在不同学科中不尽相同，因此对模型的要求也会不同。当目标系统是真实可见的自然类时，模型对它的表征就应该是真实的；当目标系统或客体是虚构的、不可见的东西时，模型对它的表征就无所谓真实不真实了，因为表征的对象是虚构的，其表征物必然不是真实的，比如对上帝的表征，一幅上帝的肖像是对它的表征，不同的画家会画出不同的上帝肖像，因为谁也没有见过上帝，"人类是按照自己的形象画上帝的"。

根据目标系统的性质，模型可以分为两大类：一是现象模型，包括比例模型、唯象模型、理想化模型、类比模型和数据模型；二是理论模型。科学模型能够执行两种基本功能：一方面，模型可以是目标系统(被选择的世界部分)的一个表征，如现象和数据模型；另一方面，模型能够表征一个理论，因为它解释那个理论的定律和公理。而且，当这两类概念作为科学模型能够同时表征目标系统时，它们不是相互排斥的，而是互补的。

从科学的观点看，科学模型表征的"现象"是一个"伞形"术语，它包括这个世界的相对稳定的一般特性。根据经验主义，只有可观察物才能算作现象，而实在论则没有这个限制，如理想气体模型、无摩擦板模型、原子模型就属于这一类。那么模型是根据什么表征其他客体呢？这就看我们是把模型看作非语言实体，还是看作语言描述。如果把模型看作前者，我们会面临一个问题——是什么使得一个客体(非语词或语句)科学地表征一个现象；如果将模型看作描述(语言)，我们也会面临一个问题——语言如何与实在客体发生联系，即模型如何有内容。这些问题虽然是科学哲学的问题，也涉及语言哲学和心灵哲学及认知科学。

模型的类型也被看作是表征的类型或方式，如上述提及的众多模型。科学的模型种类一般有比例模型、理想模型、类比模型和唯象模型。比例模型是一种按照目标客体的形状和大小制作的实体，典型的例子有桥梁模型、小车模型，它们是目标物的复制品或真实镜像，因此是一种形象性的"真实模型"。当然，任何比例模型都不是真实目标客体的完全表征，比如，桥梁模型毕竟还不是真实桥梁，一模一样的表征是不能实现的，即使是"山寨"版的东西，也与原版在质量上有差别。

理想化是为使某复杂物更易处理而采取的一种精心设计的简单化，如无摩擦平面、点质量、无限速度、孤立系统、真空、万能试剂等。哲学上关于理想化模型的争论主要有亚里士多德式和伽利略式两种。前者是运用我们的想象力"剥离"目标客体的所有我们相信与我们的问题不相关的属性，这使得我们能够集中把目标客体的有限属性完全孤立出来进行研究。例如，行星系统的经典力学模型，把行星描述为仅有形状和质量的客体，而忽略所有其他属性。这种理想化包括抽象在内，因为高度抽象也是一种理想化。后者是指一种有意歪曲的目标系统，因此也称"失真模型"，比如，一个质点在无摩擦平面运动的情形，在真空中物体下落的情形。它是在目标系统太复杂无法处理的情形下所做的一种"权宜之计"，也是一种近似处理，或者说是一种理想限制（单一性）。伽利略理想化仍然是一个难解之谜，如果我们有意曲解目标系统，那我们如何表征真实客体呢？如何测量其精确性呢？或许通过所谓的理想限制可以解决，比如，像漫画那样以极端歪曲的手法描述目标客体的突出特征，达意而非写形。这两种理想化模型也是互补的，因为想象和抽象都是"有意"行为，都是一种近似处理。

类比是两个不同类客体或系统之间的一种相似关系，或者说，如果两个物体之间有相关的相似关系，那么它们就是类比的。类比模型的标准例子包括经济系统的水力模型、气体的撞球模型、心的计算模型、原子核的液滴模型。相似关系可以是物质的，也可以是形式的或属性的。海西将类比分为"物质类比"（物理构成和形状），如父与子相似，以及"形式类比"（逻辑或数学结构），即两个结构相同或相似的物体可以使用相同的形式演算，如一个摇动的摆与一个振荡电路的类比，因为它们都可以用相同的数学方程描述[①]。

唯象模型是指仅表征两个客体之间的可观察属性而禁止推测隐藏的机制，它一般独立于理论。或者说，许多这类模型不能从理论、组合原则和相关定律推出。比如，原子核的液滴模型把原子核作为一个液滴，描述它的表

---

① Hesse M, *Models and Analogies in Science*, London: Sheed and Ward, 1963, pp. 56-100.

面张力和电荷等属性,这些属性分别源于不同理论,如流体力学和电动力学。这些理论的某些方面被用于决定原子核的静态和动态属性。

实际上,这种划分是相对的和模糊的,它们之间的界限并不是十分严格的,某些内在关系还没有弄清。比如,类比与理想化和抽象化之间必定有某种内在联系,图像表征与类比之间也是如此,这些问题还需要进一步的探讨。

除上述四种模型,还有一种是数据模型。这里的数据是指源于直接观察的经验性参数或者原始数据,模型化这些数据就是对其进行修正、矫正和系统化组织。在建立数据模型的过程中,典型的做法是消除错误,比如,从记录中去除某些可能是误观察产生的"不友好的点",然后根据这些点画出一条平滑曲线。这两个步骤通常是指数据还原(data reduction)和曲线拟合(curve fitting)。例如,当科学家探究某一颗行星的轨迹时,他首先消除观察记录中那些不可靠的点,然后使其余点适合一条平滑的曲线。显然,数据模型在确证理论的过程中起重要作用,因为是数据模型而不是原始数据使科学家与理论预测做对比。当然,建立数据模型是一个非常艰难的过程,它需要精细的统计技巧,其中会产生一系列重要的方法论问题及哲学问题,比如,科学家如何决定哪些点是要消除的,在已掌握的所谓一套"干净"数据后如何选择合适的曲线。实验哲学可能要回答这些问题。

第二类是理论模型。在现代逻辑中,一个模型就是一个结构,它使得一个理论的语句为真,这个理论通常被当作一种形式语言的一个演绎闭合语句集。在表征的意义上,这个结构就是一个模型,因为它是理论要表征的结构。比如,平面几何是由几个公理(如两点成一直线)构成的体系,所有原理都源于那些公理,假如公理为真,所有原理及其演绎定律都是真的。根据结构主义,一个结构 $S = \langle U, O, R \rangle$ 是一个合成实体,它由 S 的一个被称为域的个体的非空集 U、一个操作 U(可能是空集)的索引集 O(如有序表)和一个与 U 相关的非空索引集 R 构成。当然,在实现中,没有客体是这种定义的结构,它仅仅是人造模型。相似地,操作和函数是纯粹外延地指明的。也就是说,n 元关系被定义为 n 元关系类,有 n 个证据的函数被定义为 $(n+1)$ 元类。如果理论的使用语句是真实的,此时它的符号被解释为指称客体、关系,或者结构 S 的一个函数,那么 S 就是这个理论的一个模型。

二、关于模型的本体论

在关于科学模型的研究中,模型表征自然世界的某些方面已是共识,但研究大多集中于模型如何表征的问题,很少探讨哪些实体是科学模型的问题。这就是关于模型的本体论。

一般来说,许多物体都可以被当作模型,比如弗丽嘉等划分的物理客体、虚构客体、心理客体、集合-理论结构、数学方程、语言描述,拟或这些客体的结合。然而,这些概念既不相互排斥,也不联合排斥,如何在它们之间划出一条清晰的界限,依赖于我们所持的哲学信念。哲学立场不同,同一客体可能会归于不同的种类。比如心理客体,根据实在论它可属于物理客体范围,因为精神也是实体;按照心灵主义,它可能归于虚构客体,因为心理不是实体。

某些模型直接就是物理客体,通常被称为"物质模型"。这种模型显然是用一个物理客体作为其他客体的一个科学表征,如桥梁模型、DNA 模型、地层模型、机器人模型等。这类模型一般不产生形而上学问题,因为物理客体本身就是本体,其属性、部分和整体与它同一。

许多模型是非物理的,也即虚构客体。比如,原子模型、无摩擦平面等,它们存在于科学家心中,而非实验室里。它们不能物理地实现,更不能通过实验执行其表征功能。正是在这个意义上,它们常常被科学家看作虚构实体或者抽象实体。这就是科学实践中的假设客体问题。科学家常常把设计的模型看作科学研究的实际过程的一个本质部分,因为只有当某物存在时才能操作它。模型的作用之一就是要把某些不可见或不存在的东西通过设计模型将其显现出来,以便能够操作。这种把模型看作客体的观点能够容易解释抽象客体,而不用再费力对其进行一致性描述,因为客体本身胜于那种描述。这也是科学家喜欢模型的原因之一。

不过,虚构体容易招致本体论难题。许多哲学家认为虚构体根本不存在,对它们的本体论承诺应该取消。比如,罗素的描述词或摹状词理论认为,虚构体能够通过描述而给出指称和意义;而奎因则反驳说当我们谈论虚构体时,我们其实是指称一种假象,如果取消这个术语,我们能够避开本体论承诺问题。在科学实践中,虚构是少不了的,不管你喜欢不喜欢,它们都存在于认知过程中，这与科学想象密切相关。我们不能因为否认虚构而同时也否认了想象。

把模型看作一种集合-理论结构是一种有影响的语义论。这种观点最早可追溯到萨普斯后来的理论语义论的发展[①]。尽管语义论有不同的版本，但都认为模型是一类或其他类结构，比如，范·弗拉森强调模型是空间结构，模型的结构观与数学密切相关，有时就是指数学模型[②]。一种反对的观点认为，许多科学模型并不是这种结构，如原子模型，还有的认为这种结构不能解释物理世界的目标系统。

描述是指用特定语言对模型做出说明，而不用借助图像或物理模型。它是科学家确定已久的一种表征方式，在教科书和科学论文中常见。不过描述模型也遭到许多批评。一方面，有人认为语言描述具有随意性，因为我们能够用不同的方式描述同一客体。当我们用描述确认模型时，某个新的描述会产生新的模型，这似乎是反直觉的。我们可以将一种描述翻译成其他语言，比如形式的或者自然的，但我们不能说因此得到一个不同的模型。另一方面，模型与描述有不同的属性，或者说，模型的某些属性是语言不能描述的。另外，对理论的句法观的评判也威胁到模型的语言理解。因此，描述模型的支持者要么证明这些反驳是错误的，要么解决这些问题。

方程或数学模型在物理学中是习以为常的，如著名的薛定谔方程、爱因斯坦方程。经济学中的股票市场的布莱克-斯科尔斯期权定价模型[③]和蒙代尔-弗莱明模型[④]都是典型例子。该模型的问题类似于描述。一方面，我们能够使

---

① Suppes P, "A Comparison of the Meaning and Uses of Models in Mathematics and the Empirical Sciences", *Synthese*, Vol. 12, 1960, pp. 287-301.

② van Fraassen B C, "Science as Representation: Flouting the Criteria", *Philosophy of Science*, Vol. 71, 2004, pp. S794-S804.

③ 经济学家斯科尔斯与布莱克在1973年发表的《期权定价和公司债务》一文中给出了期权定价公式，即著名的布莱克-斯科尔斯期权定价模型（Black-Scholes Pricing Model for Option）。与以往期权定价公式的重要差别在于：布莱克-斯科尔斯模型只依赖于可观察的或可估计出的变量，这使得其避免了对未来股票价格概率分布和投资者风险偏好的依赖。

④ 20世纪60年代，蒙代尔和弗莱明提出了开放经济条件下的蒙代尔-弗莱明模型（Mundell-Fleming Model）。该模型扩展了对外开放经济条件下不同政策效应的分析，说明了资本是否自由流动及不同的汇率制度对一国宏观经济的影响，其目的是要证明固定汇率制度下的"米德冲突"可以得到解决。

用不同坐标描述同一情境，结果获得不同的方程，但是我们不能获得一个不同的模型；另一方面，这个模型具有不同于方程的属性，比如，一个谐振子模型有三维，但描述其运动的方程不是；同样，方程可能是非同态的，而它描述的系统不是。

概言之，上述模型类型隐含地假定模型属于客体的一个特殊类型，但这个假设是不必要的。情形可能是，这些模型是不同本体论范畴成分的一个混合，在这个意义上，模型不仅包括结构，也包括叙述成分。

在本体论意义上，科学模型本质上是心理表征的一个子集[1]。也就是说，心理状态是模型的本原，因为像所有心理表征一样，科学模型是由人类心智产生的。笔者也持这种看法。在认知的层次，所有模型无论是科学的还是非科学的，都是人类认知的结果，而认知是基于心理状态的。在笔者看来，心理状态或心理表征是人类其他一切表征的心理基础。至于社会和文化因素则是外在于心理的，它们对模型的形成虽然也很重要，但不是必需的，至多是充分条件而不是必要条件。

杜凯恩提出一个成熟的科学表征理论应该澄清的三个问题[2]：

(1)科学表征是什么？

(2)它们是如何由心智产生的？

(3)人类心智的本体论是什么样的？

前两个问题属于认知科学和心理学，后一个问题属于形而上学。这三个问题均包含了最基本的哲学问题，也是三个待解之谜。

帕维奥[3]的双码理论认为，心理表征与物理表征类似。像物理表征一样，心理表征也是类图像(如心理地图)和类语言(如数学或逻辑符号)的，它同时具有图像特征和语言特征。科学模型也是类图像和类语言的，也具有图像和语言特征。约翰逊-莱尔德[4]的"工作模型"理论也认为，心理表征包括命题表征(如言语表征)、心理模型(如世界的结构类比)和心理意象(如所描述现象

---

[1] Ducheyne S, "Towards an Ontology of Scientific Model", *Metaphysica*, Vol. 9, 2008, p. 119.

[2] Ducheyne S, "Towards an Ontology of Scientific Model", *Metaphysica*, Vol. 9, 2008, p. 120.

[3] Paivio A, *Mental Representations: A Dual Coding Approach*, New York: Oxford University Press, 1986.

[4] Johnson-Laird P N, *Mental Models*, Harvard: Harvard University Press, 1983.

的知觉联系),科学模型不是对外部世界的精确复制,它仅是与外部世界的某些方面相似;它也是一种功能心理表征,为了实现某种认知目的,被使用者设计出来表征自然世界的方面。

杜凯恩在认知、实现和具体化三个层次对科学模型进行了定义[①]。

定义1:科学模型是功能心理表征,它们被使用者设计出来表征世界的某些方面,以实现某种认知或实践目的。这其实是约翰逊-莱尔德意义上的定义。

定义2:科学模型是心理表征,依赖于它们抽象化和理想化的属性,可能物理地实现但不是必然的。这是心灵主义的观点。

定义3:一个心理表征(MR)是它的对应物理客体的一个科学模型,比如,具有一组相关属性的一个目标 T 对于某人 P 有某种认知目的,当且仅当,

(1)某人 P 最初假定有一个相关属性的共有集 $\Gamma_{(A)}$,它至少包含一个元素,且与 MR 和 T 适合。

(2)根据 $\Gamma_{(A)}$,这个心理表征 MR 允许针对 T 的替代推理,如 MA→T。

(3)这些推理反过来产生一个结果或结论(T→R),它能够被经验地检验。

(4)关系 R 因此是:(4.1)根据 R 的经验适当性,某人 P 承认 MR 和 T 的确共有相关方面的一个集,而且,(4.2)MR 提供的 R 满足 P 的认知和/或实践目的(G_S),这反过来影响 P 在一个特定情形中要求的经验适当性的水平。

根据上述定义可以看出,使用科学模型总是一个语用活动。这仍然是科学表征的语用论。也就是说,科学模型是根据使用者要实现的某种目的而被使用的。

这组定义的特征可以概括为:

定义1提供了一个共有方面的临时假设。

定义2说明,在给定 $\Gamma_{(A)}$ 的情形下,替代推理源于心理表征。

定义3通过一个临时心理模型使经验结论成为必然。其中(4.1)是相关方面的检验;(4.2)是承认认知或实践目标的一致。

这些定义所表达的内在关系见图3-1。

---

① Ducheyne S, "Towards an Ontology of Scientific Model", *Metaphysics*, Vol. 9, 2008, pp. 121-125.

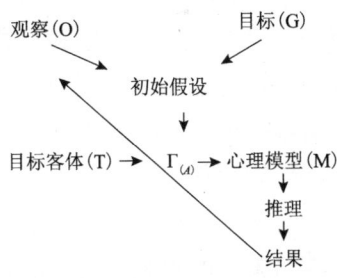

图 3-1 科学模型要素之间的关系

总之，关于科学模型的本体论可以概括为：科学模型是心理表征的一个子集和一个功能客体，由使用者设计出来表征自然世界的某些方面；某些科学模型依赖于它们抽象化和理想化的属性，能够可能地而不必然物理地实现；心理表征要成为科学模型，就必须与自然世界的某些方面相似或者存在共有属性集，并且根据这些共有属性，心理状态允许替代推理而产生非直接得自原始事实的结论。

三、关于模型的认识论

科学家和科学哲学家普遍承认模型是认识世界的工具。因为在科学实践中，科学探究的重要部分是在模型上实现的，而不是在实在客体本身上实现的。科学家根据模型能够发现那个模型所替代的系统的属性，并确定那个系统的事实，比如，通过研究原子模型来弄清原子的性质。模型的这种认知功能得到了普遍认可，比如，模型能够产生新型推理——基于模型的推理（Model-Based Reasoning），那么通过模型获得知识何以可能呢？休斯提供了这个问题的一个一般框架——DDI 说明[①]。这是一个三阶段的认知模型：我们首先建立模型与目标客体之间的一个表征关系（指代），然后出于解释目标客体的内在构成或机制的目的，我们研究目标的属性，最后将那些发现转变为关于目标客体的主张或陈述，即解释。

问题是，根据模型认识自然的某些方面是通过哪些方式实现的呢？在科

---

① Hughes R I G, "Models and Representation", *Philosophy of Science*, Vol. 64, 1997, pp. S325-S336.

学模型的建构和操作过程中，没有固定的规则和模式，建构和操作模型要视目标系统的属性和要达到的目标而定，模型不同，方法论也不同。物理模型或物质模型在通常的实验语境中使用时一般不会有问题，比如，在风洞中测试汽车模型的空气阻力。虚构模型就不同了。建构这种模型的限制条件是什么？如何操作它们？在科学实践中，通常的做法是所谓的"思想实验"，由于目标系统的复杂性和现实实验条件的限制，真实的实验无法进行时，科学家不得不在思想中做实验，也就是在心中或头脑中做实验。在笔者看来，思想实验就是一种心理表征过程，简单地说，就是在心中模拟实验的过程。不过，对于这个问题仍然有争论，比如思想实验是如何发生的，其结论是否可靠。

对于数学模型来说，它应该具有计算或模拟特性。比如通过解方程获得结构，如某些统计模型。有时，情形不是这样的。计算机的发明使得模拟成为可能。许多社会科学和自然科学依赖于计算模拟。云计算更是强化了计算模拟的功能。比如，天文学中对恒星和宇宙形成与发展、高能重粒子反应的详细动力学、生命进化复杂过程的机制、经济增长、决策程序等都用到计算模拟。这就是包括时间的动态模型，其目的是解决运动方程问题，设计出来以表征其目标系统的时间演化过程。也就是说，模拟就是用一个系统模仿另一个系统。可以说，计算模拟业已成为一个科学范式[1]，包含许多哲学问题，比如，计算模拟的本质是什么，它是否真实反映了目标系统的属性，如何检验，与传统实验有何不同，等等。

这涉及计算模拟的可靠性问题。它包括两个子问题：模拟方程准确表征了目标系统吗？计算机提供了方程的足够精确的结果吗？第一个是确认问题，第二个是证实问题。它们都是科学哲学中待解决的重要问题，因为我们无法评估模拟系统的"绝对结果"。这导致科学家发展出各种方法来检验模拟结果是否达到目标，是否是经验适当的[2]。计算模拟的优点是显然的，但过于依赖计算模拟会诱使科学家太相信计算结果而忽视它的可靠性，比如概率分

---

[1] Frigg R, Reiss J, "The Philosophy of Simulation: Hot New Issues or Same Old Stew?", *Synthese*, Vol. 169, No. 3, 2009, pp. 593-613.

[2] Winsberg E, "Simulations, Models and Theories: Complex Physical Systems and Their Representations", *Philosophy of Science*, Vol. 68, 2001, pp. 442-454.

布的模拟计算，可能会被认为是可靠的，即使结果被证明无效。

科学模型的另一个认识功能是把关于模型的知识变为关于目标的知识。通过模型这个工具认知自然世界，进而形成关于自然世界的知识是科学模型的重要作用。一旦我们拥有关于模型的知识，这个知识就必须被"翻译"为关于目标系统的知识，因为我们的最终目的是认识自然世界，而不是认识模型。模型扮演的是中介角色，体现的是表征功能。这里蕴含了一个预设——模型的方面与世界的某些方面对应，假如没有这个预设，那么模型与世界就没有联系。发生联系的方式可能有相似、同构、同态、类比、替代推理、理想化、抽象化等，联系方式不同，表征的方式就不同，进而认识的方式就会不同。这是表征的方式问题，也是表征的方法论问题，其中模型就是最主要的一种表征方法。

四、关于模型的方法论

科学模型不仅是一种表征方法，而且在建模过程中蕴含了方法论。科学建模是一种科学认知活动，其目的是使得世界的某一部分容易理解、定义、测量、可见和模拟。在建模型的过程中，科学家需要选择和确认真实世界的相关方面，然后出于不同的目的使用不同类型的模型，比如，使用概念模型更好理解，使用操作模型能够实际操作，使用数学模型能够量化，使用图像模型能够观察客体。因此，建模是科学活动的一个本质的和必不可少的部分，几乎所有自然科学学科都有各自的模型方法，如物理模型、数学模型等。笔者将其中蕴含的方法论概括为如下六个"结合原则"。

第一，规范与描述相结合。一个科学模型以逻辑和客观的方式寻求表征经验客体、现象和物理过程，因此它是规范的，而非随意的。然而，所有模型都是模拟物，只是简单地描述或反映实在世界的一部分，而描述离不开语言，无论是形式语言还是日常语言。显然，以规范和描述方式使用模型认知世界是一种不可或缺的方式。以形式化方式对世界的某些方面进行建模是模型的一种重要功能之一，最常见的模型是逻辑或数学模型，物理学中的许多方程是典型例子，如量子力学中的薛定谔微分方程。方程作为模型虽然抽象难懂，但是其可计算性使得它们能够做出精确的预测结论，较直观的物理模型的定性特征更准确、更可靠。因此，建模也是形式与预测的结合。

第二，建构与模拟相结合。对科学家来说，建模过程也是人类思维得以放大和显现的方式。譬如，软件模型能够使科学家增强计算能力以便模拟、可视化、操作目标系统，并获得关于所表征的实体、现象或过程的直觉知识。这是一种计算机模型。其模拟功能十分强大，被广泛用于各个领域。可见，建模是对直接测量和实验资源的一种替代，当科学家不能直接测量和实验所要研究的对象时，他们常常使用模型作为桥梁介入这个过程，以便间接获得目标系统的属性、结构或机制。在这个意义上，模型具有模拟的功能，模拟就是模型的实施。比如，一个稳态模拟提供关于这个系统在特定时间的信息，一个动态模拟提供关于目标系统演化的信息，如一个模拟生命进化的模型能够提供某一生命形式的行为。这种使用模型的模拟对于测量、分析、检验目标系统是非常有用的。

事实上，建模与模拟就是科学建模的一个应用领域。它们的应用范围包括从概念发展与分析，经实验、测量和确证，再到处理分析。计划和纲领会用到许多不同类的模拟、模拟装置和模型分析工具，比如，大型工程（如航天工程）的计算模拟、全球气象变化的计算模拟。

第三，表达与表征相结合。建模是一个产生模型的过程，该模型作为目标现象的一个概念表征，形成一个概念框架，通过这个概念框架表征目标系统。或者说，建模的始点是表达设计者的想法，建模的过程是表征对象的某些属性。表达是一阶描述，即用某种表达方式（如语言）表达出建模者的想法；表征是二阶描述，即用业已表达的方式再描述目标系统。在表达过程中已将内容赋予模型，使模型有了意义，因此表征是负载了内容的一种关系。

第四，虚构与实构相结合。模型是其使用者预先根据目标系统的特征设计的，既然是设计，免不了有虚构的成分，这里的虚构不是无根据的任意想象，而是有理由的设想。虚构中既包含精神性的理念，也包含经验性的事实，因此虚构是虚与实的结合，在有事实根据的意义上也是一种实构。纯粹的虚构是无根据的幻想，纯粹的实构就是物理模型，即使物理模型也包含了设计理念在内。理念是头脑中隐性的东西，将这种隐性的东西物理地实现，就成为显性的东西，因此，科学模型也是隐性与显性的结合。

第五，抽象性与具象性相结合。建构一个模型需要抽象甚至理想化，而抽象过程需要假设。假设是对一种现象的试探性或建议性解释，它是合逻辑的一个普遍陈述，显示所研究现象的一个可能模式。在这个意义上，一个科学模型本身可能就是一个或多个假设的集合。通过运用假设，科学家能够通过描述特征、使用因果解释、通过抽象符号表达建立一个模型。同时，模型能够在某一方面或一个特殊情形中表达目标现象的细节，也即通过例示形象地表征目标系统的细节。因此，模型作为一种认知方式，在假设的意义上，它是抽象的，在例示的意义上，它又是具象的，是抽象与具象的结合。形象化（visualization）可能是模型成功的一个重要方面。形象化作为一种技巧在创造图像、曲线图或卡通图方面被广泛使用。自人类诞生以来，根据视觉想象的形象化就是一种沟通抽象与具体观念的有效方式，如图画、象形文字、几何学等。因此，形象化应该是模型的一个重要特征。

第六，检验与评价相结合。一个模型是否有效或有用，就看它是否能够对目标系统的行为或机制成功做出解释或预测。这样一来，对模型评价的首要标准是它与经验事实或数据的一致性，也就是它的经验适当性。任何模型，如果与可重复性观察不一致，就必须得到修正甚至放弃。修正模型的方式之一是严格限制目标域或范围，在这个域它是高度有效的，比如，牛顿力学的运用范围是宏观领域，超出这个范围就失效了。不过，接受一个模型仅仅与经验事实一致还是不充分的，评级或检验一个模型的其他重要因素还包括解释已有观察事实的能力、预测未来观察事实的能力、可反驳性，以及模型的信任度、简单性甚至审美诉求、应用价值或效用功能，特别是与其他模型的结合力。其中有效性可能是最重要的，比如，狭义相对论假设了一个指称的惯性框架，这个假设是语境化的，得到广义相对论的进一步解释。如果一个模型的假设是有效的，它就能够做出准确预测，反之则不是。

五、关于模型的语义学

既然模型在科学中占有非常重要的位置，那么它与理论是什么关系呢？模型是理论吗，或理论是模型吗？有理论模型吗？这些是既费解又模糊的问题，因为科学家很难在二者之间划一条清晰的界限。有人认为模型是理论的前身，理论是成熟的模型，当说它仅是一个模型时，就意味着模型还不完善，当说这是一个理论时,意味着它已被共同体接受。如果用成熟与不成熟、接受与不接受来区分模型与理论,恐怕还缺乏说服力。这就需要考虑理论的句法观和语用论。

理论的句法观是科学哲学中的逻辑经验主义或实证主义的范式,它把理论当作一阶逻辑公理系统中的语句集。根据这个观点,"模型"这个术语是在狭义和广义意义上使用的。在广义意义上,模型仅是解释抽象微积分的一个语用系统,研究模型意味着审查一种科学语言的语用学。在狭义意义上,模型是某种微积分的一个替代解释。比如,如果我们谈论在气体的动力理论中使用的数学方程,用微积分术语重新解释它指称撞球,那么撞球就是气体动力理论的一个模型。语句观的支持者,如卡尔纳普[1],相信这种模型与科学不相关,认为模型是多余的,它至多具有教学的、审美的或心理学价值。

语义论与此相反,认为应该放弃形式微积分,把理论看作模型家族,也即理论是由不同相关模型构成的,简单说,科学理论是模型的集合。尽管语义论有不同版本,如吉尔的、萨普的、范·弗拉森的,但是它们都赞同模型是科学理论化的核心部分。

然而,语义论的反对者认为,这种观点混淆了理论与模型的区别,主张模型相对地独立于理论,而不是理论的构成部分。这种独立性表现为建构和功能两个方面。一方面,在科学实践中,模型建构既不是仅仅根据数据,也不是依赖理论,理论不为建构模型提供运算法则,模型也不能插入理论。模型建构是一门艺术,不是一个机械程序。譬如,伦敦的超导模型提供了这个问题的一个好例子[2]。这个模型的基本方程没有任何理论确证,因为它不是从电磁学或其他基本理论导出的,而是仅从所考虑的现象中激发出来的。换句

---

[1] Carnap R, "Foundations of Logic and Mathematics", In Neurath O, Morris C, Carnap R (Eds.), *International Encyclopaedia of Unified Science*, Vol. 1, Chicago: University of Chicago Press, 1938, pp. 139-213.

[2] 1935 年 F. 伦敦和 H. 伦敦在二流体模型的基础上运用麦克斯韦电磁理论提出了超导体的宏观电磁理论,成功地解释了超导体的零电阻现象和迈斯纳效应。根据伦敦模型,磁场可穿入超导电性体的表面层内,磁感应强度随深入体内的深度呈指数衰减;当超导体的线度小于穿透深度时,体内的磁感应强度并不等于零,故只有当超导体的线度比穿透深度大得多时,才能把超导体看成具有完全的抗磁性。

话说，这个模型是"自下而上"而不是"自上而下"建构的，也即从经验事实得出的，而不是由理论演绎的，因此模型在很大程度上独立于理论[1]。另一方面，模型是功能表征，如果它强烈依赖于理论，或者说是作为理论的一部分，它就不能执行功能。

这样说并不意味着模型与理论没有任何关系，二者在下述意义上是相关的。

其一，模型与理论是互补的。一个理论如果具有某些一般限制但仍然体现不出具体情境的细节，在这个意义上，它不完全是明确规定的，在这种情况下，模型能够弥补那些细节。比如，在一个定性理论已知的情况下，模型能够引入定量测量，也即模型能够将定性理论定量化，使得一个理论在定性与定量方面是互补的。比如，公理化量子场理论仅把某些一般限制加到量子场，但没有提供一个特殊场的说明。因此，这个理论就是一个欠定（underdetermined）理论或非充分决定理论。不过，这是规则而不是例外。基本理论，如经典力学和量子力学，如果它们不描述任何真实世界的情况，它们就不表征任何事物。这种理论中的定律是纲要，它需要被具体化，需要被具体情况填充，而这一工作正是模型要完成的。

其二，当理论太复杂不能处理问题时模型会介入。在理论非常复杂的情形下，一个简单的模型使用可能更利于解决问题。比如，量子色动力学不易用于研究原子核的强子的结构，尽管它是这个问题的基本理论。为了解决这个困难，物理学家建构了一个易处理的现象模型，比如，MIT核子口袋模型[2]就有效地描述了这个系统的相关自由度。这些模型的优势在于：在它产生结果的地方理论仍然保持沉默。它们的缺点严格说是，如何理解理论与模型之间的关系还是有矛盾的。一个更极端的情形是，在没有任何可用理论的情况下，模型就显得格外重要。在所有领域都会遇到这个问题，但是在生物学和经济

---

[1] Cartwright N, Shomar T, Suárez M, "The Tool-Box of Science", In William H, Krajewski W, Niiniluoto I, et al. (Eds.), *Theories and Models in Scientific Process* (Poznan Studies in the Philosophy of Science and the Humanities 44), Amsterdam: Rodopi, 1995, pp. 137-150.

[2] MIT核子口袋模型是一个关于夸克禁闭的模型。MIT的约翰逊建议用一个口袋来描写强子，称为MIT核子口袋模型。这种模型把强子看成是好像一个橡皮球里面装着一些气体分子。夸克就是这些分子，它们在强子口袋里自由运动，但不能从口袋里面穿出去；口袋可以变形，当变成了像飞船一样的长形时，很像一条弦。

学中尤其突出，因为在这两个学科中，公认的范式理论几乎没有出现。科学家建构处理这种情形的模型时，通常是指一种替代模型。

其三，模型是一种初级理论。模型作为理论的替代与发展模型的概念密切相关。勒普林提出这个概念，并指出在量子理论发展的初期，模型起到重要作用，现在模型是作为"伞"概念被用于模型，是理论的某种初级形态的情形[1]。探索模型或研究模型(也称玩具模型)是与之紧密相关的另一种情形。这类模型一般不执行表征功能，也不为使用者提供任何超越它本身的指导或启示，它们常常被用作检验新理论的工具，为后来建构表征模型做准备。譬如，在场理论中，所谓的 φ^4-模型被广泛地研究，不是因为它表征任何真实的事物，而是因为它承担几种启示功能。φ^4-模型的简单性允许物理学家感觉到量子场论像什么，并概括出某些一般特性，这些特性的简单模型是与复杂模型共有的[2]。我们可以尝试复杂技巧，如一个简单环境中的重正化(renormalization)[3]，从而获得对称破缺(symmetry breaking)[4]这种后来在基本粒子物理学广泛使用的机制。

总之，模型作为理论的初级形态，不仅在物理学，而且在其他学科如化学、遗传学等学科也是如此。维姆萨特[5]指出遗传学中的假设模型能够实现许

---

[1] Leplin J, "The Role of Models in Theory Construction", In Nickles T (Ed.), *Scientific Discovery, Logic, and Rationality*, Reidel: Dordrecht, 1980, pp. 267-284.

[2] Hartmann S, "Models as a Tool for Theory Construction: Some Strategies of Preliminary Physics", In William H, Krajewski W, Niiniluoto I, et al. (Eds.), *Theories and Models in Scientific Process* (Poznan Studies in the Philosophy of Science and the Humanities 44), Amsterdam: Rodopi, 1995, pp. 49-67.

[3] 即克服量子场论中的发散困难，使理论计算得以顺利进行的一种理论处理方法。重正化方法运用的成功首先是在量子电动力学问题中实现的，粒子物理、统计物理等都可遇到重正化问题，如有束缚态时的重正化、弯曲时空量子场论的重正化等。现代的重正化理论并不只是被动地应付发散困难，它还能通过重正化群方法主动地给出物理上新的预言，如关于渐近自由预言。重正化方法的局限性是不能解决微扰近似方法本身所固有的问题，如微扰级数收敛问题及强耦合不能用微扰方法的问题等。

[4] 此概念于 20 世纪六七十年代被引入基本粒子物理学，简单来说，该观念使数学形式保持对称，而使物理结果保持不对称。它包含自发对称破缺和动力学对称破缺两种情形。

[5] Wimsatt W C, "False Models as a Means to Truer Theories", In Nitecki N, Hoffman A (Eds.), *Neutral Models in Biology*, Oxford: Oxford University Press, 1987, pp. 23-55.

多有用的功能，比如，假设模型有助于回答关于更实际模型的问题，提供一个回答更复杂模型的属性问题的场所，揭示未观察现象的特征，充当更普遍模型的一个有限情形。也就是说，两个假设模型可能限定一个连续情形的极端情况，其中假设包含了一个真实情形，它能够导致相关变量的确认及其赋值的预测。

六、关于科学模型的争论

如果科学理论是知识的承载者，那么基于模型的说明是知识吗？科学模型能否承载知识？模型是虚构的还是实在的？模型的结构与目标的结构同一吗？模型能真实反映或表征目标客体吗？这些问题在科学哲学中已引起广泛争论。

(一)模型本身的实在与非实在问题

在建模实践中，科学家一般偏爱反实在论而疏远实在论，因为他们认为模型是设计的虚构物，自然世界并不存在模型这种东西，当然是非实在的。反实在论者指出，真理不是科学建模的主要目的(好的模型常常是假设的)，而是人们假设它是真的，如激光模型。实在论者否认这种观点，认为模型的虚假性会导致科学的实际可行的方法成为不可能，指出一个好的模型，尽管不完全真实，但至少接近真实[①]。当放宽理想化的标准时，模型能够做出较好的预测，特别是对不可观察目标系统的模型化，模型的预测功能更为突出。问题是，理想化是一种极端情形，当用于实际情形时有一个去理想化过程，即需要根据实际情形做出某些矫正，没有证据表明，这种去理想化矫正能够更好地预测，比如，理想气体模型对实际气体系统的说明，不一定与实际情形一致。

事实上，在科学建模实践中，当一个模型不能很好地与实际情形符合时，科学家通常不是对原有模型进行矫正，而是选择或设计新的模型。一个典型的例子是各种原子模型(费米气体模型、液滴模型、壳层模型、综合模型、超

---

① McMullin E, "Galilean Idealization", *Studies in the History and Philosophy of Science*, Vol. 16, 1985, pp. 247-273.

导模型、相互作用玻色子模型)的提出。一旦科学家认识到壳效应对于理解粒子现象的重要性,他们就会放弃液滴模型[①]而去发展壳层模型[②]来解释这些发现。因为去理想化的一个更困难的问题是大多数理想化是不受控制的,比如MIT核子口袋模型以什么方式去理想化,才能很好地符合量子色动力学还不是很清楚。再后来的综合模型(又称集体运动模型)是在壳层模型和液滴模型的基础上发展起来的,一是考虑核作为集体的转动和振动,二是考虑每个核子又在一个变动的非球对称的平均势场中做独立运动,这两种运动相互影响。综合模型可很好地说明核的转动能级和振动能级,对于核的电极矩、磁矩,以及γ跃迁率的计算和实验值的符合程度也都有明显改善。原子模型的不断更新表明:当科学家面对一种新现象时,特别是用已有模型不能给出合理解释时,他们会设计新模型来解释。

反实在论者还提出"不相容模型论证"来反驳模型实在论。在观察的初期,出于预测的目的,科学家常常成功地使用几种不相容的模型来推理同一目标系统。当这些模型将不同属性归于同一目标系统时,它们之间似乎是相互矛盾的。在上述原子模型的例子中,液滴模型探讨了原子核与带电荷液滴之间的类比,而壳层模型根据原子核的构成成分质子与中子的属性描述了原子核的属性。这对于科学实在论是一个挑战。因为实在论典型地认为,一个理论的成功预测和它至少近似地真之间有紧密的联系。然而,如果同一系统的几个理论都成功做出预测,而且这些理论之间又是不相容的,那么它们不可能都是真的。

---

① 这是从原子核内核子-核子强耦合这一性质出发而建立的一种原子核模型。该模型在一定程度上能够阐明原子核的静态性质和动力学规律,如质量规律、表面振动、变形核的转动及核裂变等。它将原子核视为一个带电荷的理想液滴,根据液滴的运动规律对原子核进行动力学描述。以后又逐步增加了一些新自由度,如将质子、中子分别看成两类流体,甚至将自旋取向不同也看成不同流体,并引入可压缩性、黏滞性等性质。

② 因研究幻数而提出的核模型。大量实验事实显示,随着核内质子和中子数的增大,核的性质呈现某种周期性变化,当质子数 Z 或中子数为 2、8、20、28、50、82,以及中子数为 126 时,原子核显得特别稳定,在自然界的含量也比邻近的核素更丰富。这些数被称为幻数,具有幻数的核被称为幻核。这与核外电子填满壳层时的惰性元素化学性质特别稳定有类似性。核壳层模型还能很好地说明核基态的自旋和宇称,不足在于对核的电极矩、磁矩的定量说明同实验结果有较大的偏离,确定远离满壳层的核自旋也有些偏差。

实在论者对此问题的回应是：其一，模型的确能够成功做出预测，如果不能，它将被放弃；其二，一个模型成功揭示目标系统的一个方面，不同模型一起可能揭示同一目标系统的不同方面，这是一种透视实在论的观点[①]；其三，模型的理想化特性是它的一个优点而不是缺点，因为科学模型总是在一个方面或几个方面是理想化的，如果一个模型是假的，它就不是实在论的观点，因为实在论要求科学模型必须是真实的；其四，模型的人为设计是主体能动性的体现，如不这样做，不可观察系统就难以探测，正是目标系统的这种特性，决定了科学模型的虚构成分。在笔者看来，模型的虚构不是随意的，而是有充分事实根据的。根据事实的设计不能说完全是假的，至少部分是真实的。在这个意义上，笔者坚持科学实在论的立场。

（二）同一目标系统的模型的还原与非还原问题

上述多模型问题蕴含了关于同一目标系统的不同模型如何相关的问题，或者说，一个模型能否还原为另一个模型。显然，当多模型之间相互矛盾时，它们一般不会产生一个演绎关系。这与语义论者主张理论是模型的集合的观点不一致。如果理论是相关模型的集合，那么这些模型即使彼此之间不能还原，它们之间也必须是内在相关的。比如，不同原子模型之间就是不能彼此还原的，也几乎没有内在相关性，如果说相关，就是它们指称同一个目标系统——原子系统。或者说，是同一目标系统，而不是它们之间的系统关联（还原的或演绎的），将某些模型联系在一起。为了在某些特定领域应用模型而对模型进行的修补或矫正，比如，理想气体模型用于实际气体系统的常数修正，不是不同模型之间的联系的情形，也不是由理想型还原为实际型，而是同一模型的不同修正版本。另外，从模型与理论的关系来说，如果模型独立于理论，理论不能够被还原为模型；如果理论是模型的集合，也不能说理论可以被还原到模型。除非整个理论是由一个模型或者多个可还原的模型建立的。

[①] Rueger A, "Perspectival Models and Theory Unification", *British Journal for the Philosophy of Science*, Vol. 56, 2005, pp. 579-594.

(三)模型是否反映自然规律的问题

模型是被设计的,因此是被组织的受控结构,自然世界是非人为的、自组织的,那么设计的模型能真实表征世界吗?科学的任务是发现自然规律,这是一种普遍的看法,科学哲学需要解释的是,自然规律是什么,模型与自然规律是什么关系。关于自然规律,如果从最佳的系统方式和普遍方式这两个角度来理解,它被理解为在范围上无所不在,可应用于世界中的任何事物。这种观点与模型是科学理论化的核心观点似乎不一致。如果普遍规律是模型,它在科学中起什么作用?一种可能的回应主张,自然规律控制模型中的实体和过程,而不是控制世界中的实体和过程。根据这种思路,基本规律不规定关于世界的事实,而是保持模型中的实体和过程的真实性。按照科学实在论,自然规律和基于模型的方法能够相容,因为模型建构的目的就是要发现自然规律。笔者赞成科学实在论的观点,在笔者看来,虽然模型是人设计的,自然规律不是人能够创造的,但是人类能够通过设计模型作为工具探讨或发现自然规律,如果不是这样,一切科学都将是多余的。许多科学模型被证明正确地或部分正确地表征了自然规律,如 DNA 模型。

(四)模型与科学解释的问题

在许多科学解释中,自然规律起着重要作用,比如著名的演绎-律则解释模型和统一方法。不过,这些说明被模型与规律的关系问题所困扰。说明的语用论和因果观都认为在解释中可以放弃自然规律。根据因果观,模型是发现某些事实和过程之间因果关系的工具,正是这些因果关系做解释的工作。在笔者看来,模型不仅是探索自然规律的工具,也是一种解释方式,因为模型不仅是结构,它也承载了内容或语义,这些内容或语义就是对自然现象的解释或说明。比如,原子模型不仅反映原子的结构和机制,同时也是对原子结构和机制的一种解释。因此,模型具有双重功能——认知和解释。

总之,科学模型是科学的基本表征单位,这是目前被广泛接受的观点,这主要得益于科学哲学家卡特赖特的工作。事实上,这一观点隐含了科学表征的问题,即根据什么(条件或中介)科学模型表征了世界的某些方面或部分

(即模型的目标系统)。近期,弗丽嘉等[1]给出了一种解答,他们根据古德曼和埃尔金关于"表征-充当"(representation-as)的图像表征观,提出了一种科学表征的 DEKI(denote-exemplify-keyed up-imputed onto)说明,即模型指代其目标系统,例示某些属性,这一过程连同属性一起被激发而绑定在它们的目标系统上。

第三节　科学理论建模的两个争论

如果说模型表征是科学理论创新的核心,那么科学理论是如何被表征的? 这个问题在科学哲学中是围绕两个争论展开的。

一、句法观与语义论之争: 导致语义论取代句法观

科学理论的本质涉及表征的本质,围绕这个主题的是关于句法观与语义论之间的争论。亨普尔和卡尔纳普等的逻辑经验主义传统是句法观的代表,他们发展了科学理论的实证和解释力的说明,如假设-演绎说明模型及科学的逻辑结构模型。科学表征的研究则始于 20 世纪 80 年代初期,当时理论的语义概念开始代替基于语言或句法的概念。苏佩重新审视了已接受的句法观的历史及其被拒绝的理由,认为当时所谓的已接受的句法观正向语义论过渡,逻辑经验主义哲学家继续探讨科学理论的本质,他们在理论对世界的关系中将表征作为一个核心概念。范·弗拉森在《科学的形象》中关于表征的相空间观点为理论的语义论辩护,也为关于理论中假设的不可观察实体的反实在论辩护,他提出了三种需要相互论证的理论: 一是关于理论与世界关系的理论,即经验意义关系的理论; 二是关于科学说明的理论,即理论的说明力以超越其经验意义为特征,而在根本上又依赖于语境; 三是对物理理论的概率说明。这三个理论构成了表征语义论的基础。吉尔在《解释科学: 一种认知

---

[1] Frigg R, Nguyen J, "The Fiction View of Models Reloaded", *The Monist*, Vol. 99, No. 3, 2016, pp. 225-242.

方法》中提出了一个基于认知科学的语义论，主张在一个理论定义与一个理论假设之间做出区分，为基于模型的语义论辩护。然而，这遭到科学社会学的强纲领和各种后实证主义科学哲学立场的反对，因为吉尔的语义论无须模型的一个结构或模型-理论理解，只是在一个相对小范围建构一个统一的科学认知理论。萨普斯则提出一个大致的表征结构观，即运用形式方法建立一个基本的推理框架(指称的固定框架)用于组织各种学说。他试图表明：集合-理论方法如何提供这样一个框架，它覆盖了公理方法、表征、不变性、概率、力学和语言问题，包括对语词和语句的脑波表征的研究。这一具有开创性的工作形成了理论的语义概念结构观。

总之，语义论的要点是[①]：①科学理论等同于"模型"家族。②模型通常被看作集合-理论(数学)结构，但所述模型的精确本质仍然不清楚。然而，将这个观点看作包含一个更广泛模型的概念仍然是可能的。③在一个类比的形式推论的意义上，模型从理论产生。欲使这个观念与一个更广泛模型的概念一致似乎是困难的。④理论通过模型与世界关联，模型作为集合-理论结构通过同构关系产生联系，模型的替代描述通过一个相似关系与世界关联。语义论由于有较强的解释力和涵盖力(包括了句法观)，因而取代句法观成为科学表征理论的一个主流观点。

二、建模与理想化之争：导致二者的融合

建模与理想化是近 20 年来科学哲学中关于科学表征的当代争论的又一个主题。卡特赖特认为，模型的解释力或覆盖力与描述的准确性成反比，并为实在论的现象学规律和反实在论的解释理论辩护[②]。在她看来，物理学的基本解释律、最深层和最期望的成功事实上不描述自然实在的规律性。然而，她并不是一个反实在论者，而是一个新的实在论者，主张模拟自然规律性的理论实体、复杂且有局限性的规律能够根据实在论解释，但基本理论的简单

---

① Cunningham T, "To Save the Semantic View", 2009-01-23, http://philsci-archive.pitt.edu/4429/1/Cunningham_MS3_paper.pdf.

② Cartwright N, *How the Laws of Physics Lie*, Oxford: Oxford University Press, 1983, pp. 20-22.

统一律却不能根据实在论解释。理由正如加里森所言，现代技术对实验物理学家的冲击，揭示出不断增加的仪器规模和复杂性，这使得物理学家远离吸引他们引入实验的那种科学，而且将微观物理学碎片化为不同的技术传统[①]。

显然，模型在许多科学语境中处于核心地位，具有向心性。科学家在建构、检验、比较和修正模型方面花费大量时间，科学杂志也会使用大量版面介绍、运用和解释这些模型，因此模型是现代科学的最主要工具之一。科学哲学家也对科学实践中的各种模型及其作用产生极大兴趣，他们讨论模型带来的相关哲学问题：什么才能算作模型？模型执行的表征功能是什么？我们从模型中能够学到什么？要回答这些问题，我们需要说明：模型如何与世界发生联系？科学实在论能否给出解释？基于科学方法的模型的含义是什么？

马格纳尼认为，模型表征是通过溯因推理指向其意向目标的，这种推理对于创造假设解释数据具有重要性，但当与环境发生联系时，它对说明许多科学案例甚至日常生活中的推理是无用的[②]。从认识论来看，许多非自主的外在物体能够被转化成"认知中介物"（几何构造）。由溯因推理可推知，模型具有理想化与抽象化特征，区分理想化与抽象化对澄清科学表征中包含虚构和误表征是非常重要的，因为溯因推理本身是基于假设的，假设可能包含虚构或错误成分[③]。在笔者看来，理想化是现实性的极端，抽象化是具体化的极端，两种过程均可能包含假设，如理想气体就是一种假设，抽象的数学方程包含公理（预设）。在这个意义上，理想化与抽象化是建构模型必不可少的过程，但如何区分二者并非易事。

维斯博格认为，科学实践的许多标准哲学说明不能区分模型与其他类型

[①] 加里森认为，20世纪初期，物理学通常是由一个研究者用一台仪器就可以完成实验的学科，而如今实验通常比一个城市街区还要大，实验物理学家领导着不同领域的科学家包括计算机专家、企业界的研究者、科学家与工程师的合作团队等一起工作。可以说，现代科学建立了能够操作数千万台仪器的实验室，组织起包括仪器制造者、理论科学家和实验家及许多博士研究生的研究团队。这是一个巨大的"科学共同体"，它体现了现代科学的国际合作性。

[②] Magnani L, "Conjectures and Manipulations: External Representations in Scientific Reasoning", *Mind and Society*, Vol. 3, No. 1, 2002, pp. 9-12.

[③] Jones M, Cartwright N (Eds.), "Correcting the Model: Idealisation and Abstraction in the Sciences", *Poznan Studies in the Philosophy of Sciences and Humanities*, Vol. 86, 2005, pp. 172-217.

的理论构造,究竟谁是建模者并不明确,因为在目标、程序以及建模者和其他理论家使用的表征之间存在重要差异与对比。他通过比较洛特卡-沃尔泰拉模型与门捷列夫风格发现了它们之间的差异性:前一种研究使用建模,后一种研究没有建模。具体说,前一个模型运用数学方程描述捕食者与猎物之间的数量变化关系,建立了间接内表征世界的抽象数学模型,而门捷列夫直接通过理论抽象建立与真实世界的联系,是一种没有模型的抽象直接表征[①]。这种建模与非建模之间的差异是理解建模实践、不同属性和所使用的抽象化与理想化策略的重要环节。

不过,我们必须承认模型的理想化与虚构相关。美学和文学中有虚构,科学中也同样有虚构。科学中的表征模式与数学和艺术及文学中的表征模式之间的类比,揭示了科学表征的虚构性特征,这些特征可能与一般表征的科学态度相一致。20世纪70年代,虚构的哲学分析在语言哲学中兴盛一时,今天它仍然是令人关注的研究纲领。在文学语义学之外,虚构的概念在数学哲学和科学哲学受到关注,特别是在基于模型的科学、形而上学和认识论及伦理学中。现在的研究纲领的一个核心问题是:当哲学家将虚构归于非文学语境范围时,这个概念起什么作用?它还是文学中的概念吗?它在不同应用中不是一个独特的、为特定目的建构的概念吗?或者它是一个更一般的文学概念,非文学概念仅仅是它的一个例示?显然,在当代哲学研究中仍然存在许多待解决的问题。

第四节 科学表征研究的两种路径和方法

一、分析路径:表征是紧缩的与非还原的

紧缩说明将表征理解为"源"与"目标"之间的关系,即表征工具(如模型)与表征对象(如自然现象)之间的关系。笔者在导论中已经提及,实用主义

[①] Weisberg M, "Who Is a Modeler?", *British Journal for the Philosophy of Science*, Vol. 58, No. 2, 2007, pp. 207-216.

哲学家皮尔士的符号学曾经对表征做过富有创见的分析，开创了科学表征的分析路径和实践路径之先河。他提出了一个极有影响的观点：表征由源、目标和源的解释体构成。这是一个三元而非传统的二元关系，也即表征不仅包括表征者与被表征者，还必须有一个能够解释这个表征关系的解释者[①]（非使用者）。缺乏解释体，使用者就不能合理说明符号表达的表征关系的意义，也就谈不上他人对表征关系的理解。

　　结构表征的替代推理观认为，许多重要的、表面根本不同的表征类型是一个单一关系，即结构表征。一个结构表征依赖于一个表征与其所表征的客体之间的一个共有结构的存在，它之所以重要是因为，为了获得它所描述现象的结论，它允许我们直接进行关于表征的推理。结构表征的类型包括范畴还原（如自然数还原到集合）、语义学的合成说明、几种重要心理表征和蕴含逻辑的可能世界语义学。这种共有结构表征在智能系统或高级感知系统，面临探索世界与其内在表征之间的关系时，显得特别重要。例如，基于二阶同构概念形成的视觉表征方法，按照这种方法，一个形状是通过与它相似的一系列相关的形状来表征的，并通过基本属性的一个高维空间来测量。这种结果在哲学上具有吸引力，在计算上是可行的。

　　关于模型的一个二分层表征说明认为，研究模型就是发现它们所替代的现象的属性。在运用模型表征它们的目标系统中，模型是作为目标系统的虚构体的身份出现的，它们通过"指代"和"翻译钥匙"来实现对现象的表征[②]。科学家通常根据创造理想化模型来理解世界，不是因为它描述的事物不存在，如理想谐振子，而是因为模型是作为"假扮者"[③]被使用的。模型作为假扮者，通过灵感为科学建模提供了一种将哲学分析与历史和社会学分析相结合的新方法，阐明了从科学家的视觉、触觉与模型的相互作用等问题。

　　[①] 由于皮尔士将表征关系看作一个由表征源、表征目标和对表征源做出说明的解释体构成，在解释的意义上，实用主义（pragmatism）有时也被称为表达主义（expressivism）。在语言表征问题上，实用主义试图超越或者替代表征主义，原因在于表征主义不能说明概念指称非真实存在物或者虚构体的情形。

　　[②] Frigg R, "Models and Fiction", *Synthese*, Vol. 172, No. 2, 2010, pp. 251-252.

　　[③] Toon A, *Models as Make-Believe: Imagination, Fiction and Scientific Representation*, Hampshire: Palgrave Macmillan, 2012, pp. 71-72.

这种将信息与目标纳入表征系统是分析路径的一个重要特征。这一分析方法给出一组完整的条件来定义表征概念,从实践应用定义科学表征问题是一个互补的基于信息的表征观。也就是说,科学模型是其目标系统的认知表征,一个认知表征是一个获得其目标系统信息的工具,这种工具能够提供关于它的目标系统的具体信息,即它的真实度,这是科学表征的本质特征。在笔者看来,与一般表征概念相比,使用者可靠地表征目标系统的目的对获得这种特征是必要的,这样,我们需要根据源于信息的充分必要条件来说明推理概念的完全性,即运用紧缩方法将目的纳入表征关系。因此,表征观是多元的而非二元的,是分析的而非描述的。

二、实践路径:表征是实质的与可还原的

注重科学实践的科学哲学家、科学史家和科学社会学家不仅描述科学建模实践,也试图理解科学家所使用的表征的不同类型的属性,这两方面目前是分析哲学、科学史与科学哲学中急速发展的一个论题。分析的探究试图弄清理论与世界之间的关系,而科学史与科学哲学家的目的是发展出科学中的一个建模实践说明。

测量是实践路径的一种重要形式。范·弗拉森认为,测量同时是一个物理相互作用和有意义信息聚集的过程,"测量直接归于表征的名下,测量结果在某一阶段被认为是以透视作画的方式利用选择性相似"[①]。这就是说,仪器被看作我们视觉器官的延伸,借助它们我们能够观察到肉眼不能观察的世界。显微镜和望远镜是两个典型的仪器。正是有了显微镜我们才有了微生物学,有了望远镜才有了射电天文学。在这个意义上,可以说,一个科学仪器就是打开一个未知世界的窗口。测量结果(表征)就如同透视绘画表征,它表征的是测量结构中"看上去像"的客体,而不是客体"本身"。因此,测量本身是表征的事实,它对于某些科学理论如何被给予一个特殊角色来形成我们的信念和行动至关重要。

在社会实践方面,从科学社会学进入科学表征问题形成了对表征实践的

---

① van Fraassen B C, *Scientific Representation: Paradoxes of Perspective*, Oxford: Clarendon Press, 2008, p. 91.

社会学分析，为科学家表达其观点提供了一种新方法。科学家以语境结构和语境敏感的方式组成和使用特殊表征，如视觉显示曲线图、图解、相片和图画，这些表征的意义依赖于它们居于其中的复杂活动。这就是情境表征，其主题包括表征实践的社会学目标，研究者相互作用中的证据、时间与文献的固定，认知科学中的表征实践，科学文本中的图解，以及科学表征的符号学分析等。例如，人工智能专家常常将智能研究建立在情境表征观上，当智能以一种增长的方式发展时，它严格依赖于通过感知和行动与世界发生联系，即感知是智能与世界的界面，在这种界面上，依赖于表征的情形消失了。智能系统的基本解构成分不是独立的信息处理单元(这种单元必须经过表征相互交流)，相反，它被解构为独立的和平行的活动。

在建模实践方面，以实践方式描述科学家使用虚构和理想化假设作为其部分表征，以"虚构主义"方法描述科学中的虚构表征，以及将科学中的非实际模型系统与文学中的虚构比较，来理解模型与实际世界的目标系统之间关系的相似性，成为一种重要方法，表明科学中的虚构的本体论问题是一个难问题。近期的实用主义表征方法和间接推理说明，从分析表征方法转向实践表征方法，并从哲学和实践角度对表征进行分析。例如，派里尼以文本分析方法这种新视角审视出现在物理学家牛顿、爱因斯坦、玻姆等论著中的实践，通过案例研究一个视觉表征可能表达真理，不需要与其目标系统保持任何相关的相似性[1]，对它的符号学理解是作为符号系统中复杂的记号按古德曼方式表现的。以此看来，科学哲学要克服表征概念的不足，就应该将表征视为一种活动而非一种关系。事实上，表征在任何情形下都不是我们的概念与外在世界之间的一种关系。这种非表征主义虽然不是科学表征的主流观点，但也有不少的拥护者，它强调模型中的理想化而不是模型本身具有解释力。

三、实质性方法：走向深层结构

表征的实质性方法是指将表征还原为其他概念，或以充分必要条件定义表征。这形成了结构主义的两种主要表征方法——同构和相似。

---

[1] Perini L, "Scientific Representation and the Semiotics of Pictures", In Magnus P D, Busch J (Eds.), *New Waves in Philosophy of Science*, Basingstoke: Palgrave Macmillan, 2010, pp. 108-110.

同构观的支持者和辩护者从部分结构视角审查数学的两种形式的适应性：在底层，理论结构适应于"现象"；在顶层，数学适应于物理理论。为了顺应这两种适应性，他们主张部分结构方法需要延伸到包括一个"部分同态"的概念，如用玻色-爱因斯坦统计学描述科学家伦敦对液态氦的超流行为的分析，这一过程包括在顶层导入群理论和在现象层次建模，得出伦敦模型具有"自主性"的结论[1]。同时，他们又认为同构对于表征既不是充分的也不是必要的，是模型在表征而不是理论在表征，模型指代而不相似，主张通过适当的修正使得同构能够在科学和艺术上支持表征[2]。笔者认为，如果我们根据一组公理化的逻辑-语言陈述思考理论，那么我们自然会得出语言表征的说明，其中指代概念将显著地起作用；如果我们以非语言术语如模型-理论方法设想或描述理论，那么我们会从艺术中寻找对表征的分析。正由于此，范·弗拉森将同构嵌入一个亚结构，以"嵌入观"发展了同构观，这样，适当的相似性说明能够根据同构的集合-理论关系给出[3]。

同构的另一种形式——同态(homomorphism)，也为句法观和语义论辩护，主张物理学的表征几乎是同构。在这种语境中，"微分同胚"不变类似于理论等价，这导致了科学哲学家对"表征作为同构观"的信任[4]。范·弗拉森承认表征的结构概念，认为如果一个理论表征一种现象，那么它包含具有与现象同构的亚结构，这种细化的"嵌入观"实质上是一种紧缩观。另外，一种结构表征观和替代推理方法认为，结构表征的不同种类能够以哲学的方式被详细地研究[5]，一种基于同态定义的表征概念对逻辑异议、误表征异议、不必

---

[1] Bueno O, French S, Ladyman J, "On Representing the Relationship between the Mathematical and the Empirical", *Philosophy of Science*, Vol. 69, No. 3, 2002, pp. 456-470.

[2] French S, "A Model-Theoretic Account of Representation", *Philosophy of Science*, Vol. 70, No. 5, 2003, pp. 1472-1482.

[3] van Fraassen B C, "The Semantic Approach to Scientific Theories", In Nersessian N (Ed.), *The Process of Science*, Dordrecht: Kluwer, 1987, pp. 106-122.

[4] Suppes P, "Linguistic Markers of Recovery: Underpinnings of First Person Pronoun Usage and Semantic Positions of Patients", *Philosophy, Psychiatry and Psychology*, Vol. 9, No. 2, 2001, pp. 127-129.

[5] Swoyer C, "Structural Representation and Surrogative Reasoning", *Synthese*, Vol. 87, 1991, pp. 450-506.

要异议和复制异议的逐一反驳，认为逻辑异议能够通过保持同态关系来解释潜在表征或表征的内容来消除，表征的实际指称（目标客体）异议，能够通过意向或因果表征机制来消除，借助内容和目标的独立维，有助于解决结构概念与误表征的一致性问题，同态表征不必然是其表征的复制，这反映了科学表征的本质。

相似观的支持者在20世纪60年代后期和70年代早期致力于科学模型的研究，提出表征的源与目标是相似的观点，建构了表征的一个范畴等级结构[①]；吉尔的四元表征（使用者、表征工具、目标客体和认知目的）是对传统二元表征的扩展[②]，说明相似性如何在基于模型的科学中起重要作用。例如，一个形式化计算模型能够执行目前的任务，且其内在变量可以被看作是在大脑中被计算的潜在变量的代理服务器。

在笔者看来，这种方法的优势在于能够发现认知控制的神经支撑物及其缺陷，使得用这种方法获得的解释数据的基本假设更加明显。然而，相似作为表征说明的基本问题是：它似乎是用错误的逻辑属性分析表征，似乎是一个对称的和反身的关系，而表征两者都不是[③]。反对者认为，相似观的支持者借助艺术家或绘画评论家的角色会面临描述困难，当诉诸科学家的角色而提出一个有希望的辩护方式时，相似观不能解释当科学家使用模型表征世界时究竟做了什么[④]。以抽象结构嵌入现象是什么意思？以结构表征现象是什么意思？如果这些概念或以形而上学的方式，或以非常接近早期句法观的模式，天真地被构造的话，语义论会遇到一个严重的问题。鉴于此，范·弗拉森反对表征的纯结构概念，主张一个意向的和实用主义的表征概念，这为他后来

[①] Aronson J L, Harré R, Way E C, *Realism Rescued: How Scientific Progress Is Possible*, Chicago: Open Court, 1995, pp. 2-16.

[②] Giere R N, "How Models Are Used to Represent Reality", *Philosophy of Science*, Vol. 71, No. 5, 2004, pp. 745-749.

[③] Weisberg M, "Getting Serious about Similarity", *Philosophy of Science*, Vol. 79, No. 5, 2012, pp. 788-792.

[④] Toon A, "Similarity and Scientific Representation", *International Studies in the Philosophy of Science*, Vol. 26, No. 3, 2012, pp. 243-253.

的经验主义的结构主义①表征观奠定了基础。

总之,同构与相似观的支持者们倾向于认为,同构与相似对于表征具有普遍性和必要性。但反对者认为,这种推定存在的还原概念缺乏表征的基本逻辑属性,它们几乎不能构成还原的基础,反对将科学表征还原到相似或同构,主张相似和同构能够表征共有属性但不是普遍方式,这种还原论试图激进地自然化表征概念,将科学家的目的和意图看作表征的非本质属性,即表征不能还原到这两种二元关系中的任何一个。科学哲学界一般认为,模型处于获得和组织科学知识的核心,大多数模型以这样或那样的方式表征其目标系统。然而,一个模型表征它的目标系统是什么意思?显然,科学表征必须面对三个难题,即同构的充分必要问题、相似的充分必要问题和误表征问题,而语义论有可能提供这三个问题的适当答案②。不过,语义论的支持者一般认为,科学中的模型与数学中的模型不同,除模型建构细节外,它们之间没有共同之处。这一结果促使了语义紧缩观的产生,它主张模型建构是科学理论化的一种重要组成部分。

四、紧缩性方法:倚重指代与推理

与实质性方法相比,紧缩性方法典型地假设表征缺乏充分必要条件,主张表征不能被还原到客体的任何属性、关系或属性与关系集,提出要在特殊语境中哲学地关注行动者使用表征的特征。紧缩方法大致有如下两种。

第一种是指代和规定。这种方法将表征与行为体的行为规定联系起来,主张表征是行为体固定使用的记号的指代,强调行为规定本身的作用,强调指代关系和已确立的指称关系的目标,反对表征的相似观,认为表征本质上是在一个复杂的记号系统中通过一个符号对一个客体的指代。例如,休斯的DDI模型认为表征由三个分立的要素描述,建模被认为由这三个要素构成,

---

① 它有两个核心观点:科学以嵌入某种抽象结构(理论模型)的方式表征经验现象;那些抽象结构仅被描述为结构同构。参见 van Fraassen B C, *Scientific Representation: Paradoxes of Perspective*, Oxford: Clarendon Press, 2008, pp. 234-238.

② Frigg R, "Scientific Representation and the Semantic View of Theories", *Theoria*, Vol. 21, No. 55, 2006, pp. 50-58.

物理世界的元素由模型中的要素指代，模型具有一个内在动力学，允许我们说明理论结论。然而，科学表征仅是一般表征(如惯例)的一种特例，格莱斯式[1]表征概念阐明了一系列由科学表征产生的难题，如独角兽的表征问题。笔者认为，在表征的意义上，指代不是一个成功的术语，它不具有表征功能，而仅仅起象征作用，因此一个具有指代功能的记号，如独角兽的画像，不需要指代真实世界中的任何东西，而表征必须指称真实的客体。或者说，我们不能为根本不存在的客体建模，虽然我们能够进行虚构。

第二种是推理。这种紧缩方法集中于表征推理的运用。苏雷兹基于推理概念区分了表征力与推理力，以紧缩观和最小描述方式为推理概念辩护。在他看来，推理概念通过两个必要条件出现在科学中：它的实质性方向性和它的允许替代推理和推论的能力，正是表征力构成了建模的动力学[2]。在笔者看来，推理概念比较成功地满足了对同构和相似作为科学表征的异议，抓住了科学使用的认知表征的客观性，阐明了它们的真理性和完备性，解释了表征的科学与艺术模式之间的类比来源。康特萨拓展了苏雷兹对指代、认知表征与可靠认知表征之间的区分范围，提出认知表征的一个诠释性说明[3]。根据这种说明，对于某一个使用者使用一个工具表征一个目标，当且仅当这个使用者根据这个目标采用这个工具的一个诠释，这允许它们执行从这个模型到这个系统的有效而不必然完全的替代推理。康特萨的诠释概念与苏雷兹的推理概念之间的主要差异在于：诠释概念是一个实质性说明，它不只是表征的一个描述，而是使另一物成为一个认知表征所必需的东西，这是一个诠释的替代推理概念。

推理力与数学结构密切相关。布诺等反对表征的实质性概念(匹配说明)，

---

[1] 这种观点认为，在许多种类的表征实体如猫、蛋糕、数学方程中，大多数的表征态是从表征的一个特许核的表征态引出的。这种表征方法的优点是：我们不需要单独的理论来说明艺术的、语言的，甚至烹饪的表征，相反，所有类型的表征能够以统一的方式被解释为源于某种更基本的表征类型。

[2] Suárez M, "An Inferential Conception of Scientific Representation", *Philosophy of Science*, Vol. 71, 2004, pp. 767-779.

[3] Contessa G, "Scientific Representation, Interpretation, and Surrogative Reasoning", *Philosophy of Science*, Vol. 74, No. 1, 2007, pp. 49-58.

提出一个由数学结构构成的不同类科学表征的推理说明[①]，表明模型的推理力提升了结构关系。在数学哲学界，许多人主张一种被称为匹配说明的结构方法来说明数学的应用。根据这种说明，数学的适用性完全可以通过识别所研究的经验系统，与那个系统的研究所使用的数学之间的相关结构相似性来说明。这种应用说明要求被使用的数学陈述的真理性，但不要求数学客体的存在。笔者发现这里蕴含了一个根本性悖论：一方面要求数学陈述的真理性；另一方面又不要求数学客体的客观存在。这种陈述的真理性如何保证？通过客观的经验检验是行不通的，只有通过推理来保证。推理的真理性又根据什么来保证？这就涉及对表征的理解难题。

对表征的理解不同于解释。一种替代理论将推理概念分别运用到具体的数学表征和解释，并基于推理概念区分了理解与解释[②]。为了理解一种现象，我们需要做出关于我们要解释的特殊类型的推理，特别是，如果我们要科学地理解一种现象，那么我们需要发展心理模型来合并正确的因果和逻辑属性，用于负责说明要被解释现象的因果或逻辑属性。如果心理模型是建模认知的一个似真方法，那么理解最好被看作是特有规则的耦合。我们的信念被看作普通条件规则，耦合过程被看作是与一个普通规则随后发生结果匹配的规则，并激活这个规则的前项，该前项借助激活一个中间推理规则来实现与普通规则的匹配[③]。按照这种方法，一种解释的知识在一个认知等级结构中就是普通规则的激活，而当那些被激活的普通规则经过正确的推理规则也被耦合时，我们就获得了理解。

例如，关于"科学理解的解释模型"（EMU）[④]是一个紧缩论题。EMU依赖于两个关键观念：一是所有理解相关知识本质上是命题的；二是我们用于

[①] Bueno O, Colyvan M, "An Inferential Conception of the Application of Mathematics", *Noûs*, Vol. 45, No. 2, 2011, pp. 347-368.

[②] Newman M, "An Inferential Model of Scientific Understanding", *International Studies in the Philosophy of Science*, Vol. 26, No. 1, 2012, pp. 2-16.

[③] Newman M, "Refining the Inferential Model of Scientific Understanding", *International Studies in the Philosophy of Science*, Vol. 27, No. 2, 2013, pp. 175-187.

[④] Khalifa K, "Inaugurating Understanding or Repackaging Explanation?", *Philosophy of Science*, Vol. 79, No. 1, 2012, pp. 16-26.

形成理解的能力仅是我们普通的逻辑推理技巧。这两个观念遭到了反驳,认为科学理解需要大量的非命题知识,这种知识不是通过逻辑关系被理解的[①]。根据科学理解的推理模型,我们能够最佳地表征什么构成了理解一个科学事件的过程,这不仅说明了逻辑和概率推理,也说明我们必须理解一个解释的那些概念联想和范畴化,美国实用主义哲学家布拉多姆的语义推理主义有助于我们理解科学表征的推理特征,其语义理论在发展科学模型中有资格成为一种有益的类比[②]。

第五节 作为科学表征新路径的认知科学与艺术

一、认知科学进路:表征是一种认知能力

在认知科学中,表征被看作是心理状态,这一点科学哲学家会刻意回避,因为这与目前关于科学表征的种种观点不相符。若将科学表征作为同构与心理表征进行类比,心理表征应该是结构性的。这与科学哲学中的同构观极为相似,密立根给出这种观点一种相当有吸引力的说明[③]。

第一,表征是一种心理意象,是通过模型等中介呈现的。表征理论的相关问题包括:心中的什么东西表征某物?什么信息在心中被表征?心理表征采取什么形式?表征图示在大脑中如何被执行?一个物体表征另一个是什么意思?对于这些问题卡明斯不是采取通常为"指代器"语义学的版本辩护的程序,而是从表征错误的理论限制表征内容的说明,因此,"污染"所有其他

---

① Newman M, "EMU and Inference: What the Explanatory Model of Scientific Understanding Ignores", *European Journal for Philosophy of Science*, Vol. 4, No. 1, 2014, pp. 56-65.

② Zamora-Bonilla J, de Donato X, "Explanation and Modelization in a Comprehensive Inferential Account", In de Regt H W, Hartmann S, Okasha S, et al. (Eds.), *EPSA Philosophy of Science: Amsterdam 2009*, Dordrecht: Springer, 2012, pp. 35-42.

③ Millikan R G, "Review of Cummins, Representations, Targets and Attitudes", *Philosophy and Phenomenological Research*, Vol. 60, No. 1, 2000, pp.106-111.

说明的误表征问题一开始就可以避免[①]。也就是说，表征错误能够被包容，仅当一个表征的内容是内在的，独立于它在系统中的使用和因果作用。有研究表明：认知科学家倾向于从神经生物学和神经学尝试理解心理表征，但不能将心理表征还原为任何结构映射[②]。结构表征的概念是由经典认知理论（计算表征主义）提出的，联结主义的说明也假定了结构表征。事实上，这个概念在当代认知神经科学的计算方法中起到了重要的理论作用，例如，眼球运动系统的计算工作例示了结构表征的概念。

第二，基于模型的表征能够对世界的特定方面做出断言。一个分布式认知建模方法——"科学透视主义"[③]主张观察和理论化的行动都是透视的，这种特征使得科学知识成为有条件的。例如，人的色彩视觉说明色彩在客观上是不存在的，色彩是世界的某些方面与人的视觉系统之间相互作用的结果。在笔者看来，将这个论点延伸到人类感知的一般解释和科学观察，并推测科学仪器的输出就是透视的。科学家相信他们断言的是客观真理，但是历史学家、社会学家和科学哲学家一直认为，科学断言反映特定的历史、文化和社会语境，这些断言正是在这些语境中做出的。科学知识的本质不是绝对的，它受到实践和人类观点的影响。复杂的科学原理并没有对世界做出任何断言，而是基于模型对世界的特定方面做出断言，如麦克斯韦方程描述了电磁场的行为而不是电磁场本身。

第三，表征是思想语言的自然化，能够用自然主义给予说明。密立根运用生物功能概念解决哲学问题，认为语言和思想是生物有机体的活动，当试图回答相关哲学问题时，我们不能忽视这一点。在这里，密立根运用生物功

[①] Cummins R, *Representations, Targets, and Attitudes*, Cambridge: MIT Press, 1996, pp. 3-13.

[②] Shagrir O, "Structural Representations and the Brain", *British Journal for the Philosophy of Science*, Vol. 63, No. 3, 2012, pp. 520-535.

[③] 科学透视主义有六种基本观点：①科学观察和科学理论均是透视的；②多视角透视是人类和世界包括生物的、认知的和社会的之间非对称的相互作用的；③多视角透视是部分或限制性精确的；④多视角透视既不是客观地正确的，也不是唯一地可靠的；⑤科学的真理断言是相对于一个视角的，是关于多视角一致性的；⑥表征不是二元关系而是四元而关系，即使用者 S 使用 X 表征 W 为了目的 P。详见 Brown M J, "Models and Perspectives on Stage: Remarks on Giere's Scientific Perspectivism", *Studies in History and Philosophy of Science*, Vol. 40, 2009, pp. 213-220.

能概念说明为什么自然中的一个物体关涉另一个,如蜜蜂跳舞的行为与花蜜源的场所相关。这表明,密立根的意向性说明适当地解释了人类如何以语言或思想方式,获得其环境中的个体或群体的指称[①]。在笔者看来,支撑密立根意向内容理论的是生物学和心理学原理,这是一种自然主义方法,因为自然语言的术语和语句是生物学范畴的,意向内容是心理学层次的。这涉及心理表征的内容问题。然而,当密立根的理论被运用于解释心理表征的内容时可能面临一个意义空泛问题,即心理表征如何加载自然语言内容[②]。如果密立根的理论被看作意向内容理论来解释指称的本质,那么它缺乏一个极其重要的方面,即要解释一个心理或自然语言术语的一个生物功能如何指称。事实上,密立根并没有告诉我们在自然顺序中是什么构成了指称关系。这是极具争议的问题。

争论的焦点涉及表征是概念的还是非概念的。假如心理表征是概念的,那么有意识的感知表征是否是类比的或数字的;假如表征的内容是其表达的概念,那么这个内容是否是外延地或内涵地被具体化的;内涵概念是否是由外延或内涵条件具体化的;假如概念内容是被外在地决定的,那么概念的占有条件是否是外在的或内在的[③]。这显然是为心理表征的二元方法辩护。在笔者看来,就表征与意识的关系来说,心理表征的任何说明对它本身都不是充分的,尽管对意识的一个完全说明是必要的。例如,范埃卡德识别了两种解释需要:相对于一个可能解释的需要和相对于一种真解释的需要,内在表征对于联结主义或非联结主义的可能解释都是不需要的,但是它们对于真实解释很可能是需要的[④]。然而,要表明后者的确如此,就需要更多考虑涉及的解释形式。但如何选择解释形式又会面临问题。

---

① Rupert R D, "Mental Representations and Millikan's Theory of Intentional Content: Does Biology Chase Causality?", *Southern Journal of Philosophy*, Vol. 37, No. 1, 1999, pp. 115-124.

② 关于心理内容如何加载语义的问题,可参见李侠的《关于语义加载与心理内容表征的两个问题研究》(《哲学研究》2011年第6期)对此问题的探讨。

③ Bailey A R, "Representation and a Science of Consciousness", *Journal of Consciousness Studies*, Vol. 14, No. 1, 2007, pp. 63-73.

④ von Eckardt B, "The Explanatory Need for Mental Representations in Cognitive Science", *Mind and Language*, Vol. 18, No. 4, 2003, pp. 429-436.

认知科学与美学是可选择的重要解释形式。图像表征是认知科学与美学共同感兴趣的主题。标准描述理论通常刻画图像科学,而图像科学必须给出图像感知的一个说明。然而,标准描述理论不能给出适当的说明,例如,表征主义与强调注意及运动控制的观点混合在感知任务中,这限制了对心理表征的依赖[1]。而在描述理论中,图像表征是根据心理表征和感知策略被解释的。在这种情形下,心理表征最可能通过功能和概念而不是通过它与外在世界的联系被具体化。然而,在"表征"被心的标准计算理论使用的意义上,不存在任何心理表征[2]。心理表征的观点一旦被适当地加以发展,就会弄巧成拙,只能诉诸丹尼特式的工具主义来拯救。

笔者不赞成这种方式,因为没有任何好的形而上学理由来支持我们相信心理表征,认知科学不用心理表征概念也能够很好地运作。因此,心理表征如何得到认知科学的支持是心理学面临的一个重要问题。例如,联结主义为统一神经科学、计算科学和认知心理学提供了希望,但它遇到了经典计算主义的挑战,也不能解决意识问题[3]。而对意识的物理主义心理学理解的最大障碍是在与意识的主体性连接中产生的问题,心理表征可能是透视的,其决定性特征包含感觉经验表征与图像表征显示透视图方式之间的类比[4]。

第四,认知信息学为表征研究提供了新方向。认知信息学的许多核心概念和计算的一般领域的某些观点,是基于无实际根据的实在论假设和被称为表征的功能主义。这些观点即使是一种被修正的形式,也能够得到辩护,在传统计算观点之外一定存在某些更广泛的基于信息的表征观[5]。这为科学表征研究提供了一个新的方向,也产生了表征与信息的关系问题和信息表征的语

---

[1] Rollins M, "Pictorial Representation: When Cognitive Science Meets Aesthetics", *Philosophical Psychology*, Vol.12, No. 4, 1999, pp. 388-409.

[2] Morris M, "Why There Are No Mental Representations", *Minds and Machines*, Vol. 1, No. 1, 1991, pp. 3-15.

[3] Butler K, "Representation and Computation in a Deflationary Assessment of Connectionist Cognitive Science", *Synthese*, Vol. 104, No. 1, 1995, pp. 72-92.

[4] Mandik P, "Mental Representation and the Subjectivity of Consciousness", *Philosophical Psychology*, Vol. 14, No. 2, 2001, pp. 181-199.

[5] Bryant A, "Cognitive Informatics, Distributed Representation and Embodiment", *Brain and Mind*, Vol. 4, No. 2, 2003, pp. 216-225.

义问题[①]，同时也涉及认知的嵌入与延展问题。嵌入和延展方法极力主张：复杂的内在表征可通过让环境属性控制行为而被避免；环境结构在认知中起到启动作用，允许先前认知过程解决新任务。这些方法反对"语言结构化论点"[②]，使用语言的能力在心理表征中引起一个大规模的语义结构的重演。

人工神经网络的形式语言计算研究表明：语言结构化的一种强形式是正确的，内在表征系统重述了重要的语义结构，甚至心理表征的联结主义说明也是如此。这一结论与认知过程中语言结构所起作用的嵌入和延展说明是一致的和互补的。无论这个人工神经网络智能是自然的还是人工的，语言结构化有助于为形式地分析因果性创造一个丰富的数学和计算框架，包括心理程序和心理表征的机制[③]。在笔者看来，由算法和数据结构构成的程序具有一个因果结构，这种结构能够揭示心理表征的本质，程序也能够提供外在世界的一个因果模型，且这种模型在感知、认知和语言加工中是普遍存在的。因此，因果性构成智能的核心。

二、艺术类比：有助于揭示表征的本质

最近几年，科学哲学家转向美学和艺术哲学中关于表征的论述，想通过与科学表征的比较弄清二者之间的异同，以便从中得到一些有益的启迪。

艺术哲学中的一个经典概念是古德曼的"指代"，它对当前关于科学表征的讨论产生了极大影响。艺术哲学家冈布里奇首次提出表征的替代说明[④]，试图回答一个简单的问题：为什么存在想象（心理图像表征）这样一个思维风格？这个问题虽然简单却难以回答，比如，模仿的本质、抽象问题、透视的效力和表达的诠释等问题表明，图像表征远不是一个简单的问题。这种替代观与目前科学哲学强调的模型的自主性是一致的。沃尔海姆诉诸某些基本和原始的心理倾向，提出一个新概念"眼见"，将"眼见"与心理表征联系起来

---

① 魏屹东：《如何认知与表征信息》，《中国社会科学报》2014年10月20日。

② Schonbein W, "The Linguistic Subversion of Mental Representation", *Minds and Machines*, Vol. 22, No. 3, 2012, pp. 236-258.

③ Nick C, Oaksford M, "Programs as Causal Models: Speculations on Mental Programs and Mental Representation", *Cognitive Science*, Vol. 37, No. 6, 2013, pp. 1173-1179.

④ Gombrich E H, *Art and Illusion*, London: Phaidon Press, 1960, chapter 1-2.

说明显现象与隐现象之间的内在关系①。这是通过视觉表征探讨心理表征的一种方法，科学表征也与此相关。洛佩斯认为刻画世界有许多方式，如 X 线照片、立体派拼贴画、美国印第安人分体式肖像、两点透视图画等，每一个都在不同程度上表征了它们的对象②。识别图像的主体，类似于认知其外观不断变化的客体，一个图式区分图像表征的不同方式和它们具有的不同意义，描写的认知价值在于它的表征多样性。这是图像经验现象学的一个新说明，即将图像与视觉假体进行比较，类似于镜子与双筒望远镜的关系。库尔维奇认为，地图、注释、描述、图解、流程图、照片、绘画和印刷品等，所有这些都以一种或另一种方式尽量关涉某物或替代某物③。这是哲学家解释图像表征世界的不同方式，它们描述了感知说明、表征内容和结构替代物，并提供了一个进入表征领域的方法。

关于科学表征与艺术表征的关系，苏雷兹根据毕加索等人的绘画区分了理论的表征与非表征使用，并通过艺术表征类比科学表征④。戴布斯等人⑤提出科学表征的一个惯例主义说明，将客观性与结构不变性或对称性这两个通常混淆的概念区分开来，强调我们需要选择任何表征的惯例属性，这些属性能够通过表演艺术的例子来阐明。查克拉瓦蒂通过考察艺术中现实主义与非现实主义表征之间的区分，促进了对科学表征含义的理解。她针对科学知识的实在论主张——我们的最佳科学表征既真实地描述了自然世界的可观察方面也描述了不可观察方面——认为我们特别需要近似真理的概念。既然理论和模型很少考虑绝对真或普遍真(true simpliciter)，实在论者需要某些方法来澄清这样的主张——它们可能是假的但接近真理，而且不断地逼近真理。

---

① Wollheim R, *Painting as an Art*, Cambridge: Harvard University Press, 1987, pp. 29-34.

② Lopes D, *Understanding Pictures*, Oxford: Oxford University Press, Clarendon Press, 1996, chapters 1-3.

③ Kulvicki J, "Pictorial Representation", *Philosophy Compass*, Vol. 1, No. 6, 2006, pp. 536-545.

④ Suárez M, "Theories, Models and Representations", In Magnani L, Nersessian N, Thagard P (Eds.), *Model-Based Reasoning in Scientific Discovery*, New York: Springer, 1999, pp. 77-83.

⑤ Debs T A, Redhead M, *Objectivity, Invariance, and Convention: Symmetry in Physical Science*, Cambridge: Harvard University Press, 2007, pp. 11-18.

在查克拉瓦蒂看来，传统近似真理的方法对于科学知识的两个关键特征是不敏感的，而且对每个特征，科学和艺术中的表征实践之间的类比证明对于理解这种情境如何能够被改进是有用的。查克拉瓦蒂首先描述了表征背离真理的两种方式，即抽象与理想化，其次认为这些事件例示了表征的不同惯例。对于每个方式，与近似条件相关的说明近似真理概念必须得到不同的理解。这个概念是异质的；近似真理因此有个优点，即与不同的表征语境比较可以多重实现。

在笔者看来，大多数观察者同意现代物理学理论试图提供实在的客观表征，然而，表征是基于惯例选择的这种观点被许多人看作是对其客观性的否定。因此，表征中的客观性和惯例性常被表达为对立的两极。笔者发现，物理科学尽管依赖于惯例，但可能产生实在的客观表征。实在论者和建构论者已认识到各自理解科学的重要因素是不矛盾的。对于建构论者，这种观点说明表征依赖惯例进入技术科学的领域；对于实在论者，这种观点作为证据反驳了"惯例性削弱了客观性"的主张。当坚持科学文化的观点时，我们应该相信存在一个真实的范畴。

概言之，美学对科学哲学的启示是从美学表征观审视科学表征，古德曼和洛佩斯反驳相似性论证的类比也反驳表征的实质性概念[1]。在笔者看来，相似性和同构都不能完全说明科学表征的本质，模型的功能不仅仅是表征，它还有解释和推理功能。科学想象具有推理能力，但这种能力不是表征关系，而是认知能力；关于科学表征的本质的两种理论——信息观与功能观，似乎是冲突的。信息观强调表征（模型、理论、图解、模拟等）与其目标系统（真实现象、客体）之间的客观关系，如相似、同构和同态，而功能观强调表征过程中连接目标系统的认知活动，如诠释和推理[2]。这两种观应该是互补的而不是冲突的。根据实在论，我们的最佳科学表征真实地描述了世界的可观察和不可观察属性，这涉及近似真的概念。

---

[1] Downes S, "Models, Pictures and Unified Accounts of Representation: Lessons from Aesthetics for Philosophy of Science", *Perspectives on Science*, Vol. 17, No. 4, 2009, pp. 418-426.

[2] Chakravartty A, "Informational Versus Functional Theories of Scientific Representation", *Synthese*, Vol. 172, 2010, pp. 199-212.

然而，由于理论和模型不是绝对地真，实在论者要求科学陈述尽量排除错误而逼近真理。笔者认为，这种传统的近似真理的方法没有充分关注科学知识的这两个属性之间的区别，而每个属性在科学和艺术的表征实践之间的类比，都有助于我们理解科学表征。科学中常使用的抽象化和理想化方法通常会背离真理，艺术中的抽象化与理想化在近似真理的意义上，显然是不同于科学的。也就是说，这两个概念是异质的，在不同的表征语境中近似真理是可多重实现的。不可否认，艺术中的现实主义(realism)与非现实主义表征之间的区分，对于科学哲学中实在论(realism)[①]与非实在论表征之间的区分是十分有益的。

[①]realism 在文学艺术领域被译为"现实主义"，而在科学哲学中被译为"实在论"，同一英语概念的不同译名表明：国内学界的不同学科对于这个词的理解不完全相同；文学艺术领域关注其现实性(相对于历史性)，科学哲学领域关注其客观性(相对于主观性)。这种翻译的差异不仅反映了不同学科理解方面的不同，也反映了艺术与科学在认知与表征方面的差异。艺术侧重视觉表征，如图画、电影；科学更侧重思维形式的抽象表征，如数学方程、逻辑推理。

第二篇

科学表征的实质说明

第二篇

科学的研究方法

科学表征的实质说明是语义论念、结构观念与实践方法的结合。它倡导科学表征的相似观与同构观，认为表征是实质的和可还原的。具体说，若A表征B，则意味着A与B相似，或A与B同构或部分同构，而且A的属性能够还原为B的属性，也就是能够通过前者解释后者。根据这种说明，语言描述是在语言使用中实现的，模型表征是在建模实践中操作的。

这一部分内容包括第四至第九章，所论述的结构主义、语义论、结构经验主义、语用论、经验结构主义、自然主义，总体上都坚持科学表征的实质说明策略，但在方法论上有所不同。结构主义源于数学结构主义，认为科学理论或模型是对表征的最小理解，反映了科学说明的一个从描述到再现的过程，或者从表达到表征的过程，其中结构是必不可少的，无论是结构经验主义还是结构实在论，都体现了一种结构主义的科学方法。各种结构主义的共同点是承认表征关系中的两个客体或者系统具有"共有结构"，正是这种"共有结构"才使得表征成为可能。由于结构主义强调严格数学意义上表征关系的同构或者部分同构，因与科学实践有出入而遭到质疑与批判。

科学表征的语义论最早由萨普斯提出，由范·弗拉森发展为语义纲领。其后唐尼斯和伦敦学派对语义论进行了批判并提出拯救语义论的两个策略，莫里森对语义论做了进一步修正。语义论认为科学理论由（数学）模型家族构成，这个模型家族包括经验模型以及阐述经验模型与经验系统之间联系的假设集。虽然科学理论是模型的集合、表征是同构或者相似的观点受到众多的批判，但是语义观仍然阐明了科学表征的某些方面。这就是为什么有人积极为语义观进行辩护的部分原因。

结构经验主义是笔者对吉尔科学表征观的概括。针对语言实体与世界间的二元关系，特别是指称与真理间的语义关系研究，吉尔提出了一个基于行动者概念的表征模型，具体说是出于某些目的主体使用工具表征世界的某些方面，认知表征过程体现为一个等级结构，是一个包括自上而下和自下而上策略的认知过程，科学家使用模型与世界某些方面的相似性来形成假设和概括，进而产生科学理论。

科学表征的语用论是康特萨在修正苏雷兹的推理主义基础上发展的一种说明理论，提出了解决结构主义面临问题的方案：一是区分了指代、认知表征和可靠认知表征这三种表征概念；二是准确理解表征的结构概念；三是使用认知表征的说明概念。指代和替代推理虽然是必要的，但对模型表征系统都是不充分的，推理概念不是表征的一个实质性说明。如果相似和同构能够被看作科学表征的说明，那么它们似乎就是可靠的。这两个说明也绝不仅是科学表征的两个可能的实质性说明，肯定还有其他的说明方式。他提出并论证关于科学模型作为目标系统的认知模型的主张，认为这种观点能够回答"根据什么某一模型表征某一系统"的问题，而且是适当的和实质性的。

笔者将范·弗拉森的"经验主义的结构主义"称为"经验结构主义"。一方面，他赞成结构的语义论，认为表征关系不是模型与世界间的直接关系；另一方面，他强调科学表征关系更是一种嵌入关系，即经验现象嵌入某种抽象结构，模型是根据同构得以描述的，采用这种图景，就可以避免结构经验主义面临的最严重的挑战，即"抽象实体如何表征真实客体"的问题。抽象数学结构表征世界不是直接表征世界本身，而是表征另一个抽象数学结构，数据模型（如测量）才与世界直接联系。

自然主义是20世纪80年代兴起的"目的语义学"，它由密立根和帕皮诺创造性地提出，并尝试运用生物功能的概念给出一种心理表征的语义属性的自然主义解释，目的是说明一个完全物理的行动者的内在状态如何能够真实地表征它们周围的世界。"指代性意向图标"（indicative intentional icon）是其核心概念，位于生产者机制与消费者机制之间的一个结构，这两个机制能够依据生物学功能术语得到描述，即这个图标被假定以一种特殊的方式映射到世界。命题范式、认知语义学的概念空间及其隐喻特征、表征的张量网理论是对自然主义的表征观的进一步拓展。

这些不同的实质说明策略在方法论上有所不同。结构主义强调数学意义上的一对一映射，认为表征就是 A 映射 B；语义论强调集合方法，主张表征就是用 A 的集合表征 B，A 的语义同时加载到 B 上；语用论强调表征工具的替代推理作用，认为表征是有效的、可靠的替代认知；结构经验主义强调经验的结构化或模型化，主张使用模型描述自然世界，反对将抽象模型看作可能世界；经验结构主义强调表征结构的经验适当性，认为表征是抽象结构与现象世界的同一，测量是其主要表征方式；自然主义强调生物学方法的作用，认为表征是基于生物功能的意向图式，目的在其中起到重要作用。

不可否认，这些不同的科学表征说明理论，都在某些特定方面合理地解释了科学认知的表征机制，但都引起了争论。因此，"科学表征问题"也正是在这些质疑与回应中不断发展和深化的。

第 四 章

结构主义：表征即结构映射

在科学界和科学哲学界，一种普遍的观点认为，科学是对客观世界某些方面的真实描述。或者说，科学理论、科学模型是对世界某些方面的真实表征。根据数学结构主义，科学理论或模型是一种科学表征的最小理解[1]，它反映了科学说明的一个从描述到再现的过程，或者从表达到表征的过程[2]。在这个过程中，结构是必不可少的，无论是结构经验主义还是结构实在论，都体现了科学哲学中一种结构主义的科学方法。从方法论来看，各种结构主义的共同点是，承认表征关系中的两个客体或系统具有"共有结构"(shared structure)，这提供了科学表征的一种最小理解。正是这种"共有结构"才使得表征成为可能。事实上，我们前面论述的各种表征观都或多或少地体现了结构的观念，同构、相似、图像、模型、推理力等，无一不包含结构。要理解结构的概念，我们还需要从数学的结构概念入手。

第一节 结构主义的数学起源

科学结构主义源于与数学结构主义的类比。后者是这样一种哲学立场：

---

[1] Brading K, Landry E, "A Minimal Construal of Scientific Structuralism", 2005-01-28, http://philsci-archive.pitt.edu/2181/1/Minimal_Structuralism.pdf.

[2] Brading K, Landry E, "Scientific Structuralism: Presentation and Representation", *Philosophy of Science*, Vol. 73, 2006, pp. 571-581.

数学的主旨或问题是结构系统及其形态学，于是数学"客体"仅是结构化系统中的位置，数学理论旨在通过它们的"共有结构"，如相同结构的例示，描述这种客体和系统。比如佩亚诺公理，它描述了具有自然数结构的不同系统[①]，冯·诺伊曼序数[②]和策梅洛数码[③]等，就是自然数结构的模型。自然数理论谈论的"客体"是各种模型中的位置。比如，冯·诺伊曼序数 2 是冯·诺伊曼序数模型中的位置，策梅洛数码 2 是策梅洛数码模型中的位置。也就是说，自然数理论根据那些具有相同结构的模型的共有结构描述了数字 2。如果所有例示结构的模型是同构的，那么自然数结构及其形态学据说是描述它的客体类，也即仅达到同构才能决定它的客体。

这种数学结构主义蕴含了没有自然数是作为特殊客体的，或者作为存在物，它们的本质能够不依赖于它们在一个已知结构化系统中所承担的角色而被个体化。这是因为个体化的相关标准，也即莱布尼茨的不可区分同一性原则[④]无效。比如，在自然数的一个系统中，对于自然数 2 属性 $2\in 4$ 有效，而在另一个系统中就无效。但是，由于系统是同构的，因此我们所说的是同一个自然数 2，或者说，自然数 2 是一类客体。用布拉丁和兰德里的术语说，只有在同构的意义上，我们才能说自然数在一个结构化系统中的位置作为一

[①] 佩亚诺公理(Peano Axioms)是数学家佩亚诺提出的关于自然数的五条公理系统。根据这五条公理可以建立起一阶算术系统，也称佩亚诺算术系统。佩亚诺的这五条公理非形式化表达为：①0 是自然数；②每一个确定的自然数 a，都有一个确定的后继数 a'，a' 也是自然数；③0 不是任何自然数的后继数；④如果 b、c 的后继数都是自然数 a，那么 $b=c$；⑤任意关于自然数的命题，如果证明了它对自然数 0 是对的，又假定它对自然数 n 为真时，可以证明它对 n' 也真，那么命题对所有自然数都真。

[②] 冯·诺伊曼提出精湛定义现在被作为标准：定义每个序数为特殊的良序集合，也就是在它之前的所有序数的集合。形式化表述是：一个集合 S 是一个序数，当且仅当 S 是关于集合变换且全序的，并且所有 S 的元素也是 S 的子集。

[③] 德国数学家(1871—1953)，公理集合论的主要开创者之一。他于 1904 年发表的论文不仅解决了康托尔的良序问题，而且给出了选择公理(也称为策梅洛公理)，它有上百种等价形式，已应用于几乎每一个数学分支，成为一个独立的研究领域。他在 1908 年建立了第一个集合论公理系统，给出了外延、空集、并集合、幂集合、分离、无穷与选择等公理。

[④] 也称莱布尼茨法则，是德国哲学家莱布尼茨提出的"不可区分同一性原则"，其含义是：对于任何两个个体物 x 和 y，以及任何属性 F，如果 x 具有 F，当且仅当 y 具有 F，那么，x 与 y 是数目上一个个体物。形式表达式是：$(x)(y)(F)[(Fx\equiv Fy)\rightarrow (x=y)]$。

类数学客体。

这样,结构化系统就意指模型。一个基于公理的数学理论可以被它的模型描述,理论谈论的类客体,可以由它们在具有相同结构的模型中的位置来表达。根据科学理论的语义论,理论是具有同类结构的模型的一个集合,理论谈论的客体类型可以描述为模型中的位置。这种观点与数学结构主义的描述非常类似,科学结构主义也接受这种观点,但是有两个重要的不同:其一,在认识论方面,在物理理论中,区分客体的类(kinds of objects)和特定客体(particular objects)是非常重要的,而对于数学来说,做出这种区分是不可能的,因为数学客体只是客体的类而不是特定客体。比如,自然数 2 是客体的类,不是特定客体,如两个苹果。其二,在本体论方面,物理理论要区分理论客体与它们的物理实现,比如,物理理论要能够描述电子这类客体,而不仅仅是结构上的客体的类,也就是需要证明电子的真实存在,而不是仅存在于理论描述中。而数学理论可以描述电子的属性,但不需要证实电子的存在。

这里涉及表达或描述(presentation)与表征(representation)的区分问题。在笔者看来,表达是对某现象的描述,属于一阶描述,表征是对某现象的再描述,属于二阶描述,前者是呈现,后者是再现。在语义层次,数学理论谈论的类客体是通过数学模型之间的共有结构来描述的,而对于物理理论,作为物理客体类的理论客体是通过理论模型之间的共有结构来描述的。数学中的共有结构和物理学中的共有结构是有所不同的,前者是指抽象的结构,如集合理论,后者是指物理结构,如电子。在本体论层次,一个成功的物理理论必须说明具体的物理客体或现象,而不仅仅是对它们的描述。即使应用数学理论的物理学理论,如量子力学方程,也必须说明它所描述的客体的客观属性。如果说数学的描述是一阶表达,那么运用数学的物理描述就是二阶表达,即表征。

第二节 科学中的结构主义

那么,什么是科学结构主义呢?或者说,在什么意义上我们能够主张科学就是探讨结构？与数学结构主义类似，我们可以说，在最小的意义上，科学结构主义是这样一种观点：科学的主题是结构化系统及其形态学，科学的"客体"仅被描述为"结构化系统中的位置"，而且科学理论的目的是通过共有结构描述这样的客体和这样的系统。如果用"模型"代替"结构化系统"，把"客体"称为客体的"类"，那么科学结构主义可以被认为是对位置的描述，其中科学理论可以由理论模型的集合来描述，理论谈论的客体的类被描述为"理论模型中的位置"[1]。

　　这必然涉及科学理论的结构问题和理论与世界的关系问题。这两个问题我们前面已经涉及，关于它们的争论产生了理论句法观和语义论。根据句法观，一个理论是一个未解释的或部分解释的公理系统加上对应规则，这些对应规则将理论与世界联系起来。这就是所谓的"桥规则"或"连接规则"，它们将理论语句与观察语句连接起来。语义论反对使用对应规则，而代之以模型，主张模型提供了一个非中介的理论-世界联系。也就是说，根据语义论，科学理论没有一个精确的公理化系统也行，使用精确的模型会更好，即使被公理化，也可以通过模型的集合得到描述。

　　根据更激进的语义论，一个科学理论不必公理化，完全可以被模型替代，理论就是模型的集合，因此要建立理论与世界的关系，仅需要将模型与世界连接起来即可。也就是用模型表征世界，这就产生了模型是什么，它能否表征的问题(详见第三章)。为了避免这些问题，范·弗拉森把理论描述为一个"结构家族"(a family of structure)，其中模型是一个结构类型。无论我们采用科学理论的句法观还是语义论，结构的概念是它们都不否认的，只是结构是句法结构还是模型结构的问题。科学结构主义试图避免这些争论，从与数学结构主义的类比中得知：一个科学理论的"客体"是物理客体的类，而不是特定物理客体，它们是通过理论的模型的共有结构被表达的，而不是被表征的。

　　问题是，共有结构在科学实践中是如何被使用的呢？或者说，科学理论是如何通过共有结构说明物理现象的呢？萨普斯早在20世纪60年代就

---

[1] Brading K, Landry E, "A Minimal Construal of Scientific Structuralism", 2005-01-28, http://philsci-archive.pitt.edu/2181/1/Minimal_Structuralism.pdf, p. 5.

曾指出，科学的理论化"由理论及其模型的一个等级结构构成"，模型在高层理论与理论要描述的低层现象之间起桥梁作用①。在萨普斯看来，一个理论由它的模型的集合来描述，模型连接每个层次（比如理论与数据之间），以至于每个层次之间的共有结构的关系，能够被形式地分析和实验评价，这样一来，理论应用于现象的形式分析（通过模型-理论方法），通过诉诸同构形式地表达了模型具有相同结构的主张。可以看出，对于萨普斯而言，数据模型在塔尔斯基的意义上②是指数据的一个理论的模型，因此，数据模型不仅仅是对所观察现象的描述，或者说，不仅仅是未加工的经验材料。正如萨普斯所指出的那样，"数据模型的精确定义对于任何已知实验来说，在实验程序的意义上需要一个理论，以及在现象的经验理论的日常意义上得到研究"③。因此，连接高层理论与现象需要两个概念：数据的实验理论与现象的经验理论。

那么，这两个概念是同构的吗？萨普斯并没有给出说明。数据的实验理论需要根据现象的经验理论做实验设计，也就是通过它的数据模型的集合描述数据的实验理论。因此，形式分析必须从数据模型开始。然而，在塔尔斯基的意义上，模型描述经验现象是不可能的，比如，"原子模型真实表征了原子结构"，当且仅当原子模型真实表征了原子结构。但是，我们不知道原子模型是否真实表征了原子结构。为了把数据与现象连接起来，我们必须使它们的模型具有相同的结构。但是，没有现象的经验理论，我们就不能谈论现象的结构，也就是我们不能根据模型的共有结构描述现象的结构。这是共有结构面临的一个难题。

---

① Suppes P, "A Comparison of the Meaning and Uses of Models in Mathematics and the Empirical Sciences", *Synthese*, Vol. 12, 1960, pp. 287-301.

② 这里是指"T型等式"真理符合论，塔尔斯基给出的一种精确表述："(T)X是真的，当且仅当p"。其中字母p表示任意一个句子，X表示该句子的名称。塔尔斯基强调，对于一个"X是真的"形式表达式，如果我们用一个句子或其他任何不是名称的东西去替换X，那就不能使它成为一个有意义的句子，因为一个语句的主语只能是名词或名词性的表达式。塔尔斯基根据T型等值式给出了一个非常著名的论断："雪是白的"是真的，当且仅当雪是白的。

③ Suppes P, "Models of Data", In Nagel E, Suppes P, Tarski A (Eds.), *Logic, Methodology and Philosophy of Science: Proceedings of the 1960 International Congress*, Stanford: Stanford University Press, 1962, p. 253.

第三节　科学中的共有结构

如何解决这个难题呢?布拉丁和兰德里提出以下三个选择[①]:

(1) 从方法论立场,我们可以放弃谈论现象的结构,简单地从结构化数据或数据模型开始;
(2) 从经验立场,我们可以说,现象结构所进入数据模型的是高层理论;
(3) 从实在论立场,我们可以说,现象结构就是世界本身。

不论我们站在哪种立场,如果没有现象理论,我们就不能仅根据数据模型形式化处理现象的结构,也就不能使用模型之间的共有结构的语义论,直接缝合理论与现象之间的裂口,进而建立理论-世界之间的联系。数据模型也因此在形式分析中表征了一个重要的分离点。在数据模型层次以下,我们需要模型之间的共有结构的更多比较,以便将等级结构的不同层次连接起来。

这样,科学结构主义就面临又一个挑战——如何在理论与世界之间建立联系。这个问题可以从两方面考虑:一方面,根据理论模型与数据模型之间的共有结构,给出模型适应性的一个说明,其中理论模型表达数据模型试图考虑的客体的类,以便它们的客体具有相同类的结构;另一方面,根据数据模型与现象之间的共有结构给出一个表征说明,以便理论关涉的现象是由理论或世界适当被结构化的。科学理论作为模型的集合的这个应用描述,诉诸共有结构概念来重新考虑先前理论与后继理论之间的关系。这种关系对于结构实在论试图克服所谓的"悲观的元归纳论证"(pessimistic meta-induction

---

① Brading K, Landry E, "Scientific Structuralism: Presentation and Representation", *Philosophy of Science*, Vol. 73, 2006, p. 575.

argument)①具有重要意义，因为这样做的话就能够为"无奇迹论证"（no miraecle argument）②开辟道路。

"悲观的元归纳论证"依赖先前理论与后继理论之间的激进本体论不连续性的存在，乌拉尔提出了解决这个悲观论证的一个策略，即本体论层次的不连续性不再由结构层次的完全连续性说明③。也就是说，先前理论与后继理论之间的结构连续性可以避免本体论层次的不连续性。例如，牛顿引力理论的数学方程在适当范围基本能够从爱因斯坦广义相对论推出，也即牛顿方程是爱因斯坦方程的一个极限情形。尽管这两个理论在本体论层次不一致，如关于物质客体的本性，无论它们之间是否直接和同时发生作用，时空是否受到物质客体存在的影响，但是它们在结构连续性上却是一致的。这意味着，通过结构连续性，我们就可以将不同理论模型联系起来，因而结构实在论就成为一种"无奇迹论证"。可以说，在共有结构和结构连续性意义上，结构实在论就是科学的结构主义。

如果将模型看作一种形态，那么不同形态之间就可能存在共有结构，比如，有人为了根据模型的共有结构描述科学理论的结构，他们借助模型之间的部分同构作为部分结构类型，使得科学理论成为数学模型的一种，以便将结构用于其目标对象的建模④。如果使用共有结构描述理论与现象之间的关

---

① 悲观元归纳是说，由于科学史上存在大量被人们广泛接受的理论，最终被证明为假，基于此悲观归纳论证，现在的科学理论在将来也会被证明为假。因此，我们就没有理由认为科学理论反映了关于世界的真理，也没有理由相信现在最好的科学理论为真。更精确地说，悲观元归纳是这样一组论证，其中每一个都是为了证明先前科学理论的假，而削弱了我们对大多数当今理论为真或近似真的信念。悲观元归纳论证从庞加莱就开始了，普特南和劳丹做了进一步发展。因此，这个论证也被称为"普特南论证"或"灾难归纳"，其要点为：①假设现有大多数科学理论都是真的；②那么过去大多数科学理论都是假的，因为它们在很多重要方面与当今理论不同；③通过对先前理论的归纳，大多数现有科学理论很可能是假的。悲观元归纳是无奇迹论证面临的最为严峻的挑战，也是反实在论反驳科学实在论最为有力的论证。
② "无奇迹论证"是科学实在论者从认识论的角度假定成熟的、在经验上已做出成功预测的科学理论，是关于我们所处的外部世界为真或近似为真的描述，因而这些理论可以被证明是真的。
③ Worrall J, "Structural Realism: The Best Both Worlds", *Dialectica*, Vol. 43, 1989, pp. 99-124.
④ da Costa N C A, French S, "The Model-Theoretic Approach in Philosophy of Science", *Philosophy of Science*, Vol. 57, 1999, pp. 248-265.

系，最常见的是根据模型之间的同构，比如，塔尔斯基模型由贝斯语义学[①]说明的状态空间模型，模型作为部分结构之间的部分同构，经验亚结构和结构作为状态空间的嵌入性（embeddability），或者部分结构和函数空间中的语用结构的嵌入性[②]。

布拉丁和兰德里认为，根据萨普斯的说明，理论和数据模型之间的关系容易形式化处理，但是在数据模型与现象之间仍然存在鸿沟，这种鸿沟用相同形式结构不能够连接起来。这就是数据模型如何表征现象结构的问题。这个问题应该能够通过同构或部分同构部分得到解决。而形式地获得先前理论与后继理论之间的结构连续性关系，需要借助它们各自模型的共有结构，这些尝试工作已经在以下三方面展开[③]：

(1) 根据晶格结构类型之间的同态；
(2) 根据函数空间中的部分结构之间的部分同构；
(3) 根据部分结构之间的部分同态。

这是共有结构的三个具体应用。

不过，结构实在论面临的根本问题是：结构类型是否是理论的或现象学的？我们从理论或世界看到了结构的适当类型吗？这是个非常棘手的问题，我们暂且放下不谈，且说这三个应用的成功所依赖的是尝试使共有结构概念形式上精确。没有形式框架来阐明结构相似性概念，共有结构可能仍然是模糊的，比如吉尔的模型之间的相似性概念就是如此[④]。这些形式结构之间的共

---

① 1955年贝斯等建立了经典逻辑的语义图理论。语义图是一种树枝图或表列，它是一种用图形研究逻辑语义的工具，贝斯提出的语义图常称为贝斯语义图。

② French S, "Models and Mathematics in Physics: The Role of Group Theory", In Butterfield J, Pagonis C (Eds.), *From Physics to Philosophy*, Cambridge: Cambridge University Press, 1999, pp. 187-207.

③ Brading K, Landry E, "A Minimal Construal of Scientific Structuralism", 2005-01-28, http://philsci-archive.pitt.edu/2181/1/Minimal_Structuralism.pdf, p. 13.

④ French S, "The Reasonable Effectiveness of Mathematics: Partial Structures and the Application of Group Theory to Physics", *Synthese*, Vol. 125, 2000, pp. 103-120.

同点是，它们根据作为结构的某些特殊类型模型间的形态的某些特殊类型，寻求详细说明共有结构的类型，如根据同构、嵌入性、部分同构、同态等。

布拉丁和兰德里所说的共有结构不是上述意义上的。他们希望在"共有结构是什么"和"共有结构的存在告诉了我们什么"之间做出区别，也就是在"什么结构的特殊类型或形态类型是适合的类型"和"什么结构的适当类型适合当下的任务"之间做出区别。在他们看来，如果在两个模型之间存在一个态射，则这两个模型共同具有相同结构，而且它们保持结构的适当类型，而不用考虑我们必须详细说明这个类型是否是一个精确的态射类型。结构的适当类型依赖于共有结构的三个应用中的哪一个是我们需要的，也依赖于所探讨任务的细节。因此，共有结构所要告诉我们的是——它不能仅简单根据结构的类型就能够被确定的。"借助共有结构的有效证据是处在萌芽状态，而不是在现成的食谱中。"[①]

那么，布拉丁和兰德里是如何解决这个问题的呢？对于科学结构主义面临的挑战，他们借助共有结构得出三个普遍结论。

第一，通过把一个科学理论描述为模型的一个集合，一个理论的理论模型之间的共有结构告诉我们这个理论谈论的客体类型是什么。比如，已知牛顿运动定律和万有引力定律，我们能够解决一般的"二体问题"（二体相互作用问题），它们描述了二体运动中的牛顿惯性引力客体的所有方式。因此，这些定律表达了这个理论谈论的客体类型，即牛顿惯性引力客体。又如量子理论，量子理论模型的共有群结构告诉我们量子理论谈论的客体类型是如何被结构化的，以便满足海森堡对易关系的一个普遍相似。这证明了外尔的基础主义纲领。弗雷赫对基础主义纲领的重构说明，正是借助于一个结构的特殊部分和形态类型，群理论与量子理论形态之间的鸿沟被连接起来。然而，正如他自己所说，正是这个序列和线性群之间的相互作用性（reciprocity），充当外尔工作的指导原则，也作为群理论中的一个"桥"，才使得群理论应用于量子物理学依赖于群理论中结构之间的这座桥的存在。在这里起作用的是共有结构，而不是共有结构的特定类型。因此，即使我们注意到群理论和量子力

---

① Brading K, Landry E, "A Minimal Construal of Scientific Structuralism", 2005-01-28, http://philsci-archive.pitt.edu/2181/1/Minimal_Structuralism.pdf, p. 14.

学均是一个不稳定态这个事实,这个例子既没有证明部分同构纲领提供这个特征的适当形式化这个主张,也没有证明我们在这个案例中所拥有的是数学结构部分进入物理领域,这意味着这个关系的适当形式描述是通过部分同态做到的这个主张①。

第二,通过将一个科学理论安排为模型的一个等级结构,不同层次的模型之间的共有结构告诉我们关于一个层次的模型到另一个层次的模型的适应性,告诉我们理论模型到数据模型的适应性。比如,弗雷赫讨论了魏格纳运用量子理论模型和量子数据模型的共有群结构来决定"数据"是如何被结构化的,以便满足基本对称原则。这个应用证明了魏格纳的现象学纲领。这个例子再一次表明,不是借助于结构的类型或形态的类型,使得原子与原子核系统之间的类比,对于说明原子现象的共有群结构成为有用的,而是因为原子系统模型和原子核系统模型之间的共有李群结构②,对于根据对称原则表征原子现象的规律提供了一个有效类比。

然而,弗雷赫认为,这个类比允许我们看到,将一个核子的希尔伯特空间分解为质子和中子亚空间,与一个电子旋转的相应希尔伯特空间的分解是相类似的。实际上,相关群具有同构的李代数。不过我们应该注意到,即使这个类比起作用需要理想化这个事实,这个例子并没有证明这类理想化步骤能够通过部分结构之间的部分同构被表征这个主张,也没有证明原子结构与原子核结构之间的不完全类比能够根据部分结构被直接表征③。正是借助于共有结构的适当类型,如李群结构,才使得它在其中起作用,不需要根据结构或形态的一个特定类型做任何进一步的分析来提供这个类比的应用。

第三,当开始考虑先前理论与后继理论之间的关系时,这个理论的模型

---

① French S, "The Reasonable Effectiveness of Mathematics: Partial Structures and the Application of Group Theory to Physics", *Synthese*, Vol. 125, 2000, pp. 109-110.

② 李群以索菲斯·李命名,它是数学中具有群结构的流形或复流形,而且群中的二元运算和逆元运算是流形中的解析映射。李群在数学分析、物理和几何中都有非常重要的作用。李代数刻画了李群在单位元附近的局部性状;借助指数映射或源自李代数的叶状结构,可以将李代数的性质提升到李群的层次。

③ French S, "The Reasonable Effectiveness of Mathematics: Partial Structures and the Application of Group Theory to Physics", *Synthese*, Vol. 125, 2000, p. 112.

之间的共有结构能够被用于告诉我们经过理论变化的结构的连续性。牛顿力学与狭义相对论力学中的惯性运动是一个很好的例子。换句话说，就是将伽利略时空的惯性结构与明可夫斯基时空的惯性结构做对比。我们知道，牛顿力学与狭义相对论力学都满足相对性原理，这意味着对于每个理论来说，惯性框架之间的坐标变换必须形成一个群。在牛顿力学中是伽利略群[①]，在狭义相对论力学中是不同类的洛伦兹群[②]。伽利略和洛伦兹变换群均是 R^4 序列（四维时空）。当具体限制条件在狭义相对论中被加上时，牛顿力学与狭义相对论之间的共有结构关系就获得了。在这些条件下，洛伦兹变换被还原为伽利略变换，两个理论具有相同的群结构。

第四节　共有结构的科学表征

这些数学形式的共有结构能够使一个科学理论表征特殊客体而不是仅表达客体的类型吗？或者说，理论或模型是如何连接世界的？这就需要超越数学类比，从数学表达提升到科学表征。

根据语义结构主义的说明，理论与世界之间的联系分为两个主要部分：一是把理论模型与数据模型连接起来；二是将数据模型与现象连接起来。第一个部分通过共有结构的表达可以实现，而第二个部分需要增加条件以表征现象，仅借助共有结构是不够的，这需要表征的说明。根据萨普斯的看法，科学表征是一个等级结构，现象处于等级结构的底层，高层理论处于该结构的顶层，其他层次居于二者之间。布拉丁和兰德里认为，关于现象的层次是

[①] 也叫伽利略变换，它是基于人们加减物体速度的直觉，假设时间和空间是绝对的。这个假设在洛伦兹变换中被舍弃，因此就是在相对性速度下，洛伦兹变换也是成立的，而伽利略变换则是洛伦兹变换的低速近似值。

[②] 也叫洛伦兹变换，因其创立者荷兰物理学家亨德里克·洛伦兹而得名。由于爱因斯坦提出的假说否定了伽利略变换，因此需要寻找一个满足相对论基本原理的变换式，洛伦兹导出了这个变换式。这个变换是观测者在不同惯性参照系之间对物理量进行测量时所进行的转换关系，在数学上表现为一组方程。洛伦兹变换最初用来调和 19 世纪建立起来的经典电动力学同牛顿力学之间的矛盾，后来成为狭义相对论中的基本方程组。

实验数据，如实验获得的各种数值，它们不同于数据模型，如描述数值的曲线，而数据模型需要用理论模型结构化。也就是说，在处理数据的过程中，科学家以一个数学结构空间表达他们实验的结果，在建构数据模型过程中，科学家通过在每个点之间建立联系给数据增加更多结构，以便那些点之间的相关关系能以数学方式表达[①]。

如果说理论模型与数据模型之间通过共有结构来描述，那么数据模型与所表达现象之间通过共有结构是不充分的，此时需要表征的介入。因为理论模型与数据模型是人为设计的，而现象不是人为的而是自然的，我们还不知道它们的结构是什么，当然无法通过共有结构来描述。在塔尔斯基的意义上，数据模型是真之制造者(不是表征)，但是如果它们不是关于现象的，它们也必须承担表征的功能。由于高层理论表达的是客体的类型，因此，如果它经过数据模型连接现象，那么科学家需要如何表征它据称关涉特殊客体的一个说明。因此，要建立一个理论-世界联系，把理论描述为塔尔斯基模型的一个集合是远远不够的，因为塔尔斯基模型仅表达了理论所谈论的客体的类型，而不是现象本身。这需要表征而不仅仅是表达。

正如布拉丁和兰德里认为的那样，"为了实现从表达到表征的转变，也因此实现从奎因语义学'是'(being)到本体论的'是'[②]的转变，人们需要某种比语义的科学结构主义更多的东西。特殊物理客体的实在性问题和物理命题的真理问题不能语义地解决，也就是不能仅仅借助塔尔斯基的模型概念和塔尔斯基的真理概念得到解决，因为它严格依赖于某种超语义的过程，借此过程我们所说和存在什么之间的连接得到确立和确证。这就是我们需要一个表征说明的原因所在"[③]。在他们看来，"模型"这一术语在科学中被认为具有表征的含义，基于塔尔斯基模型的理论的语义论，也一直受此诱惑而误把

---

① Brading K, Landry E, "A Minimal Construal of Scientific Structuralism", 2005-01-28, http://philsci-archive.pitt.edu/2181/1/Minimal_Structuralism.pdf, p. 19.

② 奎因语义学的"是"指词语的指称或者内容，本体论的"是"指实在现象，观察的和不可观察的，而不是形而上学涉及的本体或者实体。此处用"是"而非"存在"，旨在表明语义学的 being 和形而上学的 being 含义的不同。

③ Brading K, Landry E, "Scientific Structuralism: Presentation and Representation", *Philosophy of Science*, Vol. 73, 2006, p. 576.

表达真理看作是表征。根据表征观这是有问题的，因为如果语义论在处理理论-世界关系问题上比句法观做得更好，那么它应当给予我们模型如何获得表征意义的说明。事实上，语义论没有做到，如何看待表征方面的差异导致了科学结构主义的不同版本。

布拉丁和兰德里试图用他们称为最小结构主义观点解决表征问题。最小结构主义仅致力于这样的主张——理论所谈论的客体类型是通过它的理论模型的共有结构被表达的，而且仅是在理论模型与数据模型具有相同类型的结构的情形下该理论被用于现象。在这里，本体论承诺没有必要，也就是没有任何关于自然、特质或特殊客体的形态等。从方法论看，要在理论模型与数据模型之间建立联系，最小结构主义仅考虑结构类型的适当性，而且不需要在连接数据模型与现象过程中增加任何条件。采用这种方法论立场，我们就不用涉及"现象的结构"问题，而仅从数据模型开始。他们发现，理论模型被适当结构化（表达适当类型的客体），共有结构的作用是通过等级结构将数据模型向上与理论模型连接起来的，因此，他们主张共有结构（向上和向下等级结构）的适当类型概念的发现、探究和揭示的方法论策略，从侧面横跨不同的后继理论。

超越这种方法论上的最小结构主义有不同方式。这部分依赖于我们如何使理论-世界连接起来。也就是，依赖于我们如何选择弥合数据模型与现象之间的鸿沟，使用适当客体类型表达的理论，也能够被认为是表征世界中物理客体的结果。根据上述的两个方法论立场，从经验立场我们可以主张构造现象的是高层理论；而从实在论立场，我们可以认为构造现象的是世界。哪种是正确的或者更好呢？

经验主义和实在论都是我们探讨自然现象不可以少的理论，最小结构主义兼有二者的特点。如果我们采用二者中的一个或两个，我们需要理由来确证数据模型与现象具有相同结构，结果必然是，数据模型被认为是现象的表征。比如，结构经验主义者范·弗拉森认为，我们简单地使得现象与数据模型同一，"数据模型好像是实验室中创造的一个二级现象，它成为理论拯救的基本现象"[①]。按照这种立场，布拉丁和兰德里认为，从表达到表征的过程似

---

① van Fraassen B C, *Empirical Stance*, New Haven: Yale University Press, 2002, p.252.

乎很一般，因为数据模型起"拯救的现象"的作用，所有我们所需要经过现象连接理论与数据模型的，都由共有结构来保证。范·弗拉森使用嵌入性作为理论模型与现象之间的共有结构来保证它们之间的连接，保持"理论模型的某些部分与经验亚结构同一，而且这些理论模型对于可观察现象是候选项，而可观察现象是科学能够经验获得的"[1]。这种科学结构主义的经验主义版本回避了这样的问题——为什么数据模型表征现象。对于二者之间的区别是什么，它们为什么可能的问题，却没有提供任何证明。最小结构主义试图解决这个问题，即超越经验主义立场，提供一个能够区分现象与数据模型的说明。

而结构实在论者，如弗雷赫和拉迪曼，从实在论立场假设世界构造现象[2]，布拉丁和兰德里使用"无奇迹论证"解释数据模型结构与现象结构之间的同一性的必要性，极力主张如果理论与现象之间没有共有结构，那么科学成功将是一个奇迹[3]。由于缺乏数据模型如何与现象具有相同结构的详细说明，二者之间的同一的可能性或必要性本身需要借助至少一个理由。结构实在论，不论是哪种形式，就它主张数据模型的结构与现象的结构同一而言，极力主张理论精确表达的客体类型表征了特殊客体的结构，而世界据称由这些特殊客体构成。不同形式的结构实在论的差别在于，表征在多大程度上表征了真实世界。

认识论的结构实在论认为，关于特殊客体所有能够被知道的是理论给出的结构类型的实例，所有能够被知道的是它们的结构。不过，世界中的特殊客体的其他属性是理论还没有表征的，这种可能性的确是存在的。而本体论的结构实在论拒绝这种可能性的存在，声称世界中的特殊客体没有超越由某些结构类型例示的任何属性，所有存在都是结构。在这两种情形中，结构属性完全起表征作用的观点借助于无奇迹论得到确证。对于最小科学结构主义

---

[1] van Fraassen B C, *Law and Symmetry*, Oxford: Oxford University Press, 1989, p. 227.

[2] French S, "The Reasonable Effectiveness of Mathematics: Partial Structures and the Application of Group Theory to Physics", *Synthese*, Vol. 125, 2000, pp. 103-120; Ladyman J, "What Is Structural Realism", *Studies in the History and Philosophy of Science*, Vol. 29, No. 3, 1998, pp. 409-424.

[3] Brading K, Landry E, "Scientific Structuralism: Presentation and Representation", *Philosophy of Science*, Vol. 73, 2006, p. 579.

者布拉丁和兰德里，他们回避了表征的作用。他们承认，如果科学理论的模型表达了客体类型，那么所有能够被知道的客体作为那些类型的例示是它们的结构。但是，如果采用方法论的立场，特殊客体具有没有被结构化的属性仍然是有可能的。

概言之，通过与数学结构主义的类比，最小科学结构主义主张：一个理论被它的模型的集合描述，理论所谈论的客体类型，是通过那些模型的共有结构被描述的；高层理论适应于低层数据，是根据它们之间的共有结构被表达的；先前理论与后继理论之间的结构连续性关系，是根据两个理论模型之间的共有结构被表达的。

第五节 科学表征的部分结构主义

我们已经知道，科学理论具有结构而且能够表征是普遍接受的观点，但其表征结构与功能是什么看法各不相同。弗雷赫认为，艺术表征与科学表征之间存在相似之处，比如，表征的同构说明在这两个领域都有表现，在科学中表征的模型-理论说明就是基于同构或部分同构的[①]。表征概念在艺术、语言和认知等方面都有论及，我们赞成哪个依我们首先如何看待理论的立场而定。如果我们把理论看作逻辑-语言陈述，那么我们就自然得出语言表征的说明，在这种说明中，指代概念特征明显；如果我们以非语言的方式描述理论，如模型-理论方式，那么我们可能以艺术的方式分析表征，其中相似概念似乎是首要的。弗雷赫对"同构对于表征既不是充分的也不是必要的，模型指代而不相似"的主张提出质疑与反驳，认为通过适当的修正，结构同构或部分同构形式能够在艺术和科学中充当表征。

在弗雷赫看来，科学表征的理想化和近似能够通过引入"部分同构"与模型-理论方法相容，"部分同构"是作为理论模型与数据模型之间的基本关

---

① French S, "A Model-Theoretic Account of Representation", *Philosophy of Science*, Vol. 70, No. 5, 2003, pp. 1472-1483.

系起作用的,因为它们是两个模型的共有部分。笔者将这种部分同构的结构主义称为"部分结构主义"。弗雷赫将"部分同构"形式化地概括为[1]

一个部分结构是一个集合-理论结构体:$a = \{D, R_i\}_{I' \in I}$

其中,D 是非空集合,R_i 是一个部分关系,$I' \in I$ 属于 D 是一个关系,这个关系对于 D 的元素的所有 n 组元是不必要限定的。每个部分关系 R 可被看作一个有序三元结构 $\{R_1, R_2, R_3\}$,其中的 R_1,R_2,R_3 是互不相交的集合,具有 $R_1 \sqrt{R_2} \sqrt{R_3} = A^n$,以便:$R_1$ 是属于 R 的 n 组元的集合,R_2 是不属于 R 的 n 组元的集合,R_3 是无限定的 n 组元的集合,无论 n 组元是否属于 R。

如果我们拥有两个部分结构:$a = \{D, R_k\}_{k' \in k}$ 和 $a' = \{D', R', K'\}_{k' \in k}$,(其中 R_k 和 $R_{k'}$ 是部分关系,结果是 $R_k = \{R_{k_1}, R_{k_2}, R_{k_3}\}$,$R'_k = \{R'_{k_1}, R'_{k_2}, R'_{k_3}\}$,那么从 D 到 D' 的函数 f 是 a 和 a' 之间的一个部分同构,如果满足(1)f 是一个双射函数(一一变换);(2)对于 D 中所有的 x 和 y,有 $R_{k_1} xy$ 当且仅当 $R'_{k_1} f(x) f(y)$,和 $R_{k_2} xy$ 当且仅当 $R'_{k_2} f(x) f(y)$。当然,如果 $R_{k_3} = R'_{k_3} \neq 0$,一般来说,我们不再有部分结构而是整体结构,那么我们就重新获得同构的标准概念。

弗雷赫认为,根据这种框架,我们就能够理解如何从一个内在不一致的理论获得计算结果。这个等于承认在模型的构成元素之间存在某一个内在的"松散符合",那种不一致能够被容忍或包容。比如,玻尔的原子模型尽管具有某些内在不一致性,但是还是能够说明某些现象的。然而这里的问题是,这样一个模型如何能够被认为是在表征,因为在一定意义上相应的客体或系统是不可能存在的。

弗雷赫以玻尔理论[2]为例详细讨论了这问题。玻尔理论既包含量子力学的

---

[1] French S, "A Model-Theoretic Account of Representation", *Philosophy of Science*, Vol. 70, No. 5, 2003, p. 1480.

[2] 玻尔理论,或称玻尔模型,它是 1913 年由玻尔在卢瑟福原子模型加上普朗克量子概念后建立的一种原子结构的理论。该理论基于以下四个假设。(1)行星模型假设:氢原子核外电子处在一定的线性轨道上绕核运行,正如太阳系的行星绕太阳运行一样。(2)定态假设:氢原子的核外电子在轨道上运行时具有一定的、不变的能量,不会释放能量,这种状态被称为定态。能量最低的定态叫作基态;能量高于基态的定态叫作激发态。(3)量子化条件假设:氢原子

成分，也包含经典物理学的成分。如果我们集中于一个而排斥另一个，那么我们可以说，该理论分别表征了一个量子系统或一个经典物理系统。然而，这样理解就等于忽视了玻尔理论作为一种整体理论，它允许两个彼此独立的系统可以共同存在，也就是说，量子系统与经典物理系统似乎可以同时存在，也似乎是相互兼容的。起到这种作用的就是玻尔的核心概念"定态"(stationary state)。这一概念将两个相互矛盾的元素结合在一起——经典力学用于定态电子的动力学，而当我们考虑两个定态之间的转换运用量子理论时，其中的重要性不仅体现在定态的离散性方面，这使得我们在量子力学与经典物理学之间产生冲突，而且体现在假定"基态是稳定的，处于基态的一个电子不发射能量，且螺旋进入原子核，这由经典物理学决定"方面，这一假设被认为是当时物理学已知的最大胆假设。这是玻尔模型不一致的核心问题，加之定态的离散性，使得定态概念非常异常。

随着玻尔理论的发展及其逐渐被取代，这种异常性根据量子力学最终被理解，形式上的不一致消失了，或者说被更高阶地用于解释不一致的互补原理代替或消解了。当该模型最初被提出时，定态概念完全不被理解，至多部分被理解，要是当初某人根据部分结构表征玻尔模型，定态很可能就被定位于 R_3 中作为还没有被建立的关系看待。这当然只是一种事后假设了。如果以这种方式描述玻尔理论，那么我们就能够接纳这个部分的、概念上有些模糊性的"定态"概念了，而这些定态允许该模型的构成元素之间的内在"松散符合"。在这种意义上，我们能够说玻尔模型是一种表征：它所表征的是一个系

核外电子的轨道不是连续的，而是分立的，在轨道上运行的电子具有一定的角动量。(4)跃迁规则假设：电子吸收光子就会跃迁到能量较高的激发态，反之，激发态的电子释放光子，返回基态或能量较低的激发态；光子的能量为跃迁前后两个能量之差。假设(1)解决了原子的基本框架，假设(2)解决了原子的稳定性问题，假设(3)从普朗克量子假设引申来，能还解释线光谱的起源，假设(4)表述的角动量量子化原先是人为加进去的，后来知道它可以从德布罗意假设中得出。总之，该理论认为电子轨道是量子化的，能量是量子化的，它成功解释了氢原子光谱不连续的特点，计算出了氢原子的轨道半径和能量，引入了量子数。不足是，该理论本身仍是以经典理论为基础，又与经典理论相抵触。它只能解释氢原子及类氢原子如锂+离子的光谱，在解决其他原子的光谱时就遇到了困难，如把理论用于其他原子时，理论结果与实验不符，不能求出谱线的强度及相邻谱线之间的宽度。这些缺陷主要是由它把微观粒子看作是经典力学中的质点，从而把经典力学规律强加于微观粒子上如轨道概念而导致的。

统,该系统具有经典和量子力学的成分。正是由于这个原因,玻尔模型才不能够被很好地理解。

相比而言,玻尔模型的情形与不可能客体的艺术表征说明极为相似。在艺术表征的情形中,如果描述的对象不存在或不可能,那么所绘制的图画仍然是一种表征,没有人会认为这是一幅假表征。在科学的情形中,如果我们集中于或抽象出玻尔模型的经典的和量子的方面,那么每个能够被认为是分别表征了经典客体或量子客体,尽管电子我们看不到。当这些方面结合在一起时,我们不知道这个模型作为一个整体表征了什么,这类似于艺术表征将不同元素结合在一起时,它是否作为一个整体也表征了什么。当然,艺术表征与科学表征的差异也是明显的,前者是基于图像表征的,在结构上更显著,后者是基于模型表征的,在结构上不如前者明显。但从"部分结构"视角看,二者有许多相似性,即在结构上是部分同构的。

第六节 对结构主义的反驳与辩护

科学表征的结构主义包括部分结构主义或部分结构纲领,既有人反对也有人赞成,形成了科学哲学中的又一个重要争论。在反对者的阵营中,平克是一个代表[1],他认为这个纲领并不适合说明一些简单的情形,在那些情形中,理想化被用于建构物理系统的抽象数学模型;在支持者的阵营中,巴特尔是一个代表[2],他极力为表征的结构概念辩护,反驳了反对结构主义的逻辑异议、误表征异议、必要性失效异议和复制理论异议[3]。部分结构纲领的核心是模型-

---

[1] Pincock C, "Overextending Partial Structures: Idealization and Abstraction", *Philosophy of Science*, Vol. 72, No. 5, 2005, pp. 1248-1259.

[2] Bartels A, "Defending the Structural Concept of Representation", *Theoria*, Vol. 55, 2006, pp. 7-19.

[3] 逻辑异议是说,结构主义的表征关系包括相似、同构和同态缺乏适当逻辑属性来解释表征关系,理由是,表征关系是非反身的和非对称的,而相似、同构和同态是反身和对称的;误表征异议是说,同构和同态不允许有误表征,应该是严格精确的,而事实上表征存在许多错误;必要性失效异议是说,相似、同构和同态对于表征既不必要也不充分,表征的实质是

理论结构的概括，其目的是阐明一个统一的框架，在这个框架中，关于科学推理的核心问题能够被清晰地争论和可能解决。

我们首先分析和讨论平克对部分结构纲领的反驳。在传统整体结构意义上，一个模型或结构是一个有序 n 组元，其中第一位置是一组个体，被称为模型的域；另一个位置由被限定在这个域的属性和关系占据。一个部分结构是集合-理论客体的一个共同类型，该客体还原为这些更传统的结构而作为特殊案例。与传统的整体结构不同，在一个部分结构中，每个属性和关系与一个有序组元 $\{R_1, R_2, R_3\}$ 同一。根据部分结构纲领，对于一个二位关系 R（这里指表征关系，如 A 表征 B），当一个有序对位于关系 R 中时，那个有序对处于 R_1 中；当这个有序对不位于关系 R 中时，它处于 R_2 中。而处于 R_3 意味着这个有序对是"悬而未决"的或不能决定这个有序对是否位于关系 R 中[①]。或者说，部分结构模型中的任何给定的有序对，必须精确地位于 R_1，R_2 或 R_3 中的一个。它的属性和关系也是如此。

这里的部分结构是指"部分同构"或"结构的部分同一"。部分模型就是指部分同构模型。对于一个部分模型 $A = (A, R_i)$ 和 $A' = (A', R'_i)$，当 A 的一个部分亚结构与 A' 的一个部分亚结构同构时，A 与 A' 部分同构。一个部分结构（亚结构）概念如此被构想，以至于一个整体结构（亚结构）构成一个部分结构（亚结构）的一个特殊案例。换句话说，对于一个部分同构，R_i 的确定（某个亚家族）代替 R_i 的确定的一个"一对一"符合[②]。

这就是部分结构纲领的实质或核心论点。也就是说，在有序组元 $\{R_1, R_2, R_3\}$ 中，如果关系 R 在其中任意两个关系中是确定的，在第三个关系中未确定，那么关系 R 就是部分同构的。如果关系 R 在所有三个关系都是确定的，那么关系 R 就是整体同构的或完全同构的。在一个受限的情形中，每个 R_3 是空的，通过用 R_1 代替 $\{R_1, R_2, R_3\}$，一个部分结构就变成了整体结构。

表征力和因果力在起作用；复制理论异议是说，同态表征只不过是表征的相似论，没有什么特别之处。

[①] da Costa N C A, French S, *Science and Partial Truth: A Unitary Approach to Models and Scientific Reasoning*, Oxford: Oxford University Press, 2003, p. 19.

[②] da Costa N C A, French S, *Science and Partial Truth: A Unitary Approach to Models and Scientific Reasoning*, Oxford: Oxford University Press, 2003, p.49.

正是基于这样一个思想，达·卡斯塔和弗雷赫提出了以部分结构模型替代整体结构模型的一个科学哲学的统一框架。他们特别强调两点：一是在探讨不断变化的理性理论的动力学（历时）中，要使用部分同构模型；二是在回答关于科学理论在给定时间所谈论世界（共时）中，使用部分同构模型。

在第一种历时的情形中，部分结构的偏见被利用来说明我们的知识如何能够不断地变化。因此，当集中于这些历时问题时，达·卡斯塔和弗雷赫认为，当表征那些对时考虑 R_1，我们知道在那里如何获得 R；考虑 R_2 时我们知道在那里不能获得 R；重要的是考虑 R_3 给出那些对时，我们不肯定在那里会发生什么。一个理论在给定时间所承诺的这种共时的情形中，部分同构模型在说明该理论保持所默许的方面是有用的，因为部分同构默许了部分而不是全部。平克认为，在一个给定域，在某些对之间获得 R，不等于在其他对之间也获得 R，这对于剩余的对仍然保持默许。这种不完备和不一致应该列入部分结构框架的范围。这是这种部分结构理论的一个缺陷。

在平克看来，这个纲领的灵活性和更宽泛的视野是其一大优点。而正是由于过于灵活和宽泛而受到批判。例如，关于科学表征中抽象数学规律和高度理想化的科学模型，这种部分结构纲领在应对模型的抽象化和理想化时显得力不从心，因为物理世界太复杂。当我们将数学方法用于它时，我们必须以非自然的方式扭曲物理世界，因此任何直接的集合-理论方法的表征观是注定要失败的。卡特赖特和苏雷兹就认为，结构主义表征观是不可取的。卡特赖特提出一个局部的和有限的"中介因果模型"[1]的相关图景，苏雷兹提出一个推理力模型[2]。他们都认为，由于我们的理论规律仅仅是通过那些模型应用于具体境遇的，我们没有任何好的理由认为我们的规律在作用范围是普遍的。平克强调科学实践（观察、使用）在科学表征中的核心作用，认为根据部分结构纲领解释科学表征是不充分的，它用部分同构代替建模过程中的抽象化和理想化，过度夸大部分同构的作用。

---

[1] Cartwright N, *The Dappled World: A Study of the Boundaries of Science*, Cambridge: Cambridge University Press, 1999.

[2] Suárez M, "An Inferential Conception of Scientific Representation", *Philosophy of Science*, Vol. 71, 2004, pp. 768-776.

概言之，平克通过经典物理学中的理想摆模型，也即谐振子模型[①]，来说明这个纲领容易产生偏见或不公正性(partiality)，有太强的灵活性(flexibility)，以及误将抽象化和理想化当作一系列近似[②]的不足。正是这些不足使得结构主义包括部分结构主义不能成为科学表征的范式。

接下来，我们讨论巴特尔对结构主义的辩护。关于表征的本质是什么[③]，结构主义认为是结构，这就是表征的结构概念[④]，也就是结构主义表征观。该观点认为某物 B 表征某物 A，仅当被表征域 A 的某些结构被转换为它的形象 B。更准确地说，(被表征的域) A 和(表征的域) B 由相似关系结构来描述。巴特尔认为，一个关系结构由一个集合给出，在这集合上，我们能够定义一个关系到 n 位 $R_1^A, \cdots, R_n^A$（或者 $R_1^B, \cdots, R_n^B$）上。因此，我们能够定义一个映射 $f: A \rightarrow B$，它将映射 A 到 B。映射 f 不必然是一对一关系，它满足两个条件[⑤]：

(1) 对于所有 j 和 A 的所有元素 a_i：如果 $R_j^B((f(a_1), \cdots, f(a_n)))$，那么 $R_j^A(a_1, \cdots, a_n)$；

(2) 对于所有 j 和 A 的所有元素 a_i：如果 $R_j^A(a_1, \cdots, a_n)$，那么

[①] 也即运动学中的简谐振动，它是物体在一个位置附近往复偏离该振动中心位置(平衡位置)进行的运动，在此振动下，物体受力大小总是和它偏离平衡位置的距离成正比，且受力方向总是指向平衡位置。其数学常用表达式是：$x=A\cos(\omega t+\varphi)$，其中 A 为振幅，ω 为角频率，ω 与周期 T、频率 v 的关系分别为：$\omega=2\pi/T$, $\omega=2\pi V$。理想摆不考虑空气的阻力和摩擦，与实际情形有出入。

[②] 这里有三个概念需要澄清：抽象化、理想化和近似。抽象化是指运用一定的数学方法，如微积分，将观察或测量数据用方程表达，如麦克斯韦方程组表达的电磁现象，这是一种高度概括的结果；理想化是将一个真实系统推至假设的极端情形来处理，如理想气体系统及其方程，这种极端情形实际上并不存在，只是为了便于处理而假想的一种极端情形；近似是对真实目标或设想目标的一种无限接近(实际上达不到)，如近似真理、近似处理。

[③] 这个问题在科学哲学和认知科学界引发了争论，它可分为两个具体问题：一是表征概念适合于研究认知过程吗？二是表征能够被理解为从某些原始域到某些表征域的一个结构转换吗？

[④] 表征的结构概念由 M. Mundy、R. A. Watson、C. Swoyer、S. French 等人提出并发展，受到 N. Goodman、O. Scholz、R. Grush、R. I. G. Hughes、M. Suarez、D. Bailer-Jones 的坚决反对。由此形成了一种持久的争论，在科学哲学、语言哲学和认知科学哲学中产生了重要影响。

[⑤] Bartels A, "Defending the Structural Concept of Representation", *Theoria*, Vol. 55, 2006, p. 8.

$R_j^B((f(a_1),\cdots,f(a_n)))$。

条件(1)要求对于所有关系 R_j^B，如果 f 支配下的论据 $a_1,\cdots,a_n$ 的某些形象 $(f(a_1),\cdots,f(a_n))$ 满足这个关系，那么这些论据也满足相对应 A 的关系 R_j^A。如果情形是这样，那么 f 被称为 A 到 B 的一个可靠映射。表征应该根据可靠映射被模型化。条件(2)说明：B 中的事实提供关于 A 中事实的完整信息，也即对于 A 中的每个事实，一定在 B 中存在一个相对应的表征事实。

如果条件(1)和(2)被满足，f 是 A 到 B 的一个同态[1]，那么依据 f 的存在，B 被认为是 A 的一个同态形象。根据表征的结构观，B 表征 A 仅当 B 是 A 的一个同态形象。当然也可认为，如果 B 是 A 的一个同态形象，那么 A 与 B 同态。为避免逻辑异议，巴特尔在"B 表征 A"的基础上引入两个概念：表征内容和表征目标。这样"B 表征 A"既意指"A 是 B 的表征内容的一部分"，也意指"A 是 B 的目标(指称客体)"。按照第一种意义的理解，"B 表征 A"是由"A 是 B 的同态关系"解释的。然而，第二种意义上的表征关系成分不能通过同态方式被理解，因为我们并不知道 A 的情况。

至于为什么使用同态而非同构，巴特尔以唐恩和哈德格里[2]所举的照片形象这种清晰表征为例来说明，即使是再清晰和再详细的图像与其主体也不是同构的，他们提供了三个理由：①形象是二维的，而客体是三维的；②形象仅仅描述了主体的表面，而主体具有内在结构，形象没有表达这些方面；③形象可能是黑白的，而主体可能是有色彩的。这三点表明：将同构作为表征的核心将是失败的。在笔者看来，这是在图像论意义上谈论表征

---

[1] 巴特尔使用同态而非同构概念，认为它们的区别可能是复制理论误解同态的主要原因。在许多文献中，二者在许多情形中被当作同义词使用。在笔者看来，前者强调两个相关物的形态、形式上相似或相同，后者强调结构、成分上的相似或相同。在布尔代数中，A 和 B 之间的同态是一个函数 $f: A \to B$，对于在 A 中所有的 a,b 都有：$f(a\text{ or }b) = f(a)\text{ or }f(b)$；$f(a\text{ and }b) = f(a)\text{ and }f(b)$；$f(0)=0; f(1)=1$。对于在 A 中所有的 a，$f(\neg a) = \neg f(a)$ 同样成立。所有布尔代数的类与之在一起的态射(morphism)的概念，形成了一个范畴。从 A 到 B 的同构是双射的从 A 到 B 的同态。同态的逆也是同态，被称为两个布尔代数 A 和 B 同态。从布尔代数看，它们是不能区分的，只在它们的元素的符号上有所不同。

[2] Dunn M, Hardegree G, *Algebraic Methods in Philosophical Logic*, Oxford: Clarendon Press, 2001, p.15.

的，而表征不限于图像，它还包括模型、方程、图解等，后者才是科学表征的关键内容。当然，同态是一个非常普通的概念，它有许多实际例子，特别是在艺术领域相当普遍，因为它的主体是能够直接感知的客体。在确定的表征域中，几何结构是一类特别关系，它被用于模型化概念表征，还有部分关系结构(mereological structure)①，它被用于模型化非概念表征。这些不同的具体关系类型都有明确的关系结构，指明了表征和被表征的结构。在巴特尔看来，这两类结构是同态的两个重要方面，它们构成了同态的表达方式。

根据上述定义，同态描述的是一个理想化的情形，认为这在实际情形中可以通过可靠性和完备性标准被弱化。可靠性作为同态定义中的一个必要条件，是"绝对"意义上的，当被表征域 A 中的对应关系的结构满足 $f(a_1),\cdots,f(a_n)$ 的所有 ur-形象(ur-image)②时，因为 f 不必是一对一的映射，可能存在不止一个 ur-形象。这种可靠性的绝对条件对于表征提供的关于被表征域的信息来说，相对于严格的"最小保真"(minimal fidelity)③概念是弱化的。这个弱化的概念仅仅要求存在 ur-形象，它们满足限定在 A 上的对应关系。与绝对可靠性相比，这个概念保证：对于 B 中的每个事实，在 A 中有一个对应的事实。如果表征机制仅仅执行"最小保真"，那么这个表征将导致关于被表征域 A 中事实的假的期望或结果。比如，一个有机体的视觉系统表明视觉场中的刺激方向仅指向一个模糊的范围，这个表征机制产生一个非精确

---

① 这一观念源于 mereology（分体论或部分论），它是指一套与组成部分及其相应整体有关的公理化一阶理论，既是谓词逻辑的一种应用，又是形式本体论的一个分支。或者说，它是关于部分与整体的逻辑关系的形式理论，最初来自亚里士多德，20 世纪由莱斯涅夫斯基、塔斯基、古德曼、普特南、刘易斯等人发展。它主张任何单一整体都是部分的组合，也就是整体由给定的部分构成。比如，如果个体 x 和 y 是同一的，那么它们一定具有相同的真部分。作为一种形式演算体系，它主要应用于个体，因而也被称为个体演算，与被称为类别演算的集合论相对立。在表征关系上，我们不能以部分论排除整体论，不能以个体演算排除类别演算，事实上，用集合论表达表征关系的可能比部分论更好。因此，笔者不完全赞成巴特尔的同态表征观。至少在数学方程的意义上，同构比同态更具有优势。

② 指可能怀疑或不能肯定的形象。

③ 这是唐恩和哈德格里提出的关于表征可靠性的一个概念，意思是指一个表征关系能否成立，"最小保真"应该是一个最基本要求或条件。如果一个表征连最小保真都不能保证，那它就一定不是一个可靠的表征。

的表征(在生物学世界)。这说明非精确的表征模糊了被表征域中的某些细微差异。也就是说,它们的表征内容不能反映那些差异。

为了能够描述表征内容包括那些根据同态结构的情形,我们必须通过确定或识别 A 中的所有证据来适应被表征域 A, A 中所有证据通过函数 f 被映射到 B 的相同元素上。这样,f 的旧证据就被与旧证据等价的新证据替代[①]。通过这种确定或识别程序,根据变换的同态结构来描述表征内容能够被修复。在极端意义上,这个表征模糊了存在于 A 中的所有差异,于是,这个表征就退化为类似 A 的发现者或探测者。

保持同态的条件也能够通过完备性被弱化。在理想的情形中,关于 A 的事实由关于 B "对于所有 j" 的事实保存,被限定于 A 的所有关系。在较少理想的情形中,仅仅存在某些保持那些事实的关系。在第一类弱化中(可靠性),同态可以通过从关系结构 A 削弱同态条件不被满足的所有关系显而易见地被消除。在第二类弱化中(完备性),一个表征仅对于一个有限的证据范围允许表征某一属性或关系。比如,表征能力被限定在来自环境的某个刺激区域,一个有机体的视觉系统仅对于某一波长范围敏感。可以说,保持转换结构的关系越少,A 的元素数量就越少,而且这个转换被限定于 A,表征关于内容的成分就越弱。在极端情形下,可能没有留下任何内容。

总之,基于同态的表征的结构概念是有意义的,针对它的逻辑异议、误表征异议、必要性失效异议和复制理论异议虽然有一定道理,但并不能完全驳倒结构主义。逻辑异议能够通过保留潜在表征(表征内容)的说明"是同态"关系被满足;表征的实际指称客体(目标)由意向的或因果的表征机制决定。诉诸内容与目标这两个独立的维度,有助于我们看到结构概念如何能够复制误表征,而且同态表征不必是其表征物的复制,它们能够表达科学洞见和观念。

---

① 这个等价关系就是被映射到的 B 的相同元素上的关系。

第 五 章

语义论：理论是模型集表征

  在科学哲学中，自逻辑经验主义产生以来，通过科学理论的结构来描述科学是科学哲学家的一种持续的兴趣，如卡尔纳普的句法结构、赖欣巴哈的概率结构、库恩的范式结构、拉卡托斯的研究纲领等，这已经形成了一种几乎被普遍接受观点，萨普斯称之为"标准框架"[①]。这种标准框架既受到一些哲学家的质疑，也得到一些哲学家的推崇，关于它的争论也导致了一种新的科学理论的接受观点，这就是众所周知的"语义论"[②]。语义论的最早创立者之一的萨普斯指出，"理论的语义概念今天或许是科学哲学家中间所持最多的关于理论本质的哲学分析"[③]。

  作为说明科学理论解释世界或现象的语义论，形成于20世纪60—70年代，发展于80—90年代，之后20多年持续受到了不少批评和修正[④]，它不是

[①] Suppes P, "What Is a Scientific Theory?" In Morgenbesser S (Ed.), *Philosophy of Science Today*, New York: Basic Books, 1967, pp. 56-63.

[②] 也称为"模型-理论方法"，模型观点或模型的理论驱动观点。这些不同的名称表明，语义论是不同的科学哲学家在各自的立场提出的相似思想。

[③] Suppe F, *The Semantic View of Theories and Scientific Realism*, Urbana, Chicago: University of Illinois Press, 1989, p. 3.

[④] 对语义论持反对意见的学者有 M. Ereshefsky(1991年)、S. Downes(1992年)、N. Cartwright(1995—1999年)、M. Morrison(1999年)、M. Suárez(2002年)、P. Godfrey-Smith(2006年)等(见参考文献)。

哪一个科学哲学家单独提出的,而是多种相似观点的汇聚①。在这个意义上,关于科学理论表征的语义论的形成是一种必然,针对它的反驳与修正也是一种必然。接下来,我们将按照历史与逻辑统一的思路,探讨语义论的形成、纲领、争论、修正与发展。

第一节 萨普斯的早期语义论

作为语义论的早期创立者之一,萨普斯对语义论的贡献,首先体现在用形式方法阐明他的立场上。这种形式方法就是他称为的集合-理论形式主义②。在关于模型的多元主义的描述中,他也表达了其理论表征的语义思想。他在考察了数学逻辑、统计数学、社会科学、物理学等学科中的各种模型后得出结论:在数学和经验科学中所使用的许多模型中,真正缺乏的是实际物理模型。在他看来,模型的逻辑概念在所有学科中可能没有被歪曲地使用,在这个意义上他断言,模型概念的意义与数学和经验科学中的相同③。不过,他并没有断言,模型概念的意义在经验科学中与数学和逻辑学中的也相同。相反,他通过实例证明他的主张,认为只有模型的逻辑意义与经验科学④的已有例子

---

① 科学理论的语义论据说最初是由 E. Beth(1949 年)、P. Suppes(1957—1974 年)、F. Suppe(1974—1989 年)、van Fraassen(1970—2008 年)在各自的论著中独立提出的观点,后来由 R. Giere(1988—2004 年)、S. French(1990—1999 年)、S. Ladyman(1999 年)、da Costa(1990 年)、E. Lioyd(1994 年)、K. Schaffner(1993 年)、P. Teller(2001 年)等推进与发展。这种观点没有统一的表述,但基本思想是一致的,因此语义论是一种由许多相似观点相融合而成的理论。

② Patrick S, "A Comparison of the Meaning and Uses of Models in Mathematics and the Empirical Sciences", *Synthese*, Vol. 12, 1960, pp. 287-301.

③ Suppes P, *Studies in the Methodology and Foundations of Science: Selected Papers from 1951 to 1969*, Dordrecht: Reidel, 1969, pp. 11-12.

④ 这里的经验科学不包括生物学、医学和心理学,因此,萨普斯所说的逻辑模型的意义并没有得到这些学科的例子的证明。比如,物理学中的模型与生物学和医学中的模型具有相同的意义吗?有人认为数学逻辑模型与经验科学的模型不是一回事,譬如数学方程与物理模型完全不同。

符合时，它才能被认为与经验科学的模型有相同的意义。也就是说，逻辑和数学模型只有被经验科学证实时才有实际意义。

萨普斯指出："我已经极力强调，数学逻辑学家所使用的模型概念是模型的基本和根本概念，这对于任何经验科学的分支学科的一个精确陈述都是必需的。为了与这个主张一致，没有必要排除或者反对模型的不同用法或者不同概念……。我自己打算承认物理模型概念的重要意义和实践价值。"[①]可以看出，萨普斯不是强调逻辑概念与经验科学中所发现的模型相同，而是非常谨慎地指明了它们之间的不同之处。他主张，模型的数学概念对于建构任何经验科学的一个精确陈述都是需要的。这显然不同于认为模型的可选择概念是同一的主张。

其次，萨普斯提出的数据模型的概念是他的多元主义模型的语义论的第二个方面。他试图使用形式方法的实验来表征数据。为了描述这些数据，他发现存在某些关联特征，其中一个理论的可能实现不可能是一个实验数据的可能实现。这些关联特征说明：一个实验不能包括无限多个试验法，也不能包括实验过程中可直接观察的被实验的某些理论参数[②]。萨普斯相信，数据模型与理论模型一样具有相同的逻辑结构，并认为它们是可识别的实体或模型的明显类型。据此，他认为模型至少有三类，即理论模型、数据模型和物理模型，并将这些模型整合为语义论的一个连贯的解释。

最后，关于理论与世界之间关系的描述是萨普斯语义论的又一个方面。根据萨普斯的看法，理论是通过模型与世界发生联系的，而模型与经验以复杂的方式相联系；理论的标准框架分为两部分：第一部分以"一个抽象的逻辑运算"表征理论，为了将那个运算用于世界；第二部分提供那个运算的"对等定义"（coordinating definitions）[③]。通过建议用语义论作为一种补偿和延伸这个标准框架的第一部分的理论描述，萨普斯提醒人们如何再考虑第二部分。

---

① Suppes P, *Studies in the Methodology and Foundations of Science: Selected Papers from 1951 to 1969*, Dordrecht: Reidel, 1969, p. 17.

② Suppes P, "Models of Data", In Nagel E, Suppes P, Tarski A (Eds.), *Logic, Methodology and Philosophy of Science: Proceedings of the 1960 International Congress*, Stanford: Stanford University Press, 1962, pp. 24-35.

③ Suppes P, "What Is a Scientific Theory?" In Morgenbesser S (Ed.), *Philosophy of Science Today*, New York: Basic Books, 1967, p. 56.

他指出,"科学家称之为实验的具体经验,不能自己在任何完全的意义上与一个理论相联系。那个经验必须被置于一个概念研磨机(conceptual grinder)中,这个研磨机在许多情形下是非常粗糙的。一旦这个经验被迫通过这个研磨机,通常以这个实验的非常不完整的记录的形式,那么这个实验数据以规范的形式出现,并构成这个实验的一个模型。是这个实验的模型而不是理论的模型,其对等定义是假设的。同样明确的是,实验模型具有相对不同于理论模型的逻辑类型"[1]。

在这里,萨普斯提出了一个"概念研磨机"的隐喻,其含义是,经验不是直接作用于物理现象的,而是通过研磨机被过滤的,这个研磨机就是实验本身。如果忽略这个研磨机,就构成了语义论的形式主义说明,因为形式主义的语义论是直接用数学或逻辑符号表征世界的,中间没有实验这个环节。这个隐喻也表明:理论连接的是现象或数据模型,而不是世界本身。也就是说,理论与实验模型或数据的规范表征相关,而且这些相关性是通过科学家的积极实验设计实现的。

苏佩的语义论勾勒了理论与世界、模型与实验之间的关系。理论表征世界是通过作为模型的实验进行的,可以说,一个理论就是一个理论模型,一个实验就是一个数据或经验模型。那么,理论通过模型(实验)作用于世界的机制是什么,是同构或是相似性,萨普斯虽然没有做出说明,但他的观点其实已经蕴含了同构观或相似观。这就是说,萨普斯的立场与形式主义策略主张的模型等级结构观一致。因为在他的语义结构中,同构能够描述一个等级结构中的某些关系,以及与数据模型层次相联系的所有关系。不过,还需要某些东西来描述低层次的模型如何与经验相关。然而,通过分析萨普斯的语义论的基础,有可能阐明语义论的确在某种程度上说明了理论如何与世界发生联系。

第二节 范·弗拉森的语义纲领

范·弗拉森是语义论的又一个代表人物,其代表作《科学想象》是语义

---

[1] Suppes P, "What Is a Scientific Theory?" In Morgenbesser S (Ed.), *Philosophy of Science Today*, New York: Basic Books, 1967, pp. 62-63.

论的一个标志。在该书中,"结构"和"经验适当性"是两个极其重要的概念,因此他的语义论属于建设的经验主义。在范·弗拉森的语义纲领中有两种结构:一种是适当的、数学意义上的结构;另一种是不适当的、日常意义上的结构。他试图用简单的几何结构将两种结构合二为一,并通过结构概念将理论与模型联系起来。他详细叙述了六种几何公理(A_0—A_5),并认为它们的亚集可以被看作是一个理论(A_1—A_4)。为了说明这个理论的一致性,他认为通过展示一个简单有限的几何结构(它的公理 A_1—A_4 是真的)就很容易做到。在他看来,任何结构,只要它以这种方式满足一个理论的公理,就被称为那个理论的一个模型。如果将连接"几何的"去掉,就剩下简单的结构,这意味着修饰词"几何的"可以被嵌入或用同构代替。范·弗拉森将嵌入和同构定义为:一个结构能够被嵌入另一个结构,如果第一个结构与第二个结构是部分同构;同构当然是完全结构同一,而且是嵌入性的一个有限情形[①]。不过,这种将模型定义为几何结构的语义纲领,在很大程度上是不适当的,而且数学结构与日常结构之间的界限也是模糊的。

日常结构是我们熟悉的每个客体的有形的物质结构。比如,房子有结构,桌子有结构,可以说我们看到的任何物质都有结构。这些客体也有数学结构,比如,它们的几何形状和数量关系,这种数学结构与日常结构是容易区分的。经典力学是这两种结构结合的很好例子。譬如伽利略的斜面实验,他运用日常结构的斜面与移动的物体(木块或石头),通过改变斜面的角度,设想一个物体在无摩擦的斜面上运动的情形。当斜面与地面垂直(角度为 90 度)时,他运用数学导出了著名的自由落体公式。在这个实验中,日常结构与数学结构或几何结构是紧密结合在一起的。

范·弗拉森以牛顿理论中的行星运动为例,认为牛顿在被拯救的现象(即表观运动)与假设的实在性(即真实运动)之间做出了区分,用范·弗拉森的话说就是用假设的实在性拯救实际现象。在托勒密体系中没有关于行星运动的这种区分,因为在托勒密看来,真实运动就是人们从天空中看到的现象。然而,牛顿假定天文学家描述的运动是相对于运动着的地球和运动着的行星的运动,这样,所记录的行星的运动是相对于地球的,因此是表观运动。这

---

① van Fraassen B C, *The Scientific Image*, Oxford: Oxford University Press, 1980, pp. 41-44.

就是说，人们观察到的行星运动并不是它们的真实运动，我们不能为"眼见为实"所迷惑，眼见未必为实。在这个意义上，结构概念被包括在内，而且结构进一步强化了构造上的模糊性，因为表观运动形成了关系结构，而这种关系结构由测量相对距离、时间间隔和分离的角度来定义，他将这种测量称为"现象"①。

在数学模型中，范·弗拉森认为科学家能够定义这种结构，它们被认为精确地反映了那些现象。在这里，数学结构与日常结构之间的模糊性本质上是存在的，因为科学家想知道，这些现象作为数学结构，是否承载了人们能够观察的行星的不适当结构的任何关系。如果不能，那将意味着这种数学结构是有问题的，正如范·弗拉森指出的，"在任何悲剧中，我们怀疑某些关键性错误从一开始就发生了"②。事实上，当谈论行星运动时，适当数学结构与不适当日常结构意义之间的关系可能难以说明。而当谈论一般物体的运动时，这两种结构之间的区分可能是明确的，比如，苹果落下砸到牛顿的头上，他试图解释为什么会这样。在托勒密体系中，我们可以给出解释，地球是静止的，苹果落向地面时的轨迹不变，如果地球是运动的，苹果的下落轨迹就会改变。在牛顿的体系中，地球事实上是运动的，因此表观运动轨迹不同于假定的实际运动。

在范·弗拉森看来，当牛顿主张他的理论的经验适当性的时候，他是在主张他的理论包括某些模型，以至于所有实际现象与那个模型中的运动同构或同一。在苹果的例子中，如果牛顿要主张理论描述的经验适当性，他就要提供一个模型来说明苹果的下落现象与那个模型中的运动是同构的或同一的。假定现象是由测量定义的关系结构，牛顿就面临一个问题——引入数学结构与日常结构之间的区分及其证明，也就是说，苹果运动的现象与实际苹果下落而砸到他的头上之间有何种关系？在语义纲领中，范·弗拉森放弃了描述理论对世界的关系的任何方法。在他看来，牛顿理论能够描述的所有现象是，它通过详细描述模型的方式与现象发生联系，而且这些模型与现象同构。

---

① van Fraassen B C, *The Scientific Image*, Oxford: Oxford University Press, 1980, p. 45.
② van Fraassen B C, "The Semantic Approach to Scientific Theories", In Nersessian N (Ed.), *The Process of Science*, Dordrecht: Kluwer, 1987, p. 108.

然而，正如我们都熟悉的日常客体，如苹果，它们具有日常结构，当我们用一个记号指称我们通常可触及的客体(如苹果)时，这种结构得到了体验。譬如在行星运动的例子中，当宇航员登上月球时，他们仍然注视它的日常结构，而不考虑月球是否能够仅在理论上被理解为具有数学结构的客体。这个问题是语义纲领面临的一个重要问题，因为它是用理论、模型、同构等这些有待澄清的概念来描述的。文本证据说明这些概念是模糊地被描述的，因为它们依赖于对结构这个概念本身的理解，而这个概念本身就是模糊的[①]。而且更严重的是，这种模糊性不仅在文本(如实验报告)上被忽视了，而且在语义论的支持者那里也被忽视了。范·弗拉森指出："描述一个理论就是首先详细说明结构的一个家族，也就是它的模型，然后详细说明那些模型(经验亚结构)的某些部分作为可观察现象的直接表征的选项。在实验和测量报告中所描述的结构，我们称之为现象；如果一个理论具有某个模型以便所有现象与那个模型的经验亚结构同构，那么这个理论就是经验适当的。"[②]

很显然，在这个语义纲领的表述中，模型的结构是什么并不清楚。换句话说，结构的意义在适当的数学与不适当的日常意义之间一开始就是模糊的。为了解决这个模糊性，人们要么假设理论仅与数学结构相关，要么假设理论与日常结构相关，并根据世界中的实际系统来描述。这就是语义论的支持者所能做的，而且就是这么做到。形式主义倾向于数学结构，自由主义倾向于日常结构。尽管他强调，"任何结构，只要满足一个理论的公理……就被称为那个理论的一个模型"[③]。这意味着模型的结构就是公理，但是说模型的结构等于公理仍然是模糊的，因为公理一般来说是命题系统(语句结构)，难道说命题系统就是模型的结构？这显然是有问题的。比如，物理模型(如地层模型)不是命题系统，也可能不存在公理系统。

[①] 虽然说"结构"这个概念在特定的科学理论中是明确的，如分子结构、DNA 结构，但是在文本描述的意义上仍然是模糊的，因为在形式主义那里，描述物理现象的数学结构可以是几何的、拓扑的、布尔代数的、非欧几何的等，到底是哪一种结构其实并不明确，而且数学所描述的客体的结构，很大程度上并不是真实客体的结构，例如，我们不能说麦克斯韦方程所表征的就是电磁现象的结构。

[②] van Fraassen B C, *The Scientific Image*, Oxford: Oxford University Press, 1980, p. 64.
[③] van Fraassen B C, *The Scientific Image*, Oxford: Oxford University Press, 1980, p. 43.

对范·弗拉森来说，他试图阐明语义论的一个反实在论说明。在《科学表征：视角悖论》中，他仍力图阐明科学模型是如何表征真实世界的，模型如何是经验适当的这些问题。作为语义论的一个主要倡导者，他强调是模型与表征而不是理论与真理在科学图景中起重要作用。作为科学反实在论阵营中最重要的一个流派的结构经验主义的支持者，他以经验适当性取代了客体真理，主张科学理论没有真假之分，只有经验适当与不适当之别。然而，正如语义论所主张的，理论是模型的组合，模型不具有真理倾向。如果语义论是正确的，那么理论如何能够是真的或经验适当呢？

在范·弗拉森看来，这似乎不是一个重要问题，因为它能够立足于结构经验主义的观点，谨慎地通过模型与表征而不是理论与经验适当得到解决。但事实并非如此。他从来没有忘记他的观点中存在的这个问题，在《科学想象》中，他沿着他称为经验主义的结构主义的思路表达了对这个问题的担忧，但在《科学表征》中他发展了语义论并为其辩护。范·弗拉森所描述的一个全面科学理论图景是语义论的支持者熟悉的"夹心蛋糕"模型。根据这个图景，表征关系不是模型与世界之间直接存在的一个关系，而是不同类模型（包括理论模型与数据模型）之间存在的一个关系。理论模型与数据模型分别构成了这个蛋糕的顶层与底层。根据范·弗拉森的经验主义的结构主义，所指的表征关系是一个嵌入关系，"科学将经验现象表征为可嵌入的某些抽象结构（理论模型），它们仅以结构同构来描述"[①]。在他看来，通过采用这个图景，我们就能够避免对结构主义纲领构成最严重的挑战问题——一个抽象的实体，如一个数学结构，如何能够表征非抽象客体或自然客体。因此，与以前相比，他的观点发生了变化，认为科学家用来表征世界的抽象数学结构，从没有实现对世界本身的直接表征关系，而是仅与其他数学结构发生联系。

问题是，如果数学结构不与世界直接发生表征关联，那么它如何表征世界呢？范·弗拉森的解决方法是，数据模型形成底层结构，它们直接与现实世界发生联系，因为这些数据模型由许多现象（如测量结果的内容）构成，而这些内容本身就是世界的表征，它们不必依赖于现实。现象本身所呈现的东

---

① van Fraassen B C, *Scientific Representation: Paradoxes of Perspective*, Oxford: Clarendon Press, 2008, p. 238.

西，不决定哪个结构是它的数据模型，这取决于我们对现象的选择，我们决定对某些方面的关注，表征它们的某些方式及某一个范围[①]。可以看出，这是一种建设的经验主义，一种更激进的科学的反实在论。根据这种形式的反实在论，我们似乎不具有任何通达世界的直接认识通道，甚至对它的观察部分也不是。在建设的经验主义者看来，观察部分似乎是在我们直接认识的范围，所有我们似乎能够直接认识的东西是我们对世界的表征，但不存在任何这些表征可能遇到的表征-独立的现实。尽管范·弗拉森发展和辩护的这种反实在论形式在科学表征中是激进的，然而它并不粗糙。相反，经验主义的结构主义似乎比建设的经验主义更为精致，它通常似乎处于关于不可观察物的不可知论，与关于可观察物的朴素实在论之间的一个认识论的中间状态。因此，经验主义的结构主义可能会面对一个更加难以对付的科学实在论的反驳。关于经验主义的结构主义表征观，笔者将在第八章中做详细论述。

概言之，从《科学想象》到《科学表征》，范·弗拉森的认识立场从建设的经验主义转向了经验主义的结构主义，其语义论也从经验主义转向了结构主义。这种新的语义论出现的同时，也遭到了不少批评。一方面是来自实在论者的反驳，另一方面是来自语义论阵营内部的批判。这就需要我们知道语义论究竟错在哪里。

第三节　唐尼斯和伦敦学派对语义论的批判

为了更好地理解语义论，我们需要知道它的反对者是如何反驳它的。由于语义论是许多人至少是上述两个人的观点的综合，我们就需要寻找并阐明它的共同点。接下来，我们从唐尼斯和伦敦学派对语义论的批判中，去寻找语义论的弱点。

唐尼斯在对语义论批判的过程中发现，语义论并没有统一的表述或说明，

[①] van Fraassen B C, *Scientific Representation: Paradoxes of Perspective*, Oxford: Clarendon Press, 2008, p. 254.

通过对大量相关文献的梳理，他概括出语义论的如下定义[①]：

> 科学理论由(数学)模型家族构成，这个模型家族包括经验模型以及阐述经验模型与经验系统之间联系的假设集。

这是语义纲领的一个强的表达形式，因为它要求理论是数学模型的家族。然而，它又是一个弱的表达形式，因为模型家族可能不包括数学模型。在他看来，在科学中模型有多种类型，我们很难以这种定义来统一它们，因为这个定义包含了相冲突的模型概念，而且偏离了我们对科学理论如何具有经验输入的认识。他提出了三类不同的模型。第一类是一套数学假设和源于这些假设的一个模型，这是一个三组元；第二类模型是一个方程，它源于描述逻辑增长的生态理论，对于这类模型，他认为一个模型建立于这个方程中的数学客体之间的关系中；第三类模型是一个典型的生物学"教科书"，它是一个细胞的图形，根据唐尼斯的看法，"它是一个理想化的细胞和模型"[②]。如果考虑语义论是如何能够处理这些类型的模型的，我们就能够发现它的不足。

按照语义论，表征构成一个理论和实验系统的模型之间连接的方式是根据同构做出的。根据数学观点，同构等同于两个集合之间的一个精确映射（一一对应），这些集合保持了研究域中实体之间的关系。而第三类模型不包含任何数学模型，因此我们难以看到它是如何由语义论来解决的。同样，生态模型是在一个数学框架中产生的，当把同构看作是严格数学意义上的关系时，在将这个模型应用于实验系统的过程中，它似乎并不对这个系统表现出同构关系。这意味着，这个系统也不能很好地由语义论来描述，或者说，同构概念不能用于这两类模型。这导致唐尼斯提出语义论的一个紧缩说明。

紧缩说明是这样一种观点，模型的建构与用法是科学的本质。在这个意义上，唐尼斯提出的三类模型都应该包括在语义论中。同构观也是表征方式

---

① Downes S, "The Importance of Models in Theorizing: A Deflationary Semantic View", In Hull D, et al (Eds), *Proceedings of the Philosophy of Science Association 1992*, Vol. 1, 1992, p. 143.
② Downes S, "The Importance of Models in Theorizing: A Deflationary Semantic View", In Hull D, et al (Eds), *Proceedings of the Philosophy of Science Association 1992*, Vol. 1, 1992, p. 146.

之一，我们不能因为它的严格性而拒绝它，在严格意义上表征理应如此，但是在实际表征中，我们又难以做到，因为某物的表征与用某物表征是不同的[①]，难怪范·弗拉森将科学表征称为"科学的图像理论"[②]。唐尼斯关于表征的紧缩说明包括两点：一方面，语义论潜在地对模型有所限制；另一方面，对语义论的批判包括两个主张，即其一，模型的概念过于严格，其二，理论与世界之间关系的描述必须得到修正。

这两种观点在伦敦学派[③]的批判中得到了延伸。伦敦学派反对语义论的"理论驱动观"，认为语义论只是一个例示而已，不能完全反映科学表征的本质。他们除赞成唐尼斯的观点外，还提出一个替代方案来表达他们的观点。他们相信，在科学中模型有多重实现的路径，语义论不能完全说明理论与模型关联世界的方式。同唐尼斯一样，他们将理论驱动观概括为：

"一个理论是一套模型，表征模型是在这些模型中被发现的。……理论一般仅提供理想模型——简单的理想模型。为了解决真实的、复杂的现象，真实境遇中越来越多的真实因素被加到理想模型中，直到获得一个足够好的关于现象的表征。"[④]

这种语义表征观是伦敦学派自己概括的，他们又将它作为靶子进行攻击。因此，这有一种自己设靶子自己又攻击的嫌疑。如果语义论并不是像伦敦学派所总结的那样，这种攻击就没有意义了。如果的确如此，这种做法也无可

[①] 在表征关系 $A \rightarrow B$ 中，如果 A 表征 B，则说 A 是 B 的一个表征，如一个模型，而 B 则是 A 要表征的客体。A 和 B 之间可能是同构，也可能是相似，也可能是别的什么关系，二者是不同的两个客体。范·弗拉森对表征关系也做了区分，他认为 representation of 和 representation as 是不同的，前者是某物的表征，后者对某物的表征。

[②] van Fraassen B C, *Scientific Representation: Paradoxes of Perspective*, Oxford: Clarendon Press, 2008, Introduction.

[③] 伦敦学派是一批学者与伦敦经济学院联系而形成的一个思想共同体，他们联合声称反对模型的理论驱动观，20 世纪 90 年代在科学哲学界产生了重要影响。这些学者有 N. Cartwright、M. Morgan、M. Morrison、M. Suárez 等。

[④] Suárez M, Cartwright N, "Theories: Tolls versus Models", *Studies in History and Philosophy of Modern Physics*, Vol. 39, 2008, pp. 64-65.

厚非。根据伦敦学派的看法，语义论所主张的模型包括其原型是那些试图合理地描述现象的准确肖像。问题是，真实现象的肖像能够用模型来表征吗？理论能够直接表征世界吗？这正是伦敦学派要反驳的。他们认为，在理论与世界之间存在一个中介，这个中介就是模型，即"模型处于理论与现实之间"。或者说，模型在理论与现实之间起调节作用，因为模型是自主于理论的。进一步说，模型区别于理论是因为它们与世界有不同的关系，也就是说，模型独立于理论对世界的任何关系。

对于语义论的这种解释来说，如果现象（世界）被理解为人们所经历的世界，那么伦敦学派主张，这种观点没有适当地阐明理论、模型与现象之间的关系。伦敦学派通过精致的案例研究表明：在逻辑的意义上，模型说明现象不是从理论导出的，也不是通过用测量值填充理论参数从理论产生的。相反，表征现象的模型是由诉求于任何必要说明现象的理论而特别建构的，而不用考虑它们如何与所考虑的理论一致。用伦敦学派的术语讲，模型是在这样的情形下建立的，即"当提供准确的表征时，它们（指模型）不遵循理论，既不通过去理想化的方式，也不要通过引入其他可以接受的事实描述"[①]。因此，某些模型不是通过理论的方式产生的，模型的理论-驱动观也因此不能够成立，甚至是错误的，它不能说明理论或模型是如何与世界发现联系的。

概言之，唐尼斯与伦敦学派从反对立场对语义论做了概括与分析，其要点如下[②]。

(1) 科学理论等同于"模型"家族。

(2) 虽然模型通常被看作是集合-理论（数学）结构，但所述模型的精确本质仍然是不清楚的。然而，将这个观点看作包含一个更广泛模型的概念仍然是可能的。

(3) 在一个类比的形式推论的意义上，模型从理论中产生。欲使这个

[①] Suárez M, Cartwright N, "Theories: Tolls versus Models", *Studies in History and Philosophy of Modern Physics*, Vol. 39, 2008, p. 70.

[②] Cunningham T, "To Save the Semantic View", 2009-01-23, http://philsci-archive.pitt.edu/4429/1/Cunningham_MS3_paper.pdf.

观念与一个更广泛模型的概念一致似乎是困难的。

(4)理论通过模型与世界关联。模型作为集合-理论结构通过同构关系产生联系。模型的替代描述可能被认为通过一个相似关系与世界关联。

虽然科学理论是模型的集合,表征是同构或相似的观点受到众多的批判,但不可否认的是,语义论仍然阐明了科学表征的某些方面。这就是为什么有人积极为语义论进行辩护的部分原因。

第四节 拯救语义论的两个策略

为了回应反对者并拯救语义论,语义论的支持者主要采取两个策略:一个是形式主义策略;另一个是自由主义策略。形式主义策略的倡导者是弗雷赫及其合作者,他们提出了一个称为"模型-理论方法"的语义论,该观点有两个问题域[①]:

(1)各类模型的模型-理论表征在科学实践中得到使用,如图像和物质模型;

(2)理论与现象之间关系的模型-理论表征。

这两个问题域的划分是语义论的辩护者应对反驳而迈出的关键一步。弗雷赫等继承并延续了萨普斯的工作,主张一个科学理论能够通过一个集合-理论谓词(命题)来表征和定义。按照这种方法,他们声称能够再产生所有现存数学(和事实上所有科学思维),而且如此表征的科学理论,就不会遇到太大的困难[②]。他们虽然对这种方法的作用的估计有点言过其实,但不可否认它是一种有效的方法。事实上,问题不是科学家使用的模型是否与他们的方法一致,而是使用集合-理论结构来表征科学的实践,是否能够适当描述科学家

---

① French S, Ladyman J, "Reinflating the Semantic Approach", *International Studies in the Philosophy of Science*, Vol. 15, 1999, pp. 103-104.

② da Costa N C A, French S, "The Model-Theoretic Approach in the Philosophy of Science", *Philosophy of Science*, Vol. 57, 1990, p. 253.

使用的共同类的模型。

弗雷赫及其合作者使用他们的形式主义试图寻求表征科学的模型类型。他们认为适当的模型应该是图像模型或物质模型，比如，唐尼斯曾经讨论的细胞模型，沃森和克里克提出的 DNA 模型。运用形式说明，弗雷赫等人主张"在哲学分析的层次，表达图像模型、物质模型等，就是表达某种（部分）集合-理论结构。因此，问题就成为它们应该如何被表征，才能更好地捕获（科学）实践的相关方面"[1]。这种形式主义策略是一种源于集合理论与数学的结构形式主义。因为根据形式主义策略，一个理论可能与集合-理论模型的类型同一，每个这种模型是一个数学模型或一个结构，而且，在关系结构的意义上，对于这种结构，所有理论语句表达关于这个结构的真实属性，当这些属性充当理论解释的角色时[2]。因此，对任何已知理论，如果它被看作一组陈述或语句，一定存在这个理论推出的模型家族。这种模型显示了形式主义认为所揭示世界的关系结构。

问题是，这些结构是什么？我们如何描述这种关系？根据形式主义策略，这种关系是一种部分同构（不完全一一对应映射），也即部分结构。一个部分结构仅详细描述一个确定数学实体的完整关系的一部分。在形式主义者看来，当科学家对现象进行建模时，他们只详细说明这种部分关系，这意味着模型的哲学表征也仅需要根据部分关系来说明。在这种意义上理解模型，形式主义者所做的哲学研究就是将所有科学模型描述为集合-理论结构，以至于这些模型能够被用于以具有部分结构的现象说明部分同构。如果我们接受形式主义策略，承认它对理论、模型、结构、同构的形式定义是合理的，那么我们就必须承认它们能够表征经验科学中所有不同类的科学模型。因为结构是实体及其部分关系的集合。因此，任何模型能够根据形式主义的术语和技巧来描述，它们也因此可能表征现象。

不过，上述的第一个问题可以这样解决，但对第二个问题则未必。伦敦

---

[1] French S, Ladyman J, "Reinflating the Semantic Approach", *International Studies in the Philosophy of Science*, Vol. 15, 1999, p. 107.

[2] da Costa N C A, French S, "The Model-Theoretic Approach in the Philosophy of Science", *Philosophy of Science*, Vol. 57, 1990, pp. 249-250.

学派曾经质疑，将模型描述为仅源于理论就意味着，这样一个理论驱动观对于描述理论如何与世界相关是不适当的。这就是形式主义策略面临的第二个问题。为了回应这种异议，形式主义者不是直接描述理论与世界如何相关，而是通过调整策略，将描述理论如何与"现象"相关。也就是说，他们以"现象"替代了"世界"，因为世界是根据现象来描述的，或者说是现象构成了世界，而不是相反。这与范·弗拉森的观点基本一致①。弗雷赫等辩护道，与数学模型紧密相关的理论，并不绝对地承载对世界的任何清晰关系，理论作为模型家族与现象相关，这个问题是世界的模型通过集合-理论形式方法被适当地解决的。因此，他们认为，当理论与经验系统(现象)之间的关系是一个复杂关系时，这种关系能够作为一个等级模型被获得。"理论与经验事实之间的关系由一系列表征来调节，于是，使用同构及其相关概念完全是合法的。当然，在等级结构中，最底层表征(或许是数据模型)与现实本身之间，存在更为深刻的关系问题。然而，期望语义方法单独能够阐明这些关系问题几乎是不可能的。"②

总之，采用形式主义策略可以直接解决第一个问题，即科学中有许多类的模型是语义纲领不相容的，不过这个策略不能描述理论、模型与世界本身之间的关系。这样一来，构成理论的模型揭示了对世界的一个深刻而神秘的关系，而语义纲领不需要阐明这一点。这显然是有问题的。这就为自由主义策略留下了空间。

针对形式主义策略的得与失③，自由主义应运而生，成为一种替代形式主义的新策略。自由主义的策略是：一方面是放宽对我们如何理解科学模型的承诺的限制；另一方面是放宽理论如何与世界相关的描述的限制。

自由主义的主要倡导者是吉尔与泰勒。吉尔认为，模型有许多不同的类型，诸如物理模型、比例模型、类比模型和数学模型，而且所有这些模型"都

---

① 关于"现象"一词，弗雷赫等人使用 phenomena，范·弗拉森使用 appearances，在哲学的用法上，两个词是同义词。但在哲学之外，这两个词还是有区别的。前者突出自然现象，后者侧重事物的外观，或者主体的行为表现。

② French S, Ladyman J, "Reinflating the Semantic Approach", *International Studies in the Philosophy of Science*, Vol. 15, 1999, p. 113.

③ 形式主义的所得是它表征理论与世界之间关系的方式(形式化方法)，所失是它详细说明模型究竟是什么的能力。

是被设计的，以便模型的元素能够与真实世界的属性同一……出于不同的目的，科学家使用模型表征这个世界的方面。以此来看，模型是科学中初级（虽然不是唯一的）表征工具"①。按照这种看法，模型不是被结构地而是被功能地定义为科学家用于表征事物的东西。这意味着，科学家用来表征的任何东西都可能是一个模型。然而，事实上，用于表征现象的某物并不都是模型，可能是一个图形或方程式，除非我们把这些都叫作"模型"。

泰勒认为，原则上任何东西都可能是一个模型。具体说，使用者用来作为一个表征的任何东西都是一个模型。采取自由主义策略，关于什么算作模型的问题就可以避开，因为任何用作表征世界的东西都是模型②。这意味着，如何划分模型与非模型就成为一个新的问题。事实上，能够表征世界或现象的不仅仅是模型，除模型外的其他事物也能够表征，如图画、地图，除非我们将这些东西全部定义为模型，也就是说，凡是能够表征的都是模型。然而，实际情形是，能够表征的不一定是模型，模型能够表征，其他事物也能够表征。假设我们忽视模型的划界问题，根据自由主义策略，存在一个直接描述理论与世界之间关系的方式。一个理论详细描述一套模型，而且这些模型与世界中的真实系统之间具有相似性，正是它们之间存在相似性，模型才能被用于表征世界，也就是说，模型与世界之间的相似性是模型表征世界的原因。这是表征的相似观。在吉尔看来，科学家使用模型表征世界，是通过选择模型的属性与被认为所指真实系统的属性相似。泰勒与吉尔的观点是一致的。泰勒辩护称，模型对应于世界不是根据一个同构关系，而是根据一个松散的相似关系③。不过，模型连接世界是通过理论假设进行的，而理论假设不过是详细说明世界中一个系统与一个模型相似的东西，以及它们是如何连接的。

概言之，正如坎宁安所总结的④，如果将"理论与模型家族同一"的语义论用三个定性参数来说明的话，我们就能够更清楚地了解形式主义、自由主

---

① Giere R, "How Models Are Used to Represent Reality", *Philosophy of Science*, Vol. 71, No. 5, 2004, pp. 746-747.

② Teller P, "Twilight of the Perfect Model", *Erkenntnis*, Vol. 55, 2001, pp. 397-398.

③ Teller P, "Twilight of the Perfect Model", *Erkenntnis*, Vol. 55, 2001, p. 395.

④ Cunningham T, "To Save the Semantic View", 2009-01-23, http://philsci-archive.pitt.edu/4429/1/Cunningham_MS3_paper.pdf.

义和语义论反对者的分歧所在。这三个参数是形式主义所需的程度、模型概念的详细说明以及理论和世界之间关系的描述,它们可以进一步转化为三个问题:①形式主义需要高程度化吗?②模型仅仅被理解为是数学的吗?③理论绝对与世界关联吗?对于这三个问题,形式主义对前两个问题的回答是肯定的,对后一个回答是否定的;自由主义对前两个问题的回答是否定的,对后一个回答是肯定的;反对者对三个问题的回答都是肯定的。看来,形式主义与自由主义策略并不能完全拯救语义论,而反对者试图将二者整合起来。这就是接下来的莫里森对语义论的修正。

第五节 莫里森对语义论的修正

针对语义论的反驳与辩护的持续争论,莫里森引入"理论核"(a theoretical core)概念来修正语义论,并通过 BCS[①]对超导现象的说明加以论证[②]。他认为语义论不是完全关于理论的,而是关于模型的,因为理论是由模型来定义的,这样一来,理论在语义论中就被模型取代了,模型被看作是理论的实现。但事实上,理论与模型不是一回事,尽管密切相关。按照范·弗拉森等人的说法,语义论的模型-理论框架源于拜特[③]和外尔[④]的方法,但在莫里森看来它最初源于塔尔斯基的科学语义学框架[⑤]。所谓"理论核"是指构成理论基本内容

---

① BCS 是 J. Bardeen、L. Cooper 和 J. R. Schrieffer 三个人姓氏第一个字母的缩写。1957年,他们在《物理评论》上联合发表《超导理论》一文,提出了一个解释超导微观现象的模型,被誉为"自量子力学发展以来对理论物理学最重要的贡献之一",他们因此获得 1972 年诺贝尔物理学奖。

② Morrison M, "Where Have All the Theories Gone?" *Philosophy of Science*, Vol. 74, 2007, pp. 195-228.

③ Beth E, "Towards an Up-to-Date Philosophy of Natural Sciences", *Methodos*, Vol. 1, 1949, pp. 178-185.

④ Weyl H, *Philosophy of Mathematics and Natural Science*, Princeton: Princeton University Press, 1949.

⑤ Tarski A, "The Establishment of Scientific Semantics", In Tarski A, *Logic, Semantics and Metamathematics: Papers from 1923 to 1938*, Oxford: Clarendon Press, 1956, pp. 401-408.

的一套基本假设①，比如牛顿力学的三定律和万有引力定律，它们既可以是一个模型，也可以是一个命题语句，还可能是一个方程。这样，莫里森就通过引入"理论核"扩展了语义论仅仅将理论看作模型集合的观点。

之所以要用"理论核"扩展语义论，是因为在他看来，这个"理论核"不仅约束所探讨客体的行为，也约束理论所控制客体的表征以及理论的模型建构。"这并不是说理论决定模型被建构的方式，而是说我们模型化现象的方式是典型地受到理论规律或原理的约束的，这些规律或原理本质上是更大的科学语境的一部分。"②显然，莫里森是将语义论放在科学语境中做修正和补充的，因此笔者认为他是一位语境论者。他修正语义论的方法笔者称为"语境论"策略，并将这种策略概括为以下五个方面。

第一，不同语义论是基于塔尔斯基的模型被定义的，而且语义论与句法观是互补的。在科学理论的结构问题上，语义论与句法观是两个最流行的观点。前者根据模型定义理论，后者根据理论定义模型，这种循环定义使得模型成为多余的。按照句法观，理论是一个无须解释的公理化系统，模型只是用于解释这个系统中术语的一组陈述。由于模型与理论根据演绎结构是等同的，模型与理论都能够用同一系统(如积分)来表达。换句话说，理论 T 的命题表征与模型 M 的结构，根据演绎规则是一一对应的关联。如前所述，语义论也奉行理论与模型之间的一一对应规则，在这个意义上，二者是同一的，因为语义论将理论结构定义为一组模型的集合。

根据莫里森的看法，语义论的不同表达方式都能包含在塔尔斯基的模型定义中。塔尔斯基指出"一个理论 T 的所有有效语句的一个可能实现，被称为 T 的一个模型"③，显然，与语义论者用一组模型定义理论不同，塔尔斯基用一组语句或命题定义理论，模型的作用是为理论为真提供实现条件。因此，"最终目标是依据真理和结果被定义的，这些真理和结果是构成理论的语句的属性。因

---

① 这里的"理论核"概念类似于拉卡托斯的研究纲领中的"硬核"，区别在于："硬核"不仅包括科学理论中的假设、定律和原理，也包括形而上学信念；"理论核"仅仅指科学理论中的基本假设与基本原理，不涉及哲学信念。

② Morrison M, "Where Have All the Theories Gone?" *Philosophy of Science*, Vol. 74, 2007, p. 198.

③ Tarski A, "A General Method in Proofs of Undecidability", In Tarski A, Mestowski A, Robinson R M (Eds.), *Undecidable Theories*, Amsterdam: North-Holland, 1953, p. 11.

为模型的重要性仅仅是根据它对理论语句的关系被定义的，在这个意义上，模型采用的是语义维度"①。相比可以看出，塔尔斯基定义的本质在于，它在理论与模型之间做出了区分，这是语义论所缺乏的。从语境论来看，如果模型与语句无关，那么模型就与理论无关，因为理论包含内容，无内容的模型不能赋予理论以(经验)意义。这可能是莫里森采用语境论策略的一个重要原因。

第二，运用理论核和核心属性概念可以解决语义论的某些问题，如模型的内容问题、不同模型之间的区分问题。在莫里森看来，数学模型不同于物理模型，前者是抽象层次的，不描述任何实在，后者是应用层次的，是理论核的实际运用。"如果我们将一个理论看作是定律/方程的一个核心集，语义论遇到的问题就不会继续发生。比如，当问到经典电动力学的基本结构是什么时，人们自然会立即想到麦克斯韦方程。这些方程形成了一个理论核，许多模型能够由这个理论核来详细说明，而这些模型在将定律用于具体问题境遇中起辅助作用。"②因此，在莫里森看来，仅仅将理论看作一组模型，我们就不能看到由核心定律提供的理论一致性。这些核心定律可能不决定模型的属性，但确实约束模型描述的行为类型。是理论核而不是模型描述的属性能够使我们断言：牛顿力学包括一组模型(一个定律被看作一个数学模型)。

第三，语义论的同构观与相似观是真理上的反映论或一致论，部分结构观是同构观的弱的形式。莫里森认为，要求模型与要表征的客体同构或相似，就是要求理论与描述的客观事实完全一致，这在实践中是相当困难的。表面上，理论或模型表征的客体是部分真或近似真，语义论的支持者因此提出"部分结构观"与"部分真理观"似乎就是合理的③。这些部分结构抓住了"科学

---

① Morrison M, "Where Have All the Theories Gone?" *Philosophy of Science*, Vol. 74, 2007, p. 201.
② Morrison M, "Where Have All the Theories Gone?" *Philosophy of Science*, Vol. 74, 2007, p. 205.
③ 部分结构观辩护的理由是：在形式主义的意义上，部分结构的概念由一组可观察物与不可观察物的概念构成，这些部分结构构成部分关系。在可观察层次，模型与被观察对象能够同构；在不可观察层次，模型与被观察对象不能同构，因为我们不知道被观察物的结构。对于一个我们未知的领域，存在一个认识鸿沟，也就是在所建模型与表征对象之间存在不确定性，我们只能根据已知的部分结构去表征未知对象的部分结构，对不可观察物的理想化和抽象化是部分结构的具体表现，因为这两个概念本身就意味着抽取或提炼某些我们需要的部分之意。

理论的本质上不完全性与部分属性"①。因此,一个命题或语句 S 是部分地真,如果它在部分结构 A 中是真的。这是一个几乎被普遍接受的观点。然而,在莫里森看来,部分结构观不仅不能解决问题,反而使问题更复杂。部分结构观认为,既然我们不能完全表征世界或现象,那么我们部分表征它们则是可行的,这反映了科学表征的不完全性和经验适当性,正如德考斯塔和弗雷赫所说,"既然理论拥有经验支持,它们就能够被看作准真实(quasi-true)"②。那么,什么是"准真实"呢?经验在多大程度上由模型来体现?如何确定部分结构呢?如何保证这种近似真呢?这些问题会使部分结构观本身陷入困境。换句话说,部分结构"允许我们建构一个模型来反映部分真的一个认识态度,但是,当科学家的任务是建构一个物理系统的一个模型时,仍然不清楚的是,哪些关系或属性是部分真的。在这种实际语境中,部分结构方法不能抓住模型建构的一个关键认识维度"③。也就是说,部分结构模型如何通过语句说明物理现象的意义仍然不清楚。

第四,模型作为一种表征工具,它的一个重要特征是包含了某种程度的不确定性,要消除或减小这种不确定性,就要设置一个新语境。语义论的同构观及部分结构观的目的是要消除这种不确定性,但是,莫里森认为,模型不能准确地表征自然现象,而且模型本身也包含某种不准确性。因此,我们不能确定不确定性的类型和程度,因为我们不能进入要模型化的系统,也就没有任何可比较的基础。如果要在模型表征的确定性与不确定性之间做比较,我们就必须设置一个可以用于比较的语境。比如,麦克斯韦在建立电动力学数学模型的过程中,首先建立基于以太的机械图像模型,以此来表征一个旋转涡流的机械系统,再通过这个涡流运动模型建立电流的电场方程。一旦抽象的数学方程被建立,机械模型就不需要了。机械模型就相当于"脚手架",楼房建好后,脚手架就被拆除了。也就是说,科学家通常是通过具象的机械模型建立抽象的数学模型(方程)。伽利略通过设计无摩擦斜面模型而建立自

---

① da Costa N C A, French S, *Science and Partial Truth: A Unitary Approach to Models and Scientific Reasoning*, Oxford: Oxford University Press, 2003, p. 5.

② da Costa N C A, French S, *Science and Partial Truth: A Unitary Approach to Models and Scientific Reasoning*, Oxford: Oxford University Press, 2003, p. 59.

③ Morrison M, "Where Have All the Theories Gone?" *Philosophy of Science*, Vol. 74, 2007, p. 207.

由落体定律就是如此。这表明，物理模型有助于抽象数学模型的建立。然而，莫里森提醒说，"抽象模型（和理论）与表征模型之间的区分包含两个重要说明：(1)仅当我们采取一个严格相似的概念作为表征的标准时，说明模型的抽象性禁止其表征物理现象；(2)描述表征模型中的具体细节不保证它们表征实际情形"①。

第五，理论在适当语境中是基于模型的表征，即理论本身就是表征模型。莫里森认为，使用模型表征物理现象特别是不可观察现象时，抽象方式是必不可少的。那么模型的表征力或解释力来自哪里呢？一个重要的理由是，模型表征物理现象，这能够使我们理解某些过程是如何和为什么发生的。在这个过程中，理论的表征力来自在适当语境中基于模型的表征，比如，BCS 的超导解释，它既可以被看作是一个模型，也可以被看作是一个理论②。因为在 BCS 的说明中，在接近绝对零度的语境中，无摩擦是超导现象的本质特征，而解释这种现象的关键是"库珀对"（一对自旋相反的电子对）概念的提出。"库珀对"被看作是一个概念模型，它构成了超导理论的"理论核"，也即"库珀对能够解释和表征超导现象是如何发生的"③。

概言之，科学表征的语义论是离不开语境的，无论说明表征过程的机制是同构、相似或其他什么，缺乏语境的说明都是不充分的。这表明，语境论在解释科学理论的表征力和解释力方面有其优势。

---

① Morrison M, "Where Have All the Theories Gone?" *Philosophy of Science*, Vol. 74, 2007, p. 215.
② Morrison M, "Where Have All the Theories Gone?" *Philosophy of Science*, Vol. 74, 2007, p. 218.
③ Morrison M, "Where Have All the Theories Gone?" *Philosophy of Science*, Vol. 74, 2007, p. 223.

第 六 章

结构经验主义：表征是使用模型描述世界的过程

近年来，科学哲学多集中于语言实体与世界间的二元关系，特别是指称与真理间的语义关系研究。吉尔提出了一个基于使用者概念的 SXWP 表征模型，即"主体 S 使用工具 X 表征世界 W 为了目的 P"，认知表征过程体现为一个等级结构：原则性模型→表征模型→具体假设和概括←实验和数据模型←世界。这是一个包括自上而下和自下而上策略的认知过程，科学家使用模型与世界某些方面的相似性来形成假设和概括，进而产生科学理论。笔者将这种科学表征观称为"结构经验主义"。之所以叫这个名称，是因为吉尔既注重表征的结构性，又注重经验在其中的作用，既突出了使用者这个主体，也彰显了表征的目的。

第一节 模型作为科学表征的认知工具

吉尔的模型表征观是一种工具认识论。在他看来，科学的描述并非全方位的，这是由于受到某些因素的影响而无法准确、完整获得科学解释。或者说，科学模型这种认知工具，是从特定或有限的角度对目标系统进行理解。

一、科学模型源于认知资源

吉尔主张一种"进化的自然主义",认为若要对自然主义认识论有深入细致的了解,必须从语言哲学、心理哲学方面介入,因为传统科学哲学,如卡尔纳普的归纳逻辑、劳丹的直觉主义、波普的证伪主义等,没有达到预期效果。"对任何科学来说,都不存在哲学的基础,也不存在探讨科学的理论深度的哲学方法,存在的仅是科学方法本身。"① 正因如此,吉尔将认知科学融入自然主义的研究中,将认知科学作为一种哲学研究的手段。这也是他的进化自然主义或工具化认识论的核心。他的工具化认识论就是自然化科学哲学,即"理论并不涉及理论选择合理性原则等问题,它是由某种包含着个体判断和社会关联的自然过程决定的,由它们决定(某种认识)是被接受还是被放弃"②。

吉尔常常将"认知资源"(cognitive resources)③ 与模型联系起来,认为"起源于认知资源的模型结构变得更加依赖计算机,而计算机使用编程,甚至能将它自己写程序的能力变成一种更重要的认知资源"。但模型还不是认知资源,"我认为能力,甚至是技能,都能与模型一起工作,在新事件中发挥作用,在计算中使用它们"④。例如,人工智能的任务就是要设计出具有计算能力的网络,而这种计算并非是我们所认为的计算机通过编程算出的能力,这种计算必须是原先由心灵完成的。在确定和设计这种网络时,需要通过构造工作模型得以补充,人类心智也是这种认知资源的一部分,包括从感觉的输入到复杂问题求解,从人类的个体到人类社会的全部智能活动。

人工智能无疑能够帮我们认识自己的心灵究竟是什么,它是如何工作的,与大脑是什么关系这些问题。这是所有计算心理学家都认可的。吉尔从数学

---

① Giere R N, *Explaining Science: A Cognitive Approach*, Chicago: University of Chicago Press, 1988, p. xvi.

② Giere R N, *Explaining Science: A Cognitive Approach*, Chicago: University of Chicago Press, 1988, p. 7.

③ Giere R N, *Explaining Science: A Cognitive Approach*, Chicago: University of Chicago Press, 1988, p. 213.

④ Giere R N, *Explaining Science: A Cognitive Approach*, Chicago: University of Chicago Press, 1988, p. 214.

定理证明开始，运用计算机技术对机器学习、心灵发展、语言系统、神经网络等进行系统研究，认识到我们不应将心灵和大脑割裂开来研究，心脑是一体的，不存在谁决定谁的问题。他赞成普特南的说法："既非心灵单方面地创造了世界，也非世界单方面地创造了心灵，而是心灵与世界一起创造了心灵与世界。"[1]而且认为最关键的问题是应将大脑和心灵置于一定的背景中进行研究，可以用计算机模拟表征大脑，包括物理表征和心理表征。

总之，在吉尔看来，模型最重要的特性是，它们能够指称对象、过程或其他模型，而正是在这种指称过程中，目标对象才能得到表征与解释。

二、认知模型的假设

根据结构主义，模型具有结构性，是依据一定关系组成的集合体，而这种集合体与其目标系统是同构的。对于物质系统，这是有道理的，因为客体都有结构，可以用与其同构的集合体表示。但对于心灵世界，结构主义就无能为力了，因为心灵的结构是什么无人知晓，当然也难以用同构表征了。问题是，模型就只能表示有结构的物质世界，而不能表征精神世界吗？或者说精神世界没有结构吗？

在吉尔看来，"原则上来说，模型并非用来解释形式系统的，而应被作为表征世界的一种工具"[2]，所以结构主义并不能完全表征世界，表征世界的应该是工具。可以看出，在表征问题上，吉尔持工具主义立场。他试图通过使自然主义工具化让其拥有解释世界和解决问题的能力。

作为一名自然主义者，吉尔的目的是用科学方法论解释科学表征的本质。"某个科学理论，本质上同现代进化论相似，都需要建立在能掌握科学发展的'深层结构'模型上。"[3]也就是说，科学理论的前提是实践和经验，而假设的关键是选择，何种模型适合科学理论或表征是一种选择过程。一个模型揭

---

[1] 普特南：《理性、真理与历史》，李光程译，上海译文出版社 2005 年版，第 11 页。
[2] Giere R N, "Using Models to Represent Reality", In Magnani L, Nersessian N, Thagard P (Eds.), *Model-Based Reasoning in Scientific Discovery*, New York: Springer, 1999, p. 43.
[3] Giere R N, *Explaining Science: A Cognitive Approach*, Chicago: University of Chicago Press, 1988, p. 17.

示它所表征的各个因素之间的定量关系,假设包括一个或多个随机方程式,可以有效描述其中的变量特征。

在吉尔看来,任何模型都需要三个要素支持:理论、方法和数据。理论是指所研究现象的行为理论;方法是研究模型的工具和手段,从中分析这个模型和模型所表征的事物的特性;数据是反映目标客体本身及其与环境的信息。吉尔的建模假设有两种方式:概率模型和随机样本。概率模型着重探寻模型的方法,是指一种为说明人类身体或其他复杂模型何以被表征但不能被概率模型决定,也就是说,高概率的原因不一定会出现结果,反之亦然[1]。例如,某人开车走某段公路,公路交通良好,发生事故率极低,但这个不等于他走这段公路就绝对安全。随机样本是指模型中的数据和资料。如果一个模型不能适应真实世界,那么所有与其有关的规则都是不适用的[2]。比如,在产品质量检测过程中,如果依据一种模型决策检测出的结果不符合实际,检测其他情况也不符合现状,那么这个模型就是不成功的,与其相关的规则也是不适用的。

选择变量、确定变量间的关系和拟定模型中的参数范围是理论模型的主要部分,也是模型假设的主要内容。按照时间划分,模型假设形式有两种:历史数据假设和截面数据假设。第一种是指在某段时间内,这个模型中定量和变量的数据收集整理,一般是按照时间先后进行统计的,在这个过程中,假设的变量,如市场需求因素、居民收入、出口额等,是受到时间控制的。第二种通常是指发生在同一时间截面上的调查数据,如人口普查、科学普查等。吉尔指出,在模型假设中,必须注意两个问题:一是所选择样本区间内的客观条件是否相同,如图灵测试,要将计算机和人假设成为同一种情况,才能保证样本的一致性;二是在模型假设中,要避免样本值过于集中的情况,如科学知识的普及率,只限于大城市自然会得出普及率高的结果。

在做科学假设过程中,我们必须解决一个问题,那就是,我们如何将我

---

[1] Giere R N, *Explaining Science: A Cognitive Approach*, Chicago: University of Chicago Press, 1988, p. 202.

[2] Giere R N, *Explaining Science: A Cognitive Approach*, Chicago: University of Chicago Press, 1988, p. 177.

们无法感知到的事物赋予到模型中呢？吉尔认为这主要是靠对客观事物的抽象化和理想化实现的。例如，人们从来没有见过"黑洞"模型，这只是物理学家依据某些数据推演而得的，更不会知道"黑洞"中到底实际发生了什么。"黑洞"具有吸收任何东西的特性是通过对可感知事物的特性抽象化而来的。因此，抽象能力和想象能力在模型的假设中起着极其重要的作用。前者是忽略模型建构的其他方面，专注于它的目标建构；后者是简化其他方面。当然，模型毕竟不能同真正的原型相比，如太阳系模型不是真正的太阳系，但当我们需要弄清楚太阳系各个行星间的引力关系时，就必须建立相应的模型，考虑到有可能影响相互间引力关系的变量时，便会将这些设置到模型中，如各自的质量、运行速度、运行轨迹等。

在模型的变量选择和解释过程中，吉尔认为还要分清两个术语：解释变量和被解释变量。被解释变量是模型建构前就必须确定的，如在建构分子模型时，被解释变量就是分子的特性，而解释变量就是分子的质量、形状、体积等。进行模型假设还要考虑的问题是数据可得性，这就要对模型建构的相关内容有透彻的了解。在同样情况下，一定要选择容易获得的数据进行模型建构。在进行模型假设前，一定要彻底了解原本的数据情况，选择可靠的、存在的数据进行讨论，引入一些重要的变量条件，只有这样才容易使模型的建构可行。

模型参数的评估方法是模型假设的核心内容。一般而言，当建立了模型理论并收集到了相关的样本数据后，就可以选择适当的模型了。模型参数的评估包括识别、评估方法的选择等。通常，模型会随着研究纲领的变化而演化，这也是吉尔模型理论的重点。有时一个模型中理论序列的核心发生了变化，有时模型必须被改变接受新的实验，这些就又需要改进模型或是建构新的模型。模型的最大特征就是似真性。一个科学模型为解释一个被解释变量，必须提供原型的资料、属性、状态、结构等。然而，原型有时也会发生变化，这也使得模型的变化成为必然。

三、认知模型的检验

模型是否真实可靠地表征了目标客体，这就需要对模型进行检验。吉尔将模型的检验分为五个步骤。

第一，审视模型是否符合提供了目标客体的似真表征。这可以根据观察模型与其他子型的关系来评价。如果模型的子型是比较接近世界的例示，那么它的父型也就比较符合最初的预期。例如气体的真实成分，其子型分子在最低程度上是似真的，它符合最初的假设预想。而气体真实成分这个父型是牛顿经典力学的子型，它符合最初设想。

第二，检验模型建构的稳定性。一个模型建成后，其预测结果是否准确和稳定，就需要考虑模型的重新修正了。比如，天文学家根据事先设定的模型进行预测，推测出某一时间有哪些行星可能出现，实际情况是，有些行星出现了而有些没有出现，这就说明事先设定的模型有其可行之处，但也有不合适的地方，需要根据新数据做适当修正。

第三，检验模型相对样本容量变化时的灵敏度。当样本数量发生变化时，模型是否也会随之变化，也是检验模型是否完善的条件之一。例如，三层次的神经网络海马回模型，当细微的神经发生变化时，模型也会随之发生变化，这表明这个模型符合事先的假设。

第四，模型的检验是通过数据统计而得的，通常需要通过适合度检验、变量和方程的显著性检验等，目的在于检验模型的准确度。而在计量学检验中更加严格，通常的检验准则有随机误差项的序列相关检验和异方差性检验，解释变量的多重共线性检验等。

第五，要确定所建立模型的适用范围。这是模型建构成功后进行的工作，具体的检验方法可以利用扩大样本数量和范围进行，将新的检验值同原来的估计值相比，找出差距，分析原因。

通过这些步骤的检验，可发现模型是否符合预期的目的。如果符合，说明这个模型是适当的；如果不符合，我们也不要完全抛弃做过的一切操作，还拥有一个启发式模型，可以指导日后不犯同样的错误。

四、认知模型的解释

吉尔模型的解释允许建构有关能用来解释可观察现象的不可观察过程和结构的假设。比如，太阳系的结构，原子、分子的内部结构等，它们是对自然的一种"驯化"选择。模型的解释牵涉到质、量、维度的结构描述，经验事实和形式构架是科学概念和理论表述的两大基本要素。模型的解释可以扩展或减小人类环境的边界，并作为人类探索世界的向导。

模型解释的手段是多样化的，可以有效描述复杂的系统结构，进行有效的功能模拟。如果说模型是复杂开放系统的整体定量形式化描述，那么模型的解释就是揭示模型内部各部分间相互关系的一种方式；如果想要对原型进行有效的形式化描述，就必须体现其与原型的同构性。寻求同构性也是模型解释的意义所在，这样可以进行有效的功能模拟，因为任何功能都是由结构决定的。

吉尔的模型解释是通过因果关系的分析进行的。这就是他的"因果模型"[①]，其特点是：无因果联系的关联性和因果联系的非对称性。相比而言，概率模型在于概率的高低，与事物的发生并不无绝对关系。在经典科学中，一因一果是常见的联系，较少涉及多因多果，吉尔的模型理论主要处理多因多果的情形，因为它是从一个更加宏观的角度看待"原因和结果"联系的。吉尔认为原因和结果并无关联性，并非有原因就一定有结果。哲学上的因果关系被定义为"引起"和"被引起"的关系，而用"因为……所以……"表述的关系，并非都是因果关系。按照休谟的看法，"因果联系只是习惯性的联想罢了"，无所谓原因和结果的关联性。虽然吉尔认为原因和结果间不存在必然联系，但他并不反对结果的产生有原因存在的情形。

在吉尔的"因果模型"中，原因和结果并无对称性，也即一个现象的出现是否必然会伴随另一个现象的产生？而这种伴随现象就是因果关系吗？吉尔认为不是，如打雷之后必然会有闪电，但是二者并非因果关系。

概率问题也是吉尔因果模型的一个组成部分。概率再小的事件也可能发生，而且概率发生的时间和地点也是无法确定的。这就类似于数学中的小概率事件。买彩票就是一个小概率事件。一个人买彩票赢得大奖的概率很低，但不排除有人刚买了一张彩票就中奖的情况。吉尔认为小概率事件发生的机制并不是那么明确的，数学统计也没有完全解释这种现象。

---

① Giere R N, *Explaining Science: A Cognitive Approach*, Chicago: University of Chicago Press, 1988, pp. 198-203.

五、认知模型的进化

模型并非是一成不变的,而是不断进化发展的。当一个模型建构完成后,什么样的因素决定它能够传递给下一代的科学家,为新生代的科学家所接受呢?或者说,决定一个模型对环境的适应度如何,通过什么来判断的呢?为什么有的模型能够很好地被后世科学家继续沿用,而有的模型却很短命呢?吉尔认为,这个过程是模型研究的一部分,这本身也是一种模型,即"进化模型"。模型在进化中形成科学共同体,在竞争后继续存活,并通过教学传递给下一代的科学家投入这个科学共同体中来[1]。

在吉尔看来,旧理论可以作为新理论或旧理论新表述的理论依据。比如,马尔萨斯主义就是达尔文进化论思想的灵感来源。进化模型将原有的科学事实或模型应用到新模型中,而在引用过程中,原有的模型理论被作为新理论的依据。例如,薛定谔提出波动力学理论很大程度上受到光学和力学之间类比的影响,难怪薛定谔说:"将普通力学引向波动力学的进步,就类似于惠更斯的波动光学取代牛顿理论的进展。(从这些理论中)我们可以得到这样一个过程演化:普通力学、波动力学、几何光学、波动光学。而典型的量子现象类似于像衍射与干涉这样典型的波动现象。"[2]

可以看出,在旧理论和新理论的演进过程中,旧理论是新理论的依据,通过科学事实的填充,旧理论可以进化为新理论,而这同样要受到时间和实践的检验。吉尔认为模型进化的机制有两种:一种是个体科学家的认知能力和心理机制模型;另一种是社会和制度环境模型。后者更为复杂,所以他对达尔文进化理论的引用是对前者的思考和应用,在对这两种模型进化机制的思考中,他先处理了前者[3]。这就是吉尔之所以重视和引用达尔文进化思想的原因。

当然,吉尔勾勒的图像仍只是雏形,还没有被广泛认可,就连他自己也承认,"如何去发展一个科学的进化模型,当前并没有共识。在此,我只能指

---

[1] Giere R N, *Science Without Laws*, Chicago: University of Chicago Press, 1999, pp. 46-55.
[2] Schrdiner E, *Collected Papers on Wave Mechanics*, New York: Chelsea, 1982, p. 162.
[3] Giere R N, *Science without Laws*, Chicago: University of Chicago Press, 1999, p. 49.

认出主要的几种选择,并指示进一步研究的方向——对我而言,这是最有前途的方向"①。他选取的最有前途的两个方向就是"统计假设进化"②和"因果模型进化"。

统计模型进化不单单是指一些数据的罗列和演算,它还将社会因素考虑在这个统计模型之内。在计算一个模型是否真的符合要求时,除单纯的数据统计、变量、定量的计算外,最主要的是看这个模型是否能够符合当时的实际情形。而因果模型进化可以指示进一步的研究方向。如果一个模型中变量定义明确,变量间因果关系也比较明确,那么就认为该模型具有较好的效度;反之,如果一个模型中变量及其因果关系不确定,那么就表明这个模型研究质量和效果较差。

据此,吉尔将因果模型进化分为因果关系理论模型建构和因果关系数据模型验证两部分。而这两部分之间又通过因果模型对其自身的模型理论进行解释,在解释过程中,他又对其中两个方面进行了深入探讨:在预期假设方面,理由的多元性思维加强了③;在试验假设中,由于受到社会因素的影响,因果模型的伦理性也有所加强④。另外,吉尔引入"因果中介"这一推论过程。在这一过程中,一些"缓冲变量"被引入,这些变量仅仅适用于描述性研究;而且牵涉的这些中介变量是在不同条件下的因素。人的伦理因素也不能忽视,它适用于更高层次的解释性和预测性。

概言之,吉尔因果模型有四个特点:一是为了增强多元化构想,着重提高因果模型建构效度和满足其自抑式条件,强调构思的网络化;二是强化伦理学的作用,加大情感、伦理等非理性因素在因果模型建构中的分量,以构建动态特征的综合型模型;三是因果模型建构要把握群体研究的基础,建立一种适合大众的行为方式模型;四是重视"缓冲变量"的作用,完善因果模

---

① Giere R N, *Science without Laws,* Chicago: University of Chicago Press, 1999, p. 46.

② Giere R N, *Explaining Science: A Cognitive Approach*, Chicago: University of Chicago Press, 1988, p. 178.

③ Giere R N, *Explaining Science: A Cognitive Approach*, Chicago: University of Chicago Press, 1988, p. 226.

④ Giere R N, *Explaining Science: A Cognitive Approach*, Chicago: University of Chicago Press, 1988, p. 242.

型建构的方法和技巧。

第二节　表征模型与四等级科学结构

在科学哲学中，语言，特别是数学语言，被认为是一种基本的表征资源。伴随着逻辑和数学的实践，科学的语言也一直被认为是句法、语义学，最终是语用学。在吉尔看来，句法对于科学表征注定是重要的，而语义学，包括指称和真理的基本概念，已经引起了人们极大的关注。比如，关于科学实在论的争论，一直围绕理论术语的指称和理论假设的真理进行。语用学则被看作是一个包罗万象的容器，但很少得到系统的研究。构思科学表征的这种方法应该颠倒过来，也就是，不是从句法、语义学到语用学，而是从语用学、语义学到句法。因为语言说到底是一种文化产物，也就是一种文化人造物。"学习一种语言就是学习成为一种文化及其历史和习俗的一员。"[①]这一切就发生在语用学层次，也就是科学实践层次，而句法和语义学主要是在书面语的研究中使用较多。在这个意义上，表征世界的科学实践主要是语用学的任务。如果我们要理解这些实践，我们就应该不是从语言本身开始，而是从使用语言的科学实践开始。这是近年来科学表征研究的一种语用实践取向，它与科学语境论的观点不谋而合。可以说，科学表征的语用学取向，是语境论在科学实践中的一种表现方式。

在传统的意义上，表征被理解为一种语言实体和世界之间的二元关系。在科学实践的意义上，表征就是一种语用活动，它包含多种因素和关系，其中语言的使用者，也就是科学家进行表征活动，而科学家是有目的的意向行动者，因此，吉尔提出了一个表征模式：

为了目的 P，S 使用 X 表征世界 W

[①] Giere R, "How Models Are Used to Represent Reality", *Philosophy of Science*, Vol. 71, No. 5, 2004, p. 742.

在这里，S 可以是个体科学家，也可以是科学群体，或者是更大的科学共同体；X 是某种工具，如语言、模型、图像等；W 是真实世界的某个方面，如自然类或系统；P 是 S 要达到的目标，如弄清原子结构。更准确的表达应该是：科学家出于某些具体目的使用 X 表征真实世界的某个方面。

在这个模式中，变量 X 是表征完成的中介，相当于人使用的工具，它会因表征目标、目的不同而变化。在科学实践中，X 可能是词语、方程、图表、曲线图、照片、模型、计算机产生的图像、科学理论等，它需要根据具体要表征的对象和目的来选择，其中，模型和科学理论是常见的中介。吉尔描述了一个理论、模型、世界之间关系的等级结构[①]（图6-1）。

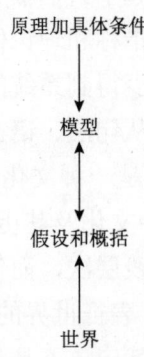

图6-1　理论、模型与世界之间关系的等级结构图

原理是起核心作用的基本抽象定律，如牛顿力学的万有引力定律。它不能直接表征世界，需加上具体条件形成模型，如牛顿的运动三定律。在吉尔看来，理论是一组陈述的假设，这与科学表征被理解为陈述与世界之间的一个二元关系的观点是一致的，因为集中于表征活动符合关于科学理论是基于模型的理解。在这个等级结构中，科学家使用原理和具体条件产生模型，将模型用于世界的意图形成假设，这些假设使得特定模型与世界中的具体事物匹配。假设可能是通过以前指定的客体类产生的。

在自然科学中，模型是根据合成原则建构的，在物理学中这样的原理比

[①] Giere R, "How Models Are Used to Represent Reality", *Philosophy of Science*, Vol. 71, No. 5, 2004, p. 744.

比皆是，例如，牛顿的力学原理、麦克斯韦的电磁学原理、热力学原理、相对性原理、量子力学原理。吉尔在这里讲的原理，其实就是科学家和经验主义哲学家所说的经验定律，也即普遍而真实的概括。在吉尔看来，如果原理被理解为普遍概括，结论性陈述既可能是有意义的真，也可能是无意义的假，最好不要将原理本身看作是产生经验陈述的工具。譬如，牛顿运动三大定律指涉力和质量这两个属性，它们与位置、速度和加速度相关，但是它们（力和质量）本身并没有以更加具体的术语告诉我们什么算作力和质量。因此，我们不知道在世界的何处去运用这些规律。假如我们坚持把原理看作真实陈述，那我们就必须发现它们描述的客体，即它们指称的物体。能够承担此角色的最佳选项是高度抽象的客体（指模型），这种客体能够展示在原理中指明的所有特性。所以，这些原理是这个抽象客体的真实反映，它们有助于形成和限制模型的结构，尽管是以一种相当琐碎的方式。

更重要的是，这些原理在表征实践中如何发挥作用。吉尔认为，它们的功能是作为一般模板来建构更抽象的特定模型的。这样，原理加上具体条件就产生更具体但仍然抽象的客体。比如，牛顿运动原理加上具体条件 $F=-kx$，就产生了一个谐振子的一般模型。但是，这个模型仍然远离经验陈述，人们仍然不容易理解力和质量概念。为了做到经验直观，也就是经验适当性，我们可以在弹簧上加一个具有质量的特定物体，通过做实验，就可以经验地知道真实质量在弹簧上的运动情形，并检验其是否与模型中计算的抽象质量的运动相一致。

然而，在吉尔的模式中，并没有出现理论和规律这两个概念。那么，吉尔所说得"原理"（principle）与"理论"（theory）、"规律"（law）有什么不同呢？他为什么不用这两个概念呢？在他看来，在科学实践和科学的元层次讨论中，理论和规律的使用过于宽泛。如果要对科学实践做深入的元理解，我们就必须对它们做出区别。比如，进化理论通常被理解为"进化理论的原理"。他把原理定义为抽象的客体，而不是直接指涉世界中的任何事物。尽管有人认为进化理论是一个经验理论，但那是在把其原理应用到实际种群意义上说的。因此，吉尔认为，使用理论这个术语，不仅模棱两可，而且有矛盾[①]。"原

[①] Giere R, "How Models Are Used to Represent Reality", *Philosophy of Science*, Vol. 71, No. 5, 2004, p. 746.

理"这个术语则没有这个问题。自然主义科学哲学和科学论(science studies)中所说的"科学理论"(theory of science),其实就是指科学的原理。

同样,规律这个术语的使用也不准确。比如,我们通常说的牛顿第二运动定律,在吉尔看来,就是指经典力学的核心原理。所谓的摆定律,就是更具体但仍然抽象的简单摆模型的明显部分特性。也就是说,摆定律应该被认为仅仅是一个经验概括,而不是什么自然规律。因此,吉尔喜欢使用原理和模型这些他认为更准确的术语。

第三节　模型在科学表征中的核心作用

接下来再回到模型这个概念。如上所述,模型是介于原理和世界之间的一个抽象实体,它有不同类型——物理模型、比例模型、类比模型和数学模型等,具体模型如 DNA 模型、太阳系原子模型、玻尔氢原子模型等。鉴于模型的多样性,模型显然是异质性的。在物理学和生物学中,模型是抽象客体,是按照适当的一般原理和具体条件被建构的。在这个意义上,模型可能被认为是一种人工设计的物件,用来详细描述世界的不同方面。因此,"模型的特殊性在于,它们被设计出来,使得它们的要素能够与世界的属性一致。这些要素使得模型来表征世界的不同方面成为可能"[①]。

在吉尔看来,模型是科学中的一种基本的但不是唯一的表征工具。模型之所以成为表征工具,是因为它们被设计出来与世界的某些方面相似。那么,科学家如何使用模型表征世界的不同方面？模型的哪些东西使得使用它们以这种方式表征世界成为可能？最重要但可能不是唯一的方式是,通过揭示模型与世界的方面之间的相似性,表征的发生正是利用了这一点(相似性)。吉尔特别指出,这并不是说,由于模型与世界相似,模型本身才能表征世界的不同方面。这种表征关系不存在。因为任何东西都与其他任何东西在许多方

[①] Giere R, "How Models Are Used to Represent Reality", *Philosophy of Science*, Vol. 71, No. 5, 2004, p. 747.

面相似，但是并不意味着任何东西能够表征其他任何东西。不是模型在表征，而是科学家使用模型在表征。也就是说，科学家做表征是通过选择模型的某些特性，而这些特性被认为与所设计的真实系统的属性在某种程度上（或许相当松散）相匹配。正是这些指明的相似性的存在，才使得科学家使用模型表征真实系统成为可能。吉尔仍然用弹簧一端系一物体这个模型做说明。科学家使用这个模型的数学描述，就能够计算作为 k/m 函数的摆的周期，然后测量这个真实弹簧系统的参数值，科学家就能够确定这个周期的测量值与模型的计算值近似的程度。

吉尔特别强调，以模型表征真实世界的属性，并不要求模型和真实系统之间的相似性的客观测量的存在，真实系统的属性是客观存在的，它们不因模型的表征而发生改变，改变的只是模型如何根据相似性去适应真实系统的属性。适应抽象模型表征系统也同样适用于物理模型。一个典型的例子是 DNA 模型。沃森使用锡和硬纸板表征 DNA 的结构，并不是说 DNA 结构与由锡和硬纸板构成的模型相似，而是要说明，能够用模型表征世界的某些方面的部分，能够选择相关的相似属性或特性。或者说，模型表征的只是真实系统的某些主要属性，而不是全部属性。具体来说，沃森模型中的角用于表征 DNA 模型中的键角，不等于此角就真的是键角，但是没有人怀疑此角能够非常准确地确定 DNA 具有双螺旋结构。

关于"自然规律"（law of nature）这个概念，吉尔认为它的功能更像是低层次概括，而不是总原理。这大量存在于物理学中，如胡克定律、伽利略的摆定律等，就是典型的例子。这些所谓的规律或定律，并非完全是普遍的和真实的。它们是有着严格限制和例外的。问题是，是什么造成了这样的情形呢？在笔者看来，这些概念之所以能够流行而且流传至今，是因为人们一直认为自然是有规律的，而且规律只能被发现，不能被创造。这一观念蕴含了这样一层意思，即规律具有普遍性和客观性，当然也具有真实性。它的缺陷是忽视了探索规律过程的主观性。

吉尔给出了解决的办法，即不能从表面价值看待规律陈述，而是把它们看作是嵌入的、一切均同句的隐性补充，或者看作是独立限定性条件的陪伴。问题的实质是规律的确定性与不确定性的划分。也就是说，规律或定律是有限制的，而不是无限制的。吉尔认为更好的解决方法是，保留简单规律陈述，但将其理解为抽象模型所描述的部分，这样，模型也成为真实的了。必要的限定性条件涉及的仅是模型的应用范围，你仅需要说明应用于哪里，其精确度如何。因此，与其说规律陈述是定律，不如说是抽象模型。

在吉尔的表征模式中，目的也是一个重要因素。他假设，模型被用于了解某物像什么这样一个总目的。比如，沃森使用他的模型表征 DNA 的物理结构，其目的是发现 DNA 的结构，当然也有其他目标，如理解遗传的机制。实际上，用模型来表征真实系统才是最终目的。不过，目的不同，模型的设计也会不同，因此，模型还有更具体的目的。吉尔以布朗运动为例说明了这一点。如果你研究水的扩散或布朗运动，你会把分子的集合看作水的模型。如果你关注的是水流过管子的行为，最合适的模型是把水看作连续流体。这样，你用于表征水的模型类型依赖于所面对的问题类型。也就是说，面对的问题类型决定使用模型的类型。当然，科学家为了研究流体流动行为使用连续流体模型表征水，与为了研究布朗运动使用分子模型表征水之间并没有冲突。连续流体模型表征水的宏观行为，分子模型表征水的微观行为，由于研究目的的不同，两个模型之间并不存在矛盾。至于真实的水究竟是什么，则需要另外的模型来解释。结构化学中关于水的结构就是水分子的模型。这已被实验所证实，也是实在论要回答的问题。

提及实在论，吉尔的表征模式有一个更深刻的问题，那就是，模型的要素与真实系统之间的匹配是实在的吗？对此吉尔并没有给出说明。这是实在论与经验主义之间的持续争论的问题。为什么这么说呢？我们知道，模型是人根据要表征的真实系统的某些属性的相似性设计的，真实系统的属性应该是可观察的，而设计的要素是不可观察的，但可以想象。进一步的问题是，想象的模型要素（不可观察）怎么能够表征经验上可观察的真实系统的属性呢？难道仅仅根据二者的相似性就能够合理地、可靠地表征吗？

经验主义主张，模型与世界之间的相似性，必须严格限制在对世界的可观察方面。实在论则没有这个限制，相反，它认为模型的要素与真实系统的某些方面是同一的，无论是在可观察范围还是在不可观察范围。对于常人而言，可观察与不可观察之间的区分，在任何科学理论中没有那么重要，重要而且必要的是，人能够观察对于实践科学就足够了。比如，牛顿的力学原理对于经典引力的解释。引力原理最初是根据超距作用力而形成的。在怀疑论者看来，这不合理，这些力似乎相当神秘。因为超距作用力是不可观察的，人们难以理解不接触就能够发生作用的事物，这与人们的感觉经验不一致。在最初的解释中，地球远距离作用于月球，由于没有中介，人们难以理解。为了做出更合理的解释，科学家引入了引力场的概念。在场的解释中，引力场将远离的两个物体联系起来，地球通过场对月球施加力。除力外，自然中真的有场存在吗？或者说，场是实在的吗？

吉尔认为这些不是合理的科学问题，而是形而上学问题。引力场理论的原理与牛顿力学的原理一样，不是经验上真或假的东西。它们或多或少只是在指导建构合适的模型过程更为成功。在这个意义上，场原理不比牛顿原理更成功，因为它们都精确地产生了同类的模型。我们不能直接用经验方法检验原理，我们只能检验适合这个世界的特殊模型，而且这些模型包含原理。因此，在经验上，不存在喜欢一套原理而厌恶另一套原理的哲学基础，也不存在一个模型更适合宇宙结构的科学基础。实在论的主张应该加以限制。

由此看来，吉尔游走于经验主义与实在论之间，既赞成模型对原理的依赖，也支持模型与经验的对接。在他看来，模型是科学表征的核心，要理解现代科学的本质，就首先要理解模型在科学研究中的作用。科学表征的实质就是科学家出于种种目的运用模型表征世界的不同方面。

第四节 修正的等级表征模型

吉尔后来认识到，模型与世界之间的关系虽然根据相似性来表征是合法则的，但是仅仅依据相似性来表征显然有问题，因为任何东西都可以用于表征任何其他东西，模型因此不具有统一的范畴。他根据近年来认知科学和语言学的发展成果，进一步深化和拓展了他的等级模型。

在这个修正的模型中，他把"原理加具体条件"修改为原理性模型，将模型改为表征模型，将假设改为特定假设，增加了"实验和数据模型"层次，并在"世界"上加上数据[①]。在修正模型的过程中，吉尔对这个模型做了进一步的阐释。原理性模型不能直接用来描述世界，它们不表征任何东西。给原理性模型加上条件和限制，科学家才能够形成表征模型簇来表征世界中的事物。比如，牛顿的运动定律这个原理加上引力定律，就可以形成三维空间中两个物体之间的相互作用的表征模型，若再加上更具体的条件，就可以得到两个某些真实物体如地球和月球的更确定的模型(图6-2)。

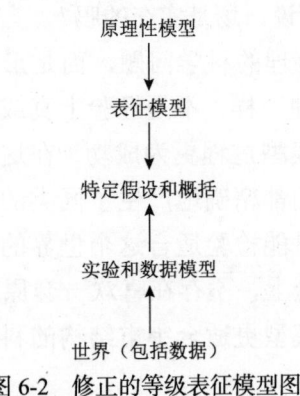

图6-2 修正的等级表征模型图

根据这个模型，我们通常称为牛顿的"理论"，仅由三个陈述构成。这三个陈述才是原理性模型，而万有引力定律不是牛顿理论的一部分。或者说，牛顿理论由一组表征模型的详细说明构成，其他说明包括统一引力场中的线性运动(自由落体)和线性扭曲力(谐振子)。因此，事实上，经典力学的模型等级结构是由不同的可能力函数定义的多等级结构。一旦增加一种力函数，如力函数 $F=-mg$、$F=-kx$、$F=-Gm_1m_2/r^2$，力本身的概念就脱离了表征模型的说明，由质量、距离和摩擦这些概念所取代。这些增加的力函数就是特定条件。

问题是，科学家如何将抽象模型与具体的真实物理系统连接起来呢？吉尔认为这要通过至少两个过程：一个是"说明或解释"(interpretation)；另一

---

① Giere R N, "An Agent-Based Conception of Models and Scientific Representation", *Synthese*, Vol. 172, No. 2, 2010, p. 269.

个是识别或认同(identification)[①]。说明是说，一个抽象的原理性模型的要素由像"质量""位置"和"速度"这样的一般物理说明提供解释。这样的说明已经在定义原理性模型的陈述中得到描述。科学家不是从未经说明的形式主义加上说明开始研究的。识别是说，表征模型的要素与真实系统的要素同一或协调关联。如果科学家做到了这两点，他们就能够将抽象模型与真实系统联系起来，进而通过假设和概括给出合适的解释。

那么，假设与抽象模型是什么关系呢？一个假设是这样一个陈述或主张——一个充分说明的和详述的模型与一个特殊的真实系统，或者匹配得很好，或者匹配得较差。譬如，在引力系统中，两个运动物体，如地球和月球，它们的说明表征模型，能够通过指明各自的质量、位置和速度，充分得到详述。当然，科学家还能够提炼假设，以包括太阳系中的其他行星——月球系统。

然而，充分详述的表征模型由什么来保证呢？在吉尔的模型中是实验和数据模型。表征模型是通过数据模型的比较来检验的，而不是直接由数据本身检验，因为数据是世界的一部分，而不是表征模型的一部分。也就是说，这是模型与模型的比较，而不是模型与世界的比较。表征模型与世界不直接发生联系，而是通过数据模型发生联系。从数据到数据模型需要实验模型，包括统计技术和其他数据处理技术、源于他处的经验信息及其他事物。

在吉尔的五级模型中，"特定假设和概括"是通过两个方向获得的：一个是自上而下；另一个是自下而上。前者是抽象理论保证，后者是实际数据保证；前者的方法是演绎，后者的方法是归纳。因此，这个表征模型将理论与实践、演绎与归纳结合起来，体现了它的综合性和整合性。吉尔发现，原理、理论、规律、模型和数据这些概念的使用并不总是统一的，在不同学科的科学家那里是以不同的方式出现的。为了给科学实践的成分一个系统的说明，他将这些概念组织起来。他自信地认为他的模型抓住了科学实践的重要部分，而且科学家和其他科学理论要表达的科学思想，大多都可以包含在他的构架内。

在四级模型中，吉尔将原理看作是模型与世界之间关系的核心部分。在

[①] Giere R N, *Explaining Science: A Cognitive Approach*, Chicago: University of Chicago Press, 1988, pp. 74-76.

修正的模型中,他虽然仍然坚持这个观点,但是也支持其他不是"以原理为中心"的观点。这是对他先前观点的一个重要修正。因为在科学中,原理非常重要,但不具有唯一性,原理可以有多个,它们能够构成一个原理集,即PM_1, PM_2, PM_n。这是一个多原理观点。也就是说,一起使用不同的原理性模型能够形成表征模型。原理性模型不必一致。他曾经描述了一个核力模型[①],它由两个术语描述的方程来定义。第一个术语使用源自非相对论量子理论的原理,第二个术语使用源自相对论量子理论的原理。从技术上讲,这个方程逻辑上不一致。但是,该领域的物理学家使用这个合成模型竟然没有任何困难。不过,这种情况在科学中不是普遍的。

模型与世界之间的关系还有另外一种可能性。在这种情形中,既没有"更高"的原理,当然也没有"理论"。表征模型可能仅从数据模型加其他经验模型及许多数学技巧来建构。这是自下而上产生的模型,此时,表征模型与特定假设和概括之间是互动的。现象学模型是一个很好的例子。模拟模型也属于这种情形。

那么,表征模型与世界之间的关系如何才是令人满意的,或者说是人们所期望的呢?在吉尔看来,就适度复杂的模型而言,特别是由连续函数和完全匹配的陈述定义的模型,是不能被确证的。更准确地说,声称能够与世界完全匹配或符合的模型,一定是一个与任何事物完全匹配的模型。在笔者看来,这是不可能的,也没有必要。尽管追求真和精确性是科学的目的之一,但是要做到这一点几乎是不可能的,否则,就没有近似处理和逼近这种方法论了。模型与世界的完全匹配只是一种理想状态,可以作为最高目标去追求,但不能作为评价标准或结果。

关于这一点,吉尔是这样论证的。考虑这样一个模型,它不能用于任何事物。而不能用于其上的事物(模型)可能与要表征的事物(世界)有因果联系。但是,我们不知道所有这些可能的联系是什么。因此,唯一的候选模型,它可能被正当地主张与任何事物完全匹配,一定是任何事物的模型。吉尔所说的"完全匹配"是指表征模型的所有或大多数元素与世界的不同方面完全一致,而不是表征模型与数据模型之间的完全一致。他认为,创造这样一个模

---

① Giere R N, *Explaining Science: A Cognitive Approach*, Chicago: University of Chicago Press, 1988, pp. 183-184.

型的努力注定是要失败的。笔者赞成这种看法，让一个表征模型与它要表征的事物完全匹配，或者说完全符合，是根本不可能的。因为被表征的事物是我们要研究的，它的结构和许多特性我们还不了解，既然还是未知，我们就不可能使用一个设计的模型完全表征未知的事物。这样做无疑是违背认识规律的。

为什么这样说呢？原因并不复杂。一般的认识规律是，人们只能用已熟悉的知识或事物去描述或表征不熟悉的事物，而不是相反。隐喻方法、类比方法、归纳方法、演绎方法、假设方法等，概莫能外。

定性模型是这样，定量模型如何呢？吉尔认为，定量模型也做不到完全匹配。同构之所以遭到强烈反对，就是因为它主张模型与所表征世界之间的一一对应关系。而部分对应与部分匹配则是普遍被接受的观点，因为这与人们的认知能力相符合，即人们不可能一次就能够完全弄清完全不知道的客体或系统。

在真理问题上吉尔认为也一样。一方面，说模型表征了世界，不等于它说分毫不差地描述或反映了世界的所有方面。无论是抽象的还是物理的，模型就是客体，不是语言实体，尽管抽象模型可能是使用语言资源定义的。因此，假定真理与谬误仅仅是语言实体的属性，那么，模型本身对于真理和谬误就不是候选项。另一方面，模型或多或少与世界匹配的假设，是语言实体，即用命题表征的，自然就有真的与假的。在这个意义上，模型只是相对地与世界的某些方面一致，而不是绝对地一致，比如，月球绕地球的运行轨道的周期就不是完全一致的。在这里，吉尔的真理是"模糊"意义上的，而非"精确"意义上的。非完全匹配或符合就是指模糊真理，这与模型和真实系统之间的相似观点是等同的。因为相似就意味着不完全一致，意味着还有不相似的方面存在。

然而，吉尔坚持模型与世界之间的表征关系的相似性，也是有问题的。因为相似是有程度的，相似到达何种程度，才能算是理想的表征关系呢？一旦我们使用相似性作为模型与世界之间的所期望的关系，我们自然就需要阐明抽象性与理想性之间的关系。表征模型，就其本质来说，就是抽象的和理想化的，如 DNA 的双螺旋模型。而采用意向的相似性作为模型与世界之间的所期望的关系，具有一定的优势，因为人们对抽象与理想化模型的理解也是如此。对具体事物使用具体模型来表征说明是没有任何必要的，因为事物本身就是它的物理模型。

对于科学表征，吉尔认为这是一个意向概念。说某些模型是表征的，这并没有说什么使得模型成为某物的表征，或者说，某些模型是如何表征事物的。他一直强调使用模型表征不仅仅是模型与被模型化的事物之间的一个相似性的问题。有两个理由能够说明原因。第一，我们需要知道哪些相似性重要，哪些不重要，总有一些相似性对于表征是无意义的，虽然它们是真实存在的。第二，如苏雷兹所强调的，相似性是一种对称关系，而表征是不对称的[①]。在吉尔看来，如果引入行动者的意图(intension)，这两个问题就不存在了。因为相似性的选择和对称性的确定都是一种意向过程。加入意图后的表征模式为：

行动者 A 打算使用模型 M 表征世界的一部分 W 为了目的 P

行动者能够详细指明哪些相似性是意指的，为了什么目的。这个概念消除了多相似性的问题，而且引入了不对称性，吉尔把这个模式称为"科学表征的意向概念"，与苏雷兹的科学表征的推理概念很相似，因为推理一定蕴含意图。不过，吉尔也意识到，这个概念预设了表征的一般观念，能否对这个一般概念做非循环或归纳说明是值得怀疑的。在笔者看来，把意图引入表征模型是"多此一举"，原因是，行动者是有意识的人，表征行为是有目的认知过程，就是一种意向行为，被表征的对象就是意向目标，这两点都包含了意图。当然，吉尔不可能不懂得这个道理，其目的可能是想强调意图的作用，以解决相似性的选择难题和表征的不对称问题。

第五节　基于惯用法的语言理论对标准模型的说明

托马塞洛的基于惯用法的语言习得理论[②]，可能是目前关于非发生的、反

[①] Suárez M, "An Inferential Conception of Scientific Representation", *Philosophy of Science*, Vol. 71, 2004, pp. 769-776.

[②] Tomasello M, *Constructing a Language: A Usage-Based Theory of Language Acquisition*, Cambridge: Harvard University Press, 2003. 在这本书中，托马塞洛通过汇集认知科学、语言学

乔姆斯基语言理论的最好版本。它关注的是语言习得，而不是一般语言。吉尔运用这个理论解释科学表征，认为学习一门科学，就等于在本族语增加新的语言资源。托马塞洛所说的"基于惯用法的语言学"（usage-based linguistics）有时是指"认知功能语言学"（cognitive-functional linguistics），因为如果人们使用一段语言作为交流功能，那么这段语言就有这种功能。在这个意义上，托马塞洛将语言学习看作是与其他认知和社会认知技巧的整合过程，在这个过程中，一个人试图操控他人的心理状态。

托马塞洛强调两种语言交流的技巧。第一种技巧是"意图阅读"（intention-reading），它包括三个组分：

（1）有能力与他人共同注意相互感兴趣的远端客体；

（2）有能力顺从他人的注意和手势指向远端客体和外部直接相互作用的事件；

（3）有能力通过指点、指引和使用其他非语言手势积极引导他人注意远端客体。

第二种技巧是"模式-发现"（pattern-finding），它也包括三个组分：

（1）有能力形成"相似客体和事件"的知觉和概念范畴；

（2）有能力从知觉和行动的循环模式形成感觉运动图示；

（3）有能力完成对各种知觉和行为序列的基于统计分布的分析。

托马塞洛认为，两种技巧均是人类长期进化积累的结果，或许某些能力在原始人那里就形成了；模式发现技巧是"域普遍"（domain-general）的，在这个意义上，它们允许有机体把它们世界的许多不同方面范畴化为不同类事物和事件的易处理的数量。在托马塞洛的联合注意框架里，说者将其注意力指向有意图的听者，而听者将其注意力指向说者和某些特殊的事件状态。事件状态是一种典型的某类可见事物，它也可能是一种可见过程。说者和听者都将指向表征世界的模型 M（图 6-3）。

和发展心理学的大量经验研究，论证了人类不需要一个独立的"语言本能"来解释儿童如何学习语言，他们的语言能力是与其他认知能力交织在一起的。语言的本质是它的象征维度，这种维度是依赖于人类理解意图的唯一能力。语法产生于语言的言说者从再现符号序列中创造语言结构之时，儿童是在他们周围的讲语言的环境中习得这些模式。因此，建构一种语言就是提供了习得语言的一个令人信服的、心理上健全的新视界。

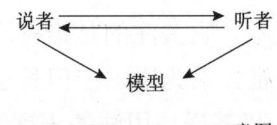

图 6-3 说者和听者指向表征世界的模型图

在吉尔看来，事物状态更抽象。说者想让听者能够理解他们被问的目的是考虑或相信 M 被当作世界的模型。当说者亲自给一个或多个听者做报告时，这种情形有时在实际的科学实践中也存在。更常见的是，科学家是通过媒介如出版物告知同行。

将托马塞洛的联合注意框架与吉尔的表征的意向概念图示做一比较，我们会发现，这两个模式之间的主要差别是：语言的认知功能概念强调语言的交流功能，而表征的意向概念模式中没有听者，当然也就没有交流；前者是双向交流，后者是单向表征。不过，吉尔争辩说，他的意向概念模式中虽然没有直接出现听者，但是交流功能是潜在地存在的，听者就是科学论文的读者，只是这种交流不是直接面对面的交谈，而是间接的文本阅读。

吉尔也承认，托马塞洛的基于惯用法的语言理论具有极大的优势，它使得语言如何在人类中进化的成为可能，而不用假定一个基本普遍语法，这种语法似乎没有任何似真的进化，仅是假设的故事。按照基于惯用法的说明，句法不是语言的基本原理，而是通过被称为"语法化"的过程这种实践涌现的。基于惯用法的进路表明：把意图引入吉尔的表征不是临时特设的，而是与语言研究的发展趋势相一致；而语言研究又与认知科学中的其他认知过程研究紧密相连。笔者认为，认知过程本身就是有意图的，或者说是有意向性的，表征本身也是有意图的，也肯定是意向性的。因此，把意图引入科学表征过程就是自然而然的了。

第六节 抽象模型不是虚构体

如上所述，模型是设计出来的，因而就有主观的成分。主观性的凸显使得人们自然地把模型与虚构体（小说）联系起来。关于这方面的讨论常常围绕"模型是虚构体吗？"这个问题展开。吉尔认为，这种形成问题的方式是一种误导，因为要回答这个问题，就必须首先回答"模型是什么"和"虚构体是什么"这两个问题。模型是什么这个问题不好回答，因为可作为模型的东西很多。第二个问题同样不简单。因此，我们不能通过简单地审查这两个问题，然后就能够顺利地回答"模型是否是虚构体"这个问题。如果模型对于理解科学实践是有用的，即使它是虚构的，也可以将标准模型当作像原型一样的虚构体。在笔者看来，模型虽然是设计出来的，但不是凭空捏造的，它是根据要表征的对象的特征或结构、功能设计的，还要经过实验的检验。这一点与小说大不相同。小说主要是虚构的，虽然有一定的史实根据（原型与原事件），但是不需要检验，也没有人会把小说中的情节与自己挂钩，除非有人自己要"对号入座"。

吉尔强调，我们需要在模型的本体与模型的功能之做出区别。这一点是非常重要的。对于物理模型的本体，如沃森和克里克最初的锡和金属线 DNA 模型，几乎没有什么问题。但是，更抽象模型的本体，如简单摆模型，是非常有问题的。将这种抽象模型同化到数学实体是非常诱人的，因为模型的结构是由数学定义的。但这种方法不是对所有抽象模型都有用。譬如，板块构造论的地质学模型同样抽象但它是定性的。此时，科学家尝试寻求抽象实体的一般理论，或许能区分不同类的抽象实体。科学家想知道，一个真实摆中悬挂摆锤的线的长度，与一个抽象简单摆中的支持物的长度之间的关系可能是什么？是否有一个属性（长度）或两个属性（真实长度和抽象长度）？在吉尔看来，科学哲学家不必要回答这个问题，这个问题其实并不复杂，只要将抽象科学模型的本体与小说作品的本体联系起来即可。与其问模型是不是虚构体，不如问虚构体是不是模型。吉尔以托尔斯泰的《战争与和平》这部名著为例，回答模型与虚构体（小说）的本体论问题。

在这部小说中，托尔斯泰可被认为是创造了一个精心设计的可能世界，吉尔把这个可能世界看作是世界的一个模型。这个模型与真实世界在许多方面相似。比如，其中描写拿破仑入侵俄罗斯这样的真实历史事件。尽管小说中的许多主要人物并没有真实存在过，但是许多像他们的人们的确存在。像简单摆一样，小说作为模型也可能是抽象的，因为它所描述的东西已经能够在真实世界物理地实现。当历史数据清楚地将拿破仑在某天置于一百英里（1 英里≈1.61 千米）的地方时，小说描述的拿破仑可能是在一个特殊地点在特殊日子出现的一个人物。因此，小说常常被当作想象的作品。从本体论看，抽象的科学模型也是如此，它们是科学家的想象的创造物。换句话说，创作小说作品的想象过程与设计科学模型的想象过程是相似的。在这个意义上，科学家与小说家的工作也极为相似，他们都需要想象力。认知语言学与认知科学的研究表明：想象力是人类探索过程中共同具有的能力，无论是科学家还是小说家或是艺术家。笔者认为，建构抽象客体是拥有语言能力的生物的一种天然能力，语言给了我们人类创造所有种类可能客体的能力，而这种可能客体从来就没有成为真实的存在，只是我们通常把它们当作实际的存在。比如，《三国演义》中的人物、事件、故事，许多人以为是真实的，电影、电视剧更是强化了这种意识，使得人们常常把虚构的故事当作真实历史事件。

接下来，我们讨论科学模型的功能问题。模型的首要功能无疑是表征真实世界中的物理过程。小说也表征真实世界中的事件，但通常是关于人的种种情形和相互作用，其丰富性和生动性是连最好的自然科学也不能企及的。这就是为什么那么多人喜欢小说，而喜欢科学论文和著作的人却很少的原因所在。从写作目的来看，小说家并不打算描述真实的人物和事件，而科学家是要打算表征真实的客体。所以，评判成功小说作品的标准显然非常不同于评判成功科学模型的标准。托尔斯泰作品中的许多主要人物或事件并不存在，但不会遭到批评和指责，相比之下，不能检验到"以太"的存在，就是拒绝以太理论的一个主要因素。因此，客观真实性就成为评判一个模型是科学的还是虚构的主要标准。而客观真实性的体现就是可重复性，即科学模型需经得起他人的实验检验，否则，就会被质疑甚至抛弃。

在笔者看来，文化的差异性也是评判科学模型与小说模型的一个重要标准。在不同的亚文化中，小说作品的评判标准肯定有差异，比如，中国的贾宝玉，绝不能描写成英国的哈姆雷特。然而，中国的科学绝不能不同于英国的科学，虽然科学家有国籍，但科学没有国界。也就是说，小说作品受文化的影响比科学作品要大得多。这一点是有共识的。笔者这里并不是说小说作品不讲客观性和真实性，而是说科学作品对客观性和实质性的要求比小说要高得多。小说作品更多侧重是非，强调道德价值判断，科学作品更多侧重真假，强调客观性和实在性判断，但二者都有虚构与非虚构的区分。

吉尔举了这样一个例子。《纽约时报》的书评栏目的内容有两个类别：小说与非小说。尽管评论家经常指出非小说作品中的错误，但这并不是把它们放入小说类的理由。小说与非小说的界限虽然不那么十分明显，但是评论家还是能够做出判断。因此，小说与科学假设之间的区别还是明显的，因为科学假设可以由真假直接做出判断。在吉尔看来，把模型符合世界的主张看作虚构的，这破坏了科学与科幻之间的明显区别。因此，设想光在完全空虚的空间传播可能是好科学，尽管我们目前认为这在任何地方都不存在，而设想宇宙飞船以超光速飞行就是科幻。这种区别对于普通人来说也是很明显的。

人们为什么会将模型的功能与小说的功能联系起来呢？吉尔认为，一个显而易见的动机是，模型不能提供任何真实系统的完全匹配。但是，这种考虑几乎不能说明，关于模型能够很好与世界匹配的主张是虚假的陈述。我们知道，真实世界中不存在质点、无摩擦运动、理想气体、绝对真空、绝对扁平时空区域等科学概念，或者说，这些科学概念没有相应的指称物。这是科学实在论与反实在论常常争论的问题。

然而，成熟科学中的许多模型的确能够很好地表征真实系统，也就是能够与真实系统很好地匹配，如卢瑟福的原子模型、理想气体模型等。如果将这些好模型看作虚构体，那将破坏科学实践。这是科学家不能接受的，也不符合科学发展史和科学实践。在笔者看来，凡是人类的活动，科学活动也好，文学艺术活动也罢，都有主观能动性和想象在其中发挥重要作用，但是我们不能因此就认为好的科学模型也完全是虚构的。这混淆了科学活动与其他活动之间的区别。科学活动有其特殊性，不仅要运用想象力，而且也运用实验检验。而实验检验环节是除科学活动外，其他人类活动几乎所没有的，这就是差别。也就是人们为什么常常把自然科学和技术科学成为"硬科学"，而把其他学科称为"软科学"的真正原因。

事实上，有鉴别力的人不会把小说所描述的情节当作真实的，尽管它也"源于生活"。小说（虚构）与科学模型的差异在认知科学中是"老生常谈"。认知科学表明：所有思想和交流都把理想范畴、原型作为这个现象的一个突出例子。认知科学家已经认识到，日常经验范畴不是严格地由两个东西组成的，而是从中心到边缘的事物逐级构成的。因此，如果说缺乏完全符合意味着虚构主义,那么人人所思和所说大多是虚构的。然而,这是一个大家不能接受的结论。

将模型看作虚构还有另一个动机,这就是吉尔称为的"虚构主义"或工具主义,有人则称为实用主义。虚构主义是反实在论的,至少是非实在论哲学的一部分。吉尔所说的虚构主义与科学知识社会学奉行的"社会建构论"有点类似。社会建构论主张科学的核心概念和理论是科学家群体共同建构的结果,科学表征其实就是社会表征。笔者认为,建构论过分夸大集体意识,忽视了个体意识。任何深刻的思想都是个人头脑中产生的,尽管个人会受到社会、文化的影响。我们不能说相对论是科学共同体的思想,不是爱因斯坦个人的思想,否则就没有"某某理论"之说法了。同样,牛顿定律就是牛顿定律,绝不是某个集体的定律。这在科学史上是常识。在这一点上,自然科学的确与人文社会科学有所不同。比如,人们常说的"统一思想、统一认识",笔者个人认为,认识可以统一,比如最初不理解的知识或不能接受的观念,通过学习提高后理解了,接受了,而思想是难以或根本不能统一的,但可以传播和分享,道理很简单,那就是,在发生的意义上,思想总是个人头脑产生的,而不是大家头脑共同产生的,当然不能统一。即使某些思想被群体理解接受了,也只能是批判性地、有选择地接受,而不是不加分析地一概接受。批判性思维是科学创新所必需的认知方式。在创造和发明的意义上,思想必须是自由的,否则思维就僵化了,就谈不上创新了。因此,思想自由对于科学创新是至关重要的。

谈到创新的思想自由,我们不能不提及文化。文化对科学发展肯定有影响,既有积极的,也有消极的。比如,儒家文化对于科学创新可能有积极或消极的影响。吉尔也认为,过分强调文化对于科学的影响就是一种文化危险。譬如在美国,持科学模型就是小说作品的人不在少数。宗教诱发的反科学运动(如"智能设计")的人士宣称,著名科学哲学家都认为科学是一种虚构的东西,这一点受到了媒体的欢迎和推动。我们不要忘记,创世论(creationism)和进化论的反对者欢迎波普的证伪理论,即进化论是不能证伪的,因而不是科学理论,而是形而上学研究纲领[①]。科学模型是虚构体的观点不是一个真正

---

① Popper K R, "Natural Selection and the Emergence of Mind", *Dialectia*, Vol. 32, No. 3-4, 1978, pp. 339-355. 虽然波普后来推翻了自己先前的主张,但是不良后果已然造成。

的科学精神气质持有者应该鼓励的观点。在当下美国文化氛围里，以创世论和反科学的术语传播和宣扬这样的观点是极不负责的。我们不要忘记，假如没有科学，现在的世界会是什么样子。当然，我们不能以科学排斥或压制非科学知识，否则就走向唯科学主义了。吉尔主张，科学的拥护者应该说，"小说太过负载言语了"。

笔者主张，科学就是科学，小说就是小说，二者虽有交集，但在许多方面根本不同，如追求的目标、使用的方法、表征的方式，我们不能因为二者有相同之处，就以为二者是一回事。我们需要科学精神，即实事求是的精神，坚持科学的精神气质，即追求真理，反对把科学完全看作虚构体，甚至妖魔化科学，更反对以科学的名义招摇撞骗的伪科学。

第 七 章

语用论：表征是有效替代认知

在科学表征方面，语用论者特别强调表征工具的效用。康特萨是语用论的主要辩护者和支持者，他不仅为这种观点辩护，而且发展了苏雷兹的推理主义，提出了解决结构主义面临问题的三个方案[①]：其一，要区分三种表征概念(指代、认知表征和可靠认知表征)；其二，要准确理解表征的结构概念；其三，要使用认知表征的说明概念。科学表征的这种语用论为语境表征论的形成奠定了基础。

第一节 对表征的"力隐喻"与紧缩观的质疑

在表征问题上历来就存在相似观、同构观和结构观及其争论。苏雷兹反对这些观点，认为它们在表征方面既不必要也不充分。他不仅借助"力隐喻"提出一种表征的推理概念，即一种表征力[②]，而且区分了不同的表征概念，特别是在表征与准确表征、真实表征和完全表征之间做出区别[③]。在苏雷兹看来，

[①] Contessa G, "Representation, Interpretation and Surrogative Reasoning", *Philosophy of Science*, Vol. 74, No. 1, 2007, pp. 48-68.

[②] Suárez M, "Scientific Representation: Against Similarity and Isomorphism", *International Studies in the Philosophy of Science*, Vol. 17, 2003, pp. 226-242.

[③] Suárez M, "An Inferential Conception of Scientific Representation", *Philosophy of Science*, Vol. 71, 2004, pp. 767-778.

科学表征的一个实质性说明(既必要有充分)的基本目的是回答"根据什么某一模型表征某一系统",而不是回答"根据什么某一模型准确地或真实地表征某一系统"。按照苏雷兹的推理概念,A 表征 B,仅当 A 的表征力指向 B,而且 A 允许有能力有知识的行动者得出关于 B 的推论。基于此概念,康特萨进一步认为,为了表征系统,模型必须满足两个条件:第一个条件是指代,即模型被使用者用来表征系统;第二个条件是替代推理,即模型允许它的使用者执行从模型到系统的具体推理。这是康特萨对苏雷兹推理表征观的修正与发展。

根据科学表征的推理概念,指代和替代推理虽然是必要的,但是对模型表征系统都是不充分的。在这个意义上,推理概念不是表征的一个实质性说明。但是,一方面,苏雷兹声称表征不是需要必要和充分条件的一类概念,科学表征的说明不能也不应该为我们提供一组科学表征的共同充分条件,而且我们不应该期望更多的条件,因为除了表面属性(指代和替代推理)外,再没有更深层的科学表征条件。基于这个理由,苏雷兹的推理概念是科学表征的一种紧缩概念的观点就值得怀疑了。另一方面,苏雷兹认为,为了使得一个模型表征一个系统,附加条件是需要的,但那些附加条件在不同的科学表征中又是不同的,也就是说,在某个具体的科学表征中,具体的附加条件是什么在不同的情形中是不同的,或者说随着情形的不同而变化。根据这种看法,没有什么表征的普遍说明能够详细说明必要和充分条件,因为除了指代和替代推理,再没有其他普遍条件能够使科学表征充分。如果这种解释是对的,那么苏雷兹的推理概念就是表征的最小主义概念,而不是紧缩概念。苏雷兹提议我们一开始就采取一个紧缩或最小主义的模型表征概念,然而,我们为什么一开始就要采取紧缩概念并不清楚。表征不承认普遍必要和充分条件这个主张,似乎不能由反驳结构主义的相似和同构的不充分来支持,用紧缩观来修正也似乎不充分。

在康特萨看来,苏雷兹对表征的相似观与同构观的评判以及采取紧缩概念,对于建立一个科学表征的实质说明还远不够[1]。首先,如果相似和同构能

---

[1] Contessa G, "Representation, Interpretation and Surrogative Reasoning", *Philosophy of Science*, Vol. 74, No. 1, 2007, p. 50.

够被看作科学表征的说明，或者可靠的科学表征的说明，那么它们似乎就是可靠的科学表征的说明。即使它们实际上不能提供可靠的科学表征的一个适当的实质性说明，这也几乎不能证明形成科学表征的一个适当的、实质性的说明是绝对不可能的。其次，即使相似与同构事实上就是科学表征的说明，那么这两个说明也绝不仅是科学表征的两个可能的实质性说明，肯定还有其他科学表征的说明方式。他提出并论证了关于科学模型作为目标系统的认知模型的主张，认为这种观点能够回答"根据什么某一模型表征某一系统"的问题，而且是适当的和实质性的。

如果康特萨的观点是正确的，那么苏雷兹的主张就需要修正。也就是说，科学表征的说明必须有必要和充分条件。如果可能的话就需要提供出来，而不是仅仅满足于提供一套具体的必要条件而不提供共同的充分条件。康特萨高度肯定了苏雷兹的工作，认为他的创造性贡献在于把科学表征与替代推理紧密联系起来，并区分了认知表征与可靠认知表征。不过，苏雷兹的缺陷在于，他对于发现科学表征的更深层属性过于悲观，这容易给人造成一种印象——我们使用模型实现关于目标系统的替代推理的能力创造某种神秘的东西。在康特萨看来，这其实并不神秘，使用者执行从模型到目标系统的替代推理能力，能够根据使用者依据这个系统解释这个模型的事实得到解释。解释就是科学表征和替代推理的共同基础。

第二节　对替代推理有效性和有根性的质疑

为了指明某人使用一个客体(表征工具)认识某些其他客体(表征目标)的情形，斯沃叶首次提出了"替代推理"这个概念[①]，并以某人使用伦敦地铁图找到从一个站到另一个站的例子来说明这个推理过程。笔者将这种方法称为"循图推理"或"基于图的推理"，即根据地图进行的推理。

---

① Swoyer C, "Structural Representation and Surrogative Reasoning", *Synthese*, Vol. 87, 1991, pp. 449-508.

这种推理为什么是有效和有根据的呢？康特萨认为，如果一个替代推理是有效的，而且它关于目标的结论是真实的，那么它就是有根据的。然而，一个替代推理即使不是有根据的，它也可能是有效的，比如不考虑结论的真实性，一个推理可能是有效的。因此，替代推理未必可靠有效。

为此，康特萨重新对表征概念进行分类。在他看来，表征概念在不同使用者那里会有不同的用法。通过对伦敦地铁系统图的分析，他把表征分为指代、认知表征和可靠认知表征三类。地铁图和地铁标示都表征伦敦地铁系统，这种指代是一种惯例，人们都自觉或不自觉这么认识的，因为原则上任何事物可以指代任何其他事物。然而，在表征的意义上，地铁图比标示图更能够指代地铁系统，因为地图更详细更具体，是地铁系统的一种认知表征。使用者通过这种地铁地图进行有效但不一定有根据的替代推理，从而找到目的地。如果根据标示图，使用者不能进行有效但有根据的替代推理。也就是说，地铁图是地铁系统的认知表征，而标示图则不是。在这里，地铁图就是地铁系统的一个认知表征工具，地铁系统的表征的目标。即使某些使用者没有根据地铁图进行实际的替代推理，地铁图仍然是地图系统的一个认知表征。

根据这个例子，康特萨给出了认知表征的如下定义：

> 对于某个使用者，一个工具是某一目标的一个认知表征，当且仅当这个使用者能够从工具到目标执行有效替代推理（虽然不必然是有根据的）。

康特萨把认知表征的这种必要和充分条件称为"有效替代推理"，也即有效替代推理是认知表征的一个必要和充分条件。从这个定义可以看出，一方面，对于某人来说，表征工具本身不是某一目标的一个认知表征，认知表征不是工具和目标之间的一个二元关系，而是工具、目标和使用者之间的一个三元关系[①]。从简单性考虑，有时忽略使用者，三元关系就成为二元关系。这在特定语境中是允许的。如果不特别指明语境，就不能省略使用者，毕竟科

---

① 在表征关系问题上，有人认为是二元关系（工具和目标），有人认为是三元关系（工具、目标和使用者），还有人认为是四元关系（工具、目标、使用者和目的），笔者认为是五元关系（工具、目标、使用者、目的和语境）。这一点笔者将在第十五章第三节详细讨论。

学表征是科学家在做表征。另一方面，认知表征是一个技术概念，包含了日常表征概念。或者说，认知表征比日常表征外延更大。

在笔者看来，引入认知强化了表征。这不仅是对于目标系统的表面反映，而且是要运用推理认识目标系统的深层次特性。根据认知表征这个概念，许多原型情形，如肖像、照片、地图、曲线图等，都可以被看作认知表征，因为它们允许其使用者对目标系统进行有效推理。一个日常表征概念，如一幅肖像，如果我们能够从它推知其主体，那么这个肖像就是它的主体的一个认知表征；如果不能，它就不是。譬如画有一朵花的草图，如果我们不能从它推知是什么花，它就不是特定花的一个认知表征，而仅仅是"花"这个普遍概念的一个表征。

由于"表征"这个词有时被用作动词，有时被用作名词，因而常常把是认知表征的情形与或多或少是可靠认知表征的情形合并起来而不加以区分。比如新旧版的伦敦地铁图。旧版对于旧伦敦地铁系统就是可靠认知表征，而对于现在的伦敦地铁系统是部分可靠认知表征，因为伦敦地铁系统发生了很大变化，如增加了新的线路和地铁站，同时改造了旧的地铁线路。

康特萨对不同表征给出了如下四个普遍定义[①]：

(1) 一个工具是一个目标的一个完全可靠表征，当且仅当这个工具是这个目标的一个认知表征，而且从这个工具到这个目标的所有有效推理是有根据的。

(2) 一个工具是一个目标的一个部分可靠表征，当且仅当这个工具是这个目标的一个认知表征，而且从这个工具到这个目标的某些有效推理是有根据的。

(3) 一个工具是一个目标的一个完全不可靠表征，当且仅当这个工具是这个目标的一个认知表征，而且从这个工具到这个目标没有一个有效推理是有根据的。

(4) 一个工具误表征一个目标或其某些方面，如果这个工具是这个目标

---

① Contessa G, "Representation, Interpretation and Surrogative Reasoning", *Philosophy of Science*, Vol. 74, No. 1, 2007, pp. 54-55.

的一个认知表征，而且从这个工具到这个目标的某些有效推理是无根据的。

在这里，康特萨严格区分了认知表征和可靠认知表征。在他看来，所有表征都是认知的，区别只在于它们是完全可靠的还是部分可靠的，完全不可靠的还是错误的，而且从工具到目标的有效推理是有根据、部分有根据和无根据。这个区分与苏雷兹区分科学表征和"准确、真实或完全"表征是类似的。

根据这些定义，如果一个工具表征一个目标（系统或客体），一方面，它们构成的关系就是认知关系，无论认知可靠不可靠；另一方面，从工具到目标的推理均是有效的，无论推理是有根据的还是无根据的。或者说，推理的有效性是靠认知来保证的，而不是通过有根据来保证的。在这个意义上，表征是一种认知关系，而认知有可靠不可靠的程度。也就是说，一个表征，无论其可靠程度如何，都或多或少是对目标的一种认知。同一工具可以是目标的某些方面的一个可靠表征，而误表征是对目标的其他方面的表征，比如旧版伦敦地铁图表征新地铁系统的情形就是如此。在这个例子中，旧版伦敦地铁图不是完全没有表征新地铁系统，而是正确表征了某些方面，误表征了其他方面。

科学表征的情形也是这样。一个科学模型可能是对目标系统的某些方面的真实表征，对于其他方面可能是误表征，如不同类的原子模型，某个原子模型是对原子系统的某些方面而不是所有方面的可靠表征。康特萨的完全可靠表征概念与苏雷兹的真实表征概念是一致的。

需要指出的是，对目标的一个完全可靠的表征不必然是对目标的完全复制（没有任何遗漏）。譬如新版伦敦地铁图，它虽然是现在伦敦地铁系统的一个完全可靠表征，但它并没有一览无余地表征了这个系统的所有方面，有些方面如地铁系统的各种设施和工作人员等地图上就没有标示出来。因此，再完整信息的地图也不可能表征一个地方的所有信息。

第三节 对替代推理作为认知表征的分析性解释的质疑

模型作为一种表征工具或方法，是科学哲学家普遍认可的。在康特萨看来，科学模型就是目标系统的某些方面的一种认知表征。我们说某一模型表征某一系统，实际上是说，使用者使用模型执行从模型到目标的替代推理。那么，上述表征观与模型如何表征是什么关系呢？康特萨提出一种认知表征的解释概念(interpretational conception)来说明这个问题。根据这个解释概念，使用者使用一个工具认知某一目标是一个认知表征，当且仅当这个使用者根据这个目标采取这个工具的一种解释，而且这种解释是必要和充分条件。

那么什么是解释呢？按照表征的一般概念，如果使用者运用关于工具的事实替代关于目标的假定事实，那么他根据目标解释一个工具。而根据目标解释工具的一种可能但不是唯一的具体方式，就是基于目标的工具的一种分析性解释(analytic interpretation)。

康特萨假设：这个基于目标的分析性解释同一于这个工具中的一个非空的相关客体集（$\Omega^v = \{O_1^v, \cdots, O_n^v\}$）和这个目标中的一个非空的相关客体集（$\Omega^T = \{O_1^T, \cdots, O_n^T\}$）；这个工具中的客体的相关属性和关系集是（$R^v = \{{}^n R_1^v, \cdots, {}^n R_m^v\}$），其中 ${}^n R$ 指代一个 n 元关系，属性被理解为一元关系；目标中的客体之间的相关属性集和关系是（$R^T = \{{}^n R_1^T, \cdots, {}^n R_m^T\}$），一个相关函数集从 $(\Omega^v)^n$ 到 $\Omega^v (\Phi^v = \{{}^n F_1^v, \cdots, {}^n F_m^v\})$，其中 ${}^n F$ 指代 n 元函数，以及从 $(\Omega^T)^n$ 到 $\Omega^T (\Phi^T = \{{}^n F_1^T, \cdots, {}^n F_m^T\})$ 的一个相关函数集[1]。

使用者根据一个目标采取一个工具的分析性解释，当且仅当：

(1) 这个使用者用这个工具指代那个目标；

(2) 这个使用者用 Ω^v 中的每个客体指代 Ω^T 中的一个且仅一个客体，而且 Ω^T 中的每个客体被 Ω^v 中的每个客体所指代；

(3) 使用者用 R^v 中的 n 元关系指代 R^T 中的一个且仅一个相关 n 元关系，而且 R^T 中的每个 n 元关系被 R^v 中的每个 n 元关系所指代；

(4) 它们用 Φ^v 中的每个 n 元函数指代 Ω^T 中的一个且仅一个 n 元函

---

[1] Ω^v 代表工具的一个集合，O_i^v 代表工具中某一个客体，O_i^T 代表目标中的一个客体，符号 O 代表客体(object)，符号 V 代表工具(vehicle)，符号 T 代表目标(target)，Ω 代表集合；Ω^T 代表目标的一个集合，R^v 代表工具和目标的一个关系，R 代表关系(relation)，Φ^v 代表工具集合 Ω^v 的一个子集；${}^nF^v$ 和 ${}^nF^T$ 分别代表工具中的一个 n 元函数和目标中的一个 n 元函数。

数，而且 Ω^T 中的每个 n 元函数被 Φ^V 中的一个且仅一个 n 元函数所指代。

按照上述定义，基于目标的大多数工具的解释似乎是分析性的。譬如，根据伦敦地铁系统对伦敦地铁图的标准解释，就是一种分析性解释。为什么呢？

首先，人们用地铁图指代伦敦地铁系统，而不是纽约地铁系统；其次，人们用小黑圆圈和其上印有名称的小彩色牌指代站台；最后，人们用图上的小黑圆圈和小彩色牌之间的某些属性和关系，替代地铁系统中的站台之间的属性和关系。在科学中，这种分析特征更加突出和明显。一般来说，表征工具和目标系统越复杂，分析特征就会越明显，因为复杂的指代和复杂的关系通常需要深入、细致的分析才能把握。

我们以卢瑟福原子模型为例来说明表征的解释概念。如果使用者采用基于原子的卢瑟福模型的解释，当且仅当：①使用者用整个模型替代目标原子，比如把这个模型看作原子的模型；②使用者采用整个模型的某些成分，替代整个系统的某些成分，比如用这个模型中的原子核替代这个系统中的原子核，用模型中的电子替代系统中的电子；③用模型中的客体的某些属性和关系，替代系统中的客体的某些属性和关系。因此，模型中的电荷带正电荷这个事实，替代原子核指代的客体，即系统中的原子核带正电荷这个事实。

康特萨指出，表征的解释概念需要注意以下两点。

第一，为了根据目标解释模型，使用者无须相信模型中的每个客体指代系统中的某些客体，比如，亚里士多德的宇宙模型把宇宙解释为一个共同中心的晶体球系统，今天看来是不正确的。如果我们仍使用这个模型预测在两个小时内一个恒星的可见位置，那么根据表征的解释概念，我们需要根据宇宙解释这个模型，也即，这个模型将指代整个宇宙，它的某些成分将指代宇宙的某些成分。然而，为了根据宇宙解释该模型，我们不需要假设固定恒星本身的球体，或者该模型中的其他球体指代宇宙中的任何客体。因此，使用者不需要相信该模型中的每个客体替代该系统中的一个客体。

第二，为了根据一个系统采用一个模型的某种解释，使用者甚至不需要相信这个系统中的客体，实际上具有由这个模型中替代它们的客体所例示的所有属性。比如，为了用理想摆模型解释实际摆的情形，我们无须相信连接摆锤的绳子是无质量的这个假设，在牛顿力学模型中，我们也无须相信质点是刚性的、无质量的理想点这样的假设。训练有素的科学家都懂得这些道理。假设就是假设，虽然它们很有用，但不必过于认真对待。有经验的地图使用者，即使用的是某城市的旧版地图，他也能够根据背景知识、判断力做出正确的选择和判断。模型常常误表征目标系统的某些方面，如何克服这些问题通常取决于使用者的判断力和背景知识等能力。一个训练有素的使用者，能够使用模型成功地表征目标，尽管模型会误表征目标的某些方面。因此，既然一个工具(模型)既能表征一个系统也能误表征它的某些方面，那么为了成为目标的一个认知表征，它无须是它的目标的一个完全可靠的表征。

可以看出，认知表征的解释概念允许我们解释：假如工具是目标的一个认知表征，为什么使用者能够执行从工具到目标的有效替代推理，而且允许我们知道从工具到目标的哪些推理是有效的，哪些是无效的。这是解释概念的两个最突出的优点。那么，认知表征与有效替代推理之间是什么关系？它们之间的紧密联系机制是什么？有效替代推理的规则是什么？

按照康特萨的解释概念，某一工具是某一目标的一个认知表征，当且仅当使用者根据这个目标采用这个工具的一个解释，其中的分析性解释基于三个规则：

规则 1：如果 O_i^v 指代 O_i^T，根据使用者采用的解释，那么使用者推知 O_i^T 是在目标系统中，当且仅当 O_i^v 是在工具中；

规则 2：如果 O_1^v 指代 O_1^T，…，O_n^v 指代 O_n^T，而且 $^nR_k^v$ 指代 $^nR_k^T$，根据使用者采用的解释，那么使用者推知关系 $^nR_k^T$ 保持在 O_1^T，…，O_n^T 之间，当且仅当 $^nR_k^v$ 保持在 O_1^v，…，O_n^v 之间；

规则 3：根据使用者采用的解释，如果 O_i^v 指代 O_i^T，O_1^v 指代 O_1^T，…，O_n^v 指代 O_n^T，而且 $^nF_k^v$ 指代 $^nF_k^T$，那么使用者推知函数 $^nF_k^T$ 的值对于论据 O_1^T，…，O_n^T 是 O_i^T，当且仅当函数 $^nF_k^v$ 的值对于论据 O_1^v，…，O_n^v 是 O_i^v。

为了阐明这些规则如何应用于具体情形，康特萨仍以伦敦地铁图为例假设使用者基于地铁系统采用地铁图的一个标准解释，而且使用者用地铁图替代地铁系统。根据规则 1，从地铁图上标有 Holborn 的小圆圈这个事实，使用者能够有效推知地铁系统中有一个站点叫 Holborn，从地铁图上没有标有 Louvre Rivoli 的小圆圈这个事实，使用者能够有效推知，地铁系统没有一个叫 Louvre Rivoli 的站点。根据规则 2，从标有 Holborn 的小圆圈由一条彩色线连接标有 Bethnal Green 的标牌这个事实，使用者能够推知在这两个站点之间有直通车，从标有 Holborn 的小圆圈没有任何彩色线连接标有 Hightbury & Islington 的标牌这个事实，使用者能够推知在这两个站点之间没有直通车。

显然，这些替代推理是有效的，解释是分析性的。因为根据解释概念，如果使用者采用整个工具的一个分析性解释，那么从工具到目标的推理是有效的，当且仅当整个推理与规则 1、规则 2 和规则 3 一致。因此，当工具是目标的一个分析性解释的认知表征时，使用者能够执行从工具到目标的推理。因为，一方面，工具是目标的一个分析性解释的认知表征，仅当使用者根据目标采用它的一个分析性解释；另一方面，工具的一个分析性解释（根据目标）产生一个规则集来实现从工具到目标的有效替代推理。

第四节　对解释作为表征的一个实质性说明的质疑

在康特萨看来，如果使用者根据一个目标系统采用一个模型的一个解释，那么这个模型表征这个目标系统。或者说，解释是一个模型表征一个系统的充分条件（不一定是可靠表征）。根据苏雷兹的看法，形成科学表征的一个实质性说明是不可能的，如果情形如苏雷兹所说，那么解释就不是认知或科学表征的一个充分条件。如果解释对于表征不充分，那么情形就会是：虽然使用者根据目标系统采用模型的一种解释，但这个模型仍不能表征这个目标系统。如果情形是这样，那种解释就是无效的。在笔者看来，一个表征本身就是一种解释，尽管这种解释可能是假的。如果对表征再做出解释，就是一种元解释，也就是对解释的解释。这种解释的基底是特定语境。这样一来，解释就是有限的，而不是无穷的。

康特萨不赞成苏雷兹的看法，他通过案例研究论证解释对于表征是充分的。假设某人根据某些任意系统"重设"卢瑟福原子模型，如一个在冰冻的池塘表面滑行的冰球。根据这个新解释，假设模型中的电子指代冰球，原子核指代冰的表面。而根据一般解释，从这个模型的推理是可能的，如冰球带负电荷，冰带正电荷，冰球围绕冰表面做圆周运动，等等。假如康特萨的科学表征说明是对的，那么在这种情形下，情形似乎是，卢瑟福原子模型是所探讨系统的一种认知表征。然而，反对者认为实际情况绝不是如此。康特萨认为，这种批判是基于认知表征概念和部分可靠认知表征概念的合并使用。非常可能的情形是，在任何标准解释下，关于所探讨的系统（冰球系统），卢瑟福原子模型只能导致错误结论。不过，康特萨认为这与他的观点无关。在他看来，与可靠认知表征不同，认知表征仅要求完成从工具到目标的有效推理是可能的，而不要求这些推理是有根据的。因此，在这个例子中有两种可能辩护的方式说明，解释对于科学表征是不充分的。第一种方式是否认替代推理对于科学表征是充分的；第二种是否认解释对于替代推理是充分的。这两种方式涉及科学表征、替代推理和解释三者之间的关系。

那么，否认替代推理对于表征是充分的基础是什么？康特萨提出三个可能建议。

第一，替代推理对于表征是充分的，因为在上述案例中，所有关于那个系统的结论都是假的。如果情形是这样，那么一个模型就是一个系统的一个认知表征，仅当这个模型是那个系统的一个部分可靠认知表征。然而，这个条件似乎太强，因为它排除了一个目标系统的完全不可靠认知表征可能首先是那个目标的认知表征。康特萨假设，某一科学家提出某一系统的一个真实模型，经过研究证明该模型误表征了这个系统的每个方面。即使我们逐渐发现根据它的标准解释所有有效的推理是无根据的，那个模型仍然似乎是那个系统的一个认知表征，虽然是完全不可靠的表征。此时，我们不能将这个模型看作这个系统的一个表征，因为它是一个不可靠的表征。

第二，卢瑟福模型不是冰球系统的一个认知表征，不是因为从这个模型到那个系统的所有推理是无根据的，而是因为使用者知道它们是无根据的。如果情形是这样，那么一个工具表征一个系统，仅当使用者不知道依据它的标准解释是有效的，而且所有推理是无根据的。在卢瑟福原子模型用于冰球系统的例子中，使用者知道从模型到系统的所有推理是无根据的，所以该模型不是那个系统的一个认知表征。按照这个思路，某物是否是其他某物的一个认知表征，与使用者具有那个系统的知识有关。也就是，使用者掌握所研究的系统的知识越多，他将某个模型用于那个系统的解释就越有效、越有根据和越可靠。在这里，使用者的知识就是一种不可或缺的语境因素。

然而，在上述例子中，没有提及使用者知道关于那个系统的知识，由此可以推知使用者可能错误地相信，至少依据卢瑟福模型的标准解释所做的一些有效推理是有根据的。假如是这样，那么对于使用者来说，该模型是目标的一个认知表征，而对我们来说，不是这么回事。至少对于某些使用者来说，关于卢瑟福模型可能是冰球系统的一个认知表征这个主张，没有什么东西本质上是错误的。

第三，卢瑟福模型不是冰球系统的一个认知表征，因为没有这个模型的实际使用者相信该模型允许关于这个目标系统的任何有根据的推理。这个建议预设：一个工具可能是目标系统的一个认知表征，仅当某些使用者相信这个工具是目标系统的一个部分可靠表征。这个建议与第一个建议的不同在于，这个工具可能证明是这个目标的一个完全不可靠表征，但仍然是它的一个认知表征；这个建议与第二个建议的不同在于，这个工具在后来的阶段被认为是目标系统的一个完全不可靠的表征，但它可能仍然是它的一个认知表征。

进一步分析这个不可靠的模型，我们发现，在某些方面我们可能相信从这个模型的某些推理是有根据的，比如冰球在冰面上的圆周运动类似于电子围绕核运动。事实上，科学家不做这样的类比。有时，一个系统的一个模型被提出仅仅是出于纯粹的假设和猜想，不用相信从这个模型得出关于目标系统的任何结论是真实的。这种模型可以被用作关于这个系统的假设的产生者，而假设的真假需要经验地研究证实。比如，古希腊早期的原子论就是一种纯粹的假设模型，道尔顿的原子论经验地研究了那些假设。因此，似乎没有理由证明，替代推理对于认知表征是不充分的。

退一步讲，如果我们仍然认为替代推理对于认知表征是不充分的，那么我们必须假设在完全不可靠模型情形中存在某些"神秘成分"，但在卢瑟福模型和冰球系统的情形中丢失了。然而，这些"神秘成分"是找不到的，因为它们根本就不存在。卢瑟福模型和冰球系统两种情形之间的区别是间接的而不是直接的。你不需要具有丰富的物理学知识来认识卢瑟福模型不能产生任何关于冰球系统的有趣假设，这个完全不可靠的模型一开始可能是关于某个系统的内在构成的一个模拟假设。这两个模型的区别不在于一个表征目标另一个不表征，它们都是它们的目标系统的认知表征。它们的区别也不是一个可靠另一个不可靠，而是它们都完全不可靠。

在笔者看来，用卢瑟福原子模型表征原子核来解释冰球系统，不仅不会导致任何关于这个系统的新发现，而且是一个更糟糕的表征，因为我们可以用经典力学模型表征或解释冰球系统——冰球在冰上运动的情形，而完全用不着卢瑟福原子模型。这并不意味着卢瑟福原子模型不能表征冰球系统，而是说用错了对象，是一种误表征。而误表征也是表征，而且是一种认知表征，只是表征的结论不可靠。比如，用太原市的一幅过时的地图表征现在的太原市，就是一种误表征的情形，不是说旧地图不表征太原市，而是说它仅能表征现在太原市的某一部分，用"旧船票"虽然登不上新轮船，但理论上仍然能够登上当时的轮船，尽管当时的客轮现在已经停运。

上述论证业已证明：替代推理是认知表征的一个必要和充分条件。由此康特萨认为，科学表征的一个实质性说明似乎是可能的。事实上，由于替代推理对于认知表征既是必要的又是充分的，推理概念的确为我们提供了认知表征的必要和充分条件。如果有效替代推理对于认知表征已经是一个必要和充分条件，那么，有人可能会问，为什么这里倡导的推理概念比苏雷兹提出的实质性说明（替代推理对于认知表征既是必要的也是充分的）要好。

康特萨偏爱解释而疏远替代推理作为认知表征的必要和充分条件的一个主要理由是，解释比替代推理更基本，正是工具依据目标做解释的这个优点，才使使用者能够完成从这个工具到这个目标的替代推理。由于替代推理的可能性总是伴随着认知表征，所以认知表征比实际替代推理在概念上优先。比如，我们是根据地铁图表征地铁系统这个事实来实现从地铁图到地图系统的推理，相反则是不真实的。如果地铁图不表征地铁系统，而使用者用它执行关于该系统的推理就是荒唐的。

事实上，替代推理预设了认知表征，因为推理就是认知过程。如果地铁图真实地表征了地铁系统，而我们根据这个事实没有得出从一个站点到另一个站点的推理，那就不是对认知表征的解释出了问题，而是地铁图表征出了问题，这显示了解释的重要性。也就是说，对于一个真实的表征，如果我们不能正确地认知和解释，结论也会是错误的。比如拿着一幅正确的地图，找不到正确的目的地，那不是地图有问题，而是使用者有问题。康特萨辩护说，替代推理的实际表现就是一个"症状"，它允许我们把认知表征的情形与指代的情形区分看来。从模型到系统的一个替代推理的实际表现揭示，这个模型被用作那个目标系统的一个认知表征。在这个意义上，表征与替代推理之间的关系类似于麻疹（measles）与科氏斑（Koplik spot）[①]之间的关系。不过，斑点出现当且仅当某些人有麻疹，这不意味着某些人有麻疹，而是因为他们有科氏斑。

总之，康特萨认为，认知表征的说明应该比科学表征的表面属性做得更多。根据使用者依据一个目标解释一个工具这个事实，这个模型表征这个目标能够被用于实现关于目标的替代推理。正是使用者的解释才将一个客体转变为某一目标的一个表征。

第五节 对表征概念的重建

在科学哲学中，有两种观点是得到普遍承认的：一种是认为模型在科学中起核心作用；另一种是认为模型不是真理适当的，即模型不具有真或假的属性。对于第一种观点几乎没有什么异议，而对于第二种观点的争议颇多。如果模型没有真与假之分，那么它如何与世界发生联系呢？它如何真实表征世界呢？它表征世界的方式与肖像和地图描述对象的方式一样吗？为了回答这个问题，康特萨从结构主义出发，对科学表征的说明做了进一步的发展[②]。

模型作为一种主要表征方式，从结构出发探讨它与世界的关系可能是最

---

① 科氏斑又称麻疹黏膜斑，是麻疹的特有体征。

② Contessa G, "Structure and Representation I: Groundwork for Structuralist Account of Scientific Representation", philpapers.org/rec/CONSA, 2009.该文未公开发表，这里征得作者同意后引用。

佳途径，因为模型与世界都是有结构的，离开结构谈表征，无异于离开脸谈表情。在表征的语境中，结构主要是指"同构"，有时也包括"同态"，它是根据集合-理论结构(set-theoretic structure)之间的形式关系——态射或形态(morphism)[①]构成的一种结构表征或认知表征。这就是科学结构主义的表征概念[②]（见第四章）。结构主义的反对者苏雷兹把这种结构主义叫作[iso][③]，康特萨则称为朴实同构，其定义(A)为：

> 一个工具表征一个目标，当且仅当这个工具与这个目标同构（表征的朴实同构说明）。

如上所述，康特萨把表征分为指代、认知表征与可靠认知表征三类[④]。指代是一个客体指示另一个客体，如地铁标示图代表一个站点；认知表征是一种包括替代推理[⑤]在内的概念推理，如地铁图，人们使用它能够知道如何到达目的地，这是一个比指代更强的概念，它不仅有指代的意义，还有认知的意义；可靠认知表征是一种真实有效的认知表征，它不能是错误的和虚假的。这是一种最强、最严格意义上的表征。在上述表征分类的基础上，康特萨给出了认知

---

① 也称幂式射，同构、同态和态射或形态都可以根据集合-理论给出数学定义。两个结构之间的一个态射是一个域和另一个域之间的一个函数，同构和同态是它的两个常见例子。比如，两个结构 A 和 B，它们是同态的，当且仅当从 A 的域到 B 的域有一同态；它们是同构的，如果从 A 的域到 B 的域有一个同构。还可能有其他形式的态射，康特萨称两个结构为 x-morphic，当且仅当某些具体的形态保持在它们之间。一个集合-理论是一个 n 组元结构 $S=\{A^s, {}^mR_1^s, \cdots, {}^oR_j^s, {}^pF_1^s, \cdots, {}^rF_{ks}\}$，其中 A^s 是客体的一个非空集（叫 S 的域），${}^mR_1^s, \cdots, {}^oR_j^s$ 是关于 A^s 的关系，${}^pF_1^s, \cdots, {}^rF_{ks}$ 是从 A^s 的组元的子集到 A^s 的元素的函数。

② 著名的科学结构主义者有 Patrick Suppe、Bas van Fraassen、Steven French、James Ladyman、Otavio Bueno 等。

③ Suárez M, "Scientific Representation: Against Similarity and Isomorphism", *International Studies in the Philosophy of Science,* Vol. 17, 2003, pp. 227-240.

④ Contessa G, "Representation, Interpretation and Surrogative Reasoning", *Philosophy of Science*, Vol. 74, No. 1, 2007, pp. 48-68.

⑤ 替代推理的含义是：如果 A 和 B 是两个截然不同的客体，从 A 到 B 的一个推理是替代的，当且仅当，这个推理的前提是关于 A 的一个命题，这个推理的结论是关于 B 的一个命题。

表征、可靠认知表征、不可靠认知表征的更详细定义：

(1) 对某一使用者而言，一个工具是某一目标的一个认知表征，当且仅当：使用者能够使用这个工具进行关于这个目标的有效替代推理(尽管不必然是有根据的)。

根据这个定义，为了让中介工具成为目标的一个认知表征，使用者得出关于目标的结论是真实的或近似真实是没有必要的。换句话说，如果使用者能够执行从某一工具到某一目标的一个有效推理，对那个使用者来说，这个工具就是那个目标的一个认知表征，与那些推理是否有根据无关，比如关于目标的结论是真实的。我们发现，这个定义只规定替代推理有效，没有规定结论是真是假，或者说，结论的真假与推理是否有效无关，一个结论是假的替代推理也是有效的，只要它是一个认知表征。这个定义没有解决替代推理的可靠性问题，比如，用过时的旧版地铁图表征今天的地铁系统，显然不是一个可靠认知表征，而是一个误表征。为了克服误表征的问题，康特萨引入了如下三个定义。

(2) 一个工具是某一目标的一个完全可靠认知表征，当且仅当它是这个目标的一个认知表征；从它到目标的所有有效推理是有根据的。

(3) 一个工具是某一目标的一个部分可靠认知表征，当且仅当它是这个目标的一个认知表征；从它到目标的某些有效推理是有根据的。

(4) 一个工具是某一目标的一个完全不可靠认知表征，当且仅当这个工具是这个目标的一个认知表征；从这个工具到目标的有效推理，没有任何一个是有根据的。

如果假设："x 误表征 y"意味着"x 不是 y 的一个完全可靠认知表征"，"x 表征 y"意味着"x 是 y 的一个认知表征"，那么这很明显表明：一个工具不可能是某一目标的一个不可靠认知表征，除非它是那个目标的一个认知表征。也就是说，只要是表征，无论它是否是错误的，都是一个认知表征。一般来说，我们需要的是可靠表征，而尽量避免不可靠表征，在科学的情形中更是如此。因此有必要对可靠认知表征的结构做进一步深入分析。

第六节　可靠认知表征概念的结构分析

康特萨之所以提出表征的结构概念，目的是提供一个可靠认知表征的说明，而不是认知表征的说明。许多结构主义的支持者没有区分认知表征与可靠认知表征，事实上结构概念并不意味着可靠认知表征的说明。要使表征的结构概念有意义，最好把它看作可靠认知表征而不是认知表征。按照这种思路，康特萨把结构概念作为他叫作"完全可靠认知表征的同构说明"的概念。这种结构概念的定义(B)是：

对于某一使用者，一个工具是某一目标的一个完全可靠认知表征，当且仅当：(1)对那个使用者来说，这个工具是那个目标的一个认知表征；(2)这个工具与那个目标同构。

首先，根据这个定义，结构概念将回答"根据什么某一目标的一个认知表征是一个完全可靠认知表征"的问题，而不是回答"根据什么一个工具是某一目标的一个认知表征"的问题。一个工具是某一目标的一个认知表征这个事实，是这个工具成为一个可靠认知表征的必要条件而不是充分条件。一旦在认知表征与可靠认知表征之间做出区分，那显然就意味着可能有完全不可靠的认知表征。为了使这个工具在某种程度上成为一个可靠认知表征，结构概念试图确认需要保持哪些更多条件，也即除使工具成为那个目标的一个认知表征外，还有哪些条件能够使它成为一个可靠认知表征。

按照结构概念的这种解释，工具与目标同构对于一个工具是一个目标的一个认知表征，既不是必要的也不是充分的。在一定程度上，结构概念主张的是，如果某一工具是某一目标的一个认知表征，那么依据某些更多条件保持的事实，比如工具的结构和目标的结构之间保持某一态射的事实，这个工具是那个目标的一个可靠认知表征。假如这个解释是正确的，那么表征的结构概念预设了我们采用一个认知表征的概念，如苏雷兹的推理概念或康特萨的解释概念。由于苏雷兹的推理概念与结构概念不一致①，因此，结构概念实际上是认知表征说明的补充。

康特萨认为，尽管可靠认知表征的同构说明(B)仍然有缺陷，但它避免了表征的朴实同构说明(A)的许多异议。与定义(A)不同，定义(B)不受方向性(directionality)和意向性问题的困扰。这两个问题是结构概念的批评者常常拿来说事的问题。方向性问题由以下事实构成：同构是一个反身(与自身同构)、对称(两个结构彼此同构)和传递(一个经另一个传到第三个)关系，而表征不是其中任何一个。或者说，同构关系缺乏方向性，而表征具有方向性，即一个客体指向另一个客体。比如，北京市地图不表征它本身，它表征北京市，但是北京市不表征北京市地图。北京市地图的照片表征北京市地图，但是不表征北京市。

实际上，方向性问题仅说明同构对于表征是不充分的。如果某人把结构说明解释为可靠认知表征说明，那么同构就既不必要也不充分。几乎所有表征结构主义者都认为，在某种程度上，同构对于某一目标的某一认知表征是那个目标的一个可靠认知表征，这是必要的。也就是说，一旦我们把结构概念解释为一个可靠认知表征概念，工具与目标之间的态射的逻辑特性将不再传递到它们之间的可靠认知表征关系。因为对于某些使用者而言，为了让这个工具成为那个目标的一个可靠认知表征，在工具与目标之间需要保持另一个关系，也即，对于那个使用者来说，这个工具是那个目标的一个认知表征，那个关系既不是反身的，也不是对称和传递的。

定义(B)避免的另一个问题是意向性问题。按照普特南著名的"沙滩上

---

① 苏雷兹是一个坚定的反结构主义者，他认为结构的相似、同构与同态对于表征都是既不必要也不充分的。他提出表征的推理概念就是试图消解表征的结构问题。而结构主义者认为消解或取消结构对于表征来说无异于是釜底抽薪，因为在他们看来无结构的表征是不可能的。围绕表征的有无结构问题科学哲学界展开了激烈的争论，形成了科学表征问题领域的结构主义和非结构主义两个阵营，类似于科学实在论与反实在论的争论。

的丘吉尔"思想实验，弗丽嘉业已指出[①]，表征不是工具和目标这两个客体之间的一个二元关系，只有当使用者意指这个工具是那个目标的一个表征时，一个客体才能成为另一个客体的表征。不过，这个主张业已包括在定义(B)中了。根据定义(B)，没有任何一个态射能够把一个工具转变为某一客体的一个可靠认知表征，除非这个工具对于某些使用者来说首先是那个目标的一个认知表征。

第七节　认知表征的分析性解释概念

上述分析表明，表征的结构概念没有提供一个认知表征的说明，而是提供一个可靠认知表征的说明。任何一个可靠认知表征说明预设我们采用一个认知表征说明。康特萨提出的认知表征的解释概念非常适合这个结构概念，因为采用结构概念将允许结构主义避免某些基本问题，这些问题是可靠认知表征的任何结构主义说明似乎要面对的。在此，康特萨对解释概念做了进一步的细化，将其做如下定义(C)：

一个工具是某一目标的一个认知表征(对于某一使用者)，当且仅当：
(a)使用者用这个工具指代那个目标；
(b)使用者根据某些目标采用这个工具的解释。

然而，说使用者根据某些目标采用这个工具的解释是什么意思？为了更精确地描述解释概念，康特萨引入分析性解释的概念，并说明了这个概念与有效替代推理之间的关系。

一个工具的分析性解释预设：使用者确认这个工具中的 V-相关客体的一个非空集($\Omega^v = \{o^v_1, \cdots, o^v_n\}$)，这个工具中 V-相关客体的 V-相关属性和 V-相

[①] Frigg R, *Re-Presenting Scientific Representation*, Ph.D.Dissertation, London:University of London, 2003, http://etheses.lse.ac.uk/1730/1/U185091.pdf.

关客体之间的关系是一个集($P^v=\{{}^nR^v_1,\cdots,{}^nR^v_m\}$)，其中 ${}^nR$ 指代一个 n 元关系，属性被理解为一元关系；一个从 $(\Omega^v)^n$（如笛卡儿积 Ω^v 自乘 n 次）到 Ω^v($\Phi^v=\{{}^nF^v_1,\cdots,{}^nF^v_m\}$) 的V-相关函数，其中 ${}^nF$ 指代 n 元函数。使用者假设，在目标有一个 T-相关客体集 (Ω^T)，一个目标中 T-相关属性和客体之间关系的集 (P^T)，和一个从 $(\Omega^T)^n$ 到 $\Omega^T(\Phi^T)$ 的相关函数集。因此，

（5）一个使用者根据那个目标采用这个工具的一个分析性解释，当且仅当：

（5.1）这个使用者用 Ω^v 中的每个客体指代 Ω^T 中的一个且仅一个客体，以及 Ω^v 中的每个客体被 Ω^T 中的一个且仅一个客体所指代；

（5.2）这个使用者用 P^v 中的每个 n 元关系指代 P^T 中的一个且仅一个 n 元关系，以及 P^T 的每个 n 元关系被 P^v 中的一个且仅一个 n 元关系所指代；

（5.3）这个使用者用 Φ^v 中的每个 n 元函数指代 Φ^T 中的一个且仅一个 n 元函数，以及 Φ^T 中的每个 n 元函数被 Φ^v 中的一个且仅一个 n 元函数所指代。

可以看出，这个分析性解释的特征是：相关客体被客体、一个个属性和一个个二元关系等所指代。然而，根据基于那个目标的这个工具的解释，不是所有客体、属性、函数和关系是相关的。只有工具中的 V-相关客体、属性和关系指代目标中的客体、属性和关系，也只有目标中的 T-相关客体、属性、函数和关系被工具中的客体、属性、函数和关系分别所指代。比如，在伦敦地铁图中，根据这个地图的标准解释，由浅蓝色线连接的关系就是 V-相关，因为根据这个地图标准进行解释，它指代地铁系统两个站点之间的关系。但是，如果离开浅蓝色线两英寸的关系就不是 V-相关，因为根据地图的标准解释，它不指代地图系统中任何两个站点之间的关系。

康特萨特别说明，不是所有解释都是分析的，某些认知表征本身就是解释，无须再分析。他只是希望我们以分析的视角看待认知表征，可能会比其他非分析的方式更准确、更细致。也就是说，分析性解释有助于克服一般表

征解释的模糊性，比如，用杯子表征原子这种表征就是模糊的，虽然可以这么指代。

第八节　无结构表征的结构描述分析

　　认知表征的同构解释对于结构性客体是有效的，特别是用数学方式处理的对象十分有用。但是对于无结构客体，同构解释就无能为力了。这就是认知表征的无结构问题。无结构问题由被定义为集合-理论结构之间关系的态射引起，因为态射可以有结构，也可以无结构，而大多数工具客体和目标系统不是集合-理论结构，而是具体系统，或者说，这些具体系统不是用集合-理论结构描述的。比如，伦敦地铁图和地铁系统都不是集合-理论结构。那么，可靠认知表征的概念如何用于无结构的系统或客体呢？

　　康特萨认为，即使那些工具和目标不是集合-理论结构，但是它们能够例示集合-理论结构。因此，仅就一个工具和一个目标例示 x-态射而言，它们可以被认为是 x-态射。但是，一个工具或目标例示一个结构是什么意思？弗丽嘉的建议可能是解决这个问题的一种好方式。说一个具体客体例示某一结构，就意味着给出它的应用的一个抽象描述，当且仅当它应用某些适当的、更具体的描述。弗丽嘉指出，"为了使它（工具）拥有一个结构用于一个系统，成为一个个体必须用于它的部分，以及替代这些部分的一个关系。关键的一点是要认识到，成为一个个体和处于一个关系中在玩游戏的模型中是抽象的"[①]。在玩游戏模型中，为了使一个描述比其他描述更抽象，弗丽嘉提出一个必要条件，比如，"约翰正在玩游戏"比"约翰正在下棋""约翰正在打篮球""约翰正在玩扑克"等描述更抽象，因为玩游戏没有指明玩哪种游戏，只有明确了具体哪种游戏，描述才是具体的。又如，卖水果比买苹果抽象，因为水果是比苹果更抽象的概念。

---

　　① Frigg R, "Scientific Representation and the Semantic View of Theories", *Theoria*, Vol. 21, No. 55, 2006, p. 55.

伦敦地铁图表征系统是一个好例子。伦敦地铁系统例示一个结构 $N=\{$站点$_1\cdots,$站点$_n\}$，关系 $^1R_i^n=\{$线路$_1,\cdots,$线路$_n\}\cdots\cdots$仅当一个抽象结构对于地铁系统是真实的。康特萨把这种结构称为伦敦地铁系统的一个结构描述。根据弗丽嘉的看法，这种结构描述是真实的，仅当一个适当的、具体的描述如伦敦地铁系统的结构描述是真实的。也就是说，一个结构模型的真实性依赖于与它相关的具体描述的真实性，如地铁系统有多少个站点、多少条线路、各个站点之间的距离等，必须是真实的、详细的。因此，结构模型更抽象，因为它纯粹是外延的，它没有告诉我们关于结构域中客体的属性特征及其之间关系的任何信息，它仅告诉我们结构域中的某客体有某些属性，或者这个结构域中其他客体没有的属性，或者这个结构域中客体的某 n 元处于某种关系，或者这个结构域中客体的其他 n 元不处于某关系中。

需要特别注意的是，结构描述会为结构主义提出一个进一步的问题，即同一工具和目标能够例示许多不同的结构,这依赖于那个系统更具体的描述，而那个系统是我们的结构描述的基础，譬如依赖于在那个系统域中我们如何确认它的哪个部分是那个系统域中的客体，它的哪些属性与部分之间的哪些关系与包括在结构中的抽象部分对应。因此，一个工具和一个目标只能例示一个具体结构，而且这个具体结构与它们的某些特殊描述相关。然而，当我们主张工具和目标是 x-态射时，这些结构的哪些是相关的呢？

这是弗丽嘉发现的一个挑战。我们如何应对这个挑战呢？康特萨认为，如果我们采用认知表征的解释概念，这个挑战能够得到解释或满足。根据解释概念，一个工具是某一目标的一个认知表征，当且仅当使用者根据那个目标解释那个工具，而且使用者根据目标解释工具的一种方式是，确认那个工具中的某些客体、属性和关系，替代目标中的客体、属性和关系。如前所述，康特萨把工具和目标中的这些客体、属性和关系，分别称为 V-相关和 T-相关，比如伦敦地铁系统中地铁图是 V-相关，地铁系统是 T-相关。

康特萨进一步假设，有一个工具的真实描述，它包括所有客体及其属性是 V-相关(依据目标的工具解释)的；有一个目标是真实描述，它包括所有客体及其属性是 T-相关(依据目标的工具解释)的。按照弗丽嘉的思路，我们假设，在那些理想描述框架下，工具和目标都例示一个结构，相对于解释 I，分别称为工具的相关结构 V 和目标的相关结构 T。

一般来说，工具的相关结构概念可以给出如下定义：

(6) 如果 V 是一个工具，T 是一个目标，I 是基于目标的工具的一种分析性解释，那么 V 是 T 的一个相关结构（相对于 I），当且仅当：

(6.1) $A^v=\{O_1^v, \cdots, O_n^v\}$ 是结构 V 的一个域，当且仅当 A^v 是根据 I 的 V-相关客体集；

(6.2) $^nR_k^v=\{(O_1^v, \cdots, O_n^v), \cdots, (O_i^v, \cdots, O_j^v)\}$，当且仅当，某些 n 元 V-相关关系保持在 $O_1^v, \cdots, O_n^v$ 之间，……，$O_i^v, \cdots, O_j^v$ 之间，但不保持在 A^v 中的客体的任何其他 n 元关系之间。

(6.3) $^nF_k^v\{f(O_1^v, \cdots, O_n^v)=O_k^v, \cdots, f(O_i^v, \cdots, O_j^v)=O_z^v\}$，当且仅当，某些 n 元 V-相关函数把 O_k^v 作为它的值，如果它的论据是 $O_1^v, \cdots, O_n^v$，以及把 O_z^v 作为它的值，如果它的论据是 $O_i^v, \cdots, O_j^v$。

类似地，目标的相关结构也能够进行如上定义。

根据上述定义，基于目标的工具解释提供一个原则的、自然的方式，这将工具和目标重构为集合-理论结构，并满足了弗丽嘉的挑战。在康特萨看来，基于目标的一个工具的分析性解释，选择出工具和目标中的某些客体、属性、函数和关系分别作为 V-相关和 T-相关。根据这种解释，我们自然会假设：工具和目标的相关结构将包括所有那些 V-相关和 T-相关客体，以及它们的 V-相关和 T-相关属性和关系。

第九节　意向态射与无意向态射的结构描述分析

认知表征的解释概念允许结构主义者解决另一个问题——无意向态射问题(the problem of unintended morphism)。仍以伦敦地铁系统为例。伦敦地铁图精确地表征实际地铁系统，如果不是，那就是一个有缺陷的地铁图，如标示错误、混乱，人们不能根据它有效推知准确的目的地。根据解释概念，这种有缺陷的地铁图是地铁系统的一个完全不可靠认知表征,也就是从图到系统的任何有效推理都是无根据的。由于标准地铁图与有缺陷地铁图是同构的,如果前者对于地铁系统是 x-态射,后者对于地铁系统也是 x-态射。换句话说,如果系统 A 和系统 B 是同构结构,A 对于系统 C 是 x-态射,B 对于 C 也是 x-态射。因此,工具与目标之间保持的某一态射这个事实,对于这个工具是那个目标的一个完全可靠认知表征是不充分的。这就是无意向态射问题。

许多结构主义者已经认识到,这个问题能够通过选择工具和目标之间的一类特殊态射——意向态射得到解决。康特萨根据他的解释概念给出意向态射的如下定义:

(7) 一个态射 f,处于工具的相关结构与目标的相关结构之间(相对于基于目标的工具的某一种分析解释),当且仅当:

(7.1) 对于所有 $O_i^v \in A^v$ 和所有 $O_i^T \in A^T$,仅当根据解释 I,O_i^v 指代 O_i^T;

(7.2) 对于所有 ${}^nR_k^v$ 和 ${}^nR_k^T$,$(O_1^v, \cdots, O_n^v) \in {}^nR_k^v$ 和 $\{f(O_1^v), \cdots, f(O_n^v)\} \in {}^nR_k^T$,仅当根据解释 I,${}^nR_k^v$ 指代 ${}^nR_k^T$[①]。

(7.3) 对于所有 ${}^nF_k^v$ 和 ${}^nF_k^T$,$f \{{}^nF_k^v \{f(O_1^v, \cdots, O_k^v)\}\} = {}^nF_k^T \{f(O_i^v), \cdots, f(O_k^v)\}$,仅当根据解释 I,${}^nF_k^v$ 指代 ${}^nF_k^T$。

譬如,根据伦敦地铁图的标准解释,一个旁边印有名称的小圆圈代表那个名称的站点,由红线连接的关系代表由中央线列车连接的关系,地铁图与地铁系统的相关结构之间的一个态射是意向的,仅当它把一个标有名称的圆圈与那个名称的站点连接起来,而且红线把标有站点名称的不同站点连接起来。然而,有缺陷地铁图和地铁系统的相关结构之间的同构不是意向的,尽管它们也用小圆圈代表不同站点,也用红线连接不同站点。

[①] 符号 I 代表解释(interpretation),${}^nR_k^v$ 和 ${}^nR_k^T$ 分别代表工具的 n 元已知关系和目标的 n 元已知关系,其中,符号 k 代表已知(known),符号 $\in$ 代表属于。

第十节 完全可靠认知表征的意向同构说明的分析

相关结构和意向态射概念的引入，使得康特萨相信，我们有资格形成一个完全可靠认知表征的说明，具体说就是完全可靠认知表征的意向同构说明。由于大多数表征是不完全可靠认知表征，因此，可靠认知表征的意向同构说明就显得格外重要。根据意向同构说明，康特萨给出的定义(D)为：

对于一个使用者而言，一个工具是一个目标的一个完全可靠(分析地解释的)认知表征，当且仅当：
(a)对于那个使用者来说，这个工具是那个目标的一个(分析地解释的)认知表征，而且，(b)在那个工具的相关结构和那个目标的相关结构之间有一个意向同构。

为了阐明完全可靠认知表征的意向同构说明是成功的，康特萨提醒要注意以下两点：

第一，对某一个使用者来说，如果这个工具是那个目标的一个分析性解释的认知表征，而且在这个工具的相关结构和那个目标的相关结构之间保持一个意向同构，那么从这个工具到那个目标的所有有效替代推理是有根据的。

第二，如果这个工具是基于那个目标的工具的一个分析性解释的认知表征，而且从这工具到那个目标的所有有效替代推理是有根据的，那么，这个工具的相关结构和那个目标的相关结构之间保持一个意向同构。

在康特萨看来，如果使用者基于那个目标采用这个工具的一个分析性解释，从这个工具到那个目标的推理将是有效的，当且仅当它与前面提出的三个规则一致。也就是说，如果一个意向同构保持在这个工具的相关结构和那个目标的相关结构之间，那么所有有效推理都是有根据的。

假设在工具中有一个客体 O_i^v，而且根据使用者采用的解释 O_i^v，指代 O_i^T。根据规则1推知，在目标中有一个客体 O_i^T 是有效的。如果一个同构 f 保持在这个工具的相关结构和那个目标的相关结构之间，那么，在那个目标的相关结构域 A^T 中，如 $f(O_i^v) = O_x^T$，一定有一个客体 O_x^T [①]。然而，如果 f 是一个意向同构，情形必然是：$O_i^T = O_x^T$，因为根据那个使用者采用的解释 O_i^T 是一个被 O_x^v 指代的客体。进一步假设在工具中没有任何客体 O_i^v，而且根据使用者采用的解释 O_i^v 指代 O_i^T。根据规则1推知，在目标中没有任何客体 O_i^T 是有效的。如果一个同构 f 保持在这个工具的相关结构和那个目标的相关结构之间，那么，那个目标的相关结构域中的每个客体一定与不同于 O_i^v 的某些客体一一对应，而且，如果这个同构是意向的，那么，O_i^T 不可能是那个目标结构域之中的客体，因为一个意向同构仅仅将 O_i^v 与 O_i^T 相联系，根据使用者采用的解释 O_i^v 仅指代 O_i^T。由此推知，O_i^T 不在那个目标中是有根据的。所以，如果一个意向同构保持在这个工具的相关结构和那个目标的相关结构之间，那么与规则1一致的任何推理将是有根据的推理。

根据规则2，假设这个工具中的某种V-相关客体 $O_1^v, \cdots, O_n^v$ 处于某一V-相关 n 元关系，$^nR_k^v$ 根据使用者采用的解释，O_1^v 指代 $O_1^T, \cdots, O_n^v$ 指代 O_n^T，而且 $^nR_k^v$ 指代 $^nR_k^T$。因此，推知一个关系 $^nR_k^T$ 保持在 $O_1^T, \cdots, O_n^T$ 之间是有效的。如果一个同构 f 保持在这个工具的相关结构和那个目标的相关结构之间，那么关系 $^nR_k^v$ 保证在客体 $f(O_1^v), \cdots, f(O_n^v)$ 之间。如果同构是意向的，由于 O_1^v 指代 $O_1^T, \cdots, O_n^v$ 指代 O_n^T，那么情形一定是 $f(O_1^v) = O_1^T, \cdots, f(O_n^v) = O_n^T$，而且由于 $^nR_k^v$ 指代 $^nR_k^T$，关系 $^nR_k^T$ 一定是关系 $^nR_k^v$。

进一步假设工具中某一相关客体 $O_1^v, \cdots, O_n^v$ 不是处于某一V-相关 n 元关系 $^nR_k^v$，根据使用者采用的解释，O_1^v 指代 $O_1^T, \cdots, O_n^v$ 指代 O_n^T，而且 $^nR_k^v$ 指代 $^nR_k^T$。根据规则2推知，关系 $^nR_k^v$ 不保持在 $O_1^T, \cdots, O_n^v$ 之间就是有根据的。在这里，康特萨认为有两种情形需要考虑。要么一个不同的相关 n 元关系保持在客体 $O_1^v, \cdots, O_n^v$ 之间，要么没有任何 n 元关系保持在它们之间。如果一个不同的 n 元关系保持在客体 $O_1^v, \cdots, O_n^v$ 之间，而且一个同构保持在这个工具的相关结构和那个目标的相关结构之间，那么就会有一个关系 $^nR_k^T$ 保持在

[①] O_x^v 是指工具中的一个待定客体。

$f(O_1^v), \cdots, f(O_n^v)$ 之间。如果一个同构是意向的，那么由于 O_1^v 指代 $O_1^T, \cdots, O_n^v$ 指代 O_n^T，情形一定是 $f(O_1^v) = O_1^T, \cdots, f(O_n^v) = O_n^T$，但是 $"R_k^T$ 不可能是 $"R_k^v$，因为如果这个同构是意向的，$(O_1^v, \cdots, O_n^v) \in R_k^v$ 和 $\{f(O_1^v), \cdots, f(O_n^v)\} \in R_k^T$，仅当根据使用者采用的解释 I，$R_k^v$ 指代 R_k^T。如果没有 n 元关系保持在客体 $O_1^v, \cdots, O_n^v$ 之间，而且一个同构保持在这个工具的相关结构和那个目标的相关结构之间，那么就没有关系保持在 $f(O_1^v), \cdots, f(O_n^v)$ 之间。如果这个同构是意向的，由于 O_1^v 指代 $O_1^T, \cdots, O_n^v$ 指代 O_n^T，情形一定是 $f(O_1^v) = O_1^T, \cdots, f(O_n^v) = O_n^T$，因此，在这些客体之间没有保持任何关系。所以，如果一个意向同构保持在这个工具的相关结构和那个目标的相关结构之间，那么与规则 2 一致的任何推理都是有根据的。

接下来我们讨论规则 3 的情形。假设函数 $"F_k^v$ 将 O_i^v 作为它的值，当它的论据是 $O_1^v, \cdots, O_n^v$，且根据使用者采用的解释，O_i^v 指代 O_i^T，O_1^v 指代 $O_1^T, \cdots, O_n^v$ 指代 O_n^T，且 $"F_k^v$ 指代 $"F_k^T$，根据规则 3，我们推知，函数 $"F_k^T$ 的值对于论据 $O_1^v, \cdots, O_n^v$ 是 O_i^v 是有效的。如果一个同构 f 保持在 V 和 T 之间，那么 $f\{"F_K^V(O_1^v, \cdots, O_n^v)\} = f(O_i^v) = "F_K^T\{f(O_1^v), \cdots, f(O_n^v)\}$。然而，如果这个同构是意向的，那么 $f(O_i^v) = O_i^T$，$"F_K^T\{f(O_1^v), \cdots, f(O_n^v)\} = "F_K^T(O_1^v, \cdots, O_n^v)$，情形一定是 $"F_K^T(O_1^v, \cdots, O_n^v) = O_i^T$。所以，如果一个意向同构保持在这个工具的相关结构和那个目标的相关结构之间，那么与规则 3 一致的任何推理都是有根据的。

如果使用者根据那个目标采用这个工具的一个分析性解释，那么只有与规则 1、规则 2 和规则 3 一致的推理才是有效的。而且，如果一个意向同构保持在这个工具的相关结构和那个目标的相关结构之间，那么与规则 1、规则 2 和规则 3 一致的所有推理是有效的。于是，康特萨得出结论：在使用者根据目标采用工具的一个分析性解释的所有情形中，如果一个意向同构保持在这个工具的相关结构和那个目标的相关结构之间，那么所有推理都是有根据的。

最后讨论第二个需要考虑的问题。如果使用者采用一个分析性解释，而且从工具到目标的所有有效替代推理是有根据的，那么一个意向同构保持在这个工具的相关结构和那个目标的相关结构之间。如果使用者根据那个目标采用这个工具的一个分析性解释，那么仅与规则 1、规则 2 和规则 3 一致的替代推理才是有效的。这样，康特萨需要解释：如果与规则 1、规则 2 和规则 3 一致的所有推理是有根据的，那么情形一定是：一个意向同构保持在这个工具的相关结构和那个目标的相关结构之间。

首先，如果与规则 1 一致的所有推理是有根据的，那么情形一定是：对于工具中的某个客体 O_i^v，被 O_i^v 指代的客体 O_i^T 是在目标中，而对于不在工具中的某个客体 O_i^v，被 O_i^v 指代的客体 O_i^T 一定不是在目标中。

其次，如果与规则 2 一致的所有推理是有根据的，那么情形一定是：对于客体 $O_1^v,\cdots,O_n^v$ 的某个 n 组元，它们处于一个 n 元关系 $"R_k^v$ 中，被 $O_1^v,\cdots,O_n^v$ 指代的客体 $O_1^T,\cdots,O_n^T$ 处于被 $"R_k^T$ 指代的关系中；对于客体 $O_1^v,\cdots,O_n^v$ 的某个 n 组元，它们不处于一个 n 元关系 $"R_k^v$ 中，被 $O_1^v,\cdots,O_n^v$ 指代的客体 $O_1^T,\cdots,O_n^T$ 不处于被 $"R_k^T$ 指代的关系中。因此，客体 $O_1^v,\cdots,O_n^v$ 的某个 n 组元处于某一 n 元关系 $"R_k^v$ 中，当且仅当被 $O_1^v,\cdots,O_n^v$ 指代的客体处于被 $"R_k^T$ 指代的关系 $"R_k^T$ 中。

最后，如果与规则 3 一致的所有推理是有根据的，那么情形一定是：对于某个 n 元函数 $"F_K^V$，其值对于论据 $O_1^v,\cdots,O_n^v$ 是 O_i^v，当论据是 $O_1^v,\cdots,O_n^v$ 指代的客体时，被 $"F_K^V$ 指代的函数值 $"R_k^T$ 是被 O_i^v 指代的客体。

上述论证表明：如果与规则 1、规则 2 或规则 3 一致的所有推理是有根据的，那么从工具 A^v 的相关结构到目标 A^T 的相关结构建构一个函数 f 是可能的，其结果是：

(1) 对于某个 O_i^v 和 O_i^T，$f(O_i^v)=O_i^T$，当且仅当，根据使用者采用的解释，O_i^v 指代 O_i^T；

(2) 对于所有 $"R_k^v$ 和 $"R_k^T$，$(O_1^v,\cdots,O_n^v)\in"R_k^v$，当且仅当 $f(O_1^v),\cdots,f(O_n^v)\in"R_k^T$，而且根据使用者采用的解释，$"R_k^v$ 指代 $"R_k^T$。

(3) 对于所有 $"F_K^V$ 和 $"F_K^T$，$f\{"F_K^V(O_1^v,\cdots,O_n^v)\}=f(O_i^v)="F_K^T\{f(O_1^v),\cdots,f(O_n^v)\}$，而且根据使用者采用的解释，$"F_K^V$ 指代 $"F_K^T$。

概言之，由于满足这些条件的函数是一个意向同构，这意味着，如果与规则 1、规则 2 和规则 3 一致的所有推理都是有根据的，那么一个意向同构就保持在这个工具的相关结构和那个目标的相关结构之间，或者更一般地说，工具的相关结构和目标的相关结构之间的意向同构，是逻辑上有效的和经验上适应的。

第十一节 对科学表征相似观的发展

对于表征关系来说,如果说同构是强的表征观,那么相似就是弱的表征观。两个客体之间若形成表征关系,即用一个描述另一个,则它们之间的表面相似性是最直接的特征。人们常常根据这个表面相似性形成表征关系,这是最直觉意义的相似性。从这意义上说,表面相似性是表征的第一属性或一阶属性,深层相似性或结构相似性则是第二属性,康特萨称为二阶相似性[①]。

在科学实践中,一般认为,科学模型和理论是对世界某些方面的表征。如果这个观点成立,接下来的问题是:根据什么说某一模型是某一系统的一个模型?根据什么说某一系统的模型是这个系统的一个可靠表征?第一个问题是表征的必要性,第二个问题是表征的充分性。必要性要求一个模型必须是世界中某一系统的某些方面的表征;充分性要求这个模型必须是这个系统某些方面的真实表征。为此,如前所述,康特萨区分了一般表征与可靠表征。具体说,所谓可靠表征是指,一个模型忠实地表征一个系统,仅当从这个模型得出的关于这个系统的结论是真实的。那么什么才算作是真实的呢?或者说,使用者根据什么能够从模型得出关于那个系统的真实结论呢?

模型如何表征的最著名说明就是相似性说明,也就是根据两个客体或模型与系统之间的相似性来说明。问题是,哪些相似性能够保证一个模型表征某个系统的可靠性呢?偶然相似性与实际相似性的区别在哪里?案例分析可能是回答这些问题的最佳方法。比如,我们驾驶一辆小车从山顶沿着公路下滑,为了保证安全,我们要将下滑速度保持在多少呢?一个可行的解释模型就是经典力学的简单无摩擦斜面模型,该模型我们在中学物理学教科书中学过。我们可以运用这个模型计算小车下滑的最大速度。然而,问题是,按照

---

① Contessa G, "Scientific Representation, Similarity and Prediction", 2006-10-30, http://philsci-archive.pitt.edu/id/eprint/3018, p. 2.

这种模型计算出来的速度是小车的真实速度吗？当然，我们可以在小车上安装测速仪来做到这一点，假如在没有测速仪或测速仪不准确的情形下，用一个科学模型来测量还是必要的。接下来我们通过这个例子来讨论相似性的分类问题。

一、相似性的分类

如果我们把小车滑行系统和无摩擦斜面系统放在一起比较，那么我们就运用了类比，或者说，用无摩擦斜面描述小车滑行形成表征关系的构成中，我们使用了类比和表征两个概念。为什么要把这两个系统做类比呢，一个表征另一个吗？假如能够表征，又是如何表征的呢？康特萨通过无摩擦斜面模型给出了详细的说明。

在无摩擦斜面模型中，一物体放在无摩擦斜面的顶部，作用于物体的唯一力是重力，正交力垂直作用于斜面。在斜面的顶部，物体的动能 $K_e=0$，它的重力势能 $U=mgh$，其中 m 是物体的质量，g 是引力加速度常数，h 是斜面顶部到底部的高度。这个系统的总机械能 $E=K_e+U=0+mgh=mgh$。由于这个系统的能量是恒定的，当物体滑行到斜面底部时，所有势能转变为动能，此时物体的动能 $K_e=1/2mv^2=mgh$。根据这个公式，我们就能够确定物体到达斜面底部的速度是 $v=(2gh)^{1/2}$。显然，物体的最终速度依赖于 g 和 h。在教科书中，我们知道 $g=9.8m/s^2$，它是物体自由下落到地面时引力加速度的一个非常好的近似值，只要测得 h 的数值，我们就能够计算出物体到达斜面底部时的速度。

类似地，小车从山顶沿公路下滑到山底的速度也可以根据这个公式计算。速度与小车的质量无关，仅与高度相关，只要测到山的高度，就能够计算出速度。假如这个模型符合我们说明的目的，从表征的角度看，斜面上的物体指代公路上的小车，模型中的斜面指代小车滑行的公路。那么，这个模型真实地表征了小车滑行的速度吗？或者说，物体达到斜面底部的速度描述了小车滑行到山底的实际速度吗？由于斜面是无摩擦的，而路面是有摩擦的，这与实际情形不符，只能是一种近似情形。因此，这里问题不是一般表征而是可靠表征。具体说，问题不是"根据什么说从物体达到斜面底部的速度到小车滑行到山底的速度的推理是有效的"而是"根据什么说它是正确的"。为什么能够从斜面模型中物体的最终速度推知小车滑行系统中小车的最终速度的推理是正确的？问题不是要确定我们需要什么理由相信这个模型能够被可靠地用于目标系统，而是要确定：为了使模型是目标系统的一个可靠表征，必须满足什么条件。

根据这个例子提出的问题，康特萨对相似性做了分类。一个物体表征另一个物体是根据前者与后者相似的事实，这是最简单的表征观。某人的肖像是对那个人的表征，根据就是肖像与那个人相似这个事实。类似地，一个模型表征某一系统是以它与那个系统的相似这个事实为依据的。在上述的例子中，斜面模型与小车滑行系统就是两个相似系统。康特萨把这种相似性叫作可靠科学表征的全面相似性说明[1]。当然，相似性本身对于可靠科学表征不是一个充分条件，正如苏雷兹业已证明的，表征关系不能完全还原为相似关系，因为相似性缺乏表征的方向性[2]。具体说，相似关系是对称的和反身的，表征关系不是。比如，一个模型与它本身相似但不表征自己，它表征某些真实系统。斜面模型表征小车滑行系统而不是相反。但是小车滑行系统也与斜面模型相似。因此，在这个意义上，相似性只是表征的一个方面，相似性是双向的，而表征是单向的。模型不能自己表征，而是使用者使用它表征某个系统。也就是说，只有当使用者指明一个模型能够表征某个系统时它才是表征。根据康特萨的看法，如果将模型看作可靠表征就可以避免这个问题，因为当一个模型是一个系统的可靠表征时，它只能是那个系统的一个表征。因此，相似性说明不是要说明什么使得一个模型是某个系统的模型，而是要说明什么使得一个模型是那个系统的一个可靠表征。

这个关于表征的全面相似性说明面临许多问题，其中最主要是相似性概念的含糊性。哲学家常常假设，相似性概念是根据两个客体共有的许多属性来实现的，也即，两个客体共同的属性越多，它们相似的程度就越高。这是显然的，根据哲学上的一个常规观点——任何事物都与其他任何事物相似，

---

[1] Contessa G, "Scientific Representation, Similarity and Prediction", 2006-10-30, http://philsci-archive.pitt.edu/id/eprint/3018, p. 4.

[2] Suárez M, "Scientific Representation: Against Similarity and Isomorphism", *International Studies in the Philosophy of Science,* Vol. 17, 2003, pp. 225-244.

因为只要加以灵活性，发现两个客体的共同属性总是可能的。同理，一个模型与某一系统相似，似乎要么过于弱，要么过于模糊。

这两个问题可以通过采用吉尔关于表征的相似性概念的提议得到部分避免。根据吉尔的看法，科学模型与世界中的系统之间的关系是通过理论假设这种中介发生联系的。理论假设是理论的一部分，它的一般形式是"指定的真实系统与设计的模型在确定方面和确定程度上相似"[①]。二粒子牛顿模型[②]与地球-月球系统之间的相似性是一个典型例子[③]。在地球-月球系统中，地球和月球的位置与速度，与一个二粒子牛顿模型非常接近。在这个例子中，万有引力是一个特定理论假设，地球-月球系统是一个真实世界系统，二粒子牛顿模型是表征这个系统的模型，它们之间的相似性是两个相关客体（地球和月球、两个粒子）的物质和速度，相似程度据说非常接近。

根据吉尔的可靠表征说明，某一模型是某一系统的一个可靠表征，仅当介于这个模型与那个系统之间的理论假设是真实的，比如，这个模型真实地与这个理论假设确定的方面和程度上与那个系统相似。康特萨把这种相似性说明版本称为确定的相似性说明(specified similarity account)[④]。依据这种说明就可以部分避免相似性的模糊性问题。因为，为了使这个模型可靠地表征那个系统，模型的确定方面必须与系统的指定方面的确定程度相似。

但是，这种说明如何用于上述小车滑行的情形呢？根据确定的相似性说明，斜面模型可靠地表征小车滑行系统，仅当有一个确定的理论假设存在，根据这个假设，这个模型与滑行系统在确定方面和确定程度上相似。那么，斜面模型的假设是什么呢？无摩擦是这个假设吗？仔细分析斜面模型，似乎

[①] 吉尔立足建构实在论立场对此有详细的分析，Giere R, "Constructive Realism", In Churchland P M, Hooker C (Eds.), *Images of Science: Essays on Realism and Empiricism with a Reply from Bas C. van Fraassen*, Chicago: University of Chicago Press, 1985, pp. 75-98.

[②] 指万有引力定律，即 $F=G(m_1m_2)/r^2$，G 称为万有引力常数，m_1、m_2 表示两个物体的质量，r 表示它们之间的距离。其含义是：任何物体之间都有相互吸引力，力的大小与两个物体的质量成正比，与它们之间的距离的平方成反比。

[③] Giere R N, *Explaining Science: A Cognitive Approach*, Chicago: University of Chicago Press, 1988, p. 81.

[④] Contessa G, "Scientific Representation, Similarity and Prediction", 2006-10-30, http://philsci-archive.pitt.edu/id/eprint/3018, p. 5.

没有现成的理论假设可用，无摩擦仅仅是一种理想化或近似处理，还不是理论假设。如果在斜面模型与小车滑行系统之间设定一个理论假设，似乎没有必要也是荒唐的，经典力学也没有这样一个理论假设，同样能够决定斜面模型与小车滑行系统在确定的方面和确定的程度上相似。事实上，不同的使用者可能会在斜面模型与小车滑行系统之间产生不同的新假设。这样一来，确定相似性说明对于这个例子似乎是无效的，因为我们在它们之间找不到一个连接它们的理论假设。

不过，一方面，出于使用者的可靠表征目的，使用者决定两个系统在哪些方面和哪种程度上相似似乎是不重要的。在小车滑行的情形中，斜面模型与小车滑行系统之间的许多相似性，对于运用这个模型可靠地表征滑行系统似乎是不相关和不必要的。比如，斜面的角度与路倾斜的角度相似，小车的质量与斜面上物体的质量相似，这些相似性对于我们可靠地表征滑行系统既不是必要的也不是充分的，因为达到底部的速度仅与高度有关，与角度和质量无关。另一方面，如果目的改变，其他相似性似乎是必要的。在上述例子中，模型与所表征的系统之间的相似程度在其他方面似乎不重要，如果我们不要求物体的最终速度与小车的最终速度充分的相似，那么斜面模型就不可靠地表征滑行系统。也就是说，模型的某些方面和系统的指定方面之间的相似性本身，似乎不保证模型和系统之间让使用者感兴趣方面的相似性。在这些环境中，相似性似乎对于这个模型可靠地表征那个系统是重要的。这就涉及相关相似性问题。

二、相关相似性的必要性

由上述分析可知，两个物体或系统之间的相似性是一个表征另一个的重要方面，尽管可能不是必要的也不是充分的。但不可否认的是，只要表征关系成立，我们总能找到二者之间的相似性，而且相似性是与使用者的目的相关的。目的不同，表征所关联的相似性也会不同，也就是说，有些相似性对于表征没有影响。这意味着，为了使得一个模型能够按照使用者的确定的目的可靠地表征目标，表征的相似性说明显然应该使得使用者的目的、模型必须与目标相似的方面和程度联系起来。康特萨将此称为相关相似性或具体相似性。也就是说，两个客体之间表征关系的相似性不是随意的，而是与目的密切相关的。正如泰勒指出的那样：

"一旦相关语境被确定，比如说要解释什么、预测什么、从哪些错误产生了怎样的不良后果，所需的情形会提供必要基础来决定哪类相似性对于这类情形是合理地被需要的。更具体地说，相似性既包括属性的一致性也包括不一致性，而实际情形是，仅需要决定一致性是否充分，不一致性是否能够被容忍。不可能有相似性的一般说明，也没有必要有这样一个一般说明，因为任何情形的细节将提供信息，这个信息将在这种情形中确定哪些仅算作相关相似性。没有相似性的一般问题，仅有许多具体问题，而且没有任何一般理由说明为什么一个具体问题必然是难以应对的。"①

这种表征的相似性说明与吉尔的观点几乎一致，他们都强调相似性的确定性和相关性。

在笔者看来，在不同的情形或语境中，两个客体之间的相似性是不同的，使用目的不同，相似性也会不同，也就是说，相似性的相关性是随着情形或语境变化而变化的，这就要求使用者选择相关相似性和具体相似性，而不是任意的相似性。如何选择相关和具体相似性要根据具体情况而定。如果在使用者的目的和相似性的方面没有联系，解释一个模型为什么能够可靠地表征目标系统就是不可能的事情。在这里，使用者的目的是一个重要因素，缺乏这个因素，相关相似性的选择就会遇到麻烦。笔者将这种基于目的的相似性说明称为"目的相似性"（teleo-similarity）。

康特萨所说的相关相似性也是类似的看法，即强调目的在表征中的重要作用。比如，在上述小车滑行的例子中，如果目的不是确定小车达到山底的速度，而是确定在不踩刹车的情况下小车达到山底时需要多大缓冲空间，此时，斜面模型就不适应了，那种情形的相似性也不再是这种情形的相关相似性。因为斜面模型不能告诉我们物体达到底部时需要多大缓冲空间的问题，也没有告诉我们斜面之外的平面是否是无摩擦的。该模型是无摩擦的情形，缓冲空间需要考虑的恰恰是摩擦因素，而且此时摩擦因素是最重要的。因此，尽管斜面模型与小车滑行系统在许多方面相似，但是由于目的发生了变化，

---

① Teller P, "Twilight of the Perfect Model Model", *Erkenntnis*, Vol. 55, 2001, p. 402.

它就不再是所有可能目的的可靠表征资源了。换句话说，只有当使用者的目的确定后，一个模型表征一个系统才可能是可靠的。

然而，如果采用了表征的相关相似性说明，我们就一定能够完全避免相似性概念的模糊性问题吗？也未必，情形可能还会更糟。即使相信这种说明的使用者，也可能会陷入自己设置的陷阱——相关相似性。因为哪些是相关的，哪些是不相关的是很难做出选择的。这种情形就像是填空游戏，游戏者需要同时选择用什么往哪儿填的问题。即使在目的确定的情形下，哪些方面相似，相似到何种程度也不十分清楚。康特萨认为，如果把使用者的目的限定在预测目标系统的行为方面，情形可能会好些。根据相关相似性说明的表面相似性观点，康特萨称为"输出相似性说明"(output similarity account)[①]，只有相关相似性是输出相似性[②]。譬如，斜面模型可靠地表征了小车滑行系统，当且仅当小车的最终速度与斜面模型中的物体的最终速度相似。根据这个说明，在这个语境中，这个模型与这个系统之间的其他相似性，对于模型可靠地表征系统既不是充分的也不是必要的。输出相似性的问题在于：它允许这样的情形发生——在这种情形中，使用者插入两个非常不正确的值 h 和 g，它们恰巧给出了该系统的正确预测，使得这种预测作为可靠表征产生正确的预测。

为了避免这种问题，康特萨建议相关相似性说明的支持者可以采用输入-输出相似性说明。根据这种相关相似性说明策略，模型与系统之间的某些其他相似性对于模型可靠地表征系统就是必要的。尤其是在小车滑行系统的情形中，不仅小车的最终速度与斜面物体的最终速度必须是相似的，而且斜面的高度与小车滑行始点的高度之间，以及其作用于小车与物体的加速度之间也必须是相似的。换句话说，为了使这个模型可靠地表征这个系统，输入-输出相似性既是必要的也是充分的，其中模型的输入是模型的所有方面，它在决定输出方面起重要作用，而输出不仅包括斜面的高度和小车的加速度，而且包括小车的初始速度。

---

① Contessa G, "Scientific Representation, Similarity and Prediction", 2006-10-30, http://philsci-archive.pitt.edu/id/eprint/3018, p. 7.
② 所谓输出相似性是指使用者要预测的系统的方面与模型的相应方面之间的相似性。

然而，输入-输出相似性说明，对于偶然相似性问题的另一个版本（弱观点）是敏感的。假设某人提议使用一个不同模型表征小车滑行系统，根据这个模型，小车的最终速度与它的车辆的直径成正比，而且假设滑行系统的所有小车的车轮直径是相同的，那么它们的最终速度应该是相同的。根据相关相似性说明，在这个特定情形中，车轮直径模型与斜面模型同样是这个系统的可靠表征。但是，我们倾向于认为，最终车轮直径模型不是滑行系统的一个真实可靠表征。如果我们将小车车轮换成比实际使用的直径小一半，那么模型中小车的最终速度和系统中小车的最终速度直径的相似性就消失了。如果降低始点高度，同样车轮直径的小车滑行速度之间也没有相似性。这种车轮直径模型与系统之间的输入-输出相似性的存在，完全是偶然巧合的结果。康特萨辩护说，尽管是偶然巧合，这些相似性仍然存在，如果我们接受输入-输出相似性说明，它们对于车轮直径模型是那个系统的一个可靠表征会是充分的。

三、结构相似性的充分性

相关相似性的上述两个缺陷似乎有一个共同来源——模型与系统之间的偶然相似性。例如，如果我们要排除车轮直径模型作为可靠表征的情形，一个模型必须可靠地表征一个系统，不是根据这个模型的某些具体方面与那个系统的具体方面的相似这种事实，而是根据相似性的一种"高阶"特性，康特萨称为(具体)结构相似性[①]。这种结构相似性其实就是同构或部分同构，它是客体内在的特性，不是直接可以把握的。根据结构相似性说明，不是模型及其认为是重要的相应表征系统之间的输入-输出方面的一阶相似性，而是模型的输入-输出方面的关系与系统的相应方面的关系之间的二阶相似性，才是表征关系的核心。比如在小车滑行系统中，说模型是系统的一个可靠表征，不是根据小车速度与物体速度之间的相似性，以及其斜面高度与滑行高度之间的相似性这些事实，而是根据小车和斜面物体之间的最终速度、始点高度、初始速度和加速度之间的关系相似性这些事实。

---

① Contessa G, "Scientific Representation, Similarity and Prediction", 2006-10-30, http://philsci-archive.pitt.edu/id/eprint/3018, p. 8.

那么，结构相似性与输入-输出相似性之间的差别是什么呢？在康特萨看来，二者的差别在于：结构相似性能够推出输入-输出相似性，反之则不能。也就是说，输入-输出相似性对于结构相似性是必要条件但不是充分条件。在特定语境中，车轮直径模型与滑行系统之间存在输入-输出相似性，如模型中轮子的直径与系统中小车轮子的直径之间存在相似（输入相似性），模型中小车的最终速度与系统中小车的最终速度之间存在相似（输出相似性），但是模型中轮子直径与小车最终速度之间的关系与系统中轮子直径与小车最终速度之间的关系不相似。

为什么是这样呢？首要的理由是我们假设了轮子直径模型的可靠性。即使模型与系统之间的相关相似性存在，它们也是完全偶然的。如果小车有更大的轮子，模型中的相关参数可以被适当地修正，那么轮子直径模型与系统之间的输入-输出相似性就会消失。因此，即使模型与系统之间的输入-输出相似性存在，它们之间不存在任何具体结构相似性，比如模型中的轮子直径与小车最终速度之间的关系，以及系统中轮子直径与小车最终速度之间的关系之间，不存在任何相似性。如果结构相似性说明是真实的，仅当模型引起的变化在系统中发生时，相应的一阶相似性被保留下来。比如，斜面模型与滑行系统之间存在相似性，因为如果改变模型中的相关参数，如始点高度，物体的最终速度仍然与小车的最终速度相似。如果在小车上安装更大的轮子，并因此修正模型中的相关参数，那么轮子直径模型与系统之间的输入-输出相似性就消失了。一般来说，如果一阶输入-输出相似性在系统中某一变化和通过修正模型的一个参数值所引起的变化发生之前获得，那么模型与系统之间的结构相似性就被获得了，仅当输入-输出相似性在修正之后仍然存在。

概言之，如果使用者的目的是预测系统某些方面的行为，那么模型的输入-输出与系统的相应方面之间的某种结构相似性是必要的，如果模型是系统的一个可靠表征的话。这种相似性在某种程度上不同于那种在使用者心中的低层次的相似性，但在相似性语境下，它是避免可靠表征虚假情况的唯一途径。

第 八 章

经验结构主义：表征是抽象结构与现象的同一

如前所述，范·弗拉森是科学表征问题研究的先驱之一。他主要关注的领域一直是科学哲学中结构主义的一个经验主义版本的可能性，他称之为"经验主义的结构主义"。为简化起见，笔者称之为"经验结构主义"。这是他的主要科学表征观，也是他的反实在论的科学哲学理论的主要部分。

第一节　表征的基本观点

关于科学表征，20世纪之交的物理学中对于"图像论"（*bildtheorie*）（即科学的图像理论）的讨论和争论是其肇始。从科学哲学的视角看，图像论即科学的结构主义，它导致了后来的科学实在论与结构实在论的争论。范·弗拉森认为，要全面地理解科学，我们需要从不同方向或角度去审视它，其中经验现象的表征是科学事业的核心，它（表征）是通过人工方式（物理的和数学的）进行的。在这个问题上，范·弗拉森持经验主义立场，认为正是经验主义成功地定义了经验科学的目标。事实上，科学表征也与经验主义的观点基本符合。

范·弗拉森以玻尔兹曼的"图像论"为例，对科学做出哲学说明，提出自己对科学表征的基本观点。

第一，图像论是依据心理图像叙述的。范·弗拉森通过对玻尔兹曼的图像论的研究,认为玻尔兹曼将物理学理论的目标确定为建构外在世界的图像,而外在世界完全内在地存在,即把科学理论化的结构看作一个内在图像或心理构造。这是一种心灵哲学或语言哲学的观点,即心理表征。在范·弗拉森看来,这种表征观对我们理解的科学表征没有任何贡献,而且这种观点需要回到笛卡儿的外在世界问题。按照玻尔兹曼提供的例示,科学表征是借助人造物,包括抽象的(数学方程等)和具体的(图解、比例模型、计算机模拟等)产生的。正是根据这些人造物、它们的用法和特征,科学表征才能在科学实践中起作用。玻尔兹曼的思想基本表达了关于表征必须像它的表征对象(图像)的观点,而这些人造物与关于科学如何与它的目标域相关的观点是适当的。

第二,表征不仅与我们对理论及其模型的理解相关,更与测量相关。科学理论不只是一种关于外部世界或现象的描述,理论表征的结果通过测量和实验来调节,在这个过程中包括许多形式的表征。科学表征不是通过研究理论或理论模型就能够穷尽的,相反,要完全理解科学表征,我们必须深入了解测量过程、它的工具特征及其作用。他主张测量及其理论化就是表征。总的来说,表征不必是,也不是一种模拟,相反,测量则在理论建构的逻辑空间锁定了目标。

第三,对测量以及使用理论模型条件的分析可通过对"索引性"(indexicality)的反思来完成。自彭伽勒、爱因斯坦和玻尔时代起,测量结果不表示被测量实体是什么,而是在测量结构中"看起来像"(look like)什么,这已经是一种老生常谈。尽管这种观点遭到了许多人的批判,然而,它有助于我们在讨论科学时引入关系性(relationality)、透视性(perspective)、内涵性(intensionality)、意向性和索引性。关于这些属性的争论是在更广阔的认识论和形而上学语境中进行的,比如,范·弗拉森提倡的经验主义的结构主义与结构实在论的争论。

第四,经验主义是一种关于可观察现象的常识实在论,也是一种哲学态度。作为一种哲学立场,它主张将经验科学作为理性探寻的范式,拒绝对科学做进一步的形而上学解释。这会产生许多不同的经验主义立场。对范·弗拉森而言,他主张科学的成功基线标准是经验的适当性(empirical adequacy),而不是绝对真理;接受一种科学理论应该具有实用主义倾向(指导行动与探究),但需要涉及理论是经验地适当的,而不仅仅是信念。在这意义上,范·

弗拉森是一位坚定的反实在论者、一位建设性的经验主义者,区别于传统的经验主义者。

第二节 表征的语境依赖性

什么是科学表征?它如何表征?这是每个研究科学表征的人都会问到的问题。然而,持不同哲学立场的人对这些问题的回答则不同。比如,持语用论的苏雷兹认为,表征是一个不需要理论来阐明的概念,也即不存在充分必要条件,我们最好描述它的最一般特征①。范·弗拉森不赞成这种观点,而是完全支持古德曼对于表征相似观的看法。古德曼认为,最朴实的表征观主张"A 表征 B 当且仅当 A 适当地与 B 相似",许多关于表征的论述都有这种观点的痕迹,但更多的错误几乎不能被嵌入这一简单的表达式。也就是说,表征的相似性是表征的关键因素,但不是表征的全部特征,超现实主义绘画是一个极好的例子。

在范·弗拉森看来,由于表征不能等同于对一个肖像(likeness)的刻画,与被表征物的相似(resemblance)②对于这种表征不是重要的,但相似的确在吸引我们的注意力方面起作用③。他的意思是说,当我们说两个客体相似时,相似是我们所观察的或所看见的显著的一面,它产生一种视觉效果,同时,相似还意味着不等同、变形和误表征等含义。也就是说,表征不是完全复制或拷贝。在这里,范·弗拉森不是强调表征的相似方面,而是强调表征的非相似方面。

---

① Suárez M, "An Inferential Conception of Scientific Representation", *Philosophy of Science*, Vol. 71, 2004, p. 777.

② 关于"相似"的表达,英语文献中有三个词汇——likeness、resemblance、similarity,它们通常被当作同义词或近义词使用而不加区分。在笔者看来,它们还是有所区别的,likeness 多指两个事物形象和外表的近似,如肖像;resemblance 多指属性和形状的近似,如汽车模型;similarity 多指结构的近似,如原子结构的太阳系模型。

③ van Fraassen B C, *Scientific Representation: Paradoxes of Perspective*, Oxford: Clarendon Press, 2008, p. 11.

首先,他肯定了表征关系中变形(distortion)的价值。即使是视觉的、图像的和造型表征,也没有严格地产生对其原始物的精确复制,比如某人的一幅肖像或照片。这意味着"某些方面的变形、失真和缺乏相似,一般来说是表征成功的关键。这不排斥相似在其他方面是必要的"[①]。这里存在一个对表征的变形和相似的一个选择问题。一般来说,一个成功的表征要求与其表征的客体是相似的,这是很自然的事情。问题是,成功表征的标准是什么?如何有目的地选择相似和变形呢?比如,托勒密的地心说在哥白尼看来不是对宇宙的一个成功表征,因为它与许多观测事实不符。那么日心说就是一个成功的表征吗?这需要从宇宙结构的相似性来考虑。

其次,成功的表征可能需要有意背离相似。这不是说相似与成功的表征不相关,而是说背离相似是表征者故意为之的。比如,雕塑家在雕塑一尊雕像时,可能有意将某些特征放大,使其变形而偏离原始物(雕塑源),但是大部分仍是相似的。漫画是背离相似或变形与误表征的一个典型例子。比如撒切尔夫人的漫画,它的确是撒切尔夫人的一个表征,也是她的一个误表征或变形。说它是一个表征是因为它与她相似,人们从漫画一眼就能够辨认出来,说它是一个误表征,是因为它又不完全是她本人,即使与她的照片相比,也有许多方面不相同。这表明:表征有相似与不相似两个方面的特征。

误表征是表征的一个变种,我们不能完全排斥它。如果关系"X 表征 Y"依赖于相似,或关联,或二者之间的其他结构关系,那么误表征究竟是什么呢?如何解释这一现象呢?范·弗拉森认为,这个问题依赖于社会语境的解释属性。在撒切尔夫人的漫画的例子中,那幅漫画是否表征了撒切尔夫人,只有见过她或在电视上看到她的人们才会做出判断,这显然是与社会语境相关的。这里也有一个评价的问题,一个表征是否准确也是依赖语境的,因为评价本身负载了解释属性,而解释是某种语境中的解释。或者说,脱离语境是不能做解释的[②]。

---

① van Fraassen B C, *Scientific Representation: Paradoxes of Perspective*, Oxford: Clarendon Press, 2008, p. 13.

② 魏屹东:《语境论与科学哲学的重建》,北京师范大学出版社 2012 年版,第 287—288 页。

那么一个表征如何表征呢？根据古德曼的看法，一个叙述就是一个断言或陈述，由此一幅肖像就是某人的刻画。前者是用语言描述，后者是用图像表达，只是表征的方式不同，其内容应该是相同的。范·弗拉森按照这一思路，提出表征的一个一般模式：X 将 Y 表征为 F。一个指导性的例子是："雪是白的"将雪表征为色彩(白色)。也就是说，一幅描述雪的画可以翻译为一个语句，而不是一个名词或一个谓词。在这个表征模式中，X 是一个表征，Y 是 X 的指称物或被表征物，F 是一个描述 Y 属性的谓词。这个模式的要点在于：X 能否表征 Y，关键在于 F 能否准确地描述 Y。比如，这幅漫画将撒切尔夫人表征为一条严酷的龙(draconian)，根据范·弗拉森的模式，X 是漫画，Y 是撒切尔夫人，F 是严酷的龙。用一个隐喻句说就是"漫画将撒切尔夫人表征为一条严酷的龙"[①]。

这是一个三元表征关系，等于在二元表征上增加了语义内容。在这个意义上，范·弗拉森从句法和语义表征转向了语用表征。这种语用表征的困难在于，如何将谓词的含义与表征的关系性与意向性连接起来。这就涉及使用什么表征的问题。比如，我或你使用某物表征某物，这其中涉及实际信息、情感、意图、目的等，回答某物是如何被表征的。用语言表达就是"Z 使用 X 来描述 Y 作为 F"，在语言层次，表征变为描述。这一模式是关涉交流语境的。"由于交流预设了共同体的某些意义范围，只有在一个语境中，表征的某些模式被确定，且被共同体成员所理解，这一点是可能的。"[②]范·弗拉森借用了布洛克的"表征系统"概念来说明表征的语境依赖性，"任何表征所表征的，如何表征，依赖于表征系统，在这个系统中，表征起作用"[③]。在笔者看

[①] 根据这个表征模式，我们可以自然地推出：表征是非对称的，相似与表征不一致。A 表征 B 为 F，意味着 A 与 B-F 是不对称的，而且 B-F 不能反身到 A，也即，表征不是反身的，而相似则是对称和反身的。或者说，A 相似于 B，B 也相似于 A，相似性同样适用于 A 本身。这自然而然地推出相似与表征不一致，即使是视觉表征也是如此，比如两个十分相像的孪生兄弟 A 和 B，A 与 B 相似并不意味着 A 表征 B。范·弗拉森认为，相似是同态关系而不是同构关系，前者是形态相似，后者是结构映射。

[②] van Fraassen B C, *Scientific Representation: Paradoxes of Perspective*, Oxford: Clarendon Press, 2008, p. 21.

[③] Block N, "Mental Picture and Cognitive Science", *Philosophical Review*, Vol. 92, 1983, pp. 499-541.

来，用语用学的术语讲，系统、功能、表征这些概念的理解依赖于它们被使用的语境，表征系统是语境敏感的，由于相同的术语会在不同的语境中属于不同的系统，因此，我们需要相关语境因素来确定其意义。

显然，在表征问题上，范·弗拉森选择了语用论，最终转向了语境论。那么，在语境论的视野中究竟什么是表征呢？在范·弗拉森看来，什么被表征，如何被表征，不仅仅是由表征客体的颜色、线条和形状决定的。A 是否表征 B，是否将 B 表征为 C，在很大程度上，有时仅仅依赖于 A 被使用的方式。"使用"一词在这里被理解为包含许多语境因素，诸如表征者的意图、共同体中依然存在的编码惯例、听众采取的方式、表征客体显示的方式等。要理解表征，我们就必须探讨表征的实践，探讨表征如何被使用的问题。"除某物被使用、被制造和被采取来表征某物是如此外，不存在任何表征。"[1]也就是说，表征是在"使用、制造和采取"的意义上形成的，而"使用、制造和采取"是人的意向性行为。

这种语用表征观实际上限定了表征的范围。一方面，表征是使用的结果，与心理表征是不相关的；另一方面，表征是人为的，排斥了自然表征的可能性。具体说，表征是在某种文化语境中通过"使用"某物表达某物的结果。即使自然能够表征，也是人赋予其意义的结果，比如，一块自然形成的石头表征了"孙悟空"（石头像孙悟空），这是表征者赋予石头以某种角色，而且表征者是《西游记》文化语境中的使用者。也就是说，称某物表征某物，是将它与使用关联的。假如没有人，也就谈不上使用，更谈不上表征。因此，表征是人化的结果。比如，如果没有人，就不会有茶杯，即使有茶杯形状的客体存在，也不会称它是茶杯。因为"有茶杯"暗示"有东西被用来饮茶"，这又意味着"有人饮茶"。通过忽视表征的语境性（contextuality），我们处理关涉和表征关于什么的事实，就是它的使用功能[2]。

从以上分析可以看出，表征的语用论实际上预设了关系、意图和内涵（意

---

[1] van Fraassen B C, *Scientific Representation: Paradoxes of Perspective*, Oxford: Clarendon Press, 2008, p. 23.

[2] van Fraassen B C, *Scientific Representation: Paradoxes of Perspective*, Oxford: Clarendon Press, 2008, p. 25.

义)。表征是一个关系概念,其中蕴含了(人的)意图和含义(表征什么)。比如,"悲剧是一个行动的表征"这一陈述,其中,"悲剧表征行动"构成一个关系,"行动"包含意图(如破坏、毁灭),"悲剧"具有内涵(伤害、死亡)。所有这些表明:任何表征,无论是科学的、技术的,还是艺术的,都是人造物,决定表征关系的因素不仅包括主体(表征者)、客体(被表征对象)、使用工具(表征工具),还包括使用、目的、实践和语境,正如吉尔所表明的,表征的模式是"主体 S 使用工具 X 表征客体 W 出于目的 P"[①]。

第三节 成像、绘画和缩放比例作为选择性表征

图像论表明,表征是不同类型的图像,如成像(imaging)、绘画(picturing)和缩放比例(scaling)。这些不同类型的图像形式的主要特征是相似,这构成了表征的一种方式。在范·弗拉森看来,任何事物与其他任何事物在以许多方式相似,因此相似的有效使用一定是选择性的。"相似的出现不是当我们问'什么是表征'问题时,而是当我们陈述'这个或那个表征如何表征,它如何成功'问题时。"[②]即使相似不是工具,表征实体的任何属性对于表征都是工具性的,一定在某些方面凸显出来。因此,相似对于表征者作为使用工具是不充分的。即使我们认识到相似所起到的作用,相似也不需要是关于任何可见的或观察的属性。也就是说,相似无须是属性同一的,但它可能有不同的层次,也就是相似的程度不同。比如,成像、绘画和缩放比例的相似程度就是不同的,按照相似度的高低,我们可以将成像、绘画和缩放比例的相似性看作一个等级结构,按照范·弗拉森的说法是一种多重相似,并用形象(image)、成像和意象(imagery)来描述相似。他将可见的相似称为视觉形象,比如,伽利略对力学现象的科学描述是一种运动学形象,文艺复兴时期的绘画艺术是一种视觉透视,是用术语"图像、绘画"来描述的。

[①] Giere R N, *Scientific Perspectivism*, Chicago: University of Chicago Press, 2006, p. 60.

[②] van Fraassen B C, *Scientific Representation: Paradoxes of Perspective*, Oxford: Clarendon Press, 2008, p. 33.

然而，这些范畴并没有严格的定义，因此范·弗拉森提出两个警告：一是关于相似的层次或等级；二是关于被表征物的实在性。关于第一个警告，范·弗拉森认为，相似是高度有序的，一张纸上的一组字母的空间结构，可能是由那些字母表示的一组事件的时间结构，即空间结构能够表征时间结构，比如，线段上的点可以表示时间。用可见的表象来描述不可见事物是普遍的，这并不排斥表象的概念，因为某个结构与一个视觉可识别的结构相似，可以精确地位于结构等级上，而不是位于只有可见事物具有的属性的等级上。

范·弗拉森的第二个警告是：表征可能是某种非存在或非实在物。利用相似的表征事实上可能不与任何真实事物或任何实际发生的事件相似。比如，一幅风景画不与任何现实的风景相似，因此说某物是一个形象、一个可见形象或图像，并不暗示它描述了现实的任何方面。这对于科学建模作为表征的经验主义观点具有重要性。在任何等级利用表征的一个形象，不意味着它与表征的事物相似，也不意味着存在它相似的某物，甚至也不意味着存在它表征的某物。在所有语境中，理解表征的基本原理是这种事实——表征某些不真实的形象在它们起作用的语境中具有其重要性、作用和效果[①]。

首先，绘画是如何表征的，我们如何区分绘画与成像呢？范·弗拉森认为，绘画是一种形象，或者说是利用相似的表征，它通过透视点而与成像等其他相似表征相区别。一个流行的看法是，图画必须是具体的和明确的。比如，一个陈述"某人在花园"不包括他是否是站立、坐着或躺着的任何信息，而一幅某人在花园的图画不能漠视这些信息，它必须是明确的，这被称为"特异性秘密"[②]。事实上，图画不是由任何一种特殊的方式决定的，语言描述的画面可能不具有明确的词汇，画中的词汇可能是模糊的。"某人在花园"可能仅显现他在灌木丛中的一只手，而不出现他的身影；在图画中，几笔就可能充分描绘某人在花园中的喜怒哀乐。这就是语言描述与绘画表征的区别。在笔者看来，前者是抽象的，不依赖相似，后者是具象的，大多数情况下依赖

---

① van Fraassen B C, *Scientific Representation: Paradoxes of Perspective*, Oxford: Clarendon Press, 2008, p. 35.

② van Fraassen B C, *Scientific Representation: Paradoxes of Perspective*, Oxford: Clarendon Press, 2008, p. 36.

相似。可以说，没有相似性，就没有绘画艺术。或者说，绘画艺术就是关于相似性的科学。即使一幅画不与现实对应，它也与现实相似。

图画不同于其他类的表征的地方关键在于相似与不相似两方面。一方面，图画与它所描述或表征的客体要"看上去像"，否则就不是画了。图画首先是物理客体，具有一组明显的视觉属性，如线条、明暗描影法、色彩、视觉组织等。图画正是通过这些属性来实现的。然而，从表征的视角看，这些属性不必然与被描述的景象或客体匹配。比如色彩，实际景象可能是黄色的，在画中的表现可能是绿色的。雕塑的情形也一样，比如，一尊人像雕塑不可能完全与原型一模一样，即使是真人蜡像也不完全一样。也就是说，变形在绘画与雕塑中是必要的。它是一种艺术表现手法。科学的情形可能与此不同，变形是要尽量避免的，误表征不是刻意的技巧，而是认知上无法避免的一种情形。

另一方面，图画可能误表征它的对象，可能将不属于客体的属性归于它，无论是有意的还是无意的。也就是说，绘画是被迫不包括某些方面。说图画表征仅仅是因为它看上去像它的客体，这显然是一种误解。"所有表征都是选择性的，选择性对于所描述的客体是至关重要的，但对于图画，选择受制于某些明确的约束。"[①]一个主要的约束是遮蔽(occlusion)，它与透视密切相关，也即从一个给定的视角看，某些客体被遮蔽了。比如一幅画中被遮蔽的建筑物，仅露出一个顶尖。一个顶尖就足以说明有一座建筑物存在，但"顶尖"不表征[②]那个建筑物。这说明绘画的描述是有选择的，透视点上和视平线上的客体是要详细刻画的，其他的则可略为描述。当然，在绘画中，除遮蔽外，还有纹理(grain)[③]、角度[④]和边缘变形(特别是在小孔成像中)[⑤]等约束。这些概念或技巧将构成一个家族相似，或者簇概念，它们是透视性概念名称下的

[①] van Fraassen B C, *Scientific Representation: Paradoxes of Perspective*, Oxford: Clarendon Press, 2008, p. 37.

[②] 准确地说应该是指代而不是表征，指代是说明有一个客体存在，表征则要详细描述那个客体。也就是说，被遮蔽的可以是不能被表征的。

[③] 一幅画的最小单位。远处的客体及其结构不像近处的那样能够被详细刻画，但事实上在处理这种关系时需要一种最小单位，如线条或点。

[④] 从不同角度透视一个客体，会得到不同的图像，尽管视角有多种，但角度是有限的。

[⑤] 这是从视角的限制性导出的，它仅出现在一个限定的范围，而且绘画在那个范围的界限附近到达它的再生成的界限。

一个群范畴。绘画就是运用这些概念或技巧来完成的。

由此可知，一个表征承载某些属性，可能它表征的对象具有那些属性，也可能不具有那些属性，没有其他例外情形。如果表征与被表征的对象具有那些属性，我们就说它们之间至少具有相似性；如果二者之间不具有那些属性，我们就说它们之间不具有相似性。按照范·弗拉森的说法，如果一个表征不能获得其表征对象的那些属性，那么它就是不明显地非承载（non-committal）那些属性。但是，一个表征是明显地非承载这个属性的，如果它表征它的对象作为具有某些属性的东西，而且这些属性阻止这个表征在那些方面是承载属性的。也就是说，一个表征在某些方面是承载的，就意味着它是具有某些承载义务的。这种承载义务是一个表征必须拥有的，否则就不能成为一个表征了。

其次，缩放比例是一种数学意象，它是通过抽象化的变形。视觉意象与运动学意象是利用选择性相似的表征。数学意象不仅是利用选择性相似的表征，而且表征者是一个数学客体，如一幅比例图。数学意象和成像也必然包括变形，但不包括透视。范·弗拉森指出这是数学建模问题。为解决这个问题，他将数学建模比作一种数学雕像艺术，提出"数学雕塑"（mathematical statue）这一概念①。我们知道，绘画是平面的二维表征，运用透视将三维的立体客体投射到平面是必然的选择，这其中必然包括变形和遮蔽等。雕塑与绘画在这些方面有所不同，它是立体的，不需要透视和遮蔽等技巧，但是需要一些数学方法。如果将这些概念用于研究科学表征，我们必须会寻求它们超越绘画、素描、全息照相和雕刻的更一般和更抽象的东西。在数学史上，笛卡儿的解析几何、牛顿和莱布尼茨的微积分，以及后来发展的描述集合和分析，它们在抽象层次为科学表征提供了方法论，其中运用了变形与省略（oblivion）技巧。正如伽利略所说自然之书是用数学语言书写的。

范·弗拉森用一个例子说明了"数学雕塑"概念及其表征意义。他设想一个叫 Kurtz 的人，他精确地站在赤道和子午线交叉点上，身高不超过 2 米。我们的探讨任务是：建构一个此人的雕像，尽可能与他的大小和形状

---

① van Fraassen B C, *Scientific Representation: Paradoxes of Perspective*, Oxford: Clarendon Press, 2008, p. 41.

相同,而且没有石膏调和剂用于建构他的标准模型。我们定义一个 K 函数,该函数是一个三元实数集 (x, y, z),K 的值总是等于 1 或 0,根据这个条件,我们得到:

$K(x, y, z) = 1$,当且仅当 Kurtz 的身体占据一个区域,包括纬度 x、经度 y 和测量点到地球中心的距离 z。

这个函数在这个区域具有值 1,精确地与 Kurtz 的身体符合。在解析几何中,这个函数描述了一个固体的三维人像,而且在解析几何框架内,在人像与函数之间不存在太大的差别。这个函数雕塑虽然是不可见的,但是它比任何石膏或铜雕塑在大小和形状方面更精确。这种数学雕塑是一种抽象客体,它是现时代科学家在科学实践中通常使用的一种技巧。

当我们考虑温度因素时,热动力学研究能够给出如下函数:

$K(x, y, z, T) = 1$,当且仅当 Kurtz 的身体占据一个区域,包括纬度 x、经度 y 和测量点到地球中心的距离 z,T 是交叉点的开尔文温度。

当然,任何一个博物馆不会有这种温度的雕像,这是一种理想状况。如果我们考虑时间因素,运动学能够给出如下函数:

$K(x, y, z, T, t) = 1$,当且仅当在时间 t,Kurtz 的身体占据一个区域,包括纬度 x、经度 y 和测量点到地球中心的距离 z,T 是交叉点的开尔文温度。

如果考虑质量和力,Kurtz 的身体就成为牛顿的运动物体了,能够用牛顿力学来描述。至此,这个数学雕塑能够被看作是一个高维空间,包括构型空间和相空间。当然,对于雕塑而言,这仅仅是一个理想化过程。有人会提出质疑,几何点内部和人身体外部之间的严格区别在哪里?这就是"界面问题",其实质是自然的连续性与不连续性问题。这意味着,数学雕塑过程也存在变形和必要的假设，比如在上述例子中人体形状和温度的不变性。实际情况不是这样的，这是一种理想化假设，也是建模中变形的一种方式。

范·弗拉森通过几何光学中的直线传播定律、反射定律和折射定律[①]来阐明这个问题。我们知道，光线在空气中是直线传播的，在遇到其他表面(如水表面)时就会发生反射或折射，反射或折射打破了光线传播的连续性。这说明自然是不连续的，连续性可能是科学家的一种假设，比如，为了运用微积分描述现象，我们需要假设现象是连续的，因为微积分的计算要求是连续的。同时也表明，在一个范围是连续性，在另一个范围是不连续性，比如，光线在空气或水中是连续传播的，只是在界面处发生了中断，而且在可观察范围几何光学忽略了光的波动性。

在数学建模中，理想化和抽象假设也是有准入约束的，也即理想化和抽象假设不是任意和随意的，它们是根据特定情形和特定对象给出的。比如，在几何光学的情形中，假设包括：①如果光线没有被阻碍，它将沿着直线传播；②如果光线在一个表面被反射，反射角将等于入射角。又如，在测量电子电荷的密立根油滴实验[②]情形中，其假设包括：①滴状的油在热动力学平衡中以蒸汽形式存在，不再有蒸发或浓缩情况发生；②油滴非常小，以至于表面张力效应作用于其上的力支配油滴的变形；③电荷以球面对称的方式分布于油滴表面。我们要运用数学描述这一现象，也即进行数学建模，我们就要忽略油滴的加速度，但是不能忽视这些假设。

那么，自然过程中存在的不连续性是否意味着连续性假设不再有效呢？答案显然是否定的。在笔者看来，自然中的不连续性现象与探索过程中假设的连续性是两回事。一个是自然现象，一个是认知现象。在认知过程中出于

---

① 直线传播定律是说，在各向同性的均匀介质中，光将沿直线传播；反射定律是说，当一束光投射到某一介质光滑表面时，一部分光反射回原来的介质，这一光线被称为反射光线，反射光线、入射光线和法线位于同一平面内，反射角等于入射角；折射定律是说，当一束光投射到某一介质光滑表面时，除有一部分光发生反射外，还有一部分光通过介质分界面射入第二介质，这一部分光线被称为折射光线，折射光线和入射光线分别位于法线的两侧，且与法线在同一平面。

② 密立根油滴实验是美国物理学家密立根所做的测定电子电荷的实验。在 1907—1913 年，密立根用在电场和重力场中运动的带电油滴做实验，发现所有油滴所带的电量均是某一最小电荷的整数倍，该最小电荷值就是电子的电荷。

某种目的，科学家往往会忽略掉在他们看来微不足道的因素，比如，理想气体模型中忽略气体分子之间的吸引力等，这不意味着它们之间没有吸引力。

另一方面，不连续性也不会抵消界面问题。不是界面不同造成了不连续性，而是自然本来就是如此。逻辑地看，数学建模必然是要模型化的客体的一个变形，尽管实际建立的模型要尽可能完备。完备的模型原则上是可能的这种信念并没有一个先验的确证，这种信念认为，无论我们的日常语言多么模糊，数学语言不存在任何模糊性。这是纯粹的数学形式主义。不过在实际应用中，数学的似真性（介于模糊性与精确性之间）还是存在的。范·弗拉森认为，"由于对世界的科学描述是通过数学语言表达的，我们能够采取这种方式：科学的形象本身在它发展的每个历史时期都庇护模糊性和模棱两可性，但是这能够通过反思来澄清"[1]。比如，经典数学的连续统假设[2]在主流数学中仍然存在。

另外，范·弗拉森还列举了统计抽象变形的例子，认为统计抽象就是选择一部分，放弃一部分，选择的部分是密切相关的，放弃的部分是相关性很弱的或可以忽略的。科学中常用的比例模型事实上就是三维图像表征的变形，其中比例缩放就是图像按照一定比例变化，还包括了比拟原理（比例图比作原型）和近似原理（比例图与原型近似）。

总之，成像、绘画和缩放比例是一种利用选择性相似的表征，而选择是微妙的、细微的和语境敏感的限制条件，这适用于所有图像表征，绘画透视的索引性和坐标系的相对性就证明了这一点。

第四节　测量作为表征方式

科学理论一般是通过模型作为候选表征来描述自然现象的。但是，在科

---

[1] van Fraassen B C, *Scientific Representation: Paradoxes of Perspective*, Oxford: Clarendon Press, 2008, p. 45.

[2] 其含义是：在无穷集合中，除了整数集的基数外，实数集的基数是最小的。它是1874年康托尔猜测在可列集基数和实数基数之间没有别的基数过程中提出的，也被称为希尔伯特第一问题。

学实验这种实践中,仪器和测量才是表征现象的关键。我们如何理解仪器和测量呢?范·弗拉森认为,测量同时是一个物理相互作用和有意义信息聚集的过程,"测量直接归于表征的名下,测量结果在某一阶段被认为是以透视作画的方式利用选择性相似"[①]。仪器可被看作是我们视觉器官的延伸,借助它们我们能够观察到肉眼不能够观察的世界。显微镜和望远镜是两个典型的仪器。可以说,正是有了显微镜我们才有了微生物学,有了望远镜才有了射电天文学。在这个意义上,可以说一个科学仪器就是打开一个未知世界的窗口。测量结果(表征)就如同透视绘画表征,它表征的是测量结构中"看上去像"的客体,而不是客体本身。

一、仪器作为测量不可见世界的视窗和创造引擎

显微镜是作为辅助工具探测未知世界的一个典型例子。显然,借助仪器的探测不同于肉眼的观察。观察是直接感知意义上的,不需要仪器帮助,而探测是间接感知的。这似乎没有问题。但在范·弗拉森看来,这并没有解决认识论问题,相反,倒是产生了更麻烦的问题:通过仪器我们看到了一个新的世界吗?仪器能够帮助我们揭示不可观察物的结构吗?我们使用显微镜时直觉告诉我们观察到真实的现象吗?仪器没有干扰所观察现象或实体吗?一句话,科学仪器可作为视窗和引擎来测量未知世界吗?这些问题是哲学认识论要回答的,但是又难以回答。

不过可以肯定的是,观察、实验与测量之间的关系,不像我们用舌头尝试某种白色粉末是盐还是白糖那么简单,不仅使用的仪器是复杂的,而且测量的客体或现象也是复杂的,设计的实验过程也可能是复杂的。这些复杂性的叠加强化了三者关系的复杂性,使得观察、实验和测量构成的仪器系统成为一个复杂系统。

首先,仪器系统具有多种功能。范·弗拉森通过对科学史的考察,认为仪器系统至少有三种主要作用:表征的、模拟的和生产的。表征功能是指在理论语境中仪器作为工具介于观察者和被观察自然现象之间,起到符号地指

---

① van Fraassen B C, *Scientific Representation: Paradoxes of Perspective*, Oxford: Clarendon Press, 2008, p. 91.

代现象的功能，比如，钟表指代时间，天平指代重量，测量棒指代高度，温度计指代温度，示波器指代波峰，等等。相对于理论，各种高技术仪器也具有这种功能，如医疗中的血压计、心电图、脑电图等，均是借助仪器表征的。在纳米技术中使用的扫描隧道电子显微镜就是一个典型的表征功能的例子。模拟功能是指在人为控制的环境中仪器系统产生了现象，其模拟效果类似于无人干预时呈现在自然中的现象。如人造喷泉产生的"彩虹"、人造闪电、使用仪器模拟有机体产生酶等，这种人造的现象与自然现象几乎无异，也可以看作是一种基于相似的表征，但不是图像表征。生产功能是指仪器系统产生了自然中从来没有的现象，特别是在微观物理学中，科学家制造高度复杂的仪器，如大型电子回旋加速器，产生了自然界产生不出的新现象。法拉第发明的电磁转换装置产生了电与磁的相互转换现象。电磁现象虽然是自然现象，但是自然中并没有转换它们的装置。这三种功能是在实验室中通过实验、观察和建模的实验系统起作用的，它们的目标是技术地定位测量。

范·弗拉森通过两个隐喻及其综合来进一步阐明仪器系统中测量作为表征的意义。第一个是"视窗隐喻"，它是关于不可见世界的一个视窗，也就是说，我们通过这样一个视窗能够观察到肉眼看不到的现象，比如，通过显微镜观察微观世界。用隐喻句式来说就是，"仪器是一个视窗"，它为我们打开了一个我们不能直接进入的世界的窗口。第二个是"引擎隐喻"，用隐喻句式说就是，"仪器是创造引擎"。它们创造了自然中从来没有发生的新观察现象，这就是仪器的生产功能。"一旦一种新现象被创造，它就立足于自然，因为我们及其我们的努力都是自然的一部分。那些新现象本身是可观察的，并成为我们世界的一部分，也因此成为科学所指要拯救的部分。"[①]这是两个有意义的隐喻，它们与比例模型、复制、图像、相似、模拟等有同等重要的价值。第三种是两个隐喻的综合，也同时具有两个隐喻的作用。比如，吉尔伯特用天然磁石在机床上制作了一个球形磁体，他称之为"小地球"，以此来模拟地球的磁效应，并提出地球是一个巨大的磁体的观点，类似于那个球形磁体产生的磁效应。这个球形磁体既相当于一个"视窗隐喻"，告诉我们"什么事物

[①] van Fraassen B C, *Scientific Representation: Paradoxes of Perspective*, Oxford: Clarendon Press, 2008, p. 96.

的确像什么",也相当于一个"引擎隐喻",它产生了一种新电磁现象。

然而,范·弗拉森指出,当谈论表征时这三个隐喻常常是在行动上而不是概念上被混淆。光学仪器是反映这三个隐喻的例子。首先,棱镜产生的图像是复制品,一种表面相似图,假如棱镜起到视窗的作用的话。其次,无论情形是否如此,棱镜产生的图像本身是(人造)现象,这在古代的宗教仪式和现代科学中都能够看到它的使用。最后,仪器产生的现象是自然发生的现象按照比例的缩放,这些自然现象要么太小要么太大,以至于我们靠感知不能把握。不过,创造新现象一般来说不同于模拟的情形,它提供了关于自然现象的信息,但不需要通过图像。仪器系统的这种能够创造新现象的功能,无论在实验系统中还是应用中,都是非常突出的。一个给定域的所有理论都必须说明这种新现象,如果它们在竞争中要想成功的话。

可以肯定,通过工具系统探讨自然而创造新现象在现代科学中起普遍作用。不过,将仪器同时比作视窗与引擎隐喻似乎是矛盾的。也就是说,在主动与被动的意义上,仪器是创造新现象的引擎,而不是被动观察的通道,这与视窗隐喻蕴含的主动发现新现象相矛盾。那么,挑战一个竞争理论而不是创造新现象的最好方式是什么?范·弗拉森的答案是,"新现象被创造出来不是没有任何目的,或者没有任何结果;理论必须将它自己交付它们的法庭"[①]。也就是由科学共同体评价和由实验检验为正确。科学史上,赫兹用实验验证法拉第-麦克斯韦的电磁理论就是一个很好的例证。

在范·弗拉森看来,"通过视窗进入不可见世界"隐喻统治了现代关于科学的哲学思维,如同"自然之镜"隐喻统治现代认识论和形而上学。它有助于削弱我们对于我们的哲学话语的理解,有助于我们根据一个逐渐扩大的可观察世界来思考实验系统,这是通过创造一个新观察现象而不是我们感觉的形而上学延伸来实现的。

显微镜作为观察不可见世界的工具是"视窗隐喻"的一个典型例子。我们的认识境遇仅仅由于使用仪器观察在某一点发生变化,这种观点似乎随着制造新的仪器而自然地产生。特别是文艺复兴以后,制作科学仪器成为一种

---

① van Fraassen B C, *Scientific Representation: Paradoxes of Perspective*, Oxford: Clarendon Press, 2008, p. 98.

必然，比如，伽利略自己制作望远镜观察月球和太阳，发现月球表面凹凸不平和太阳黑子；列文虎克通过制作显微镜发现了细胞；胡克认为通过显微镜我们能够揭示原子的结构，甚至光的构成，这显然是过高估计了仪器的作用。这在他们的时代(17 世纪)是可以理解的。在此后的 18 世纪，洛克和贝克莱已经洞见到，正如范·弗拉森表述的，"如果表象(appearance)①是出现在我们面前的东西，那么根据定义我们所看到的从来没有超越表象"②。

按照范·弗拉森的观点，仪器创造的现象就是人为观察的现象，此时的现象成了表象。因而无论我们使用什么样的仪器，如电子显微镜、分光镜、粒子加速仪等，所创造的新现象都是为了"拯救现象"，理论解释也是如此。这就是为什么范·弗拉森更偏爱和强调仪器的"创造隐喻"的原因。在他看来，仪器就是创造新现象的引擎，它们被认为模拟地表征不可见客体，不是被看作进入"下界"的视窗，而是被看作生产性的实验安排，它们创造要被拯救的新观察现象。例如，19 世纪的以太理论将光置于电磁的"天篷"下，以太弥漫于整个宇宙，作为电、磁和光等传播的媒介，就像空气作为声音传播的媒介一样。法拉第在做了磁力线的实验③后认为，形成磁力线这种神秘的力就是以太作用的结果，也即将以太这种不可见的东西以磁力线形式显现出来。

从实在论的观点看，法拉第的装置是一个探测电磁场的一个探测器，一

---

① 范·弗拉森认为，appearance 和 phenomenon 这两个概念在康德的先验哲学里是紧紧缠绕在一起的，但是对于我们而言它们似乎有不同的意义。为此他对这两个概念做了严格的区分。他将 phenomenon 看作是可观察实体，如客体、事件与过程，因此在范·弗拉森的用法中，observable phenomenon 就是多余的；将 appearance 看作是观察的内容或测量的结果。也就是说，范·弗拉森是在观察或测量的意义上将 appearance 看作是观察者实际看到的东西，将 phenomenon 看作是被观察或被测量的东西。因此，appearance 拯救了 phenomenon，比如，在天文学中，天文学家(在地球上)看到的行星运动是视运动，通过仪器观察或测量的是真实运动。为了将这两个容易混淆的概念区分开来，笔者将 phenomenon 译为"现象"，将 appearance 译为"表象"。

② van Fraassen B C, *Scientific Representation: Paradoxes of Perspective*, Oxford: Clarendon Press, 2008, p. 99.

③ 为了将磁力显现出来，法拉第做了一个著名的实验：将条磁铁放在一张白纸下面，在纸上撒上一层铁屑，当给条磁铁通上电时，这些铁屑会沿着磁力线方向排列，形成一条条曲线，在曲线的每一点显示出磁力线的方向。通电的条磁铁形成的磁力线就像地球的磁场。

个能够让我们看到以太中的神秘磁力线的视窗。在电磁理论中,电磁是一种光现象,在现象学层次,就是磁引力的可见现象。在法拉第的实验中,天然磁石和铁被重新人为地塑造了,铁屑在磁场中的分布是自然中没有的现象,法拉第不仅创造了新的现象,而且有重要的理论预见性,即它是一种人造的非常接近自然的电磁现象,这种新现象是任何一个新电磁学理论必须解释的。

再回到显微镜的例子。根据范·弗拉森的看法,显微镜的功能与其说是一个观察不可见世界的视窗,毋宁说是一个创造引擎。要说明它创造了什么现象,我们必须关注一系列自然同样能够产生的现象。比如典型的光现象,包括在水中的折射、沙漠中的"海市蜃楼"(幻境)和雨后的彩虹。范·弗拉森将这些光现象称为"公共幻影"(public hallucinations)[①]。这种幻影不仅仅是我们在幻想,它是一种自然现象。一方面,对彩虹的观察类似于幻觉,因为幻影是主观的、私人的,它们不是真实的事物;另一方面,它们又不像幻影,因为它们是公共的、非私人的。因此,自然创造公共幻影,照相机能够捕捉这些现象,在这个意义上,照相机就是复制或绘制这种真实现象(映像而非图像[②])的一种工具。

为了进一步阐明公共幻影,范·弗拉森将映像这种幻影分类为三种[③]:偶像(绘画、照片和雕塑)、公共幻影和私人映像(后映像或诱发映像、梦、幻觉)。公共幻影又分为复制限定的和非复制限定的两种。前者包括光的折射、阴影、显微镜映像,后者包括彩虹、幻景、幻觉。复制限定的意思是映像源于真实存在的客体,也即受到原客体的限制,如水中的树影;非复制限定的意思是映像不受某客体的限制,如幻觉。

当然,范·弗拉森已意识到,通过仪器的观察的观点会遭到反驳,而且主要是针对生产性功能而非模拟功能。一方面,通过仪器获得的数据是否是

---

① van Fraassen B C, *Scientific Representation: Paradoxes of Perspective*, Oxford: Clarendon Press, 2008, p. 101.
② 在这里,形象或映像(image)和图像(picture)是既有联系又有区别的两个概念,前者是非直接显现的形象,如水中树影、心中的图像、镜中的图像等,后者是直接显现的形象,如绘画、照片、风景等。因此,imaging 就是"成像",picturing 就是"绘画"。
③ van Fraassen B C, *Scientific Representation: Paradoxes of Perspective*, Oxford: Clarendon Press, 2008, pp. 104-105.

真实可靠的，这是实验数据的可靠性问题；另一方面，通过仪器观察的形象或映像是否是经验适当的，这是实验观察结果的经验适当性问题。这两个问题都与测量过程相关。

二、测量作为物理相关性

在现代科学，特别是实验物理学中，测量是一种必不可少的探索手段。那么，什么是测量？什么被测量？范·弗拉森认为这两个问题既是相关的又是不同的。这涉及测量本身的"物理相关性"。对于"什么被测量"问题的直接答案是"物理单位[1]，它们描述被测量的客体"，在成熟科学中通常采取这种形式：

> "所被测量的是某一类物理系统。成为某一类，这个系统由某些参数描述，而且作用于这个系统的一个测量是描述它的那些参数中的其中一个的一个测量。"[2]

例如，对于一个气体系统的温度或体积的测量。在范·弗拉森看来，测量是一种操作，通过这种操作方式我们获得信息。这当然是通过仪器与客体之间的一个物理相互作用提供信息的方式实现的。也就是说，测量总是包括"客体"与"仪器"之间的一个物理相互作用，范·弗拉森将这种相互作用称为"测量的物理相关性"。这种测量和物理相互作用之间的区分，在用什么理论提供测量过程的一个表征方面起作用。如果那个相互作用在某一理论范围内，那么该理论的术语就足以描述它。比如，在热动力学中，当测量一个系统的温度、体积和压力的值时，我们使用热动力学的术语和它的单位。在相互作用中，测量结果是仪器的最终物理状态提供的信息，如温度计最终的

---

[1] 物理单位就是衡量或测度物理客体的各种参数，比如，一个气体系统的温度、体积和压力，温度用摄氏或华氏温标，体积用立方米或立方毫米，压力用帕斯卡；在经典力学中，力的单位是牛顿，质量是克，时间是秒；在电学中，功的量纲是瓦特，电阻的是焦耳；等等。

[2] van Fraassen B C, *Scientific Representation: Paradoxes of Perspective*, Oxford: Clarendon Press, 2008, p. 142.

度数。也就是说,仪器的最终物理状态是测量结果的物理相关性。这还不是意义问题,但涉及意义的物理前提条件,因为没有任何信息获得,除非测量结果意指某物。比如,当温度计的最终度数36℃指称某人的体温时,其意义就是人的体温。这就是说,测量结果有无意义取决于它是否出现在一个适当的结构化的物理相互作用的终端,并呈现一种特殊的物理形状。

我们假设,这个相互作用包括在物理理论的适当范围,而且这个理论以物理术语提供那个相互作用的一个表征。范·弗拉森用一个语句或陈述表达为"这是关于系统 S 的定量 M 的一个测量 X"。这一形式语句仅在这样一个语境中产生意义,在这个语境中,被测量的客体总是被分类为一个由定量 M 描述的系统。这样描述的一个客体总是要由理论来分类,因此,这个语句是理论的或至少是负载理论的,也必须根据理论来处理。这意味着,被测量客体是由理论分类的,由于理论是变化的,被测量客体的分类也是变化的。也就是说,这个语句是依赖语境的,而依赖的语境我们是看不见的。比如,现在没有人在使用温度计时会想到它负载的理论语境。可以说,任何简单测量都是负载理论的,只是在进行测量时人们通常不考虑这些语境因素,这表明这些语境是稳定的背景理论,由于长期不变已经被人们普遍接受而成为一种固定的知识。例如,在宏观领域,我们已经普遍接受了牛顿力学,在使用时是理所当然的。这就是库恩所说的在常规科学时期的依据范式的解难题活动。

当然,也存在这种依赖语境突然会显现在我们眼前的情形。那就是,当相关理论是新的,如相对论或量子力学,或者所发现的新现象是现有理论不能解决的情形,如黑体辐射现象。这类似于库恩的"反常与危机"时期。这个时期预示了新现象与新理论的出现,也预设了新语境的出现。此时,依赖语境的情形就显得可见了。在这两种情形中,测量仪器的行为处于理论的范围,能称为测量的物理相关性的标准是以理论术语来描述的。这就是测量和理论之间的连贯性和一致性问题。

在这个问题上,范·弗拉森认为科学哲学中有许多极端主义。一方面,早期的实证主义强调经验检验,操作主义强调实验、观察和语言的操作,认为我们拥有一种健康的"观察语言",使用这种语言我们就能够描述测量操作及其结果,而不依赖于所有理论内容,也就是认为测量与理论是完全分离的。后来的逻辑经验主义也基本秉承了这种观点。这种极端主张也遭到库恩等历史主义者的批判,不过他们又走向了另一个极端,认为"不同世纪的科学家生活在不同世界"。这等于否认了科学的连续性和继承性,具体到测量问题,就是说不同时代的同一测量是不同的。这意味着存在任何像物理相互作用的事物,它们先于或独立于理论语境,或者在各自的理论中是作为一个实验,在其他理论中不是作为一个实验。比如,牛顿力学中的实验在量子力学中就不被看作实验(这里有连续性和不连续性的严格区分)。问题的实质在于,物理相互作用的发生是一回事,它所起到的对于某一参数值的表征作用是另一回事。为了避免这两个极端,范·弗拉森主张,我们需要非常清楚地将历史过程、测量、理论稳定的密切联系,与已建立的物理理论中关于测量的回顾性描述分离开来。

那么,在理论中测量相互作用是如何被表征的呢?这个问题有不同的答案,它们依赖于测量相互作用的哪种意义和哪种理论。更具体的问题是:如果这个答案被满足的话,它必须看起来像什么?范·弗拉森给出了如下标准[①]:

"测量境遇的理论描述,需要与关于测量结果存在的主张、它们与什么被测量的关系及其它们作为信息源的功能一致。"

根据这个标准,显然,当我们在一个语境中描述测量的物理相关性时,我们需要阐明这个一致条件。在这个语境中,我们假设相互作用的两个客体已经被我们理解和分类好。回到上述的语句"这是关于系统 S 的定量 M 的一个测量 X",仅当被测量的客体总是被分类为一个由定量 M 描述的系统时,它才能产生意义。在这里,范·弗拉森反复强调和突出了语境的作用。在他看来,要使得这个语句有意义,话语的语境必须是由理论支配的,只有在这样的语境中,我们才能将意义赋予一致性和连贯性。也就是说,测量是依赖于理论的,在测量中,理论是作为语境而存在的,这种语境可能是显性的,也可能是隐性的。

---

① van Fraassen B C, *Scientific Representation: Paradoxes of Perspective*, Oxford: Clarendon Press, 2008, p. 145.

当一个理论获得信任时，关于测量过程这个理论或已接受背景理论意指什么？简单地说，关于系统 S 的定量 M 的一个测量结果揭示，M 具有的值在做测量的时刻已获得。获得测量值之时，也就是测量完成之时。比如，插入热水中的温度计的最终读数就是测量的结果，这个结果等于热水的温度。为什么是这样呢？温度计的读数能够实际指代热水的温度吗？在日常生活中我们会毫不怀疑。因为根据守恒原理，相互作用的理论描述意味着被测量客体的温度与测量仪器读数是一致的。在科学的情形中，情形会变得复杂。如果我们问热水有多热？根据热动力学我们不能回答这个问题，我们不知道热水的初始热状态，上述测量就被解构了。因为温度计的最终读数不表达热。事实上，当被测量对象不再存在时，测量也就被解构了，如热水蒸发了，物理相关性也就不存在了。按照范·弗拉森的观点，在一个理论框架内，所谓测量就是定量描述某客体的物理参数，如温度、体积和压力，这些参数就是物理相关性。

范·弗拉森根据量子测量理论给出了测量的一般理论。在他看来，一个测量理论必须给出初始测量结构(set-up)[①]，一个适当的测量过程必须包括一个被测量的客体(在其上执行测量)、一个分离系统(承担测量仪器的角色)。测量程序是指阐明一个特殊初始态、属性、量性，或者关于客体的观察量(实质是相互变化的项)。仪器与被测量客体以一个视作测量过程将发生的方式被耦合起来。我们用什么标准来判断呢？比如，如果那个测量过程是属性 A 的一个测量，那么一定有仪器的一个相对应的属性 B，其最终值就是测量结果。那么，测量结果是显示自然现象吗？比如量子测量是显示量子行为吗？关于这个问题也充满了争论。范·弗拉森给出了如下论证[②]。

考虑一个由三个物理参数 A、B、C 描述的奇怪境遇。对于每个参数，测量数据产生 1 和 0 的值，它们具有相同的频率。我们能够在同一时刻测量其中两个参数，而且总是得到两个相反的值。范·弗拉森用一个简单理论概括这

---

① 在表述"测量结构"这个概念时，范·弗拉森使用 set-up 而不用 structure。笔者的理解是，前者是人为建构的，后者是自然本来就有的，使用 set-up 为的是凸显测量的人为性。

② van Fraassen B C, *Scientific Representation: Paradoxes of Perspective*, Oxford: Clarendon Press, 2008, pp. 148-154.

些数据：

> 对于 X, $Y=A$, B, C：X 具有值为 1 和 0 的概率分别是 0.5。但是，X 和 Y 都具有值为 1 的概率等于 0，如果 $X \neq Y$。

然而，这是自相矛盾的。因为它将概率 1 分配给以下两种情形：A, B, C 中没有两个具有相同的值；A, B, C 中的每一个具有值 1 和 0。这两种情形都为真是不可能的。在哪里出错了呢？范·弗拉森认为，所列数据是关于测量结果的，而推测的概率是绝对的和无条件的。一个适当的理论概括必须关注这样的事实——所发现的是事物如何在测量结构中出现，也即：

> 对于 X, $Y=A$, B, C：X 具有值为 1 的概率，它被测量的条件下等于 0.5，概率为 0 的情形也是如此。但是，X 和 Y 都具有值为 1 的概率，在它们都一起被测量的条件下等于 0，如果 $X \neq Y$。

这样一来矛盾是消除了，但 A, B, C 的结果不能被同时测量。这是一种好的解决方式吗？一个好的解决方式应该是什么？在上述例子中，我们自然会问：当 A 和 B 的值分别是 1 和 0 时，C 的值什么？在范·弗拉森看来，如何理解这个问题依赖于我们所想当然的语境。一方面，我们会想当然地认为当不测量 A 和 B 的值时，C 的值仍然是 1 或 0 吗？当不被测量时，它们有其他值吗？或者根本没有任何值？另一方面，我们会想当然地认为，如果 A 的一个测量显示值为 X，那么在那个时刻 A 就有值 X？或者在测量的开始就有值 X？

这种想当然的推理合理吗？假设 A 被测量，其结果是 1。那么我们可以预测，B 或 C 的一个测量结果肯定是 0。基于这种事实，我们能够断言在这一时刻 B 和 C 总是有 0 值？如果我们这样做了，我们将不得不增加实际被操作的 B 和 C 的联合测量，这将会系统性地具有迷惑性，因为它们根本没有显示它们具有相同的值。

事实上，在我们思考测量前，一些假设已经包括在这一推理过程中了。也就是说，测量的有预设的。范·弗拉森给出了两个假设：

(1)数值的确定性：每个物理参数总是具有某些值，也即，其中一个值可通过测量被发现。

(2)测量的真实性：测量一个参数可靠地揭示了它真实地具有的值。

这两个假设同时包含在上述测量过程中，当测量发生时它们都涉及一个系统的变化：当 A 和 B 都具有值 1 时，我们没有清晰地测量它们两个。在笔者看来，这两个假设意味着世界基本上是同一的，无论事物是否被测量。在这个意义上，上述测量过程就是失败的，因为测量和无测量事件之间的某些差异，在这里必须被承认是作为一种可能性存在的。科学哲学家费耶阿本德曾经反对这种"数值的确定性"假设，认为这种所谓传统原理必须被拒绝，因为从玻尔到费曼，物理学家表达了相似的看法——一个观察量（测量参数）在测量语境外可能没有一个具体的值。这意味着，测量值是特殊测量语境中的数据，测量语境外不存在任何数据。至于第二个假设，他们认为可以做适当修正，测量值应该真实地反映实际境遇，否则测量就没有意义了。

如果拒绝了第一个假设，也就弱化了第二个假设。如果拒绝了第二个假设，也就是拒绝了第一个假设。我们很难在二者之间做出适当的选择。因为在某一时刻，如果参数 A 没有任何值被测量，那么这个测量会产生一个值作为其结果，但是显然没有揭示一个值。当我们详细描述什么算作 A 的一个测量时，我们实际上描述了一个物理安排，这种安排必须具有两个结果（指代值）之一，在这种情形中就是 0 或 1。要使这个成为一种测量，然后起到收集信息的作用，它就必须能够揭示什么被测量了。但是它产生了哪类信息，有多少，我们需要认真考虑。

不可否认的是，测量仪器的终端必须反映被测量客体最初像什么的相关属性。在这个过程中，一定存在客体的初始状态的某些特点转移到仪器的终态。否则，我们就不能使用仪器收集被测量客体的任何信息。这个转移条件如何形成，在不同的理论中是不同的。为了获得测量过程的一般形式，我们必须允许物理状态与测量结果之间的关系通过概率来描述。一个决定论理论可被认为是一个特例，其中所有概率都是 1 或 0。范·弗拉森认为，一个合理的一般测量理论应该包括如下三个因素。

(1) 观察量（物理量纲）的一个家族 M，每个具有一套可能的值。

(2) 状态的一个集合 S，包括被测量系统和测量系统的物理状态。

(3) 一个随机应答函数 $P^m{}_s$，对于 M 中的每个 m，以及 S 中的每个 s，这个函数是关于 m 范围的一个概率测量；随着 $P^m{}_s$ 被解释为概率，如果它被执行的话，当处于状态 s 时，m 的一个测量将在间隔 E[①] 中产生一个值。

假如在这个理论中，被表征的一类过程是被算作一个观察量的测量的相互作用的过程，那么被描述的境遇包括两个系统——被测量的客体 S 和测量这个客体的仪器 R。S 和 R 共同构成一个更大的系统，一个二体系统 $S+R$。观察量家族必然包括仅是关于客体的某些观察量，仅是关于仪器的某些观察量和关于系统 $S+R$ 的某些观察量。状态集合也是如此。然而，当两个客体相互耦合和相互作用时，也一定存在一个关于这种境遇如何演化的一个约束。比如，对于观察量 A，这个相互作用将采取某一形式，这种形式有资格安排仪器测量 A。事实上，这种相互作用一定是："关于客体初始状态的相关物被反映在仪器的终态。"[②] 假如一个仪器有一个带指针的刻度盘，作为一个系统，它部分地由观察量 B 描述（指针指向 B），B 的可能值是刻度表上的指针所指的数字。在最严格的意义上，标准条件一定是：

测量物理相关性的标准：$P^B_{\text{fin}}(E) = P^A_{\text{init}}(E)$

其中，fin 表示仪器的终态，init 表示被测量属性 A 的初始状态。这个表达式的含义是：概率在间隔 E 的仪器终态（刻度盘）显示的观察量 B，是被测量客体的属性 A 在刻度盘上所指的数字。也就是说，刻度盘上的数字 B 表征客体

---

① 测量是多次而非一次，因而有时间间隔期。在范·弗拉森看来，测量过程必须由一个数学方程控制，它能够给出精确的观察量和最终值。比如，根据牛顿定律测量一个运动物体的速度、加速度、质量等。在这个意义上，测量是负载理论的，简单的数字背后是包括一组数学方程的复杂理论。比如，测量某一电磁波的频率，麦克斯韦方程组是其背后的理论支撑。

② van Fraassen B C, *Scientific Representation: Paradoxes of Perspective*, Oxford: Clarendon Press, 2008, p. 151.

的属性 A。这种情形在各种仪表上是常见的。需要注意的是,概率 $P^B_{fin}(E) = P^A_{init}(E)$ 是一种条件概率,即关于测量的条件。这必然涉及上述的关于测量的确定性和真实性问题。

范·弗拉森还指出,我们需要注意"一致性约束"。当我们使用两个或更多仪器测量同一客体的情形时,结果应该是相同的。这就是一致性约束。一致性约束在理论上首先必须是内在自洽的,也即与所预测的事实无矛盾;其次,两类测量结构的结果比较必须是经验上有效的。这就是测量理论必须满足的一致性约束。

范·弗拉森以量子力学的测量为例,详细分析了这个一般测量理论是如何被使用的[①]。在量子力学中,我们必须首先区分两种态:纯态和混合态。

如果 s 和 u 是一个系统 X 的态,而且 $0<c<1$,那么存在 S 的一个态 v,以便对于关于 X 的所有观察量 A,以及所有时间间隔 E,$P^A_v(E) = cP^A_s(E) + (1-c)P^A_u(E)$。我们称 v 是 s 和 u 在比例(权重)c 和 $(1-c)$ 的一个混合。如果存在一些明显态,其中 v 是一个混合,那么它是一个混合态,如果不是,它就是一个纯态。

其次,我们需要注意系统如何成为其他系统的部分。比如,如果 X 和 Y 是系统,那么它们的组合 $X+Y$ 也是系统。一个组合(composite)的态与它的部分的态相关,但不由它决定(量子整体主义)。为了做出解释,我们必须将混合(mixture)与另一类态的复合(combination)区分看来:

X 的纯态是 X 的纯状态 $\{\psi(I), \cdots, \psi(N)\}$ 的一个叠加,当且仅当对于所有间隔 E 和所有关于 X 的观察量 A:如果 $P^A_{\varphi(I)} = I, \cdots,$ 且 $P^A_{\varphi(N)} = I$,那么 $P^A_\varphi = I$。

范·弗拉森指出,纯态的混合不是纯粹的,而纯态的叠加则是纯粹的。

---

① van Fraassen B C, *Scientific Representation: Paradoxes of Perspective*, Oxford: Clarendon Press, 2008, pp. 301-303.

第八章 经验结构主义：表征是抽象结构与现象的同一

最后，我们需要引入一种能够建构组合纯态的方法：

如果分别处于状态 ψ、Ψ[①]的系统 X 和 Y，没有发生相互作用，那么 $X+Y$ 的状态就是 $\psi \times \Psi$ 的张量积。

一般来说，如果它们一直在相互作用，那么 $X+Y$ 的状态就是纠缠形式（量子纠缠状态）的状态的叠加。根据这些描述，范·弗拉森给出了量子力学中一个测量过程的标准形式：测量观察量 A 的仪器从它的即时状态 ψ 启动，A 在其上被测量的客体从它的初始状态 init 开始。此时，系统仪器+客体处于状态 $\psi \times$ init，它们是耦合的，测量的物理相关性标准必须满足：

$$P_{\text{fin}}^{B}(E) = P_{\text{init}}^{A}(E)$$

其中，fin 是仪器的终态，B 是指代的观察量。相互作用的形式，也就是在适当间隔系统仪器+客体的演化，必须保证情形是如此，无论客体的初始状态 init 是什么（在这个范围仪器能够操作）。

这是一种特殊情形。当一个测量结果是确定的时候，我们可以引入一些简化符号，如狄拉克形式。当 $P_s^A(\{r\}) = I$ 时，那么 s 被称为 A 的一个本征态，对应于本征值 r，被表示为 $|A,r\rangle$。为了满足测量的物理相关性标准，我们至少需要以下条件：

如果 init 是 A,$|A,r\rangle$ 的一个本征态，那么 fin 必须是 B 的 $|B,r\rangle$ 一个对应本征态。

在测量的规范形式中，A 的一个本征态不被 A 的测量干扰或改变，尽管其他状态能够被干扰，这也是一个必要条件。这意味着系统仪器+客体的演化必须具有如下一个特征：

对于 A 的任何本征值 r,$|\psi\rangle \times |A,r\rangle$ 演进为 $|B,r\rangle \times |A,r\rangle$

[①] 在量子力学中，希腊字母 ψ 和 Ψ 被习惯地用于指称纯态，但这不是它们的唯一功能，有时也用于指称混合。比如说"X 处于 ψ 和 Ψ 的一个混合"不等同于说"X 或处于 ψ 或 Ψ"。

这就是量子理论的特性。在外部干扰缺失的情形下,系统演化是单一的这个事实保证了如下条件:

如果$|\psi\rangle$是$\{|A,r(I)\rangle,\cdots,|A,r(N)\rangle\}$的一个叠加,那么,$|\psi\rangle\times|\Psi\rangle$演进为$\{|B,r(I)\rangle\times|A,r(I)\rangle,\cdots,|B,r(n)\rangle\times|A,r(N)\rangle\}$的一个叠加。

可以看出,这里有一个相关原理,它能够使得从整体的状态导出部分的状态。在这个意义上,我们能够推出仪器终态 fin 的特征:

fin 是$\{|B,r(I)\rangle,\cdots,|B,r(N)\rangle\}$的一个混合。

这是否意味着 fin 确实是纯态$\{|B,r(I)\rangle,\cdots,|B,r(N)\rangle\}$之一呢?难道我们不能够补充说明测量结果为:如果 fin 是$|B,r(J)\rangle$,那么被测量的 A 仅具有精确值 $r(J)$ 吗?

范·弗拉森认为答案是否定的。我们不能这样说,因为仪器停止时的混合状态与任何纯态不同一。如果我们知道一个客体的确处于某一个纯态,但是不知道是哪一个,那么将一个混合状态归于那个客体就是适当的,并将其用作预测的一个基础。相反的情形不是这样的,因为一个系统在混合状态的结束,一般不能等同于它的确在某些纯态的结束。混合的状态是独特的,而且它们是由相互作用产生的。在测量过程中,一个物理相互作用的纠缠状态可能没有任何信息损失,如发生在量子塌缩的情形。范·弗拉森将这种复杂情形描述为:

在相互作用结束的量子力学的描述中,我们不能看到存在任何东西,这个相互作用能够被给出而作为陈述"A 的测量结果是 A 的第 J 个本征值"的等价形式。

因此,情形似乎是,任何一个单一测量将具有这样一个确定的结果。

三、测量作为信息相关性

一方面,一个测量结果是某种物理属性,如一个事件、仪器的终态、测量过程产生的一个客体,如电子、图标、数字等;另一方面,测量也是信息收集过程,因此一个测量结果有一个意义,也即信息是有内容的,而且其内容是通过测量得出的,这排除了虚构和理想化的信息。在这意义上,测量是通过仪器收集信息的一个操作,仪器是一个表征工具,测量结果是被测量客体的一个表征。由于仪器的种类不同,测量的境遇不同,在建模过程中,使用哪种仪器测量哪种客体,测量本身就是一种特殊的自定位(self-location)形式。

在科学史上,一些科学家认为,测量就是给客体或事件分配数字。譬如开尔文和坎贝尔主张"测量被定义为根据规则给客体或事件分配数字,以便表征事实"。范·弗拉森认为,这种定义是一种短视的测量观,测量需要数学和数字表达,但将测量仅仅归于给客体安排数字就过于简单了,因为数学不仅仅是研究数的领域,数只是它的一部分,如数的连续性只是数学连续性的一个方面。测量是超越数字的操作,包括测量比例或规模。

范·弗拉森给出了测量比例的四个种类[①]。

(1)名义测量:安排数字标签,不包含任何代数式结构,如足球运动员的号码 1—11 或 1—22。

(2)序数测量:分配等级序列,如自然数、数列。

(3)间隔测量:在比例尺上排序,在那里只有元素之间的间隔是数字上可比的,如直尺。

(4)比率测量:在比例尺上排序,在那里也有一个极小值,排序是由非否实数表征的,并按照这些数字之间的比率反映物理关系。比如,温度计上的数字刻度,有一个最小值,其上的数字表示温度的高低,当用于测量某物的温度时,刻度数字就反映了物体的温度。温度的量纲可以是华氏温度,也可

---

① van Fraassen B C, *Scientific Representation: Paradoxes of Perspective*, Oxford: Clarendon Press, 2008, p. 159.

以是摄氏温度,二者能够按照一定比率换算①。

在笔者看来,如果测量被理解为物理相关性,那么名义测量、序数测量和间隔测量就不是真实的测量,因为它们没有物理相关性,也就不反映被测量客体的属性。在测量过程中,近似是不可避免的,这就是近似测量,比如对海岸线长度的测量,对地球到太阳距离的测量等。任何测量都不可能做到完全精确,一方面是测量本身的限制,另一方面是被测量客体是变化的和复杂的。这两个因素决定了测量过程的近似性。在量子力学中,对粒子如电子运动速度和位置的测量也是如此。海森堡的"测不准原理"已经告诉我们,我们不可能同时准确测量电子的速度和位置,这是由电子微观运动特性决定的。也就是说,测量时存在一种内在的不确定性,而这种不确定性不是由外在的测量本身引起的。不论测量的仪器多么先进与精确,这种不确定性是不能消除的,就像伴随信息的噪声不可消除一样。如果有一天有人宣称做到了能够同时准确测量微观粒子的速度和位置,那么"测不准原理"就失去意义了,此人也就创造了自然规律。然而规律是不能创造的,只能遵循。

范·弗拉森认为,比例测量是作为逻辑空间而非实际空间出现的。比如,简单的气体理论对气体系统的压力 P、体积 V 和温度 T 的测量。这三个参数提供了一个三维数学空间,测量将定位于这个空间区域中给定气体的容器上。这意味着,测量只有在特定理论(气体理论)的框架内才是有意义的,或者说测量是负载理论的,是以理论为指导的。"逻辑空间"的概念在维特根斯坦《逻辑哲学论》中已经提出②,维特根斯坦在研究了热动力学和力学后,提出如下

---

① 摄氏温度(℃)和华氏温度(℉)之间的换算关系为:华氏度(℉)=32+摄氏度(℃)×1.8,摄氏度(℃)=(华氏度(℉)-32)÷1.8。

② 维特根斯坦还提出"逻辑图像"的概念,特别论述了图像与表征和测量的关系,这在科学哲学的早期研究中是非常少见的。笔者仔细翻阅了维特根斯坦的《逻辑哲学论》(王平复译,张金言译校,九州出版社 2007 年版),发现关于图像与表征的论述非常深刻,这里将有关论点摘出来:(2.1)我们为自己构造事实的图像;(2.11)图像描绘了逻辑空间的事态,即原子事实的存在和非存在;(2.12)图像是实在的一个模型;(2.13)在图像中,图像的成分与对象相对应;(2.131)在图像中,图像的各要素代表对象;(2.14)图像是由图像中各要素之间以某种特定的方式相关联构成的;(2.141)图式即是一个事实;(2.15)图像中的各要素以一定的方式相关联,这也代表了事物之间也是如此相关联的;图像的各要素的结合方式称为图像的结构,该结构的可能性也称为该图像的表征形式;(2.151)表征形式是这种可能性:事物之间的

观点：

(1.13) 逻辑空间中的事实就是世界；

(2.013) 任何实际存在的事物处于可能原子事实的一个空间；我们可以认为这个空间是空虚的，但不存在没有空间的事物；

(2.0131) 一个空间客体必须位于无限的空间……

(2.202) 图像在逻辑空间中表征事件的一个可能状态。

按照维特根斯坦的观点，色彩具有色彩空间（色调、亮度和饱和度），气体具有 PVT 空间，经典力学中的客体具有相空间（三维几何空间），量子力学中的客体具有希尔伯特空间。时间和空间本身就是一个典型的例子。当然，心理学中还有心理空间、概念空间等。根据这些事实，范·弗拉森给出了测量操作的定义[①]：

测量是一个操作，该操作将一个项（在一给定理论范围已被分类）定位于一个逻辑空间中（由理论提供来表征许多可能状态或这个项的特征）。测量的行为是将一个项定位于一个逻辑空间的行为，执行这种行为与某种操作规则一致。

可以看出，测量预设了表征，测量某物就是将它定位于可能测量结果的

联系方式和图像要素之间的联系方式是一样的；(2.1511) 图像就是这样与实在结合起来。图像延伸到实在；(2.1512) 它就像是一把测量实在的尺子，只有分界线的端点才能接触及那些测量的对象；(2.1513) 按照这种观点，那些组成图像表征关系，同样也属于图像本身；(2.1514) 表征关系是由图像要素和事物之间的协同构成的；(2.173) 图像从外部表征它的对象；(2.181) 如果这种表征形式是逻辑形式，那么图像也可以称为一幅逻辑图像；(2.19) 逻辑图像可以描述世界；(2.221) 图像所表征的就是它的意义；等等。该译本是中英对照，笔者发现其中有些概念的翻译不太准确，故而按照自己的理解做了修正，比如，将表现改为"表征"，"图示关系"改为"表征关系"，"配合"改为"协同"。

① van Fraassen B C, *Scientific Representation: Paradoxes of Perspective*, Oxford: Clarendon Press, 2008, p. 151, pp. 164-165.

一个有序空间；反之则不成立。也就是说，我们不能将一个逻辑空间定位于一个测量的项，比如，我们不能将相空间定位于温度上，不能将几何空间定位于一个物体的长、宽、高上，不能将希尔伯特空间定位于一个微观粒子的行为上。

为了进一步说明测量的信息相关性，范·弗拉森在数据模型(data model)与表面模型(surface model)之间做了区分。他给出的定义是[1]：

> 数据模型总结所发现的相关频率，表面模型使得这个总结更"流畅"，事实上是"理想化"，以便通过测量一系列连续值替代相关频率说明。

按照笔者的理解，数据模型是收集原始信息的一个测量结构，表面模型是对数据模型的进一步数学处理，包括理想化和抽象化。范·弗拉森使用"表面"一词是要说明该模型是对原始的"粗糙"数据的再加工，使数据模型更加"漂亮"，就好比对"玉石料"进行精雕细琢获得"美玉"一样。因此，范·弗拉森的表面模型实际上是一种数学模型或方程，表面上看起来非常"光滑"和"精致"。这可能是出于审美的考虑。

根据语义论，一个理论(理论模型)本质上提供一组模型，包括数据模型和表面模型。在科学实践中，理论要与被观察的和观察的现象相符合，而这些现象的描述总是通过模型获得的，因此我们能够要求数据或表面模型必须是同构地嵌入理论模型的。比如，量子力学的出现，使得更多思想被赋予表面模型的形式。范·弗拉森设想了一个简单的实验情境，它包括几个选择性测量方案、可能结果的一个分类系统、从被观察的频率推算出的一些概率。根据这些条件，一个表面模型能够由三个因子描述[2]：

(1) 两个可观察条件：一套可实现的测量选择(被称为 PRC)和一套

---

[1] van Fraassen B C, *Scientific Representation: Paradoxes of Perspective*, Oxford: Clarendon Press, 2008, p. 167.

[2] van Fraassen B C, *Scientific Representation: Paradoxes of Perspective*, Oxford: Clarendon Press, 2008, pp. 169-170.

可能结果(被称为 PRS);

(2)表面状态 P:它是一个函数,该函数在 PRS 中分配结果的概率,在 PRC 分配测量的条件。

因此,P 至少被定义为 PRC×PRS 的部分,其值是间隔 $[0,1]$ 的实数。这个结构诉诸某个最小条件,它们必须保证 P 可数学地延伸到一个经典概率函数,范·弗拉森将由表面状态分配的数称为"表面概率"。这样,理论模型可一般地被详细描述为:观察量(物理量纲)[①]M 的一个家族,每个有许多可能值;一组状态 S;一个随机应答函数 P_S^m,对于 M 中的每个 m,以及 S 中的每个 s,这个函数是关于 m 范围的一个概率测量。函数 P_S^m 被解释为关于这个概率模型的详细说明,于是,当状态是 s 被执行时,m 的一个测量将在 E 中产生一个值。

这是否说明一个理论模型与一个表面模型是匹配的呢?答案是不一定。它只是告诉我们表面现象的概率,一个关于测量假设的概率和一个状态的概率。在范·弗拉森看来,表面模型本身是理论的,是现象背后的东西。"匹配"这个概念严格讲应该是:一个理论模型 MT 与一个实验模型 ME 匹配,仅仅在于 MT 具有某些状态 s,以便函数 P_S^m 包含 ME 的表面状态,与测量结构作为量纲 m 的测量的给定身份相关。因此,这种境遇是"从下"(from below)和"从上"(from above)被表征的。"从下"是指从现象或事实角度而没有理论知识的描述,"从上"是指用理论术语描述。著名的 EPR(Einstein-Podolsky-Rosen)悖论[②]就是一个表面模型,它是"从下"(无量子理论术语)

[①] 量纲是物理量的种类属性,它反映物理量的量值随基本量的单位改变而改变的倍数。比如 1 厘米的长度构成的正立方体的体积的量纲是(1 厘米)³,即(长度)³。构成物理量有两个重要方面:第一是物理量自身的属性,第二是量度标准(或量度单位)。只有具有相同量纲的物理量才能相加。

[②] EPR 悖论是爱因斯坦、波多尔斯基和罗森于 1935 年为论证量子力学的不完备性而提出的一个悖论。它涉及如何理解微观物理实在的问题。爱因斯坦等人认为,如果一个物理理论对物理实在的描述是完备的,那么物理实在的每个要素都必须在其中有它的对应量,即完备性判据。当我们不对体系进行任何干扰而能确定地预言某个物理量的值时,必定存在着一个物理实在的要素对应于这个物理量,即实在性判据。量子力学不满足这些判据,因而是不完备的。

和"从上"(用量子理论术语)被描述的。

概言之，测量是一个物理相互作用，由行动者建立来收集信息，测量的结果提供被测量实体(客体、事件、过程)的一个表征，这些实体根据理论支配的语境选择性显示一些描述那些客体的物理参数的值。它(测量结果)是一类特殊的表征，既具有一般表征的特征，也有自己的特有特征。首先，测量结果概念具有关系性，它是某客体或过程的结果，满足许多严格条件，这些条件是对它的约束。测量结果产生的信息指称一个具体被测量的客体或过程，它是根据指称物的特征被选择的。其次，测量结果概念具有内涵性，也即具有意义的某物。再次，测量结果概念具有意向性，也即关于某物的。最后，测量结果具有索引性，也就是说具有语境依赖性。

第五节 结构主义表征观的悖论

在表征问题上，范·弗拉森坚持经验主义的结构主义，也就是将结构主义经验化。在他看来，表征的非对称性和误表征的可能性源于"语言使用"，而不是表征者与被表征者之间的关系。"没有什么是一个表征，除非它在使用或实践中充当某种角色。"[①]可见，范·弗拉森强调表征的语用学。

科学表征的图像论之所以受到质疑，在范·弗拉森看来，是因为像测量、方程、模型这些形式的表征(如果算作表征的话)就不是表征，至少不是图像表征。如果科学描述自然，那么麦克斯韦方程必须形成一个关于某物像什么的理论。这似乎是矛盾的。如果麦克斯韦方程是陈述或命题，它们表达了什么？如果它们不是陈述，如何能够完全成为一个理论？这似乎意味着理论应该是由陈述或命题构成的。这构成了图像表征范式与命题表征范式之间的争论。

关于第一个问题，有否定和肯定两种答案。否定是说，麦克斯韦方程(符

---

① van Fraassen B C, *Scientific Representation: Paradoxes of Perspective*, Oxford: Clarendon Press, 2008, p. 189.

号系统)不是传统意义上的命题(语句系统),而且是基于以太假设的,但以太不存在,没有机械媒介支撑电磁波传播。肯定是说,电磁场是存在的,它虽然没有三维物体的形式或形状,但它是存在的事物。我们现在知道以太的不存在并不影响麦克斯韦方程的有效性。这是为什么?这是用电磁场代替了以太的结果。关于电磁场现在普遍接受的观点是:空虚空间中的场具有物理实在性,它是一种媒介。这是一种科学实在论的观点,如果坚持这种本体论,问题就可能被消解了。

至于第二个问题,就更具有不可知论的特征了,因为涉及不可观察物的认识问题。范·弗拉森将这个问题表述为四个命题[①]:

(1)方程仅仅描述了一个形式或结构,如果它们是某物的一个形式或结构,那么某物就是一个未知实体;

(2)场首先是一个抽象实体(一个数学函数,它将值分配到空间的点),尽管我们也能够将承载结构的"场"这个名词给予任何东西;

(3)那个未知承载者可能具有其他属性,正如普通物体除其形状外还有其他属性,但是理论不描述那些属性;

(4)科学进行抽象,它呈现给我们的仅仅是自然的结构框架。

这显然是一种结构主义的观点。根据结构主义,数学方程是有指称的,是承载某种结构的。纵观自然科学史特别是物理学史,它已经成为一种传统。范·弗拉森详细地考察了有哲学头脑的物理学家杜恒、外尔和哲学家罗素、卡尔纳普和普特南等人的结构主义观点,认为结构主义内部也存在悖论。

杜恒认为一个物理理论是一个数学命题系统,其目的是表征一组实验规律。然而问题是,数学命题如何表征实验律?实验律有术语应用于物理客体和过程,但数学命题没有。如何协调二者的关系就遇到了赖欣巴哈提出的协同

---

① van Fraassen B C, *Scientific Representation: Paradoxes of Perspective*, Oxford: Clarendon Press, 2008, p. 205.

问题(problem of coordination)①。理论命题有像"质量""能量""电荷"等概念，它们能够用实数值表示的函数表达，数学命题则没有这些概念。彭伽勒认为，科学事实只不过是用一种方便的语言表达的粗糙事实而已，并把这种方便语言与更熟悉话语的关系比作法语与德语之间的关系。

杜恒反对这种观点，认为理论描述与观察现象之间是一种更弱的关系；在一个抽象符号与一个具体事实之间，存在一种对应关系，但不是等同关系；抽象符号不是具体事实的适当表征，具体事实也不是抽象符号的精确实现；物理学家用于表达他们在实验过程中观察的具体事实的抽象和符号表达式，不可能是所观察现象的精确等价物。杜恒已经清楚地表明了科学表征、理论描述与数学图景之间的关系，指出了表征与被表征物之间并没有一个简单的指称关系，但他还是意识到这其中的深刻矛盾和困难。

外尔主张数学描述与物理现象之间的同构关系，认为科学除了同构表征外不能决定它是主-客(物质)关系，同构观表明了知识的自我理解和不可克服的障碍，在探讨客体的本质方面科学保持了完全的中立性。范·弗拉森认为，外尔的观点基于两个基本信念：科学表征是数学的；数学中的结构同一没有任何区分。第一个是数学结构主义信念，第二个是结构同构信念。这意味着，如果两个结构是同构的，但它们是第三结构的一部分，那么它们与世界的关系就是可以区分的。比如，平面几何有许多全等三角形，它们是一个同构组或群。在范·弗拉森看来，外尔的两个观点似乎是矛盾的，它减弱了科学知

---

① 也称协同原理，其含义是指：一个科学理论典型的是由定律、原理和方程这些包含一些特定术语如时间、速度、质量、压力、温度等表达的，它们之间如何协同呢？这个术语最早出现在马赫关于力学和热动力学的论著中，突出讨论19世纪到20世纪初的数学和物理几何学之间的关系，后来石里克和赖欣巴哈在其论著中使之更加凸显。该术语在逻辑经验主义打破新康德传统的过程中发挥了积极作用，现在使用得比较少。马赫认为将一个数值、一个位置指派到一个比例上就是"协同"。他以测温计为例说明，温度数依赖于协同函数 $T=f(v)$，其中 v 是测温计的体积，温度随体积而协同地变化。也就是说，所谓协同就是在一个函数中，不同参数之间按照一定函数关系协同地变化，协同必须决定测量如何能够给被测量客体分配一个值。石里克强调认知过程的协同基础，赖欣巴哈想发现一个数学空间及其结构与物理关系之间的一般协同原理。

识的作用，具体表现为四个方面①：

(1) 关于同构和数学的任何一点都是错误的；
(2) 科学表征说到底不单是数学表征；
(3) 科学不必然是完备的，就像我们认识它不完备一样；
(4) 与同构相抵触，这些明显的差异对于我们是虚幻的。

　　这里存在一个复杂的认识论问题——存在某种我们知道的这种情形吗？哪个是命题没有表达的？这个命题是科学探究的一部分？与图像论包含的矛盾相比，外尔的矛盾要抽象得多。换句话说，表征的图像论比起表征的结构主义更直观些。

　　而对于结构主义的探讨，罗素可能是真正的第一个倡导者。在他的论著中，哲学分析与数学逻辑分析交相呼应，这是他的数学哲学或数学结构主义。罗素认为，几何学不单是一个抽象数学，而且是一个物理空间理论。托勒密和哥白尼的天文学模型是欧式几何的实际应用，相对论是非欧几何的实际应用。在他看来，物理空间一定具有不变的曲率，几何空间与物理空间一定是重合的，而且是唯一一种重合关系。也就是说，几何学特别是被用于物理学中的部分，一定是真实空间关系的一种非空虚理论。那么如何识别这种关系呢？罗素认为我们通过直觉直接认识它们。显然，罗素不仅是一位结构主义者，也是一位直觉主义者。由此罗素转向了结构主义。

　　当物理学描述世界时，它在多大程度上描述了世界呢？在罗素看来，这就要看我们在物理学中使用数学特别是几何学的程度了。也就是说，使用数学越多，描述的就越多，因为数学描述的仅仅是没有内容的结构，科学也可能是如此。他坚持认为要理解一个命题（判断真假），我们必须认识所有它的最终组成成分，包括由谓词表达的个体实体、属性和关系。然而，我们是通过我们的直接经验认识这些成分的，而物理学的认识超越了我们的经验范围，也即物理学要探讨的外部世界。

---

① van Fraassen B C, *Scientific Representation: Paradoxes of Perspective*, Oxford: Clarendon Press, 2008, p. 210.

这如何可能实现呢？罗素的回答是，科学描述自然仅仅是说那里存在我们不认识的实体，但是当进入我们的直接经验时，它们具有相同的属性，代表相同的关系。假如存在物理空间，它与私人空间相对应，我们如何知道这一切呢？罗素认为为了获得这种对应物，我们仅能够知道需要什么。也就是说，我们不知道它本身像什么，但是我们能够知道物理客体的安排类型，这种安排源于它们的空间关系。比如，在日食期间，我们知道太阳、地球和月球位于一条直线上，尽管我们不知道它们的物理直线本身是什么。因此，我们知道更多的是物理空间中的距离关系，而不是距离本身。我们能够知道与感觉数据保持对应的关系属性。或者说，我们仅仅能够指称属性的属性，以及关系的属性——结构类型。准确地说，这种结构就是根据数学逻辑能够被描述的组织。

数学家纽曼对罗素的观点提出了尖锐的批评，认为谈论客体组合的结构是没有意义的。进一步说，没有任何关于聚集体 A 的重要信息（除它的基数外）被包含在这样一个陈述中，即存在一个关系系统，其中 A 作为场，它的结构是一个被指派的结构。对于任何给定的聚集体 A，我们能够发现其基数之间的一个关系系统具有任何被指派的结构，而且这种结构与 A 的基数相容。罗素对于这种批评表示认可。

卡尔纳普作为逻辑经验主义的代表人物之一，提出他的结构主义的科学哲学。他一方面重视经验，另一方面又认为结构是独立于经验的，主张科学仅处理客体的结构属性的描述。一种属性描述仅指代那个属性，而一个关系描述没有关于单一客体的任何经验断言。在他看来，某一类关系描述就是一种"结构描述"，也即，科学陈述仅与结构属性相关，仅谈论形式而不涉及这些形式的元素及其关系如何。由此，卡尔纳普主张的核心问题是：经验科学必须将自己置于区分这些不同客体的位置。那么，如何区分这些不同客体呢？卡尔纳普又认为通过某清晰的描述来实现，清晰的描述是主体间性的理性科学的任务（揭示客体的结构）。这样，卡尔纳普在经验科学与理性科学之间摇摆不定。

范·弗拉森对卡尔纳普的这种结构主义提出质疑，指出它在几种可能性之间摇摆：

(1) 自然是如此结构化的，以至于任何事物能够通过描述唯一地把握那种结构来识别吗？

(2)任何主体间性的理性科学预设了这种可能性(结构存在)？

(3)同构暗示了同一性？

(1)是认识论和方法论问题，(2)和(3)是本体论问题。范·弗拉森认为这些是哲学中的伪问题[①]，指出卡尔纳普遇到的问题在于：任何结构表征与它所表征的客体之间的连接问题，也涉及理论与经验之间的关系。卡尔纳普没有解决这个问题。

40多年后，普特南重新拾起并试图解决这些问题。普特南通过对形而上学实在论的批判，提出一种强实在论观点，范·弗拉森称之为"核心论证"，认为它包括三个假设：

(1)世界有无限多个部分；

(2)理论 T 是自洽或相容的；

(3)理论 T 声称有无限多个事物。

范·弗拉森认为要证明这三个假设成立，我们需要元数学理论。这种元数学理论就是 LSTV(Loewenheim-Skolem-Taski-Vaugt)原理，它表明：如果一个理论有一个无限模型，那么它就有每个无限基数(cardinality)的模型。根据这个原理，范·弗拉森对普特南的观点做了以下论证[②]。

(1)由于 T 是自洽的，而且仅有无限模型，那么它有相同基数的一个模型作为世界[③]。

(2)假设 Φ 是那个模型的元素与世界的部分之间的一个"一对一"

[①] van Fraassen B C, *Scientific Representation: Paradoxes of Perspective*, Oxford: Clarendon Press, 2008, p. 227.

[②] van Fraassen B C, *Scientific Representation: Paradoxes of Perspective*, Oxford: Clarendon Press, 2008, p. 230.

[③] 在这里，"世界"是大写的，范·弗拉森是要突出它对于我们建立理论的重要性和对象性。

对应(这个对应根据定义存在，它假定两个集合具有相同的基数①)。

(3)理论的每个项在这个模型中有一个外延,即在这个模型中在它是外延 Φ 下给每个项精确地分配形象。

(4)在这个模型中，由于 T 的所有原理为真(也即这个模型中给定项的外延)，当那些形象作为<u>世界</u>中的外延(extension)被给定时，<u>世界</u>中所有项也都是真的。

(5)因此 T 是关于<u>世界</u>的一个真理论。

范·弗拉森提出一个"水理论"来进一步反驳普特南的观点。水理论有两个要点：(1)有无限多分明的水体②；(2)有无限多不是水的事物。假设世界中有无限多个事物，那么有一个外延被分配给短语"水体"(bodies of water)，以便(1)和(2)是真实的。普特南认为对于我们所做的每个断言，理论能够包含一个附加公理。也就是说，如果你喜欢，你可以任意增加"X 是一个水体"，或者"Y 不是一个水体"。这样就会有"X"和"Y"等的指称存在，而且对"水体"的一个外延会使(1)和(2)以及所有附加公理为真。因此，这个论证非常普遍，它不依赖关于这个理论内容的任何具体假设。这显然与前面的已有的三个假设相矛盾。

范·弗拉森从普特南的论证语境中得出如下结论③：

> 只要我们不被给予关于一个解释的范围和域的一个独立描述，我们就不会有任何这样的解释，也不会有任何识别它的方法。然而，给予这个解释的范围和域的一个独立解释，无论这个理论在这个解释下是否是真的，都完全依赖于如何使用那些描述来定义映射(mapping)。请记住我给出的水理论：如果我们没有我们自己的资源来描述这个理论(它的语言

---

① 也就是说，两个集合所含的元素是相同的，比如都有三个元素。

② 我们可以认为水是无体或无形状的，盛水的容器是什么形状水就呈现什么形状，水的形状随装它的容器的形状而变化。在这意义上，我们可以说水有无限多个体或形状。

③ van Fraassen B C, *Scientific Representation: Paradoxes of Perspective*, Oxford: Clarendon Press, 2008, p.234.

和公理)和这个世界,那么我们就不能有对它的解释。但是,如果我们有那些资源,那么我们就能够坚持所有许可的解释必须指派水作为世界"水"的所指,因此关于那个解释,这个理论是真是假,就是一个可能的或偶然的事情。

那么,如果将普特南的论证用于以我们自己的语言表达的理论(水理论),情形会如何呢?范·弗拉森认为,我们能够将我们的解释通过一个函数将词语与世界的部分连接起来,仅当我们能够识别和描述那个函数时。然而,我们不能做到,除非我们能够独立地描述这个世界。所以,将普特南的模型理论论证用于我们自己的语言将产生以下悖论。

(1) 如果我们不能描述这个世界的相关元素,那么我们也不能描述、定义、识别任何函数,该函数将外延指派到我们在这个世界中的断言。

(2) 如果我们能够描述世界的那些元素,那么我们也能够在对与错指派之间做出区分,这些指派是外延到这个世界中我们的断言。

譬如,关于陈述(2),我们会坚持"水"是水的外延的一个正确的指派,而且所有其他指派是错误的。关于其他指派这个理论为真的断言与它是否为真一点也不相关。

第六节 经验主义的结构主义

通过对历史上结构主义的不同悖论的考察,范·弗拉森提出一种经验主义的结构主义表征观。结构主义的口号是"所有科学描述都是结构",或者"我们所能知道的是结构",比如"水是 H_2O",对于水的其他描述都不是科学描述,如水能蒸发,水能结冰等。然而,在范·弗拉森看来,这种极端结构主义的描述是远离经验的。从经验主义角度看,我们不知道 H_2O 是什么,假如我们没有关于化学的知识。我们的经验告诉我们水是无色、无味、能饮用的液体，是维持生命的基本物质。结构主义和经验主义都没有告诉我们"水究竟是什么"。它们是科学理解的两极，对于经验主义是观察现象，不需要理论；对于结构主义是理论模型(结构)，不需要经验。从表征的角度看，前者是科学表征的目标，后者是表征现象的工具，二者必须结合在一起，因而经验主义也必须与结构主义相结合才有意义。

然而，理论模型是抽象结构，无论是物理学，还是地质学和生物学，都是这样。从数学的观点来看，所有抽象结构是数学结构，主要是同构。问题是，数学结构与现象结构是同一的吗？或者说，数学结构真实反映或描述了现象结构？这是任何结构主义必须回答但又难以回答的问题。

范·弗拉森认为，经验主义的结构主义能够回答这个问题，其核心点有两个[①]：

(1)科学以嵌入某种抽象结构(理论模型)的方式表征经验现象；
(2)那些抽象结构仅描述为结构同构[②]。

这不意味着我们通过科学知道的仅是结构。(1)和(2)没有蕴含在自然或现象中存在着形式与内容，或者结构与质性的区分。范·弗拉森强调，"经验主义的结构主义"中的结构主义仅仅指这样的论点——所有科学表征本质上是数学的，它是关于科学是什么的观点，不是关于自然像什么的观点。

在笔者看来，虽然经验主义的结构主义是关于科学是什么的观点，但它实质上仍然是结构主义，其科学观也存在问题。在科学哲学家中，罗素和卡尔纳普是两个典型的结构主义者，后来关于理论的"语义论"也是结构主义的。范·弗拉森的经验主义的结构主义虽然有折中之嫌，但仍然是一种结构主义，它主要关注科学表征问题，试图回答"一个抽象实体(结构)如何表征"的问题。他所说的将现象"嵌入"一个抽象结构的意思是指使用函数描述现

---

① van Fraassen B C, *Scientific Representation: Paradoxes of Perspective*, Oxford: Clarendon Press, 2008, p. 238.

② 这等于将抽象结构仅仅看成同构(映射关系)，排除了表征的同态(形状相同)和相似(部分同构)。

象,"嵌入"一词指某一种数学函数,抽象结构是指某一种数学结构。这样,(1)就可以理解为:一个科学理论首先通过数学结构表征现象,并说明那些结构如何与更大的结构(理论模型)匹配。这一表征观预设了两个过程:具体的现象表征和抽象的数学结构。一句话,通过抽象数学结构表征具体的现象。

这样一来,"经验主义的结构主义"的最基本问题就是:一个抽象的实体,如一个数学结构,如何能够表征不是抽象的东西,即自然中的事物或自然类?赖欣巴哈在论述"协同问题"时对这个问题做了部分回答。他认为,知识的数学客体是唯一地由数学的公理和定义决定的,物理客体不能通过公理和定义决定,它是真实世界的一个物体,不像数学是逻辑世界的一个客体。在赖欣巴哈那里,物理客体是指自然现象,它是真实存在的事物,数学客体是指抽象结构或模型,它是存在于数学世界而非真实世界的东西。那么,根据数学方程表征物理事件的方法与数学方法相同吗?或者说,数学客体与物理客体或过程之间的一个函数和一个映射表达的是相同的东西吗?赖欣巴哈认为,运用协同原理能够在两种客体之间建立精确的对应关系,比如麦克斯韦方程对于电磁波的描述和预测。

范·弗拉森对这种实在论的回答提出质疑。如果表征目标不是一个数学客体,那么我们就没有一个精确定义的函数,我们如何能够谈论在目标与数学客体之间嵌入一个同构或同态,或者其他函数?这就是说,我们在表征某一物理现象时,首先要对其进行数学处理,建立一个数学客体,然后用一个函数表征这个数学客体,这一过程有一个将物理客体转换为数学客体的过程,类似于信息编码。

范·弗拉森以赖欣巴哈自己例示的波义耳定律($PV=rT$)来分析这种未证实回答的真实性。这个数学表达式的物理意义是什么?比如,气体的温度是什么?它随着时间变化,不同的气体温度也不同,因而该表达式是否能够将时间、温度与一组实数匹配?换句话说,这个方程能够真实反映实际气体的情形吗?赖欣巴哈的回答是肯定的,因为通过实际测量,比如使用温度计,我们能够准确知道气体的温度,也能够测量它所在体积的浓度。这是一种形而上学实在论的回答。但在范·弗拉森看来未必,因为我们必须在数学方程与物理现象之间建立内在联系,使方程表达式具有经验适当性。

形而上学实在论将自然描述为一个关系结构，认为这种结构就是一种数学结构，与结构主义不谋而合。根据这种观点，如果数学模型表征实在，它就是在图像或复制的意义上实现的。范·弗拉森将这种观点概括为：一个物理系统，严格讲，是一个具有具体部分或元素的抽象实体，因为一个物理系统意味着是某种物理的而不是抽象的东西。然而，在数学上，一个关联 A 和 B 的函数，一定有一个集合作为它的域。如果 A 是一个物理客体、事件或过程，如闪电或云雾室，那么 A 不是一个集合。但在实在论者看来，A 有组成部分，函数的域就是这些组成部分的集合。没有理由说明这个集合的元素为什么需要是数学实体。而且，在这些组成部分之间有具体关系存在，这些关系作为那个域中它们的序列外延集合。如果这些关系的形象是这个模型中的相关关系，那么这个函数将提供一个适当的匹配。范·弗拉森进一步给出如下论证[①]：

> 这个函数连接两个结构集，分别称为 $S(A)$ 和 B：$S(A)=\{SA_1,SA_2\}$，其中 $SA_1=A$ 的组成部分的集合，$SA_2=$集合家族，它们是这些部分的关系的外延。B 是一个数学客体，一般形式{集合，关系}中的对应表征。

这是标准数学建模的最一般格式：关系系统的格式，其主体是怀特海称为的"普遍代数"。在这个一般格式中，物理实体 A 和 A 的相关数学表征 $S(A)$ 是理所当然的两个部分。问题是，为什么是 A 和 $S(A)$ 之间的关系而不是 A 和 B 之间的关系呢？$S(A)$ 是用来表征 A 的一个抽象实体吗？范·弗拉森认为，通过说"如果我们假设物理实体由某些其他数学客体表征，这是可能的"，我们不能够很好地回答"一个抽象的数学结构如何表征一个具体的物理实体？"这个问题。这需要对这个表征过程做深入分析。

根据实在论，如果 A 是真的，那么集合 $S(A)$、SA_1、SA_2 也是真的。当我们说 B 是 A 的一个适当表征时，我们只是意指 $S(A)$ 是同构的，或者嵌入，或者同态地映射到 B。这好像没有什么问题。但是，$S(A)$ "能够是"的选择

---

① van Fraassen B C, *Scientific Representation: Paradoxes of Perspective*, Oxford: Clarendon Press, 2008, p. 243.

性小于它必须"实际是"的选择性。也就是说，$S(A)$在很大程度上是可能的而非实际的。这其实就是数学结构表征的真实性问题。为什么选择集合作为工具，而不是其他工具如群代数或布尔代数呢？范·弗拉森的回答是，数学客体 B 表征物理客体 A 严格取决于我们如何"划分"这个实体 A，以及我们选择它的关系结构的哪些方面，如 SA_1 和 SA_2。在这里，主观选择性起了主要作用。这意味着表征本身就是选择性的，表征不一定是，或者不必然是物理实体的真实描述。如果是这样，那么科学表征的客观性和实在性就不能保证了。这是实在论者不愿看到的，是反实在论者要解释的。反实在论者范·弗拉森的策略是用"经验适当性"代替"客观性和实在性"，最终取消真理性。

那么，什么是"划分"呢？范·弗拉森认为它只不过是表征 A 的行动，当将 SA_1 作为组成部分的集合时，比如 A 由 SA_1 的元素构成。如果以这种方式表征 A 是唯一的路径，那么这是否满足实在论的要求呢（一种表征的二元关系的协同问题）？这是存在争论的。事实上，只要 A 能够被表征为具有与 B 相同的组成部分的集合，那么在上述一般格式中表达的那种关系会确定地存在于 A 和 B 之间。这是罗素的结构主义观点，也是普特南的模型理论论证。

当然，实在论还有一个策略，那就是根据"自然类"在理论与自然的结合点刻画自然。范·弗拉森认为这仍然是一个多余的假定推理。因为"自然中"的自然类的划分是有选择性的，理论对它们的描述也是有选择性的，其实质仍然是经验的适当性问题。也就是说，理论对于自然类的描述是要与经验相适应的。这是有道理的。在笔者看来，如果理论包括数学方程，如集合，那么数学客体与物理客体之间的关系仍然存在，除非我们放弃数学描述。然而，数学物理学的发展已经表明，运用数学描述自然或实在是一种趋势和必然，恩格斯曾经说过，一门学科只有运用了数学才能成为真正的科学。不过，如何解释数学客体与物理客体之间的一致性，就成为科学哲学的一个大难题，更是数学哲学要直面的重要问题。

可以肯定，范·弗拉森的经验主义的结构主义的确在这方面做了实质性工作。不过，他也清醒地意识到，其中的"经验主义"一直是饱受诟病的，著名的反驳是奎因的"经验主义的两个教条"。范·弗拉森也指出了经验主义面临的两个危险：远离经验的现象问题和具体环境中的问题。前者是远问题，后者是近问题。如何解决就涉及赖欣巴哈的"协同问题"。

范·弗拉森认为,"协同问题",即便采取最抽象的形式,其实质仍是理解什么导致了表征,表征与它表征什么之间可能是什么关系的问题。这里有一个模糊需要澄清,这在前面论述图像论时就遇到过。一幅天使的画像具有表征内容,它描述了一个天使。它是否有一个所指(天使),是否描述了一个真实的事物,这是另一个问题,也就是天使的客观存在问题。这里强调的是协同问题——一个表征与其所指(指称物)之间的关系问题。比如,运用数学的测地学与物理客体相关,它是在数学空间中对物理参数如长度、海拔等做测量。正如前面已经提及的,这种测量是在特定语境——包括各种已确立理论、语言和表征形式中完成的。这种测量是一种科学实践表征,包括映射、嵌入和结构比较等。它也面临抽象结构(数学的和非数学的)如何表征具体现象的问题。即使是常见的自然现象,如星光、闪电、电磁现象等,用科学模型解释时也会面临这个问题,只是抽象结构不一定是数学结构,如原子模型。

范·弗拉森将抽象结构如何表征某物的问题转换成这样一个语境的问题[①]:这样一个抽象实体如何或在何种意义上,能够作为一个模型"拯救"或不"拯救"这个具体现象?什么是由我们的方程描述的数学结构与自然的或人工产生的过程之间的相关关系(坚持或不坚持的)?他认为有两种情形需要考虑,这与我们使用"我们"(us)和"我们的"(our)相关。范·弗拉森假设,有两个科学家,一个提出 20 世纪的荷兰青蛙种群密度如何变化的一个模型,另一个提出关于很久以前在更大范围恐龙种群密度变化的一个非常相似的模型。如果这两个模型是适当的或是真实的,那么它们就必须将自己的观察现象嵌入这个模型中。

然而,两种情形完全不同。在第一个情形中,科学家能够根据实际环境测量青蛙种群的密度,而在第二种情形中,科学家没有实际存在的环境可以测量,他们只能根据历史数据做出预测,比如根据古生物学数据。第一种情形面临的问题是:模型的适当性是什么,即根据哪些条件准确表征了实际环境中的现象(青蛙种群密度变化)?第二种情形面临的问题是:在我们不能经验地实际测量或观察的情况下,一个现象(恐龙种群密度变化)在何时何地如

---

① van Fraassen B C, *Scientific Representation: Paradoxes of Perspective*, Oxford: Clarendon Press, 2008, p. 246.

何能够被认为与理论模型相符合？第一种显然是直接可接触的，第二种显然是不能接触的。

在科学中，第二种情形比比皆是，比如，宇观和微观现象我们不能直接经验地观察或测量，这妨碍我们从它们那里获得直接证据，而只能获得间接数据。这就会面临形而上学问题——在与人类实践不相关的语境中，除一个直接理论模型外，是什么构成了适当或真实的自然关系？除了在形而上学实在论意义上蕴含"自然中的结构"假定从而构成普遍性或类似原理外，我们如何能够断言那些未知现象符合我们的理论模型呢？这是经验主义面临的第一个危险，也是经验主义的结构主义要解决的问题。

从理论的语义论来看，一个理论表征一种现象，是因为它们"有相同的结构"，或者说，一种现象嵌入一个模型，意味着它与模型的部分同构。范·弗拉森认为这种观点是有问题的，因为现象是具体、模糊、多变的，理论是抽象、规范和确定的，这两个截然相反的东西如何连接在一起而具有经验适当性呢？

范·弗拉森通过一个细菌传播的简单例子来说明。在最优条件下，某一细菌集聚地以指数形式增长，在相同的时间间隔细菌数量翻一番。指数增长方程为：$N(t)=N(0)e^{kt}$，k 是反映双倍时间的一个常数。由于双倍时间 T：$2=e^{kt}$，于是 $T=\ln(2)/k$。在某一时间间隔 (t,t')，该方程的解 $N(0)$ 和 k 为实数值。在这个例子中，数学方程作为理论，方程的解作为（数据）模型。由于细菌的增长不是连续性的，所以那些模型的"经验亚结构"是序列 $\{N(0)，N(T)，N(2T)，\cdots\}$。

现在考虑一个真实现象，即细菌的实际数量在美国的某一地集聚，在人类出现在地球上几百万年前某一 12 小时间隔，在那个时间间隔，它的增长符合哪些模型？其意义是什么？在那些 12 小时间隔，在那个集聚地存在细菌的某一个数 $N'(0)$，在每个时间 $t=T, 2T, \cdots$，在那个时间内表征一个数 $N'(T)$。在这种情形下，函数 N' 实际上是那些模型之一的一个经验亚结构吗？如果是，那么这个现象符合哪个模型，因此理论就是成立的。这意味着存在一个结构（抽象实体），现象是对这个结构的例示（除了现象本身外）。如果不是，理论就不成立。这意味着，不存在任何这种含义，除非所有预测命题具有这种含义。

这涉及真理的概念。范·弗拉森认为，这类似于"雪是白的"是真实的，仅当除了雪还有一个普遍性"白色",这种普遍性承载某一关系。他不认可这种真理观,认为"雪是白的"蕴含了除了雪,并没有任何东西存在。类似地,陈述"在这个集聚地在时间 t 有 500 个细菌"蕴含了除了细菌和集聚地,不存在任何东西。同样,关于表征,除了我们的实践,不存在表征这种事物。那么,我们又如何能够说理论表征了现象呢?比如,上述细菌方程表征了细菌的实际增长情况吗?

范·弗拉森是这样回答这个问题的。理论模型与我们描述的现象之间的结构关系,对于使模型作为现象的一个表征是不充分的。如果一个模型[①]被提出来表征现象,那么结构关系将决定这个模型是否与它的目标适当或符合。比如,如果细菌方程的确有一个等价解(与事实符合),如果这个理论有这样一个模型,那么这个方程和理论的确正确地表征了那个现象。在这种情形下,根据范·弗拉森的观点,方程和理论就是经验适当的,也就是感觉真实的。而经验适当性是依赖于语境的。因此,可以肯定地说,在表征及其真理问题上,范·弗拉森是一位语境论者。

经验主义面临的第二个危险蕴含在理论模型能够表征现象,当那些现象实际上已经诉诸测量时。这里存在一个明显的"匹配"问题:理论模型与数据模型都是抽象结构,后者嵌入前者也不难理解,但集中于这个数据模型来评估经验适当性的理论反思难道没有失去与实在的联系吗?也就是说,在实验和测量实践中,经过数据模型获得的理论模型是如何具有经验适当性呢?具体说,实践中遇到的现象、做的测量、建构的数据模型等,理论如何准确地面对这些在实验室或测量实践中遇到的现象呢?这是经验主义面临的第二个危险,也是经验主义的结构主义要解决的又一个问题。

范·弗拉森认为,在一个具体或更大的科学探究的测量结果中,观察现象产生它的表象给我们,也就是收集原始数据,然后根据相关理论逐渐产生抽象表征。这意味着,在理论科学家提出他们的理论前,实验科学家已经建立了数据模型来表达他们的测量结果。描述这一过程包括三个"阶段":①诉诸实验的观察现象;②在更抽象的"结果"中描述的表象;③综合数据和表

---

① 在这里模型是在表征意义上使用的。在许多语境中,某物要被称为模型仅当它是作为一个表征,在这个意义上,一个方程的任何一个解,就是那个方程表达的理论的一个模型。

面模型的理论(解决科学探究的问题)。

例如,在光学实验中,1802年英国物理学家杨(T. Young)的双孔实验[①]与法国物理学家菲涅尔(A. J. Fresnel)的"光点"实验[②]一起构成了牛顿的光粒子模型[③]不能"拯救"的重要现象。这个实验的重要意义在于,它预示了100多年后的光电效应及其量子特征,因此,后来的科学家重新做了和重新解释了这个衍射实验。范·弗拉森认为这个实验很好地说明了观察、表象与理论之间的关系,并对此实验做了详细的分析。

范·弗拉森假设,将这个实验用的屏幕分为 N 个区域,标示为 $x=1, 2, 3, \cdots$,并考虑在屏幕上第一次 n 次撞击后,那个区域中每个撞击点的比例。这样,收集的数据记录在三个相关频率分布上 $\text{rel}(n, x)$, $\text{rel}_A(n, x)$, $\text{rel}_B(n, x)$。比如,$\text{rel}_A(50, 17)$ 指代撞击点的比例,仅当缝 A 打开时,第一次的50次撞击在区域17中发生。这就是一个数据模型,尽管可能存在误差。然而,这还不是一个理论所遇到的现象。A 的"光滑曲线"纲领替代了三个相关的频率函数,这些函数具有三个概率函数 p、pA 和 pB[④]。这个结果就是范·弗拉森所称的表面模型(包括经验假设)。

用集合表示就是:

[①] 也称双缝实验(double-slit experiment),其过程是:将一支蜡烛放在开了一个小孔的纸前面,形成一个点光源,在第一纸后面再放一张纸,它上面开了两道平行的狭缝,从小孔中射出的光穿过两道狭缝投射到屏幕上,就会形成一系列明暗交替的条纹,这就是著名双缝干涉条纹。在量子力学里,双缝实验是一个测试光或电子波动性与粒子性的实验,也可用来检试像电子一类粒子的波粒二象性行为。

[②] 1818年,菲涅尔向法国科学院提交了一篇关于光的衍射实验的论文,他运用横波观点解释了光的偏振,用半周带的方法定量地计算了圆孔、圆板等形状的障碍物产生的衍射花纹,与实验结果极为符合。但他的波动理论遭到了光的粒子说者的反对,菲涅尔用实验检验了这个理论预言,即影子中心出现了一个亮斑。

[③] 牛顿根据他光的直线传播定律和光的色散现象,于1675年提出光粒子假设:从光源发出的一种物质微粒,在均匀媒质中以一定的速度传播。这一假设容易解释光的直线性,也容易解释光的反射,因为粒子与光滑平面发生碰撞的反射定律与光的反射定律相同,但不能释放一束光射到两种介质分界面处会同时发生反射和折射,以及几束光交叉相遇后互补影响地传播等现象。

[④] van Fraassen B C, Scientific Representation: Paradoxes of Perspective, Oxford: Clarendon Press, 2008, pp. 251-252.

表面模型是$\{p, pA, pB\}$。

理论模型 T1：p 是 pA 和 pB 的一个混合物，是经验地可反驳的。

理论模型 T2：p，pA 和 pB 由一个几何概率模型以量子力学的方式决定。这个模型真正起作用。

范·弗拉森认为这个实验的程序是：这里显示的理论对现象的关系是一个数学结构嵌入另一个的关系。表征现象的数据模型，准确说是表面模型，本身是一个数学结构。因此，这里存在一个结构的"匹配"，两个数学结构，即理论模型与数据模型之间的匹配。在这一点上，形而上学实在论者肯定会追问：数据模型与它模型化的现象之间是什么关系？范·弗拉森的回答是辩证的，他认为这取决于具体的境遇或语境，这个实验不同于上述的细菌集聚地的例子，在这个实验中，测量的确发生了，建模也显然是表征的一种情形。形而上学实在论蕴含了一个实质性预设：在数据模型与现象之间有一种关系，它决定数据模型是否表征这些现象，而且哪一个与现象无关或相关。这类似于真理的符合论——词语与事物之间存在一个使用者-独立关系（user-independent relationship），这种关系决定一个语句是真还是假。在范·弗拉森看来，如细菌集聚地的例子，如果不假设一系列超越具体事物的关于植物群和动物群的本体论，这种实在论的观点就难以实现。

事实上，我们需要回答的问题是：一个抽象实体如何能够表征某种物理客体，并使它在这个具体语境中产生意义？或者说，一个理论或模型如何能够通过指出理论与数据模型（均是抽象实体）之间的一个关系而与现象相关？我们可以回答是数据模型表征现象。那么数据模型又如何表征现象呢？范·弗拉森的回答是：建构一个数据模型就是理论的使用者精确地对现象的选择性相关描述，该理论被用于描述那些现象的表征的可能性。显然，这个回答将表征的二元关系（数据模型与现象）扩展为一个三元关系（使用者、数据模型与现象），强调"使用者"的重要性，这显然是一种语用学和语境论的观点。因为突出"相关性"概念就意味着使用语言时的关联性与索引性，"一个抽象结构本身中不存在任何东西，它能够决定的相关数据模型由理论来匹配"[①]。

[①] van Fraassen B C, *Scientific Representation: Paradoxes of Perspective*, Oxford: Clarendon Press, 2008, p. 253.

也就是说，一个特定的数据模型是相关的，因为它是基于某种集聚信息的方式被建构的，通过某种具体相关标准被选择的，在一个实际实验或观察的环境中，按照某个目的设计的。一句话，数据模型与现象或实在的联系，是语境地或索引地表达的，而不是孤立地表征的。因为"在理论—数据模型—实在的链条中，最后的连接是在索引判断中被表达的"①。

根据这个三元表征模式，范·弗拉森得出结论：当我们试图理解表征时，仅仅在结构-现象这种二元关系中，我们不能发现任何有用的东西；而在"某人使用某物表征某物作为这个或那个"的三元关系中，我们通过这种相关关系②能够发现任何东西。用语境论的术语讲，在一个语境中，其中一个给定的模型是某人对一个现象的表征，对于那个人来说，一个理论是否与那个表征符合的问题，与那个理论是否与那个现象符合的问题之间，没有任何差别③。换句话说，一个理论如果是一个真实表征，那么这个表征与所描述的现象是同一的。这就涉及更深刻的关于理论、表象与实在的关系问题。接下来我们讨论这个问题。

第七节 表征的多面性

如上所述，如果科学准确地提供了自然(现象)的一个表征，那么我们会问，它究竟表征了什么？是实在(reality)、现象(phenomena)还是表象(appearance)？在感知的意义上，图像、照片的确描述了出现在我们面前的事物，如一幅描绘真实风景的油画、一张人像照片。科学表征的情形与此不完全相同，难道我们也可以说一个科学理论，如量子力学，也像图像和照片一

---

① van Fraassen B C, *Scientific Representation: Paradoxes of Perspective*, Oxford: Clarendon Press, 2008, p. 257.

② 相关关系其实就是索引关系或语境关系。在表征关系的讨论中，笔者发现范·弗拉森一再强调"使用""语用""实践""索引"等具有相关性的概念，目的是要说明表征的语境依赖性。

③ van Fraassen B C, *Scientific Representation: Paradoxes of Perspective*, Oxford: Clarendon Press, 2008, p. 260.

样描述了量子现象吗？显然不是，它们之间的区别是显著的。科学也描述自然现象，科学知识也是客观的和实在的，但肯定不是以绘画或照相的方式进行的，它主要是以抽象的、形式化或数学化的方式进行的，比如各种物理学定律的数学表达式。

在传统科学中，实在与世界、现象与表象是在同义的意义上使用的，比如，短语"拯救现象"与"拯救表象"是一回事。为了阐明这个问题，范·弗拉森在测量或实验的意义上严格区分了实在、现象与表象。在他看来，"实在"是由原子构成的世界，现象是可观察实体包括客体、事件和过程，表象是测量或实验的内容或结果，它是理论要拯救的现象，就像一个人的表象与这个人本身是严格区分的一样[①]。他以哥白尼的日心说为例，来说明这些概念的区别，以及理论如何拯救现象。

在日心说中，哥白尼用一个几何模型清晰地描述了行星的运动[②]。这些运动是可观察的，无论是在地球上，还是在人造卫星上，或者在外空间，它们都可被观察到或被拍摄成影片。这些观察到的运动"现象"不能被认为是通过仪器，如望远镜、摄像机等，长期观察记录的"表象"（照片、影片、胶卷等）。记录总是从一个任意的有利位置开始的，它无论在自然或哥白尼的模型中都没有特殊地位。那么，这样一个记录的内容是什么？它是行星运动的表象，因为一张照片、影片和图像从选择的有利位置展示了被记录客体、事件或过程如何"看起来像"。具体说，根据哥白尼的理论，行星的退行运动就是表象，例如，水星的退行运动就是一个很好的例子。严格讲，这是一个没有发生的现象，它根本不存在。水星从来没有与其轨道反向的运动。但是从地球上的观察者看，由于地球围绕太阳运转，水星也围绕太阳运转，它就以一种视运动的方式出现在观察者、照相机的视野里。水星的运动是一种观察现象，但其退行运动是一种表象。

---

① van Fraassen B C, *Scientific Representation: Paradoxes of Perspective*, Oxford: Clarendon Press, 2008, pp. 283-284.

② 日心说的要点是：我们居住的地球是球形的，在不断运动，24小时自转一周，一年围绕太阳运行一周。太阳是不动的，处于宇宙中心，地球以及其他行星一起围绕太阳做圆周运动，只有月亮环绕地球运行。日心说也采用了托勒密体系的几何学概念，如圆、本轮和均轮。最大不同是将地心改为日心。

我们知道，托勒密的世界系统（地心说）在地球参照系中表征了恒星和行星的运动①。教学使用的浑天仪能够正确地描述这种现象。而哥白尼的世界系统以太阳为中心在固定恒星的参照系中表征了恒星和行星的运动。然而，由于哥白尼在他的系统嵌入了部分托勒密系统，因此，他的系统也能够说明从地球的观察会传递与托勒密给出的相同数据。范·弗拉森认为，哥白尼的世界系统首先直接表征了假定的"宇宙的一般结构"；其次，它运用了几何光学，假设无阻碍的光线以无限速度直线传播；最后，存在视觉艺术，也即被拯救的表象与通过一点的直线光投射到地球的天体运动是一致的。被拯救的表象随着时间变化，不存在任何运动图像，但我们能够制作一系列静止的图像，并以动画片的方式使其运动。这就是现代运动学与静止的几何表征形成鲜明的对比。根据运动学，我们能够对行星的退行运动做出新的解释。

不可否认，哥白尼的模型表征了观察现象，也即空间和时间中的某一过程。为了证明他的表征的真实性，他所做的事实上是通过几何光学和投影光学来解释视觉表象（由天文学家创造的测量结果的内容）是如何从实在（真实情况）产生的。也就是说，哥白尼的理论通过说明视觉表象如何从他的假定中导出的来拯救某种现象的。范·弗拉森将这种现象称为"源于实在规范的表象"（appearance from reality criterion）。②

随着天文学和经典物理学的发展，后来的第谷、开普勒、伽利略和牛顿都在托勒密模型和哥白尼模型的基础上对世界系统做了进一步发展，而且超越了他们的前辈对观察现象的描述。在他们所处的经验科学时代，他们描述了一个假定的"实在"，一个以不可观察方式结构化的、很大程度上根据不可观察实体假定的自然，对于那些不可观察实体，现象是其可观察部分，如无摩擦的平面、真空、加速度、万有引力等。在范·弗拉森看来，物理科学给

---

① 地心说的要点是：地球处于宇宙中心静止不动，从地球向外依次是月球、水星、金星、太阳、火星、木星和土星，它们在各自圆轨道上绕地球运转。行星在本轮上运动，本轮又沿均轮绕地运行。在太阳、月球行星之外是镶嵌着所有恒星的天球——恒星天，再外是推动天体运动的原动天。

② van Fraassen B C, *Scientific Representation: Paradoxes of Perspective*, Oxford: Clarendon Press, 2008, p. 290.

了我们自然的表征，作为表征结果的科学知识一般而言具有三面性(three-faceted)[①]。也就是说，从纯粹基本的观点看，描述"基本实在"的理论模型是主要的事物，但那些模型的某些元素或亚结构意指表征观察现象(经验亚结构)，而理论要描述测量结果的内容，一个必要条件是它能够从实在导出表象。这三个方面的区分对应于三个明显的不同域：

(1)理论上假定的实在——微观结构、力、场、全区时空结构；
(2)可观察现象——宏观客体、运动、可触知和可见的实体，如自然类(动物、植物、物质体)；
(3)表象——测量结果、观察语境中"事物看起来像"。

范·弗拉森认为，现象能够以不同方式被观察和被测量。它们如何体现在测量结果中是依方式、境遇不同而变化的，因为测量结果提供了现象的透视。因此，说理论必须拯救现象，不等于说理论必须与测量和观察结果一致。当然，二者之间有密切的内在联系。如果一个测量是根据其目标精心设计的，那么所发现作为结论的东西，比如测量仪器上的指针位置、显示结果、数字、计算机屏幕显示等，当不同理论尽量获得其预期结果时，将是特别地有效的。不过，范·弗拉森提醒我们：测量结果显示的不是现象是怎样的，而是看起来*像*怎样的。在经典物理学时代(牛顿物理学)，以上三个层次都具有某种完备性，当进入它们自己的参照系时，我们最终获得一个三层次表征(三个世界)[②]：

(1)以一个协同(坐标)独立术语描述的世界(世界1)；
(2)以一个给定参照系[或坐标系(co-ordinatization)]描述的世界(世界2)；
(3)从一个具有特定方向的给定有利位置看上去像的世界(世界3)。

---

① van Fraassen B C, *Scientific Representation: Paradoxes of Perspective*, Oxford: Clarendon Press, 2008, pp. 289-290.
② 范·弗拉森的三个表征世界不同于波普尔的三个世界(主观的、客观的和知识的)，以及哈瑞的三个世界(可见的、诉诸仪器的和不可见的)。在笔者看来，范·弗拉森的世界是认识论意义上的，强调表征的经验适当性；波普尔的世界是本体论意义上的，强调世界的根源性；哈瑞的世界是本体论和认识论包括方法论意义上的，强调人类认识的区域性。

世界1承认世界2的许多种类，世界2也承认世界3的许多种类。在经典世界图景中，高层世界唯一地由下层世界及其变换的组合决定。然而，一个重要的区别是：关于世界1或世界2的一个单一表征，包含世界3大部分不能定义的任何东西。关于世界3层次的描述，也即视觉表象（真实的测量结果），总是有限的，正如观察者不能看到其背后的东西一样。因此，任何测量结构显示的仅仅是它范围内的东西。量子力学和相对论的出现，使得一个物理理论和假定的实在、现象和表象之间联系的观念发生了革命性的变化。正由于此，范·弗拉森提出的"源于实在规范的表象"的观点受到了强烈的挑战[1]，他的经验主义的结构主义表征观也同样遭到了许多方面的批判，如非表征主义、自然主义的批判（关于这一点，笔者在其他章节均有所论述，这里不再赘述）。

不过，值得一提的是，近期乔克[2]从经验结构主义视角探讨了科学数据的语义表征的数据模型和本体论。他认为科学哲学要对科学做出合理的解释，我们应该首先认识理论建构和数据产生、处理、实验分析程序之间的辩证关系的复杂性。同时，在设计和使用科学表征中对作为解释者的主体核心作用的认识。在乔克看来，结构经验主义和美国实用主义之间存在的家族相似，预示了分析决策过程和主体在科学语境中解释、构造或使用模型的作用的新手段。随着全球化的发展，网络能够使科学通过一个大型语料库的各种类型的数据仓，拥有一个内在需要来捕获、储存、聚集和搜索科学数据。其结果就是需要发展标准来创造一个能表征科学数据多样性的基础设施能力。他不仅描述了科学数据处理的一个基本数据模型，它能够以任何形式被应用于数据的即时储存，还描述了一个相关本体论范畴，它提供科学数据和元数据结

---

[1] 范·弗拉森已经意识到，"源于实在规范的表象"观点主要面临两个挑战：一个是来自认知科学和心灵哲学的"心灵随附性"挑战，认为表征的根源是心理表征，科学表征只是其一个特例；另一个来自量子力学，这主要是由微观现象的不可观察性和多变性造成的，完全不同于经典科学的宏观可观察现象。范·弗拉森极力试图证明他的观点的可靠性和合理性，并对这两个可能的挑战进行了反驳，详细论证过程参见：van Fraassen B C, *Scientific Representation: Paradoxes of Perspective*, Oxford: Clarendon Press, 2008, Chapter 13.

[2] Chalk S J, "SciData: A Data Model and Ontology for Semantic Representation of Scientific Data: Empiricist Structuralism", *Journal of Cheminformatics*, Vol. 8, No. 1, 2016, pp. 54-77.

构的语义表征。许可特定的语义学能够被用于这个基本数据模型和相关本体论上。例如,这个数据模型能够用于实验和计算化学数据,执行的是 *JavaScript Object Notation for Linked Data* 程序。这是经验结构主义在科学认知实践中的应用。

第 九 章

自然主义：表征是基于生物功能的意向图式

对表征包括心理和科学表征进行自然主义解释的一种新尝试，是20世纪80年代兴起的"目的语义学"（teleosemantics）。它于1984年由密立根和帕皮诺[①]创造性地提出，并尝试运用生物功能的概念给出一种心理表征的语义属性的自然主义解释。其目的是说明：一个完全物理的行动者的内在状态，如何能够真实地表征它们周围的世界。这种自然主义实质上是一种生物功能主义。

第一节 基本表征模型及其特征

20世纪80年代在心灵哲学中兴起的自然主义认为，像我们这样的有机体的内在状态能够表征外部世界。在这里，"表征"被理解为一个真实的、被选择的统一自然关系，有机体的内在状态就是表征者，它是自然地形成的，而非人为设计的。与此相反的观点是诠释主义，它认为不存在解释者所说的任何语义属性，解释者的作用只是将兴趣和观点的特征集联系起来。那么，是否存在连接内在状态与外部世界的具有连通性与特异性的表征呢？

在科学和科学哲学中，一种比较公认的观点认为，这种介于内在状态与

---

① Papineau D, "Representation and Explanation", *Philosophy of Science*, Vol. 51, 1984, pp. 550-572.

外部世界的中介如模型是存在的。或者说，主体在大多数情况下不是直接作用于世界的，而是通过某种中介物，诸如模型、语言、图像等，与外部世界发生联系的。这是一种将隐表征(内在状态)通过模型(中介)而进行的显表征或公共表征(知识)，也即对心灵的基于模型的理解。普通人、科学家和哲学家多数会接受这种观点，只是科学家和哲学家对模型的要求更为严格。

模型仅是内在状态的语义描述的一种路径，但不是唯一的路径。计算概念、反映命题之间的逻辑关系的物理相互作用等，也是一种路径。还有信息也是一种路径，信息论已经阐明了这种路径。那么，是否有一种最基本的路径连接内在状态与外部世界呢？在科学哲学中一般认为是基于模型的理解和表征，在这种意义上，模型是指一种抽象结构，它被假定为加载了某些相关相似性到一个目标客体上。不可否认，这种假设的结构能够从另一个熟悉的、被更好理解的系统导出，也就是说，它不是最基本的假设结构。在某种意义上，许多哲学家和科学家会接受这样的观点——心理表征的观点涉及源于使用公共符号的心理模型的应用。这就是说，心理表征与公共符号相关，而公共符号是社会化的。因此，心理表征不纯粹是内在的，它与外部社会密切相关。

在这个意义上，一个基本表征模型应该是这样一种结构：它是一种图式，提供一种描述行动者及它们使用符合处理世界的方式。表征概念不是一种抽象的心理符合，而是日常意义上的应用于公共的外在客体的惯例性术语。或者说，表征概念是有坚实的社会基础的，不是无根的"空中楼阁"。进一步说，一个表征是这样一种客体，它被用于代替另一个客体，以一种相关的方式来控制行为或某些其他决定。更具体地说，当一个行动者通过关注其他事物 a 的状态来决定控制其行为朝向一个目标 b 时，a 的状态"被咨询"，以解决如何行动起来同 b 发生联系。这是一种有意识的行为策略，也是第三人称解释的一个主题。

举一个例子来说明这个行为策略。你打算通过街道地图寻找你的目的地，并与你旁边的一个人商量。此时还有一个人看着你，他熟悉这个地图和你的目的地，他们说你使用地图作为指南来寻找你的目的地(地图上标明的)。"你"是上述情形中的行动者，你旁边的人和地图是其他事物 a，你的目的地是目标 b，看着你的人是第三人，那个第三人能够解释你的行为和目标。对那个第三人来说，他表征了你的行为。地图 a 和目标 b 之间存在一种相似关系，具体说是地图和它所标明的目标与你的目的之间存在相似关系。当然，也可能有 a 和 b 之间存在不相似的情形。

这形成了一个最基本的表征模型。当我们为了决定我们朝向目标 b 的行为时，我们咨询 a 的状态，这意味着我们使用 a 作为 b 的模型。比如，当我们向某人问路时，此人就是我们达到目标的一个模型，我们进餐馆吃饭时，菜单就是我们吃饭的一个模型或脚本，也即，被咨询的事物 a 是作为另一个事物 b 的指南。这是关于外部现象的一个有用模型。日常生活中的人们的各种行为都遵循这一模型。科学中的情形与此相似，不同的是 a 和 b 比较复杂。

这一模型同样可作为理解思想或内在状态的一个模型。在这里"模型"不是被看作其他事物的一个表征的内在或外在客体，而是当谈论公开现象如何使用表征时，它被用作是关于内在过程的一个假设源。在这个意义上，基本表征模型自然就是思考心灵的某些方面的一种方式，是普通人可用于描述某些心理过程的东西。这是一个二元变量的表征模型，一个变量是要表征的对象或目标，一个变量是表征的原型或被咨询的事物。这种被咨询的事物无论是内在于或外在于大脑，这个变量的值都是可读的。用布尔代数的映射来表示就是 $f:(a,b) \to f(a',b')$，也可以表示为 $(a,a') \to (b,b')$。其含义是，表征源 (a,a')（内在，外在）表征 (b,b')（隐性，显性）。也就是说，心理表征是内在的、隐性的，知识表征是外在的、显性的。

然而，这种基本表征模型的内在状态容易导致一种陷阱——无穷倒退和私人语言问题。一方面，我们难以拒绝二元变量值的内在化；另一方面，心理表征具有私人性，因人而异。一旦一种简单表征可能实现的观点被接受，我们可以合理地猜测，大脑的复杂结构可能包含某种要素，它起到更明确的外在事物地图的作用，或许它能够揭示抽象相似关系，以使行为与外部世界一致。正如卡明斯所说，"使复杂认知可能的事实是，心灵能够在某物上操作，这种事物据说具有与它所认知的域有相同的结构"[①]。不过，在心理学中，否认语义或表征的概念与社会解释实践具有密不可分的联系则是错误的，也就

---

① Cummins R, "Interpretational Semantics", In Stich S, Warfield T (Eds.), *Mental Representation: A Reader*, Oxford: Blackwells, 1994, pp. 297-298.

是说，表征概念与社会实践之间应该是密切相关的。

基本表征模型的一个重要特性是它的内在表征状态类似于使用地图。在某种意义上，它是通过与使用地图类比得出的。由此，我们能够进一步看出，在公共场合使用地图的行为有一个经验框架和一个丰富的社会嵌入。它的经验框架是指使用地图具有某些典型的因果性和习惯性，社会嵌入特征是说它具有可扩充性和语境敏感性。经验框架不仅是一种解释的习惯性，更是一种心灵如何工作的假设源。在这个意义上，公开表征，如使用地图的经验框架，可以被看作科学理解心灵的基础。这容易导致无穷倒退问题，也即心灵源于经验，经验又产生心灵，而且经验的局限性也容易产生私人语言问题。由此，基本表征模型之所以基本是因为它源于日常生活的社会实践，因而有坚实的社会基础；之所以有问题是因为它过于依赖于经验，容易使人们联想到经验主义。

尽管基本表征模型有不足之处，但它的优点也是明显的。概括起来它有以下几个优点或特征。

第一，普遍性和简易性。这个基本表征模型由两个元素构成，一个是"被咨询"的事物或原型，另一个是所表征的对象或认知客体。所有表征都包括这两个元素：$a \rightarrow b$。在这个意义上，它具有普遍性。又由于该模型仅有两个元素，因此也是最简单的，而且这两个元素缺一不可。因为表征概念就蕴含一个客体描述另一个客体的意思。

第二，可分离性。在这个模型中，表征本身可与其读者、使用者、解释者等分离。如果将这个模型用于心灵，我们必须相信表征事实上与它的使用者和读者是分离的。在表征发生前，心灵作为表征者，与它使用的中介模型和要表征的客体是相互分离的。在表征发生的相互作用中，这些元素才联系起来，相互作用本身蕴含了这些元素的独立性。表征结束后，这些元素也是分离的。其实，我们说心灵能够在某物上操作，就意味着心灵与某物是分离的。

在认知科学中，这种分离性更加明显，比如记忆中储存的数据与使用这些数据的处理器的分离，硬件与软件的分离，我们能够分别升级硬件与软件。在联结主义认知、情境认知、动态认知中，分离性问题也是非常明显的，比如平行分布式表征就意味着不同表征的分离。神经科学中的"内在地图"也蕴含了内在与外在的区分。

　　心灵与其表征客体的分离，可以追溯到笛卡儿的二元论。这种哲学观点主张心灵与物理客体的独立性，而不存在谁决定谁的问题。二元论虽然有折中之嫌，但它在某种程度上消解了唯物主义与唯心主义之间的长期争论，即思维与存在或存在与意识何者第一的问题。库明斯所说的"意向图标"包括信念和其他心理表征，这些心理的东西位于生产者(输入)与消费者(输出)的机制之间，表明它们是分离的。

　　第三，特异性。在基本表征模型中，当行动者通过关注其他事物 a 的状态来决定控制其行为朝向一个目标 b 时，a 的状态被看作 b 的一个指南，或者说用 a 表征 b。这等于假设了一个问题的答案。为什么在这里 b 是目标呢？在日常情形下，某人可以说是 b 才是他们使用 a 作为指南所指的目标。在地图的情形下，他们可以说他们将 a 作为 b 的地图。在语义框架中，地图是一种解释规则，目标域可被选择和被区分，我们能够依据这些规则寻找目标，这个过程就是使用地图的表征。

　　在科学情形中，假设在老鼠的海马体中有一个结构，据说是一种认知地图。在某些具体空间任务中，老鼠使用这个内在结构指导它的行为。我们似乎可以说，老鼠使用内在结构 a 作为 b 的一个指南。老鼠所做的是接受各种输入，并将这些输入与先前的内在状态结合来控制行为。比如在迷宫中老鼠就是这样做的。事实上，我们不知道老鼠是否选择 a，是否选择 b，是否决定用 a 作为 b 的指南。如果不是这样，那么我们不得不说"a 作为 b 的指南"是解释者的一种伪解释，或者说，"a 作为 b 的指南"与表征不相关。如果科学家有理由假设老鼠有内在表征，他能够说老鼠使用内在表征处理那个特殊的迷宫。不过，这种观点容易遭到哲学家的质疑。

　　第四，适应性与相似性。当行动者"咨询 a 寻求 b"的过程中，表征 a 和目标 b 之间应该具有一定的相似性甚至同构，否则 a 就不能表征 b 了。而且 a 和 b 之间的关系随着不同境遇而变化。在不同的境遇中，a 和 b 均是不同的，a 与 b 的匹配是随着境遇的不同而适应性地变化的。复杂认知系统的表征更是如此。

　　第五，方向性与目的性。或者 a 作为 b 的一个指南，或者 a 表征 b，都是 a 指向 b，即 $a \to b$，而不是相反，或者说目标客体不能表征源型事物。

"$a \rightarrow b$"是表征的最基本单位，a 的目标是表征对象 b，在这个意义上，表征是目的非常明确的认知过程。

第二节 目的语义学对基本模型的修正

基本表征模型在心理学与认知科学中有广泛的应用。这主要体现在内在地图即心理或认知地图概念的使用上[①]。内在地图是一种类似于我们常见的外部地图的表征结构，部分区别于强调计算、逻辑和类语言的结构的传统观点。这个概念吸引人的地方在于它类似于"吸引子"的概念，能够将不同表征归于它。比如，我们问"不同表征形式的根源或本原是什么"，心理表征的内在地图说便是答案之一。

在哲学和科学中，"地图"概念是在不同意义上使用的。在弱的意义上，任何内在表征可被描述为一个内在或认知地图；在强的意义上，它包括地图与目标客体之间的一个相似概念。而在心理学和神经科学中，"地图"是在二者混合的意义上使用的，也就是将地图作为处于弱与强意义之间的一个中介物看待。或者说，一个认知地图不仅是一个心理表征，也是一个额外的东西，不必然描述一种它表征的相似关系，而必然与空间认知相关。根据图尔曼的看法，认知地图假设通常被用于表达某些认知诡辩的假设，比如认知联想机制与刺激-反应模型之间的争论。当然，在何种意义上使用地图概念还与使用者的知识背景或语境有关。比如，一个具体环境中空间结构的整合表征与特殊-目的行为规则能力之间的比较[②]，认知映射研究中耦合表征与去耦合表征之间的区分。

---

① 内在地图是心理学家图尔曼于 1948 年为解释刺激-反应模型不能说明老鼠的智能行为，比如在迷宫中寻找食物，而提出的一个概念。这一认知地图假设在 20 世纪中期的心理学语境中并没有引起足够的重视，直到 20 世纪末在罗伯特的倡导下才在比较心理学和神经科学中受到关注。Tolman E C, "Cognitive Map in Rats and Men", *Psychological Review*, Vol. 55, 1948, pp. 189-208; Robert W A, *Principles of Animal Cognition*, Boston: McGraw Hill, 1998.

② Machintosh N, "Do Not Ask Whether They Have a Cognitive Map, but How They Find Their Way Around", *Psicologica*, Vol. 23, 2002, pp. 165-185.

将认知映射观点引入神经科学的是奥肯夫和纳戴尔[1]。他们认为存在一种被称为"地点系统"(locale system)的特殊学习系统，该系统的建立和使用类地图(map-like)表征。他们提出了一个具体的神经科学假设——至少在动物中海马体是学习发生的脑部分。这个假设得到许多研究结果的支持，比如在老鼠的海马体中发现位置细胞。他们发现，当老鼠处于某一位置时这些细胞被激活，但不依赖于最简单的位置关联刺激。当老鼠的视角被改变或被置于黑暗中时，这些细胞处于激活状态。事实上，在神经科学中，认知映射观点被当作一种模型使用。在语义属性层次讨论认知地图的意义加载问题多见于相关文献，在那里地图被认为与一种特殊表征能力相联系。心理学家关注的问题是"动物大脑是否包含某种具有表征属性的东西"。哲学家感兴趣的问题是"大脑中的物理结构如何具有与地图相关的清晰表征属性"。

为了阐明这一点，我们回到基本表征模型的目标问题和分离问题。在神经科学中，目标问题主要是被表征客体的不可见问题。在上述老鼠迷宫的例子中，假设研究者观察水迷宫[2]中老鼠解决问题的情形。研究者假设了一个认知地图，水迷宫是硬问题，它可能使简单的联想机制归于失败。那么被假设的地图的目标是什么？当然是水迷宫，它是老鼠要解决的问题。研究者如何知道或看到老鼠大脑中存在一个认知地图呢？老鼠大脑中究竟发生了什么？是老鼠的经验框架在起作用吗？这些问题是难以回答的。研究者只能根据老鼠的行为做出假设和判断。如果是这样，认知地图假设可能是一种伪解释。

关于分离问题，研究者与老鼠迷宫是分离的，认知地图假设与老鼠在迷宫中的行为也是分离的。如何将这些彼此独立的元素联系起来似乎不是难事。因为老鼠与迷宫是研究者设置的，然后他们再进行观察与假设。这里的困难不是设置境遇与对象的问题，而是认知地图假设如何在解释老鼠的行为中起

---

[1] O'Keefe J, Nadel L, *The Hippocampus as a Cognitive Map*, Oxford: Oxford University Press, 1978.

[2] 水迷宫是指在池子中注入彩色水，水中某处隐藏一个平台，这个平台是老鼠必须发现而且立足的地方，否则老鼠就会被淹死。

作用。也就是说，认知地图这种神经结构如何可能具有表征模型假设的属性。解决这个问题的路径之一是引入计算概念，就像将计算引入人工智能科学一样。奥肯夫和纳戴尔后期的工作试图将认知映射概念作为一种坚固的计算基础，他们的策略表明：神经活动的空间组织阵列如何能够编码一个构成环境的地图数列矩阵。这个地图矩阵可能被老鼠"咨询"来控制它们在迷宫中的行为。

然而，计算概念能够解决目标问题和分离问题吗？笔者认为未必。表征的自然主义目的语义学的引入有可能解决这些问题。我们知道，基本表征模型是一个概略性结构，也不是用自然主义术语描述的。假设该模型用自然主义术语描述会怎样呢？会产生怎样的语义描述呢？这就需要增加一些要素，需要在更大的语境中分析该模型。

目的语义学采用基本表征模型并将它嵌入生物学语境中。具体说，它将符合基本模型的一个简单因果结构嵌入一个包括进化史和各种自然选择力的语境中。在这个意义上，目的语义学是一种科学的语境论。基本表征模型本身没有自然选择和生物功能，但它使用这些生物学概念来说明基本模型的语义描述则是可能的。这些生物学概念就是自然主义的因素和术语。目的语义学的动因之一是基于这样的观点——丰富的生物学功能概念选择一个特殊类型的有机体与其环境之间的包含关系。生物有机体尤其是人类是适应性进化的，其认知模型也应该是适应性表征的。在这个意义上，目的语义学旨在将具有生物功能的概念及其包含关系附加到基本表征模型上。

密立根是目的语义学的代表，他的理论能够说明这个问题。在他的理论中，"指代性意向图标"是一个核心概念。许多语义可估价的现象证明包括这些结构，如蜜蜂跳舞、指代性自然语言句子、人类信念等。密立根认为，一个指代性意向图标是这样一个结构，它位于生产者机制与消费者机制之间，这两个机制能够依据生物学功能术语得到描述。如果世界的一个特殊状态被获得，消费机制仅以系统地导致消费者生物功能表现的方式来修正它们的活动，以对图标状态做出反应。那个状态是这个图标的内容。如果我们有这个类图标的一个结构，那么这个图标被假定以一种特殊的方式(运用一个特殊的规则或数学函数)映射到世界。假定消费者将回应这个图标状态的方式，如果这个世界处于这样一个状态，那么这个图标在生物的意义上处于一个相对应的状态。

　　这个抽象描述所包含的是基本表征模型和一个反馈过程的结合。在这个结合模式中，产生的行动和世界的状态之间的关系能够形成这个表征使用机制。我们假设，由一个内在表征"咨询"的成功行动，由这个世界的某些特殊状态决定，而且，这些成功和失败就是对认知系统修正的结果。密立根使用的这个特殊反馈过程是生物的自然选择。如果我们有一个适当类的反馈过程，那么基本表征模型能够以这样的方式得到使用，这种方式就是详细说明的目标成为这个机制的一个自然部分。有机体的内在表征所指的世界的方面，是它的不同状态控制反馈过程修正认知系统的相关部分的方面，特别是以那类表征被生成和消费的方式。

　　生物学嵌入基本表征模型的另一个明显的方式是，它能够被用于激发更丰富的语义描述。这就是误表征问题。为了处理语义现象的规范方面，目的语义学的最初诉求是它有能力使用目标的目的功能概念。特别是，不能执行一个适当功能的生物概念被用于反驳误表征问题。这个问题对基于信息的理论造成了许多麻烦。密立根认为他的理论的一个目的就是解决这个问题。事实上，目的语义学的确对误表征问题的解决有帮助。

　　总的来说，语义学概念的规范性在最近十多年被过高评价和过度强调了。这主要来自克里普克对维特根斯坦的研究[①]。语义学现象的确显示了某些规范性，但是，语义现象的准规范方面与描述的准规范形式之间的关系确实是一种类比或反映，而不是一种潜还原关系。这两个方面使函数的基于选择或目的规范概念成为可能。误表征能够促进什么应该发生和什么情形应该如此的描述的方式，不是源自表征现象的经验框架，而是源自它周围的解释性社会实践的精致网络。这是克里普克的部分主要观点。

　　可以看出，将基本表征模型嵌入某一类生物学语境，密立根能够对目标问题做出很好的解释。不过，这并不是解决目标问题的唯一方法。在密立根的理论中，内容的任何描述背后的经验承诺是非常强的，因为将一个内在图标瞄准世界的一个确定方面，这对于生物体的一个选择过程是必需的。不过，

---

① Kripke S, *Wittgenstein on Rules and Private Language*, Cambridge: Harvard University Press, 1982.

对于这种目的语义学的解释也有不少质疑甚至反驳。在许多反对的声音中，皮特罗斯基的观点具有代表性[①]。

皮特罗斯基运用一个精致的思想实验来反驳目的语义学。他假设了一个具有一个特殊环境变量的参照系，在一个简单生物体中，该参照系负责成功连接一个内在状态，但在这个参照系中，这个关键环境变量在一个单一因果链中并不连接到这个有机体能够察觉的任何事物上，而是通过一个共同因果模式连接到这个有机体能够察觉的事物上。通过回应可观察变量 c，这个有机体与它的目标协调，在那里 c 与 b 是一个共同原因的结果。如果运用密立根的类型原则决定引导它的行为的内在状态的内容，那么我们会发现这个内在状态 a 将表征 b 的状态，这个变量 b 在解释成功与否方面是一个重要的元素。但是，b 可能是这样一个变量，它的状态在任何一个环境中可能没有有机体能够识别。

皮特罗斯基设想的情形说明，在直觉与密立根的类型原则之间存在一个真实的鸿沟。密立根试图在一个影响表征模型的反馈过程中寻求解释变量，而且这个变量即使在优化的环境中能够充分远离有机体的感知能力，以至于从日常解释的观点看，这似乎是难以置信的。不过，我们必须承认，密立根的指代性意向图标假设（自然语言句子、人类信念等）是一种实质性假设，它主张信念具有结构，这些结构在生产者与消费者机制之间有一个明确的位置。他还认为他的解释模式是对思想能够反映世界这种传统观点的辩护，尽管是以一种抽象的方式[②]。而其他目的语义学没有这种功能，或者说它们与传统表征观是相悖的[③]。

概言之，基本表征模型通过嵌入生物学语境，可以成为一种有广泛应用的模型。目的语义学，主要是密立根理论，可被看作是基本表征模型的一个精致的自然主义的哲学说明。尽管目的语义学还有这样或那样的不足，但毕

[①] Pietroski P, "Intentionality and Teleological Error", *Pacific Philosophical Quarterly*, Vol. 73, 1992, pp. 267-282.

[②] Millikan R G, Language, Thought and Other Biological Categories, Cambridge: MIT Press, 1984, pp. 233-214.

[③] Papineau D, "The Status of Teleosemantics, or How to Stop Worrying about Swampman", Australasian Jouranal of Philosophy, Vol. 79, 2001, pp. 179-189.

竟提供了一种基于生物学语境的表征机制的解释，为我们进一步探讨表征机制有许多启示。接下来，笔者将在基本模型的基础上进一步探讨表征的其他模型。

第三节　表征的命题范式及其问题

关于表征，最基本的隐喻是图灵机隐喻，也就是计算机隐喻。福多给出了命题范式的形式表达："目前我们将心理过程看作计算（即作为限定在表征上的形式操作），将心灵特别地看作一类计算机是自然的事情。也就是说，我们将心灵看作执行任何符号操作的东西，它由假设的计算过程构成。在近似的意义上，我们可以将心理操作理解为一种纯粹直接类比的图灵机的操作。"[1]根据此隐喻，心理表征的原子是符号，不同符号连接成为有意义的表达，这些符号表达式表征命题，而且替代彼此的各种逻辑关系；信息处理包括所有逻辑形式的计算；也就是说，心灵被看作一类逻辑机器，它通过符号运算操作来自心灵语言的句子。笔者将这种表征方式称为"命题范式"或语句范式，它在人工智能和认知科学有着广泛应用。

命题范式的一个核心主张是，心理表征和信息加工本质上是符号操作，或者说，"成为某种表征状态就是在记忆的某部分拥有某种符号表达"[2]。符号能够连接并以思想语言或心理语言方式形成表达。一个心理状态等同于一组关于这些语句的态度。语句的内容就是一个人的信念或思想。一个人的心理状态的不同命题态度由它们的逻辑关系连接起来。正如派里夏恩所说，"如果一个人相信 p，那么其行为依赖于命题 p 采取的形式，而不是 p 所指的事件

---

[1] Fodor J A, *Representations: Philosophical Essays on the Foundations of Cognitive Science*, Cambridge: MIT Press, 1981, p. 230.

[2] Pylyshyn Z, *Computation and Cognition*, Cambridge: Bradford Books, MIT Press, 1984, p. 29.

的状态"①。这就是说，心理状态包含的信息加工通过使用某些推理规则，由命题态度的计算结果构成。在人工智能中一阶逻辑支配推理系统，而在其他领域，归纳逻辑和决策理论则得到广泛应用。

命题范式的思想表明：这些过程的物质基础与它们结构的描述无关，也即，相同心理状态连同它们的所有命题态度可以在大脑及计算机上实现。显然，命题范式预设了一个功能主义的心灵哲学。逻辑推理规则和遵循这些规则的电子设备被认为与大脑的工作机制类似。或者说，大脑被认为是一台计算机设备，它产生符号语句作为从感觉通道的输入，在这些语句上执行逻辑操作，然后将它们转换成语言或非语言行为作为输出。尽管这种命题范式遭到了许多批评，但是目前仍然是人工智能和计算机中占统治的模型。

命题范式的另一个主张是，心理表征不能还原为神经生物学或自然主义的范畴。其理由是，符号表征和推理规则的功能作用可以有许多现实方式，如神经生理学的。支配这样一个心理状态的物质实现的因果关系，对于不同的实现形式是不同的，即使它们表征相同的逻辑关系。因此，按照功能主义，描述心理表征和信息处理的逻辑关系，不能被还原到任何基本的神经学或电子学的原因。这并不是说命题范式没有价值，而是说在还原的意义上，命题的含义不能还原为更基本的原因。如果我们试图模拟自然语言理解，使用某些语言结构就是必要的，比如分析输入的语法结构。然而，即使在这种符号引导的领域，当为语言表达提供一个语义学时我们仍然遇到问题。根据命题范式，在自然语言中一个命题的内容将由一个心理语言的表达来表征，这等于将一种语言翻译成另一种语言，对于我们理解一个表达如何获得意义没有帮助。

福多对此问题有明确的论述。他指出："如果心理过程是形式的，那么它们仅接近感觉提供的表征环境的形式属性。因此，它们完全没有接近这种表征的语义属性，包括为真的属性、具有指称物的属性和表征环境的属性。"②因

---

① Pylyshyn Z, *Computation and Cognition*, Cambridge: Bradford Books, MIT Press, 1984, p. 194.

② Fodor J A, *Representations: Philosophical Essays on the Foundations of Cognitive Science*, Cambridge: MIT Press, 1981, p. 231.

此，"我们必须面对表征理论一直要解决的问题：将内在表征与世界联系起来的是什么？一个内在表征系统要语义地解释的东西是什么？"[1]这些问题是命题范式必须面对的问题，因为它操作外在表征。

帕尔默[2]将表征分为内在和外在表征[3]。当表征关系具有相同固有约束作为它的被表征关系时，表征就是内在的，比如，一类客体的年龄由矩形的高度表征，而被表征关系(年龄)的结构在这个表征关系(高度)中是内在的。相比之下，由数字表征的年龄是一个外在表征，因为数列的结构没有相同的结构作为被表征的关系。一个内在表征与它表征的事物相似，而外在表征必须由一个规则伴随，这个规则详细说明表征是如何被解释的，而且提供表征的意义。正是在这个意义上，帕尔默将语句范式称为命题表征[4]，语句范式也因此是外在表征。问题是，作为脑认知功能的心理表征在多大程度上是基于外在表征的，因为与命题范式相比，大多数认知操作是建立在内在表征上的。

第四节　表征与认知语义学的概念空间

如果物理客体具有物理空间，那么心理客体应该具有心理空间，概念客体也应该具有概念空间或拓扑空间。在心理学中，心理空间已经得到承认和证明，比如，心理地图、心理旋转等概念蕴含了空间的意义。概念空间是一

---

[1] Fodor J A, *Representations: Philosophical Essays on the Foundations of Cognitive Science*, Cambridge: MIT Press, 1981, p. 203.

[2] Palmer S E, "Fundamental Aspects of Cognitive Representation", In Rosch E, Lioyd B B (Eds.), *Cognition and Categorization*, Hillsdale: Lawrence Erlbaum Associates, 1978, pp. 270-272.

[3] 也有学者将表征分为隐性与显性表征、私人与公共表征。心理表征是内在的、隐性的、私人的；知识表征是外在的、显性的和公共的。这些只是对表征的不同分类，没有本质上的差异。

[4] Palmer S E, "Fundamental Aspects of Cognitive Representation", In Rosch E, Lioyd B B (Eds.), *Cognition and Categorization*, Hillsdale: Lawrence Erlbaum Associates, 1978, p. 294.

个抽象或理论概念，它由许多我们感知的外部世界的质性维或域组成[①]，如色彩、温度、重量，三个空间维度长、宽、高，有些质性维具有抽象和非感觉的特征，如心理空间、思想语言等。

维度概念严格讲是经典科学意义上的，如四维时空。质性维被赋予某些拓扑或矩阵结构。比如，时间是一维结构，被看作与一直线段上的数字同构，如参照系中的时间维。重量是具有零点的一维结构，与非负数的半线段同构。有些质性维具有离散结构（不相交类型），如性别、拓扑结构，而离散维可能具有附加结构，如家族关系或生物分类。

在这个意义上，质性维在科学上和心理学上是有区别的。科学的质性维一般是可感知的、具体的，而心理学的质性维是非感知的、抽象的。例如，心理学上的视觉空间不完全是三维几何空间。同样长度的线段，垂直线段比平行线段看上去要长些。而科学表征的视觉空间是三维几何空间，它是数学上可控制的理想化结构。色彩的心理表征也可用三维描述：第一维是色调，由色彩圈表征，这个维的拓扑结构不同于表征时间或重量的维度（与实数同构）。位于色彩圈相反位置的色彩是互补色，而谈论彼此相反的时间或重量是没有意义的。这个例子说明，感知属性的心理表征的结构对于描述语言表达的语义学有重要作用。第二维是饱和度，它从灰色的零色彩密度起逐渐增加密度，与实线段的间隔同构。第三维是亮度，从黑到白，是具有终点的线性维。这三个维一起构成色彩空间，这个色彩空间是我们感知概念空间的一个亚空间。又如，音调也是一个感知质性维，即从低声调到高声调的一个连续一维结构。这直接与音调感知的神经生理学相关，如与内耳的结构相关，高频声调刺激耳蜗底部的感受器细胞，低频声调刺激螺旋形结构中的更高级的细胞。

味觉是质性维的又一个感知空间表征的例子。一般来说，味觉有四种感受类型，即咸、酸、甜、苦，因此表征味觉的质性维至少应该有四个。当然，味觉的类型还可以再细分，比如还有辣，如果这样，味觉的质性维就不是四

[①] Gärdenfors P, "Semantics, Conceptual Spaces and the Dimensions of Music", In Rantala V, Rowell L, Tarasti E (Eds.), *Essays on the Philosophy of Music*, Helsinki: Acta Philosophica Fennica, Vol. 43, 1988, p. 9-27.

维，可能是五维甚至更高的维。在这个意义上，质性维是开放的和可变的，概念空间也是开放的和可变的。有些概念空间似乎是先天的，它们嵌入我们的神经系统，比如有的人听觉强，有的人视力好，有的人味觉敏感。有些概念空间是习得的，比如学习了几何学，我们知道物理空间是三维的，用长、宽、高表征。皮亚杰的研究表明，儿童心里没有体积的概念，比如他们将容器中液体的高度看作是液体本身的高度。学习新概念通常能够扩展他们的概念空间，增加新的质性维。比如学习了相对论，就增加了时空相对性的概念，打破了先前绝对时空的观念，也就是说，概念空间被拓展了。

这意味着人类概念空间的许多质性维不是直接从感觉输入产生的。后天的学习和社会实践活动能够使我们改变感知空间的概念结构。即使我们不懂得这些维的拓扑结构，但存在某些非平凡结构是非常明确的，如量子力学中的非正交结构。另外，概念结构的质性维是明显依赖于文化的。比如时间概念，在不同的文化中，时间的概念空间是不同的。在某些文化中，时间是循环守恒的，世界在同一时间点保存持续运动，事件不断重复发生；在某些文化中，说时间是一维是没有意义的，复杂的时间维是在牛顿力学建立后才在参照系或坐标系中来表征。在哲学上，时间被理解为永恒的、一去不复返的。

最后，某些质性维是由科学引入的。在经典力学中，牛顿首先区分了重量与质量，这对于发展他的天体力学非常重要，因为重量是引力场中表现出的属性，质量是无引力场中表现的属性。但是这些概念与人们的感知不符合。要用重量维来表征质量概念，我们必须学习牛顿力学，并在我们的心理表征中适应牛顿的概念空间。量子力学的情形也是一样的。运动连续性概念是我们日常的感知现象，非连续的量子现象，只有学习了量子力学后才能建立非连续运动的概念空间。科学中的重大变化都是在基本概念空间发生变化时才发生的。这就是科学中的概念变化问题。库恩所说的科学"范式变换"其实质就是概念空间的变化，比如，化学中分子概念的引入拓展了人们的原子维空间，信息概念的引入拓展了人们的物质维空间。

在儿童的心理表征中，力和功的概念具有相同的意义，因为在儿童看来，出力就意味着做功；但在力学的框架中，情形并不完全是这样的，"功"被定义为力与在力的方向上通过的距离的乘积。如果力的方向与距离是正交的，则功等于零，虽然施加了力。这说明，科学中的概念空间不同于日常的概念空间,比如太阳东升西落是人们习以为常的,但是在科学中这种说法则是不正确的,因为不是太阳在运动,而是地球围绕太阳运动,太阳的视运动是基于地球不动的观念。

总之,科学的概念空间是基于理论的质性维,而不是感知维。比如,牛顿力学中的质性维空间是三维,时间与实数同构,质量与非负实数同构,力是三维矢量空间。只要给出这些概念的值,我们就能够根据牛顿力学进行运算。概念空间源于状态空间观念和矢量函数理论[①],而不是源于神经科学。引入概念空间的目的是为了表征信息,因此概念空间理论就是表征信息的理论。

第五节 表征的实在论框架:张量网理论

在认知科学家和科学哲学家中存在一个普遍的偏见,那就是,支配运动控制的脑过程对理解产生认知的过程意义不大。也就是说,神经运动过程与认知过程关系不大。认知的命题范式放大了这种偏见,因为它根据符号操作在思想语言框架中定义思维和问题解决,而运动控制似乎不包括任何语言结构。或者说,运动控制与语言操作无关。根据命题范式,认知心理学、语言学完全忽视对运动控制的研究,认为这完全属于神经科学或运动科学。人工智能也部分忽视了运动控制,而机器人技术则十分重视。从进化论和神经生物学来看,假设运动控制过程与认知无关似乎有点幼稚。因为生物进化史告诉我们,感知和运动过程先于认知过程,或者说,认知过程是在感知和运动过程发展到一定阶段才出现的。肯定先有简单动物如单细胞生物,而后有高级动物如人类。认知过程无疑依赖于感知和运动过程。只是它们之间的联系机制如何我们并不清楚。

然而,有一点是肯定的,没有感知和运动能力的动物恐怕不会有认知能

---

① Churchland P M, "Some Reductive Strategies in Cognitive Neurobiology", *Mind*, Vol. 95, 1986, pp. 279-309; Foss J, "The Percept and Vector Function Theories of the Brain", *Philosophy of Science*, Vol. 55, 1988, pp. 511-537.

力。可以说，感知与运动能力是认知产生的基础。当研究心理表征和认知机制时，我们不能忽视运动控制过程。那么，感知运动控制与心理表征进而与概念空间到底是什么关系？它们之间是如何相互作用的？要回答这些问题，我们必须从感知运动入手，具体说是从关于感知运动控制的张量网理论开始[①]。

大量的神经生理学研究已经表明：脑机制连接感知信息与肌肉控制，这种作用是在小脑中完成的。小脑接收来自感知接收器(一种细胞)的各种输入，接收器提供关于身体部分(如手的位置)及其环境(如离苹果的距离)的位置。还有大量输入信息来自大脑皮层，这种输入被认为粗略地说明运动命令(如取苹果)，以及一个意图的神经生理学实现。在这一过程中，小脑发出协调好的命令给肌肉(用手去拿苹果)。从表征的观点看，小脑的输入和输出就是表征。输入表征环境、身体部分的位置和主体的意图；输出表征所期望的肌肉运动。

那么这些事物是如何被表征的呢？根据张量网理论，输入是某个坐标系中的矢量，如表征外部客体或身体的位置；不同的亚系统可能使用不同的坐标系。比如，矢量元素的幅值(量纲)由某些神经纤维的尖峰频率决定，输出是另一个坐标系中的矢量，比如，取苹果时手臂关节的角度表征手取苹果的意图。这种表征形式显然是内在的。小脑的工作是将感知矢量和意图矢量变换成适当的输出运动矢量。在最简单情形下，这与数学上的矩阵操作相同，它是解决从一个坐标系变换到另一个坐标系的几何问题的一个标准方法。在更一般非线性情形下，这个变换被称为一个张量，也即张量网理论。

那么，张量操作是如何在神经层次上实施呢？小脑中的不同类型的神经元构架似乎与张量网理论的数学操作相适合。用计算机的术语讲，小脑充当一个复杂的平行处理器，同时操作大量的神经元坐标系。这种平行处理的一个重要特征是，张量变换能够使用几个神经元循环被迅速地执行。这种平行处理不同于计算机隐喻的符号操作。因为这种处理形式的工作机制是一组单元描述的强度模式。这些强度模式是非符号的内在表征，在一个概念空间中表征位置，也就是说，它们由张量这种数学操作所变换。相比之下，命题范

[①] Pellionisz A, Llinas R, "Tensor Network Theory of the Metaorganization of Functional Geometries in the Central Nervous System", *Neuroscience*, Vol. 16, 1985, pp. 245-273.

式是以某种语言进行连续的符号操作,这里的变换是将推理或产生规则运用到符号序列被执行的,也就是用非符号计算描述认知过程。因此,它与命题范式是不相容的。

派里夏恩指出了这两种范式的差异,他说:"我一点也不惊奇地发现,心灵构架与冯·诺伊曼机器如此不同,以至于它不能被看作我们的计算机。无疑,正确的构架应该包括大量的平行处理。许多人认为在考虑计算什么方面,平行处理的实质程度产生一个基本差异。然而,问题在于不是心灵是否具有一系列计算或者一个高度平行过程,而是心灵是否处理符号,是否具有规则和表征。……我的观点是,只要认知(人类或者其他)包括像推理这样的语义规范,只要我们将认知看作任何意义上的计算,那么我们必须将它看作操作符号的计算。然而,这非常复杂,任何联结主义机器不能做到,任何其他类似计算机也不能做到。"[①]派里夏恩的看法有一定的道理,但将认知仅仅看作操作符号的计算也是有问题的。

认知是否在大脑或计算机上操作符号仍然是一个悬而未决的问题。与命题范式相比,联结主义似乎适合表征概念空间,至少它与概念空间的观点一致[②]。因为作为概念空间基础的拓扑结构一般是连续的而不是离散的,这与认知语义学的观点也是一致的。拉考夫指出:"认知语义学的基本机制包括认知拓扑学、心理空间、隐喻和转喻。在技术上,认知语义学与联结主义范式一致,但是与符号操作范式不一致。……目前,在联结主义与认知语义学之间存在一个鸿沟:我们不知道认知拓扑学如何在联结主义网络中被执行。"[③]至于概念空间理论,它是作为一种信息表征被提出的,而联结主义范式则是认知科学中的不同理论模型。张量网理论与概念空间相适合的另一个重要理由是,它的心理表征概念与质性维概念在一个概念空间中相符合,而与命题范式不相符。因此,张量网理论的神经矢量表征不同于认知空间中的点。

---

① Pylyshyn Z, *Computation and Cognition*, Cambridge: Bradford Books, MIT Press, 1984, pp. 73-74.

② Smolensky P, "On the Proper Treatment of Connectionism", *Behavioral and Brain Science*, Vol. 11, 1988, pp. 1-23.

③ Lakoff G, "Smolensky, Semantics, and the Sensorimotor System", *Behavioral and Brain Science*, Vol. 11, 1988, p.40.

很显然，空间表征对于小脑不是唯一的，脑皮层也产生大量的"地形学地图"，这与在各种中枢神经系统局域中神经末梢周围的相邻关系被保存在神经元的排列中一致。邱奇兰德指出："大脑通过在一个适当状态空间中的一个位置表征现实世界的各个方面；大脑通过从一个状态空间到另一个的一般坐标系变换，在这种表征上执行计算。"①这里的状态空间等同于概念空间。这些感知空间和运动空间的质性维能够从经验性的神经生理学和心理物理学的研究中获得，比如从色彩感知的结果中获得。从进化的观点看，认知科学家假设，表征的这个拓扑或几何的模式不仅适用于物理的神经元层次，也被用于更高形式的心理过程。而命题范式假设的语言表征是相当例外的，而且寄生于拓扑结构。

总之，与命题范式相比，概念空间将提供一个更统一的方式来一般地说明脑过程，也特别地说明心理表征。派里内斯和里纳斯的一般方法论表明了这个观点："这种观点假设，大脑是一个'几何客体'，也就是说，(1)神经网中的活动是矢量的，而且(2)这个网络是以张量的方式组成的：在坐标系中，活动矢量保持不变。理解脑功能成为建立这个活动矢量的固有几何属性，更根本地，这个适当矢量变换确定发生了。"②其实，感知运动控制的几何理论最早是由笛卡儿提出的，笛卡儿设想了大脑中有一个松果腺，心灵就居于其中，物理信息的传递由松果腺执行，感知运动也由松果腺控制。也就是说，松果腺控制心灵和肌肉运动。当然，这仅仅是个哲学假设，现代神经科学对于感知运动控制给予科学的说明。

第六节　表征概念空间的隐喻特征

概念空间属于认知语义学的概念，它不能被理解为从一种语言到外部世

---

① Churchland P M, "Some Reductive Strategies in Cognitive Neurobiology", *Mind*, Vol. 95, 1986, pp. 281-283.

② Pellionisz A, Llinas R, "Tensorial Approach to the Geometry of Brain Function: Cerebellar Coordination via a Metric Tensor", *Neuroscience*, Vol. 4, 1980, p. 1125.

界的映射,而应该被理解为语言和概念结构之间的一种关系。兰格克尔将这种观点浓缩为"意义就是概念化",并发展了一种详细说明的概念结构[1],拉考夫将这种结构称为"理想化认知模型"[2]。认知语义学中发展出的概念结构假设了一些由概念空间提供的基本框架,兰格克尔提出的"域"(domains)概念支持这种论点。

他指出:"在概念等级结构中,什么处于最低层呢?我中立地认为可能存在概念基元。然而,我们有必要假定一些'基本域',即认知上不可还原的表征空间,或者概念势场。这些基本域包括时间经验和我们处理二维和三维空间构型的能力。这些基本域与各种感觉相联系——色彩空间(可能彩色感觉的一个阵列),与视觉场的扩大相协调;音调比例;可能温度感觉的范围(与身体上的位置协调);等等。情感域也必须被假设。某些语言表达仅与一个或者多个基本域的联系中才能得到描述,比如,时间(在……前)、色彩空间(红色)、时间和音调比例(哔哔声)。然而,大多数表达隶属于更高层次的概念组织,并为它们的语义特征预设了非基本域。"[3]

可以看出,"基本域"相当于"概念空间"。而概念空间涉及属性的概念模型与归纳推理之间的关系,不同于命题范式侧重语言表达与目标客体之间的关系。不过,归纳推理中有一个"投射性"(projectability)问题,也即在归纳推理中哪些属性能够使用或不能使用的问题。古德曼[4]将其称为"归纳之谜"(不是休谟问题或归纳悖论)——我们为什么接受根据"蓝色"和"绿色"形成的归纳推理,而不接受根据 grue 和 bleen 的归纳法[5]。亨普尔[6]的"证实悖论"指向同样的问题——为什么是一只黑乌鸦而不是一只白鞋证实归纳概

---

[1] Langacker R W, "An Introduction of Cognitive Grammar", *Cognitive Science*, Vol. 10, 1986, pp. 1-40.

[2] Lakoff G, *Women, Fire and Dangerous Things*, Chicago: University of Chicago Press, 1987, p. 68.

[3] Langacker R W, "An Introduction of Cognitive Grammar", *Cognitive Science*, Vol. 10, 1986, p. 5.

[4] Goodman N, *Fact, Fiction and Forecast*, Cambridge: Harvard University Press, 1955.

[5] grue 被古德曼定义为"绿色和 2000 年前被观察的,或者蓝色和 2000 年后被观察的";bleen 被定义为"蓝色和 2000 年前被观察的,或者绿色和 2000 年后被观察的"。

[6] Hempel C G, *Aspects of Scientific Explanation and other Essays in the Philosophy of Science*, New York: Free Press, 1965.

括，即使"所有乌鸦都是黑的"涉及的逻辑推理是完全对称的[①]？

笔者认为这个问题可以根据语境论来解决。首先分析该问题的"问题语境"，比如，在根据归纳得出"所有乌鸦都是黑的"的推理中，完全可以排除白鞋或其他白色的东西，因为在这个问题语境中，乌鸦是一种鸟，而不是别的什么东西，它的颜色是黑的，而不是别的颜色。如果确定了鸟是乌鸦，确定颜色是黑的，就排除了其他非鸟非黑东西的可能性。当然，不是所有的乌鸦都是黑的，这是另一个问题。

这个问题也可根据概念空间来解决。假设一个属性被定义为一个已知概念空间的一个局域，比如，"苦"可被视为味觉空间的一个亚集，一个自然属性可被定义为这个空间的一个凸面局域[②]。在这个意义上，"苦"是一种自然属性，因为如果两个苦味道混合，那么可以预测中间味道也是苦的。这种定义可以分类空间，就像生物学分类一样。根据这个定义，在自然语言中，由简单词语表达的大多数属性是自然属性。同样，听觉空间、色彩空间、视觉空间大多数都是用自然语言表达的，比如，色彩的三个维就是以自然语言描述的，也可以用数学语言表达。

当然，关于归纳推理的关键假设是，只有自然属性是投射的。在上述例子中绿色、蓝色和乌鸦这些概念在科学心理学的概念空间关系中都是自然属性，但 grue、bleen 和非乌鸦不是自然属性。这就是解释了为什么"所有绿宝石是绿色的"是一个可接受的归纳概括，而"所有的绿宝石是 grue"则是不可接受的，因为这些概念是临时造的单词（没有实际指称，也就没有意义），当然就不是自然属性。对于更高形式的属性或质性维，相关概念空间的结构是不明确的或未知的，随着认识范围的拓展，这些属性可能被发现。

从隐喻来看，概念空间是一种隐喻，它是从日常空间观念类比而来的。在笔者看来，隐喻不仅是一种修辞方法，也是一种思维方式和认知方法，许多概念包括科学概念最初源于隐喻，如电流、电压、电磁场等。一个隐喻表达是不同质性维之间的拓扑或矩阵结构中的一种相似性。拉考夫和约翰逊的

---

① 因为"所有乌鸦都是黑的"在逻辑上等同于"所有非黑的事物是非乌鸦"。
② 一个凸面局域是由这样一个标准被描述的——对于这个局域中的每个点对 s_1 和 s_2，所有 s_1 和 s_2 之间的点也在这个局域中。

"形式空间化假设"深刻说明了隐喻的这种特质,"严格讲,形式空间化假设需要一个从物理空间到一个'概念空间'隐喻的映射。在这种映射下,空间结构被映射入概念结构。更详细地说,意象图式(结构空间)被映射入相对应的抽象构架(结构概念)。这样,形式空间化假设保持概念结构,并根据意象图式加上一个隐喻映射被理解"[1]。因此,一个以一个质性维表征一个特殊结构的词语,能够被用作一个隐喻来表达关于另一个维的一个相似结构。我们能够以这种方式说明,一个隐喻如何能够将关于一个概念维的知识转换为另一种知识,在这种意义上,隐喻具有与其他语义过程相同的作用,即它能够携带信息并转换信息(隐喻的希腊语意思即"携带")。

譬如,日常生活中最常见的长度维——"更长""距离""在……前面""在……后面"等,这些维指称我们在其上运动的二维表面的最明显方向。如果交流语境不变,那么这个维的缺省方向由言说者的前后关系决定。空间长度维由一个与实线同构的拓扑结构表征,其中我们可将"这里"表示为零点。我们通常看到的城市地图或公园线路图上就表明行人所在的位置,这个位置就相当于零点。在西方的概念空间中,时间维也具有用实线表示的相同结构。根据隐喻的特质,我们同样可用表征长度的结构表征时间,比如,在英语中表示地点和时间的介词都可用 at,在汉语中表示地点和时间的词"在"也相同。我们说"更长"和"更短"的时间间隔也与表示长度维的概念相同。这说明长度维中包含时间维,或者说,长度维能够转化或表征为时间维,比如,我们说"在不远的将来"就是长度与时间的混合。"向前看"不仅意味着在位置上指向前方,在时间上也是指向未来的。

由于我们常常用长度维表示时间的长短,这说明长度维是更基本的维,时间维是长度维的隐喻。不过,在我们的语言习惯中,我们对此习以为常,不会想到这些是隐喻。只有通过比较不同文化习俗,我们才有可能发现这些隐喻的根源。比如在西方,时间被比喻为从人们眼前流过的河流,河流的方向就是时间的方向,人们坐在河流中背向未来(希腊语的"未来"意思就是"在……后"),看着事物从他们眼前流过,渐行渐远直到消失。在中国也有

---

[1] Lakoff G, Johnson M, *Metaphors We Live By*, Chicago: University of Chicago Press, 1980, p. 283.

类似的时间观念，比如，"滚滚长江东逝水，浪花淘尽英雄"意思就是指时间像东去的长江水一样流逝。这个例子说明，一种语言的基本隐喻结构能够揭示基本概念维的结构。

前面已提及，"介词"是具有隐喻特征的一个语言范畴，比如，英语中的 in、at、under 等，这些介词与名词结合时就形成概念空间，又如 we meet *at* eight o'clock（我们在八点见面）语句中表示时间点的 *at*，与语句 the car is *at* the bridge（小车在桥上）表示地点的 at 有相同的用法，这个介词与其后的名词结合形成了时间（在八点）和位置（在桥上）概念空间。再如，短语 under the weather（感冒）是介词与名词结合形成一个引申的隐喻意义"感冒"，因为感冒常常与天气的变化相关，也就是从天气映射到感冒。

隐喻的一种常见类型是使用事物的形状作为一种工具，如桌"腿"、河"口"、树"身"等，这些隐喻是从人身体的某一部位的类比推出的，因此，人身体的部位是隐喻源，属于一阶结构，由此推出的隐喻是隐喻项，属于二阶结构。这是从一阶概念空间到二阶概念空间的映射，类似于矢量空间是几何空间的二阶结构。这些形状的空间具有自己的拓扑空间。因此，当引入一个新隐喻时，它将创造一个新隐喻类型的相似性，这些相似性不是客体的，而是一旦一个质性维经过一个隐喻被连接到另一个，这种连接可以作为一个新隐喻的产生者，而且这个新隐喻是基于相同类型的相似性。或者说，一个隐喻不是独立出现的，它不仅是两个概念之间的比较，而且涉及两个质性维的结构的识别。

进一步说，隐喻过程不仅仅依赖于语言作为表达的源或中介，感知经验本质上就是隐喻的，比如，人们自然会运用熟悉的"海浪"类比"麦浪"。这并不难理解，因为感知在概念空间中产生客体的心理表征，当心理表征由语言输入产生时，这些表征能够以一种更精确的方式被用于隐喻的转换。当然，在隐喻过程中，两个比较的部分是不对称的，也就是隐喻源与隐喻项不是一一对应的或同构的。因为前者比后者更为基本，或者说前者比后者携带更多为人们所熟知的信息和结构，比如我们通常用光学术语描述我们的心灵，如"心明眼亮""透明的批评"等。因此，隐喻作为一种表征方式是利用概念空间起作用的。

第三篇

科学表征的紧缩说明

第三章

社会主义的劳动力

图像论及其关于表征与建模关系的探讨和哲学分析方法的结合，形成了科学表征的紧缩观。紧缩观本质上是一种紧缩说明策略，方法上是分析的而非综合的。根据这种策略，表征是一个不可还原的概念，可以通过分析方法包括形而上学分析，弄清其与世界的关系。具体来说，若 A 表征 B，则意味着 A 指代并规定 B，或者 A 推出 B，但是 B 不能还原为 A。例如，一幅图像指代并规定它所描述的对象，但是该对象不能还原为它的图像。同样，一个模型并不是它表征的目标客体本身，只不过是其所描述目标客体的一个代理，因而表征过程是分析的和非还原的。

这一部分内容包括第十至十四章的格赖斯主义、结构语义论、推理主义、功能主义及作为抽象表征的理论建模。这些基本上属于紧缩主义的说明策略。格赖斯主义有三个策略：第一，依据其他更基本的表征类型解释某些表征类型，这个方法被称为"通用格赖斯主义"，它是吉尔的科学表征观的概括。这种观点认为，在许多种类的表征客体中，大多数的表征态是从表征的一个特许核的表征态引出的。这种方法意味着，所有类型的表征能够以统一的方式被解释为源于某种更基本的表征类型。这是一种科学实在论的表征观。第二，根据通用格赖斯主义的方法，可以将科学表征置于与其他表征类型的依赖关系网中来考察。在科学实践中，科学家大致使用语言、图像、心理状态等来表征由模型表征的非常相同的目标。这种表征目标的一致性是可以说明的，如果科学表征从语言表征中获得它们的表征态。第三，区分了基本表征与衍生表征，科学表征包括在混合表征中，这等于将科学表征看作一种导出性表征而不是基本表征，或者说科学表征是基于某种更基本的表征的，这是一种表征一元论或元表征观。在最普遍的意义上，格赖斯主义寻求一种最基本的表征。

结构语义论是弗丽嘉的表征观，他认为模型是获得和组织科学知识的核心，它以这样或那样的方式表征其目标系统，但如何表征会遇到三个难题：本体论难题，即模型是哪类客体，其结构在集合论意义上是虚幻客体、实际客体、描述体、方程或别的什么东西；表征难题，即模型是根据什么表征目标系统的；表征策略难题，即模型是以何种方式表征的。一个是本体难题，两个是语义难题。这样，理解科学建模包括两个过程：一是分析什么是模型系统；二是理解它们如何被用于表征超越它们自己的客体。建模是设计模型的过程，假设的目标系统具有虚构性，类似于文学作品的虚构。

苏雷兹的推理主义反对将科学表征还原为同构和相似的自然主义倾向，认为同构和相似只是科学表征的常见但非普遍的方式，不是构成成分，主张在方式和构成间做出区分，提出一种科学表征的紧缩概念，强调它必须满足两个必要条件：意向性和替代推理。在此基础上，他建立了科学表征的推理模型：A（源系统）表征B（目标系统）当且仅当A的表征力指向B，且A作为有能力的知识主体能够做出关于B的明确推论。这种推理观也遭到了不少批评，但毕竟提出了一种不同于同构与相似的另一种表征观。

波内奥罗从概念、客体、自然律、理论、模型、思想实验这些概念入手，通过考察康德以来的哲学史，分析科学表征的不同形式和过程，提出了功能主义表征观。他认为"表征"是一个悠久历史、有不同含义的哲学术语，哲学家在谈论这个概念时都是以一种特殊的方式解释其意义的——知识的、政治的、法律的和艺术的、心灵的和科学的，在使用这个概念时其所指意义不尽相同，因为从古希腊文到拉丁文，从拉丁文到现代其他哲学语言的翻译过程，导致了表征概念意义的巨大差异。概念是表征和规则，理论是世界的假设表征，模型是世界的虚构表征，思想实验是世界的理想表征。

根据紧缩说明策略，科学认知基本上是一种建模过程，科学理论基本上是模型的集合。有模型的认知是一种表征，无模型的认知也是一种表征。模型认知是一种抽象间接表征，无模型的认知是一种抽象直接表征。本质上，模型在科学实践中是作为一种替代系统和延展认知出现的，同时也作为一种认知人造物和作为语用的共享特征。模型的这些功能和特征奠定了其在科学认知活动中的核心地位。

不过，我们应该看到，科学表征的紧缩观将科学中的模型看作本质上是与其他表征无差别的工具，而且将所有模型看作是由约定确定的派生物。刘闯极力反对这种观点，认为表征至少起到两种根本不同的作用：一种纯粹是符号的，因而是约定的；另一种是认知的[1]。在他看来，由于人

---

[1] Liu C, "Deflationism on Scientific Representation", In Karakostas V, Dieks D, *EPSA11 Perspectives and Foundational Problems in Philosophy of Science*, Dordrecht: Springer, 2013, pp. 93-102.

们没有正确认识到模型作为主要表征形式的认知作用，这导致了错误的观点的产生，即模型就像其他符号如自然语言一样，紧缩主义是科学表征构成问题的正确答案。

第 十 章

格赖斯主义：存在最基本表征

从科学表征的实质策略我们知道，表征有不同的类型。科学表征与一般表征(非科学表征)是什么关系？心理表征与科学表征是什么关系？它是认知表征或心理表征的一个特例吗？它与语言哲学和心灵哲学是什么关系？这自然会形成所谓的"科学表征问题"。这个问题是近十几年来科学哲学界关注的一个重要问题，同时也困扰着科学哲学家们。争论自然是避免不了的，孰是孰非，则见仁见智。有人认为科学表征并不特殊，它仅是表征的一般概念的一种特例，没有所谓的"科学表征问题"[1]；有人则持相反看法，认为科学表征不同于一般表征，其特殊性不仅与语言及语言哲学有关，也与心理学及心灵哲学有关，它绝不是一个包含与被包含的关系[2]。

要澄清这个问题，还是必须从心灵与世界或语言与世界的关系这个基本问题开始，正如范·弗拉森所说："关于语言的重要哲学问题一直被误认为是科学内容与世界性质之间的关系。"[3]因为，所谓表征就是用一个事物描述另一个相关的事物，简单说就是用 A 表征 B，A 是源客体，B 是目标客体，它们构成的关系是表征关系，即再现关系。而表征又是通过某种物体包括物理的、语言的、图像的、符号的这些客体进行的，所以科学表征既有一般表

---

[1] Callander C, Cohen J, "There Is No Special Problem of Scientific Representation", *Theoria*, Vol. 21, No. 55, 2006, pp. 67-85.

[2] Contessa G, "Disentangling Scientific Representation", 2005-09-13, http://philsci-archive.pitt.edu/2436/, pp. 1-16.

[3] van Fraassen B C, *The Scientific Image*, Oxford: Oxford University Press, 1980, p. 196.

征的普遍性，也有其科学的特殊性。这是科学表征的理论建构问题。

第一节　格赖斯主义的表征策略

我们应该如何理解科学表征呢？在笔者看来，由于表征是一种认知活动，它自然与心理表征问题相关，或者说与心灵哲学相关。卡兰德和科恩的分析为我们提供了一些解决以上问题的思路。

第一，根据其他更基本的表征类型解释某些表征类型应该是经济的和自然的。卡兰德和科恩将这个方法称为"通用格赖斯主义"(general Griceanism)，它是格赖斯[①]的重要表征观的概括。这种观点认为，在许多种类的表征实体中，如猫、蛋糕、数学方程等，大多数的表征态(representational status)是从表征的一个特许核的表征态引出的。这种通用格赖斯式表征方法的优点是：我们不需要单独的理论来说明艺术的、语言的、甚至烹饪的表征。相反，这种方法意味着，所有类型的表征能够以统一的方式被解释为源于某种更基本的表征类型。也就是说，所有种类的表征都能够由一种更基本的表征形式来描述，这种基本表征形式可能就是心理状态。我基本赞成这种观点，因为说到底，人的表征是认知过程，自然离不开心理活动，在想象与创造的意义上，科学表征也是一种心理表征，而心理表征也是基于心理状态的。两个不同客体或系统的表征关系，可以还原为心理状态与客体的表征关系，如果心理状态被看作实体的话[②]。这是一种科学实在论的表征观。

[①] 格赖斯(Grice，1913—1988)是在英国接受教育的美国著名语言哲学家，以提出交际过程中"合作原则"(cooperative principle)而闻名。格赖斯认为，对话双方似乎在有意无意地遵循着某一原则，以求有效地配合从而完成交际任务，这就是著名的合作原则，具体包括量准则(所说的话不应超出交际所需的信息量)、质准则(不要说缺乏足够证据的话)、关系准则(说话要清楚、明了)和方式准则(避免晦涩和歧义)。合作原则对于表征理论有重要启示。更重要的是，他关于意义本质的研究工作影响了语义学的哲学研究，它的含蓄理论(theory of implicature)对当代语用学产生了非常大的影响。

[②] 如果科学表征可以还原到心理层次，那么就需要一种令人满意的心理表征的理论，或者说，一种独立的关于基本实体的表征构成理论，目前的心理表征理论还不能满足这一要求。

第二，根据通用格赖斯主义的方法，可以将科学表征置于与其他表征类型的依赖关系网中来考察。卡兰德和科恩认为，在科学实践中，科学家大致使用实体，如语言、图像、心理状态等，来表征由模型表征的非常相同的目标。这种表征目标的一致或巧合是可以说明的，如果科学表征从语言表征获得它们的表征态，或者相反，或者科学表征和语言表征[①]从其他某第三类表征获得它们的表征态。然而，如果这些表征方式(科学的、语言的、图像的、心理的表征和其他表征类型)不是以通用格赖斯式方法被指明的，那么它们同时具有一致的表征目标倒是令人惊奇了。

第三，在区分基本表征与衍生表征的基础上，卡兰德和科恩试图将科学表征包括在混合表征中，认为将科学表征看作一种导出性表征而不是基本表征就是合理的。在科学哲学中，关于科学与非科学的区分仍然是令人困惑的问题。类似地，科学表征与非科学表征的区分也同样令人困惑。比如，弗洛伊德的无意识模型是科学的还是非科学的呢？这个模型是否关于某物，如何关于某物，不应该不依赖于这种分类。不可否认，通用格赖斯主义的确为我们提供了一种思路，即认为科学表征是基于某种更基本的表征。笔者将此观点称为表征的一元论或者元表征观。在最普遍的意义上，格赖斯主义寻求一种最基本的表征。从辩证的观点看来，有普遍性就有特殊性，格赖斯的"基于意向的语言学"也称"特殊格赖斯主义"，也许可以说明科学表征的本质。接下来，笔者将详细讨论卡兰德和科恩在这个意义上对科学表征的进一步分析。

第二节　表征概念的格赖斯主义解析

如上所述，通用格赖斯主义区分了基本表征与非基本表征，并主张前者

我们需要发展出一种合理的、有说服力的心理表征理论。比如，根据科学实在论可以将心理状态看作一种心理实体。这样，表征关系就是两种实体之间的关系，一种是心理实体，一种是物理实体。目前的表征理论大多将表征关系限于两种物理实体之间的关系，心理活动是作为一种基本前提看待的。

① 这里将科学表征与语言表征区分开来，不是说科学表征不使用语言，而是强调科学理论主要表现为模型表征和符号表征；语言在这里主要是指自然语言或日常语言，不包括符号形式的表达。

解释后者。与通用格赖斯主义相比，特殊格赖斯主义试图在自然表征与非自然表征之间做出区分。所谓自然表征是指那些其表征力的构成不依赖于使用者的心理状态的表征，例如，树木的年轮数量表征了树的年龄，烟的存在表征了火的出现①。非自然表征是指人类为了彼此交流某些信息而产生的表征，这种表征包括语义记号、某些艺术作品、预先设定的信号等。在最根本的意义上，特殊格赖斯主义纲领试图根据自然表征（客观事实）给出非自然表征的一个还原说明。然后，把非自然表征的还原与自然表征的自然主义的还原说明相结合，最终提供表征的一个充分的、自然主义可接受的还原说明。这就是格赖斯的总策略。这种策略说到底就是一种自然主义，或者更准确地说，是一种表面的自然主义。

如果说通用格赖斯主义晦涩难懂，那么把特殊格赖斯主义看作语言表征的解释是有助于理解的。格赖斯明确地指出，语言记号是非自然表征，因此他提议使用总策略来解释他称为"言说者意义"（speaker meaning）的概念。这个概念的含义是：一个言说者 S 意指某物是说，根据他产生一个信念或作用于一个听者 H 的意向行为说出 U。其表达形式为：

在说出语句 U 的过程中，言说者 S 意指 p，当且仅当对于某些听者 H，S 打算以某种方式说出 U，以促使 H 相信 p。

格赖斯策略希望把关于语言记号的"言说者意义"，还原为这些记号的产生者或听者的心理状态，也就是言说者 S 做某事的意向状态和听者 H 相信其他某物的状态。然而，特殊格赖斯主义还有一项工作要做，那就是需提供关于心理状态的表征内容的说明。这是一个关于表征的基本单元的形而上学问题，目前关于这个问题的争论异常激烈，提出了多种解决这个问题的方案，最流行的有功能角色理论、信息理论和目的论。

---

① 笔者对"自然表征"这个提法持有异议。如果把表征理解为使用者使用某物表征另一个某物，表征就是一种人的意向行为，因此，表征蕴含了人的存在是其前提。没有人就谈不上表征。说自然表征就意味着自然有意向行为，如果是一种拟人的说法，倒可以理解，如果不是，自然就不能表征。我们不能说自然也有意向行为。在笔者看来，自然只是在呈现事实或现象，不是在表征。现象学对此可以做出说明。在认知的意义上，表征应该有人的设计在里面。

卡兰德和科恩对语言记号的表征力的特殊格赖斯主义说明做了详细分析[①]。第一，特殊格赖斯主义说明分为两个阶段：第一阶段，根据心理状态这个更基本的东西的表征力，解释语言记号的表征力；第二阶段，特殊格赖斯主义需要其他某些理由来解释对内容的基本承载者——心理状态的表征，也就是心理表征。同样，通用格赖斯主义也由两个阶段构成：第一阶段，它根据基本表征的表征力解释了衍生表征的表征力；第二阶段，它提出了某些其他理由来解释对内容的基本承载者的表征[②]。不过，通用格赖斯主义并不坚持在特殊格赖斯主义的两个阶段之间划出界线。

第二，在任何一种格赖斯主义的两个阶段中，哲学行为发生在第二阶段是没有任何价值的。第一阶段意味着一个相对不重要的问题转换，也就是说，你以为你有一个关于语言记号的表征问题，或者你认为是任何衍生表征，将其转换为一个心理状态的表征问题，或者你以为是任何一个基本表征。事实上，这种转换等于把表征问题看作一个单一步骤或阶段。相比之下，第二阶段意味着一个相对深刻的形而上学秘密。我们所要解决的问题是关于表征的一个基本的、衍生的形而上学说明。特别是把这个问题变为一个步骤是没有必要的。

第三，格赖斯的解释模式是高度概括的。假设你支持对语言记号的表征说明，你就可以使用同一个工具形成对所有种类的非自然表征的表征说明[③]。比如，我们可以使用某个密码表征你想表征的任何东西，放在窗台外的一盆花，如果预先约定好，可以表征"安全"，也可以表征"危险"，或者表征"进

[①] Callander C, Cohen J, "There Is No Special Problem of Scientific Representation", *Theoria*, Vol. 21, No. 55, 2006, pp. 72-74.

[②] 在笔者看来，这两种形式的格赖斯主义的第二阶段，都容易导致无穷倒退，因为它们都需要借助基本表征来解释其他表征，那么基本表征又由什么来解释呢？比如基本的心理状态由什么来解释呢？这容易导致极端心理主义。

[③] 关于这个问题，卡兰德和科恩举了这样一个例子：对于保罗·雷沃雷来说，波士顿北教堂钟楼拱门上悬挂的一对灯笼表征英国人将从海路来而不是从陆地来。假设雷沃雷和发给他这个信号的朋友约瑟夫·沃伦事先规定好一个密码"陆路挂1盏，海路挂2盏"。其结果是，当沃伦后来确定英国人的确从海路而不是从陆路来时，他能够合理地推知他在钟楼上挂2盏灯笼会使雷沃雷相信英国人走海路。为什么会是这样呢？心理状态在其中是否起作用？这是必须事先约定的问题。

来"，或者"出去"，等等。一盆花本来就是一盆花，它本身没有其他含义，其他含义是使用者为了某个目的赋予它的。这种由使用者加上去的意义是表征吗？在笔者看来，在相似或同构的意义上，这不是表征，只是指代。如果是这样，那我们就可以将任何意义加到同一个物体之上，可以使用任何客体表征任何其他客体。这显然是有问题的，因为我们在表征时使用什么是有选择的，不是任意的。

对科学表征来说，笔者认为这是不可能的。因为我们不可能使用一个模型表征其他所有客体或系统①。然而，在这个解释模式里，我们可以将这些不同的表征还原为一个心理表征，也就是说，这些表征是事先约定的，而约定是有意向状态的。问题是，心理状态如何表征呢？这是一个更基本、更棘手的问题。如果这个解释模式是对的，那意味着，有了这个解释策略，就等于有了一个全能的表征说明，因为它能够说明所有类客体的表征，而不是借助心理状态，因为心理状态还需要其他表征的说明。

第四，作为格赖斯主义普遍性的反映，这个解释策略对被视为表征关系物的那类事物没有设置任何限制。餐桌上的盐瓶能表征马达加斯加吗？根据这个策略，当然能够，只要你规定前者表征后者即可。如果同桌就餐者问你喜欢的地理标志是什么，你会举起盐瓶强化你的合理意图，说你这样做是想促使他们相信马达加斯加是你喜欢的地方。当然，其他人也能够使用盐瓶表征其他事物，如英国。只要你合理地规定指什么都可以。换句话说，我们可以使用任何东西表征任何其他东西，只要我们预先规定或约定好就行。这个策略告诉我们，心理状态的表征力是如此宽泛，以至于它们能够仅仅根据任意规定的两个客体之间产生其他表征关系。如果这样，其结果就是，我们一次性提供心理状态表征的形而上学这个"免费午餐"，更多的表征实例将是非常廉价的。进一步说，使用心理状态的表征说明其他种类的表征是一件非常容易的事情。如果是这样，表征问题就太简单了，但实际情形远不是这样。

---

① 任何事物可以作为科学表征的工具的观点受到了许多责难甚至鄙视。比如，弗雷赫就认为，不是任何东西都能够作为一个物理系统的科学模型，如果适当关系在相关属性之间是不适当的，那么模型注定是不"科学的"，拜勒-琼斯在批评休斯的 DDI 表征模型时也指出，表征的 DDI 说明是规定的，好像"什么表征什么"完全是任意的，好像仅仅是设立的法则。在某些例子中，这好像以任何有意义和有知识的方式排除了模型是关于经验世界的观点。

第五,格赖斯的策略允许两个明显但相关的类比表征。一方面,存在某物(或者属性、事件、过程)的表征,如盐瓶表征马达加斯加;另一方面,存在事实的(或命题、事态、心理状态)表征,如用左手表征席子上的猫家族。这两类表征恰好与通用格赖斯主义解释是一致的。在这两种情形中,比如,左手表征它所指的东西(猫家族,或者关于猫的事实),这个表征关系是根据一个心理状态和它的客体(猫或关于猫的事实)之间保持的一个类比表征关系,加上规定或约定(它赋予左手表征那个心理状态的属性)而形成的。因此,格赖斯策略对于这些不同类型表征具有易适用性,是承担表征关系物的无差别类事物的一个必然推论。因为正如前面论述的,它几乎没有在表征关系物之间设置任何实质性限制,它在抽象物和具体物之间,无论大小与远近,都是中立的,或者说,这个说明在客体和事实之间的表征是类似中立的。

第六,虽然表征关系物之间缺乏限制,但仍然存在似真的语用限制,这个限制在特殊情形中被用于表征工具和目标上。比如,在上述例子中,支撑盐瓶和左手等的表征力的意图,在缺乏某种交流的情形中可能没有实现。这并不是说,像盐瓶和左手这种客体,原则上不能作为纯粹的表征工具,而是说,当这些客体能作为纯粹的表征工具时,它们可能实际上不能,因为它们不能服务于既定目标,给出有效的语用限制。因此,表征不是任意的、随意的,而是有限制、有选择和有目的性的。

第三节　科学表征的格赖斯主义解析

卡兰德和科恩奉行的是格赖斯主义,主张科学表征只不过是衍生表征的更具体的情形,因此,能够根据通用格赖斯主义来解释[1]。我们看看他们是如何论证的。

在科学实践中,各种表征工具,如模型、方程、曲线图等,根据它们的

---

[1] Callander C, Cohen J, "There Is No Special Problem of Scientific Representation", *Theoria*, Vol. 21, No. 55, 2006, p. 75.

使用者的心理状态，表征它们的目标客体，如理想气体行为、量子态演化等。例如，桥梁的设计图之所以表征了真实桥梁，是因为设计图的设计者规定它能够表征，并试图使他的用户相信这种表征。如果我们的分析是对的，人们可能会问，科学表征为什么是有用的，为什么能够达到表征效果。如果对桥梁的表征关系仅仅是规定的法则，那么为什么还要设计桥梁的图呢？然而，如果这个规定容易把桥梁与任何事物联系起来，那么为什么不使用更便宜可用、更容易构造的材料如一张纸呢？

卡兰德和科恩认为，这个关于科学表征问题的答案，与关于非科学表征的类似答案没有任何区别。这就像用盐瓶表征马达加斯加一样，盐瓶指称"马达加斯加"这个语言记号，不是指马达加斯加的地理环境。笔者认为，在对话中，即使在缺乏马达加斯加的情形下，也不妨碍我们用盐瓶来表征马达加斯加。同样，在缺乏真实桥梁的情形下，设计图更有利于指称"桥梁"这个语言记号，设计图支持关于桥梁结构的指称。这就是格赖斯所说的"言说者意义"的作用。在话语语境中，我们的确不必要求真实表征对象的出现，语言记号可以指称那个真实对象。这就涉及语言哲学中的指称理论。

在卡兰德和科恩看来，还需要注意的是，与关于非科学表征的问题类似，关于这些表征工具的效用问题，就是关于作为表征工具事物的语言学问题，而不是关于它们表征地位本身的问题。因此，如果桥梁的设计图恰好没有与所考虑的价值维度高度吻合，这将导致它们是无用的表征工具，而不是禁止它们作为表征工具。这就是说，设计图能否作为表征工具，就看它是否与要表征的东西在价值维度上一致。可以推测的是，科学语境与其语用限制集合是同时存在的，而且这些语用限制促使科学家以其特有的方式在可能的科学表征中做出选择。比如，魏尔斯特拉斯[①]关于病理学微分方程很少在科学中使

[①] 魏尔斯特拉斯（K. Weierstrass，1815—1897）是德国数学家，他于1872年（可能在1861年已经构造，1872年才正式发表）利用函数项级数构造出了人们认识到的第一个处处连续而处处不可导的函数。这就是著名的魏尔斯特拉斯函数。其含义是：除孤立点外，似乎连续的函数都应该可导。传统观念认为，连续函数的不可导的点集合在某种意义上应当很小，如测度为0。早期的数学家包括高斯都认为这是对的，有人甚至把此看法当作定理，给出证明。在严格的意义上，这是有问题的，因为人们很少深入接触它，而且也很难展现出那些变化极其复杂精细、拥有大量不可导点的函数图像。

用，原因是它可能有许多限制条件，使得它不能被科学家作为首选用于科学表征，科学家必须有选择地区别对待这个数学方程。也就是说，这些排除可能的表征工具的选择性限制具有语用特征：它们是根据使用者的需要做出的，而不是根据人造物本身的特征做出的。同样，卡兰德和科恩认为，当相似、同构、部分同构等对于科学表征也不是必要之时，它们具有重要的语用作用，也即，它们能够作为某人对表征工具做选择的语用辅助手段进行交流。

可以看出，在上述盐瓶表征马达加斯加的例子中，规定的表征关系使得人们选择表征工具的意图非常明显，而表征工具在某些突出方面与它的表征目标相似。例如，中国地图的几何形状与一只雄鸡的几何形状相似，几何形状是它们之间的一个显著相似特征，除此外，二者之间不具有任何相似性。又如，美国密歇根州的地理形状与右手掌的形状相似，我们可以使用右手掌表征密歇根州的地理形状，如果使用左手掌表征就是愚蠢的，因为我们已经有了一个更容易解释的表征工具。在科学中，撞球的行为被选择用于气体中弹性粒子相互作用行为的一个有用模型，因为在工具客体(撞球)和目标客体(气体粒子)的动力学之间存在一个显著的相似或同构。这不是说同一个目标客体不能由其他客体如左手掌或其他任何东西来表征，而是说，相似或同构能够使得其中一个选择比其他选择更方便。

概言之，卡兰德和科恩要表达的意思是，科学表征仅仅是衍生表征的另一种类型，通用格赖斯主义说明可以直接用于解释它。这意味着，尽管关于表征有许多突出的问题，但是这些对于科学表征来说不是什么特殊问题[①]。

第四节 格赖斯主义存在的问题

如果上述基于格赖斯主义的科学表征观是适当的，那么一开始提出的问

---

① Callander C, Cohen J, "There Is No Special Problem of Scientific Representation", *Theoria*, Vol. 21, No. 55, 2006, p. 77.

题是否被解决了，或者哪些问题能够在格赖斯主义框架内重新得到解释呢？对于这个问题我们仍然需要做进一步的分析。

第一，x 表征 y 究竟是什么意思。从科学表征的构成方面来看，x 构成 y 的一个科学表征是什么意思呢？关于这个问题不同的人有不同的理解。有人认为 x 和 y 必须代替某种同构或部分同构；有人主张表征的关键是 x 与 y 相似；有人提出表征的本质是 x 允许它的使用者产生关于 y 的推理。这些观点之间并没有达成一致，争论仍然在继续。卡兰德和科恩认为，这些相似、同构或推理观不是空泛的，就是太费心。一方面，由于总是有某些或其他的结构同构、相似或产生推理，它们把任意一个 x 与任意一个 y 关联起来，这些解释就会是空泛的，如果它们不补充一个强有力的说明解释哪类同构、哪些方面的相似，或者哪类推理形成是需要的话。另一方面，要详细说明需要哪类同构、哪些方面的相似，或者哪类推理形成，是极其困难的事情，况且这些详细说明总是不足以涵盖大量的科学实例。

从通用格赖斯主义的观点看，这些困难并不是难事。如果科学（和其他非自然）表征是根据一个规定或约定构成的，再加上一个关于心理状态的基本表征理论，那么，相似、同构和推理形成都是表征"这个机械装置上无意义的轮子"①，它们当中没有一个能够为科学或其他非自然表征提供一个必要条件。这并不是说这些表征观在科学表征中没有任何作用。事实上，格赖斯主义者也不否认相似、同构和推理形成在许多科学表征的案例中能够将表征工具与表征目标连接起来，而是坚持认为这些条件不能构成表征关系，因而也就不是表征的必要特性。当然，我们不能否认，这些条件有重要的作用，也即，它们可能对于认识由其他方式构成的表征关系具有语用辅助作用。这种语用辅助不能限制我们选择使用哪类表征关系。

如果这个观点是正确的，在科学表征过程中，相似、同构和推理形成还是要被考虑的。也就是说，通过提供一个语用指导的启示分类法（科学家用于在表征工具之间做选择），这些考虑对使用科学表征的人类学有贡献。然而，如果是这样，那么，不再有任何理由认为，在格赖斯的相似与苏雷兹的推理形成之间有

---

① Callander C, Cohen J, "There Is No Special Problem of Scientific Representation", *Theoria*, Vol. 21, No. 55, 2006, p. 78.

冲突，这些表征观之间也没有争论的理由了——这些仅是独立的语用限制条件，它们一起来或单独指导科学家在不同科学表征之间做选择。

第二，科学模型如何表征。如果通用格赖斯主义是正确的，那么模型如何表征的问题不是一个它们如何设法表征的真问题，尽管模型表征使用理想化和抽象性。从表征的维度考虑你可能是成功的，从真理的维度考虑你可能是失败的——某物是一个表征，虽然它错误地或者出于不同语用考量，表征了某物。也就是说，某物是一个表征，但可能不是真实表征。进一步说，假表征也是表征。这一点对于科学表征是十分重要的，因为科学表征要尽量是真实表征，否则就不是科学表征了。在这里，笔者使用卡兰德和科恩经常提到的一个例子来说明。假设指代是"陆路挂1盏，海路挂2盏"，英国人经海路来，而沃伦却挂了1盏灯笼。然后，沃伦成功地诱使雷沃雷在心里相信英国人从陆地来。这个表征诱使雷沃雷有一个错误的信念。或者说，沃伦表征了一个错误的情形给雷沃雷。在雷沃雷的心中，沃伦不会给他错误的信号，他心中有一个真实信念，尽管这个表征是一个误表征，但是仍然是一个表征。

如果把模型独立出来考察，我们就不能确定它的表征是真是假或近似真。真理、谬误和近似真理是推测地被用于某物的表征的特征。因此，x 是否表征 y 的问题，是不依赖于 x 是否是 y 的一个真实，或假或近似真的表征问题。或者说，表征问题先于表征的真假问题。我们没有理由担心一个模型近似真地反驳了它的表征能力。

第三，关于表征的实在与非实在问题。格赖斯主义的表征观是非常宽容的，它仅要求用一个规定连接表征工具与表征目标，假如对于心理状态的表征的形而上学是适当的。格赖斯主义的宽容，可以让我们借助非实在论关于科学的假定解答这个问题。说到底，如果所有所需要的仅仅是一个规定，那么就没有什么东西能够把连接电子的工具的规定与连接燃素的工具的规定区分开来。但是，实在论者可能会质疑，这是我们真正想在不同表征之间做出的区别，以便前一个模型告诉我们关于世界上真实存在的某种东西(电子)，后一个模型告诉我们的确不存在的某种东西(燃素)。

卡兰德和科恩承认，他们的确担心这种科学表征观会排除实在论关于科学的假定。实在论与反实在论之间的争论由来已久，在科学表征问题上的争论也是如此。不过，格赖斯主义的表征观与实在论之间没有冲突。因为格赖斯主义关于表征构成问题的方式没有在存在实体的模型与非存在实体的模型之间做出区别，这为进一步区分这种模型留下了空间。比如，电子模型与燃素模型之间的相关区别，有人看作是一个模型的区分，有人认为不是模型的区分，但是在规范的意义上，电子模型要比燃素模型更好。实在论者提出了一系列标准——预测和解释的成功、涵盖更大范围的事实和数据等，用这些标准测量模型的优点。由于模型的构成问题不等同于各种关于模型的规范问题，这为实在论的发展留下了空间。

那么，格赖斯主义又是如何看待表征非存在实体的非实在论呢？如果实体不存在，那如何能够表征呢？表征什么呢？非存在实体的表征如何可能呢？比如上帝，从唯物主义的观点看，它是不存在的，那我们能够表征这个不存在的虚构物吗？但是从唯心主义或有神论的观点看，上帝是存在的，也当然能够表征。在现实生活中，不是有那么多庙宇中供奉了无数的神像吗？这如何解释呢？或者说，神像是神的表征吗？人们从未见过神，但是可以想象，然后构造一个神的肖像，并把这个肖像当作神。在科学中，不是也有见不到的东西吗？比如各种微观粒子，科学家不也表征了它们吗？格赖斯主义的表征观如何解释这些问题呢？

根据格赖斯主义，科学表征是表征工具和表征目标之间的一种关系。这意味着，表征工具和表征目标既可以是实在客体，也可以是非实在的客体，前者如心理状态、观念，后者如上帝、独角兽。格赖斯主义试图消解实在论与非实在论之间的争论。至于关系，如果缺乏关系物是不能存在的，这似乎排除了真实世界实体存在的可能性，而这些实体恰恰是科学模型成功表征的。借用奎因的说法，如果踢(kicking)是一种关系，那么你不能踢 x 除非 x 存在；如果吻(kissing)是一种关系，那么你不能吻 x 除非 x 存在。类似地，如果表征是一种关系，那么一个模型不能表征 DNA，除非 DNA 存在。也就是说，如果表征目标不存在，表征关系就不能成立，至于这个目标是真实客体还是虚构物就无关紧要了。但是，格赖斯主义者既不愿排除实在论的科学假设，也不愿排除非实在论的科学假设。他们在实在论与非实在论之间徘徊不定。格赖斯主义者这种关于科学表征的模棱两可的态度，使得他们的表征观受到了质疑。

事实上，这是一个深刻的、普遍的形而上学问题，格赖斯主义难以解决。

表征是一种关系，但它到底是一种什么关系呢？是相似关系、同构关系，还是同态关系？不同的表征观之间存在巨大分歧与激烈争论。如何表征非存在物呢？这个问题不仅是科学表征要面对的，也是所有种类的表征要关注的。对于科学表征而言，如何表征不可观察物（真实存在但没有观察到），对其他表征来说，就是如何表征不存在物或虚构物（根本不存在，或者是人设想存在的）。比如，我们如何解释独角兽和金山的表征，如何解释燃素和以太的表征[1]。

第四，格赖斯式框架是否是一种好的策略。如果这个框架不能解释表征问题，其他框架或方法是否能够解释呢？这的确也是一个不好回答的问题。可以肯定，格赖斯主义框架一定会引起争论，但用不着担忧。卡兰德和科恩给出了两个理由：一方面，每个人需要一个心理表征的说明，科学哲学的表征构成问题需要借助心灵哲学的心理状态表征观；另一方面，通用格赖斯主义在很大程度上独立于特殊格赖斯主义，也即，前者的基本表征和衍生表征，与后者的自然表征和非自然表征之间没有多少关系。因此，自然表征与非自然表征在划分问题上存在的分歧，不会影响基本表征与衍生表征的划分问题。不过，通用格赖斯主义的麻烦在于：它假定心理表征是真实存在的。如果证明心理表征不是真实的，通用格赖斯主义就不能成立，因为它依赖的心理状态这种最基本的表征工具不存在了，何以再谈论表征目标的问题。

总之，科学表征的构成问题、划界问题和规范问题始终是科学哲学的重要问题。虽然这些问题已经有大量的文献和许多的解决方案，但是都还不能令人满意，分歧与争论仍将继续下去。无论格赖斯主义能否真正解决这些问题，它毕竟是一种策略和一种解决路径，即使有问题，还可以做进一步的分析和探讨。在接下来的部分，笔者将论述和讨论康特萨对格赖斯主义的批判。

---

[1] 辩证法或许是一种解决此问题的出路，我们可以在实在论与非实在论之间保持一致张力，不必坚持一种非此即彼的观点——要么是实在论，要么是非实在论。或许我们也可以在哲学史中找到解决的方法，如休谟的策略（划分简单观念与复杂观念；提出相似关系、接近关系和因果关系三个联系原则），根据这个策略，我们也可以将表征划分为简单表征和复杂表征，或者原子表征和复合表征，然后根据联系原则解释原子表征，再把复杂表征作为一个递归结构由原子表征和联系原则解释。参见休谟：《人类理解研究》，关文运译，商务印书馆1997年版，第24—25页。

第五节　对格赖斯主义的反驳

在《澄清科学表征》一文中，康特萨对格赖斯主义表征观进行了深刻的批判，并提出了自己的看法和解决方案。他认为，一个模型是一个系统的一个认知表征(epistemic representation)，仅当一个使用者根据一个系统采用这个模型的一般解释。在这个过程中，科学表征具有其特殊性，它不是认知表征的一个特例，我们不能将科学表征问题与指代问题混淆起来，指出"不存在特殊的科学表征问题"的主张是错误的。

一、科学表征的特殊性

相对于一般表征，科学表征是否是特殊的？或者说，科学表征有没有特殊性？具体而言，模型与系统之间的表征关系是表征的一般关系的一个特例吗？科学模型表征真实系统需要一个特殊说明吗？在上述的讨论中，卡兰德和科恩业已阐明，科学表征是一般表征的一个特例，没有什么特殊性；我们可以使用一般策略将任何形式的衍生表征(科学的或艺术的)还原为一个基本的表征形式，如心理表征。假如他们是成功的，这个策略就能够将以上几个不同但相关的问题还原为一个更基本的问题，即心理表征的解释。应当承认，提出这个策略是大胆且冒险的。

根据这个一般策略,任何两个物体(实在的或非实在的)之间的表征关系，均可以还原到心理状态与其所表征事物之间的表征关系。如果将这个一般策略应用于科学表征的情形，我们将会发现，关于科学模型如何表征世界中的系统的突出哲学问题就不存在了，我们就不得不承认科学表征没有产生特殊的哲学问题。情形是这样吗？根据卡兰德和科恩的看法，某物(表征工具)表征其他某物(表征目标)，是根据这样的事实做出的：这个工具在听众心中产生一个具有适当内容的心理状态，而且这个工具产生的心理状态和它表征的目标最终是一种惯例和规定。如果这个有关的惯例是适当的，那么任何事物能够被用来表征任何其他事物。比如，我们规定天安门表征北京，那么天坛也能够表征北京，人民大会堂也能够表征北京，等等，因为规定完全是一种惯例，靠惯例来表征恐怕是不可靠的。假如在某个城市也有天坛，它还表征北京吗？

按照卡兰德和科恩的思路，衍生表征的原型是指称表达及其指称物之间的关系。比如在汉语里，"猫"这个词被用来指猫，"狗"用来指狗。其实，一个词语指称什么，并不是固定的而是任意的。如果这个思路是对的，那么卢瑟福的原子模型表征原子最终是基于一个惯例或约定。对某些听众来说，这个模型表征原子，因为卢瑟福和他们预先约定这个模型表征原子。也就是说，如果事先约定这个模型表征土豆，它就是土豆的一个表征。

这是一种典型的约定主义。约定主义在科学哲学早期就受到批评。为了避免这个不靠谱的结论，卡兰德和科恩承认这是"原则上"的，而不是"事实上的"。事实上，某些表征工具可能更方便，比如用杯子表征原子。然而，这不意味着越是方便的工具就越用来表征，如果 x 表征 y 是出于"方便"的考虑，那么 x 的选择就是"怎么方便怎么来"，至于它是否与 y 在形态、属性等方面相关是无关紧要的。①这类似于费耶阿本德的"无政府主义"的多元方法论"怎么都行"。这虽然符合科学的简单性原则，但是过于随便和任意。表征关系没有这么简单。

在卢瑟福的原子模型的例子中，卢瑟福选择太阳系模型表征原子而不是别的更方便的工具，如桌子上的杯子，也没有约定用杯子表征原子。要是任何东西都能够用于服务卢瑟福的目的，那么出于方便，卢瑟福会使用其中任何一个，而不是构造一个模型来表征原子了。看来，更方便不意味着更容易、更靠谱，方便的考虑要服务于表征的目的。换句话说，在表征关系中，使用者为什么选择这个表征工具而不是选择那个，不仅仅是出于更方便的考虑，还要考虑更多的限制条件。科学表征的确不同于一般表征，因为它有更多的限制条件和特殊语境。要解决这个问题，康特萨认为要引入替代推理的概念。

---

① 更方便肯定不是选择表征工具的一个标准，因为在实际生活和科学实践中，方便不方便是与目标相关的。对于这个目标是方便的，但对其他目标则可能是不方便的。在方法论意义上，科学哲学家费耶阿本德的"怎么都行"多元主义和无政府主义已经受到了批判，表征工具选择方面的"方便主义"也是不受欢迎的。科学虽然强调简单性，但那是在表达和描述的意义上的"经济思维"或"奥卡姆的剃刀"，与表征关系意义上的更方便没有多少关系。

二、替代推理的有效性和正确性

"替代推理"(surrogative reasoning)是斯沃叶[1]提出来指代这样一种情形的。在这种情形中,某人使用一个客体(表征工具)了解某些其他客体(表征目标)。替代推理的一个典型例子是我们上述讨论的使用伦敦地铁地图找到从一个站到另一个站的线路。地图和地铁系统是两个明显的客体。前者是上面印有彩色线和标有地名的一张纸,后者是由通道、铁轨和站台等构成的一个错综复杂的系统。通过阅读地图,我们可以了解许多地铁的情况,比如,达到目的应该如何从哪里乘车,在哪里转换,从哪里下车等信息。因此,有知识的地图使用者能够根据地图进行关于地铁系统的替代推理。从表征的观点看,地图表征了地铁系统,使用者能够通过地图推知替代系统的情况。

当然,不同的使用者从地图掌握地铁系统的情况的程度不尽相同,这就是替代推理的效果问题。为此目的,康特萨区分了有效的和正确的替代推理。这两种替代推理的定义如下[2]:

> 有效替代推理:一个替代推理是有效的,当且仅当,它与一个规则集一致,这个规则集解释了关于表征工具和表征目标的事实。
>
> 正确替代推理:一个替代推理是正确的,当且仅当,它是有效的,且它的结论对于目标是真实的。

根据上述定义,康特萨所说的某种工具的一个规则集,是指根据目标对这个工具的解释,通过采用一个工具的解释,使用者解释了这个工具。譬如,伦敦地铁地图的标准解释包括这样的规则——一个旁边印有名称的小黑圆圈代表一个换站台,用一个名称和一条深绿色线连接任何两个小黑圆圈,这

---

[1] Swoyer C, "Structural Representation and Surrogative Reasoning", *Synthese*, Vol. 87, 1991, pp. 449-508.

[2] Contessa G, "Disentangling Scientific Representation", 2005-09-13, http://philsci-archive.pitt.edu/2436/, p. 4.

意味着皮卡迪利①线列车在由圆圈指代的两个站之间运行。因此，从一个事实（在地图上，一条浅蓝色线连接标有 Holborn 和 Finsbury 的圆圈）到另一个事实（在地铁系统，皮卡迪利线列车在 Holborn 和 Finsbury 站之间运行）的替代推理是有效的。如果这个推理是真实的，它也是正确的，比如，皮卡迪利线列车在那两个站之间运行是真实的。

根据这个例子，康特萨还在一个解释中进一步区分了两个子集规则：指代规则和推理规则。指代规则在工具部分和目标部分之间建立了一致联系，例如，地图上的小黑圆圈指代地铁系统的换车站，印有名称的圆圈指代这个站的名称；推理规则解释了关于工具的事实和关于它的目标构成成分及对应成分的事实。

三、指代与认知表征的内在关联性

对于表征，从上述论述可知，人们通常意指不同的事物。也就是说，表征概念有不同的意义。这是一个非常重要的问题。康特萨仍以地铁系统为例，在三个意义上区分了表征。

第一，在指代的意义上，地铁标示图和地铁地图都被认为指代了伦敦地铁系统。指代主要是一种惯例或规定。原则上，任何物体可以指代任何其他物体，只要使用者同意这么做即可。

第二，在认知的意义上，伦敦地铁地图不仅指代伦敦地铁系统，它更表征了伦敦地铁系统。或者说，它是出于认知目的表征该系统。根据地铁地图表征地铁系统这个事实，使用者可以使用这个地图做出关于这个系统的替代推理。但是，根据标示图，我们不能进行替代推理，因为我们不能根据标示图确定从一个站到另一个站的运行。而地图表征地铁系统，仅当使用者根据这个系统采用地图的一个解释。或者说，只有当使用者有意或无意根据目标客体采用一个客体的某种解释时，那个客体才能成为目标的一个表征。任何从工具到目标的有效替代推理预设某些表征是明显或隐含地采用的。

如果这是正确的，那么关于表征是两个独立于使用者的客体之间的一个

---

① 伦敦中部一街道，从海德公园向东延伸到皮卡迪利广场，以其时装商店、酒店和饭店而著名。

关系的主张就是错误的，也即，一个客体成为另一个客体的表征，仅当某些使用者明显或隐含地根据另一个客体采用那个客体的一个解释。有时，使用者并没有意识到他们采用了一个解释。即使他们意识到了，他们也不能说出他们采用的规则是什么。比如，人们通常不知道他们采用一个解释来完成从一张照片到这张照片所描述的情境的推理。他们只是看到照片所描述的情境。然而，这不意味着他们实际上没有采用某种解释，而是想当然地认为他们对照片的解释是显而易见的。这仅仅是因为我们太习惯于解释照片，以至于我们相信我们能够直接"看透"那种东西，而那种东西实际上是一张其上有无数微小点的乳胶纸照片。

第三，在范围的意义上，同一目标有不同表征。康特萨注意到，同一目标的不同表征可能有不同的范围(scope)，如果它们允许其使用者得出关于目标的不同结论。比如，意大利威尼斯的风景画和威尼斯的地图，它们都表征威尼斯这座城市，但是它们的范围明显不同。从风景画上，我们可以看到城市的建筑物和街道，在地图上我们看不到这些东西。从地图上，我们能够推理威尼斯城市的地形，而从风景画上则不能。由此可以得出结论：如果同一客体的两个不同表征具有完全不同的范围，那就可以说，它们表征同一目标的不同范围。

还需要注意的是，即使我们从每个表征得出那个客体的某些或全部方面的不同结论，但如果同一客体的两个不同表征精确地表征了那个客体相同的方面，那么它们也具有相同范围。比如，从同一城市威尼斯的不同版本的地图，我们可以得出完全相同的结论，除非从一幅地图有效推出在某河流有一座桥，而从另一幅地图难以推出有一座桥，即使这两幅地图有相同的范围。它们均是威尼斯的相同方面的表征，但是它们提供了威尼斯的特殊方面的不一致表征。只有当关于目标的属性的不相容的结论从每个表征得出时，同一目标的两个不同表征才不一致。

如果两个表征具有不同的范围，但是能够推出一个结论集是另一个结论得出的一个适当子集，那么后者比前者具有更大的范围。譬如，威尼斯的两幅地图，一幅比另一幅具有更大的范围，如果前者比后者更详细。也就是说，越是详细的地图，其表征范围就越大，反之越小。为了获得不同范围的表征，我们不必然需要不同的工具，在不同的解释下，同一客体可以产生具有不同范围的同一目标的不同表征。

四、表征的成功性和有效性

一个表征是否成功地[①]表征了它的目标系统呢？比如两幅不同年代版本的伦敦地铁地图，一幅是1930年的旧版本，一幅是2017年的新版本。两幅地图都表征了伦敦地铁系统，因为我们能够从任何一幅实现对伦敦地铁系统的有效替代推理，而且都表征了地铁系统的相同方面。然而，它们在某些方面提供了相冲突的表征。比如，根据旧地图，我们能推知在 Euston 和 Oxford 之间没有直通车，而根据新版本，我们推知 Victoria 线列车在两个站之间运行。从新地图获得的替代推理是正确的，从旧地图获得的某些推理根据它的标准解释是有效的，而与现在地铁系统相比就是不正确的，因为该系统有很大变化，比如开设了新线路。在这个意义上，只有新地铁地图成功地表征了现在的地铁系统，而旧地图的表征不是完全成功的，它误表征了地铁系统的某些方面。当然，旧地图对原来地铁系统的表征就是成功的，而不是表征现在的地铁系统。如果我们用旧地图表征现在的地铁系统，就是一种误目标表征。在这种情形下，我们不能责怪旧地图过时了，只能责怪自己用错了地图。

一般来说，如果一个工具是它的目标系统的一个完全成功的表征，它成功地表征它的目标，仅当这个工具表征这个目标，且我们根据这个工具的解释的所有有效替代推理是正确的。一个工具误表征一个目标的某些方面，如果这个工具表征目标的那些方面，而且根据这个工具的解释而得出的某些有效结论，对于这个目标的某些方面就是假的。如果我们采用非标准的解释，旧地图成功地表征现在的地铁系统原则上也是可能的。假如我们对旧地图重新做出解释，比如增加了哪些线路和站点，使得旧地图与新地图基本一致，此时，根据旧地图表征现在的地铁系统就可能是成功的表征。重新解释旧地图意味着我们将它的表征范围与它的表征成功做了交换。换句话说，旧地图成功地表征新地铁系统，仅当我们消除或严格限制那些规则，它们（规则）引起关于新系统的错误结论，而且这导致了范围的减小。比如，根据标准解释

[①] 这里的"成功"是指真实地而不是虚假地或者错误地进行表征。

规则，如果新地图上的两个站之间在这个地铁系统中没有开设新线，那么在两个站之间就不会有直达车。如果在旧地图上两个站点之间没有开通线，我们不会得出结论说，在现在的系统中，两个站点之间没有直达车。现在运行的某些线路在过去就根本不存在。

由于从旧地图我们也有可能得出现在地铁系统的某些正确的替代推理，旧地图就部分成功地表征了新地铁系统，即使它不是完全成功的表征。同样，如果有人推测性地从旧地图推知现在地铁系统的某些运行线路（旧地图上没有），那么我们就不得不说，旧地图是新系统的一个确定的成功表征，因为它允许我们从它得出真实的结论。也就是说，旧地图也具有一定的预测功能，不是完全失效。在科学中也是如此，旧理论对新理论能够解释的现象做出某些正确的解释的情形也不少。例如，旧原子论也能部分地解释新原子论得出的结论，如"物质是由原子构成的"这个命题与在新旧原子论中是一致的，只是新理论对于原子概念的理解发生了变化，如由原子不可分到可分。这表明，在新旧理论的更替中，我们不能一概地否认旧理论。

五、认知表征的多样性和准确性

由上述可知，康特萨一般将表征分为指代、认知表征和成功认知表征三类，这说明表征具有多样性。那么，它们之间的区别是什么？各自的含义是什么？这些问题需要做进一步的澄清。

这里还以前面提到的密歇根州的例子来说明。地图、右手掌和盐瓶都能够指代密歇根，但是从认知目的和成功性来看，这些指代工具不是同样好。我们不能说地图更能指代密歇根。笔者认为，这需要考虑语境因素。从语境相关角度看，它们各自的指代语境是不同的，在特定语境中，盐瓶可能更适合，比如在餐桌就餐时谈论到密歇根在哪里，随手拿起盐瓶来指代密歇根就是可以理解的，而且很方便。不过，表征不是随意的，它有目的、有限制条件，考虑这些因素，盐瓶就不是好的表征工具了。

然而，在康特萨看来，对于任何两个客体而言，为了让一个指代另一个，我们规定一个替代另一个就是充分的；如果一个必须是另一个的某些具体方面的一个认知表征，那么我们根据具有合适范围的后者采用前者的一个解释就是必要的①。而且，如果我们要求一个是另一个的明确的成功表征，那么我们采用的解释仅允许我们得出关于目标客体的、我们感兴趣的某些方面的真实结论也是必要的。密歇根的例子业已说明，已知某一目标和某种目的，给出某些客体的一个合适解释，一个表征工具可能比另一个更容易，如地图可能比盐瓶更容易。

为什么呢？就地形而言，地图显然比盐瓶更容易和方便，因为地图业已是一个成功的解释了。这种解释部分由一般规则构成，如关于地理地图的事实如何能被作为关于地理区域的事实，比如地图上的点的空间关系对应于它们所指点的空间关系。这些一般规则大多是隐含的，通常是由我们如何使用地图习得的，而且通常是由一组具体规则补充的，而那些具体规则是使用者从地图的一般使用知识获得的。通过使用地图，我们能够清楚且真实地告诉某人在某个城市的具体位置，以及如何去那里，因为地图已经清楚地标明了那个城市名称和位置，我们依据地图的指代就可以容易地做出解释。而且，我们还能够根据地图的比例准确地推算出一个城市到另一个城市的距离，如太原到北京。如果地图是标准的，那么我们的替代推理就是真实的和成功的。

然而，右手掌指代的密歇根虽然在形态上与实际的密歇根地形相似，但是其上没有关于密歇根的任何信息，我们当然无法像地图那样明确地向某人说明密歇根的具有位置和相关信息，也就不能进行替代推理。如果没有地图，右手掌指代的密歇根要比盐瓶指代密歇根的情况要好，毕竟它们在形态上相似，而盐瓶与密歇根没有任何相似之处。在这里，相似是右手掌优于盐瓶指代密歇根的根本原因。卡兰德和科恩将这种相似称为"几何结构"共有②。当然，一般来说，人们对所指代的东西越熟悉，或者说关于它的知识掌握得越多，对它的表征工具的使用就会越简单，如用盐瓶指代密歇根。

总之，人们似乎喜欢表征工具能够对表征目标的相关信息进行编码。这些信息根据一般解释规则的方式被提取出来，这要求工具的使用者用他们的

---

① Contessa G, "Disentangling Scientific Representation", 2005-09-13, http://philsci-archive.pitt.edu/2436/, p. 7.

② Callander C, Cohen J, "There Is No Special Problem of Scientific Representation", *Theoria*, Vol. 21, No. 55, 2006, p. 77.

知识规划这个工具。如果这工具被用于目标客体的某些方面的替代推理，它的解释需要从使用者那里获得关于目标客体方面的最小量知识。

六、解释规则的普遍性与异质性

康特萨在上述提及"普遍解释规则"（general interpretive rule），但没有给出定义。在康特萨看来，普遍解释规则在缺乏真实替代推理和替代推理的表现起重要作用，因此，必须对其做深入的分析。康特萨给出"普遍解释规则"的如下定义[①]：

> 一种解释是普遍的，当且仅当它能够依据两个不同的目标 C 和 D，被用来解释两个不同工具 A 和 B，以至于 A 是 C 的一个成功表征，是 D 的一个不成功表征；B 是 D 的一个成功表征，是 C 的一个不成功表征。

譬如，我们画一幅北京市的地图，然后以上海市地图的解释规则解释它也是可能的，还可能是对北京市的一种成功表征。同样，画一幅北京地铁系统图，然后以上海地铁图的解释规则解释也是可能的，而且可能是对北京地铁系统的一种成功的表征。

与普遍解释相对的是异质解释（idiosyncratic interpretation）。所谓异质解释就是一种非普遍解释，或者特有解释，它对于替代推理是不充分的。比如，在英语中句号是一个小圆点，用"句号"表征北京地铁系统图中的不同站点是可行的，共同之处是小圆点可以有不同的颜色。如果同样用句号表征上海地铁系统图中的站点恐怕就是不可行的，因为上海地铁系统图的站点可能采用三角形或方形。此时的句号不具有普遍解释特征。而且，北京地铁系统图的解释规则也可能不同于上海地铁系统图的解释规则，我们不能用一个解释另一个，它们各自有各自的解释规则。

总之，在康特萨看来，任何时候一个解释是异质的，其解释规则不能用于其他类似的目标。根据目标的工具解释是异质的情形，不是替代推理的真

[①] Contessa G, "Disentangling Scientific Representation", 2005-09-13, http://philsci-archive.pitt.edu/2436/, p. 10.

实情形。使用者了解目标系统是依据掌握规则做出的,而不是根据研究工具的属性做出的。

七、科学模型的假设生产性

科学表征与解释规则有何相关呢?科学模型在其中起重要作用。康特萨认为科学模型是某种目标系统的认知表征,因为在技术的意义上,我们能够从科学模型到世界中的某些系统进行替代推理。一个模型表征某个目标系统,主要是因为使用者能够使用模型从这个模型到这个系统实现替代推理。在这个意义上,模型本质上是作为它表征系统的假设的生产者的身份出现的。

比如,卢瑟福原子模型是为了解释著名的卢瑟福散射[①]现象而提出的。在1909年的一系列实验中,盖革[②]和马斯登[③]发现,通过0.00004厘米厚金箔的α粒子,20 000个中有一个以平均90度的角度散射。这种现象不能用当时流行的汤姆逊原子模型[④]做出解释。按照汤姆逊原子模型,质量微小的电子分布

---

① 1911年由卢瑟福提出,又称"有核原子模型""原子太阳系模型""原子行星模型"。该模型认为原子的质量几乎全部集中在原子核上,电子绕核运动,原子核带正电,电子带负电。在英国卡文迪许实验室,卢瑟福在汤姆逊的指导下做放射性吸收实验时发现了α射线。他在放射线的前进方向放不同厚度的材料,观察射线被吸收的情况。第一种射线不受磁场的影响,说明它是不带电的,而且有很强的穿透力,一般的材料如纸、木片之类的东西都挡不住射线的前进,只有比较厚的铅板才可以把它完全挡住,称为γ射线。第二种射线会受到磁场的影响而偏向,从磁场的方向可判断出这种射线是带正电的,这种射线的穿透力很弱,只要用一张纸就可以完全挡住它,这就是α射线。第三种射线由偏转方向断定是带负电的,性质同快速运动的电子一样,称为β射线。

② 以发明计数管而闻名,计数管可用来测量肉眼看不见的带电微粒,当带电微粒穿过计数管时,计数管就发出一个电讯号,将这个电讯号连到报警器上,仪器就会发出"咔嚓"声,指代灯也会亮一下。这样一来,看不见、摸不着的射线就可用非常简单的仪器记录测量了。人们把这个仪器称为盖革计数管。

③ 盖革的学生,1910年来到曼彻斯特大学,卢瑟福让他用α粒子轰击金箔做练习实验,利用荧光屏记录那些穿过金箔的α粒子。马斯登和盖革多次重复做这个实验,他们不仅观察到了散射的α粒子,而且观察到了被金箔反射回来的α粒子。

④ 汤姆逊原子模型也称"葡萄干布丁"模型,最初由开尔文提出,后来由汤姆逊发展。1903年,汤姆逊在发现电子的基础上提出了原子结构的"葡萄干布丁"模型,开始探讨原子内部结构。在此之前,道尔顿原子论认为原子是一个不可再分粒子,但汤姆生发现原子中的电荷,认为原子是一个实心球体,正电荷和负电荷就像葡萄干一样嵌在这个球上,成为一个"葡萄干布丁"(Plum

在均匀的带正电的物质中，而α粒子是失去两个电子的氦原子，它的质量约为电子质量的7300倍。当用这样一颗重型炮弹轰击原子时，小小的电子是抵挡不住的。而金原子中的正物质均匀分布在整个原子体积中，也不可能抵挡住α粒子的轰击。也就是说，α粒子会很容易地穿过金箔，即使受到一点阻挡的话，也仅仅是α粒子穿过金箔后稍微改变一下方向而已。卢瑟福和盖革已经做过多次这类实验，他们的观测结果和汤姆逊原子模型符合得很好。α粒子受金原子的影响稍微改变了方向，它的散射角度极小。马斯登和盖革继续重复这个实验，他们发现了被金箔反射回来的α粒子。卢瑟福检验了实验中反射回来的确是α粒子后，又仔细地测量了反射回来的α粒子的总数。在他们的实验条件下，每入射约8000个α粒子就有1个α粒子被反射回来（180度角）。用汤姆逊的带电原子模型和带电粒子的散射理论只能解释α粒子的小角散射，但对大角度散射无法解释。多次散射可以得到大角度的散射，但计算结果表明：多次散射的概率极其微小，8000个α粒子仅有1个反射回来，这与观察结果相差太远。而汤姆逊原子模型不能解释α粒子散射，卢瑟福经过仔细的计算和比较，发现只有假设正电荷都集中在一个很小的区域内，α粒子穿过单个原子时，才有可能发生大角度的散射。也就是说，原子的正电荷必须集中在原子中心的一个很小的核内。在这个假设的基础上，卢瑟福进一步假设了α散射时的一些规律，并且做了一些推论。这些推论很快就被盖革和马斯登的一系列实验所证实。

　　就粒子发生散射而言，汤姆逊模型是原子行为的一个不成功表征，因为在该模型中，粒子不发生散射，这导致得出错误的结论。这个例子表明，一个模型解释一个系统行为的某些方面是必要条件但不是充分条件，从模型我们能够推知，在适当的环境中，行为发生了。因此，依据一个模型解释一种现象的科学实践，与这个模型是产生那种现象的这个系统的一个特别成功的表征密切相关。在卢瑟福模型中，所有原子的正电荷和原子几乎所有质量都集中在体积非常小的原子核上，除电子围绕原子核旋转外，其余绝大部分则是空的。因此，在用高速、高能量的α粒子撞击金原子时，就会有极少量的

Pudding）模型。"葡萄干布丁"模型中的正电荷像布丁一样松软，负电荷的电子像嵌在布丁里的葡萄干，所以称之为"葡萄干布丁"模型。

α 粒子在碰到原子核后被弹回去，α 粒子被弹时发生的偏离角度会因撞击的角度不同而会有所不同，比如，有的偏离90度，有的偏离180度。这些事实说明散射的确发生了。而根据汤姆逊模型，散射就不可能发生。

根据卢瑟福模型，我们不仅能够推知散射会发生，而且也能够推知，α 粒子以大角度被弹回是由电磁排斥力引起的，因为当它们非常接近原子核时，带正电荷的 α 粒子和带正电荷的原子核的电磁力相互排斥（同性相斥），就像相同极的两块磁铁相互排斥一样。如果这个推理是正确的，那么，卢瑟福的模型就成功地表征了原子行为的某些方面，并解释了卢瑟福散射现象。相比之下，汤姆逊模型不能给出解释，因此在解释散射现象方面，它是一个不成功的模型。康特萨认为，当我们说这两个模型都表征原子时，我们不仅是说它们指代原子，就像字母H在化学元素周期表中指代氢原子一样，而且是说它们是原子的认知表征，因为两个模型都能够被有能力的使用者用来做出关于原子的某些方面的结论。

概言之，两个原子模型提供的表征不是同样的成功。从汤姆逊模型得出关于原子的一个结论，被盖革和马斯登的实验证明是错误的。根据标准解释，汤姆逊模型误表征了原子的某些方面。而正是基于这种误表征的发现，才有了卢瑟福模型的提出。

八、科学模型的理想化和近似性

上述两个原子模型尽管在表征力方面不同，但是它们都是根据相同的普遍规则做解释的。一般来说，即使没有什么能够阻止我们使用字母H（指代氢原子）作为认知表征工具，我们也必须根据这个原子的相关方面设计这个字母的一个特设（*ad hoc*）解释，以便做出与卢瑟福模型与汤姆逊模型提供的表征在范围上相似的一个表征。在康特萨看来，一旦针对一个系统的具体模型的一套指代规则被采用，这个模型的无限制解释（unrestricted interpretation）通常包括下列普遍规则[①]：

(1) 模型中的一个客体的一阶属性，如系统中客体的位置，被解释为这个系统中的对应客体的一种属性；

[①] Contessa G, "Disentangling Scientific Representation", 2005-09-13, http://philsci-archive.pitt.edu/2436/, pp.12-13.

(2) 模型中的客体之间的一阶关系，如系统中两个客体之间的距离，被解释为这个系统中的对应客体之间的一个关系；

(3) 模型中的一个客体的一个高阶属性，如一个客体的速度作为其位置的一个属性，而位置是那个客体的一阶属性，被解释为这个系统中的对应客体的一个高阶属性；

(4) 模型中的客体属性之间的一个高阶关系，如在距离 r，一个客体的质量和它吸引另一个有质量客体的能力之间的关系，被解释为这个系统中的对应客体之间的一个高阶关系；

(5) 作为整体模型的任何阶属性，如系统的能量，能够被解释为作为整体系统的一个属性。

……

模型的无限制解释的问题在于：当根据它的规则解释时，绝大多数科学模型误表征了它的目标系统。这种无限制解释模型的误表征有两个主要根源——近似（approximation）和理想化（idealization）。

那么，在什么情形下模型是近似和理想化的呢？一个模型的一个方面是理想化的，仅当根据无限制的解释被解释时，它产生了一个关于目标系统的对应方面的一个结论，而这个目标系统对于这个模型的创造者来说已知是假的。一个模型的一个方面是近似的，仅当根据无限制的解释被解释时，它产生了一个关于目标系统的对应方面的一个定量结论，而对于这一点，模型的创造者知道他仅能近似这个系统中的值。

对于模型的理想化和近似，我们需要注意的是，模型的创造者和使用者通常都会意识到，这个模型的无限制解释、理想化和近似方面将导致关于目标系统一些假结论。为了避免由理想化和近似产生的假结论，我们可以给无限制解释补充一套规则，这套规则能够阻止或限定从模型的理想化或近似方面的推理。康特萨将这种解释称为模型的"标准解释"。而构成一个模型的标准解释的规则不必然是具体到一个具体模型，它可能包括如下两个普遍规则[①]：

[①] Contessa G, "Disentangling Scientific Representation", 2005-09-13, http://philsci-archive.pitt.edu/2436/, p. 13.

(1)模型中的一个客体的理想化属性,如无摩擦平面,不能被解释为这个系统中的对应客体的属性;

(2)模型中的一个客体的近似属性,如自由落体运动中的物体下落加速度为 9.8 米/秒^2,不能被解释为这个系统中的对应客体的一个近似属性。

一个训练有素的模型使用者通常不需要被告知模型被理想化或近似的方面,他们心里很清楚,自然中根本不存在完全无摩擦的平面,自由落体运动中的物体下落加速度为 9.8 米/秒^2 只是一个近似值。如果不假设这些是使用者应该拥有的普遍背景知识的一部分,不假设模型的某些方面是理想化和近似的,那么当他们使用这个模型时就需要明确地告诉他们。比如,初等物理学教科书中就明确说明哪些模型是理想化和近似化的。因此,如果模型的某些方面是隐含地或明确地标明是理想化的或近似的,标准解释只能由普遍规则构成。

九、科学模型的聚焦性与目标重设性

针对卢瑟福原子模型,两年后的 1913 年,玻尔指出该模型是高度不稳定的。根据经典电动力学,任何加速电荷会辐射能量,因此,卢瑟福模型中的绕轨道电子会迅速塌陷从而进入原子核。而根据卢瑟福模型的标准解释能够得出,原子比其实际寿命更短。没有资料表明卢瑟福预先知道他的原子模型是极不稳定的。在玻尔提出这个问题后,卢瑟福承认这个问题应该引起重视,但同时辩护说,原子的稳定性问题在那个阶段是不需要考虑的,因为他们的关注点是散射而不是稳定性,稳定性明显依赖于原子的精细结构和构成电荷的运动。卢瑟福认为这是一个动态稳定问题,没有意识到这是一个电动态稳定问题。

事实上,在提出某一个系统的模型的过程中,科学家并不使自己致力于模型对目标系统的一个完全成功的表征。他们只是通过探究过程说明,在使用一个模型作为目标系统的成功表征过程中,他们的能力在不断提高。康特萨将这个过程称为"模型解释的聚焦(focussing)"[1]。这个过程的构成决定了

---

[1] Contessa G, "Disentangling Scientific Representation", 2005-09-13, http://philsci-archive.pitt.edu/2436/, p. 14.

根据标准解释的所有推理是否是正确的。在某些情形下,当这个系统的那些方面被经验地研究时,某些有效推理被发现是不正确的,如汤姆逊模型之于卢瑟福模型;在其他情形下,当模型被经验地研究时,某些被认为不正确的推理可能被证明是有效的,如玻尔发现卢瑟福原子模型的高度不稳定性。

康特萨认为,仅当相关科学共同体获得这个模型的解释,且根据这个解释推知该模型是目标系统的一个完全成功的表征时,聚焦过程才算结束。他把模型的这种解释叫作模型的限制性解释(restricted interpretation)。根据这种解释,我们才能得出关于目标系统的正确结论。随着科学家认知能力的提高,在标准解释下,关于某个目标系统的不成功表征的一个模型,可能成为同一目标系统的一个成功表征,如果采用限制性解释的话。在旧地铁图的重新解释的案例中,我们业已注意到,从一个模型的标准解释到它的限制性解释一般会涉及它的表征范围的减小。

亚里士多德的宇宙模型提供了表征范围减小的一个典型例子:为了表征的成功需要牺牲模型的表征范围。根据亚里士多德模型,宇宙中心是静止的地球,宇宙外围圈是一个旋转的球形壳体,围绕中心匀速运行,星星固定在壳体之上,包括太阳和月亮在内的行星在地球与恒星之间的空间内运行,而且每颗行星都是匀速地在一个圆形轨道上运行。在随后几个世纪的发展中,从亚里士多德模型得出的几乎所有结论,根据它的标准解释被证明是错误的。这引起对该模型的多种重新解释和修正,首先导致了托勒密地心宇宙模型的形成,最后导致哥白尼的日心宇宙模型取代了托勒密的地心宇宙模型[①]。

然而,即使像亚里士多德宇宙模型这样一种很不成功的表征,如果进行

---

① 托勒密地心宇宙模型被认为是宇宙学史上第一个运用几何学成功说明行星运行的理论。从表征的观点看,就是用几何学表征宇宙中天体的运行。它以静止的地球作为宇宙中心,每个行星和月亮都在"本轮"上匀速转动,而本轮中心又在"均轮"上绕地球转动,只有太阳直接在均轮上绕地球转动,地球与各个均轮的圆心有一定距离的偏离;水星和金星的本轮中心始终位于日地连线上,这一连线一年绕地球转一周;火星、木星、土星到它们各自的本轮中心的直线始终与日地连线平行,它们每年绕各自的本轮中心转一周;所有恒星都位于最外的固体球壳"恒星天"之上,并随"恒星天"每天绕地球转一周;日、月、行星也随"恒星天"绕地球做周日运动。

根本性的修正，也能够转变为一个成功表征的宇宙模型。比如，通过采用一个选择性解释，一个有能力的使用者，如托勒密和哥白尼，能够使用亚里士多德模型正确地预测在夜晚天空行星的位置。这样所得证据是：业余天文学家使用行星图事实上是基于亚里士多德模型的一个根本的限制性解释，尽管它不是很成功，但它至少能够成功地表征它的目标的一个方面，比如行星围绕中心做圆周运动。

科学模型服从的另一类型的重新解释是目标重设（retargeting）。康特萨对目标重设的定义是：目标重设发生，仅当一个模型的目的最初是表征系统的某个类型而必须以另一种方式重新解释时，以至于它能够通过采用一套不同的指代规则被用来表征系统的不同类型[①]。

我们以打秋千为例说明这个定义。假设当一个小孩使用秋千时，拴秋千的两根绳子不会断。此时，我们需要确切知道，秋千被使用时绳子的张力不大于它静止时的张力。怎样才能知道这些张力呢？一种科学的方式就是使用理想摆模型。描述理想摆模型最方便的参照系是直角坐标系。假设 y 轴总是与绳子平行，x 轴与摆锤的瞬时速度平行。有两种力作用于摆锤——一种是引力，它将摆锤向下拉；另一种是绳子的张力，它在绳子的方向拉摆锤。假设 θ 指代从摆的静止位置到摆动形成的角度，那么引力能够被分解为一个 x 成分、一个 y 成分、$mg\sin\theta$ 和 $mg\cos\theta$[②]。在某个点，引力的 y 成分超过张力，等于 $mg\cos\theta$，绳子的张力随着 θ 的增大而减小，当摆锤静止时达到最大值。

这个数学描述能够告诉我们关于摆模型的什么呢？理想摆的标准解释根据真实世界摆解释了这个模型。理想摆的摆锤指代我们讨论的秋千的摆锤，理想摆的绳子指代真实摆的绳子等。在我们能够使用理想摆作为秋千的一个认知表征前，我们必须根据秋千重新解释它。也就是说，在一个具体案例中，如果我们要根据某个已经建立的模型解释新的目标系统，如秋千系统，我们必须重新对这个模型做出解释，目标系统的变化将导致指代规则和推理规

---

① Contessa G, "Disentangling Scientific Representation", 2005-09-13, http://philsci-archive.pitt.edu/2436/, p. 15.

② $\sin\theta$ 和 $\cos\theta$ 为三角函数符号。

则变化。本质上,这个目标重设其实就是科学模型的应用。一旦模型被重设,我们需要聚焦于新解释。某些结论对于原初目标是真实的,而对于新目标可能不是真实的。不过,重设目标模型所特有的是,在许多情形中,对于原初目标是真实的大多数结论,对于新目标也是真实的。

第十一章

结构语义论：表征是基于物理设计的模型匹配

结构主义的表征观受到了科学哲学界的广泛批判。弗丽嘉是其中一个主要反叛者。他从批判表征的结构主义开始，认为表征是结构化的语义获得过程，模型是其中的核心部分，是获得和组织科学知识的关键，它以这样或那样的方式表征其目标系统。也就是说，模型=结构+物理设计+匹配过程，但如何表征却是个难题。他提出三个难题：本体论难题，即模型是哪类客体，其结构在集合论意义上是虚幻客体、实际客体、描述体、方程或别的什么东西；表征难题，即模型是根据什么表征目标系统的；表征策略难题，即模型是以何种方式表征的。一个是本体难题，两个是语义难题。在笔者看来，还应加上准确性难题，即误表征的可能性问题，不是所有的科学表征都是准确的和可靠的。

第一节 对结构主义表征观的质疑

模型在科学中具有重要作用，其主要功能是表征目标客体，即我们要描述的世界的部分。或者说，模型是某物的表征，它们替代、描述或模拟外部世界被选择的部分，如太阳系模型、气体的弹性球模型、玻尔的原子模型、罗伦兹的气象模型、MIT 核子袋模型、DNA 双螺旋模型等。这些著名的科学模型以这样或那样的方式表征了它们的目标系统。在科学探寻的语境中，为了获得知识和真理，模型必须具有表征力，因此，表征就成为模型的本质特征。

通过表征，科学家能够告诉我们关于实在世界的本质吗？如果模型能够表征世界，那意味着存在这样一个预设：模型的某些方面在世界中有对应物。这就涉及世界的结构与模型的结构的匹配问题。问题是，是科学家根据目标系统的结构设计模型，还是根据模型的结构描述世界？要回答这些问题，弗丽嘉认为，根据科学所取得的成果，我们必须坚持这样的主张——模型使得某类表征成为必然[1]。

这自然会产生两个问题——模型如何进行表征？它是哪类事物？对这两个问题目前最有影响的回答是在理论的语义论（模型-理论）的语境中做出的。语义论的核心主张是，模型即是结构，它能够表征是由于它与所表征的目标系统同构。这是表征模型的同构观。这种观点遭到了苏雷兹的强烈批评[2]，其反驳理由是，表征不是对称关系，而同构是对称的。弗丽嘉将理论的这种语义论称为模型的结构主义观点[3]，并认为这种观点走向了终点，因为它不能说明模型表征这个事实。在他看来，结构主义是一种"从内部看"的观点，而表征更需要"从外部看"，因此，结构本身不表征任何东西。

然而，模型是有结构的，被表征的客体也是有结构的。可以说，世界上任何事物都有结构。那为什么说结构不表征任何东西呢？弗丽嘉认为，说结构不表征，并不是说模型不表征，结构加上某些"材料"才能被赋予表征能力。那么，这些材料是什么呢？弗丽嘉认为是"物理设计"（physical design）[4]，

---

[1] Frigg R, "Model and Representation: Why Structure Are Not Enough", In *Centre for Philosophy of Natural and Social Science: Measurement in Physics and Economics Technical Report* 25/02, 2002, p. 2.

[2] Suárez M, "Scientific Representation: Against Similarity and Isomorphism", *International Studies in the Philosophy of Science*, Vol. 17, 2003, pp. 225-244.

[3] 理论的语义论或语义论是过去采用的名称，模型的结构主义是最近十几年它的拥护者，如范·弗拉森、弗雷赫、达·卡斯塔采用的名称。这两个术语名称虽然不同，但其意义几乎是一致的。

[4] 弗丽嘉的物理设计，与卡特赖特的精制描述、阿奇斯坦的理论模型、萨普斯的物理模型，以及海西的类比模型密切相关。

它在科学的意义上是类似于模型的东西。如果不借助于物理设计，结构就不能被赋予表征力，它本身也就不是模型。模型是表征的工具，出于这个目的的任何东西都是模型的部分。在这个意义上，弗丽嘉将模型定义为：

> 一个模型是一个复杂的实体，它至少由一个结构、一个物理设计和一个连接二者的过程构成。

这个定义表明：弗丽嘉仍然坚持结构主义立场的一种还原，即为了使得结构主义发挥作用，你必须在其上加上某些元素，这些元素是结构主义没有的，或者不允许有的。其实，弗丽嘉的"物理设计"并不是一个新的概念，正如他自己承认的，这个概念比起那些关于模型的哲学说明只是多了些科学的成分，而且更突出主体性。在他看来，物理设计是任何表征模型的一个核心部分，它不仅仅是给科学家的一个启发工具，也不仅仅是一个"友好"但不必要的补充物。弗丽嘉的口号是"没有物理设计，就没有表征！"（no physical design, no representation！）对于这个主张，他特别声明：这样讲并不是说，结构不重要，对模型没意义，而是强调结构本身对于建模是不够的。他并不否认结构对于数学科学是非常重要的。

对于科学模型，弗丽嘉[①]认为模型作为科学知识的获得与组织的核心这种观点，依然成为官方哲学智慧的重要部分。而且大多数模型以某种方式表征了它们的目标系统的观点也被普遍接受。这是科学实在论的观点。然而，模型表征它的目标系统是什么意思？令人惊奇的是，这个问题几乎没有被认识到，更没有被认真地讨论过。科学表征对于知识创新的重要性是不言而喻的，但理论的语义观，即关于表征的语义论，并没有阐明科学表征的问题，因为它主张模型是通过与其目标系统的同构或相似来表征的。

在弗丽嘉看来，语义论面临无法解决的问题，因为同构和相似概念太弱不能赋予模型以表征力。他继而提出一个表征理论来克服语义论的缺陷。该理论的主导思想是用三个关系解释表征，这三个关系是指代（denotation）、显

---

① Frigg R, Re-Presenting Scientific Representation, *Dissertation & Theses-Grad work*, Vol. 2633, No. 3, 2003, pp. 219-234.

示（display）和指定（designation），即 3D 理论。一个模型以大致相同的方式指代其目标系统，即一个名称指代其承载者（所指物），同时它显示某些属性，也就是说，它具有这些特性，而且模型的使用者将它们图示化。最后，模型的一个方面指定目标系统的一个方面，如果前者代替后者，而且提供了两种关系的一个详细说明的话。

第二节 结构主义的模型观

结构主义源于索绪尔（Saussure）的结构主义语言学，后来逐渐用于人类学、数学、哲学和科学。它主要是一种方法论，强调结构而非实体，强调关系而非事物，主张事物仅作为一个意指系统的元素而存在。结构无疑是结构主义的核心概念，因此，我们有必要对结构做一些分析。

弗丽嘉是这样描述结构的。一个结构 S 是一个由下列成分构成的合成实体：

(1) 一个非空的个体集合 U，它被称为结构 S 的域；
(2) 一个关于 U（可能是空集）的操作集合 O；
(3) 一个关于 U 的非空的关系集合 R。

这些成分可以用一个有序的三组元表示为：$S=\langle U,O,R\rangle$。在这个结构中，这些成分可以是任何事物。也就是说，操作（运算）和函数是外延地精确指明的，或者说，n 元位关系被定义为 n 元组类，作为 n 变元的函数被定义为 $n+1$ 元组类。在这个意义上，科学模型只不过是结构。萨普斯是这种观点的代表，他指出，"模型概念的意义与数学和经验科学中的意义是相同的"[1]。这一观点成为理论语义论的标志。尽管对于模型的意义在不同的科学哲学家那里不尽相同，但是他们都相信，经验科学中的相关模型概念，就是我们在数学逻辑中发现的概念，至少非常相关。比如，达·卡斯塔和弗雷赫曾经正

---

[1] Suppes P, "Models of Data", In Nagel E, Suppes P, Tarski A (Eds.), *Logic, Methodology and Philosophy of Science: Proceedings of the 1960 International Congress*, Stanford: Stanford University Press, 1962, p. 24.

确地指出,"语义论的基本主张是理论(模型家族)被当作结构,将这一观点重新置于该理论的核心是非常重要的"[①]。

在弗丽嘉看来,结构本身不是世界中的任何事物的表征,它们是缺乏经验内容的纯粹数学元素。笔者赞成这种看法。一个符号结构,如果不赋予其语义,它就只能是一串符号,有结构但没有意义或内容,而缺乏经验内容的结构,人们是无法理解的。不能理解的东西,即使它存在也是没有价值的。因此,一个表征必须拥有语义内容,也即,它必须表示某个其他东西。而结构本身不表示任何其他东西,它们不把任何真实世界系统作为其客体。

结构主义者也意识到这一缺陷,也承认如果要使得结构成为表征模型,就必须增加关系的一个详细说明,在这个关系上模型能够承载目标系统。那么,这个关系的实质是什么呢?为了忠实地再现语义论的精神实质,"结构同构"是最自然的选择。"结构同构"是指:一个结构 S 表征一个目标系统 T,当且仅当它们在结构上同一。正是这个同构才将结构与世界连接起来,正是由于它们与世界的某些表达同构,才使得结构获得了表征力,才能关涉某物。范·弗拉森、弗雷赫、达·卡斯塔等人也持此观点,而将结构主义最早引入科学哲学的可能是范·弗拉森,他的经验结构主义表明了他的立场[②]。

问题是,一个目标系统与一个结构同构是什么意思?在数学中,同构是指一个结构与另一个结构之间的关系,不是一个结构与世界的某些部分的关系。在弗丽嘉看来,同构蕴含了这样一个假设:目标系统展示了某种结构。或者说,目标系统不是"赤裸的事物",它们是以某种方式结构化的"物理结构",即 $S_p = \langle U_p, O_p, R_p \rangle$。这是一个非常重要的假设,而且是正确的、没有问题的,否则,同构就失去了意义。

在这个假设正确的前提下,弗丽嘉进一步细化了同构的结构。

同构是一个映射 $f: S_p \to S$,以便:(1) f 是一对一(双向单射);(2) f 在下述意义上保持这个关系系统:如果 S_p 的构成元素 $a_1, \cdots, a_n$ 满足关系 R_p,那么,对应元素 $b_1 = f(a_1), \cdots, B_n = f(a_n) \cdots$,处于 S 满足 R 的关系中,在那里,R 是

[①] da Costa N, French S, "Models, Theories, and Structures: Thirty Years on", *Philosophy of Science*, Vol. 67, 2000, p. 119.

[②] van Fraassen B C, *The Scientific Image*, Oxford: Oxford University Press, 1980, chapter 2.

处于 S 对应于 R_p 的关系。相似地，对于 S_p 的所有操作 g_p，我们有 $f[g_p(a_1, \cdots, a_n)] = g[f(a_1), \cdots, f(a_n)]$。需要注意的是，如果这里引入的同构是对称的、反身的和传递的，那么，其含义就是：如果 A 与 B 同构，那么 B 与 A 同构；任何结构都与自身同构。而且，如果 A 与 B 同构，B 与 C 同构，那么 A 与 C 同构。

概言之，结构主义的模型观是：一个模型 M 是一个结构，且 M 表征一个目标系统 T，当且仅当 T 在结构上与 M 同构。

这是一个严格的结构同构条件。对此，苏雷兹提出了异议。苏雷兹认为，一个模型的表征力必须是它的固有部分，不是某种强加上去的外在因素。进一步说，由于结构本身不表征世界中的任何事物，把它当作模型就是不适当的。模型固有地指向它的目标，不必要通过假定一个关系(结构同构)与目标客体发生联系。正如他所说："一个模型是一个表征，当它内在地意指某些现象时；它的意向使用不是我们能够选择加给模型的一个外部关系，而是模型本身的一个内在部分。"[1]笔者认为苏雷兹是有道理的，一个模型只有当它能够意向地指向它的目标客体时，它才是一个模型。这里涉及意向性问题，因为表征本身就是一种意向行为，而不是非意向的模拟。

弗丽嘉也赞成苏雷兹的看法。他认为，把一个模型看作一个结构，就如同把一幅画看作画布上彩色点的集合。语义论的支持者并不同意这种说法，因为在他们看来，当他们把模型看作结构时，他们实际上是指"结构加同构"。在这个意义上，结构主义的观点就是，一个模型就是一个集合-理论结构加上同构，同构把目标和结构连接起来。如果仅把"裸结构"看作模型，那就有点太草率了。合理的结构主义的表征观应该是：结构 S 表征目标系统 T，当且仅当，T 在结构上与 S 同构；假如情形是这样的，模型 M 就是由结构 S 与连接 S 和 T 的偶对(pair)[2]。

---

[1] Suárez M, "Theories, Models and Representation", In Magnani L, Nersessian N J, Thagart P (Eds.), *Model-Based Reasoning in Scientific Discovery*, New York: Springer, 1999, p. 79.

[2] Frigg R, "Model and Representation: Why Structure Are Not Enough", In *Centre for Philosophy of Natural and Social Science: Measurement in Physics and Economics Technical Report* 25/02, 2002, p. 8.

雷海德对此提出质疑①。他认为，不是结构的所有元素都与真实系统相对应。在这种情形中，模型与目标系统之间的适当关系是嵌入的（embedding），而不是同构的。如果情形是这样，那么模型的元素与目标系统之间就是一种单射关系，而不必然是一对一关系。更形式化地说，对于集合 A 中的所有 x,y，如果 x 不等于 y，那么 $f(x)$ 也不等于 $f(y)$。在弗丽嘉看来，在表征的意义上，嵌入与同构之间的区分不那么重要。如果一个结构 R 嵌入一个更大的结构 S，那么 R 就与 S 的亚结构 S' 同构；而正是这个亚结构 S'，才使得模型具有表征力。在这种情形下，模型对应的是 S' 而不是 S。

弗丽嘉将结构主义的模型观概括为：

一个科学模型 S 是一个结构，它表征目标系统 T，当且仅当 T 结构上与 S 同构②（图 11-1）。

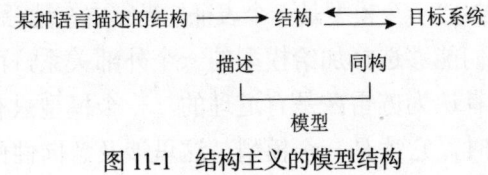

图 11-1　结构主义的模型结构

第三节　发展的语义论

模型的"结构加同构"观点能够保证一个模型是其他某物的一个表征吗？能保证它具有关涉性吗？弗丽嘉认为科学的实际情形不是这样的。他引用普特南曾经描述的一个思想实验来阐明其观点。

---

① Redhead M , "The Intelligibility of the Universe", In O'Hear A (Ed.), *Philosophy at the New Millennium, Royal Institute of Philosophy Supplements (48)*, Cambridge: Cambridge University Press, 2001, p. 79.

② Frigg R, "Scientific Representation and the Semantic View of Theories", *Theoria*, Vol. 21, No. 55, 2006, p. 53.

一、表面相似的结构不表征任何事物①

普特南设想了这样一个情景：有一天，一个不懂物理的数学家写下了一个方程，一个懂物理的人看到后立刻意识到，这是一个描述振荡摆运动的方程。这个方程描述的相空间轨迹是一个摆运动的模型。那个数学家写下了一个摆运动的模型吗？一般来说，大多数人会认为没有。数学家写下的是一个纯符号结构的公式，不是任何物理系统的一个模型。因为那个数学家毕竟从来没有听说过振荡摆，当然就没有意向去建构一个表征振荡摆的模型。他只是写了一个方程并想解它。其他人把看到的方程当作摆的一个模型这个事实，并不是他所关心的。这与"说者无心听者有意"是一个道理。

通过这个思想实验，弗丽嘉试图表明：结构同构对于使得某物表征其他某物是不充分的。普特南还描述了蚂蚁在沙滩爬行留下的痕迹，有人看到这个痕迹后说是像丘吉尔。难道我们能说这个痕迹表征丘吉尔吗？普特南的结论是：这不可能。"丘吉尔面貌的相似性对于使得某物表征或指称丘吉尔是不充分的，也是不必要的。"因为"蚂蚁留下的丘吉尔'图像'，与丘吉尔没有任何必然的联系。'图像'承载了丘吉尔的相似性这个事实，不能使它成为一个真实的图像，也不使它成为丘吉尔的表征。除非那只蚂蚁是一只智能蚂蚁（它不是），而且认识丘吉尔（它不认识），它留下的痕迹不是一个图像，或者任何事物的一个表征。"②

以上两个思想实验的不同在于：前者的主角是数学家，是有意向的主体；后者的主角是蚂蚁，是没有意向的昆虫；数学家写方程的过程是认知过程，蚂蚁爬行不是认知过程。但是在他人眼里，由于他的相关知识或见识，他以为数学家的方程和蚂蚁的痕迹表征了某些事物。从主角的视角看，方程或痕迹什么都不表征，它就是方程或痕迹。

为什么会有这么大的差别呢？从语境论的视角看，由于不同主体的语境不同，因而看法就不同。就拿蚂蚁的例子来说吧。蚂蚁肯定不认识丘吉尔，

---

① 相似是同构概念的弱化。也就是说，一个模型 M 表征目标系统 T，当且仅当 M 与 T 相似。吉尔就持表征的相似观。同构观和相似观是理论的语义论的两个不同版本。

② Putnam H, *Reason, Truth, and History*, Cambridge: Cambridge University Press, 1981, pp. 1-3.

它当然不会按照丘吉尔的形象去爬行，它随机留下的痕迹，在他人看来就是丘吉尔，因为他见过或者认识丘吉尔，或者是看到过丘吉尔的像。假如他从来未见过或听说过丘吉尔，即使他看到了蚂蚁的痕迹，也不会说那些痕迹就是丘吉尔的表征了。因为他无法将蚂蚁的痕迹与丘吉尔联系起来。这就是语境的作用。因此，语境论能够解决结构主义的表征不充分问题。笔者将在后面的语境表征模型建构中专门讨论这个问题。

数学家的例子也一样。虽然说数学家是人，但是他的目标不是要表征世界中的某物，因而他写的数学方程不会表征某物。在科学史上有不少运用数学解决重大科学问题的例子。但是，许多数学结构是在被科学运用前很久就被发现了，如希尔伯特空间、黎曼几何学、矩阵代数、群理论、节点理论等。我们不是说数学家发现方程就是要表征世界的某些方面，比如，我们不能由于希尔伯特空间被用于量子力学，就说希尔伯特创造了量子力学，也不能因为曲线几何学被用于相对论，就说黎曼发现了广义相对论。数学方程的发现与它们在科学上的运用是两回事。

二、结构本身不表征任何东西

弗丽嘉引用普特南的思想实验的目的是要说明模型的指称问题。指称不明确，表征就没有目标。在弗丽嘉看来，普特南的故事只是故事，还不是论证。他从五个方面论证了同构对于建立表征是不充分的[1]。

(一) 结构同构具有错误的形式特性

表征为什么不能以结构同构来表现呢？弗丽嘉认为同构具有形式错误。这表现在，同构是对称的、反身的和传递的，而表征不是[2]。难道表征就不是对称的、反身的和传递的吗？

---

[1] Frigg R, "Model and Representation: Why Structure Are Not Enough", In *Centre for Philosophy of Natural and Social Science: Measurement in Physics and Economics Technical Report* 25/02, 2002, pp. 10-17.

[2] 持这种观点的还有古德曼、苏雷兹、卡特赖特等，其实，古德曼在 1976 年就表达过类似的观点，见 Goodman N, *Languages of Art* (2nd ed.), Hackett: Indianapolis and Cambridge, 1976, p. 4.

对称性是指，一个物体与另一个物体在结构上一致。如果 A 与 B 同构，那么 B 也与 A 同构。然而，如果 A 表征 B，那么 B 不必然或不一定表征 A，事实上，在大多数情况下，B 不表征 A。比如，我的照片表征我，但是我不表征我的照片，汽车模型表征真实汽车，但真实汽车不表征汽车模型，中国地图表征了中国地貌，但中国地貌不表征地图，等等。在科学中，玻尔的原子模型表征原子，但不是相反。也就是说，A 表征 B，B 在大多数情况下并不表征 A。

为什么是这样呢？模型是根据被表征对象的主要特征建构的，也就是抽取了它的最重要的属性，包括结构和性质，并不是全部，因而是不对称的。这是对的。但问题是，结构同构的两个事物是彼此表征的吗？恐怕也不是，比如，桥梁模型与真实桥梁，即使完全同构，二者还是不同的。人体骨架与真实人体之间就不是表征关系，我们不能说某人的骨架表征了某人。在结构上，骨架与真实人是同构的，但是骨架没有血肉，也没有人的形象和表情，当然不是表征关系。因此，纯粹结构同构不构成表征关系。笔者同意弗丽嘉的看法。

反身性是指，任何事物都与它自己同构。问题是，事物自己表征自己吗？我与我自己同构，我表征我自己吗？如果能，那就等于说 A 表征 A，或者 A 就是 A。表征本质上是两个不同类事物之间的关系，在这个意义上，事物自己不能表征自己，只能表现自己，即自我表现。

传递性是说，如果 A 与 B 同构，B 与 C 同构，那么 A 与 C 同构。对表征而言，弗丽嘉认为情形不是这样的，同构可以传递，但表征不能。比如，孙中山纪念馆里孙中山的铜像表征孙中山本人，我们拍下铜像的照片，照片是铜像的表征，我们能不能说铜像的照片也表征孙中山本人呢？弗丽嘉认为不能。在笔者看来未必不能。如果人们看到铜像的照片说这是孙中山，我们能够说这不是表征吗？铜像只是表征与被表征事物的一个中介。又如，天安门的模型表征天安门，模型的照片表征模型本身，那么，模型的照片表征天安门本身吗？笔者想很多人会认为能够表征，因为模型的照片几乎就是天安门本身的照片。在表征的可传递上，笔者不完全赞同弗丽嘉等人的观点。

不过，在科学中，情形可能有所不同，表征的非传递性表现得比较突出。弗丽嘉以混沌理论为例做了说明。在混沌理论中，许多著名的映射，如猫图、马蒂、罩图、面包师变换（baker's transformation）[1]等，没有被设计为表征任何真实过程。它们是非常复杂的连续相位流的一个简单和概略的图像，而正是这些相位流表征了真实系统的动力学。在弗丽嘉看来，映射表征相位流，相位流表征物理系统的动力学，但映射不表征物理系统的动力学。这是有道理的。

为了进一步澄清表征的非传递性，弗丽嘉区分了非传递（non-transitive）和无传递（atransitive），认为前者是一个比后者更弱的概念，因为后者包含了前者而不是相反[2]。因此，他主张表征是非传递的，而不是无传递的。

（二）结构同构对于表征是不充分的

弗丽嘉认为，结构同构这个概念过于包罗万象，以至于不能说明表征。在许多情形中，一对同构客体不表征其中另一个。比如，两本同一种书是完全同构的，但一本不必然是另一本的表征，复制本才是表征。两个物体之间的同构对建立必要的表征关系是不充分的，许多同构的情形不包含任何表征。因此，同构不是表征的充分条件。

然而，这个问题可能是虚假的，因为在已设定框架中，这个问题不能完全突然出现。使用的模型是结构，目标系统是世界中的客体，也有自己的结构。只要将这个事实引入本体论的限制，就能够简单地排除反例。我们可以这样定义表征：一个模型 M 必须是一个结构，目标系统 T 必须是真实世界中的一个具体客体或过程。这个策略就自然阻止了上述异议。即使一本书与另一本相似，它也不表征另一本，因为它属于错误的本体论范畴。因此，模型的本体论是一个难题。

不过，事情没有这么简单。虽然模型常常的确指称世界中的事物，但这并不是必然的。这就像一幅图像能够表征另一幅图像，一个模型能够表征另一个模型，而不是世界中的任何事物。在混沌理论中，像面包师变换这个映

---

[1] 面包师变换是混沌动力系统中的一个非常经典的变换，就如面包师揉面那样不断翻转并反复变换面团的形状。

[2] 弗丽嘉是这样论证他的观点的：关系 R 是非传递的，如果真实存在的三个个体 a, b, c 构成的关系 $R_{ab}\&R_{bc}$ 是真的，而 R_{ac} 是假的；关系 R 是无传递的，如果不存在任何三个个体 a, b, c, 那么 $(R_{ab}\&R_{bc})\rightarrow R_{ac}$ 有效。

射是表征发生在另一个模型中的模型,而不是表征在世界中正在发生的事物。因此,通过要求模型的目标系统必须是真实系统,我们就排除了表征的明显的和重要的情形。然而,这是难以接受的结果。

(三)表征具有多重实现性

多重实现是心灵哲学的一个概念,是指一个概念或理论可用于多个领域。模型和结构同构概念也具有这样的功能。在科学中,把相同数学结构成功运用于不同语境中的领域或学科,是常见的事情。比如,线性方程被广泛运用于物理学、经济学、生物学、社会学,甚至心理学。分类测量表被用于确定长度、体积、温度、压力、电阻、固体的硬度等。牛顿的引力定律的数学结构 $1/r^2$ 用于电磁吸引力的库仑定律,谐振子方程在经典力学和经典电动力学的语境中同样重要。这些例子充分说明:结构是"一对多"(one-over-many)[1]。也就是说,同一结构可以由不止一个目标系统例示。几何结构更是一个典型的例子。例如,四等边锥体既用于建筑,也表征了碳的原子结构。现实生活中的螺旋滑梯和螺旋梯与 DNA 的双螺旋结构,可以说是结构同构。

然而,结构的多重实现性与模型的表征力之间是有冲突的。这是为什么呢?这需要从心理表征说起。起初我们观察到模型是其他某物的表征,在隐含的意义上,模型是某些特殊目标系统的表征。这个目标系统既可能是一个记号,如图腾,也可能是类型,如原子模型。但是,模型同一时间不是几个不同事物的模型,一个模型只能是一个特殊事物的一个模型。这与图像的情形一样。一幅图像描述一个具体事物,如维纳斯像。但是同一块画布不能立刻就是一幅维纳斯、蒙娜丽莎。表征,就其本质而言,是直接指向一个特殊现象。或者说,表征有能力把一个特殊事物纳入一个适合且有资格的人心里。

正是表征的这个属性,它才与多重实现性不协调。如果一个特殊集合理论结构与多个例示同一经验结构的系统同构,那么它是哪一个的模型呢?比如,谐振子结构,它是哪一个的模型呢?一个摆锤的?一个系在弹簧上下移动的铅球的?一个电磁波的 B-场的振幅?还是一个黑体壁上的原子运动?谐振子都与这些同构,但它是所有这些的一个模型?弗丽嘉注意到,模型的

---

[1] Shapiro S, *Thinking about Mathematics*, Oxford: Oxford University Press, 2000, p. 261.

一个主要特征是,它是外部世界的一个特殊选择部分的一个模型。但是,如果外部世界的几个部分能够例示同一个结构,这个结构本身不代表其中任何一个部分。那么,所有结构同构的系统中的哪一个代表模型?我们会面临一个困境:结构作为模型必须代替一个特殊系统,或者一个特殊类型的系统。但是作为一个裸结构,它与所有那些目标系统同构,而且建立的结构中不存在任何东西,这个已建立的结构选择目标系统中的一个作为"特权目标系统",这个特权目标系统才是结构的一个真实模型。结构本身不能指明,哪些结构同构的目标系统中的哪一个是它要用于其上的。由于这个理由,结构加上同构不是一个模型。

(四)模型的同一条件

一个成功的科学模型必须给出同一性条件,能够使我们说明在什么条件下两个模型是同一的。也就是说,我们必须能够使得模型个性化。因为没有实体不具有同一性。然而,弗丽嘉认为,如果模型被看作结构,那么这也是不可能的。他用归谬法给出了证明:假设 A 和 B 是两个彼此不同的目标系统,它们例示同一个结构(这完全是可能的);再假设 M_A 和 M_B 是各自的模型,即 M_A 是 A 的模型,M_B 是 B 的模型。由于 A 和 B 不同,如一个摆锤或者一个电路,它们的模型也不同,因为模型是关于具体系统的。然而,由于 A 和 B 例示了相同的结构,而且假设模型是结构,因此,M_A 和 M_B 必须是同一的。这样 M_A 和 M_B 既是同一的又是不同一的。这显然是矛盾的。论证表明:两个前提中肯定有一个是假的,弗丽嘉认为"模型仅仅是结构"这个假设是假的。因此,结构对于个性化模型是不够的。

(五)不准确和误表征的可能性

一方面,许多表征在一个或多个方面是不准确的。比如,玻尔的原子模型和原子核的液滴核模型,其结构与它们的目标系统的结构并不完全同构。但是,根据结构主义,不准确模型是不能表征的,模型要么与其目标系统同构而进行表征,要么不能表征。弗丽嘉认为这个条件太苛刻。在科学中,许多模型在某些方面与它们的目标系统并不一致,这个事实表明,结构同构对于表征不是必需的。另一方面，除不准确外，结构主义可能是完全错误的。譬如，千百年来，人们一直把地球看作一个平圆盘，也就是用平圆盘表征地球。现在看来这完全是错误的。结构主义者不能把平圆盘看作是地球的一个表征吧！表征要么是正确的，要么就不是表征。根据定义，没有表征可以是假的，也就是表征必须是真的。

这种表征为真的观点与科学实践显然是矛盾的。为了评估一个模型的质量，我们必须假设它能够表征。只有当我们假设 M 表征 T 时，我们才能问表征得如何这个问题。我们尝试性地提出一个模型作为某物的一个表征，然后试图发现它是否是一个准确的表征。但是，如果我们否认一个假模型具有表征力，我们发现这是不可能的。在什么基础上，我们能够说地球的平圆盘模型是错误的，如果我们否认了表征的特性的话。因此，否认假模型能够表征，破坏了检验一个模型这个过程，而且这个结果使研究成为不可能。在这个意义上，假模型也能够表征，只是表征准确不准确的问题。

事实上，表征本身就存在不准确或错误的可能性，假表征也是表征，假模型也是模型，只是在真假的意义上，模型的表征才具有科学性和合理性。地球的圆盘模型并不影响古人的生活，虽然它是假的，虽然玻尔的原子模型不准确，但也不影响人们对于原子结构的理解。理解本身也是有误差的。

三、模型必须具有指称

模型的表征力来自哪里？这是表征的核心问题，也就是语用学的指称问题。模型指称某物，结构不指称，即使结构是修正的同构。问题是，模型是根据什么具有了指称？结构主义的观点能够被修正而完善吗？弗丽嘉认为，模型必须有指称，而且结构主义可以通过修正容易得到完善。被我们所忽视的是可能的使用者。结构本身不是模型，当某人使用结构作为模型时，它们才是模型。也就是说，一个模型是表征的，仅当它被某人有意用来指某物时。或者说，表征是意向地创造的。没有什么东西可以偶然就是一个表征。因此，使用者是模型具有表征力的一个关键因素。这表明：作为解决这个问题的一个途径，包括科学家的意图是必需的，因为正是科学家创造了模型。无论如何，一个表征模型不能把表征的策源地给忽略掉。

这样一来，表征就是一个三元关系：<u>使用者将某物作为其他某物</u>的一个模型。如果将这个观点纳入结构主义，我们就得到以下定义：

> 结构 S 表征目标系统 T，当且仅当 T 在结构上与 S 同构，当且仅当使用者有意用 S 表征 T。假如情形是这样的，那么模型 M 由结构 S、维系 S 与 T 关系的同构和使用者的意图构成[①]。

这个定义如何呢？弗丽嘉认为这似乎是一个成功的修正，因为它克服了以上的种种批评。其一，诉求于意图使得表征成为非对称、非反身和非传递，错误的逻辑问题消失了。其二，同构对于表征不充分的问题通过这个定义解决了，因为我们简单地假定结构 S 表征。其三，多重实现性问题消失了，因为使用者有意将结构 S 作为某具体物的一个表征，如电路中的电压，而且忽略了其他非意向的应用。最后，把意图引入模型的定义减少了矛盾，因为 M_A 和 M_B 不再是相同的。不过，这个定义还没有解决不准确和误表征问题，也许通过理想模型可以解决。

难道这个定义彻底解决了表征的难题了吗？弗丽嘉认为未必如此。他承认使用者是任何表征说明的一个核心部分，但是仅仅通过增加条件——某人意图使用结构 S 作为 T 的模型，来完善结构主义的观点是不够的。也就是说，增加这个条件是不充分的。因为如果诉求于使用者的意图，同构就不再起作用了。

弗丽嘉给出了两个理由。首先，当问表征如何运作时，我们想准确地知道当一个科学家使用 S 表征 T 时，他做了什么。如果我们被告知他打算依靠 S 表征 T，这仅仅是这个问题的改述，而不是问题的答案，因为我们想知道的是：这个意图包括什么。当我们打算使用 S 作为一个表征时，我们所要做的是什么呢？在弗丽嘉看来，要解决这个问题，我们需要考虑语言哲学中的类似问题，即语词如何获得指称？我们不是仅通过说一个言说者打算使用语

[①] Frigg R, "Model and Representation: Why Structure Are Not Enough", In *Centre for Philosophy of Natural and Social Science: Measurement in Physics and Economics Technical Report* 25/02, 2002, p. 18.

词指称某物来解决这个问题。我们想知道的是，言说者是如何通过使用一个语词获得某物的指称的。这个问题是语言哲学家在指称理论(包括描述理论、因果理论、言语行为理论)中试图解决的问题。科学哲学中的这种情形与语言哲学的类似或相同。我们所必须理解的是，言说者如何实现使用 S 作为 T 的表征。为达到这个目标，仅诉求于意图是不够的，我们还需要其他因素。事实上，我们所需要的是一个指称理论的"科学哲学类似物"。

其次，仅基于意图的表征概念，过于自由，不能说明科学表征。比如说，桌上的茶杯可以表征行星系统，一张纸上的点可以表征原子。如果是这样，那也太随意了。只要表征力仅基于意图，那就不能排除这样的情形，即任何东西都可以用于表征任何东西，没有任何限制。这是一个过于宽松的表征概念，科学中的情形不是这样的，结构主义者心里也不是这样想的。

事实上，在科学表征中，要求表征与目标系统同构，且诉求于使用者的意图是没有问题的，只要将这些想法整合起来，就能够克服以上困难。为了把一个结构与现实客体连接起来，我们唯一真正所需要的事情是，有能力识别世界中的个体与关系，指出它们的位置，并说明结构中的哪个要素是被假设要对应的。更准确地说，一个结构 $S=\langle U, O, R\rangle$ 被赋予表征力的过程，是按照以下思路展开的某种事物：识别一个目标系统中的个体，并使它与 U_1 匹配，然后识别另一个个体，使它与 U_2 匹配，直到目标系统中的所有个体都与 U 中的个体匹配。结构 S 的操作 O_i 和关系 R_i 也是如此。意图被假定是做这样的工作：不是把使用者的意图当作作为整体的 S 连接作为整体的 T，而是使用它们连接结构的基本部分(个体、关系和函数)和目标的部分。这样就限制了意图的随意性，而且也克服了像茶杯表征行星系统、纸上的点表征原子的情形。

然而，还有一个异议对意图不利。弗丽嘉发现，诉求于意图本身对于解决指称问题也是不充分的。假设意图的确能够固定指称，那么在把结构的元素与目标系统的元素匹配的过程中，我们诉求意图的这种匹配是否达到了相同的指称固定呢？答案是肯定的。不过，两种情形相当不同。从引导意图作为一个结构整体，到引导意图作为结构的一部分，这个步骤将一个难以处理的问题转变为易处理的问题。当我们打算如何用一个结构作为整体表征一个目标作为整体这个相当神秘的问题时，我们强有力的直觉会告诉我们，结构的一个元素代替目标的一个元素是什么意思。事实上，结构的元素之间的关系大致相当于一个名称与其指称物之间的关系。

根据指称理论，弗丽嘉将结构主义的观点修正为[①]：结构 S 表征目标系统 T，当且仅当，S 的每一个元素意向地与 T 的一个元素匹配（类似于语言情形中的指称固定），当且仅当，T 在结构上与 S 同构。如果这样，模型 M 就由结构、维系 S 和 T 关系的同构，以及意向匹配(intentional matching)构成。

这个修正的定义是否就完全消除了结构主义说明的缺陷呢？也不完全是。因为这个定义蕴含了一个并非无意义的假设：目标系统例示结构。这与前述的假设是一致的，即目标系统自然地展示经验结构 $S_p = \langle U_p, O_p, R_p \rangle$。如果目标系统不是结构化的，比如在严格的集合理论意义上，那么主张目标与结构同构就没有意义了，因为同构是一个仅适用于结构的概念。比如，类似地，配音过程需要有可确认和可辨别的个体、关系和操作在那里，它们能够与结构的元素匹配。如果不是这样，配音就不能够发生。简言之，如果我们一开始不能发现结构化的目标系统，同构就不能建立起来，所需要的配音也不能发生。因此，弗丽嘉坚信，目标系统展示经验结构 $S_p = \langle U_p, O_p, R_p \rangle$ 的假设是绝对必要的。

这一观点与语义论的观点非常相似。当语义论者谈论模型与世界的关系时，他们实际上谈论的是一个模型与另一个模型的关系，更准确地说是模型与世界模型的关系。换句话说，他们关注的是一个结构 $S = \langle U, O, R \rangle$ 与另一个结构 $S' = \langle U', O', R' \rangle$ 之间的关系（一个结构也就是一个模型）。为了避免无穷倒退问题，也为了避免某些后现代主义的观点，即理论总是与另一理论相关，而不与任何事物相关，我们必须相信，在某个点，结构就存在于自然的某处。也就是说，我们必须假设，目标系统以大致具有像颜色和位置的相同方式展示结构。

结构主义者似乎非常乐意这样做。虽然他们没有明确陈述这种观点，但在大多数情形中，他们把结构看作是没有问题的，并以思考简单属性大致相

---

① Frigg R, "Model and Representation: Why Structure Are Not Enough", In *Centre for Philosophy of Natural and Social Science: Measurement in Physics and Economics Technical Report* 25/02, 2002, p. 21.

同的方式思考结构。系统具有结构,科学研究的任务就是挑选它们。这一假设看似有道理,其实是成问题的。因为结构不是"坐在那里"等待被挑选,客体本身也没有结构,结构必须被归于系统。这涉及物理设计的建构。总之,在弗丽嘉看来,结构主义的科学模型观是站不住脚的。

四、结构不是免费的廉价物

前面已经阐明,结构主义主张目标系统是结构化的实体,它们能够展示物理结构。拥护者认为这一假设大体上没有问题。弗丽嘉不赞成这种看法。他认为目标系统的确能够展示结构,但是这不是免费的,系统本身不例示任何特殊结构,结构也不是"坐在那里"等我们去描述。那么,问题究竟出在哪里呢?

弗丽嘉指出了问题的症结所在:一个系统是一个致密的、非结构的实体,我们必须"解剖"它以便在其上增加一个结构。结构并不真实存在,直到科学家在心中"创造"出它们,或者说,把结构归于一个系统。更具体地说,我们所必须做的是确认一个个体集,它能够承担结构的域,然后确认一个相关的关系集,并在这个集合上进行操作。这可能不是一个直接的过程,它本质上包括许多建模假设,如简单化、理想化、近似化、设置边界条件,以及许多其他"扭曲"的过程。只有根据这些假设描述了系统,我们才能将一个结构归于这个系统。

当然,结构不是"现成的",它们通过作用或划分这个系统而产生。这就必然涉及目标系统的物理设计问题。所谓物理设计大概就是一个目标的结构版本,具体说就是一个想象的实体,它由明确划分的、具有某种属性的部分构成,代替这个系统的其他部分的某种关系,满足某些主张,而且承担目标系统的一个清晰的关系。换句话说,物理设计是一个想象的物理项,它被赋予一个精确描述的"内在结构",该结构由许多属性和相互作用构成。这里的属性是指实质性的物理性质,如质量、电荷、硬度等。"内在结构"的功能就是产生一个结构。也就是说,系统的部分构成一个集合 U,这个集合是一个结构的域。部分之间的关系以这样的方式指明:对于 n 位关系,满足一个关系的所有部分能够组合起来构成一个 n 元。操作也是如此。假如是这样的话,U 连同关系和元素进入的操作一起构成一个结构。

太阳系是一个典型的例子。我们知道，当我们研究太阳系时，我们所处理的不是这个系统本身，而是这个系统的一个物理设计。根据传统天文学理论，太阳系是一个有十个具有均匀质量分布的完美球体构成的合成实体，其中一个拥有权威地位（太阳），因为它拥有这个系统的几乎所有质量，其他九个围绕它旋转[①]，相互作用仅发生在这个大球体和其他小球体之间，相互作用力与它们距离的平方成反比。

在弗丽嘉看来，这虽然仍是一个粗略的物理设计，但是它对于说明物理设计是充分的。他强调物理设计有结构，目标系统则没有。太阳系本身没有任何特殊的结构。那么它的构成这个结构的域的元素的基本实体是什么？当然是行星，如火星、水星、地球、木星等。但是，这些对于物理设计不是绝对必要的。为什么不考虑个体行星的原子作为这个系统的基本实体呢？为什么不把天文学意义上的行星作为基本实体呢？在笔者看来，物理设计就是要忽略这些实体，包括它们的体积和质量，以便能够更好地设计。比如，牛顿力学就将行星看作一个刚性质点，也忽略了其他行星之间的相互作用力。这是一种选择，但不是唯一可能的选择。也就是说，虽然有许多选择，但正是物理设计才划分了现象，产生了结构。因为在物理设计下，系统由明确定义的、可确认的部分及其关系构成。一句话，没有物理设计，就没有结构。

如果这个观点是对的，那么科学模型仅是结构的观点就站不住脚。假设结构不能与真实系统发生联系，如果没有物理设计的话，为什么要排除它作为模型的一部分呢？模型是表征工具，因此，考虑需要执行这个功能的任何东西作为模型的一部分似乎就是自然的了。在这个意义上，我们没有理由排除物理设计作为模型的一部分，也没有可理解的理由限制模型作为结构。因此，物理设计不仅是结构主义观点的一个友好的修正，它也是一个科学模型的任何可行概念的整合。

---

① 这是以前的太阳系，现在是九个球体包括太阳本身。除太阳外，其他八颗行星按离太阳的距离从小到大依次为水星、金星、地球、火星、木星、土星、天王星、海王星。曾经被认为是"九大行星"之一的冥王星于2006年8月24日被定义为"矮行星"，从行星之列中除名。

当然，结构主义观点的支持者可能会反驳说，即使这是对的，但并没有威胁到它的核心部分，因为划分这个系统的整个过程本质上是模型的一个工程学问题，与模型的哲学分析没有多少关系。弗丽嘉认为这种看法是错误的，有两个理由可以给出证明：一方面，禁止对科学研究的某些本质过程做哲学分析是一种非常奇怪的态度，科学中的许多假设离不开哲学预设，如模型的物理设计、理想化模型；另一方面，表征的分析不能忽视物理设计，尽管划分目标系统有不同的合理方式，也产生不同的非同构结构，但可验证的并不多。而且，某些建模假设的选择通常依赖语用考虑以及研究的语境。因此，我们处理的结构，尽管在所给系统中可以实现，但依赖于观察者的决定、目的、先前知识和经验。这是典型的语境论的观点。因为物理设计也好，表征建模也罢，都是语境化的。这一点笔者将在本章第四节做详细讨论。

笔者基本赞成弗丽嘉的看法。模型的物理设计虽然是科学家的事情，但是哲学的分析也是必要的。如果一个系统仅具有一个唯一的结构，那么有人会主张，研究这个结构被发现的过程不具有哲学兴趣。然而，假设不存在作为一个系统的结构这种事物，而且如果一个系统可能展示许多不同的、非同构的结构依赖于我们决定使用的物理设计，我们不能把物理设计看作是不相关的。结构负载物理设计，没有物理设计，结构就不能被连接到目标上。因此，物理设计是表征的可行说明的一个本质部分。不过，笔者不赞成弗丽嘉认为目标系统没有结构的主张。对于科学而言，目标系统就是自然客体或系统，不论我们是否弄清它们的结构，它们有结构是不能否认的。例如，我们不能说"基因"没有结构，那其结构是我们物理设计的结果吗？如果目标系统没有结构，我们就不能根据物理设计给它加载结构，也就不能将模型的结构映射到目标系统上，也就是谈不上表征了。在笔者看来，目标系统有结构是我们表征的预设前提。就好比科学研究预设了自然的存在一样，否则就没有必要做科学研究了。

弗丽嘉以纽曼定律为例来论证他的观点。纽曼定律常常被用于反驳结构主义。早在 1928 年，英国数学家纽曼就证明，任何集合能够以任何你喜欢的方式被结构化，这服从于基数约束(cardinality constraint)。用他的话说："任何事物的积聚能够被组织起来，以便拥有结构 W，假如它们有适当的数量。"①这与弗丽嘉的"系统能展示不同的、非同构的结构"的主张非常类似。这两个观点被认为反驳了结构本质主义的观点，即每个系统都精确地有一个特有结构。弗丽嘉认为，纽曼定律的论证证明了这样一个事实——关系的理解延伸到集合理论，比如一个 n 位关系被认为只不过是一个有序 n 元集合。因此，假设有一组客体，我们可以以我们喜欢的方式将它们结构化为一个有序 n 元集合，在这个过程中没有任何物理约束。客体的这种归类方式是一个纯形式程序，它不关注客体的性质，创造出的关系也不需要具有任何物理实在性。这就是弗丽嘉所说的意图所起的作用。

概言之，按照弗丽嘉的思路，在我们能够有意义地说一个系统有结构之前，我们必须选择一个物理设计；一个特殊目标系统可以有几种同样好的物理设计，出于这个理由，可以说，没有什么东西可以作为系统的结构，除非我们用意图加以限制。

第四节　基于物理设计的表征模型

在日常生活中，经验客体随处可见。它们呈现给我们的不是"分析的"形式，也不是恰好由定义的部分构成。在大多数情形中，我们面对的是一个紧密的实体，我们必须把它们切开，才能谈论它们的结构，例如，只有解剖了大脑，我们才能知道它的结构。

然而，这不是一件简单的工作。譬如埃菲尔铁塔，它是被设计出来的，不是自然本来就有的，它的结构是什么呢？是铁架和铆钉吗？显然不是。它是靠铆钉连接起来的铁架的组合物。如果将组合物作为客体，它们的空间安排就是作为关系。我们也可以将铁架的交叉点作为客体，它们之间的力作为关系。我们还可以把塔的每个层次作为客体，层次高低关系作为关系。还可以将塔分为南北部分。只要我们想分类，就可以进行下去。每个分类都有其

---

① Newman M H A, "Mr. Russell's 'Causal Theory of Perception'", *Mind*, Vol. 37, 1928, p. 144.

合理性。这说明结构的物理设计是多元的。

那么，我们应该采用哪一类呢？在弗丽嘉看来，这要根据研究的目标而定。前两种是工程师所关注的，第三种是电梯供货商所关注的，第四种是防锈人员所关注的。由此可以得出结论：客体只有被给予某种物理设计才有结构。没有作为埃菲尔铁塔结构这样的东西，只有先设计，然后才有结构。这其实是看问题的角度不同而已。

笔者认为，弗丽嘉的观点有先验主义之嫌。我们说任何物体都有结构，无论我们事先是否知道其结构。不是我们设计后它才有结构。事物的结构是客观实在的，不是我们设计出来的。我们设计的是表征它的模型，而不是它的结构。模型的结构不是客体的结构，它们仅是表征与被表征关系。模型是根据客体的结构设计的，在这个意义上，我们可以说模型是物理设计。

为了进一步论证他的观点，弗丽嘉以化学分子甲烷和种群数量增长的生态模型为例做说明。甲烷分子(CH_4)由一个碳原子和四个氢原子构成，碳和氢原子有相同的负电性，四个氢原子形成一个正四面体，碳原子位于它们的中心。在许多科学语境中，分子的形状是相关的，也即我们可以忽略处于中心的碳原子。那么，甲烷分子的结构是什么？

根据修正的结构主义的观点,我们需要一套基本客体及其关系(暂时忽略操作)。构成结构域的客体是什么？一个自然而然的选择是将四面体的角(漩涡)作为客体，连接角的连线(四面体的边)作为关系。这样，我们得到由四个角和六条边构成的甲烷分子的结构。当然，我们也可以将边作为客体，角作为关系。我们不禁要问，这是甲烷分子的结构吗？这种四面体结构与真实甲烷分子同构吗？在弗丽嘉看来，如果不引入物理设计，我们就不能说甲烷分子的结构是四面体，这些结构也不是同构的。四面体本身没有结构，是我们将它与甲烷分子联系起来时，通过物理设计赋予其以结构。

如果将甲烷分子中氢原子换成其他原子，如氯原子，甲烷分子的结构就发生了变化，不是正四面体，而是一个不规则四面体，角的大小和边的长度都改变了。同时，建模假设也随之改变。这个例子表明，分子不以明显的方式展示一个特殊的结构。结构也可以多种方式得到分析。

接下来让我们看另一个例子。某种生物如胡蜂数量的增长符合被称为逻辑地图的模型，即 $X' = R_x(1-x)$。X 是指一代种群数量的密度，X' 是指下一代种群数量的密度，R 是指增长率。假如这个方程正确地描述了真实情况，根据结构主义的观点，这意味着说，由逻辑地图定义的结构 S_L，与系统(胡蜂种群)的结构 S_W 是同构的，S_L 表征了胡蜂种群的数量。事实上，这个方程只是种群数量的一个大致描述，不是精确描述。霍夫堡和西格姆德指出[①]，在许多生态系统中，成千的物种以复杂的模式相互作用，包括季节变化的效应、年龄结构、空间分布等。但是这些因素在方程中都是不可见的。而且，生态系统的任何部分的相互作用也没有包含在模型中。方程只反映了所有相互作用的一个静效应，该效应是以方程($-Rx^2$)的术语得到说明的。它表明：种群数量由于环境的制约不能无限地增长。这样，所有实际的相互作用被理想化掉了。

在笔者看来，这种理想化的种群数量增长的生态模型是科学研究的一种无奈之举或者权宜之计。如果将季节变化、年龄结构、空间分布等因素考虑进来，描述方程的元素将是极大的，甚至无法建立这样的方程。科学中的近似处理和无限逼近法就是典型情形。物理设计就是要将那些无关紧要的因素暂时排除，凸显最相关和最主要的因素。这个例子也表明：生态系统本身没有任何特殊结构，除非我们将一个物理设计附加其上。按照弗丽嘉的说法，在我们没有决定把一代物种作为基本研究单元，使得时间离散，忽略生态系统不同部分之间的相互作用等，我们有意义地说目标系统展示了结构。

上述分析表明：物理设计始于日常经验，模型是结构加物理设计再加匹配过程。这已经不是结构主义的观点。弗丽嘉一再强调，物理设计与结构同样重要，模型是复杂实体，不能仅被还原为结构。他提出一个新的改进模型(图 11-2)。

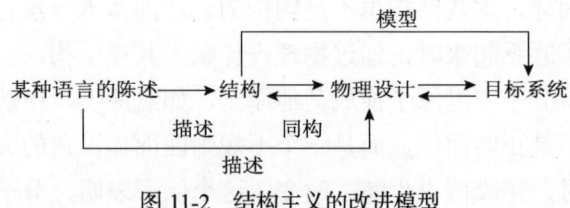

图 11-2　结构主义的改进模型

---

① Hofbauer J, Sigmund K, *Evolutionary Games and Population Dynamics*, New York: Cambridge University Press, 1998, p. 3.

这个模型也产生了至少两个问题：第一，表征在哪里发生？是在结构与物理设计之间，还是在物理设计和目标系统之间？在笔者看来，表征不是发生在哪两个之间，而是各个环节相互作用的整体结果。第二，物理设计承载其目标系统的关系是什么？这是一个非常重要的问题，值得关注。一个客体（物理设计）如何表征另一个客体（目标系统）呢？表征的哪些概念包括在内呢？奇怪的是，当语词-客体表征在分析哲学获得极大关注的时候，客体-客体表征在20世纪60年代阿奇斯坦、布兰克和海西的开创性工作后却被遗忘了。弗丽嘉认为这种状况应当改变。我们应该系统地研究符号的种类和功能，特别是非言语符号系统的研究，这有利于我们全面掌握指称的模式和方法。

概言之，表征是一个双层次概念：一个结构表征一个物理设计，既是由于它们之间的联系类似于一个语言情形中的指称固定过程，也是由于它们同构；一个物理设计以仍需要被阐明的方式表征它的目标系统。在这两种情形下，表征发生了，但是它们是完全不同的。

第五节 科学表征的几个哲学问题

由以上论述可知，模型作为表征工具，在许多科学语境中具有举足轻重的地位，科学知识的获得与组织因此少不了模型。弗丽嘉认为，一个科学表征的理论一般至少会面临三个难题[①]。第一个是模型的本体论，即回答什么种类的客体是模型？在集合理论意义上，这类客体是结构、虚幻实体、具体客体、描述体或者方程？弗丽嘉将这个问题称为"本体论难题"。第二和第三个难题与模型的语义学相关。模型是世界被选择的部分和方面（目标系统）的表征，那么，根据什么说一个模型是其他某物的一个表征呢？更具体地说，在"模

---

① Frigg R, "Scientific Representation and the Semantic View of Theories", *Theoria*, Vol. 21, No. 55, 2006, pp. 50-51.

型 M 是目标系统 T 的一个科学表征,当且仅当＿＿"中,用什么来填充＿＿?弗丽嘉将＿＿称为"表征难题或奥秘"。

第三个难题是"表征方式问题",即不是所有表征都具有相同的类。或者说,表征世界有许多不同的方式。在绘画中这个问题最明显。对于同一对象或场景,表征方式可以是水墨画、油画、铅笔画、木雕、草图等,表现手法各异。在科学中,情形可能与绘画情形有所不同。液滴核模型表征原子核的方式,非常不同于壳模型的表征方式。飞机机翼的比例模型表征机翼的方式,也不同于数学模型表征机翼的方式。在绘画中,那些表征方式是可见的,而在科学中,有些表征方式是不明显的。因此,我们会问,科学模型是以什么方式表征的?弗丽嘉将这个难题称为"表征的风格或方式"或者"表征策略"。科学表征理论必须对不同的表征方式进行分类,并给出它们各自的特征。

除这三个难题外,表征方式还有一个规范问题,即我们是否能够在表征方式的科学上可接受和不可接受之间做出区别。也就是说,有些表征不是科学表征,虽然我们承认有不同的表征策略。那么,在表征方式的选择上有哪些约束呢?这是科学表征理论要重点探讨的问题。

在这三个难题中,一个是本体论的,两个是语义学的。弗丽嘉承认这三个问题并没有穷尽科学表征理论面临的问题,但它们无疑是其中最核心的问题。任何关于科学表征的说明都会涉及这些问题,而且对它们的回答也是多元的。但是,哪些说明是科学上可接受的,就不是一个简单的事情了。

弗丽嘉提出任何一个科学表征的理论至少应该满足以下两个要求。

第一是向模型学习。不同的表征服务于不同的目的。有些是出于观赏的目的,有些是出于交流的目的,有些则出于宗教信仰,有些则出于意识形态的鉴别。相比而言,科学表征凸显认知功能,其目的是获得可靠的知识。模型不仅仅是替代超越它们的事物(客体或系统),它们以允许我们获得关于事物知识的方式表征事物。而关于世界某方面的知识通常是通过探究表征世界这些方面的模型获得的,因为模型是研究的基本单元,正是根据这些基本单元,而不是根据实在客体本身,科学探究的重要部分才能被发现。通过研究模型,我们才能理解它们所代表的事物的特性。因此,任何一个可接受的科学表征理论必须说明"知道"(knowing)和"表征"(representing)之间的相互作用，而模型作为某种探究工具（investigative tool）[1]和某种替代推理（surrogative reasoning）[2]在其中是必不可少的。

第二是误表征的可能性。这一点是任何科学表征理论必须解释的[3]。误表征在科学中是常见的。有些误表征是显而易见的，如以太模型，有些是隐含的，如关于生命起源的自然发生说。不是所有的误表征都包含错误。我们有时将一些假设纳入模型，或者建构理想化、简单化的模型时，我们知道那些就是假的，但是这些模型仍然是表征。因此，假设的不一定是错误的。任何使得现象的误表征神秘化的倾向都是不适当的。

在过去的几十年里，理论的语义论一直是关于模型和理论以及表征的正统观点，但是它并没有提出一个清晰的、令人满意的科学表征说明，关于表征的论述也是充满了语义学的文献，也涉及了误表征的问题，但没有给出合理的解答，因此不能算作科学表征理论。最近出现的其他科学建模的说明也是如此[4]。

还有一个问题需要引起我们的关注。模型是非语言实体？拟或既是非语言的又是语言的？弗丽嘉认为，模型是非语言和语言描述的混合物。非语言的物理模型、比例模型需要用适当的语言去描述，否则我们就不好理解模型。问题是，哪种描述用于科学表征？它们起什么作用？在哪些描述中使用了哪些术语？如何将非语言的模型与语言的描述整合起来呢？表征模型与虚构之间是什么关系？这些问题需要在科学表征的语境中来解决。

---

[1] Morgan M S, Morrison M（Eds.）, *Model and Mediators: Perspectives on Natural and Social Science*, Cambridge: Cambridge University Press, 1999, p. 11.

[2] Swoyer C, "Structural Representation and Surrogative Reasoning", *Synthese*, Vol. 87, 1991, p. 449.

[3] 误表征是人们认识世界的过程中不可避免的现象，面对未知世界人们不可能一次就认知清楚，甚至反复多次也没有弄清。科学探究是一个复杂的、长期的认知过程，其中免不了会出现错误的认识和表征。至于为什么会产生误表征，笔者认为那是心理学要研究的，具体说是心理表征理论要探讨的，科学表征只是心理表征的特例。要弄清误表征的根源问题，除心理学介入外，还需要哲学的语境论。只有在特定语境中，我们才能判断并弄清误表征为什么会发生。

[4] Hughes R I G, "Models and Representation", *Philosophy of Science*, Vol. 64, 1997, pp. 325-336.

接下来笔者将继续讨论这些问题,特别是虚构与表征的关系问题,因为这个问题也与表征的理想化和抽象化密切相关。

第六节 科学表征的虚构问题

科学表征就是在模型中选择它的目标系统,这类似于弗丽嘉所说的"许可划出指称"的某物。当科学家提出一个模型时,他们实际上执行两个行动:首先引入一个假设的系统作为研究的客体,然后声称这个系统是所研究的目标系统的一个表征。弗丽嘉将这个指代目标系统的假设系统称为模型-系统,而把被用于引入模型-系统作为模型描述称为描述[①]。这样一来,表征就是一个模型-系统与它的目标-系统之间的关系,理解科学表征就是理解作为中介的科学建模。建模是设计模型的过程,假设的目标系统具有虚构的成分,类似于文学作品的虚构(小说)。在这里,"模型"既可以指称某模型-系统或表征,也可以指称二者的结合或其他某物。"建模"是指设计、描述和使用一个模型-系统的实践。因此,理解科学建模应该包括两个过程:一是分析什么是模型-系统;二是理解它们如何被用于表征超越它们自己的东西。

一、模型-系统的虚构性与情感的实在性

哪类系统算作模型-系统?它事实上描述了什么?在何种意义上我们说这种系统是真的或假的?我们如何发现对这种系统的描述是真理或谬误?弗丽嘉认为,回答这些问题需要将模型-系统与文学虚构结合起来讨论,它们之间存在着许多相似性。也就是说,科学建模与文学虚构之间存在有趣的和实质性类比,它提供了我们理解科学实践核心的驱动力。在弗丽嘉看来,模型-系统与文学虚构,无论在地位还是在特征上都非常类似,因此虚构理论在解释模型-系统的本质方面将起到决定性作用。这就是模型-系统虚构观的核心。

---

① Frigg R, Humter M C (Eds.), "Beyond Mimesis and Convention", *Boston Studies in Philosophy of Science*, Vol. 262, 2010, pp. 98-99.

在许多学科中，科学家包括社会科学家，往往将所想象的目标-系统通过模型-系统来描述。物理学家设想的理想气体模型和真空模型，天文学家设想的太阳系模型，都描述了一个想象的物理系统。例如，当将一个单一物种看作生态系统时，生物学家描述了一个想象的种群；当将所有人看作"经济人"时，经济学家描述了一个想象的经济系统；当将所有人看作"道德人"时，伦理学家描述了一个想象的伦理系统；当将社会看作一个没有差异的和谐社会时，政治家就描述了一个想象的社会系统。这些想象的系统与文学虚构，如金庸的武侠小说，本质上没有什么不同，它们事实上都不存在。

弗丽嘉通过考察有关科学模型与文学虚构的文献发现，费英格的"好像"哲学将目标-系统看作是一种"好像世界"①，卡特赖特将模型看作一种虚构工作或"寓言故事"②，经济学家将经济模型看作一个"反事实世界"③，还有的将模型比作"神话故事""艺术虚构"等，但是令他惊讶的是，竟然还没有人对二者做实质性的平行比较，它们之间的类比仅仅是一个起点。为什么会这样呢？弗丽嘉认为，事实上，虚构实体是哲学上常常谈论的一个难题，由于难以说清而选择回避不失为一个好的策略。虚构实体的确不存在，比如，不存在我们被称为"孙悟空"的实体，也没有叫作"霍尔姆斯"的侦探，然而，它们具有某些实在性。因为我们思考他们，谈论他们，他们成为我们情感的客体，使得我们能够做出真与假的判断。比如说，霍尔姆斯是一个侦探就是真实的，而说他是一个芭蕾舞演员就是假的。如果霍尔姆斯不存在会有这些有意义的描述吗？我们如何能够认为这个语句是真还是假呢？我们是在什么基础上谈论这一切呢？这既是语言哲学中概念的指称真假的问题，也是科学哲学中概念的实在性和表征的可靠性问题。

弗丽嘉提出四个理由来说明虚构在科学建模中的作用④。

---

① Vaihinger H, *The Philosophy of "As If": A System of the Theoretical, Practical and Religious Fictions of Mankind*, Ogden C K (trans.), London: Routledge, Kegan Paul, 1924.

② Cartwright N, *How the Laws of Physics Lie*, Oxford: Oxford University Press, 1983, p. 153.

③ Sugden R, "Credible World: The Status of Theoretical Models in Economics", *Journal of Economic Methdology*, Vol. 7, 2000, pp. 1-13.

④ Frigg R, Humter M C（Eds.）, "Beyond Mimesis and Convention", *Boston Studies in Philosophy of Science*, Vol. 262, 2010, pp. 102-103.

第一，小说作品没有在特征上刻画真实事态。小说中描述的人物或客体不指代真实的人物和客体，但这种虚构描述有意义，读者能够理解其含义并能够做出判断。同时，他们也知道所读语句没有描述实际世界的任何事物。在科学建模的话语中，情形也是如此。模型描述的系统不是真实世界的系统，但它有意义。

第二，在"小说的世界中"，我们能够真实地说霍尔姆斯是一个侦探，但是不能说他是一个芭蕾舞演员，无论小说描述的是否是真实的内容。科学中模型-系统的情形也一样，模型-描述仅仅反映的是目标-系统的本质属性，不能理解为是照相式的反映。比如，牛顿的模型-系统描述了太阳系是稳定的，模型-地球在椭圆轨道上运用，并没有反映它的全部特征。或者说，这些属性并不是模型-系统的陈述详细描述的明确内容。

第三，小说故事不仅有超越它所明确描述的内容，而且通过使用某些推理规则我们有办法了解"额外内容"。也即，我们能够通过改编小说，如不同版本的《西游记》《红楼梦》，补充"缺失内容"。模型-系统也是如此，每个模型有明确的内容，但又有没有包括的内容，如不同的原子模型，每个都描述了原子的某个方面，但都有缺失的内容。事实上，模型-系统的大量工作是确定它对于真实系统描述的真实性。例如，太阳系确定吗？生物链系统是平衡的吗？价格是确定的吗？这些问题是关于模型-系统在特定语境中的有效性问题。

第四，有时我们读小说是为了愉悦，有时会将小说中虚构的人和事与实际情形中我们熟悉的人和事做比较。也就是以小说映射实际情形，比如，我们会以《聊斋志异》故事讽刺现实生活中发生的事，以小说中主人公的行为模式类比实际生活中某人的行为方式，如阿Q精神。或者说，我们通过读小说了解社会和世界。科学建模的情形大体也是这样的。在建模的语境中，我们将模型作为虚构体，通过模型-系统了解世界。一旦我们将模型当作虚构体，这就要求我们思考从一个虚构场景到真实世界的知识转化是如何发生的。

二、目标-系统的结构性与非结构性

非存在的虚构体如何在科学建模中发挥作用呢？从结构主义的观点看，那是通过模型作为集合-理论结构或数学结构来实现的。弗丽嘉认为，这种将模型看作结构的观点是结构主义的核心思想。一个结构 S 是由个体的一个非空集合 U（这些个体被称为结构 S 的域）和一个与 U 有关的非空索引集合 R 组成的合成实体，它是一个有序组元 $S=\{U,R\}$。这个结构纯粹是数学或逻辑意义上的结构，与个体是什么物质没有关系，关系 R 是大于或者小于并不重要。除了传递性、对称性和反身性外没有说明什么属性。也就是说，除了结构还是结构，结构之外没有属性，关系 R 是什么也并不重要。如果将科学中的模型-系统也看作这样的结构，就太严格了，不能作为科学建模说明的基础。虽然说结构在科学建模中起重要作用，但是模型-系统不等同于结构。结构主义概念所缺少的是模型-系统的物质特征的分析，因为说到底世界是物理系统，数学结构所描述的结构最终必须与物理实在相适应。即使是完美的球体行星也被认为有质量，种群也由具体的动物如兔子、狐狸等构成。虽然模型-系统作为想象的物理系统是时空中非存在的假设实体，但仍然与文学中的人物、事件一样具有非结构属性。这就是弗丽嘉喜欢模型-系统而拒绝结构主义的主要原因。

　　既然模型-系统是假设的系统，那为什么科学家仍然乐于使用模型呢？第一，在科学实践中，科学家常常谈论模型-系统，好像它们是存在的，而且起初也不考虑物质因素。比如，牛顿在建立行星系统的模型时，开始仅考虑将行星作为质点围绕圆形轨道运行，没有考虑其结构，也没有表达为一个数学结构。经典力学和其他物理学也是如此。在建立了一个确定的模型-系统后，科学家才考虑建立数学方程来精确地描述，如牛顿力学的万有引力定律的表达式。生物学家在描述种群进化的模型时，也常常使用模型-系统，而不是一开始就用数学来表达。比如达尔文的进化论所描述的种群进化模式并没有使用数学。科学家是将目标-系统用模型-系统代替来描述的。这与文学虚构极为相似。在这种情形中，模型-系统是作为整体出现的，与文学虚构情形作为整体是一致的，这种整体不能用结构来替代。

　　那么，科学模型用数学结构表达式来描述不也是整体的吗？弗丽嘉认为不是这样的。将模型作为目标-系统的一个表征时，模型的结构主义概念会遇到更大的困难。结构本身不指涉任何东西，更不要说一个特殊的物理目标-系统了。结构是消除了经验内容的纯粹数学的项或成分。然而，一个表征必须具有"语义内容"或"关涉"，也即，它必须代替其他某物。将模型-系统当作一个结构,就意味着将通过建立模型-系统与目标-系统之间的一个同构来连接模型与目标。假设两个结构 $S=\{U, R\}$ 和 $S_T=\{U_T, R_T\}$ 是同构的,当且仅当在它们之间存在一个同构关系,也可能包括部分同构、同态或嵌入关系。而同构是一个映射 $f: U_T \to U$,以便 f 是一对一函数(双射),而且它是在以下意义上保持系统的关系[①]:S_T 的元素 $a_1, \cdots, a_n$ 满足关系 R_T,当且仅当 S 中相对应的元素 $b_1 = f(a_1), \cdots, b_n = f(a_n)$ 满足 R,其中 R 是 S 中对应于 R_T 的关系。

在弗丽嘉看来,这个同构的定义与上述定义产生了矛盾。那就是,同构是两个结构之间的关系,不是一个结构与世界本身一部分之间的关系。也就是说,同构是描述两个结构关系的,不是描述结构与世界关系的。在这个意义上,同构是没有表征功能的,当然就谈不上是对物理世界的描述。模型-系统概念则不然,它描述的是一个模型(结构)与目标-系统(物理实在)之间的关系。要使得这个定义有意义,我们必须假设在模型-系统与其目标-系统之间存在一个同构,而且这个目标例示了一个特殊结构。如果非结构的属性(经验属性和语义属性)不起作用,这个问题就不能解决。因为我们不能说一个目标-系统具有一个特殊结构 S,除非我们也能够说它具有某种更抽象的属性,这样我们就会陷入追问更抽象属性的问题中。用卡特赖特的术语更精确地说就是:概念 a 比概念 b 更抽象,当且仅当 b 属于概念的一个类型 B(而且 a 不属于 B),其结果是[②]:

(1)要应用 a 至少一个 $b' \in B$ 应用是必要的,而且

(2)在任何一个给定的情形中,$b' \in B$ 应用的事实,就是 a 所应用到的一致的情形。

这就是说,B 中的概念在任何给定的情形中被用于"补充"抽象概念 a。例如,"工作"这个概念比写一封信或开一个会议更抽象,因为我们需要补充是什么具体工作。类似地,某物有结构 S,它必须有一个客体用于它的一个

[①] Frigg R, Humter M C (Eds.), "Beyond Mimesis and Convention", *Boston Studies in Philosophy of Science*, Vol. 262, 2010, p. 106.

[②] Cartwright N, *The Dappled World: A Studies of the Boundaries of Science*, Cambridge: Cambridge University Press, 1999, p. 39.

部分，而且它们之间存在一个关系 R 必须用于这些概念。相对于具体的概念，这些概念是抽象的。客体概念也类似，什么算作所需要的客体，依赖于我们要解决问题的语境。比如当我们研究一个家庭时，家庭就是客体，而家庭的桌子就不是。这不是说桌子不是物质客体，而是说在研究的语境中它不是研究的对象。在这个意义上，客体是指所研究的目标-系统，而不是任意一个物理系统。

对于结构来说也是如此。如果模型-系统是结构，它就需要一个更基本或更抽象的结构来解释，而对结构的描述本身不是结构。或者说，结构描述依赖于非结构的描述。抽象的数学方程，如自由落体公式 $h=1/2gt^2$，其物理意义需要经验陈述来解释，每个符号代表那个物理属性是需要指明的，否则我们不知道它的含义。进一步说，基于结构的描述不能代表意向目标系统的描述，比如我们不能说麦克斯韦方程组描述了真实的电磁场系统，实际世界没有这种数学结构。它描述的是假设的目标-系统，而不是真实的系统。然而，这种描述是一种似真的描述。那些假设的系统事实上就是模型-系统，它是科学家用以探索世界的工具。如果说目标-系统有结构，那也是相对于模型-系统的结构。这种结构是假设的而不是真实存在的。重要的是，我们必须承认，科学建模中的确包括某些假设的结构。

然而，问题在于，如果模型-系统不表征世界的一部分，而是由观察获得的数据模型表征世界的一部分，那么我们如何在模型-系统与数据模型之间建立联系呢？根据结构主义，模型-系统与数据模型[①]之间存在一种同构关系，正是通过同构建立关系，因为数据模型是一种数学结构。这就是说，模型-系统最终表征为一个数据模型，而不是实际系统。弗丽嘉认为不是这样的。模型不表征数据，科学理论不是关于数据的，而是关于现象的。数据的作用是证明现象存在的证据，它们依赖于观察或测量的语境。

总之，在弗丽嘉看来，将模型理解为一个虚构情形的工具，就是理解和使用模型的本质所在。我们应该认识到，没有非结构的概念作为中介，结构不表征世界中的任何东西。仅仅借助于数据模型而不用模型-系统，也注定会失败。

[①] 所谓数据模型就是将根据观察或测量获得的原始数据进行某种数学处理，如净化、矫正和系统化，使得所得平均数据能够很好地与某种数学曲线光滑地符合，这种结果满足某种理论期望，这就是数据模型。范·弗拉森对数据模型有过详细的描述，见第八章。

三、模型-系统作为想象客体

为了给模型-系统的虚构说明观点建立一个坚实的基础,弗丽嘉提出如下五个问题(Q1—Q5)和要满足的两个元理论标准(C1—C2)[①]:

(Q1)同一性条件:两个模型-系统何时同一?在科学中同一模型-系统可能是由不同的科学家或在不同的论文中以不同的方式描述的,许多不同描述实际上指的是同一个模型-系统,在什么环境下它们的描述是同一的或一致的?或者说,这些模型-系统何时被不同描述详细指明呢?

(Q2)属性的归属:模型-系统具有"物理的""具体的"和"物质的"属性吗?如果模型-系统在时空中不存在的话,一个模型-系统具有物质属性如何可能?比如,假如球和种群不存在的话,我们是在何种意义上说"球带电"或"种群与其环境是隔离的"?也就是说,模型-系统如何表征一个可能不存在的物理系统,如理想摆?

(Q3)比较陈述:将一个模型与其目标-系统比较在表征的说明中是非常重要的。比如我们说,"真实太阳的表面不同于模型太阳的表面","真实的行动者的行为与模型中的行动者的行为是不同的"。我们如何比较不存在的东西与存在的东西呢?我们如何分析两个相互比较的模型-系统的陈述呢?比如,陈述"第一个模型中的行动者比第二个模型中的行动者更理性"。

(Q4)模型-系统中的真理:关于模型-系统的陈述有对有错,比如,在达尔文模型-系统中说种群在适当环境中增长是正确的,在牛顿模型中说地球的轨道是抛物线则是不正确的。那么,模型-系统的陈述存在对与错的基础是什么?如何在模型-系统陈述的真与假之间划界呢?划界的标准是什么?显然,我们需要模型-系统中的真理,但是我们如何能够做到呢?我们需要什么?

(Q5)认识论:在科学实践中,我们的确研究模型-系统,也发现了它们。关于模型-系统的真理不总是隐藏而避开我们。我们探讨模型-系统就是要研究它们的属性,我们如何做到呢?我们如何发现这些真理?如何确证我们的主张?

---

① Frigg R, Humter M C (Eds.), "Beyond Mimesis and Convention", *Boston Studies in Philosophy of Science*, Vol. 262, 2010, pp. 112-113.

(C1) 自然主义：我们如何使得上述问题有意义？也就是说，我们需要解释科学家如何建立模型，如何推理它们？

(C2) 形而上学承诺：当我们按照文学虚构体的思路理解模型-系统时，它的形而上学承诺是什么？如果有，如何确证呢？可以肯定，这种形而上学承诺一定是简约的，而不是复杂的。如果一种关于虚构体的形而上学说明对于模型-系统的说明是有效的，那么我们不会拒绝它。

弗丽嘉运用沃尔顿关于虚构的假扮理论[①]来说明以上问题和标准。沃尔顿阐明了人类想象事物的能力，认为有时我们想象某物不需要一个特殊的理由，而大多数情况下我们想象某物是由在场的一个特殊客体推动的，这个客体被作为一个"支柱"（prop），起到支撑或发动想象的作用。"客体"在最广泛的意义上被理解为是可能的，而任何能够影响我们感觉的东西都能够充当"支柱"[②]。一个客体成为一个支柱是依据"发生原理"形成的，它描述什么被想象为现存客体的一个函数。也就是说，当某人想象某物作为另一某物时，眼前的客体能够作为一个假扮者（make-believe）。假扮者游戏能够说明这种情形。儿童游戏是最简单的一种假扮者游戏。在儿童游戏中，一个木桩可被当作一头熊，木桩周围的绳子可被看作套熊的索，当听到"砰"声时，儿童会以为击中了"熊"。这种儿童游戏的情境就是一个假设的情境，它是基于规则的活动。假设的模型-系统与此类似。

譬如，在文学作品中，虚构的作品就是支柱，因为它激励读者能够将某物想象为另一某物。也即是说，一个虚构体能够产生自己的假扮游戏活动。比如一部《西游记》能够推出许多版本的假扮者游戏。一个游戏可以是一个假扮者，比如演孙悟空，也可以是一组假扮者比如唐僧师徒。游戏的规则是事先确定的，具有权威性，当然也有规则是临时指定的，不具有权威性。比如在"儿童捉熊"的游戏中，可以任意选一人扮作"熊"，但游戏规则不变。根据假扮理论，如果一个支柱在权威性游戏中是一个支柱，这个支柱就是一

[①] Waldon K L, *Mimesis as Make-Believe: On the Foundations of the Presentational Arts*, Cambridge: Harvard University Press, 1990.

[②] 在沃尔顿的假扮理论中，考虑支柱的范围非常广泛，包括小说、电影、绘画、音乐、文学作品和儿童游戏等。

个表征。木桩不表征熊是因为木桩作为熊是临时指定的，它只是指代而不是表征，也不符合社会的习惯和人的视觉。在社会中人类往往不会将木桩看作熊。在汉语的语境中，六小龄童扮演"孙悟空"就是小说中孙悟空的一个表征，因为《西游记》的权威性是不可置疑的。

在科学表征的情形中，模型-系统类似于一个假扮者，它是通过语言描述的，在假扮者的游戏中，这些描述应该被理解为支柱。例如，在基本粒子物理学中，许多假设描述(不可观察物)，如"夸克是构成物质的基本单元"[①]，是作为支柱的。根据假扮理论，一个支柱就是一个表征，它将模型-系统作为支柱的属性归于目标-系统。也就是说，说一个假设实体具有某些属性，就等于说在某一个假扮者游戏中我们有资格想象一个实体具有哪些属性。因此，出于这个理由，我们将具体属性归于一个不存在的物体就没有什么神秘可言，一个范畴表征一个错误目标也没有什么奇怪。说到底，模型-系统是作为假扮者身份起作用的。既然是假扮者，那就可能是真的，也可能是假的，可能是对的，也可能是错的。在科学中假扮者是对是错，是真是假，是要通过观察或实验来验证的。这就是假扮者的真理问题。

关于这个问题，弗丽嘉提出了与虚构相关的三个陈述或命题：内虚构陈述、元虚构陈述和跨虚构陈述。所谓内虚构陈述是指，在一个作品或文本内的虚构命题，比如在读《西游记》时，某人说"孙悟空能腾云驾雾"，在现实中一个人是不能腾云驾雾的。也就是说，假扮者游戏中的陈述就是内虚构陈述。这种在虚构作品中的陈述或命题，我们一般不会相信，但是我们能够想象。元虚构陈述是指，当某人读了虚构作品后再谈论这个作品中的某个陈述，比如，"唐僧说'孙悟空能够腾云驾雾'"，这就是一个元虚构陈述，也就是对一个虚构陈述的陈述。跨虚构陈述是说，某人将虚构作品中的故事陈述转述给其他人，比如，我们读了《西游记》给学生讲述其中的故事，如"我给学生说'孙悟空能够腾云驾雾'"。这个就是一个跨虚构陈述。

尽管某些内虚构陈述在虚构作品中是真实的，但是我们通常将假陈述当

[①] 夸克(quark，或层子)是一种基本粒子，也是构成物质的基本单元；夸克互相结合形成一种复合粒子，即强子，强子中最稳定的是质子和中子，它们是构成原子核的单元。由于"夸克禁闭"现象，夸克不能直接被观测到，或是被分离出来，只能够在强子里面找到夸克。

作真的，而把真陈述当作假的。因此，实际真理与虚构作品中的真理是不同的。可以说，虚构作品中的真理根本就不是真理的类型。然而，在想象的意义上，我们不能完全否认它的合理性，以及对于科学虚构的积极意义。"想象"就其本意而言就包含了主观性的含义，这意味着将模型理解为想象的实体使它们具有主观性，因为不同的人会把相同的事物想象为不同的东西。然而，根据假扮理论，一个权威性的假扮者游戏中的想象是由支柱和发生原理支配的，而这两者是公共的和由相关共同体共有的。在这个意义上，一个人的想象是由主体间的规则支配的。如果这些规则得到遵守，那么游戏中的每个人都应该有相同的想象。这不是说每个人有相同的想象，而是说在同一个游戏中，每个人都想象同一件事情，他们这样做是因为他们参加的是一个规则支配的活动。而且游戏中的每个人都相互信任，严格遵守规则，因而会具有相同的想象。因此可以说，一个虚构作品 w 是这个虚构作品 w 的所有命题 p 的集合。

那么，在作品 w 中 p 何时是虚构的呢？让我们假设，假扮者的 w-游戏是基于作品 w 的假扮者游戏，相似地，其中的支柱是 w-支柱，发生原理是 w-原理，那么 p 在 w 中是虚构的，当且仅当 p 在假扮者的 w-游戏中被想象。更精确地说就是：

p 在 w 中是虚构的，当且仅当 w-支柱和 w-发生原理一起规定 p 是可想象的。

虚构中的真理的这种分析可以延伸到模型-系统的情形中。关于模型的主张是 p，描述模型-系统的模型是 w，w-发生原理是在模型中假设起作用的定律和原理。譬如，在牛顿的太阳系模型中"太阳系是稳定的"是真的，当且仅当该系统的描述连同这个系统中假设的定律和原理①意味着情形是这样。因此，上述 Q1 的答案就是：两个模型是同一的，当且仅当这两个模型的世界(在两个模型中是虚构的所有命题的集合)是同一的。

元虚构陈述或者命题能够使真实主张成为真或者假，就像说桌子和椅子

---

① 这些定律和原理可能包括经典力学定律、万有引力定律和关于物理客体的某些一般假设，如质量、加速度、刚体等概念假设和绝对时空假设。

是真是假一样。然而,如果发生在这些命题中的核心术语没有任何所指的话,那么我们如何使得它们为真呢?正如沃尔顿所言,当我们形而上地断言 p 时,我们真正断言的是"在作品 w, p"[1]这就是说,断言某物在虚构作品中是那样,就等于断言在那个作品中它是虚构的。因此,断言"在作品 w, p"就等于说"p 在 w 中是虚构的",这与说"在作品 w, p 是虚构的"是相同的,可以表示为 $F_w(p)$。因此形而上地断言 p,就等于断言 $F_w(p)$。弗丽嘉给出这个断言的真理条件[2]:

> $F_w(p)$ 是真实的,当且仅当 p 在 w 中是虚构的,反过来也是这种情形,当且仅当 w-支柱和 w-发生原理一起规定 p 是可以想象的。

科学中的情形也是一样的。也就是说,一旦我们理解一个元虚构命题一定是由"在虚构 w"前定的,且具有结构 $F_w(p)$,那么命题的真理就由诉诸假扮者的 w-游戏来决定。

跨虚构陈述提出一个特殊的问题,那就是与不存在的客体比较。由于比较的对象不存在,因而这个问题似乎是没有意义的。譬如我们不能将某人与上帝比较,因为上帝不存在。不过,在模型-系统的情形中,模型-系统虽然是假设的,但其要表征的目标-系统是存在的现象,如量子行为,它是一种特殊类,不是纯粹虚构类。也就是说,我们能够将模型-系统与目标-系统进行比较。我们比较的是语句描述它们的属性而不是客体本身。在这个意义上,模型与不存在客体的不能比较问题就消解了。在科学建模的语境中,跨虚构命题的真理条件能够归结为属性之间的比较命题的真理条件。这些比较命题的真理条件是依赖于它们的语境的,例如,在经典力学的语境中,"地球是扁平状的"比"地球是圆形的"更接近真实的地球形状。从语义学的观点看,这种命题语句的比较是没有问题的。进一步说,进行比较的陈述是真实的,

---

[1] Waldon K L, *Mimesis as Make-Believe: On the Foundations of the Presentational Arts*, Cambridge: Harvard University Press, 1990, p. 397.

[2] Frigg R, Humter M C (Eds.), "Beyond Mimesis and Convention", *Boston Studies in Philosophy of Science*, Vol. 262, 2010, p. 119.

当且仅当相互比较属性的命题是真实的。两个不存在客体的比较也是如此。

以这种方式理解模型招致的形而上学承诺是什么呢？弗丽嘉认为没有承诺。原因是沃尔顿的假扮理论是反实在论的，它宣称虚构或抽象实体就是假设，因此，基于这种假设说明的科学建模理论，也是无须本体论承诺的。当然，这种反实在论的观点会遭到实在论者的质疑和反驳。关于这一点，笔者不再在这里展开。

四、两类科学表征：p-表征与t-表征

根据假扮理论，沃尔顿将一个表征定义为一个权威假扮者游戏中的一个支柱。按照这种定义，一个小说文本、一个模型-系统的描述都是表征。由此可以推出，一个支柱表征它规定的想象。在科学哲学中，表征一般是指模型-系统与目标-系统之间的指代关系。弗丽嘉认为这两种表征并不冲突，它们是互补的。在此基础上，弗丽嘉提出了两类表征：p-表征和t-表征[p代表支柱(prop)，t代表目标(target)]。p-表征是指支柱表征，表示的是一个支柱和其想象之间的关系；t-表征是指目标表征，表示的是一个想象的系统与其目标系统之间的关系。对于前者，假扮理论已经阐明，而后者还悬而未决。根据这种划分，弗丽嘉给出了科学建模元素之间的一个关系图(图11-3)①。

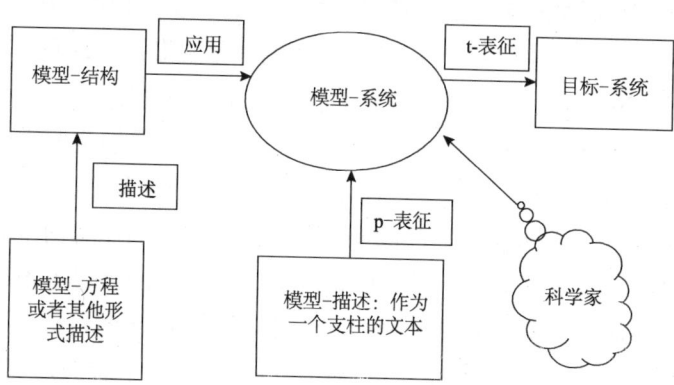

图11-3 科学建模元素之间的关系

---

① Frigg R, Humter M C (Eds.), "Beyond Mimesis and Convention", *Boston Studies in Philosophy of Science*, Vol. 262, 2010, p. 121. 笔者对这幅图做了部分修改。

第一，在图 11-3 中，除了目标-系统外，其余均是模型，但所有元素的组合不是模型。也就是说，整幅图只是科学建模中各个元素之间的关系图，不是科学建模的模型。

第二，这个科学建模关系图独立于我们通常理解的模型与理论的关系。图 11-3 中的模型-结构被假定为在一个特殊具体系统中处理的一个结构，不是一般的结构。比如，它是谐振子这个二体系统的结构，不是牛顿力学、量子力学或相对论的结构。这自然会产生一个问题，那就是，这个结构与科学理论的结构是什么关系？模型-结构与理论的语义论相容，也就是模型-结构属于一个理论的结构家族。

第三，图 11-3 中没有时间含义，没有说明在建构模型的过程中那些元素之间发生联系的先后顺序，即哪个是第一步，哪个次之。有时我们从虚构场景开始，有时从我们认为有用的数学方程开始，有时我们从心中的一个清晰的 t-表征策略开始，等等。简单说，这个建模图与任何我们想采取的建模的实际过程相容，它是一个单向过程，不是双向反馈过程。

第四，我们能够表征某些不存在的客体如何可能的问题。例如，如果以太不存在，那么，我们如何能够建立模型来表征它的详细的力学属性？事实上，以太被实验证明根本不存在，但成功的经典电磁学是以以太的存在为前提的。这说明不存在的客体对于模型-系统的设想影响不大。在图 11-3 中，目标-系统可以是存在的，也可以是不存在的。弗丽嘉认为这是"表征"概念的模棱两可性造成的。一方面，我们将表征作为一个图像或模型与真实世界中的一个方面（不存在）之间的一个关系；另一方面，我们又假定表征是一个观察者施加的心理内容，当他看一幅图，或者读一个模型的描述时（真实存在的）。这就是 p-表征与 t-表征之间的明显区别。一旦我们在这两个表征之间做出区别，这个问题就消解了。以太模型没有 t-表征是因为以太不存在，但以太模型的描述是 p-表征，它使得我们能够想象一个虚构的目标-系统。

第五，没有目标的模型-系统（没有 t-表征）不仅在解释失败时发挥作用，它们也是揭示某些技术工具的主要方式。在这个情形下，它们通常被称为"探索模型""发展模型""启示模型""玩具模型"和"研究模型"。因此，提出模型-系统的目的不是要表征世界中的任何事物，相反，它们被用来检验和研究理论工具，这些工具随后被用于建构表征模型。比如，在场理论中，Φ^4 模型一直被广泛地研究,不是因为它表征世界的任何事物(一开始就知道不是),而是因为它的简单性允许物理学家研究复杂的技术。比如,一个简单环境中的重正化①方法,使得物理学家弄清它的机制(对称破缺)。又如,伽利略的自由落体思想实验,在实际情形中,球在空气中下落会受到空气的阻力,不同大小和质量的球在下落过程中的速度和轨迹肯定会不同。如果在设想的无阻力的真空中,不同类的球下落的速度和轨迹应该相同,即使是一片羽毛和一块铁,它们的下落速度和轨迹也是相同的。这在常规思维中是难以令人置信的。然而,实验证明伽利略是对的。这就是思想实验的威力。

第六,在图 11-3 中 t-表征不是唯一的元素,还有 p-表征,结构与方程的表征也与此相似地得到理解。尽管形式表达在建模中起重要作用,但不是所有科学推理都与形式工具相关联。思想实验就是典型地不使用形式工具而通过考虑虚构场景直接得出结论的,比如,时性的相对性、测不准关系、惯性质量与引力质量的等价性等,就是通过思想实验产生的。这一过程与建模的虚构特征极为相似。因此,建模与思想实验有内在关联,可以说思想实验就是没有形式工具的模型。

第七,尽管沃尔顿的发生原理的一般观点直觉上是正确的,但事实证明我们难以给出这些原理或规则一个具体说明。在文学虚构的语境中,有两个重要的规则:实在原则和相互信任原则②。然而,它们之间存在内在矛盾。当被用于科学实践时可能得出错误结论。因此,科学虚构中的发生原理是什么?这个恐怕难以给出具体答案,因为不同的学科可能发生原理不同。在这里,发生原理作为研究纲领的一部分,目的是有助于理解不同科学学科中的建模的实践。

第八,不是所有模型都是由语言描述引入的,有时我们使用图解、图画

---

① 重正化是克服量子场论中出现的发散困难,从而是微扰计算合理化的一种理论方法,实现重正化需进行正常化和分离纠缠无穷大。

② 实在原则是指:如果 $p_1, \cdots, p_n$ 是直接虚构真理,那么命题 q 就是间接虚构真理,当且仅当,若 $p_1, \cdots, p_n$ 的确如此,那么 q 也就是如此。相互信任原则是说,如果 $p_1, \cdots, p_n$ 是直接虚构真理,那么命题 q 就是间接虚构真理,当且仅当——在艺术家的社会里相互信任的是:若 $p_1, \cdots, p_n$ 的确如此,那么 q 也就是如此。详见 Waldon K L 在 *Mimesis as Make-believe: On the Foundations of the Presentational Arts* 第四章中的讨论。

和简图来详述模型-系统。因此，就有语言和非语言支柱之分，假扮理论框架描述的支柱不仅包括语言描述，也包括非语言表达，如各种图像、电影、照片、雕塑等。

第九，这里的建模观点是通过与文学虚构类比获得的，这不意味二者之间没有差别。文学虚构比科学虚构要复杂得多，而且对于目标-系统，前者在现实中可能找到对应物，后者可能不能，但仍然可以数学地描述，而前者是不能用数学描述的。文学虚构考虑审美的成分也远多于科学虚构，如语言的修辞和优美的考虑、故事情节的曲折复杂性的考虑等；而科学虚构则要求简单、明了、清晰，尽量能够使用数学语言表达。另外，文学语境与科学语境的差异也比较大，文学虚构的规范性比科学虚构要弱，但范围更大，它不仅涉及文学知识和理论，还包括社会的、文化的、习俗的、心理的，甚至政治的因素；后者则主要包括科学知识和理论的因素，社会的和文化的因素极少考虑。

第十，假扮理论也有内在问题。它回避了对想象的常识理解，而且没有详细说明不同语境中（文学的和科学的等）想象的不同，也没有说明像考虑、沉思、冥想之间想象的区别。不过，这些并不影响该理论与科学之间的类比。

五、模型-系统作为概括地图

在科学的情形中，模型-系统如何表征超越它本身的事物呢？也就是说，模型-系统如何进行t-表征呢？理解t-表征其实就是理解和建立虚构场景与真实世界的方面之间的关系。弗丽嘉试图通过地图与科学表征之间的类比来更概括地说明t-表征是如何发生的[①]。

地图的实质是运用平面图标明地形的轮廓，它不使用语句或命题说明地形的情况，尽管地图上有文字标明地名[②]。弗丽嘉给出了地图表征的如下

---

① 弗丽嘉声称，地图与表征的类比在科学实在论的语境中已有大量论述，在这里，他不承诺实在论的立场，而是从非实在论立场出发来阐明表征的工作机制。在他看来，一个表征与其目标系统类似，但不是镜像关系，也不是图像关系或同构关系。表征的一般说明应该给非实在论表征留有空间。

② 如果将地图比作模型-系统，这与弗丽嘉的初衷不符，因为在他那里，模型-系统是假设的实体或虚构体，而地图是真实的物质体。因此，使用地图代替模型-系统来说明t-表征可能会有问题。

一般图式[①]：

X t-表征 Y，当且仅当：
(R1) X 指代 Y；
(R2) X 携带一把"钥匙" K 详细说明关于 X 的事实被翻译为关于 Y 的主张(命题)。

简言之，第一个条件建立了 X 的关涉，第二个条件保证了 X 对于 Y 的认知相关性。凡是使用过地图的人都知道，任何地图都用特殊的图形和线条清晰地标明了铁路、公路、城市等，如红线表示铁路、黄线表示公路、圆形表示城市等，而且按照一定比例说明不同城市之间的距离，有的地图还标明了山的海拔，指明了方向(在面对地图时上指北，下指南，左指西，右指东)。

地图本质上包括一把"钥匙"[②]，它告诉我们任何将关于地图的事实翻译为关于地点的事实。这把"钥匙"的某些元素一般会标示在地图的右上角或右下角。比如，关于比例大小标准，各种图形的所指等的说明，有的说明是国际惯例，有的是特别规定。重要的是，一幅地图表征什么不仅依赖于地图上的事实，而且依赖于将这些事实翻译为关于世界的事实的"钥匙"。因此，要看懂地图，我们必须知道这把"钥匙"——关于如何使用地图的详细说明。

关于模型-系统的情形，弗丽嘉主张模型-系统是 t-表征，它们与地图的表征方式是一样的。它们指代目标-系统和包含在它们中的某些事实，这些事实是通过"钥匙"翻译的。比如，玻尔的氢原子模型就是一个模型-系统，它由一个模型描述和一个形式工具(经典力学加上量子化规则)来详细说明。该模型中包含许多事实，其中有不连续的能量层次。我们可以用这个模型-系统指代氢原子结构，然后用一个简单的"钥匙"(这里是同一性)来说明氢原子

---

① Frigg R, Humter M C (Eds.), "Beyond Mimesis and Convention", *Boston Studies in Philosophy of Science*, Vol. 262, 2010, p. 126.

② 这里的"钥匙"其实就是一个隐喻，笔者将它称为"钥匙"隐喻，顾名思义，钥匙是开门的工具，科学的"钥匙"就是打开自然秘密的工具，因而在科学研究中找到打开自然秘密的"钥匙"就是至关重要的事情。这个"钥匙"可以是一个新假设、新方法和新理论，也可以是一个新仪器和一种新测量手段。

的能量也是不连续分立的。

为了说明 t-表征的机制，弗丽嘉又增加了三个条件。第一，(R1)和(R2)提供了一个 t-表征说明的一般形式，它需要在一个 t-表征的每个特殊例子被具体化，因为"指代"和"钥匙"在每个例子中都是不同的。为了理解一个特殊表征如何工作，我们需要说明特殊的 X 如何指代特殊的 Y，而且需要提供一个特殊的"钥匙"K。在科学表征中，"钥匙"K 通常是隐藏的，而且是由语境决定的，因而阐明那些"钥匙"K 就是做深入的科学的和哲学的分析。因此，说某物的一个 t-表征就等于说明 X 如何精确地指代 Y 和 K 是什么。t-表征的类有许多，而且其元素是变化的。地图、图表、图解、照片、建筑设计、绘画、科学模型都是 t-表征，因为它们满足(R1)和(R2)，但是以不同的方式工作。它们之间的差异在于，这些条件是以非常不同的方式实现的——使用不同的"钥匙"，指代有不同的源。然而，弗丽嘉并没有给出具体的说明，只是说这是一个极大的任务。

第二，在地图与科学模型之间存在一个非类比，其中"钥匙"K 不同是关键。在地图的情形中，目标-系统就在我们眼前，我们直接可以通过测量探讨它，然后绘制一幅简单的地图，如手画的草图。使用这种地图，我们能够与他人交流，说明我们的目的地。科学的情形则不同。我们不能直接测量氢原子，然后建构一个模型与不熟悉它的人进行交流。相反，我们先建构一个模型去发现关于目标-系统的新属性，这些属性是任何人都不知道的。不过，这种非类比在分析建模中并没有破坏 t-表征的显著性。即使建构一个模型的过程包括许多漂亮的观察，一旦模型-系统被建立，我们必须详细说明它是如何与世界相关的，这是通过提供一个钥匙来阐明的。在地图情形中，一把钥匙可能是一支笔或一把比例尺；在科学中，一把钥匙可能是一个假设或一个测量工具或观察仪器。显然，"钥匙"可以是假设，但这不破坏模型作为 t-表征的地位。如何使一个模型-系统与目标-系统密切相关，依赖于表征的细节，也就是依赖于所使用的"钥匙"和所指代关系的性质。比如，建筑桥梁模型的"钥匙"和指代关系，肯定不同于建立原子模型的"钥匙"和指代关系。

第三，(R2)主张我们需要一把"钥匙"详细说明如何将关于 X 的事实翻译为关于 Y 的陈述。弗丽嘉强调这不是一个过失。t-表征是一个可接受定义，它必须能给误表征留有余地。一幅地图可能包含错误，即使我们使用适当的"钥匙"并正确使用它，结果也许是错误的。比如，地图的绘制者可能用红线表示了公路而不是铁路，结果会误导我们到了汽车站而不是火车站。尽管这样，它仍然是一个 t-表征。也就是说，t-表征是允许有误表征的，因为我们关于 Y 的陈述可能是真或是假的，尽管事实没有问题。换句话说，关于事实的陈述可真可假，但事实是不能假的。一个表征是一个可靠表征，当且仅当所有关于 Y 的陈述是真实的。

当然，一个误表征的情形与一个失败表征的情形是不同的。X 是一个误表征，如果它不可靠的话（可靠是有程度差异的）。某物完全不是一个 t-表征，如果两个条件至少有一个不满足的话。如果没有任何目标-系统存在，那么我们没有满足(R1)。相比之下，如果 X 没有使用一把"钥匙"来说明任何内在属性，那么失败表征能够在条件(R2)停止。这就是为什么专名不是 t-表征的原因所在。因为专名指代名称的承担者，但没有"钥匙"将这个名称自己具有的属性翻译为关于这个名称的陈述。由于这个理由，我们可以称"表征"为专名，但我们要认识到它不是 t-表征，要成为 t-表征必须同时满足地图表征的情形与科学模型表征的情形。

那么一个表征成为一个 t-表征为什么是如此重要的呢？为什么一个简单的规定是不够的呢？弗丽嘉的回答是，地图以及科学表征属于其认知功能的表征范畴，即我们研究 X 是要了解关于 Y 的某些我们不知道的属性。事实上，模型-系统是这样一些单位，它们携带了科学探索的有意义部分，而不是携带了目标-系统本身。也就是说，我们研究一个模型，并发现它替代的事物的属性，比如建立原子模型就是要发现它所替代原子的属性。一个专名没有这样的功能，它只是指代，并不携带它指代对象的属性。比如"苹果"指代苹果，它并没有表明苹果的属性。

显然，"钥匙"是作为建模型的一个研究纲领使用的。为此，弗丽嘉提出科学中通常使用的两把"钥匙"：同一性和理想极限。同一性是所有"钥匙"中最简单的一个。它是这样一个规则——模型中的事实也是世界中的事实。比如，如果 X 根据同一性 t-表征 Y，这就意味着 X 具有不连续能量，Y 也具有不连续能量。尽管科学家常常谈论模型与实在之间的同一性，但很少有模型是与事实完全符合的。理想极限就是理想化，也就是将一个系统具有的一个属性"推到极端",比如作为点质量的模型粒子、无质量的弦、球体的行星和无摩擦的平面等。一个真实境遇越接近理想境遇,模型的预测就越准确。理想摆模型、理想气体模型是典型的例子。这是一种收敛条件。如果这样的提纯过程存在,若极限不变,这个模型就是理想模型。在这里,理想化条件的实质就是绝对条件,理想化在某种意义上就是绝对化。由此可以推出,极端理想主义也就是一种绝对主义。弗丽嘉所提的两把"钥匙"就是两个绝对条件。

如果一个模型是一个理想极限,那么它就蕴含了一把"钥匙"。为什么是这样呢?弗丽嘉从数学上给出了定义和分析。假设一个函数$f(x)$,我们要问的问题是:如果x接近一个特殊的值x_0,那么$f(x)$有怎样的表现呢?如果说数F是$f(x)$的极限,用符号表示就是:$\lim_{X \to X_0} f(x) = F$,当且仅当对于每个正数$\varepsilon$(无论多么小),存在另一个正数$\delta$,结果有:如果$|X - X_0| < \delta$,那么$|f(X) - F| < \varepsilon$。这个条件表明:$X$越接近$x_0$,$f(x)$就越接近$F$。这个观点适用于上述的理想极限。实验的提纯序列起到X的作用,理想极限本身是x_0,客体的行为对应于f。比如,比较光滑的平面对应于不同的值X,无摩擦平面对应于x_0。当然,不是所有的模型-系统都是它们目标-系统的理想极限。理想极限仅是其一部分。

第七节　科学表征的 DEKI 说明

为了使艺术的虚构说明能够用于说明科学模型的表征情形,弗丽嘉和阮借用"表征-充当"概念,将科学表征看作"表征充当了某物"[①]。"表征-充当"是一个借自古德曼的审美表征说明的术语,埃尔金将其发展并用于科学表征。"表征-充当"的含义是用某物充当表征角色,许多认知表征的例子如漫画是"表征-充当"的典型例示,比如,丘吉尔被表征为斗牛犬,

---

[①] Frigg R, Nguyen J, "Scientific Representation", 2016-10-10, https://plato.stanford.edu/entries/scientific-representation/.

撒切尔夫人被表征为拳击手。这实质上是一种隐喻的表征手法，即"丘吉尔是斗牛犬""撒切尔夫人是拳击手"。使用这类表征我们能够了解其目标客体的特征，如丘吉尔和撒切尔夫人的个性和风格、思想和智慧等。

根据古德曼和埃尔金的看法，"表征-充当"的核心观念是，科学表征如同漫画表征或隐喻表征。例如，太阳系模型将目标系统表征为由完美球体组成的系统，DNA模型将遗传基因表征为双螺旋结构。在这些例子中，模型可以被用来尝试通过确定前者表征后者作为某存在物来了解它们的目标。因此，"表征-充当"的用法可以描述为：一个客体X(如图像、模型)将一个主体Y(被表征对象或目标系统)表征为存在物Z。是什么建立了这种表征关系呢？为了回答这个问题，古德曼和埃尔金区分了"某物是Z的一个表征"和"某物是一个Z-表征"[1]。比如，孙悟空的画像是一个孙悟空-表征，因为它展示了一个孙悟空，但是不是孙悟空的一个表征，因为孙悟空根本不存在。从语法结构看，成为一个Z-表征是一个一阶谓词，它根据表征的对象归类表征。成为某物的一个表征是由指代建立的，它是保持符号和它所指代的客体之间的一个二元关系。两种表征可以共存但是没有必要。

要使一个指代具有可靠性，指代必须是可例示的，即必须能够展示出来。因而例示作为一个概念在表征中承担重要角色。古德曼指出，一个客体X实例化一个属性P当且仅当X例示P且指称P[2]。属性是客体或系统所固有的，所以属性有多种，如一阶的(色彩)、二阶的(关系)、高阶的(结构)等。样品是例示的范例。埃尔金认为，一个商品的样品卡上涂油漆例示了一个特定的颜色，同时也是指那种颜色[3]。实例化对于指代表征是必要的但不是充分的，比如，样品卡的长方形形状不例示长方形。一个客体例示一个属性意味着它给我们提供了认识那个属性的通道。因为例示是具体的和明确的指代方式。

---

[1] Goodman N, *Languages of Art: An Approach to a Theory of Symbols* (2nd ed.), Indianapolis: Bobbs-Merrill, 1968, pp. 21-25; Elgin C Z, "Telling Instances", In Frigg R, Hunter M (Eds.), *Beyond Mimesis and Nominalism: Representation in Art and Science*, Berlin, New York: Springer, 2010, pp. 1-2.

[2] Goodman N, *Languages of Art: An Approach to a Theory of Symbols* (2nd ed.), Indianapolis: Bobbs-Merrill, 1968, p. 53.

[3] Elgin C Z, *With Reference to Reference*, Indianapolis: Hackett, 1983, p. 71.

因此"表征-充当"是通过将指代与例示相结合而形成的。这就是说,一个 Z-表征例示属性是通过联合 Z 实现的,如果 Z-表征也同时指代 Y,那么这些属性能够被转嫁到 Y。这一转嫁过程是"表征-充当"的一种认知表征说明[①]:

X 是 Y 的一种认知表征,当且仅当:(1)X 指代 Y;(2)X 是例示属性 $P_1,\cdots,P_n$ 的一个 Z-表征 Y;(3)X 将 $P_1,\cdots,P_n$ 转嫁到 Y。

在科学语境中,X 通常是模型,Y 通常是目标系统,这是"表征-充当"对认知表征问题的解答。同时,它不仅在一定程度上回答了表征的划界问题和方向性问题,也说明了替代推理过程。因为如果 Y 拥有了被转嫁的属性(X 的属性),那么表征过程就是准确的,但由于目标系统不必然需要例示,因此这一过程允许有误表征的可能性。或者说,准确性不等于可靠性,比如,"指鹿为马"就是用鹿指代马,鹿对马的刻画越准确,表征就越不可靠,因为马不是鹿。我们可以根据不同的 Z-表征或它们例示的属性说明不同的表征方式。

然而,这种说明仍然存在本体论问题和应用数学的问题。弗丽嘉和阮的 DEKI 说明进一步发展了"表征-充当"说明。弗丽嘉和阮发现,当将"表征-充当"用于科学语境时,它会产生许多问题。首先是 Z-表征的概念,它是从艺术特别是绘画情形中引出的,在科学的语境中它是如何起作用的并不清晰。他们认为,为了将一个客体 X 转变为一个科学模型,它必须以适当的方式得到解释。客体 X 具有的属性与相关的 Z 属性结合成对出现,对于定量属性,如质量、速度、体积,它们拥有数值,需要进一步将 X 属性的数值与它映射的 Z 属性联系起来[②]。例如一个分子模型需要将它所指代的分子的组成元素数、结构等属性的信息结合起来。当然,如此联系起来的 X 属性与 Z 属性不需要穷尽 X 所例示化的属性,所有可能的 Z 属性也不必与一个 X 属性相联系。

---

① Elgin C Z, "Telling Instances", In Frigg R, Hunter M (Eds.), *Beyond Mimesis and Nominalism: Representation in Art and Science*, Berlin, New York: Springer, 2010, p. 10.

② Frigg R, Nguyen J, "The Fiction View of Models Reloaded", *The Monist*, Vol. 99, No. 3, 2016, pp. 227-228.

在科学语境中,一个科学模型可以被定义为一个Z-表征,如一个被解释的客体。这种定义的模型显然没有预设一个目标系统,因此就为无目标模型的建立留下了余地,也就是说,模型能够被看作在相关解释下例示化的Z-属性,它解释了模型如何例示这种属性。然而,一个更深刻的问题是,例示化的属性很少能够被准确地转嫁到目标系统上。根据"表征-充当"说明,转嫁的属性要么是被Z-表征例示的属性,要么是相关的属性。弗丽嘉和阮通过引入"翻译钥匙"概念将例示化的属性与被转嫁的属性之间的关系联系起来并使之明确化。例如,在伦敦地铁图的情形中,特定颜色与特定线路联系起来。而在理想化情形中,翻译钥匙将模型属性与非理想化属性联系起来。他们给出了DEKI说明的如下定义[①]:

假设$M=\langle X, I\rangle$,M是一个模型,其中X是一个O-客体,I是一个解释或说明。再假设T是目标系统或客体,M将T表征为Z当且仅当满足以下所有条件:
(1)M指代T;
(2)M例示Z-属性$P_1,\cdots,P_n$;
(3)M携带K将集合$\{P_1,\cdots,P_n\}$与集合$\{Q_1,\cdots,Q_n\}$联系起来(两个集合可能同一);
(4)M至少将$\{Q_1,\cdots,Q_n\}$中的一个属性转嫁给T。

根据条件(1)—(4),我们可以说,M是T的一个科学表征,当且仅当M将T表征为Z(DEKI说明中各种元素之间的关系见图11-4)。

显然,科学表征的DEKI说明突出强调了四个环节:指代(denotation)、例示(exemplification)、键控(keying-up)和转嫁(imputation)及特征。指代明确了模型与所表征对象的单向指向关系:$M \rightarrow T$,相反则不能成立。例示是一个指称模式,它发生在一个客体指称它例示化的一个属性时。例示是相对于一个语境确立的。弗丽嘉和阮给出例示的定义为:X在一确定语境C中例示

[①] Frigg R, Nguyen J, "The Fiction View of Models Reloaded", *The Monist*, Vol. 99, No. 3, 2016, p. 229.

P 当且仅当 X 例示化 P,而且语境突出 P,在这个语境中一个属性被突出来,如果它在这个语境中被辨识为相关的、对于使用者 X 是认识上可理解的。例示属性的范例是样品[①]。键控即翻译或编码,就是将 Z-表征的属性转化为目标系统的属性,这是 DEKI 说明的一个关键环节;转嫁就是将 Z-属性嫁接到目标系统上。可以说,DEKI 说明与"表征-充当"说明一样回答了前面提及的各种问题。

不过,我们应该注意到,DEKI 说明至少在三个方面发展了"表征-充当"说明。第一,这些条件使科学模型进行 Z-表征的机制更加清晰。第二,DEKI 说明使模型例示化的属性不必准确地被转嫁到目标系统上更加明确,而且强调需要研究钥匙,它详细说明了模型中的属性与模型实际转嫁给其目标系统的属性之间的关系。第三,DEKI 说明使如何解释无目标模型清晰化。显然,一个不能指代目标系统的科学模型不可能是一个 Z-表征。比如,一个从来没有建造的桥梁模型仍然是一个桥表征,因为它例示了相关桥梁的属性,如稳定性,尽管它不是任何事物的一个表征。

不可否认,DEKI 说明的确有一定的解释力,但是如同"表征-充当"说明一样,它仍然不能说明本体论问题和数学的应用问题,也就是表征是什么和建立数学模型的问题。

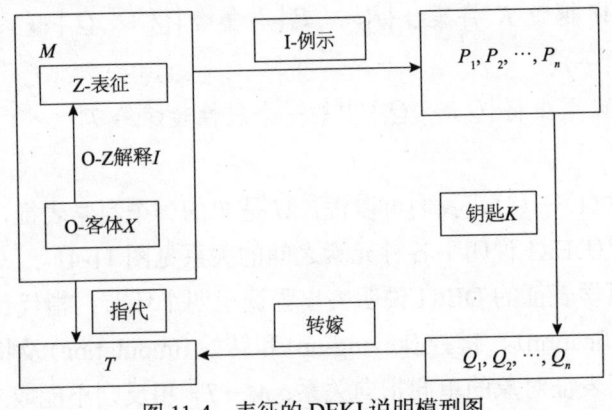

图 11-4 表征的 DEKI 说明模型图

[①] Frigg R, Nguyen J, "The Fiction View of Models Reloaded", *The Monist*, Vol. 99, No. 3, 2016, p. 227.

第 十 二 章

推理主义：表征是推理替代认知

推理主义是苏雷兹提出的一种科学表征观。作为研究科学表征问题的一个有影响的科学哲学家，他认为同构和相似只是科学表征的常见但非普遍的方式，不是构成成分，主张在方式和构成间做出区分，反对将表征还原为同构和相似的自然主义倾向。他倡导一种关于表征的紧缩概念，强调表征必须满足两个必要条件：一是表征本质上是意向的；二是能够进行替代推理和推论。根据这两个条件，他建立了科学表征的推理模型：A（源系统）表征B（目标系统），当且仅当A的表征力指向B，且A作为有能力的知识行为体，能够做出关于B的明确推论。尽管他的紧缩表征推理观也遭到了不少批评，但毕竟提出了一种不同于同构观与相似观的另一种表征观，不失为一家之言，值得我们做深入的分析和探讨。

第一节 科学表征的共性问题

科学哲学家一般都承认，科学的基本目的是表征世界。然而，在许多科学哲学家那里，他们对表征含义的理解不尽相同，表述也不是很清晰。尽管范·弗拉森、弗里德曼、凯切尔（Kitcher）、吉尔、莫里森、卡特赖特、哈金等人做了大量研究，但是科学中的表征理论还没有完全建立起来[1]。苏雷兹列

---

[1] Suárez M, "Scientific Representation: Against Similarity and Isomorphism", *International Studies in the Philosophy of Science*, Vol. 17, 2003, p. 225.

举了工程学、数学物理学中根本不同的四个模型——桥的玩具模型、工程师的桥梁设计图、气体的弹性球模型和量子状态扩散(QSD)方程——来阐明他的主张。之所以选择这些模型,是因为它们阐明了科学中表征的范围和种类。

这些不同模型之间的共性是什么?是什么使得它们能够表征呢?在苏雷兹看来,这些模型虽然不同,但其共性是明显的。它们都有表征源(source)和目标(target)。源是表征的工具,目标是它的客体或对象。在前两个模型中,源和目标是具体物理客体;在第三个模型中,科学家把源描述为物理系统,把目标描述为一个自然状态;在第四个模型中,源是一个数学实体(方程),目标是一种物理现象。在这些情形中,当且仅当"A 表征 B"是真实的时,A 是源,B 是目标。表征源 A 可能有许多类,诸如物理客体、系统、模型、图像、方程。可能的目标 B 与源 A 是多元性相似。这些客体的一个共同点是,它们都被假定是世界中的真实实体。

一个实质性的科学表征理论应该为我们提供一个源表征和一个目标的必要和充分条件。它不同于日常一般表征的地方在于:它必须具有准确性、可靠性、真实性、经验适当性和解释力[①]。对于科学表征理论的这些要求,并不是要它必须在精确与不精确表征之间,或者可靠与不可靠表征之间做出区别,而是要求在某物是表征与不是表征之间做出区别。这预设了这样一个情形: x 成为 y 的一个表征的条件,与 x 成为 y 的一个精确表征之间的区别。这是两个非常有趣而且重要的问题。我们必须区别对待。因为科学在建构现象的表征方面是成功的,但是很少在建构现象的完全精确的表征方面是成功的。比如,桥梁设计图或多或少是真实桥的精确表征,量子状态扩散方程或多或少是一个局部化的特殊实例的精确表征。

在直觉的意义上,一个源 A 是目标 B 的一个表征,当且仅当 A,或它的部分或属性,构成 B 或它的部分或属性的镜像。A 和 B 均是世界中由科学描述的实体。所以,对所有这些关于 A 和 B 的事实及其关系的彻底科学研究,应该对于解决这些问题是充分的。

概言之,科学表征是这样一种关系,它实际上发生在世界中的实体之间,

---

① Suárez M, "Scientific Representation: Against Similarity and Isomorphism", *International Studies in the Philosophy of Science*, Vol. 17, 2003, p. 226.

可由科学进行研究。换句话说，科学表征是世界中的实体之间的一种实存关系，这种关系能够由科学进行研究。因为表征关系是真实的，它不必然涉及行动者的判断。具体而言，要让 A 科学地表征 B，首先必须使 A 和 B 及其属性归于科学范围；其次 A 和 B 的属性事实上与科学已经建立的某些规律一致。这显然具有自然主义的倾向。

表征的自然主义观的优势在于能够保证科学表征的客观性。与语言表征有所不同，它不受行动者任意规定的限制。根据自然主义，自然化一个概念的意义，就是将它还原到事实，并说明它不以任何实质性方式依赖于行动者的目的或价值判断。也就是说，判断一个概念的实际情况是由各个事实做出的，客观事实就是判断它的最终标准。这显然是一种典型的实证主义或客观主义。不可否认，非自然化的概念也能够在某种程度上保证科学表征的客观性。苏雷兹对自然主义的两个观点——表征的同构观和相似观持批判的态度，认为同构和相似对于科学表征都是不充分的。

第二节　表征的相似和同构的自然化倾向

对于 A 表征 B，A 和 B 之间的哪类实际关系必须保持呢？比如，桥的设计图与它表征的桥之间必须保持什么关系呢？很显然，不是 A 和 B 之间的任何关系都能够起作用。因为虽然能够保持 A 和 B 关系的类型有许多，但是有些与表征关系本身是不相关的，比如桥是一个人造物，长 120 米等。这里有一个选择的问题。问题是如何选择？选择哪些？如果自然化表征计划要想成功，就必须找到一个合适的关系类型，这样的关系类型必须具有普遍性，能够例示所有成功的科学表征。

目前流行的表征关系有两类：相似和同构。吉尔和阿伦森等是相似观的支持者，他们倡导相似性对于表征的重要性。范·弗拉森[①]强调同构

[①] van Fraassen B C, "Interpretation of Science: Science as Interpretation", In Hilgevoord J(Ed.), *Physics and Our View of the World*, Cambridge: Cambridge University Press, 1994, pp.169-187.

的优势作用，穆迪诉求于弱化的同构版本[①]。苏雷兹则将这两个观点做如下概括[②]：

> 相似观：A 表征 B，当且仅当 A 与 B 相似。
> 同构观：A 表征 B，当且仅当 A 例示的结构与 B 例示的结构同构。

相似(similarity)是形似(resemblence)[③]的概括。这就是说，如果两个客体在视觉形象上存在重要的相似性，那么它们彼此相似。相似观没有断言相似是表征的必要和充分条件，它是一个弱的条件，即不必要也不包括视觉形象的相似性，或者说，相似性达到一个阈值时才算作表征。

相似观蕴含了这样一个假设：A 和 B 相似，当且仅当它们共有它们的一个子集。这与基于同一的理论(identity-based theory)一致，相似性是反身的(即最大限度地与自己相似)和对称的(即 A 与 B 相似，在相同的基础上，B 也与 A 相似)，但不是传递的(即 A 与 B 可能共有属性 p_1，B 与 C 可能共有属性 p_2，A 和 C 不共有任何属性，除非与 B 共有一个属性)。

同构仅被定义为外延结构之间的数学关系。这个定义预设：任何代表表征关系的两个客体例示同构结构。苏雷兹认为这个结构-例示概念给它自己带来了困难，但它有一个优点，即它使得纯数学之外的客体-对-客体表征有意义。说"A 和 B 例示的外延结构是同构"，更简单的说法是"两个物理客体 A 和 B 是同构"。这意味着，A 将隐含地指出它例示的源客体及其结构，B 将指出它例示的目标客体及其结构。因此，当保持所定义的每一个结构的关系时，同构要求有一个"一对一"函数，它将一个结构域中的所有元素映射到另一个结构域中的元素上，相反也一样。因此，A 和 B 必须具有相同的基数。

---

① Mundy B, "On the General Theory of Meaningful Representation", *Synthese*, Vol. 67, 1986, pp. 393-435.

② Suárez M, "Scientific Representation: Against Similarity and Isomorphism", *International Studies in the Philosophy of Science*, Vol. 17, 2003, p. 227.

③ 形似是两个物体在表面形状的类同，而相似不仅如此，还在属性上类同，因此，相似是指两个物体在形状和属性上类同，而形似是指两个物体在形状上类同。苏雷兹将这两个词看作是同义词或者近义词，在使用中不加以区别。

不仅如此，苏雷兹还给出同构的更精确的逻辑形式定义。假设 $A=[D, P_j^n]$，$B=[E, T_j^n]$，其中 D，E 是每个结构中客体的域，P_j^n 和 T_j^n 是在结构中被定义的 n 元关系。A 和 B 同构，当且仅当有一个一对一的映射 $f:D\to E$，因此，对于任何 n 元 $(x_1,\cdots,x_n)\in D:P_j^n[x_1,\cdots,x_n]$，仅当 $T_j^n[f(x_1),\cdots,f(x_n)]$；对于任何 n 元 $(y_1,\cdots,y_n)\in E:T_j^n[y_1,\cdots,y_n]$，仅当 $P_j^n[f^{-1}(y_1),\cdots,f^{-1}(y_n)]$。换句话说，同构是一种关系，它保持两个外延结构域之间的映射，而且它的存在表明：两个结构的关系框架(relational framework)①是相同的。

显然，同构可以被理解为一种相似的极端形式。假设 A 和 B 同构，那么它们至少共有一个属性，即它们的关系框架。因此，两个同构结构是相似的，因为它们的关系框架是同一的。在这个意义上，例示同构结构的两个客体因此在结构上相似。比如，桥梁与它的设计图就是这种情形。可以说，同构是相似的一个特例。相似或形似都不能还原到同构。相似可以运用到任何两个客体之间的关系上，但是同构不能。比如我们可以说两个不同的食物的味道相似，却不能说它们同构，可以说两个人的知觉经验相似，但不能说它们同构。这恐怕就是人们普遍喜欢相似的原因。

然而，在表征的那些案例中，能够将源客体与目标客体描述为清晰的结构例示是怎样的呢？许多科学表征属于这一类。在那些科学表征的案例中，将相似还原到同构是关于适当的结构例示的唯一可能条件。两个客体在共有某些属性方面是相似的，如两个客体表面的色彩分布，因此，由色彩关系定义的唯一结构可能是同构的。当两个客体相似的主张是正确之时，同构主张一定被限制在共有的具体属性方面。假设相似或同构是正确的，这意味着源客体是目标客体的一个真实表征，我们需要探究源客体与目标客体的性质，以及它们之间的关系。如果我们获得了两个客体之间的关系事实的恰当类型，表征就形成了。如果我们能够表明相似或同构是正确的，我们将因此自然化了科学表征的概念。这在相当程度上表明，相似与同构背后蕴藏着动机与驱动力。比如，自然化科学表征的目的在吉尔的工作中是十分清楚的。

---

① "同构"常常被看作结构同一，苏雷兹认为这是一种误解，因为同构结构的两个不同客体分属不同的领域。同构一定程度上相当于同一同构结构中关系的逻辑属性的一个超级结构。由于这个理由，他喜欢使用"关系框架同一"这个术语。

总之，苏雷兹区分了两种自然化的倾向：一个是弱的自然主义，仅仅主张科学能够研究表征；另一个是强的自然主义，主张表征关系不以任何实质的形式涉及行动者的意图或价值判断，它只诉求于事实。而自然主义的表征观是苏雷兹所反对的。他奉行的推理主义就是要克服自然主义表征观的不足。

第三节　表征的方式与成分的澄清

为了克服自然主义和结构主义表征观的不足，苏雷兹首先区分了表征的方式和成分。他赞成斯沃叶的看法，即在科学实践中，表征的主要目的就是替代推理[①]。假设客体 A 表征客体 B，那么 A 必须对 B 保持某些特殊关系，这种关系允许我们通过探究 A 指出 B 的某些特性。他以经典粒子运动的相空间表征为例说明这种观点。曲线图可能在 a、b、c 方面与粒子运动相似，当我们根据曲线图推出粒子运动的特性时，我们是通过精确研究它们之间的相似性做到的。此时，表征的方式是 A 和 B 之间的那些关系，我们正是积极利用那些关系，在研究过程中，根据推断 A 来探究 B。需要注意的是，客体或系统 A 与客体 B 之间的关系类型不止一种，但是在任何一个时间，只有其中一个关系是表征的方式。比如，纸球在空气中运动的相空间曲线图，可能与空间中的球运动在结构上同构，而且与在同一种纸上画的球相似。但是这种相似关系不是表征的方式。

可以肯定，表征的方式有许多。同构与相似仅是其中普通的两个，还有其他的方式，如例示、实例化、惯例等。而且，表征方式不是严格地透明的，用苏雷兹的说法就是"没有源客体把它的表征方式戴在袖子上"[②]。在许多情形中，表征的实际方式对于初探者是难懂的，如泡沫室的照片、天文图、运动方程等。也就是说，要正确理解源客体是如何和以什么支撑它们的表征目

[①] Swoyer C, "Structural Representation and Surrogative Reasoning", *Synthese*, Vol. 87, 1991, pp. 450-506.

[②] Suárez M, "Scientific Representation: Against Similarity and Isomorphism", *International Studies in the Philosophy of Science*, Vol. 17, 2003, p. 229.

标的指称，是需要知识和技巧判断的。例如，缺乏天文学知识的人，很难看懂天文图；不理解量子力学的人，难以理解量子方程。正常情况下，在保持 A 和 B 之间的许多关系中，只有一个试图为指称提供支撑基础。

然而，同构或相似本身都不能说明表征的方式。为此，苏雷兹给出了表征方式与其成分之间的区别：我们使用 A 和 B 之间的一个特殊关系（如相似），通过推断 A 的属性来指称 B 的属性，这个事实不应该被认为是意指这个关系是通过 A 指称 B 所构成的表征。A 和 B 之间可能有更深层的、隐藏的关系[①]。假如 A（如相空间结构）表征 B（空间中粒子的运动）是根据同构做出的，这似乎与这样的事实一致——有时在 A 的基础上成功地推出 B，我们不必要使用或明确地指出 A 和 B 同构，但是能够使用其他关系如相似替代。在这种情形中，相似的表征方式似乎与更深层的同构方式不一致。

苏雷兹进一步给出了表征方式和成分的如下定义：

表征方式：在任何时候，A 和 B 之间的关系 R 是 B 通过 A 获得的表征方式，当且仅当，在那个时候，R 被认为是通过推断 A 来进入探究 B 的属性的过程。

表征成分：A 和 B 之间的关系 R 是 B 通过 A 获得的表征成分，当且仅当，R 的获得对于 A 表征 B 是必要和充分的。

可以看出，这个定义开启了为相似观与同构观辩护的一个有希望的途径。我们可能把相似和同构看作是构成表征核心的基本概念，它们保证表征关系。相似与同构一旦确立，我们可能接受它们是有用的表征方式。比如，相空间结构与粒子运动之间的同构，可能被认为是使用结构的相关相似性的有效表征方式，是结构的相似性先保证了相似，而后才表征。同样，两座桥梁的可见相似性，可能被认为是我们采用认知优势探讨存在于桥梁之间的深层结构同构的唯一有效方式。

通过这两个例子可以得出结论：虽然相似是唯一更有效的推理方式，但

[①] Suárez M, "Scientific Representation: Against Similarity and Isomorphism", *International Studies in the Philosophy of Science*, Vol. 17, 2003, p. 230.

正是同构才实际上保证了表征关系；相似与同构可以充分描述表征关系的成分，但不能描述它的方式。接下来，我们讨论苏雷兹反驳相似与同构的论证。

第四节　反驳相似与同构的五个证据

苏雷兹提出五个理由来反驳相似与同构对于表征的不充分性与不合理性[①]。第一个理由是简单的经验观察，相似与同构在科学实践中均不能被用于形式多样的表征工具；第二个理由是相似与同构缺乏表征的某些逻辑特性；第三个理由是相似与同构不允许有误表征或不准确表征出现；第四个理由是相似与同构对表征是不必要的，它们在某些科学表征中是失败的；第五个理由是相似与同构对于表征是不充分的，它们忽视了表征的方向性。接下来我们分别展开讨论。

一、多样性论据：相似与同构不能应用于所有表征工具

相似与同构虽然在许多科学表征中均有所涉及，但是它们并不能用于说明表征。我们仍然通过上述四个例子给予说明。

在玩具桥的例子中，相似几乎总是具体物理客体的具体物理表征的方式。工程师的玩具桥，在比例、不同部分的重量、材料的相对力和几何形状等方面，可能与它表征的桥相似。在这些相似性的基础上进行推理，源客体(玩具桥)表征了目标客体(真实桥)。也有重要的不相似之处，如大小，虽然它使得表征仅是部分成功，但相似似乎能够告诉我们哪些部分是表征的，哪些部分不是。相比之下，同构仅被定义为数学结构之间的关系，而没有直接应用于这个案例中的物理客体之间的关系，但它的确应用于两个客体例示的某些抽象结构，如它们的几何结构与形状。

[①] 弗丽嘉也做过非常相似的论证，参见 Frigg R, "Model and Representation: Why Structure Are Not Enough", In *Centre for Philosophy of Natural and Social Science: Measurement in Physics and Economics Technical Report* 25/02, 2002.

然而，玩具桥使用表征几乎是基于对它的真实属性和真实桥的属性的推理，而不是基于对两个桥例示的结构属性。在这个例子中，表征关系的方式不是根据同构概念获得的，因为同构概念与它的关系体不同一，是物理客体本身，而不是例示的结构。两种桥在几何结构和形状方面可能是同构的。在相似方面，我们可以将这两种桥看作同一客体的不同方式和不同表征，但是同构不是这样的，因为它要求玩具桥要保持与更大的真实桥之间的关系是严格同一的。

至于桥的设计图，它是工程师画在一张纸上的几何画。在这个例子中，源客体与目标客体之间的不相似性的范围和深度增大了。图纸上的桥仅与它表征的桥在几何形状和不同点之间的比例方面相似，其他方面没有任何相似性。这种结构的相似根据同构更容易获得，如地图、计划、曲线图就属于这一类，在那里同构是科学表征的方式。

在弹性球模型的案例中，相似与同构对说明表征都是困难的。弹性球系统在任何相关的意义上都不与自然的任何状态相似。我们可以任意指称这些客体的两个记号实例之间的相似或同构关系。假如事情是这样，除弹性之外，我们必须确定，我们是指系统的动力属性之间的相似性，是仅在它的动力属性上，而不是在任何时间在作为个体的实体属性上，共同地将弹性球的一个系统看作与气体分子的一个系统相似。对于同构来说，它获得的仅是由系统动力学例示的数学结构之间的关系，而不是由个体实体例示的结构。

在量子状态扩散方程的例子中，相似几乎不起任何作用。试想，写在纸上的数学方程的确描述了某种物理现象，但它们在任何相关方面都不相似。如果方程是动力学的，它可能集中于由方程定义的相空间结构上，而且现象很好地由例示了这个结构。也就是说，如果方程是现象的精确表征，那么同构将在它们之间产生，此时，同构就是一种特殊相似。

然而，同构在这个例子中是有问题的。在数学表征的大多数情形中，假设表征方式就是同构似乎是很牵强的。由一个微分方程例示的动力相空间结构，必须与现象例示的动力结构是同构的，假如这个方程精确地表征了现象。这似乎是微不足道的。当科学家使用微分方程探究它表征的现象时，他们很少涉及对这些结构的形式属性的研究。他们实际上做的就是，在已知某种边界条件的情形下，寻找这个方程的答案，然后检验那些答案的某些参数是否与现象的已观察属性一致。这种同构不是科学家通过推理所获得的，在这个例子中，同构就不是表征的方式。

可以看出，表征关系是不是相似的或同构的，要根据所要表征的客体的属性来确定。在对可见客体的表征中，源客体与目标客体之间的关系在大多数情况下是能够根据相似或同构描述的，或者说，相似或同构是表征的方式；而在对不可见客体的表征中，源客体与目标客体之间的关系很大程度上不能由相似或同构来描述，或者说，相似或同构不是表征的方式，因为我们不知道它们的结构或属性是什么，我们只能通过其他表征方式描述，如假设、想象，或者实验、测量等。例如，对不可见现象的数学描述，就是对那种现象的属性或关系的表征，而不是同构结构的表征。

二、逻辑论据：相似与同构不具有表征的逻辑特性

从逻辑来看，科学表征是一般表征的一种形式，或者说，它与一般表征有共性。本质上，一般表征是一种非对称现象，也即，A 表征 B，仅根据这个事实不必然推出 B 也表征 A。比如，一个人的照片是这个人的表征，但是这个人并不是照片的表征。用苏雷兹的话说就是，源客体不能仅仅根据它表征目标客体这个事实，也被目标客体所表征[①]。苏雷兹坚持认为，即使考虑语境，表征也是不对称的。可能有这样的语境，在那里我们获得了表征的对称性，但那不是自动获得的。比如，在某个语境中，仅仅因为一个方程表征了一种现象，在同一个语境中，不能说这个现象也表征了方程。表征也是非传递的和非反身的[②]，这一点将在后面讨论。科学表征理论必须公正对待这些属性[③]。

相似观和同构观都假设，科学表征本质上是一个客体-对-客体的关系，不是语词-对-客体的关系，或者心理状态-对-客体的关系。或者说，相似与同构都假设，两种表征关系的关系原理是相似地被赋予属性的结构化实体。

---

① Suárez M, "Scientific Representation: Against Similarity and Isomorphism", *International Studies in the Philosophy of Science*, Vol. 17, 2003, p. 232.

② 在更强意义上，苏雷兹认为表征是无对称的(asymmetric)、无传递的(intransitine)和无反身的(irreflexive)，不仅仅是非对称的(non-symmetric)、非传递的(non-transitive)和非反身的(non-reflexive)。

③ 早在 1976 年，古德曼曾经使用表征的这些逻辑属性反驳形似理论，他的论证为以后反对相似观和同构观打下了基础。苏雷兹在这里继承和进一步发展了他的主张。

这解释了相似与同构为什么一直对理论的语义论有吸引力，因为根据这种观点，理论不是语言实体而是结构。

一般来说，表征是客体-对-客体关系，这具有逻辑特性。但是，苏雷兹认为，科学表征不是或不完全是一种客体-对-客体关系，也不具有逻辑特性，它因此有可能与相似和同构是对立的。他以肖像画为例论证表征不仅是非对称的，也是非反身的。画家甲为乙画肖像，肖像是某人的一个表征，但乙不是他的肖像的一个表征，而且肖像也不是某人的全部表征，只是部分表征，肖像本身不表征自己。这表明：源客体(肖像)与目标客体(某人乙)不严格同一。假设画家丙在同一时间同一地方也为乙画肖像，丙画的乙的肖像可能与甲画的乙的肖像相似，但不严格同一。而且乙的两个肖像不是同一的，一个并不表征另一个，也即，肖像本身不是反身的。即使同一个画家给同一人画肖像，如果时间和地方不同，所画的肖像肯定也不同，因此，肖像的表征是非传递的。换句话说，无论是同一个画家在不同时间所画同一个人的两个肖像，还是两个不同画家所画同一个人的两个肖像，肖像与肖像之间不是表征关系，它们既不是对称的，也不是反身的和传递的。

沿着这个思路，相似是对称的和反身的，同构是对称的、反身的和传递的，但表征不是。比如，一杯水与它自身相似，而且与它相似的任何一杯水相似。对同构做必要的修正就是：一个几何结构(一个正方形)，与它自身同构，而且总是与它同构的其他结构(另一个大小不同的正方形)同构。也就是说，所有同构的结构，不论其大小比例如何，它们都是同构的。例如，两个相似的三角形的三个角是相同的，尽管三个边不同，因此，相似也是部分同构。

三、误表征论证：相似与同构不存在误目标和不精确等普遍现象

在日常生活的表征中，误表征是普遍现象。苏雷兹认为它主要有两种：一种是误目标，即把表征的目标弄错了；另一种是表征的不精确现象。

我们先讨论第一种现象。我们通常错误地假定表征的目标是它实际上不表征的某物。模仿秀这种现象就是一种误表征。比如某人模仿某个演员，声音和形象俱佳，如果将此人当作这个演员，那就是误表征。这说明，相似的东西不一定是我们要指的东西。在日常生活中，我们常常会把相似的两个人

认错，弄出一些笑话。相似在这里没有问题，但是表征目标出现了问题。当然，如果相似是真实的，由偶然相似导致的误表征就不可能发生，因为相似保证了表征。同构的情形也一样。

在科学的情形中，误表征也经常发生。苏雷兹仍以量子态扩散方程为例来说明。该方程表征了服从扩散过程的一个粒子的量子矢量状的演变。假如有一个数学家，他一点也不懂得量子力学，但在给定某些边界条件下，他也能够解这个方程。所描述的运动可能偶然与一个特殊的经典粒子的布朗运动一致。然而，这个偶然事实本身没有将这个方程变成这个粒子运动的一个表征，因为表征的基本方向性是错误的。

由此笔者联想到我们在景点常遇到的一种现象。比如在某景点，出于吸引游客的目的，景点管理者通常把山上某些石头的形象说成是"孙悟空"或"猪八戒背媳妇"，游客看后说很形象。事实上，不是那些石头的形象表征了"孙悟空"或"猪八戒背媳妇"，而是人们把《西游记》中的人物形象强加给那些石头。如果我们认为那些石头形象表征了那些《西游记》的人物，我们就犯了误表征的错误。

我们注意到，在科学哲学中，普特南和范·弗拉森曾经讨论过误表征的问题，但是艺术哲学家乌尔亥姆的表述更能说明问题。乌尔亥姆写道："在古代和文艺复兴时期，关于所见之物(seeing-in)与表征之间的联系，已被表征的理论家们注意到。然而，这些思想家几乎每个人都将这个联系弄错了——他们把所见之物看作是表征之后的东西。因为他们主张，无论我们何时看见，比如云中的或者彩色墙上的，或者影子中的一匹马，这是因为已经有一匹马的表征在那里，当然，这个制造的表征不是出自人之手。这些表征，或许是上帝的杰作，或者是偶然之结果，等待具有异常敏感性的人们去识别它们，然后再将它们自己移交出去。"[①]对于这些思想家包括苏雷兹而言，需要产生所见之物的经验技巧和活动，不是表征关系的一个结果，而是它的一个条件。

对于科学表征，情形大致也是如此。譬如说这样一种情形，一个数学家发现某一数学结构(由方程定义的)与一种特殊现象同构，这将导致这种现象的一个表征的发现，无论这种数学结构是否曾经被应用于任何这种现象。假如上述

---

① Wollheim R, *Painting as an Art*, Cambridge: Harvard University Press, 1987, p. 54.

思想家认为这种观点是完全错误的，那么，历史教科书就必须重写，以至于是黎曼而不是爱因斯坦，由于首先提供了时空的一个数学表征，而应该受到好评。

第二种误表征现象更为普遍。大多数表征在某种程度上在某些方面是不精确的。苏雷兹认为，同构根本不能说明不精确表征。因为根据这个概念，一个模型是目标的一个表征，因此与目标同构，或者模型根本不是一个表征。相似要求目标客体和源客体必须共有某些属性，虽然没有必要是全部属性。因此，相似能够说明在一个现象的不完全或理想化表征过程中的不精确的类型。比如，我们忽视某些特别明显的属性，如无摩擦平板上简单运动的高度理想化表征。然而，这对于理解科学中的不精确表征不总是有帮助，因为在科学中，不精确性在定性和定量方面都会经常出现。比如牛顿力学，假如没有广义相对论修正，充其量能够提供太阳系的一个近似正确的表征。某些运动并不像牛顿理论预测的那样准确，即使太阳系的所有特征都得到了说明。问题不是哪些属性不能获得，而是预测和观察之间的分歧有多大，而所观察属性的值已然获得。因此，相似对这个问题没有提供任何指导。

四、非必要论据：没有相似与同构表征关系也能获得

苏雷兹主张，相似与同构对于表征是不必要的。原则上，任何客体与其他任何客体相似。具体而言，如果所有逻辑上的可能属性被允许，那么任何客体与其他任何客体以无限的方式相似。比如在不同客体之间，我们能够编造无限多的属性，说它们是共有的，因而是相似的。如果是这样，那么相似对于表征就是必要的，但是以完全微不足道的方式出现的。因为相似不仅是表征的一个必要条件，而且也是非表征的一个必要条件。这显然是矛盾的。相似怎么可能同时是两个相互矛盾的事物的必要条件呢？

相似性的支持者可能会辩护说，将那些逻辑上可能的共有属性包括在相似关系中是不公平的，也是不合理的，因为它们与表征本身没有任何关系。相似关系应该有严格限制，即可能属性必须是源客体与目标客体之间的相关表征关系的属性，它们不能是其他不相关属性。具体而言，A 表征 B，当且仅当 A 和 B 在相关方面相似。不是说任何源客体与它所表征的客体在任何方面都相关。比如，某人画一幅简单的海洋画，他可能在纸上用蓝色波浪条纹

表征海洋。因为蓝色和波浪是海洋的主要特征。而其他可能的特征与表征海洋不相关，如山和天空。

苏雷兹对这个主张提出两个异议。一方面，涉及的相关属性的标准是什么？这个标准据推测必须把相关性连接到表征关系上，否则没有理由指望相关相似对于表征是必要的。那些相关共有属性一定是那些关于表征的属性。因此我们得到：A 表征 B，当且仅当，在 A 表征 B 的那些方面 A 与 B 相似。另一方面，作为表征的定义，这是一个表征的循环分析。相似的实际应用可能不是这样的。

相似性的支持者可能会反驳说，"相关性"完全是一个实际中直接应用的直觉概念。一个原始概念对于进一步分析是不必要的。在与艺术表征的类比中情形不是这样。苏雷兹以毕加索的名画《格尔尼卡》（*Guernica*）为例论证他的观点。这幅画的构成部分与许多客体之间有相似性，比如一头公牛、一位环抱婴儿哭泣的母亲、一只大眼睛。如果这些是相似的，它们似乎都与这幅画的内容相关。然而，这些相似性没有一个对于表征的实际目标有指导作用。在这幅画中，至少有两个客体——轰炸和平民。因为毕加索的兴趣是表征法西斯军队对西班牙的格尔尼卡平民的一次地毯式轰炸的场面。这个例子表明：《格尔尼卡》的目标中没有一个能够容易地被置于相关的相似关系中。同构的情形也一样。

科学的表征情形与艺术的差别不大。比如一个数学方程，与它实际表征的现象没有什么相似之处，它只不过是写在纸上的实际物理符号。同构更是如此。例如，牛顿力学提供了一个太阳系的表征，即使它在经验上不适当，也与行星运动的现象非同构。在没有广义相对论修正的情况下，我们不得不说，牛顿力学基本上表征了太阳系。相似与同构的拥护者可能反驳说，我们应该完全集中于属性的子集或亚结构，它与正确预测的那些运动一致。但是，如果定量地看，牛顿力学没有精确描述任何实际的行星运动。如果定性地看，则另当别论。

五、非充分论据：相似与同构对表征是不充分的

根据苏雷兹的看法，在两个相关客体之间，即使保持了相似与同构关系，表征关系也不能产生。上述四方面的论证已说明了这一点，即表征的基本方向性通过相似与同构的分析是不能获得的。这一点在误表征的论证尤为明

显——构成一个模型之源的客体,本身没有任何方向性,但在一个真实的表征关系中,源客体引起目标客体。考虑从源客体到目标客体的过程中,作为有知识和竞争力的探寻者,相似与同构都不能拥有表征关系的能力。然而,正是这种特性才是表征的现象学非对称的核心。比如,两个一模一样的玻璃杯,它们具有所有相同的属性,当然也是完全相似的。但是它们任何一个没有引起另一个,除非它们处于表征关系中,而且仅是源客体有能力引起目标客体。又如,由量子态矢量描述的相空间轨道,我们所不知道的是,这个轨道可能与一个真实经典粒子在物理空间中的运动同构。然而,如果相空间模型不是意指粒子运动,表征关系就不能获得。因此,相似与同构对表征都是不充分的。

至于同构,苏雷兹认为还有一个理由表明它对于科学表征也是不充分的。这与结构例示概念有关。古德曼把例示概念看作一类具体表征,它对此是这样分析的:如果 x 例示 y,那么 x 指代 y,且 y 指代 x,但 x 可能指代 y 而没有例示它。例如,一个真实苹果 x 例示了"苹果"概念 y,则苹果指代"苹果","苹果"也指代苹果,但苹果指代"苹果"可能没有展示这个概念,如只是看到而没有品尝。因此,例示需要这两种指代方式。比如,一件红色衣服例示红色,当且仅当它既指代红色,也被红色指代。也就是说,这件衣服被用来指称红色,而本身也是红色的。

苏雷兹进一步假设,这种例示分析也适用于结构表征。任何时候客体 x 例示结构 y,它既表征 y,也被 y 所表征。这意味着,一个客体 A 根据同构方法表征某客体 B,A 例示的结构必须与 B 例示的结构同构。如果这个假设是对的,那么,对于 A 表征 B,一定有一个结构表征 A,且与 B 表征的结构同构。那么这个结构是如何表征客体的呢?譬如,对于一个局部化粒子而言,量子态扩散方程描述相空间结构中的一个随机游动运动。这个结构表征的不是粒子的运动,而是它的一个表征,即希尔伯特空间中矢量的运动,该空间与粒子状态一致。然而,表征 x 的一个表征,绝不等于是表征 x。x 在数学上是如何被表征的问题还未解决[①]。因此,一般来说,同构对于表征是不充分的。

[①] 苏雷兹特别强调,他并不是主张同构与科学中的数学表征模式不相关,而是主张同构不构成表征。事实上,同构在建立表征的精确性方面非常有用,如在物理学中数学方程式可以计算出精确的结果。

第五节　强化相似与同构：增加条件意义不大

在论证相似与同构对于表征的不充分性时，苏雷兹提出一个有创见的概念：表征的基本方向性（essential directionality）。它的含义是：A 表征 B 的一个必要条件是，对 A 的关注引起一个有知识和竞争力的探索者考虑 B。也就是说，A 的性能导致一个有知识和竞争力的探索者考虑把 B 作为 A 的表征力。在探索的具体语境中，表征力是指"源"客体的关系属性，它们至少是由有意向的使用部分决定的，而有意向的使用反过来典型地被社会强化的惯例和实践条件所保持。换句话说，A 不具有任何表征力，除非它代表表征 B 的一个关系；而且它不能代表这一个关系，除非它适当地被某些有知识和竞争力的探索者有意作为 B 的一个表征。

苏雷兹还特别强调，他指的是表征的基本方向性，不是意向性。在当代心灵哲学中，一个重要的争论是围绕这样一个假设展开的：一个源客体的表征力仅是一个行动者的心理状态的意向性，这个行动者使用源客体表征某些目标客体。那么，意向状态与表征力之间是什么关系？意向性与方向性之间的区别是什么？苏雷兹对这些问题并没有做进一步分析，只是指出意向性概念与他的分析不矛盾。他声称这里既不需要也不希望使用这个假设，当然也不用说明意向性是什么，也不必与它一致。

显然，这个意向性假设类似于通过诉求平衡感来解释儿童骑自行车的能力。没有人怀疑它们之间有联系，但我们仍不能清晰地理解儿童是如何发展其平衡感的。类似地，为了解释一个困难但不特别费解的人类活动，如表征，而采用一个困难且费解的概念，如意向性，这不是一个明智的做法。这就是苏雷兹喜欢使用一个易懂的意向使用的表征力理论的原因，而且这个概念还有进一步细化的空间，它不包括意向性概念[①]。

[①] 苏雷兹认为，意向性概念被泛化了，似乎不可能有一个心理的意向性理论，借助它能够消除表征力的问题。意向性的相似说明已经遭到批判，而且心理表征的同构说明同样也遭

苏雷兹修正后的相似与同构的定义如下①。

修正的相似观：A 表征 B，当且仅当，A 与 B 相似，且 A 的表征力指向 B。

修正的同构观：A 表征 B，当且仅当，A 例示的结构与 B 例示的结构同构，且 A 的表征力指向 B。

与前面的定义相比，这个修正的定义增加了表征的方向性，而且取消了自然化表征的目的。表征的建立不再是根据科学探究客观事实的方式，因为表征关系中就包括这些事实的成分，即表征力，而且表征力涉及价值判断，不需要还原到事实。

这两个修正的定义是正确的吗？苏雷兹也承认未必。增加的语句"A 的表征力指向 B"规定了表征的正确意向使用，并将相似与同构的条件变为表征的充分条件，不再使用非充分论证。由于这个定义依赖于我们如何解释意向使用问题，逻辑论证也失效了。但是其他论证仍然有效。随着表征的必要条件越来越强，非必要论证也随之被强化了。多样性论证表明，修正的相似与同构定义不能描述所有的表征方式。而误表征论证和非必要论证表明，它们没有提供一个关于表征构成的实质性理论。一句话，简单地给相似与同构增加额外条件，对于给表征的基本方向性留出空间是没有帮助的。

在这里，苏雷兹按照自然主义表征理论的思路，通过增加条件来修正相似与同构，看是否能够充分说明表征现象。通过以上分析说明，这种修正了的自然主义做法仍然无效，尽管解释力更强了。也就是说，这种修正不仅于事无补，而且离建立科学表征理论的目标越来越远。因此，科学表征的自然主义化是没有多大希望的。

到批判。显然，在表征方面，苏雷兹是反对心理主义的，主张意向性不是表征的推理力之源。具体说，A 表征 B，不是 A 意向地指向 B，而是 A 推出 B。

① Suárez M, "Scientific Representation: Against Similarity and Isomorphism", *International Studies in the Philosophy of Science*, Vol. 17, 2003, p. 238.

第六节 弱化相似与同构：一种新的尝试

以上分析表明：强化相似与同构表征的自然主义进路是行不通了。那么，弱化它们又如何呢？按照这种想法，相似与同构不是表征的启动者，苏雷兹试图通过弱化相似与同构强加给表征的条件来证明，相似与同构不是科学表征的有效方式。

第一，相似无同一性。问题不在于相似与同构缺乏什么，而在于它们有什么。我们应该减少条件，而不是增加条件。基于同一的相似理论是嵌入相似概念的一个假设。该理论似乎自然而然，它提供了这个概念的一个高度精确性，使得我们确定和测量客体之间的相似度成为可能。然而，这可能是错误的。

认知心理学的基于非同一的相似性理解[①]实验表明：相似判断中的语境因素和行动者驱动目的具有实质性作用。苏雷兹假设，两个客体之间的相似不简单是共有一个属性的情形，而是一个复杂的语境关系。我们对这个复杂语境关系还没有很好地理解[②]。根据相似理论，我们没有理由说相似判断是对称的，也即，A 与 B 相似这个事实不需要 B 与 A 相似。或者说，A 与 B 相似这个事实不必然包括 B 与 A 相似，这两个事实是不对称的。如果这是对的，那么，逻辑论证对于相似的反驳就没有那么有力了。然而，相似被设想为一定是反身的。如果一个客体不与它自身相似，那它就不与任何其他客体相似。任何相似理论都必须承认：相似包含同一，同一是相似的极限情形。在这里，相似与表征肯定是背离的，因为大量的表征并不表征它们自身。

不过，在这里基于非同一的相似性理解与吉尔强调的相似判断的语用特

---

① 据苏雷兹说，基于非同一的相似性理解（non-identity-based understanding of similarity）是他与韦（Eileen Way）在 2002 年 1 月美国新墨西哥州召开的拉斯·克鲁塞斯（Las Cruces）建模会议上谈话时由韦提出的。

② 这是语境论表征理论要解决的一个重要问题。在笔者看来，相似与同构关系可以在特定语境中加以整合，从而消解在相似与同构表征问题上的争论。笔者将在第四篇专门讨论这个问题。

征基本相同，都将相似与表征紧密联系起来。吉尔把表征看作一个四元活动，认为"表征活动，如果被完全看作是一个表征的话，应该至少有四个元素，大致是这样的形式：S 使用 M 表征 W 为了目的 P"[①]。苏雷兹指出，这一表征模式成功的地方在于强调了源客体的表征力，也使得非充分论、误表征论和逻辑论证显得无力。不过，反身论证和非必要论证仍然适用于这个非自然主义的表征理论。

第二，用同态代替同构。苏雷兹引用语义论的支持者埃劳德的建议，"在实践中，理论和经验模型之间的关系典型地比同构弱，通常是同态，有时甚至是一类较弱的态射"。这里虽然没有谈及表征，但是说明了解决同构表征的一种方式。那么，什么是同态？结构如何呢？穆迪给出了同态的一个描述：一个外延结构 A 与一个外延结构 B 如实地同态，当且仅当，有一个函数把 A 域中的所有元素映射到 B 域中的元素，同时保持 A 结构中定义的关系[②]。更形式化地，假设 A 和 B 唯一地例示结构 (D, P_j^n) 和 (E, T_j^n) 其中 D 和 E 是每个结构中客体的域，P_j^n 和 T_j^n 是在结构中定义的 n 元关系，那么，A 忠实地与 B 同态，当且仅当有一个映射 $f:D \rightarrow E$，因此，对于任何 n 元 $(x_1, \cdots, x_n) \in D : p_j^n [x_1, \cdots, x_n]$，当且仅当 $T_j^n [f(x_1), \cdots, f(x_n)]$。

而苏雷兹给出的同构的对应弱化版本为[③]：

> 表征的同态概念：A 表征 B，当且仅当，B 例示的结构与 A 例示的结构同态。

与同构不同，同态既不是一对一关系，也不是映成(onto)关系，因为 A

[①] Giere R, "How Models Are Used to Represent Reality", *Philosophy of Science*, Vol. 71, No. 5, 2004, p. 743.

[②] 穆迪给出了同态概念的数学定义，并将它应用于测量理论、时空几何学和经典动力学，参见 Mundy B, "On the General Theory of Meaningful Representation", *Synthese*, Vol. 67, 1986, pp. 391-437.

[③] Suárez M, "Scientific Representation: Against Similarity and Isomorphism", *International Studies in the Philosophy of Science*, Vol. 17, 2003, p. 239.

和 B 的基数不同。因此,同态可能比同构更适合于测量理论,也更适合于表征,因为同态是非对称的,表征也是非对称的。也就是说,源客体的构成部分可能不表征同态目标客体的任何一方面。因此,同态能够反驳部分误表征和不精确论证,也能够反驳非必要论证。比如,太阳系可以仅由牛顿模型表征,该模型说明了行星数量及其接近太阳的平均距离,而不必详细指明它们的精确运动。不过,苏雷兹的其他论证同样适于反驳同态。同态既不对称也不传递,但是反身的。

第三,使用部分同构或偏同构。布埃诺对部分同构的定义是[①]:一个部分结构 $(D, R_{i1}, R_{i2}, R_{i3})$ 把每一个关系 R_i 定义为一个 n 元集合,该集合满足 R_i,而一个 n 元集合不满足 R_i,且一个 n 元集合没有被定义,不论它们是否满足 R_i 与否。已知有两个部分结构 $A=(D, R_{i1}, R_{i2}, R_{i3})$,$B=(E, R'_{i1}, R'_{i2}, R'_{i3})$,函数 $f: D \rightarrow E$ 是一个部分同构,如果 f 是双射的,而且对于每一个 x 和 $y \in D$,$R_{i1}(x, y)$,当且仅当 $R'_{i2}\{f(x), f(y)\}$ 和 $R'_{i2}(x, y)$,当且仅当 $R'_{i2}\{f(x), f(y)\}$。根据这个定义,苏雷兹将表征的部分同构概括为:

A 表征 B,当且仅当,A 例示的结构与 B 例示的结构部分同构。

部分同构的支持者认为,R_{i3} 的引入提供了适应模型建构活动的偏爱性和开放性。然而,在苏雷兹看来,尽管如此,作为表征理论,同态比同构更糟糕。理由是:根据 f 是双射的,那么 $R'_{i3}(x, y)$,当且仅当 $R'_{i3}\{f(x), f(y)\}$,这样一来,部分同构就还原到三个分离的同构。因此,我们仍然能够看到,不论部分同构是否能够避免误表征论证的不精确部分,它都相应地弱化了非必要论证。即使没有弱化非必要论证,部分同构与同态相比仍处于劣势,因为逻辑论证加重了对部分同构的反驳,即部分同构是对称的,同态不是。

第四,结构表征无同构。根据结构主义,理论或模型包含结构,构成表征的关系是结构关系。苏雷兹也试图说明表征的源客体和目标客体也具有结构。他虽然不完全赞成自然主义的表征观,但是他部分接受结构主义的表征

---

① 详细内容参见 Bueno O, "Empirical Adequacy: A Partial Structure Approach", *Studies in History and Philosophy of Science*, Vol. 28, 1997, pp. 585-610.

观。他认为斯沃叶的看法是有道理的,"在语词的日常意义上,结构表征对于表征不是一个必要条件,因为出于充分持久性或韧性,我们能够使用任何东西真实地表征其他任何东西。而且在许多情形下,两个物体根本不具有任何结构相似性。而且对于日常表征也是不充分的,因为你能够发现某物的一个结构表征,你通常就能够发现许多"①。

不仅如此,斯沃叶还描述了结构表征具有"潜在"被用于替代推理其目标客体的能力②。假定某一结构 B 的表征是根据另一个结构 A 的方式描述的,再假设 B 的域 Δ 和 Ψ 的两个子集,斯沃叶给出的定义是:一个结构 A 结构地表征另一个结构 B,当且仅当(既不是一对一,也不是映成)有一个映成映射 $C: B \rightarrow A$,该映射保持限定于 Δ 上的所有关系,而且反保持(counter-preserve)限定于 Ψ 上的所有关系,其中 Ψ 是非空的。由于 Ψ 是非空的,结构表征总是承担执行替代推理其目标客体的任务。苏雷兹认为,虽然斯沃叶的概念没有遇到逻辑、误表征和非充分论证,但他的工作表明:同构、同态和部分同构没有正确地描述结构表征的方式。

概言之,苏雷兹要说明的是:自然主义把科学表征关系还原到事实关系是不能成功的;任何试图把科学表征还原为相似与同构的努力也是注定要失败的。我们必须寻找科学表征的新途径。为此,苏雷兹致力于一种科学表征的推理模型的研究。

第七节 科学表征理论的要素问题

一个合理的科学表征理论应该是怎样的呢?对它应该有哪些要求或限制

---

① Swoyer C, "Structural Representation and Surrogative Reasoning", *Synthese*, Vol. 87, 1991, p. 452.

② 斯沃叶的限制条件排除了同构、同态和部分同构作为表征关系的可能性,这与苏雷兹的主张基本一致。笔者认为这种仅根据结构关系描述表征关系是有问题的,因为它忽视了语言表征,特别是日常语言表征。说到底,表征的目的是获得真实的知识,知识必须让人能够理解,而理解是要借助日常语言来实现的,因此,表征关系的纯粹结构描述是不完善的,笔者主张的基于语境同一的表征观能够克服这一缺陷。

呢？对此苏雷兹提出三个要求。

第一个要求是，它必须排除上述五个论证所提出的问题，即使不能全部满足，至少也必须满足表征力的要求[①]，即必须明确说明 A 为什么能够真实地表征 B。这是一种源客体致使一个有知识、有竞争力的使用者指向目标客体的能力。在这里，力是一种源客体的关系和语境属性，它部分地由行动者使用意向表征来固定和维持。没有客体或系统不是在如此使用中而具有表征力。表征力是随着意向地使用而变化的，也即，一个行动者可能同时使用一个或两个源客体表征一个目标客体，此时的表征力将是合成的或混合的。

第二个要求是，它必须解释为什么普通表征方式，如相似与同构是成功的。也就是说，它必须能够解释在许多表征中，为什么人们使用相似与同构来表征是合理和可行的。它也必须解释关于这些关系它说了什么，为什么人们使用它们能够表征自然中的客体和系统。

第三个要求与表征的方式和成分有关。也就是它必须在理论上能够清晰区分表征的方式和成分。在实际表征中，比如在科学和其他学科中，严格区分源客体与目标客体之间的方式-关系和成分-关系是可能的吗？事实证明，这种区分在实践中是难以把握的。比如，前面所举的纸球和真实球在空气中的运动曲线图可能在结构上同构，图像也相似。我们可能说，这种同构构成了 A 表征 B 的关系，这似乎与这样的事实一致——有时我们基于 A 成功地推出 B，我们没有使用或明确指称同构，而是指称 A 和 B 之间的某些其他关系。这个例子表明，相似这种表征方式有时与同构这种更深层的表征成分不一致。

概言之，一个合理的科学表征理论有三个重要的约束条件。其一，这种理论必须避免由逻辑、误表征、非充分和非必要论证产生的异议。其中的关键是阐明表征力，如果这一点做到了，就可以避免那些异议。其二，它必须说明为什么相似与同构在各自的域内是适当的表征方式。其三，它必须说明为什么

[①] 苏雷兹始终强调表征力的问题，因为没有表征力，两个客体之间就是不能发生实质性关联，表面的联系不能算作表征。他之所以使用力的概念，想必他把力看作一种至少两个客体之间的关系，根据牛顿定律，A 作用于 B，B 也反作用于 A，A 和 B 之间是双向作用，表征关系只满足作用力的部分功能。因此，使用力的作用关系来说明表征关系也未必恰当。因为作用力与反作用力构成的力关系是对称的，而表征不是。这显然与苏雷兹主张的表征关系的非对称观点是矛盾的。

表征方式和成分的区分在实践中是难以把握的。事实上，这三个约束条件并不十分苛刻，因为这种理论不需要区分好与坏、真与假、精确与不精确。

对于苏雷兹的观点笔者持不同看法。一个科学表征理论，如果没有好与坏之分是可以理解的，因为科学理论不附加意识形态和道德价值判断，只有好用和不好用之别；如果没有真与假、精确与不精确之别，那就有问题了，因为科学是求真的，来不得半点虚假，科学也是精确的，不精确不是科学的要求。一个科学理论如果缺乏真假与精确判断标准，那就不是科学了，而是别的什么理论了。在这个意义上，苏雷兹的科学表征观有非科学之嫌。虽然笔者不完全赞成科学主义的某些绝对观点，但是，非科学和反科学的观点笔者是坚决反对的。在科学表征问题上也是如此。

第八节 表征替代推理的三个模式

针对表征理论的三个模式，苏雷兹认为应该满足以下三个约束条件[①]。

第一个是同源(honology)概念。它是由伊巴拉和莫曼提出的[②]。他们反对把同构作为表征的一个基础，认为同源概念可能比同构更合适。他们讨论了赫兹在《力学原理》中如何使用同源概念建模。在这个语境中，根据赫兹的看法，一个系统的一个模型提供我们一个表征，以便这个模型的"智力上的必要结果"表征这个系统的"自然上必要的结果"。根据同源概念比根据同构概念描述赫兹的见解的优势在于：目标系统与源系统不必是同类实体，更不必是结构；它们之间的关系不必是结构性的；产生这个模型的"智力上的必要条件"的动力学函数，不必以任何方式与产生这个模型的"自然上的必要条件"的动力学函数相似。只是这个过程的最后一点代替一个表征关系。

第二个是 DDI 模型，即指代-证明-诠释模型。它是休斯在古德曼的表征

---

① Suárez M, "An Inferential Conception of Scientific Representation", *Philosophy of Science*, Vol. 71, 2004, p. 768.

② Ibarra A, Mormann T, "Interactive Representations", *Representaciones*, Vol. 1, No. 1, 2005, pp. 1-20.

说明的基础上提出的一种科学表征理论。休斯也利用了赫兹的深刻见解，认为科学表征通常由三部分的概念来分析。第一个概念是物理系统及其属性的指代，它是在任何时间通过模型的方式，如方程、图表等指明的；第二个概念是模型的动力学结果的证明；第三个概念是这些结果的解释，这是随后根据物理系统及其属性做出的。

苏雷兹指出了这两个进路具有的两个优点：一方面，与相似与同构不同，它们把替代推理看作科学表征的一个基本功能；另一方面，它们指出了表征力的本质作用。然而，它们不是把这两个优点看作表征的定义特性，而是寻求源客体与目标客体之间的某些更深层的构成关系，而这些特性是作为这个关系的副产品。如果这样，它们就不能满足苏雷兹提出的所有要求。同源模型不能满足逻辑、误表征和非充分论证，因为任何时候当行动者由 A 能够推出 B，而不考虑 A 的表征力是否实际指向 B。DDI 模型也不是一个表征的一般理论，因为指代、证明和诠释对于科学表征，既不是单独的必要条件，也不是共同的充分条件。如果不考虑这个一般性问题，DDI 模型的指代概念具有表征力，证明概念在最低限度上区分了表征与规定。

然而，还有两个深刻而重要的差别需要澄清。首先，由于休斯的表征本质上包括证明，因此需要实际执行推理目标系统的行动者，因为只有行动者能够进行推理。在这个意义上，同源概念似乎具有优势，而且苏雷兹倡导的推理概念不需要实际上执行任何相关推理。其次，休斯的指代标准将排除虚幻实体，即非存在实体的表征。比如，一只独角兽的图像是一个"表征"，因为这个图像例示了某些特征，如一匹马、一只角，这些特征通常与小说中的描述一致。于是我们会把独角兽的图像说成是"独角兽图像"。因此，"独角兽图像"所共同具有的东西不是说它们指代同一个实体或同一类实体，而是说它们例示了相同特性。

总之，不论这个解决方式是否有效，不能掩盖的事实是：将任何表征可能地作为指代，总是在真实客体的表征(源客体指代目标客体)和虚幻客体的表征之间有一个明显的差别。不过，虚幻客体的表征的确包括据称所表征的东西的指代，而且在导出的意义上被认为是唯一的"表征"。在苏雷兹的表征推理模型中，除了目标客体的存在外，真实客体和虚幻客体表征之间没有任何差别。

第三个是基于力隐喻的推理模型。通过对上述两个模型优缺点的分析，苏雷兹提出了科学表征的一个推理模型。在科学表征问题上，通过与真理紧缩或最小概念和知识的语境论分析的类比，他认为采取紧缩态度或策略有两个重要结果：一方面，它使得放弃一个实质性理论的目的去寻求关于表征的充分与必要条件成为必然。也就是说，表征是一个不需要一个理论来阐明的概念，它没有充分和必要条件。我们的目的是至多描述它的最一般特征，即发现必要条件当然是最好不过了。另一方面，它使得寻求除表征的表面特征外更深层的特征成为非必要的。也就是说，源客体的表征力是一个不可还原的属性，进行替代推理的能力是另一个属性。苏雷兹把第一个特征表达为：

条件1：A 表征 B，仅当 A 的表征力指向 B。

尽管这个条件本身适应某类日常表征，如表达某物的记号的关系，但它不适应科学表征。因为对于任何源客体来说，这个特征能够仅根据目标客体的一个规定而被满足。把指代看作表征的理论，如休斯的模型，也应该是这样。

然而，科学表征的工作机制不是这样的。科学表征把客观性的描述形式，加到日常表征的现象学特征之上。也就是说，科学表征的客观性要求高于日常表征。比如，我们可以把天安门看作北京市的表征或象征，但是天安门没有表达关于北京市的任何信息，这是文学或隐喻意义上的表征，不是科学的表征。同样，在隐喻的意义上，量子状扩散方程可以被看作是某人的心理或认知状态。虽然这些是表征的，但不是客观的[①]。如果不是在隐喻的意义上，大多数科学表征也不是客观的和精确的，因为曲线图和方程都不能被看作原子核分裂的表征。

笔者的看法与苏雷兹有所不同。大多数科学表征应该是客观的，也就是真实的，如果不是，那就不是科学表征。这是科学表征与日常表征的主要区别。即使"客观的"是指"提供信息的"，不是实在的物理实体，信息也是世

---

① 在这里，"客观的"是指"提供信息的"，不是指可感知的客观实在性。比如，心理现象不可否认是"客观的"存在，但是它们不是我们直接可感知的。这里的信息既包括可感知的，也包括不可感知的。

界的客观存在事实,尽管信息本身还不是物质本身,但信息绝对离不开物质,信息应该是物质、能量和运动这些"自在之物"的相互作用过程中出现的东西,如信息是熵。

更一般地,如果把表征的指代理论延伸到图像表征,科学表征至少有一个成问题的和反直觉的结果。苏雷兹假设,他规定他写字的纸表征海洋,他使用的两支笔表征海洋上行驶的两艘船。这个指代行为允许我们在"纸上之笔"系统的基础上,正确地得出关于"海上之船"系统的一个推理,比如,船的航线轨迹可能交叉并因此可能相撞。苏雷兹也可以规定笔表征海洋,纸表征船。然而,这种关联可能是反直觉和不自然的。它当然很少提供信息,因为笔和纸的相对运动不能允许我们指明两艘船相撞的可能性。第一个指代的安排比第二个更能够"客观地"描述"海上之船"系统。

苏雷兹将科学表征的客观性看作是镜像法(mirroring)这种普遍隐喻的源头。因为镜像法似乎一开始就适当地描述了它。南京长江大桥的设计图反映桥,但是不反映南京市;方程反映一个粒子态的运动,但不反映一个心理状态,而且这些反映也没有融合。在上述例子中,"海上之船"被"纸上之笔"系统反映,而不是被"笔下之纸"反映。于是,二值关系,如真理符合论、同构和相似,作为镜像隐喻的详细说明被置于前列。

这些关系获得了科学表征的客观性吗?苏雷兹认为,如果能够首先把它们转变为表征理论,就能够获得客观性。然而,这是不可能的。这些镜像法的详细说明,如真、相似与同构,没有一个满足由多样性、误表征、非充分和非必要论证产生的异议。在科学表征的客观性和表征的现象学一般特征之间存在一种张力。

为了说明镜像法概念不能阐明真,苏雷兹根据真方式把科学表征的客观性描述为:

  条件2:A 表征 B,仅当 A 的表征力指向 B,且 A 是 B 的真实物。

不管我们如何解释"真实的",这个条件都太强。条件2仅应用于语言表征,而我们想让分析尽可能地普遍,而且它没有给现象的表征留下余地,尽管现象的表征不完全是精确和真实的。比如,从开普勒-牛顿模型的观点看,托勒密模型是太阳系的一个不正确表征，但是仍然是太阳系的一个表征。真不能以任何方式获得科学表征的客观性这个事实意味着，经验的适当性能够做到，这样就得到：

条件3：A 表征 B，仅当 A 的表征力指向 B，且 A 是 B 的经验适当物。

经验适当性能够说明科学表征的客观性吗？出于同样的理由，苏雷兹认为条件3也不能适用于说明。因此，镜像法隐喻对于科学表征没有多少帮助。如果真、同构和相似不能被用于获得能够区分科学表征的客观性，那么什么东西能够呢？这就需要转向一个科学表征的第二个表面特征，它就是允许替代推理的能力。为此苏雷兹提出如下一个表征的推理概念：

(inf)：A 表征 B，仅当(1)A 的表征力指向 B，且(2)A 允许有能力和有知识的行动者得出关于 B 的明确推论。

这个条件规定了科学表征的两个最小要求。一个是对表征的推定源的要求，一个是已知的推定目标的要求。然而，指出行动者在场和探究的目的是必需的。一方面，在条件(1)中，表征力的确立和保持需要某行动者的意向使用是适当的，这些由语用考虑驱动；另一方面，在条件(2)中，行动者在推理 A 的基础上得出 B 的推论，需要能力和信息的种类和层次，这是一种依赖于这个特殊探究的目的和语境的语用技巧。在这个意义上，语用学的表征观就是一种语境论的版本。

首先，推理概念是一个抽象描述，只有当某些具体的表征方式应用于其上时，它才能发挥作用。或者说，它只是一个框架，需要由不同的表征实例来填充。比如，条件(1)中，在科学共同体中需要多少行动者来决定源客体的表征力？为了确定这个力，科学共同体的结构和实践应该是什么？这些问题仍然悬而未决；条件(2)中，为了获得关于 B 的正确推论，A 的内在结构应该是什么？这个问题也未解决。特别是，推理概念也没有要求 A 允许演绎的推理和推论，任何形式的推理，如归纳、类比和溯因或假设，原则上是允许的，而且 A 可以是任何东西，只要它是推理的工具，行动者正是利用它得出关于

B 的推论。

其次,在科学实践中,条件(1)和(2)中的要求代表一种动态平衡。一方面,源客体的详述和条件(1)中的表征力限制能力和信息的水平,这些是一个行动者做表征所必需的;另一方面,探究 A 的推理能力可能导致 A 的力的转移,或者导致重新考虑一个适当的源客体是什么,才能表征一个已知的目标 B 的问题。例如,如果量子态扩散方程的确表征了粒子的真实运动状态,那就说明该方程的表征力指向粒子运动;而理解和运用该方程是需要高等数学知识(微分方程)和量子力学知识,只有掌握这些知识的科学家才能充分理解和运用这个方程。而且这个方程的表征力和运用该方程进行表征之间是互补的和动态平衡的。科学中的抽象数学模型均是如此。

最后,推理概念的条件(2)有一个促进客观性的重要功能,而客观性是科学表征的重要特征之一。与条件(1)相比,它不以任何方式依赖于行动者的存在或活动。它要求 A 具有内在结构,允许有能力、有知识的行动者正确地得出关于 B 的推论,但不需要一个实际做推理的行动者。苏雷兹在这里特别强调,"正确地得出推论"不等于"得出真实结论的推论"。比如,一幅照片显示他(苏雷兹)在女王的游行队伍中热情地向一个他熟悉的人招手,这个事实可能引起一个有能力和有知识的探寻者得出假的结论:他是英国人(事实上他不是英国人)。推理概念要求正确的规范标准仅仅是推论,而不依赖于真或前提条件或结论。这证明它具有这样一个特征,即能够把科学表征的情形与任意规定的情形区分开来。譬如,量子态扩散方程有资源(资格)允许一个有能力和知识的使用者得出关于一个服从于局部过程的量子粒子状态的推论。这些推理不是一个有能力的行动者基于任何临时方程能够演推出的,它们对于选择的源-目标对是特有的。而且,它也不允许行动者(无论他如何有能力、有知识)得出关于某人心理或认知状态,或者一个核裂变过程的任何特有推论。

第九节 推理概念成立的理由及其优点

无论怎样最小化和紧缩表征概念,表征的推理概念都满足一个合理的科学表征理论的所有要求。为此苏雷兹给出了三个理由①。

一、避免了多样性、逻辑、误表征、非充分和非必要论证

第一，多样性论证可以通过建构结构被消除，因为推理概念不需要表征的任何特有方式，它仅需要某些方式即可。所有科学表征的实例将满足推理概念，无论它们使用什么类型的表征方式（相似、同构或真）。

第二，推理概念具有表征的逻辑特性，即它是非反身的、非对称的和非传递的。它不是从 A 的表征力指向 B 和同时也必须指向 A 本身这个事实得出的，也不意味着 B 的力指向 A。比如，桥梁的曲线图的力指向桥，而不是指向图本身，桥的力至多指向城市而不指向图。传递性也不存在，因为它不能从这样的事实得出——A 的力指向 B，B 的力指向 C，A 的力也指向 C。曲线图的表征力指向桥，虽然桥是某城市的象征，但是图的力不指向某城市。因此，逻辑论证就被避免了。

第三，误表征论证有两种形式：不精确和误目标。推理概念的条件(1)通过把力概念引入表征的定义而处理误目标问题；条件(2)说明了不精确，因为它要求我们从关于目标客体的源客体那里得出推论，而不要求这些推论的结果都是真的，也不要求关于目标的所有真都可以推出。

第四，非充分论是被加倍地处理的。一方面，推理概念是紧缩的，没有规定表征的一个非充分条件。在探寻的特定语境中，已知一个假定的目标和源系统，一个更强的条件将被满足，是哪一个会特别地随着情形不同而变化——某些情形中，它可能是相似，某些情形中，它可能是同构，等等。一旦在任何一个具体情形中这些详述被满足，推理概念仍然会避免非充分论证。当推理概念的条件(1)明显要求源客体的力指向表征的真实目标时，这个论证会使误目标现象越来越多。

第五，推理概念规定了表征的两个必要条件。推理概念的条件(1)对于表征的任何类型都是不必要的，而条件(2)最低限度地把科学和图像表征与纯指代或任意规定区分开来。非必要论证利用了不精确性，但推理概念的条件(2)

---

① Suárez M, "An Inferential Conception of Scientific Representation", *Philosophy of Science*, Vol. 71, 2004, pp. 770-772.

仅要求推论的严格的规范标准,它不要求由表征的目标导出的结论的真或近似真。因此,这个论证就被避免了。

二、适应了实践中在表征方式和成分之间做区分的不可能性

对于推理概念,科学表征的唯一成分是占有方式的事实。源客体 A 和目标 B 必须共有的唯一属性是保持从 A 到 B 的某些方式-关系。这个紧缩假设被嵌入推理概念的两个阶段:条件(2)断言,源客体有资格替代目标客体的某些表征方式-关系;条件(1)断言,事实就是如此。因此,我们尽我们所能去实现推理概念,无论使用何种方式,基于推理源客体得出关于目标客体的推论。我们初步完成的推理和推论的具体过程例示了表征的成分。因此,我们用不着区分表征的成分和它的方式。

三、解释了相似与同构在各自域内如何成为适当的表征方式

根据苏雷兹的看法,推理概念否认科学表征由真、经验适当性、相似或同构构成。然而,它很好地解释了这些概念为什么在它们的适当域内是表征的适当方式。或者说,真、经验适当性、相似或同构,都有允许我们得出关于目标系统推论的特性。如果我们获得一个假定的源客体与一个假定的目标客体之间的任何一个关系,那么推理概念的条件(2)就得到满足。譬如,发现两个具体客体之间的同构,意味着发现这些结构可以替代一个表征关系,因为适当方式的获得意味着,它能够使一个行动者基于一个客体的推理得出另一个的推论。行动者一旦在推理源的结构的基础上使用同构推出目标结构的特性,推理概念就得到了例示。在这种情形下,同构就是一种具体的方式,它能够允许我们得出所需的推论。真、经验适当性和相似也是如此。

既然推理概念或称推理主义(inferentialism)成立的理由相当充分,那么它有哪些优点呢?苏雷兹给出的答案是,推理概念有助于阐明表征的精确性、经验适当性和真,尽管一个合理的表征理论不要求做到这些。

首先,一个表征源允许推理它的目标。如果它不承认关于目标的假结论的任何推论,表征就是真实的;如果它不承认关于目标的可观察或可测量方面的假结论的任何推论,表征就是经验适当的;如果它是真实的和完全的,

承认关于目标的每个方面的真实结论的推论，表征就是精确的。必须强调的是：关于表征概念，"真实"和"精确"都不等于"反映"，源客体与目标客体既不相同也不相似，但仍然承认真实结论。比如，量子状扩散方程不是希尔伯特空间中状态运动的镜像，但是承认关于它的真实结论。即使艺术表征也不是镜像式表征，比如某人的肖像允许我们得出关于被表征的目标的推论，但是推论本身不是肖像。推论不仅包含认知因素，还包含大量其他关联因素，如关于历史和社会语境的知识等，没有那些语境因素，推论就难以得出。比如，缺乏大量历史、文化和制度方面的知识，就不可能画出一幅历史题材的绘画。在笔者看来，正是这些大量语境因素的存在，才使得推理概念具有了表征力。表征力不是源客体本身自发具有的，它是负载了大量语境因素（能力、知识、文化、制度等）的行动者赋予的，这些语境因素在表征过程中并不以显在的方式出现，而是以潜在的方式起作用。

其次，概念推理能够区分表征与非表征、一般表征与科学表征。这是它的一个显著和重要的优点。一个人随意说的一句话或随意画的一个符号不是表征，因为这句话或这个符号缺乏指称，也就是没有目标客体，或者说没有把源客体（话语或符号）与所指之物联系起来。这当然不是表征。我们说源客体表征目标客体，如果它们仅是物理客体，就不会有表征的发生，表征之所以能够发生，是因为有一个行动者（有能力和知识的人）把两个客体通过某种方式，如相似或同构，联系起来，其中行动者的能力和知识是十分重要的语境因素。一个缺乏能力和知识的行动者不会做科学表征，虽然他能够进行一般的表征，比如关于一棵树的表征，因为一般的表征不需要专门的知识和技能。

最后，推理概念能够处理行动者的无能力使用、认知不协调和信息不完整的情形。与上述情形类似，表征是行动者的行动，虽然行动者在表征关系（客体 A 表征客体 B）中不出现，但是做表征是行动者所为，不是客体 A 所为，客体 A 只是行动者用于表征的工具。因此，如何提高能力使用表征方式，如何协调表征过程中的认知推理，如何使表征的信息更完全，是行动者做表征的关键因素。一个缺乏训练、知识贫乏和能力平庸的行动者，是无法理解量子方程的，更谈不上应用它了。即使能力超凡的科学家，在信息不完善的情形下，也会出错。比如，爱因斯坦在把宇宙常数引入他的广义相对论的场方程时,是基于静态宇宙假设的。如果宇宙不是静态的而是动态的(事实如此),那么他的做法就是有问题的。据说爱因斯坦曾经承认,他一生最大的失误可能就是将宇宙常数引入场方程[1]。还有,广义相对论是基于光速不变假设的,假如光速是可变的,该理论恐怕也是有问题的[2]。

按照推理主义,无能力使用、认知不协调和信息不完整的情形会引起行动者从一个意向目标不正确地得出推论,或从错误目标得出结论。而且可能在这个错误的论证上,错误地做出决定——表征是不精确的,或者根本不是表征。推理概念能够很好地解释这一切是如何发生的:源客体的表征力指向目标客体,而且它有资格允许一个有能力和知识的使用者得出关于目标客体的推论。如果这些资源没有被行动者适当地使用的话,上述情形就会这样发生——在这种情形下,源客体可能被错误地作为表征,或根本没有表征,此时,错误完全在行动者一方[3]。

概言之,根据推论概念,与语言表征不同,科学表征不是一种由行动者任意规定的活动,而是要求根据客观的适当方式(如模型),通过功能认知能力(有效推理)的正确运用,获得关于自然世界的真理。

第十节 科学表征的真值问题

如果上述的科学表征理论是正确的,那么表征是否是真实的?推出的结果是可靠的吗?这是科学表征理论面临的一个难题。在笔者看来,表征过程无疑是一种认知过程,因为它至少运用了推理,而且表征就是认知科学和认知心理学的一个重要概念。在这个意义上,表征,无论是语言表征、心理表

---

[1] Gamow G, *My World Line*, New York: Viking Press, 1970, p. 44.

[2] 关于这个问题,笔者曾经与山西大学理论物理研究所和光电研究所的有关人员讨论过,他们承认在哲学层次情形可能是那样的,但在科学层次,可能是另一情形。因为科学研究需要假设,特别是在不可观察的领域,不做假设,研究就无法进行,而且有些假设不仅仅是假设,同时也是一种研究策略。比如光速不变假设,如果不做这样的假设,就不会写出相对论的方程了。

[3] Suárez M, "An Inferential Conception of Scientific Representation", *Philosophy of Science*, Vol. 71, 2004, p. 777.

征、知识表征、艺术表征，还是科学表征，都是一种认知表征，其中行动者的意向智能①(intended intelligence)的介入是必需的。

在科学表征的情形中，苏雷兹将意向智能称为表征力(基于有能力和知识的行动者)，这是有道理的，因为表征力不是自然物本来就有的，而是意向行动者赋予的。根据推理概念，科学表征不能被看作是 A 和 B 之间的关系，且唯一地能够回答 A 和 B 的属性；源客体 A (典型的是模型、曲线图、方程)被用来表征客体 B(典型的是一个系统、实体或现象)；科学中的表征是一种推理活动，它不能被还原为作为表征的源和目标的两个客体之间的客观关系，它最好由两个"表面"特征来描述，即它的意向或表征力和它的推理能力。

推理概念说明，行动者的语用目的是核心。苏雷兹发现了认知表征本性的两个不同方式：①作为内在固有者的表征力，当 A 表征 B 时它指向 A 和 B；②作为适当使用表征所需要的信息、技巧和能力的限定条件，它反过来决定源客体 A 的推理能力，也即，它能够基于实现对 A 的合理推理决定关于目标客体 B 的推论。比如，在科学实践中，一个模型的表征力是由规定内在地固定的，并由惯例保持，模型的推理能力通过建模实践得到维持。这两种方式都是表征的核心成分，虽然它们不一定深刻。

在前面的论述中，苏雷兹的推理概念还将表征与真的紧缩或最小化概念进行了类比。紧缩态度对于任何一个概念来说就是将其限定在最小范围或限制条件内的。或者说，不再对一个概念做更深的解剖或更实质的定义。对表征概念采取紧缩态度，它被其限制在两个必要条件上：源客体指向目标客体的表征力和根据源客体得出目标客体的推论。假如增加一个条件 x 或规定，苏雷兹的推理模式(inf)就成为②：

(plural inf)(多元推理)：A 表征 B，当且仅当(1) A 的表征力指向 B，(2) A 允许有能力和有知识的行动者得出关于 B 的明确推论，且(3) X。

---

① 笔者之所以使用"意向智能"这个概念，目的是与机器智能或人工智能区别开来，毕竟人的有意识智能与无意识智能是有相当差异的。概念推理、表征力这类概念就是基于意向智能的，而非人工智能的。

② Suárez M, Sole A, "On the Analogy between Cognitive Representation and Truth", *Theoria*, Vol. 55, 2006, p. 40.

这两个表征的定义的逻辑关系是：前者(inf)被限定，而不是它限定后者(plural inf)。增加条件的目的是为了让原初定义更具有普遍性。具体而言，假设增加的条件是 x, y, z 等，它们都合理地定义了表征的清晰概念。因此，表征是一个语词，它指称几个清晰的概念，这些概念共有某些而不是全部结构。这个修正把原初定义转变为表征的推理概念的一个部分详述，它与修正的多元推理定义的整个家族所有成员更精确地相对应。

很明显，推理概念的一个优点是：它承认最大多元性(plurality)的可能性，但它显然对指出核心条件是必不可少的。根据这些条件所有这些概念归于同一个术语。这一工作是原初定义要完成的，即把科学表征的任何实例概念上所必需的两个条件统一起来。

这个概念(推理表征)的一个逻辑封闭的定义是[①]：

(closed inf)(封闭推理)：A 表征 B，当且仅当(1)A 的表征力指向 B，(2)A 允许有能力和有知识的行动者得出关于 B 的明确推论[②]。

需要指出的，这里不是要用封闭推理定义代替原初定义，因为被关注的仅是由多元推理产生的大量感兴趣的可能性中的一种情形。不过，苏雷兹等特别渴望揭示那些成分的特性，特别是与前面指出的真的类比，因为它可能被认为是推理概念的最保守的完善，而且在很大程度上恢复了表征概念的完整性。

推理概念的这种分析定义蕴含了这样一个问题：封闭推理定义在何种程度构成了表征的紧缩或最小化概念？苏雷兹等试图通过与真的紧缩概念的类比为表征的紧缩概念辩护，旨在说明，即使多元推理定义的最简单或更保守的成分，都满足表征的紧缩态度的要求。那么，真的紧缩观点或最小观点是什么？它们能否说明科学表征的紧缩态度？我们有必要对这两个观点做出进

---

① Suárez M, Sole A, "On the Analogy between Cognitive Representation and Truth", *Theoria*, Vol. 55, 2006, p. 41.
② 苏雷兹等认为这是他们的推理概念版本中最简单、最保守的一个。与原初推理概念相比，这个定义仅仅多了两个字"当且"，就是这两个字，使得原初定义成为封闭的。因为"当且仅当"比"仅当"要求条件更强。

一步说明。

真的最小主义(minimalism)与紧缩主义(deflationism)是怀特提出的,他认为这两个观点的共同点在于:真的概念分析必须使实质性指称一组基本陈规(platitude)或先天原则。怀特将这种观点概括为如下形式[①]:

命题的等价形式(ES):P是真的,当且仅当P(P代表命题);
命题的非引用形式(DS):"P"是真的,当且仅当P。

紧缩主义者进一步辩护说,在真的概念分析和应用方面,没有什么实质性东西可以说。关于真的形而上学争论,事实上没有什么实质性的东西,特别是把真还原为符合论、融贯论和确证论方面。相比之下,当我们接受命题的等价形式和命题的非引用形式在真的抽象概念的分析中起重要作用时,最小主义者主张,命题或语句有进一步的属性,这些属性具体实现或例示真概念。但是,根据最小主义,这些属性在所有情形中并不同一,而且从一个话语域到另一个不断地变化。因此,最小主义将紧缩主义关于真的概念的优点,与多元主义关于它在实践中应用的优点结合起来,正如怀特指出的,"最小主义合并了一个有潜力的关于真的多元主义,在这个特别的意义上,作为真的属性的东西可能从话语到话语变化"[②]。

然而,把最小主义与紧缩主义之间的严格区分,同特别强调抽象概念与具体的真属性对立等同起来,可能是一个错误。换句话说,过分强调二者关于真是否是一个抽象概念的主张之间的不一致可能是一个错误。最小主义者主张,在真概念的每个具体的例示或关系中,我们将会获得某些更多的属性,也即抽象概念的纯粹的、无中介的应用是不存在。相反,紧缩主义者辩护说,在这个概念的每个应用中,附加属性得到例示,也就是说,一些不重要的属性归于真概念。在这个意义上,最小主义和紧缩主义都接受这样的主张,即真谓词的每个合理描述,既包括抽象真概念的应用,也包括它通过命题或语句的具体属性的例示。

---

① Wright C, *Saving the Differences*, Cambridge: Harvard University Press, 2003, p. 332.
② Wright C, *Saving the Differences*, Cambridge: Harvard University Press, 2003, p. 334.

事实上，两种立场之间的重要区别是应用的核心。对于紧缩主义，例示真概念的属性与这个概念的每个应用是相同的，没有一个实质性属性有例外。对于最小主义，例示真的属性有许多且是不同的，并随着话语域的变化而变化。也就是说，根据最小主义，真有许多应用的方式，而根据紧缩主义，真仅有一个应用的方式，也即都归于真概念的延伸。

第十一节　表征的真类比及其缺陷

与真概念的情形相比，表征的推理概念（指封闭推理）也有相似的特性。这里要强调的是，推理概念的分离与真的最小主义和紧缩主义理论是严格同一的，也即，将某些成见或陈规作为条件，这些条件构成了这个理论要处理的抽象概念的分析定义。

现在让我们回到推理概念的表征方式和成分的严格区分上来。前面已经论述，表征的成分是定义概念的必要和充分条件，而表征的方式是客体A和客体B之间的关系，比如A和B的关系属性，它们是科学家用来基于推理A得出关于B的推论。相似（被理解为A和B之间共有的属性）与同构（A和B例示的结构之间的关系）是使用最广泛的方式。同构在数学科学中最为典型，而相似在较少量的学科中说明图像表征时常用。推理概念的一套论证业已表明，这些典型的表征方式事实上根本不是表征的成分。这个结论说明，关于表征的概念，如"表征力"、"推理能力"，不能被还原为任何一个典型的表征方式，这因此证明了紧缩主义的态度，正是此态度激发了推理概念。

然而，所有表征方式都是构成表征的基本成见（如推理概念）的例示或实现。苏雷兹等是这样论证的[①]：假设在A和B之间获得相似，那么A和B具有某些共同属性$\{a_1, a_2, \cdots, a_n\}$。这意味着，任何一个有能力和有知识的人，能够根据$A$推出$B$的表征，也就能够基于$A$推出$\{a_1, a_2, \cdots, a_n\}$是在$B$中被例

[①] Suárez M, Sole A, "On the Analogy between Cognitive Representation and Truth", *Theoria*, Vol. 55, 2006, p. 43.

示的。同样，假设 A 和 B 例示了同构结构 $A'=(D,P_j^n)$ 和 $B'=(E,T_j^n)$，其中 D、E 是每个结构中的客体的域；P_j^n 和 T_j^n 是结构中定义的 n 元关系。如果 A' 和 B' 同构，当且仅当，有一个一对一和映成映射 $f:D\to E$。因此，对于任何 n 元 $(x_1,\cdots,x_n)\in D:P_j^n[x_1,\cdots,x_n]$，当且仅当 $T_j^n[f(x_1),\cdots,f(x_n)]$。这意味着，一个有能力掌握了同构的行动者，原则上能够从观察到 A' 具有 $P_j^n[x_1,\cdots,x_n]$ 推出 B' 具有 $T_j^n[f(x_1),\cdots,f(x_n)]$。因此，一个表征源客体和目标客体之间的相似或同构结果的获得，事实上是表征的抽象概念部分的一个例示。由于相似和同构是 A 和 B 之间的显著关系，适合作为不同域中的表征方式，这意味着，科学表征的实现同真的实现一样，必然是多元的。

与真的最小主义类比，我们还可以看出，表征的成分只有通过某些具体的方式，如相似与同构，才能被应用。换句话说，如果没有同时例示 A 和 B 之间的某些更多属性，推理概念(如封闭推理)用于它自己是否可能。这是令人怀疑的。由于(封闭推理)的条件(2)主张一个有能力、有知识的行动者一定能够基于对 A 的属性的推理，推出关于 B 的某些结论，那么，在 A' 和 B' 的属性之间一定存在推理的某些操作规则。无论行动者是否实际上主动使用过这些规则，他们可能完全有资格作为表征的具体方式。因此，根据封闭推理定义，如果同时没有 A 和 B 的一套属性及其关系的例示，就不会有表征的具体应用。也就是说，表征关系是通过例示来彰显的。

对于封闭推理定义的条件(1)而言，情形也是如此。这个条件主张源客体的表征力一定指向表征的目标。需要注意的是，封闭推理定义蕴含了一个悬而未决的问题，即为了固定和保持源客体的表征力，表征的每个例示中的哪些具体条件必须得到满足呢？这意味着，这些条件从表征的一个域到另一个域是不断变化的。因此，条件(1)表达了一个一般条件，只有更多的条件被满足时它才能得到例示，而且这些更多条件从语境到语境地变化。

然而，在这里，与最小主义理论的类比甚至会更强，因为对表征力的不同分析将会应用到表征的每个整体域(科学的、艺术的等)，这与怀特所主张的例示真的抽象概念的每个属性应用于话语的整个域是一致的。这也是表征的推理概念(封闭推理)与最小主义的真概念之间的类比的核心。在这两种情形中，一个抽象概念通过客体的许多具体属性被应用，而这些具体属性又明显归于这个抽象概念，如真情形中的命题或语句、表征情形中的源与目标，但是，哪个具体属性随着应用域的变化而变化呢？这个问题类似于将关于抽象概念的紧缩主义，与关于抽象属性的多元主义联系起来，其中属性例示抽象概念。

另外，在目前关于科学表征本质的争论的语境中，表征与真之间的类比产生了推理概念的一个特殊特征。根据真的最小主义，不同的真理理论，如一致论、符合论、融贯论、确证论等，不再描述真概念，而是描述它的属性。因此，这些不同的真理论与不同领域中的真例示属性的不同观点是一致的。根据推理主义，这是可能的。因为每个理论在各自的话语语境中都能够依据推理概念得到辩护。因此，不存在关于真概念的普遍说明理论。也就是说，不存在普遍的真理论。同样，推理概念，无论是哪种版本，能够解释不同表征理论的争论，因为每个理论描述了表征的一个适合于不同域的不同方式。比如，同构大多适用于自然的数学动力描述的情形，相似大多适用于定性科学的情形。这些理论的目的是描述在科学建模的特殊域中表征的方式，它们没有描述，也不应该被理解为试图描述表征的成分。

这个领域的长期争论就此得到了解决了吗？笔者看未必，因为推理概念也是有缺陷的，而且这种类比也未必适当。苏雷兹可能也认识到了这一点。不可否认，表征与最小主义的真之间的类比，对于探讨推理概念的特性的确有启发意义，但它仍然不是一个完美的类比。

首先，最小主义与紧缩主义的共性是什么这个核心问题还没有得到澄清。一方面，最小主义和紧缩主义都不同意应用方式的多元性，具体说是一个还是多个；但另一方面，它们都同意仅有一个真概念。它们的分歧在于：如何描述这个概念，根据显著特性它是否有一个或多个关系。然而，是否仅有一个真概念这个问题并没有讨论。最小主义认为一个抽象概念可以有多个具体属性，而紧缩主义认为一个抽象概念只有一个属性。也就是说，最小主义坚持抽象概念的一元论，而坚持其属性的多元论；紧缩主义在抽象概念及其属性上均坚持一元论。它们与推理概念的类比因此而遭到破坏。因为推理的多元推理概念允许但不是推出表征的抽象概念具有多样性：封闭推理概念仅是其中一个。也就是说，表征的推理概念坚持认为，抽象概念可以有多个，每个概念在属性上也是多元的，而且每个抽象概念及其属性，与其他抽象概念及其属性之间是彼此独立的。这表明，推理概念可被认为是表征概念的一个有竞争力的替代性研究纲领，因为在科学话语的每个域中，可能存在不同的成见或洞见需要被增加，以便在适当的那个域定义表征概念。这与最小主义的真概念之间没有类比关系。

其次，最小真与推理概念之间涉及把这些概念变为二阶属性的可能性。这是一种消极类比。这实质上是一种功能主义观点，它主张真是命题或语句的一种二阶属性，这种属性具有承担真角色(truth-role)的一阶属性。这很好地适应了最小主义的观点，因为它允许我们在不同域中说明具体"真"属性的多样性。比如，融贯论之于司法科学，符合论之于宏观客体的日常实际话语，等等。根据功能主义，这些属性所共有的不是它们例示真的同一抽象概念，而是它们在它们的域中承担的真角色。承担真角色的一般属性是通过命题或语句的不同属性在不同域中实现的。然而，在功能主义者看来，真严格说是一个二阶属性。

事实上，真的二阶属性理论是有争议的。它实际上对最小主义的真观点提出了挑战。这里还有一个问题不清楚，那就是，表征的功能主义类比是否满足紧缩主义的条件。不过，我们已经知道，推理概念不是源-目标对的二阶属性，因此与功能主义的类比不协调。

让我们进一步考虑，假如所选择的源-目标对具有特殊属性，而且这些源-目标对在某个域中起表征的作用，那么，正是起表征作用的一般二阶属性构成了表征。源客体的推理能力(封闭推理)的条件(2)被用于描述跨越不同域的表征作用。然而，问题是，条件(1)主张表征力必须从源客体指向目标客体，而且这本身不是作为源和目标的客体的一个属性，也不是它们之间的一个关系。因此，这里没有给揭示相关客体的一阶属性的二阶属性的观点留下余地，功能主义理论似乎在推理概念中缺乏类比。

总之，表征与真理之间的类比强化了这样一个观点——表征的抽象成分是部分通过表征的具体方式得到例示或实现的。反过来，它又证明了这样一个观点——科学的认知表征特征是许多抽象关系，这些关系在实践中是通过相似、同构、同态等获得的，它们与这些方式中的任何一个都不是同一的。

第十三章

功能主义：表征是对现象的理念展现

功能主义是试图超越结构主义、语义论及推理主义的又一个科学表征理论。波内奥罗是这一理论的代表。他在《论科学表征：从康德到一种新科学哲学》中，从概念、客体、自然律、理论、模型、思想实验这些概念入手，通过考察康德以来的哲学史，分析科学表征的不同形式和认知过程，提出了自己的功能主义表征观。波内奥罗既不支持表征的同构理论，也不支持表征的镜像理论。前者认为表征与表征物之间共有相同的元素和这些元素之间的相同的关系，或者共同具有相同的结构；后者认为表征反映了世界中的事物和在其中发生的现象。波内奥罗坚持的是一种认知功能意义上的表征观，笔者称之为"功能主义"。

表征的功能主义之所以是一种紧缩观点，原因在于它不仅采用形而上学的分析方法，而且将推理用于概念、定律、理论、模型和思想实验的表征过程。具体而言，波内奥罗从康德出发，通过对卡西尔、弗雷格和逻辑经验主义哲学家的分析，试图由科学表征建立一种新的科学哲学。在概念与客体的表征关系研究中，他坚持降低实体概念，提升功能概念，主张从类概念到功能概念，在从功能概念到功能概念。这样一来，他把概念和规则作为表征客体的综合，把理论看作对世界的假设表征，把模型看作对世界的虚幻表征，把思想实验看作想象表征，把真实实验看作物理表征，把反事实描述看作误表征，彻底奉行一种科学表征的功能主义。

第一节　概念作为表征和规则

通过考察亚里士多德、康德、卡西尔和弗雷格对概念的分析,波内奥罗得出结论:概念是综合体的一个功能或函数,规则是一个统一体,其中包含了"意向指称"[①]。对于表征关系,概念、客体和描述二者关系的语言是必不可少的三个因素。在笔者看来,这是语言表征问题。一个概念要指称它要表征的客体,它本身首先是一个范畴,而且与客体发生联系,这种联系就是概念与客体之间的关系。这种关系可能是指代关系,也可能是表征关系,在同构或相似的意义上,指代与表征是不同的。指代是代表或象征,如 cat 指代一种真实的动物——猫,但"cat"与猫之间没有任何同构或相似性,而表征是替代,如地图替代某城市。为了做出判断,我们需要命题(有意义的语句)。属性是内在于客体的,而关系是外在于客体本身的。

接下来,我们考察和分析波内奥罗关于概念作为表征和规则的六个论点[②]。

论点 1:概念是表征和规则。

概念之所以是表征,是因为概念是作为综合函数的。"综合函数"是指一个概念是一个类概念,它将有共同特征或属性的客体归入它本身,比如,"动物"这个概念,它包括了所有有生命的有机体,即包括许多有共同属性的客体,是一个综合体。概念也是规则,因为在将它表征的客体归入它时,会形成一些规则,只有按照这些规则,被表征的客体才能归入它。概念作为表征和作为规则这两方面是相互关联的,不存在某物的表征而没有一个说明表征什么的规则在其中。同样,也不存在一个综合的规则,而没有一个表征来描述被综合的东西。因此,一个概念能够被认为是它综合的共同的东西的表征,

---

[①] Boniolo G, *On Scientific Representations: From Kant to a New Philosophy of Science*, Hampshire: Palgrave Macmillan, 2007, p. 45.

[②] Boniolo G, *On Scientific Representations: From Kant to a New Philosophy of Science*, Hampshire: Palgrave Macmillan, 2007, pp. 49-57.

比如一个生物种类——猫科动物、犬科动物;一个概念能够被认为是一组规则,这组规则与共指的东西同一。比如,"基因"这个概念作为表征,它不仅有指称,而且包括一组规则。也就是说,它综合地表征所有满足内在于那个表征的客体——核苷酸序列属于一个基因组,该基因组作为一个遗传单位工作,并能够被转录为一个 RNA 序列。也即,满足基因概念的所有客体作为一个规则。概念作为表征是要处理概念的指称,概念作为规则是要处理这个概念的意义。它们是认识论这枚硬币的两面。

论点 2.1:作为规则的概念与作为这种概念的意义相关。

拥有一个规则是什么意思?一个规则,严格说,只有知道如何应用它才能知道其意义。也就是说,拥有一个规则意味着拥有一个概念,或者说,掌握一个规则就是掌握一个概念。具体说,理解像基因这个概念,就等于理解这个概念所包括的规则。比如,"电子"这个概念,就是一组规则的统一体——"一个电子是一个静电场的源""一个电子是一个基本电荷""一个电子是一个带有$1.6×10^{-19}$库仑的电荷""一个电子具有$9.1×10^{-31}$千克的质量"等。因此,掌握电子这个概念就需要掌握一系列由这个概念综合而成的一组规则。"电子"这个概念就是规则的统一体。掌握了"电子"这个统一体,就掌握了它的意义。

这里所说的规则其实就是一个或一组命题。从语境论来看,一组规则就是一组命题,这些命题构成了一个概念的相关语境;要理解一个概念,就是要掌握那个概念所涉及的语境。因为一个概念的语境才能决定其意义。从语义学来看,将一组规则综合于一个概念中,就是赋予它以意义,或者说,就是给它加载语义。波内奥罗的"语义域"(semanticizing areas)概念是指一组规则,是它指涉的世界的部分的一个表征。语义域是变化的,因而一个概念综合其规则的范围也是变化的,比如从经典力学到量子力学的语义域的变化,概念的意义也必然是变化的。在笔者看来,所谓"语义域"就是"语境",语境发生变化,意义也必然发生变化。通过"语义域"综合一个概念,对于理解一个概念的意义是充分的。由此可以推知:拥有不同的语义域,意味着掌握概念的不同意义;拥有更广的语义域,意味着掌握概念的更深刻的意义。

论点 2.2：作为表征的一个概念与它的指称相关，而一个概念的意义涉及指称的统一规则；一个概念的指称是关于不同于它本身的某物的一个表征，即它的指称的一个表征。

论点 3：每个概念意向地指称一个客体。

每个表征作为表征，是区别于它本身的某物的一个表征，特别是其指称的一个表征，即使每个指称不都是有确定的存在物。也就是说，指称的所指不一定是真实的经验客体，比如上帝的指称就是虚构的意向客体。这里需要在意向客体与经验客体之间做出区别。

意向客体是指其意向指称，即概念地所指的东西，这种东西不一定真实存在。当然，意向客体还不是主观想象，它是客体而不是虚构体。它仅仅在认识论意义上是意向的，而不是本体论意义上的，或者说，它不做任何形而上学承诺。经验客体是指其经验指称，也就是指世界上存在的、我们能够感知的东西。按照笔者的理解，意向客体就是我们概念地或意向地知道的客体，它既可能是真实的，也可能是虚构的；经验客体就是我们经验地知道的客体，它是我们通过感觉能够把握的东西。因此，区分这两个概念不能仅仅根据"存在"与否来判断，如科学中的"以太""燃素"概念，就是意向客体，它们被证明是不存在的。但是，它们仍然是概念，只不过不是经验概念，更不是神秘之物，它们是存在于人们意图中的"概念体"。意向客体具有独特的和已确定的条件，其本质是完全不依赖于它的存在。或者说，意向知识完全独立于经验知识。相比而言，经验客体是依赖于我们感官的存在物或自然类，其本质是它的存在的实在性和经验感知性。

论点 4：不是每个客体-概念也指称一个经验客体。

由于它是一个概念表征，每个客体-概念意向地表征一个客体，但这不必然是一个经验客体。意向客体是否具有指称，一般来说这并不难判断。也就是说，一个概念是意向指称还是经验指称，我们根据其语境就可以做出判断。比如"独角兽"就不是一个经验客体，它仅存在于意向或概念中。

由此，波内奥罗得出推论：每个表征有一个意向指称，但不是所有的表征都有一个经验指称。这是有道理的。比如，一尊神像表征某人心中的"上帝"，但这尊神像并没有一个经验指称，也就是不存在一个真实的上帝。上帝这个概念具有意向属性，但不具有经验属性。"行星"这个概念是一个集体客体，也是一个意向客体，它有意向指称，但没有经验指称，因为我们不能说存在一个特殊的行星，经验指称是一个个体客体而不是集体客体，是单称而非全称。

笔者对这种看法有异议。因为一个概念有没有经验指称与它是否是一个个体概念还是集体概念没有关系。"行星"概念是有经验指称的，如地球、火星等，虽然它是一个集体概念。"水果"也是一个集体概念，它是有具体指称的，如苹果、梨、葡萄、樱桃等。当然，这种抽象概括的集体概念并不指称一个具体的客体，比如，我们不能说"水果"就是"苹果"，但"苹果"一定是"水果"，因为苹果包含在水果概念中。只有在集体概念不指具体的客体的意义时，我们才能说它是意向客体，没有经验指称。或者说，包含实在个体的集体概念是有经验指称的，因为它是从一个个个体中概括出来的。

论点5：属性-概念是认识论上优先的。

如果一个客体是实际存在的，那么它的属性也是这个客体本身具有的，与客体本身一样是独立于认识的，即使我们没有认识到它们也存在。这是唯物主义或实在论的观点。从认识论的观点看，区分意向属性与经验属性是非常重要的，因为既然有意向客体和经验客体，就必然有意向属性与经验属性。按照这种思路，理解客体-概念的意义应该包括：①掌握语义域，其中包括概念（强调意义的整体方法）；②掌握属于这个语义域的规则（强调概念作为规则）；掌握那个意向客体具有的属性，与属于那个语义域的规则一致（强调属性）。因此，意向客体具有意向属性是由包含那些客体-概念和那些属性-概念的语义域决定的；而经验属性是经验地由实验或实践决定的。这样，一个客体的哪些方面是经验的，就诉诸我们经历的世界，这不意味着经验属性是由经验推出的，相反，经验允许我们决定哪个意向属性也具有经验的对应物。

因此，波内奥罗得出结论：①掌握一个语义域的属性-概念，意味着掌握属于那个域的客体-概念；②知道这个属性-概念的意向指称，意味着知道具有那些意向属性的客体-概念的指称；③知道这个属性-概念的经验指称，意味着知道这个具有那些经验属性的客体-概念的经验指称。由此可以得出一个推论：一个意向客体是一群意向属性，一个经验客体是一群经验属性。在这个意义上，一个人意向地知道一个意向客体因为他知道它具有的意向属性，经验地知道一个经验客体因为他知道它具有的经验属性。换句话说，意向客体是由它具有的意向属性确定的，经验客体是由它具有的经验属性确定的。

论点6：只有客体的单一经验属性能够被经验地察觉，而不是经验客体作为一个整体被察觉。也就是说，我们只能经验地感知客体的个体属性，而不是客体作为一个整体的属性。

这里的意思不是指我们不能将一个客体作为整体去观察或感知，而是说客体的属性不能作为整体属性去观察，而只能一个属性接一个属性地感知，如一个客体是清晰的、透明的、酸性的、带电的等。也就是说，我们经验地知道的经验客体，是我们能够经验地感知的一组经验属性，它们独立于其他属性，如意向属性。在这里，意向属性大于或等于经验属性。类似于语言哲学中的"意义大于指称"的观点。

以上论点可能会遇到某些质疑。具体说是：知道一个意向客体是什么意思，或者意向地知道是什么意思？引入意向客体的概念是必要的吗？这样一来，我们有必要扩展本体论吗？意向客体的本质是什么？在何种意义上我们谈论一个概念的普遍性？波内奥罗试图通过三个层次——表征层次、意向层次和经验层次——来化解这些质疑。

在表征层次，客体-概念是一组属性-概念；在意向层次上，意向客体(意向指称)是一组意向属性；在经验层次上，经验客体(经验指称)是一组经验属性。这三个层次之间是相互作用的。客体-概念既指涉意向客体，也能够指涉经验客体；属性-概念既指涉意向属性，也能够指涉经验属性。这就是概念、客体与属性之间的关系。一句话，一个客体只有通过掌握其属性才能被知道，如只有品尝了苹果才有资格说认识了苹果。这在形而上学层次与一个理论声称消除客体没有任何关系。这涉及表征的实在性、客观性和观察性。

第二节　理论作为世界的假设表征

在 19 世纪的科学和科学哲学中，科学理论被理解为图像、表征，即认知主体通过某些规则客观地建构的东西。赫兹在《力学原理》中采取康德的"哥白尼革命"，提出了科学理论的一种解释。根据这种解释，科学理论被认为既不是对世界的一种真描述，也不是类真理的说明，而是仅仅作为自然的一种图像或表征。这就是科学理论的图像论。玻尔兹曼就持这种表征观，他认为通过图像说明实在世界，是对现象的一种完全的和综合的说明[1]。这意味着，科学家不是将科学理论看作真实的形式表达，而是尝试使认知主体把握经验数据。自然而然的推论就是，科学家不是寻找自然的本质结构，也不是不断地接近这种本质结构。相反，科学家是表征的建构者，通过表征使得他们能够掌握经验事实，并赋予它们以认知意义。

然而，根据赫兹和玻尔兹曼的看法，表征的作用不仅被限于一种经济的和连贯的方式经验地知道，它还被用于预测未来事件。赫兹就曾经指出，为了从过去推测未来，我们采取了如下步骤——我们形成自己的关于外部世界的图像（表征）或符号，然后给出它的形式表达式，思想中的图像（表征）的必然结果，总是被描述为自然事件的必然结果。为了满足这些条件，在自然与我们的思想之间一定存在某种一致性[2]。因此，表征没有告诉我们事物本身如何，而是告诉我们事物的概念如何。表征既是我们所知道的，也是通过它我们所能够知道的。

当然，这种观点会遭到质疑。如果表征是我们的构造，那么它与经验世界之间的关系如何我们还不清楚。要弄清这个问题，根据赫兹的看法，我们必须在建构的表征中选择最好的表征，不是真实的或类真理的表征。

---

[1] Boltzmann L, "Models", In MacKenzie D, Chisholm H, Hadley A T, et al. (Eds.), *Encyclopedia Britannica* (10th ed.), Chicago: Encyclopædia Britannica, Inc., 1902, pp. 608-610.

[2] Heetz H, *The Principles of Mechanics Presented in a New Form*, New York: Dover Publications, 1956, p. 1.

如何选择，根据波内奥罗的看法，要满足三个条件：容许性、经验正当性和适当性[①]。

所谓容许性条件是说，只有不与思想规律矛盾的那些理论才被考虑，或者说，在表征与思想规律之间存在一致性。在那些容许的理论中，与经验不矛盾的理论必须被选择。这就需要第二个条件，那就是经验正当性。赫兹早就意识到，科学表征是假设的构造物，被制造出来理解实在性，因此，实在性在评价标准中起重要作用。也只有诉诸经验表征才能被证实或被反驳。第三个条件是适当性，它是最显著的一个条件，因为它包括最大数量的本质关系，它也是最小的一个条件，因为除本质关系外，它包括最小量的多余的和无效的关系，即使无效关系不能被一起避免。也就是说，这些关系进入图像（表征），因为它们是简单的图像或表征，这些图像是由我们的心灵产生的，而且受到其肖像模式特征的影响。毫无疑问，正如赫兹意识到的，第三个条件似乎既模糊又无效。在我们决定最适当的表征前，我们应该决定什么是真正本质的东西，什么与这种本质性最少产生分歧。然而，这正是我们最难以把握的，但又不得不去探讨。

总之，这三个条件对于我们选择最佳表征是必需的。理论作为表征，它们既是假设地表征现象的构造物，也是假设地预测新现象的表征。这是一种反实在论的观点，不过这种反实在论是针对理论的，而不是针对实体的。它告诉我们，一个科学理论既不是实在性的镜式反映，也不是实在性的近似，而是由认知主体知道如何建构的假设表征。科学理论作为假设表征，允许我们以一个一般的、抽象的和形式化的方式组织我们已经知道的经验事实，允许我们至少统计地预测新经验事实，允许我们将认知意义赋予旧的和新的经验事实。

第三节　模型作为世界的虚构表征

在许多科学哲学家那里，理论被解释为表征，或者把它们解释为模型。

[①] Boniolo G, *On Scientific Representations: From Kant to a New Philosophy of Science*, Hampshire: Palgrave Macmillan, 2007, p. 172.

语义论者认为，理论就是模型。功能主义者认为，理论与模型不是一回事，理论是一种假设表征，而模型是一种虚构表征，"模型"一词在实际中有不同的使用方式。一个模型可能是某物，它的结构和功能关系是某种迫切渴望的东西，也即，它被认为是一种理想类型的东西。这就是理想模型。模型也可能是这样的事物，它的结构和功能关系，以某种方式由其他结构和功能关系再生成，比如一个雕像的模型是这个雕像再生成的雕像。模型也可能是某物，其结果与功能关系允许我们把握和组织经验数据并预测新的事物，尽管它对于再生成世界元素的新结构和功能关系不是必要的。这类模型是科学哲学家最感兴趣的。

如果模型被看作是一种虚构表征，那么它的表征对象就是好像世界(as-if world)[①]。似乎在我们居于其中的实际世界与我们建构现实目标的好像世界(虚构)之间存在一个理论的和认识论的鸿沟。然而，当这个实际世界被虚构的想象世界实际地替代时，任何认识论鸿沟都会消失。即使一个虚构表征一个好像世界，但它是实际世界的一个二阶结果，我们也可能生活于其中，比如，有些人(在精神方面)生活在小说的世界里，与实际世界相互隔离。因此，表征不都是生成(becoming)的图像(镜式反映)，它本身就是生成，或者说是宇宙生成的一部分。人类及其思想属于实际世界，而实际世界的表征是由虚构给出的。不可避免地，思想的目的不是思想本身，而是它的虚构物，这种虚构物反过来促进了人类的行动和生活。即使虚构纯粹是不同于实际世界的想象构造物，也即好像构造物，从进化的观点看我们也不用惊奇，它们能够很好地满足实用的目的。比如科幻小说受人们欢迎就说明了问题。从漫长的人类历史看，人类就生活在实际世界与虚构世界之间，虚构在人类生活中发挥了十分重要的作用。各种神话故事、宗教、科幻等清楚地表明，人类离不开虚构，虚构已经成为人类生活的一部分。这就是为什么虚构主义会产生的原因，也是将虚构与表征联系起来的原因，更是表征主义充满虚构的原因。

波内奥罗将模型分为三类：原理模型(包括聚集模型和替代模型)、模型客体和唯象模型(包括理想-类型模型)。

原理模型是保持理论的特征结构的模型，它提供假设表征的一个模拟说

---

① 好像世界与实际世界相对，类似于可能世界。它是可能的而非现实的，是虚拟的而非实在的，是假设的而非实存的。

明。作为一个模型，它表征的世界不是真实世界，而是一种好像世界。物理科学中通常使用这种模型。它可以再分为聚集模型和替代模型。前者聚集于一个理论不能把握特殊经验的情形，如广义相对论对宇宙空间的非欧几何的数学描述（好像宇宙）；后者替代一个理论不能直接描述的复杂情形，如理想气体模型对于实际气体的替代。由于实际气体的复杂性，为了做出预测和便于计算，科学家建立理想模型来替代实际气体，并假设气体分子是刚性的弹性球，分子的分布是平均的，速度是相互独立的，速度的概率分布是等方向的，等等。通过这些假设，科学家就容易处理实际气体的情形。

模型客体是指理想化的虚构客体，如伽利略斜面和理想摆模型。这种客体虽然是抽象的和理想化的产物，但它能够经验地实现，是抽去某些"脏"成分的"干净"客体，如质点、点电荷、刚体等，连续电荷分布的情形就是模型客体的一个典型例子。如果假设电荷在一个物体上的分布是连续的，我们就可以运用微积分来描述，因为微积分的运算是连续的。通过微积分这种数学工具，我们能够描述电荷分布的密度、电场强度等参数。

与原理模型不同，唯象模型没有典型的结构，它更像是一张蜘蛛网，用于捕获表面没有关联性的观察事实。在这种情形下，科学家既不拥有为了把握事实的假设表征，也不拥有一个原理模型能够认知的那些事实。因此，科学家被迫创造一个模型，他们借用数学的和非数学的工具，尽量将这些工具结合在一起，以便建构一个模型能够将数据关联起来。结果，科学家建构了一个虚构体，也即唯象模型，希望能够拯救现象。这里的唯象模型其实就是吉尔所说的数据模型。

例如黑体辐射问题，为了解释这一现象，科学家设想了一个空腔的黑体，其墙壁发射电磁辐射，频率依赖于它的温度。为了建立一个模型，科学家借鉴其他理论的结果。从经典电磁理论采取这样的事实——空腔中的辐射必须具有静态的波形式，墙壁上有节点；从几何学导出具有一定频率范围的驻波的数目；然后运用动力学计算热平衡系统中波的平均总能量。通过将不同理论成果进行结合，科学家得到了能量密度的表达式，也就是建构了黑体辐射的一个唯象模型，以此来拯救黑体辐射现象。当然，这种模型可能得不到实验的验证，最终会被抛弃。在核物理学中，这种唯象模型得到大量的使用，因为微观现象的结构和关系是科学家不清楚的。因此，唯象模型是在缺乏明确理论的情形下,根据已有知识的一种探讨模式,更具有原始创新性。

既然模型是虚构表征,那么理论、模型与世界之间是什么关系呢?波内奥罗给出的三者之间的关系图说明①,理论是通过两种方法介入世界或实在性的:一种是通过聚集模型与世界发生联系;一种是通过替代模型和聚集模型与世界发生联系。在这两种情形中,模型客体被嵌入理论、替代模型和聚集模型之中。另一种是没有理论,人们通过唯象模型直接与世界发生联系,其中也嵌入模型客体。也就是说,我们介入世界的方式有理论和非理论两种,模型在其中承担了实用工具的角色。在科学的情形中,我们采取理论的方式;在非科学的情形中,我们通常采取现象学的方式。

这两种方式突出地表明:一方面,当说一个理论假设地表征世界是怎样的,而一个模型隐含地表征一个好像世界时,我们实际上是主张在分别由理论、模型和世界所表征的对象之间存在某种相似性。不过,主张相似性不是镜像式的和同构式的相似性,而是建构的相似性,因为建构的假设或虚构表征,与在世界中以同样方式认知地建构的东西是相似的,但建构的相似性与前两种相似性在认识论上是不同的。在第一种情形中,我们拥有假设表征与认知建构的世界之间的一个假设相似性;在第二种情形中,我们拥有好像世界与认知建构的世界之间的一个虚构相似性。另一方面,通过虚构把握真实世界的确令人惊奇,因为这等于从假设的现象来知道实际世界发生的现象。这就是模型提供的好像世界与认知建构的实际世界之间的认知鸿沟问题。在科学中,如果一个模型建构得足够好,这种鸿沟就是可以消除的,比如,物理学中各种数学模型对现象的描述、量子力学方程对微粒子行为的描述。这是一种唯象模型。

第四节 思想实验作为世界的理想型表征

在科学实践中,理想型模型是又一种作为好像情境表征的模型。这种模

---

① Boniolo G, *On Scientific Representations: From Kant to a New Philosophy of Science*, Hampshire: Palgrave Macmillan, 2007, p. 177.

型不同于上述提及的模型，它不是对已知数据进行组织，也不预测新事实，而是对好像境遇或世界的一种理想化的虚构表征。社会学家韦伯在《社会科学的方法论》[1]中曾经描述了这类模型的主要特征，认为它们是真实境遇（农业经济、工匠经济和资本主义经济）的虚构表征，通过将这种模型与虚构表征比较来理解真实境遇。科学哲学家波普对这种模型也做过详细描述，他在《科学发现的逻辑》[2]中提出建构理想化模型来描述真实境遇的理想类型表征，以理解真实行动者的理性。在这种情况下，波普主张通过实现理性的一个理想化模型来判断真实行动者执行的实际行动。

参考理想类型表征，波内奥罗区分了两种理想类型模型：作为一组要遵循的行为规范来达到某一目标的理想类型模型；作为实际境遇的虚构表征的理想类型模型，通过比较来理解实际境遇。种群遗传学中的哈迪-温伯格（Hardy-Weinberg）模型[3]是这种类型表征的一个非常好的例子。

假设有一个种群，其中仅两个等位基因 A 和 B 位于相同的位点，在这种情形下，可能存在三种个体[4]：

(1) 同质结合体 AA（而且使 x 成为基因型 AA 种群中的频率）；
(2) 同质结合体 BB（而且使 x 成为基因型 BB 种群中的频率）；
(3) 异质结合体 AB（而且使 y 成为基因型 AB 种群中的频率）。

因此，如果 p 是等位基因 A 的种群中的频率，q 是等位基因 B 的种群中的频率（$p+q=1, p=x+1/2y, q=z+1/2y$），那么得到陈述——等位基因频率 p 和 q 从一代到另一代是不变的，而且从第一子代起，我们得到：$x=p^2, y=2pq, z=q^2$。

---

[1] Weber M, *The Methodology of the Social Science*, New York: Free Press, 1949.
[2] Popper K, *The Logic of Scientific Discovery*, London: Hutchinson, 1959.
[3] 也称为哈迪-温伯格平衡（Hardy-Weinberg Equilibrium）。其含义是：在一个种群无限大且又具备以下条件：随机交配、没有突变、没有选择、没有遗传漂变的情况下，群体内一个位点上的基因型频率和基因频率将代代保持不变，处于遗传平衡状态。
[4] Boniolo G, *On Scientific Representations: From Kant to a New Philosophy of Science*, Hampshire: Palgrave Macmillan, 2007, p. 196.

为了获得这个结果，我们必须建构一个虚构的或好像种群，也就是通过提出一系列假设建立一个种群模型，这些假设如下：

(1) 仅存在二倍体有机体；
(2) 存在性再生成；
(3) 性比率是基因型独立的；
(4) 繁殖力是基因型独立的；
(5) 成活率是基因型独立的；
(6) 存在非重叠代；
(7) 存在随机交配；
(8) 种群非常大；
(9) 在两性中存在相等的等位基因频率；
(10) 不存在任何迁移；
(11) 不存在任何变异；
(12) 不存在任何选择。

很显然，这些假设描述了一个完整的虚构世界，特别是一个理想类型的世界。生物学家使用这种模型，通过将真实种群中的基因型频率与哈迪-温伯格模型频率比较来理解实际境遇。

思想实验是这种模型的一个典型方面，也是一种虚构表征。那么什么是思想实验呢？波内奥罗总结了以下三点[①]。

(1) 所有思想实验是经验上无效的建构，也即没有任何经验是可经验的结果，是基于好像世界的表征。

(2) 有两类不同的思想实验：解释-澄清型和修辞型。第一种类型的思想实验是出于理论目的而建立的，是一种概念工具，运用这种工具通过反映好像世界使某种理论问题得到揭示和澄清。第二类思想实验是出于修辞目的而建立的，它是通过始于一个好像世界的论证被描述的，并通过这种方法来支持或反驳一个论题。

(3) 解释-澄清型思想实验不能转化为真实实验；它被认为是真实实验的

---

① Boniolo G, *On Scientific Representations: From Kant to a New Philosophy of Science*, Hampshire: Palgrave Macmillan, 2007, pp. 203-204.

理想化规划，尽管这种规划在经验上和理论上对于实现思想实验是无用的；它被认为是真实实验的规划，它是实现具有极大的理论相关性；能够被作为好像实验来实现。

在经典力学中，牛顿的绝对时空的存在和绝对运动效应就是典型的修辞型思想实验。为了验证这一设想，牛顿提出了旋转水桶和两个旋转球的思想实验。在水桶实验中，让水桶中装满水，悬挂在操作绳上，然后让水桶旋转直到操作绳完全扭转。当绳子松开时，水桶以相反方向旋转，水桶中的水沿着桶壁上升，中间下降。在牛顿看来，水的上升和下降证明了绝对运动和绝对空间的存在。这是一个虚构模型，它表征了一个仅仅由水和桶组成的好像世界。这是从经典力学理论导出的一个推论，在这个虚构的世界里，我们能够发现离心力。牛顿不限于这个虚构世界，而是进一步将它看作论证绝对空间的始点。这就是修辞型思想实验。从中可以得出：存在一个始于好像世界的论证，并获得支持一个非经验检验的论点。当然，对于这种论点，有的学者支持，有的学者反对，毕竟论点的获得是基于虚构世界的。

马赫对牛顿水桶实验给予高度评价。他坚决支持牛顿的结论，如果水桶静止不动而是宇宙的其他部分旋转。在这种情形下，如果水的表面保持扁平，我们能够得出结论说绝对运动是存在的。然而，这不可能发生，或者说在相同宇宙中可能存在两种不同的行为：第一种是由于巨大天体旋转；第二种是由于水桶旋转。在牛顿的情形中，宇宙是静止的，是水桶在旋转，这样一来就会存在修辞型思想实验——存在一个虚构，它表征一个好像世界。当然，修辞型思想实验可能是错误的，因为它是好像世界的一个虚构表征，这就需要为之辩护。然而，一个论证可能是错误的，结果会导致一个修辞型思想实验也是错误的。一个好的思想实验就是一个好的论证，而一个错误的思想实验就是一个糟糕的论证。在经典力学框架中，牛顿的思想实验无疑是正确的，但在爱因斯坦相对论的框架中，牛顿的思想实验则是错误的，因为在相对论框架中，不存在绝对的时空和绝对的运动。

另一类思想实验是解释-澄清型。爱因斯坦的研究为这类思想实验提供了两个例子。第一个是爱因斯坦等1935年依据波动方程提出的著名思想实验，后来由玻尔根据自旋函数提出形式表达式，目的是反驳量子力学的完备性。第二个是爱因斯坦1911年在经典引力理论语境中讨论的思想实验，目的是说明一个质子在引力场中运动的频率存在一种红移现象。爱因斯坦的论证过程是：一个质量为 m 的自由落体粒子从 A 点移动到距离为 h 的较低位置的 B 点，在 B 点该粒子由于获得了动能，其质量是 $M=m+mgh$。假设在 B 点这个大粒子被转化为一个能量为 M 超向 A 点运动的光子。在上升期间，如果光子不与引力场发生相互作用，它在 A 点将总是有相同的能量 M。如果在 A 点它被转化为一个大质量粒子，这个大粒子具有能量 M。这意味着我们会获得一个等于 mgh 的多余能量，该能量凭空产生。然而，这是不可能的。为了不违反能量守恒定律，光子在上升的运动中必须损失能量。这样光子的频率会逐渐消失。也就是说，如果光子是一个光学意义上的光子，那么它的频率将向红光谱线运动。这就是"红移现象"[①]的原理。

　　第一个例子是修辞型思想实验。通过这个实验，爱因斯坦等想通过说明它产生的矛盾结构来反驳传统量子力学。第二个例子是一个解释-澄清型思想实验，通过它爱因斯坦探讨一个理论物理学的可能性。在这两个例子中，存在一个虚构世界，虚构机制在其中起作用。不过，在第一个例子中，虚构是一个论证开始的基础，而在第二个例子中，存在一个对什么是好像世界的反思。这里产生了一个问题，那就是，模型与思想实验的区别是什么，如果它们都是虚构的话？对于这个问题可能的回答是：模型作为虚构表征是可以经验地检验的，而思想实验作为虚构表征是不能经验地检验的，它仅仅是思想中想象的实验，头脑就是它的界限。换句话说，思想实验是头脑中进行的实验，不是实际上可操作的实验。

---

① 红移最初是针对机械波的，也即一个相对于观察者运动着的物体离得越远，发出的声音越浑厚（波长较长）；相反，离得越近，发出的声音越尖细（波长较短）。后来，美国天文学家哈勃把一个天体的光谱向长波（红）端的位移叫作多普勒红移，它是多普勒效应所致，即当一个波源（光波或射电波）和一个观测者相互快速运动时所造成的波长变化。1929 年哈勃确认，遥远的星系远离我们地球所在的银河系而去。同时，它们的红移随着它们的距离增大而成正比地增加。这就是哈勃定律。它成为星系退行速度及其和地球的距离之间的相关的基础。也就是说，一个天体发射的光所显示的红移越大，该天体离地球的距离越远，它的退行速度也越大。一般而言，红移包括多普勒红移（由于辐射源在固定的空间中远离我们所造成的）、引力红移（由于光子摆脱引力场向外辐射所造成的）和宇宙学红移（由于宇宙空间自身的膨胀所造成的）。

第五节 核物理学：一个典型的唯象模型表征

根据功能主义，唯象模型是一个真正具有创造性的模型。波内奥罗以核物理学为例，通过这个典型的案例分析，探讨了该模型的表征功能[①]。

与其他物理学分支学科相比，在严格意义上，核物理学还没有任何一个理论能够以一个唯一和结构化的框架来组织该领域中关于原子核的大量实验数据。相反，核物理学家将该学科看作唯象模型的一个补缀物，每个都能够在特殊范围拯救现象。我们知道，原子核是一个非常坚实而紧密的系统，在非常小的空间包含绝大部分质量，而且它是一个由核子组成的确定系统（质子和中子），其核子数从 $A=1$（氢）到大约 $A=238$（铀）。这个数目太小，不足以使用统计方法进行分析。但同时，除了最轻的核，如氘（$A=2$）、氚（$A=3$）和氦（$A=4$）外，这个数目又太大，不允许我们根据量子力学详细和精确地解决动力学问题。

尽管我们没有一个理论能够很好地说明所有核现象，但是根据几个基本构成成分之间的少量相互作用，我们拥有一组唯象模型，每一个能够被看作一个合格的有用工具，在某种确定的范围将实验数据关联起来，并提供好的预测。不过，每个核模型都或多或少指涉一组假设，它们构成了被称为"核理论背景"（NTB）的知识体系。

在严格哲学意义上，NTB 不是一种理论，而是陈述的一个集合。该集合既允许我们限制核物理学的研究范围，也使得所有核的指称明确。1933 年后阐明的 NTB 包括两类假设集：一类是关于核客体的假设；另一类是关于核客体属性的假设。

核客体的假设包括以下四个方面。

（1）核数 X 完全由质量数 A（$1<A<238$）和电荷数 Z（$1<Z<92$）识别（核由

[①] Boniolo G, *On Scientific Representations: From Kant to a New Philosophy of Science*, Hampshire: Palgrave Macmillan, 2007, pp. 187-192.

$A-Z$ 个质子和 Z 个中子构成,其总电荷数是 Ze)。

(2)每类核 $^{A}X_{Z}$ 由一组确定的不同属性描述①。

(3)质子质量是 m_p 约等于 938.3 百万电子伏,中子的质量 m_n 约等于 936.6 百万电子伏。质子和中子具有自旋 $s=1/2$,遵循费米-狄拉克统计。

(4)核子由夸克组成。

核相互作用属性的假设包括如下五个方面。

(1)质子通过电磁力相互作用;核子通过弱力、引力和强力相互作用,这是一种主要力。量子色动力学(QCD)是著名的强相互作用的理论,但它在核应用层次不起作用。因此,核子-核子相互作用通过唯象势能来处理,这种势能由于交换不同类的介子而潜在地产生效果。

(2)核相互作用是电荷独立的,也即不依赖于电荷。质子和中子在同位旋形式主义的意义上,可以被看作同一客体(核子)不同的态,它们产生关于强相互作用的效果。

(3)核相互作用具有 1—2 费米②的范围(因此它的作用距离比核量纲要小)。

(4)核潜能是引力能,在上述提及的范围具有大约 40 百万电子伏的强度。

(5)核相互作用在距离小于 0.5 费米范围是相互排斥的,而且依赖于相互作用的核子的自旋和同位旋。

一旦我们根据这些假设定义了 NTB,我们就可以廓清包括在建构已知核境遇中的一个唯象模型的主要近似模型,尽管不同的模型处理不同的核境遇。

根据波内奥罗的分析,这些境遇主要有如下六种。

(1)引力相互作用完全而且总是被忽视。

(2)弱相互作用只有在重要而且非常特殊的情况下才被考虑,比如在 β 衰变③的情形下。

---

① 这些属性包括电荷、半径、质量、总结合能、"最新"核子的结合能、反应与衰变模式、半衰期、总角动量 J、奇偶 Π、磁偶极矩 μ、电四极矩 Q、能级激发能等。

② 费米(femto meter,fm),1 费米相当于 10^{-15} 米。

③ 衰变亦称"蜕变",是指放射性元素放射出粒子而转变为另一种元素的过程,通常有 α、β、γ 衰变。α 衰变是一种放射性衰变过程,其中一个原子核释放一个 α 粒子(由两个中子和两个质子形成的氦原子核),且转变成一个质量数减少 4,核电荷数减少 2 的新原子核。α 衰

(3)质子之间的电场相互作用不能被忽视,但它通常是在与核相互作用分离的情形下被考虑的。

(4)作用于核上的电子云的效果通常被忽视,因此核被认为是一个独立的系统。这是可能的,因为电子的质量远小于核的质量(m_e = 0.511 百万电子伏,m_n = 938 百万电子伏),而且电子云与核之间的距离,远大于核子-核子之间的平均距离。

(5)核子通常被看作点客体,尽管其半径与核量纲相比不能完全忽略[①]。

(6)核被认为是一个多体系统,以非相对论近似处理,也就是通过非相对论的薛定谔方程来处理。由于这些近似,一个极大的理论复杂性被消除了,而基本上不损失其物理意义。

特别是给定一个核系统,我们能够形成它的薛定谔方程:

$$H\psi(r_1, s_1, \tau_1, \cdots, r_A, s_A, \tau_A) = E\psi(r_1, s_1, \tau_1, \cdots, r_A, s_A, \tau_A)$$

在这个方程中,H 是哈密顿算子,ψ 是这个系统的总波函数(r 是位置变量,s 是自旋,τ 是同位自旋),E 是能量。尽管这个方程已经表征了实际境遇的一个著名简化情形,但是它绝不是一个容易的解。波内奥罗给出了它不可能是一个好的核理论的三个理由,使得我们能够建构唯象模型的一个组集:

(1)它们或多或少与 NTB 是一致的;

(2)它们始于相当的近似;

从本质上是量子力学隧道效应的一个过程。与 β 衰变不同,它由强相互作用支配。β 衰变也是一种放射性衰变过程,其中一个原子核释放一个 β 粒子(电子或正电子),分为释放正电子的 β+ 衰变和释放电子的 β-衰变。在 β-衰变中,弱相互作用把一个中子转变成一个质子、一个电子和一个反电子中微子,其实质是一个下夸克通过释放一个 W-玻色子转变成一个上夸克,W-玻色子随后衰变成一个电子和一个反电子中微子。或者说,β+衰变中,一个质子吸收能量转变成一个中子、一个正电子和一个电子中微子,其实质是一个上夸克通过释放一个 W+玻色子转变成一个下夸克。W+玻色子随后衰变成一个正电子和一个电子中微子。γ 射线伴随其他形式的辐射如 α 和 β 射线。当一个原子核发生 α 或 β 衰变时,生成的新原子核有时会处于激发态,此时新原子核会向低能级发生跃迁,同时释放 γ 粒子。γ 射线、X 射线、可见光和紫外线,都是不同形式的电磁辐射,区别是光的频率,即光子的能量。γ 光子的能量最高。

① 质子的半径 r_p ≅ 0.805±0.011 费米,中子的半径 r_n ≅ 0.36±0.01 费米。

(3) 给这些模型增加其他近似,以便与容易处理的特殊形式和经验条件一致。

由于模型能够被看作连接 NTB 与实验数据的"桥梁",从假设的似真性(关于 NTB)和实验结构(即数据)这两个视角看,它们能够具有价值。如果我们忽略 NTB 假设,那么我们就有许多选择假设的方式,如选择更简单的数学方程描述实际境遇。其结果是,我们能够评估所产生的近似的性质和经验力。在这个意义上,实验检验构成了评价假设可靠性的唯一标准。然而,如果我们忽略实验数据,那么我们必须意识到假设只能导出非常粗糙的近似。不过,在实验误差允许的范围,如果模型的结果与实验数据基本一致,那么我们应该承认每个近似是合理的。

由于所有核都是同类粒子(质子和中子)由同一种力(主要是核相互作用)结合的组集,它们完全能够由坐标 A 和 Z 来描述。依据坐标 A 和 Z,似乎可以建构一个理想的核理论,以此来将所有核统一描述为唯一的类型框架 $f(A,Z)$。对于一个给定的核,这个框架能够给出 A 和 Z 的确定值。这种可能性的一个典型例子是结合能 B,它能够由半经验的质量形式表达式 $B = f(A,Z)$ 很好地描述。

然而,令人遗憾的是,这个表达式仅涉及一个核属性,目前一个更综合的 $f(A,Z)$ 还不存在。不过,通过 $f(A,Z)$ 推理核物理学的其他特征方程应该是有用的。当然,考虑 A 和 Z 作为两个参数描述一个给定的核是不充分的,而是作为参数描述一个给定的域,一个给定的原子核模型[①]将在这个域中起

---

① 原子核模型是在实验基础上建立的描述核结构的唯象模型。20 世纪 30 年代认识核由质子和中子组成后,科学家已经提出多种核结构模型——费米气体模型、液滴核模型、壳层模型、综合模型(集体运动模型)、超导模型、相互作用玻色子模型。这些模型都能解释一定的实验事实,但不能说明另外一些事实。目前还没有一种结构模型能够统一说明各种实验事实。其中液滴核模型是较成熟的模型,它是 20 世纪 30 年代中期玻尔等提出的,他们将原子核看成一个带电的不可压缩液滴,根据液滴的经典运动规律对原子核做动力学描述,并适当加入量子效应引起的修正,以后又逐步增加一些新的自由度,如将质子、中子分别看成两类流体,甚至将自旋取向不同也看成不同流体,并引入可压缩性、黏滞性。由液滴核模型得出的核质量半经验公式一定程度上说明了原子核的表面振动,成功地说明原子核裂变的机制,

作用。比如，壳层模型对 N 和 Z 起作用(几乎接近幻数[①])；振动模型对 $A<150$ 和偶数 N、Z 起作用；旋转模型对 $150<A<190$，具有偶数 N、Z 的 $A>230$ 起作用；γ 不稳定核模型对 $Z>52$ 和偶数 $N<80$ 起作用。

这些核模型虽然只是在一定范围有效，但还是精确说明了部分核现象，也就是拯救了现象。例如，壳层模型能够处理单一粒子，并很好地接近幻核，在那里有可能将核系统分解为"核+粒子"或者"核+洞"。不过，该模型还远没有解释幻核现象，特别是在存在太多的价电子核子的情形下。在由某些纯粹振动模型解释核现象时，电四极矩 Q 消失了，因此，那里存在一个球面对称。至于旋转模型，只有当核永久地变形，而且当 $Q\gg 0$ 或者 $Q\ll 0$ 时，才是可能的。

需要注意的是，将核模型看作一个僵硬的、稳定的和不变的结构，而且能够从它导出一些确定的数据是不正确的。更合适的态度应该是，将核模型看作一个灵活可变的结构，它能够提供对于相同的实验数据和新的实验数据的持续的可靠解释，而且它是可修正的、在给定范围提供持续有效解释力的模型。比如，综合模型将壳层模型和液滴核模型相结合，既考虑原子核作为集体的转动和振动，又考虑每个核子在一个变动的非球面对称的平均势场中作独立运动。因此，综合模型对于说明核的转动能级和振动能级，核的电极矩、磁矩以及 γ 跃迁率的计算和实验值的符合程度，也都有明显改善。

概言之，在波内奥罗看来，核物理学是一个典型运用唯象模型的学科，其中体现了对唯象模型的地位、结构、作用和不同模型之间的哲学理解。事实上，一个基于 NTB 的、能够说明大量实验数据的整体的核理论是不可行

不足是不能说明原子核性质的周期性变化现象。因此，这些原子核模型只是描述了某些现象，并没有真正表征这些现象。

① 核壳层模型是因研究幻数而提出的。大量实验事实显示，随着核内质子和中子数增大，核的性质呈现某种周期性变化，当质子数或中子数为 2、8、20、28、50、82 以及中子数为 126 时，原子核显得特别稳定，这些数被称为幻数，具有幻数的核称为幻核。这与核外电子填满壳层时的惰性元素化学性质特别稳定类似。因此，考虑核子在其余 $A-1$ 个核子的联合作用下的球体对称中心势场中的运动，并考虑核子的自旋轨道强耦合作用，可得出核子由低到高的能级结构。这些能级构成一些壳层，由此说明核子填充各能级(壳层)显示的核的性质周期性变化现象，得出与实验符合的全部幻数。

的，而且在不久的未来还不能出现。目前核物理学家采取实用主义方法已经在一个特殊的现象域建构一个更加多元的、高度组织化的和有预测力的唯象模型，以此来拯救现象。

第 十 四 章

理论建模：一种抽象表征

建模是科学认知的一种核心方法。当面对复杂且不可观察的研究对象时，科学家首先想到的是如何给这样的对象建立一个可观察的模型，以此来说明或解释不可观察对象。这种建模过程既是一种理论化策略，也是一种理论化实践。在科学哲学中，对于模型的本质与理论的结构问题的探讨一直没有停止过。许多人将理论理解为模型的集合，比如，海西给出了角色模型(role model)的类比推理说明，卡特赖特和吉尔描述了模型如何有助于科学解释和预测，维姆萨特解释了假模型在建构更精确理论中的作用[1]，莫根和莫里森讨论了模型是如何经常作为理论结构与世界之间的自主工具和中介的[2]。20世纪60年代形成的科学理论的语义论把物理学的、心理学的和生物学的理论重构为模型的集合，而不是公理语句的集合，如集合理论模型、状态空间模型和真实系统模型等。这些不同建模的理论化策略均是一种基于模型的表征(model-based representation)。各种数学模型，如伏尔泰拉描述捕食动物-猎物数量关系的微分方程[3]、描述电磁场的麦克斯韦微分方程[4]，就是以数学模

---

[1] Wimsatt W C, "False Model as a Means to Truer Theories", In Nitecki M, Hoffmann A (Eds.), *Neutral Model in Biology*, New York: Oxford University Press, 1987, pp. 23-55.

[2] Morgan M S, Morrison M, "Models as Mediating Instruments", In Morgan M S, Morrison M (Eds.) *Models as Mediators: Perspectives on Natural and Social Science*, Cambridge: Cambridge University Press, 1999, pp. 10-37.

[3] 20世纪20年代，意大利生物学家迪安康纳(D'Ancona)在研究地中海各种鱼群的变化及其相互影响时发现，鲨鱼及其他凶猛大鱼的捕获量在全部捕鱼量中的比例在第一次世界大战期间成倍增长，而其他被捕食鱼类显著减少。意大利数学家伏尔泰拉建立了一个数学微分

型为中介的间接表征。

　　这种建模是使用模型对真实世界现象所做的一种间接理论探究。这个探究过程可分为三个阶段：第一阶段是建立一个模型；第二阶段是分析、提炼和澄清这个模型的属性及动力学；第三阶段是评价这个模型与世界的关系，假如这个评价是适当的话。如果这个模型与自然世界足够相似，那么模型的分析也间接是这个自然世界现象属性的分析，因此，建模涉及间接表征，自然世界的分析经过模型这个中介。这不是构造理论的唯一方式，不借助模型这个中介，科学家也能够表征和分析现象世界，这种非基于模型的理论化形式被称为"抽象直接表征"（abstract direct representation）[①]。

第一节　无模型的抽象直接表征

　　在现代科学中，通过建立一个模型特别是数学模型来说明事实或现象几乎是一种常态，如伏尔泰拉的微分方程。数学模型的优势在于能够刻画事物的数量关系，因而能够精确地计算和预测结果。这是将模型作为中介表征世界的方法。在化学中，门捷列夫的元素周期律的发现过程不是按照这种方式进行的，也就是不使用数学模型，而是一种直接抽象表征。

方程描述捕食者与猎物之间的相互消长，得到的解为：猎物（小鱼）和捕食者（大鱼）的平均数分别为 $(a_1+c)/b_1, (a_1-c)/b_2$，其中 a_1, a_2, b_1, b_2 都是参数，c 是捕鱼量，当捕鱼量 c 增加时，捕食者减少，猎物增加；当 c 减小时，捕食者增加，而猎物减小。数学模型给出的结果对这一现象的解释是：因战争捕鱼量下降，凶猛大鱼的数量增加，战后捕鱼量逐渐增加，凶猛大鱼的数量便逐渐下降。

④ 英国物理学家麦克斯韦在19世纪建立的描述电场、磁场与电荷密度、电流密度之间关系的一组偏微分方程，它由四个方程组成：描述电荷如何产生电场的高斯定律、论述磁单极子不存在的高斯磁定律、描述电流和时变电场怎样产生磁场的麦克斯韦-安培定律、描述时变磁场如何产生电场的法拉第感应定律。从麦克斯韦方程组可以推论出光波是电磁波。

① Weisberg M, "Who Is a Modeler?" *British Journal for the Philosophy of Science*, Vol. 58, No. 2, 2007, p. 210.

这种不使用模型的直接抽象表征是如何发生的呢？原子量周期性[①]的发现过程被认为是抽象直接表征的一个典型例子[②]，我们通过分析门捷列夫发现元素周期律的过程阐明这种表征方式。

门捷列夫对已知元素原子量进行梳理和排列，发现原子量的变化有一定的规律[③]。他将当时已知元素按照其原子量递增的顺序排列起来，绘制了一张元素周期表，发现经过一定间隔，元素性质会呈现明显的周期性。在这张周期表中，有 4 个位置打了问号，表明是未知元素。它预测将元素排列到钙（原子量为 40）时，在当时已知的元素中，原子量比 40 大的元素是钛（原子量为 50），钙后面的元素似乎是钛。门捷列夫发现，按照这种次序排列，钛就和铝属于同一族，但事实上钛的性质与铝不相似，而与铝后面元素硅相似。因此，他断定钛应与硅属于同一族，在钙与钛之间应该有一个元素。根据这种规律，他预测在锌与砷、钡与钽之间也应有元素存在，并预言了原子量为 44、68、72 的 3 种未知元素的性质，并命名为类硼、类铝、类硅[④]。1875 年布瓦博德朗发现镓，即类铝，1879 年 L. F. 尼尔松发现钪，即类硼，1886 年 C. 温克

[①] 原子量周期性实际上是原子序数，即原子核外电子数或核电荷数的增加呈周期性变化的规律。

[②] Weisberg M, "Who Is a Modeler?" *British Journal for the Philosophy of Science*, Vol. 58, No. 2, 2007, pp. 211-216.

[③] 在门捷列夫之前，已经有一些化学家按原子量大小排列元素并近似发现周期律。1829 年，德国化学家 J. W. 德贝赖纳在研究化学元素性质变化时发现了几组相似元素组：锂、钠、钾；钙、锶、钡；氯、溴、碘；硫、硒、碲；锰、铬、铁。同组元素的性质相似，中间元素的化学性质介于前后两个元素之间，其原子量也几乎是前后两个元素的平均值。到 19 世纪 60 年代，化学家已经发现了 60 多种元素，并积累了大量的原子量数据。1862 年，法国化学家尚古多将 62 个元素按原子量大小标记在绕圆柱体上升的螺线上，发现元素性质有周期性重复出现的规律。1864 年，英国化学家 W. 奥德林按原子量递增的顺序排列，绘制了一张较详细的周期表，体现了元素性质随原子量递增而出现周期性的变化，同时还在表中留下空位，认为它们是尚未被发现但性质与同一横列元素相似的元素。1865 年，英国化学家 J. A. R. 纽兰兹把当时已发现的元素按原子量大小顺序排列，发现从任意一个元素起，每到第八个元素，就和第一个元素的性质相似，他将这个规律称为"八音律"。

[④] 门捷列夫对类硼（钪）的预测值是：原子量 68、比重 6、原子价 11.5，实际测得值是：原子量 69.9、比重 5.96、原子价 11.7；类铝（镓）的预测值是：原子量 44、比重 3.5，实际测得值是：原子量 43.79、比重 3.86；类硅（锗）的预测值是：原子量 72、比重 5.5、沸点小于 100℃、密度 1.9，实际测得值：原子量 72.3、比重 5.47、沸点小于 86℃、密度 1.89。

勒尔发现锗,即类硅。这3种新发现的元素的性质与门捷列夫的预言非常吻合,从而证明了周期律的正确性。恩格斯在《自然辩证法》中曾经指出:"门捷列夫不自觉地应用黑格尔的量转化为质的规律,完成了科学上的一个勋业。这个勋业可以和勒维烈计算尚未知道的行星海王星的轨道的勋业居于同等地位。"①

在这个发现过程中,门捷列夫没有像伏尔泰拉建立一个数学微分方程来描述捕食者与猎物之间的相互消长关系那样,也使用数学模型建立元素的原子量及其属性之间的数量关系,而是运用抽象思维直接发现周期规律。在建立理论的意义上,门捷列夫的预测可能会被认为不是理论,仅仅是预言而已。或者说,预测不能算作理论。科学哲学家夏皮尔就认为,门捷列夫的周期系统没有理由被算作理论,因为"没有这样的事实——有序有时允许做出预测……将这种有序转变为理论。特别是,周期表不是'解释',即使预测能够仅仅基于它被做出"②。但维斯博格认为,即使单靠预测不能说明门捷列夫是一个理论家,但他的确在其周期系统的基础上做出了解释。比如,他对氧化物性质的说明就是根据周期表做出的。在周期表中,纵族ⅠA元素形成的氧化物的结构是 R_2O,ⅡA 族氧化物的结构是 RO,等等,直到ⅦA 族氧化物的结构是 R_2O_7,其中 R 是任一元素符号。这一规律能够根据化学元素周期表来说明,尽管仍然有些神秘之处门捷列夫当时不能说明③,但不可否认的是,他通过比较解释说明了不同金属氧化物的形成。他的这种系统性解释在许多科学哲学家看来就是一种理论。根据理论一般能够使得我们统一、做预测和形成解释框架,门捷列夫的系统也能够做到这些,在这个意义上,门捷列夫的系统就是一种理论。

维斯博格指出:"虽然门捷列夫是一个理论家,但是他的理论化方法和风格非常不同于伏尔泰拉的。门捷列夫检查化学性质,弄清哪些性质是本质的,

---

① 恩格斯:《自然辩证法》,北京:人民出版社,1971年版,第51页。

② Shapere D, "Scientific Theories and Their Domain", In Suppe F (Ed.), *The Structure of Scientific Theories*, Chicago: University of Illinois Press, 1977, p. 535.

③ 这种元素性质变化的周期性现象,尽管门捷列夫从半经验方法导出了,但有人认为,这还不能完全从量子力学导出。Scerri E R, "How Ab Initio Is Ab Initio Quantum Chemistry?" *Foundations of Chemistry*, Vol. 6, 2004, pp. 93-116.

哪些能够被抽象掉，然后建构一个表征系统来阐明元素之间的重要模式和结构。这种科学活动构成理论建构，而不是建模。门捷列夫直接表征化学现象，而不用模型这个中介。尽管他关于化学性质和趋向的理论描述是抽象的，但是它们是元素本身性质的描述。"[1]即使我们将化学元素周期表看作是一个模型，门捷列夫的发现过程也不同于伏尔泰拉的数学模型，因为门捷列夫的意图是表征实际化学反应性中的趋势，而不是表征模型中的趋势。也就是说，门捷列夫的表征是直接的，而伏尔泰拉的表征是间接的，尽管二者均是抽象的。这就是数学模型与抽象直接表征之间的本质区别。

那么，科学建模的过程是什么？它与抽象直接表征的区别是什么？维斯博格给出了适当描述建模实践的模型说明必须满足的六个特征[2]：

(1) 模型可以是物理的或抽象的；
(2) 模型的描述与模型本身应该区分开来[3]；
(3) 模型和模型描述有多对多关系；
(4) 模型与世界之间关系的不同描述是可能的，但它们都可以被松散地描述为相似关系，与真理或指称的关系相反；
(5) 模型-世界关系部分由对事实的解释决定，这取决于模型使用者的意图；
(6) 这种对世界的解释决定了任何真实现象是否由模型表征。

这些特征表明：模型是用来表征真实世界现象的抽象结构或物理结构，其中渗透了建模者的意图或意向，也就是包括了建模者对模型的理解和描述。

---

[1] Weisberg M, "Who Is a Modeler?" *British Journal for the Philosophy of Science*, Vol. 58, No. 2, 2007, pp. 215-216.

[2] Weisberg M, "Who Is a Modeler?" *British Journal for the Philosophy of Science*, Vol. 58, No. 2, 2007, p. 221.

[3] 关于模型本身与模型描述的区分，吉尔曾经做过论述，他绘制了模型描述、模型系统和目标系统之间一个简单关系图，指出模型描述详细说明模型系统，模型系统与目标系统之间是双向相似关系。这种观点后来遭到了批判，认为相似性对于表征关系既不充分也不必要。Giere R N, *Explaining Science: A Cognitive Approach*, Chicago: University of Chicago Press, 1988.

模型的说明或描述应该包括四个部分：任务或指派、建模者意指的范围、两类保真标准。任务是世界中的现象的详细说明和真实世界现象的部分与模型的部分之间的显协同，而这种协同本身是根据某些说明被数学地描述的。因此，任务有两个重要作用：一是详细说明模型的哪一部分需要被忽视；二是详细说明模型的哪些部分与世界的哪些部分协同。建模者意指的范围是指模型要表征的对象或客体的某些方面，它告诉我们如何将模型的特殊部分与目标协同的特殊部分相协同。范围通常是通过实例来确定的，如弹性球模型、伏尔泰拉的捕食者-猎物模型。在伏尔泰拉的模型中，模型本身仅仅描述捕食者和猎物的数量、自然出生与死亡率、猎物被捕获的概率等，但不包含任何关于空间关系、密度依赖性、气候变化以及与其他物种的相互作用关系等信息。在这个意义上，伏尔泰拉模型的意图不是表征这些属性。

由于任务和范围描述真实世界的现象在模型中是如何意图被表征的，保真标准就是描述模型为了成为一个适当的表征如何必须与世界相似。保真标准有两个：一个是动力保真标准，另一个是表征保真标准。动力保真标准告诉我们，模型的输出必须与真实世界现象的输出接近的程度，它通常被描述为一个错误偏差，比如在伏尔泰拉的模型中，动力保真标准可能表明捕食者-猎物的数量在真实值的+10%——–10%，而且仅处理模型的输出，以及关于一个真实世界现象如何行动的预测。表征保真标准更为复杂，它给出评价模型是否依据适当理由做出适当预测的标准。这些标准通常详细说明模型的内在结构，必须与考虑作为适当表征的真实世界现象的因果结构相匹配的程度。

至于抽象间接表征与抽象直接表征的区别，我们从上述论述中可以看出，前者是将模型作为表征与表征对象之间的一个中介，后者没有中介。模型作为抽象间接表征，建模者首先要确定研究对象，然后根据对象的属性建构模型，接着分析模型与表征对象之间的关系，通常是数学关系，如相似、同构、数量关系方程等，在这个意义上，模型不等于近似，也不等于抽象和理想化，它是对真实现象的近似描述或表征。而抽象直接表征不需要模型，它是根据真实现象直接进行抽象和预测的。

同建模一样，抽象直接表征的发生也有几个阶段。首先，一个理论科学家使所研究现象服从于一个抽象过程，确定集中于哪些属性，忽视哪些属性；其次，建构相关属性的一个表征和那些被确定的属性之间的关系，再进一步对这个表征进行分析，以便做出预测。当然，这些属性和关系也可采用模型采用的方程、图表和图像的形式，只是差别在于：这些用于描述真实世界现象的表征不是一个模型，而仅仅是一个表征。

第二节　模型的抽象间接表征

在科学中，使用模型表征世界的某些方面几乎是普遍的，如各种气象模型、经济模型、遗传模型、意识模型等。在这个意义上，科学可以被看作是"基于模型的科学"。因此，建模过程可以看作是表征过程，因为科学家运用模型描述目标系统时，必定是用模型表征目标系统。然而，模型对真实现象的表征可能是假的，因为建模过程包含可能为假的假设和理想化，比如，行星并不是完美的球体，分子不是弹性球，平面也不是无摩擦的，理想气体也不存在。科学建模过程的这些特征使模型成为一种假扮者(make-believe)或虚构者[1]。也就是说，模型是一种间接表征，并不是对真实现象的实际描述。

我们如何理解这种形式的表征呢？根据目前流行的语义论，科学家写下的假模型与理论规律不直接表征世界，而是定义了一个抽象客体，这种观点也被称为"模型的非语义客体观"[2]。正是这种抽象客体的存在，模型和它才表征系统。但是，这种观点也产生一个重要问题，即假模型如何能够表征真实世界的现象。难怪有人认为建模就是"虚构"，一个模型就是一部小说作品，或者说，建构一个模型就好比演一个历史剧目[3]。科学家建模过程中既有假设的成分，也有理想化的成分，但不能因此就认为建模就完全是虚构的，否则模型就不能描述实际现象了，也就不存在科学理论了。

我们前面已经提及模型是一种抽象间接表征，除（日常）语言描述的客体

---

[1] Toon A, "The Ontology of Theoretical Modelling: Models as Make-Believe", *Synthese*, Vol. 172, 2010, pp. 301-315.

[2] Godfrey-Smith P, "Models and Fictions in Science", *Philosophical Studies*, Vol. 143, No. 1, 2009, p. 101.

[3] Cartwright N, *How the Laws of Physics Lie*, Oxford: Oxford University Press, 1983, p. 153.

外，如命题表达，还有一种非语言客体，诸如物理模型，数学方程、图表、曲线图等。的确，这些表达方式并不直接表征真实世界，难道我们就因此能够否认它们也在某些方面表征了真实世界？这涉及模型的实验和经验检验问题。

我们以理想气体方程为例来说明这种表征方式的特征。

为了弄清复杂气体运动的特征，科学家提出了"理想气体"概念。这个概念包含五个假设：

(1) 气体分子是没有质量、体积为零的质点或几何点；
(2) 分子之间没有摩擦，也没有吸引力；
(3) 分子与分子、分子与器壁间是完全弹性碰撞，不造成任何动能损失；
(4) 分子的运动是匀速运动；
(5) 气体内能是分子动能之和。

压强 P、体积 V、温度 T 和摩尔数 n 是四个重要参数，平衡状态下它们构成的关系式是 $PV=nRT$ [1]，其中 R 是气体常数（约为 $8.31441 \pm 0.00026 J/(mol \cdot K)$），凡遵循这个公式的气体就叫作"理想气体"。由于在各种温度、压强的条件下服从方程 $PV=nRT$ 的理想气体又被称"完全气体"(perfect gas)，它是理论上假想的一种把实际气体性质加以简化的气体。相对于"完全气体"的就是"不完全"的实际气体。而实际气体分子有一定形状和体积，且分子之间有相互作用力，它们之间的碰撞也不是完全弹性的，因此，它们之间的关系不满足理想气体方程，实际运用中需要对压强和体积进行修正[2]。不过，理想气体在理论上占有重要地位，而在实际工作中可利用

---

[1] 理想气体状态方程也称理想气体定律，是描述理想气体在处于平衡态时，压强、体积、物质的量、温度间关系的状态方程，建立在波义耳-马略特定律、查理定律、盖-吕萨克定律和阿伏伽德罗定律等经验定律上。它的推出过程如下。波义耳-马略特定律：当 n、T 一定时，V、P 成反比，即 $V \infty (1/P)$；盖-吕萨克定律：当 P、n 一定时，V、T 成正比，即 $V \infty T$；查理定律：当 n、V 一定时，T、P 成正比，即 $P \infty T$；阿伏伽德罗定律：当 T、P 一定时，V、n 成正比，即 $V \infty n$。法国物理学家克拉珀龙综合这四个定律就得出：$V \infty (nT/P)$，加上比例系数 R 得 $PV=nRT$。

[2] 修正的气体方程有范德华方程、贝塞罗方程和卡末林-昂内斯方程等。

它的有关性质与规律做近似计算和处理。由此，我们推知，理想化表征与实际表征是不同的，前者是后者的一种极端状态。

从抽象间接表征的观点看，理想气体是一种理想化抽象模型，实际并不存在，它仅仅是实际气体的抽象简化。在实际气体中，凡是本身不易被液化的，其性质很接近理想气体，如最接近理想气体的是氢气和氦气。一般气体在压强不太大、温度不太低的条件下，它们的性质也非常接近理想气体。因此，科学家常常把实际气体当作理想气体来处理，这样可以大大简化计算方面的困难，也简化了表征的困难。这说明，在实际建模过程中，科学家常常会将实际复杂的状态或系统简化为极端的状态——理想状态，然后根据理想状态的属性和关系外推实际状态的属性和关系，比如，实际气体方程就是通过对理想状态方程的修正而来的。理想模型就成为建模的一种抽象中介。这种抽象中介是"有准备的描述"，也是一种虚构描述，实际情形不是那样，卡特赖特将这种情形称为"我们有准备地描述谎言"[①]。

然而，在某种意义上，当科学家对理想气体建模时，他们的确在表征它。这种理想模型类似于工程师的比例模型，它是一种非语言抽象客体。我们知道，工程师在建桥梁时，他们首先根据要建造桥梁的要求设计好图纸，然后根据设计图施工，设计图就相当于理想模型，而非真实的桥梁。从模型的非语言客体观点看，建模过程中的表征应该包括两个阶段：一是有准备的描述与理论定律定义抽象客体，即模型；二是这些客体表征被建模的系统。这个说明使得我们有准备的描述和气体方程有意义，而不是使得理想模型有意义。这个理想模型不是一个语言实体，它被构造出来作为有准备的描述和气体方程，它是某种形式的非语言抽象客体，它仅根据定义是真实的。正如弗丽嘉所说："我们说太阳系模型由围绕一个巨大质量的球体构成，而且这个模型中的成员与其环境隔离，或者一串珠子中连接两个珠子的力是谐振的。但是，当我们将模型当作描述时，这些陈述完全是胡说。"[②]

然而，理想模型作为一种抽象实体，尽管不是真实系统的描述，但它是

[①] Cartwright N, *How the Laws of Physics Lie*, Oxford: Oxford University Press, 1983, p. 139.

[②] Toon A, "The Ontology of Theoretical Modelling: Models as Make-Believe", *Synthese*, Vol. 172, 2010, p. 303.

对真实系统的理想化和抽象化,不是无根据的臆想,而是有理由的猜想。它是科学家研究复杂系统的一种策略和方法,不是纯粹的虚构,尽管其中有假设。建模不能等同于写小说,尽管二者之间有许多相似之处。

第三节　模型作为替代系统和延展认知

在哲学上,模型与世界的关系问题是认识论问题。建模的认识论类似于实验的认识论,也即,我们建构某个东西,然后研究它的属性,再接着考虑这个被建构的东西的属性是如何与真实世界关联的。

上述的"抽象间接表征"就是如此。在这个意义上,不同于"抽象直接表征"这种认识活动,模型是一种替代系统(surrogate system),一种人造构体(artificial constructs),它们的认识意义是从这些人工世界到真实世界的基于归纳的推理[1]。按照这种观点,模型的认识基础是基于一种从假设系统到真实系统的归纳跳跃,也就是说,建模本质上是通过一种延展认知系统从假设到结论的推理[2]。于是问题就产生了,模型包含一些假设,这些假设是未经检验为正确的,因而根据这种有待检验的模型去表征真实系统,其结论就是值得怀疑的,这就涉及假设和归纳推理的可靠性问题,其中包括归纳鸿沟[3]。

根据模型的替代观,模型是真实系统的一个替代品,或者说,模型是真实系统的模拟。我们建构一个替代系统,研究它,然后思考它如何与真实世

---

[1] Robert S, "Credible Worlds: The Status of Theoretical Models in Economics", *Journal of Economic Methodology*, Vol. 7, No. 1, 2000, pp. 169-201.

[2] Kuorikoski J, Lehtnen A, "Incredible Worlds, Credible Results", *Erkenn*, Vol. 70, 2009, p. 120.

[3] 模型与世界之间的所谓"归纳鸿沟"形成于这样的事实——建模中的假设都不是真实的,推理也是不可靠的。这种观点等于将模型中使用的假设完全看作是假的设想,或者根本不能实现的虚构。在笔者看来,这种归纳鸿沟实质上是一种在假设问题上的绝对主义或独断主义。科学中的假设恰恰体现了人的认知能动性和创造性。科学如果不做假设,恐怕就不会有科学了。

界发生关系。这意味着，模型与要表征的真实系统是彼此分离的[①]，如何使它们发生因果联系是建模者必须解决的问题。这涉及模型的可靠性、模型与真实系统之间的关联性（相似性），以及所运用推理的可靠性和分析的严格性。这些问题需要一一澄清。

在科学建模实践中，模型被认为具有自主性。这种自主性源于这样的事实，即从一个理论获得模型，总是涉及辅助性假设，因为建模或多或少是以特设的方式关于变化、修正、简化和复杂化这些辅助假设的过程。在涉及假设而不是源于理论的意义上，理论模型，也包括数据模型，是自主性的[②]，也就是具有独立性。根据自然主义的经验主义（naturalistic empiricism），我们仅能从我们经验的世界去发现这个自然世界，因为这样的经验是存在的，因此认知行动者与世界之间的一个适当的因果联系就是必需的。这种因果联系是通过模型这种替代系统实现的。如果这种经验主义是对的，那么我们仅通过模型就能够从真实世界获得有用的信息。

不过，这种观点容易引起争论。因为这意味着建模是依赖于经验而不是依赖于理论的。因此："将模型看作一个替代系统似乎暗示，我们假定通过实验和观察想象的或抽象的客体，从真实世界获得了某些东西。然而，关于想象或抽象客体的实验，不同于真实的实验，发现一个模型具有某些属性，不等于就是通过观察目标现象获得的属性。"[③]在这两种情形中，在建模者与被模型化的系统之间，不存在任何直接因果联系。因此，将模型仅仅看作一个替代系统还是不够的，模型还应该被看作是一个延展推理。

为了要使自然主义的经验主义与模型的认知价值一致，库里科斯基和莱特内认为，建模的认知范围应该与论证的认知范围相同。这里的论证是指，使用形式句法规则从另一个内容表达以真理或概率保留的方式导出内容表达，这类似于将模型看作延展认知系统的一个思想实验。不过，建模不同于

[①] 事实上，当我们谈论模型与世界的关系时，就蕴含了二者的分离，尽管我们要研究它们之间的内在因果和逻辑关系。模型与世界的关系类似于实验与实验对象的关系，模型与实验都是真实系统的替代系统。区别在于，在模型的情形中，分离是通过提出非实在的假设实现的，这是一种理论分离；在实验的情形中，分离是通过实验控制实现的，这是一种物质分离。

[②] Kuorikoski J, Lehtnen A, "Incredible Worlds, Credible Results", *Erkenn*, Vol. 70, 2009, p. 121.

[③] Kuorikoski J, Lehtnen A, "Incredible Worlds, Credible Results", *Erkenn*, Vol. 70, 2009, p. 122.

纯粹思想实验的地方在于：在建模中，从假设到结论的推理不完全是在建模者头脑中进行的，或者纯粹使用自然语言，而是借助于外在推理工具，如图表、数学公式和计算机程序。也就是说，模型是被作为推理假体使用的，在建模过程中，不是个体本身，而是个体-模型对在做认知工作。虽然建模必然涉及抽象，但是模型本身不是抽象实体，抽象是一个认知行动者执行的活动，其结果(某物的抽象)不需要是一个抽象实体。相反，模型是被用于表征某物的物质体，是具体或公开的表征，如物理模型、数学方程，计算机程序等。

当然，对于建模者而言，在认知上显得重要的是抽象性的推理属性而不是物质属性。因为推理属性是认知的，而物质属性是自然的、客观的。我们说推理属性是认知的，并不意味着它们是内在于表征的，而是说它们依赖于它们被使用的语境。在建模过程中，建模者同时使用抽象假设、推理规则和不同表征方式，也即，建模者作为个体行动者与模型是一个统一体，也就是组成一个个体-模型对。如果建模是认知推理过程，那么从有经验支持的假设做出有效推理，将会自动地给出我们经验支持的结论。这并不意味着模型能够直接与经验观察一致，因为被模型化的现象还会有一些因素不包括在模型中。模型通常只是给出目标客体的倾向性和可能性，而不是必然性。因此，模型作为认知替代系统可能会导致两方面的错误：一方面，它使我们倾向于过度评价建模的认知范围；另一方面，它使我们过度依赖推理工具推断真实系统的属性[1]。

那么，模型的延展认知功能靠什么来保证呢？库里科斯基和莱特内认为是分析的严格性、推理的可靠性和模型与表征对象之间的相似性[2]。分析的严格性是指一种派生严格分析(derivational robustness analysis)，它是检验建模是否是实质性假设的结果，或者是由辅助性假设引起的错误和偏见的一个人工物的一种程序，其重要功能是排除错误，提供有关目标客体的假设的信息。在他们看来，理论建模通常包括两种假设：实质性的和辅助性的。实质性假设是关于模型的核心因果机制属性；辅助性假设是特设假设，如易处理

---

[1] Kuorikoski J, Lehtnen A, "Incredible Worlds, Credible Results", *Erkenn*, Vol. 70, 2009, p. 125.
[2] Kuorikoski J, Lehtnen A, "Incredible Worlds, Credible Results", *Erkenn*, Vol. 70, 2009, pp. 125-129.

假设和促进因素等，协助实质性假设到结论的推理。通过运用这些假设及其归纳和演绎规则的严格分析，以保证推理的可靠性。因为严格分析的作用是要说明，结论不是辅助假设的人工物，而是由实质性假设推出的可靠结论。当然，严格分析并不必然保证能够消除归纳鸿沟问题，因为基于模型的推理不是万无一失的。

至于模型与表征对象或目标客体之间的相似性，在笔者看来，通过严格分析可以部分地保证，因为模型与其目标系统在某些方面肯定有相似性，但在背景语境上却不相同。这一点容易理解，模型的语境是人工语境，目标系统的语境是自然语境；模型是人设计的，目标系统是自然现象或客体，是非人的。事实上，说某两个物体之间相似，已经表明不是全部属性都相似，不相似的部分是我们不能或没有认识的，若都相似就是同构了。因此，尽管相似性对于表征关系不是充分的，但应该是必要的，假如模型与其表征客体之间没有任何相似性，那就难以构成表征关系。在表征的相似性方面，笔者不完全赞成有人对它的完全否定，如苏雷兹等[①]。

总之，根据推理的观点，间接表征和替代推理是基于模型的一个认知策略。建模作为认知活动，不过是由一个延展认知系统执行的从假设到结论的推理。

第四节 模型作为认知人造物

模型无论是作为抽象间接表征，还是作为替代系统和延展认知，都是建模者与表征对象之间的一种中介、一种独立的实体、一种研究的工具[②]。克努蒂拉认为，模型能够被当作认知人造物看待，它被用于以多种方式获得知

[①] Suárez M, "Scientific Representation: Against Similarity and Isomorphism", *International Studies in the Philosophy of Science*, Vol. 17, 2003, pp. 225-244.

[②] Morga M S, Morrison M, "Models as Mediating Instruments", In Morgan M S, Morrison M (Eds.) *Models as Mediators: Perspectives on Natural and Social Science*, Cambridge: Cambridge University Press, 1999, pp. 12-33.

识，表征的中介和表征的关系需要区分开来，这是表征的双重方法[①]。因此，表征已经成为模型讨论的一个主题，而语用进路成为表征说明的主流方法。然而，强调语用表征进路过度限制了我们的模型观及其认知价值。模型宁愿被看作认知人造物，正是通过这种认知人造物我们以各种方式获得了知识。以这种方式逼近模型强调了它们的物质性（materiality）和中介特异性（media-specificity）。聚焦模型作为多功能认知物，就将它们从任何预先设定和固定的表征关系中释放出来，并导致我们为表征的双重进路辩护。

同时，克努蒂拉在更大的语境中提出关于表征的四个问题[②]：①我们如何应对表征之谜？②关于表征的外观认识论困境从哪里遏制？③我们如何以非表征主义的方式接近表征？④哪类事物是模型，它们如何给予我们知识？她通过将模型作为人造物表征目标客体的新方法，得出四个结论：①我们对建模的理解不应该被还原到模型表征某些外部目标系统。模型除了是代表性事物，也是典型的生产性事物，它们的可使用性（workability）和实验性（experiment ability）对于其认知价值是至关重要的；②表征应该从使用和生产两个视角进行考察；③从使用的视角看，表征是作为双重现象出现的，即基于物质记号工具的中介-特殊可见性和基于关联记号-工具及表征的意向过程；④从生产的观点看，发生在科学中的表征工作的主要部分是集中于什么已被表征和以某种发生被建模。总之，从这种视角看待表征，旨在强调在生产模型中所需的模型、成分和各种表征工具。

在科学哲学中，模型作为认知人造物被忽视了，而在认知科学中，这几乎是一种被普遍接受的观点，并主张知识一定与我们建构工具的能力和操作我们外部物质环境的能力相关联[③]。例如，克努蒂拉等专门探讨了模型作为认知人造物的功能，认为模型是被意向地构造的东西，它们被某种中介物质

[①] Knuuttila T, "Models, Representation, and Mediation", *Philosophy of Science*, Vol. 72, No. 5, 2005, pp. 1260-1271.

[②] Knuuttila T, *Models as Epistemic Artefacts: Toward a Non-Representationalist Account of Scientific Representation*, Helsingin: Helsingin Yliopisto, 2005.

[③] Clark A, *Being There: Putting the Brain, Body and World Together Again*, Cambridge: MIT Press, 1997.

化,并以多种方式被用于我们的认知努力[①]。模型作为科学活动的部分和产物,被赋予意向性用法,其中之一就是表征。这表明模型作为表征具有意向性和物质性,意向性说明模型具有指向性,是关于目标客体的;物质性说明模型不仅仅是抽象的东西,它要成为表征就必须以物质的、可见的方式呈现,它不能是隐性的东西。可以说,没有意向性,模型是没有目标的,没有物质性,中介就是空虚的。强调模型的物质性并不是否认其抽象性,而是说,它的抽象性必须通过物质性来表征。如果不是这样,抽象性就无从体现。即使非常抽象的理论观点也要以数学方程、自然语言、图形等形式在纸上或屏幕上被物质化为各种字符。在这个意义上,模型是中介特异的(media-specific)[②]。

按照这种看法,模型的中介特异方法集中于约束和给予。模型作为物质的东西具有自己的构造和功能作用,它们不是对所有可能的解释和用法开放,它们简化或修正科学家在研究中遇到的认知任务;或者说,模型的物质维为科学家提供了一个工作客体,抽象维提供了一个思想实验平台。这两种属性,物质性与人工性,使得模型作为一种认知工具具有产生新知识的功能。模型的这种认知功能在科学中具有多功能性,表明模型与实际现象之间的联系比表征关系要复杂得多。模型作为一种分析工具或剖析器(parser),其主要作用是它的应用,这与模型的语义论背道而驰。根据语义论,我们应该集中于剖析器背后的语义语法方面,认知问题就是它是否正确地表征了我们的语言能力。然而,这是难以回答的问题,只有当我们使剖析器工作时才能知道答案。一旦剖析器产生正确的结果,就能够将这个结果作为起点来回答关于语言与认知的问题。反过来,当我们建构剖析器时,其组建又产生有趣的认知和方法论问题,这样一来,新的人造物创造新的研究客体,又产生许多新的问题。这就是模型的剖析器隐喻。

因此,情形似乎是,建模中的表征问题产生了模型的终端使用问题。可以说,是建模的特征使得模型通过表征被建构的,而且建模工作依赖于可用

---

① Knuuttila T, Voutilainen A, "A Parser as an Epistemic Artifact: A Material View on Models", *Philosophy of Science*, Vol. 70, 2003, pp. 1484-1495.

② Knuuttila T, "Models, Representation, and Mediation", *Philosophy of Science*, Vol. 72, No. 5, 2005, p. 1265.

的数据、知识和计算方法。现有的模型,如果是可用的,它们的价值在于它们产生什么,而不在于它们是假定的目标系统的真实表征。事实上,我们对目标系统并没有足够的了解,这正是建模的目的。譬如,在进化生物学中,"由于我们仅能够看到生物行为的进化,进化生物学家使用模型作为工具进行研究,寻求存在的证据,论证支持或反对在自然中起作用的这样那样的机制的似真性"[1]。

概言之,将模型看作认知人造物有助于我们理解模型能够以许多其他方式给予我们知识,而不仅仅是通过某类已确立的抽象表征功能。模型具有物质的记号工具和表征的意向关系的双重功能。记号工具被认为是一个物质地构造的历史人造物,它引导我们思考复杂的文化地构造的人工链条,这种链条是我们获得关于世界的知识的中介。表征的意向关系将记号工具与被表征的客体连接起来,它告诉我们任何记号工具本身都不是表征的,表征是多样的、意向的,是人类行动在具体活动中发生的一个过程和结果。

第五节 模型作为语用的共有特征

模型表征世界的某些方面应该是不用质疑的。那么是什么构成了科学表征仍然是不清楚的。杜凯恩通过分析休斯的 DDI 说明和苏雷兹的推理说明的优点与不足,运用伽利略的模型作为科学表征的一个好的启示工具,提出了一个科学表征的 PMSC[2] 说明。他主张,一个模型要成为表征,必须满足三个条件:

(1)一个人承认在模型与其目标之间存在一组共有特征;
(2)这组特征有推理能力,并产生能够被经验地检验的结果;
(3)这些结构的相应检验,与我们的数据和我们心中的具体认知目标

---

[1] Plutynski A, "Modeling Evolution in Theory and Practice", *Philosophy of Science*, Vol. 68, 2001, p. S234.

[2] Ducheyne S, "Lessons from Galileo: The Pragmatic Model of Shared Characteristics of Scientific Representation", Philosophia Naturalis, Vol.43, No.2, 2006, pp. 213-234.

一致。

根据 DDI 说明，科学表征必须包含指代（模型指向目标）、证明（完全发生在模型内）和诠释（证明的结果被物理地解释）三个元素[1]。世界的元素由模型的元素指代，模型具有一个内在动力，它允许我们从它得出理论结论；为了能够做出预测，这些结论需要再次被物理地解释。"如果我们用这三个活动在心中检测一个理论模型，我们就能够获得它提供的这类表征的某些洞见。"[2]指代是说，一个模型就是一个物理系统的象征，它指代物理系统，如伽利略模型中垂直线段指代时间间隔、模型中的元素指代目标系统的元素。证明是指模型的内在动力学，也即，从模型的行为可以获得关于世界的假设性结论，它在物理模型中是演绎源，起到证明的核心作用。诠释是指代的翻转，是对证明的结果的再解释。然而，DDI 说明仅是科学表征的一个历时说明，它并没有回答对于表征的哲学问题——模型如何是物理系统的一个象征？它如何指代？没有相似性如何表征？DDI 说明没有给出这些问题的任何解释，只是强调模型指代其目标，指代成为表征如何发生仍然是模糊的。

根据苏雷兹的推理说明，相似和同构对于揭示表征关系既不是充分的也不是必要的；相似是指模型及其目标之间的某些共有属性，同构是指它们之间的结构相同，而且是相似的一种形式；相似与同构是关于源客体与目标客体及其属性的，不是关于表征使用者的意向判断的。表征不是客体-客体关系，而是客体及其使用者的内在状态之间的关系，我们应该对科学表征采取一个紧缩的态度。这种态度包括两个方面：其一，我们应该放弃寻求表征的一个充分和必要条件的实质性理论这个目标，因为科学表征是一种不需要理论来阐明的东西。其二，我们不应该寻求表征的深层属性，而是寻求其两种表面属性——源客体的表征力和替代推理的能力[3]。

---

[1] Hughes R I G, "Models and Representation", *Philosophy of Science*, Vol. 64, 1997, pp. S327-336.

[2] Hughes R I G, "Models and Representation", *Philosophy of Science*, Vol. 64, 1997, p. S329.

[3] Suárez M, "Scientific Representation: Against Similarity and Isomorphism", *International Studies in the Philosophy of Science*, Vol. 17, 2003, pp. 225-244.

显然，推理主义强调的是表征的意向性和推理能力，强调替代推理过程，包括演绎、归纳和类比等，这些能力依赖于语用和语境成分，因此具有一定的吸引力。范·弗拉森早期强调表征的同构观，后来也倾向于表征的语用特征，认为表征中包含四个特征：意向性、选择性、准确性和语境相关性[①]。然而问题是，苏雷兹的推理概念是循环的，他仅仅用同样模糊的推理力和表征力代替表征，那么根据什么属性一个模型具有了推理力？科学表征与一般表征的区别是什么？对于这些问题，苏雷兹的推理说明并没有给出回答。

那么，科学表征的模型应该包含哪些因素呢？我们知道，当一个模型表征时，它仅仅表征物理系统的某些方面，而不是全部，如伽利略的理想摆和真实摆、理想斜面与真实斜面。科学表征的理论需要包括的因素有四个[②]：

(1) 某些共有特征的相似性假设，它决定我们期望表征目标系统的方面；

(2) 认知目标，它决定我们期望的细节和精确程度；

(3) 模型的推理能力，它通过集中这些共有属性促进推理；

(4) 模型的经验适当性，它决定我们是否完全接受我们提出的模型的认知目标。

杜凯恩认为，通过检验共有关系，我们可以区分科学表征与一般表征。在科学表征中，存在一个反馈环来证实模型的经验适当性，而基于数学形式表达的推理类型进一步有助于区分科学表征与一般表征。

根据这些因素，杜凯恩提出科学表征的一个 PMSC 说明，其构成步骤或要素如下。

(1) 暂时接受共有特征。通常关于目标的观察数据暗示一个人 P，在模型与目标之间存在共有特征。比如，干涉模式意味着光在某些环境中以类似波

---

① van Fraassen B C, "Interpretation of Science: Science as Interpretation", In Hilgevoord J (Ed.), *Physics and Our View of the World*, Cambridge: Cambridge University Press, 1994, p. 171.

② Ducheyne S, "Lessons from Galileo: The Pragmatic Model of Shared Characteristics of Scientific Representation", Philosophia Naturalis, Vol.43, No.2, 2006, pp. 213-234.

的方式传播，人们暂时接受这种假设。

(2)完全接受共有特征。在评价模型的检验时，一个人 P 完全接受一组共有特征，这种接受不仅由检验决定，也依赖于我们的认知目标。

(3)赞成认知目标。认知目标(CG)将决定我们需要细节的层次。如果我们的目标非常苛刻，那么我们将需要一个非常高的细节层次。如果我们的目标是给出一个概要，那么我们将满足于一个较低层次的细节。

(4)共有相关特征。当我们断言模型与目标符合时，我们认为在它们之间存在一组共有特征($\Gamma(SC)$)。模型不表征一个系统的全部，而是有选择地表征，即表征系统的某些方面。

(5)检验相关特征。从模型导出的结果传递回观察(O)。如果这个结果与观察不一致，我们选择不再接受共有特征，这意味着模型失去了其表征力。以上步骤用图 14-1 表示。

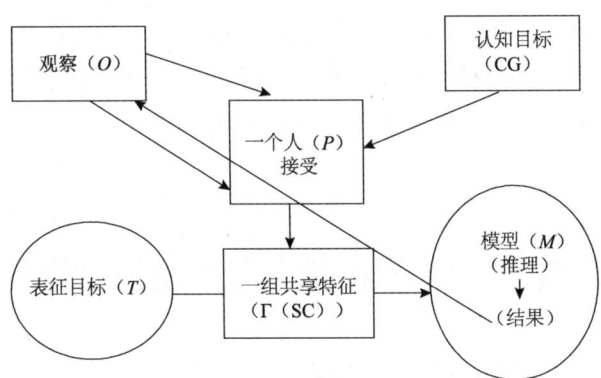

图 14-1　科学表征的 PMSC 说明

在图 14-1 中，步骤(1)和步骤(2)对应于观察(O)到一个人(P)；步骤(3)对应于认知目标(CG)到一个人(P)接受；步骤(4)对应于表征目标(T)到一组共有特征($\Gamma(SC)$)和模型(M)；步骤(5)是结果到观察(O)。这五种关系说明了模型如何表征其目标，有助于回答"模型根据什么表征"的问题。

根据这些关系，杜凯恩给出了科学表征的如下定义。

关于一组相关特征和一个人 P 的某认知目标，模型 M 成功地表征一

个物理系统,即目标 T,当且仅当:

(1)一个人 P 最初假设在 M 与 T 之间存在共有的一组相关特征 Γ(SC)。

(2)根据 Γ(SC),M 允许做出关于 T(M→I)的推理。

(3)这些推理产生一个结果(I→R),它能够由其经验适当性检验。

(4)在评价 R 的经验适当性时,一个人 P 完全接受 M 与 T 共有一组相关特征。

(5)由 M 显示的 Γ(SC)与 P 的认知目标(CG)一致。

步骤(1)和(4)表明,模型的表征能力总是暂时的。步骤(2)包含了苏雷兹的推理力概念。步骤(4)保证一个反馈环来检验关于 Γ(SC)的共有特征。这有助于我们区分科学表征与一般表征,也有助于解释误表征问题。步骤(5)表明表征的语用特性。拜勒-琼斯等的观点在一定程度上印证了 PMSC 说明,他们强调模型使用者应该赞成模型意指的功能,决定哪些因素使得模型不符合实际数据或自然律,并选择模型表征的现象的特性[①]。

第六节 科学表征作为语用限制案例

杜凯恩认为[②],科学表征的推理说明和诠释说明均不能令人满意,它们太弱不能说明科学表征。格赖斯主义的表征观同样有问题,它主张所有科学表征的类型都可以从某些更基本的表征类型(如心理状态)导出并得到解释,这虽然既经济又自然,但如何区分心理的和科学的表征却一直是个难题。这样一来,杜凯恩坚持认为语用学的相似和部分同构说明不能合理地给出科学表征的解释。于是,在继承康特萨的语用推理主义表征观的基础上,他提出

---

① Bailer-Jones D M, "When Scientific Models Represent", *International Studies in the Philosophy of Science*, Vol. 17, 2003, pp. 59-74.

② Ducheyne S, "Scientific Representations as Limiting Cases", *Erkenntnis*, Vol. 76, No. 1, 2012, pp. 73-89.

了科学表征的一个"语用限制案例"(a pragmatic limiting case)说明，试图解释——模型根据什么科学地表征经验世界的一部分——这个问题。

为了定义和澄清"语用限制案例"这个概念，杜凯恩首先假设了如下规则或惯例：

O_M = 相关客体 M 的集合；
O_T = 相关客体 T 的集合；
$R_M = O_M$ 之间相关关系的集合；
$R_T = O_T$ 之间相关关系的集合。

如果 M 是 T 的一个语用限制案例出于目的 P，当且仅当：

(1) R_M 描述了一个理想的"其他条件均同"和"其他限制均同"情形，

(2) 已知理想情形 R_M，一个关系 r 精确地有效(r 是一类关系，在其中我们能够决定这个关系经验地有效的范围)。

(3) r 近似地获得 R_T 相对于目的 P，

(4) 已知 r 在 R_M 中精确地有效，而且相对于目的 P 近似地在 R_T 中有效，一个"一对一"对应在 O_M 和 O_t 之间，以及 R_M 和 R_T 之间得到预测。

根据上述这些假定，杜凯恩提出了如下科学表征的定义：

M 科学地表征 T，当且仅当，M 是 T 的一个语用限制案例出于目的 P。

他以牛顿的地球-月球系统为例来说明这个定义。出于某种目的，人们可以根据牛顿的一体系来表征月球围绕地球的轨道运动。根据牛顿力学，一体系统提供了一个高度抽象和理想化的月球绕日运动的图景——该系统不考虑其他力，如太阳的引力；由于地球中心被当作一个空力心，它不考虑月球的作用力；它将月球的轨道运动当作圆周和匀速运动。在这种理想情形下，我们就能够确立开普勒面积定律(太阳和行星的连线在相等时间扫过相等的面积)，也就是说，该定律能够被经验地决定，无论被吸引的天体是否描述了它们的面积与其时间的比例关系。或者说，一体系统为我们提供了一个理想的情形，在这种情形下，开普勒的面积定律将会精确地有效。然而，由于扰动力的存在，开普勒面积定律在太阳系中不能精确地有效，只能是近似地有效。相应地，在这个模型中，物体被解释为月球，圆周轨道被解释为月球运行的实际轨迹，空力心被解释为地球的中心。相似地，物体围绕空力心运转将替代月球绕地球运转，物体被空心力吸引将替代月球被地球吸引。这说明指代是如何指向目标的。这就是说，因为一个关系精确地包含在 R_M 中，这个关系相对于一个目的 P 在 R_T 中近似地有效。这样，杜凯恩通过将科学表征作为其对应的目标的一个语用限制案例，同样能够解释使用者考虑如何使用一个相似的模型，如使用同构或同态到目标上。

可以看出，上述限制案例说明并不必然要求 M-客体之间的关系是一阶的（M-客体是 T-客体之间关系的限制案例）。一阶关系仅将客体作为它们的论据。相应地，二阶关系将一阶关系作为其论据，三阶关系将二阶关系作为其论据，以此类推。当一阶 M-关系的集合是一阶 T-关系的集合的语用限制案例时，杜凯恩指定 R_M^{01} 是 R_T^{01} 的一个语用限制案例。将关系限制在 R_T^{01} 上似乎不公平地对待科学表征的潜在抽象性。一阶关系集合的一个概率模型是 R^{02} 的一个说明，其中二阶 M-关系的集合（某一阶 M-关系的概率分布）是二阶 T-关系的集合（相应的一阶 T-关系的概率分布）的一个限制案例。概率谓词等能够被应用到二阶属性，其中包含了 R^{03} 等所有更高阶案例。推论下去的结果是，R^{0x} 可能是非常复杂的，而且处于抽象性的不同层次。

关于这一点，杜凯恩提供了一个更复杂的例子。与环境相互作用的量子系统可由一个变化的密度算子 $\rho(t)$ 来表征。当物理学家解析一个密度矩阵时，他们想要阐明一个等价于已知密度矩阵的集合体的一个具体例子。在量子比特集合体如二态量子系统的情形中，这个集合体由一个密度算子表征，等于半个密度矩阵。解析的结果是：$\rho = 1/2 = 1/2(|z+\rangle + |z-\rangle)$，例如一个在 z 方向上旋和下旋的等同混合的集合体，和 $\rho = 1/2 = 1/2(|x+\rangle + |x-\rangle)$，例如一个在 x 方向上旋和下旋的等同混合的集合体。当量子态的一个集合体有一个满足一个唯一确定性的差分方程的密度算子时，主方程对应于许多个不同的随机方程，如对于量子集合体的组成态的不同解。

对物理学家而言，解主方程意味着从这个主方程导出一个随机的主方程。如果没有更多关于环境的信息，就没有办法从一个解出另一个。如果我们的确有关于环境的更多信息，我们就能够将个体随机量子状态轨道与集合体中的个体量子状态的行为联系起来。量子状态扩散提供了这种方法。一般来说，当量子状态随时间演化时，量子状态扩散产生量子状态的定域。如果我们获得关于环境的更多信息——量子状态扩散是首选解(相对于量子跃迁或其他随机方程),我们就能够解主方程。假如我们做了一组特殊测量的话,由量子状态扩散预测的轨道就是我们所期望的。为了形式地表达量子状态扩散,我们需要哈密顿和林德伯德算子。前者由于 ρ 的变化表征内在的确定性动力学,后者由于与环境的相互作用表征外在的随机动力学的结果。为了获得精确的方程,我们必须引入理想化条件。一个普通的理想化假设是——不存在系统与环境之间的相互作用,以便林德伯德算子能够被忽略而仅保留哈密顿算子。接着我们可能进一步增加理想化条件,即一个系统的未来状态仅由它的现在状态决定。在这种情形下,系统会产生马可夫行为[①]。对于方程的实际解,我们引入附加的理想化条件,即假设的测量行为不影响系统。而由量子状态扩散预测的轨道是我们所期望的,如果我们做出一系列特殊测量的话。

显然,通过量子状态扩散方法解主方程包括几个理想化和抽象化条件,这些条件刻画了 R_M 的一个理想情形。在 R_M 中,我们期望是否做某些测量的轨迹被导出。在这里杜凯恩提醒,R_M 包括一个高阶语用限制案例——我们没有导出绝对轨道,只是导出了期望的轨道,如果我们做测量的话。

杜凯恩认为,他对科学表征的上述描述对于科学表征是充分的。如果我们接受所有科学表征假设的"其他条件均同"和"其他限制均同"条件,那么它对于科学表征也是必要的。而且,这个限制案例说明具有表征的正确逻辑属性,即非对称性、非反身性和非传递性。按照杜凯恩的科学表征作为限制案例的描述,M 是 T 的一个语用限制案例,但相反不是,M 也不是它自己的一个限制案例。由于 T 不可能是其他 M 的一个限制案例,M 也不可能是其他 M 的一个限制案例,这样传递性就被排除了。而且,限制案例方法能够说明误表征,即指这样的事实——科学表征在某些方面是近似的或不准确的,而且在某种程度上也指这种事实——模型是它们的真实世界目标的理想化和抽象化。在杜凯恩看来,这些事实显然与他对于科学表征的选择案例说明是一致的。这种说明确实很好地融合了科学表征涉及理想化与抽象化的观点。

[①] 也即马可夫链,因俄罗斯数学家安德烈·马可夫而得名,它是指离散时间、离散状态的马可夫过程。在马可夫过程中,在给定当前知识或信息的情况下,只有当前的状态用于预测未来,过去对于预测未来是无关的。

一般认为，科学模型预设了某些严格说是假的条件。例如，我们知道地球不是一个完美的球面，但在牛顿模型中我们将地球看作一个完美的球面。类似地，简单摆模型提供了一个理想化和抽象化的描述——假设了零空气阻力和一个非常小的摆角。又如，非进化种群中的哈迪-温伯格平衡等位基因和基因型频率之所以能够被决定，是因为该平衡假设存在一个完全随机的交配，还假设不存在任何遗传信息、自然选择、基因迁移或基因流动。这些条件在真实种群中根本不存在。

在杜凯恩看来，限制案例说明也解释了科学表征的替代推理能力。通过与真实世界的复杂性的暂时隔离，科学表征假定了一个理想情形，其中某些不能直接从复杂经验世界获得的关系，能够从一个精确的方程推出。这样一来，科学表征就是科学家深思熟虑地从物理世界抽象出来的，并理想化物理世界的特性。这意味着在抽象层次并不是一个系统的所有属性都被包括在内，有些属性在理想化层次是被有意扭曲的或被忽略的。在"其他条件均同"和"其他限制均同"情形下，我们能够在认知语境中做出推论并建立表征关系。在这种语境中，我们不必处理真实世界的全部复杂性，因为语境具有聚焦功能。

上述论述涉及科学表征的规范问题。在限制案例说明中，相对于目的P，关系r仅近似地获得了R_T。问题是近似到何种程度才算达到目的呢？这就是近似的程度问题，也就是科学表征的规范问题。杜凯恩认为，这个问题与我们要到达的目标要求相关。如果我们的目标很高，那么我们将需要一个非常高的近似程度。如果我们的目标只是给出大致的一个轮廓，我们就容易满足较低的近似程度。例如，如果我们仅想要了解摆引力的大致情形，如教学演示，我们可以使用一个简单摆模型（教具）。这种标准摆模型普通物理学教科书均有明确的说明，它假设连接摆锤的线是无质量的，而且没有空气阻力。如果我们的目标苛刻，比如航天技术需要制作一个精确摆测量数据，在这种情形中，就不能不考虑摆的质量分布和空气阻力了，而且要用精确的公式来计算摆的周期：$T = 2 \times \pi \times (l/m \times g \times h)^{1/2}$。其中$l$是转动轴的惯性，$m$是摆的总质量，$h$是从转动轴到质量中心的距离。如果还不能满足要求，我们就要给摆模型增加额外因素。从理论上讲，这个过程是无止境的，我们不能在一个模型中包括所有必要修正的因素。考虑到模型固有的目标依赖性（goal-dependency），科学表征是否成功或适当的问题依赖于我们寻求建立的目标的具体细节。这意味着，不存在任何普遍的表征理论能够回答科学表征的规范问题。

在笔者看来，事实并非如此。虽然科学模型是从自然世界的属性中抽象和理想化而来的，但我们能够经验地确定——没有被我们的模型覆盖的属性是否与一个特殊目标不相干。例如，在上述摆模型中，空气的阻力是否需要考虑可以根据实验设计来确定。通过比较真空中的摆和空气中的摆来说明，从空气阻力产生的偏差在使用目的上可忽略不计，但不是所有目的。虽然科学表征是由人的心智构造的，但好的表征则是由经验世界检验的。更准确地说，科学表征的推理结果和通过理想化和抽象化的因素的重要性，会遇到现象的挑战，是否被接受依赖于特定目的。因此，相对于具体认知和实践目的，正是这个过程净化了适当的科学表征。这表明，认知目的是科学表征过程中的重要因素，它决定除技术因素外表征结果的精确和可靠程度。

第四篇

科学表征的语境建构

第二篇关于科学表征的实质说明和第三篇关于科学表征的紧缩说明表明：在科学表征问题上，无论是结构主义还是自然主义，功能主义还是经验主义，语义论还是语用论，等等，它们之所以不能完全令人信服地说明科学表征问题，根本原因是忽视了表征的语境相关性，因而缺乏语境分析的方法或径路，都是难以解决科学表征问题的。这是因为表征是负载内容的，其内容的含义是由其特定语境决定的，离开语境谈论表征是不能说明表征的意义的。

有鉴于此，在本篇，笔者将在语境实在论框架下对科学表征做出语境同一性解释。这里的语境同一性包括两个方面的意思：其一，对于一个问题或事件或事实的表征，这种表征无论是命题的还是模型的，形式的(如逻辑的)还是非形式的(如自然语言的)，都必须在一个特定的或明确的语境中进行，这是构成同一语境的表征问题。若语境不明确，就会产生错误表征或不可靠表征，进而产生分歧和争论；其二，表征关系至少涉及两个物体(系统或客体)，对这两个物体进行概念化所需的语境，在大多数情况下是不同的，若要形成有效的表征关系，两个概念化的物体的语境，必须形成交叉或重叠，即形成一个统一的解释基底，否则就不能构成表征关系，这是表征关系在不同语境间形成语境同一性的问题。这是笔者对科学表征问题进行语境建构的根本原因。因为说到底，人的任何解释都是依赖语境的，任何说明都是特定语境中的说明。科学表征理论作为一种说明和解释也不例外。

笔者奉行的科学表征主义本质上是实在论、语境论和工具论的结合。实在论要求被表征的对象是真实的而非虚构的；语境论要求表征本身是特定语境中的两种客体(表征客体和被表征客体)之间的描述关系的再现；工具论要求表征客体本质上是一种中介，是使用者用于表征目标客体的认知工具。遵循这三种要求，基于实在性、语境性和工具性及其结合来探讨科学表征关系就是一种必然的要求和必然的推论。

这一部分内容包括第十五至十八章，是科学表征的语境建构部分。根据语境实在论，人类行为或事件是一个不断变化着的实在环节，实在是建构或生成持续过程中的存在；事件不是孤立于社会的，而是植根于意义与关系的社会历史语境之中的；事件是边界开放和不断变化的，人对世界的探求是受语境制约的，获得的知识是相对的和暂时的；科学认知不是纯粹的、无偏见的理想探索过程，而是负荷语境因素的社会文化过程。语境不仅能够影响什么东西被当作事实，而且能够引起研究过程本身。

在语境实在论框架下，笔者根据语境同一方法论提出语境叠加模型。其含义是：A 表征 B，当且仅当 A 与 B 在它们构成的新语境 C 中语境地关联，即 A 的语境与 B 的语境交叉或重叠，在它们构成的新语境中语境地关联。而语境有不同的类型，包括自然表征与非自然表征、心理表征(内在)与知识表征(外在)、科学表征与非科学表征等。语境叠加模型可以有效地解释推理中的悖论，比如，"如果-那么"推理有效必须满足三个条件：一是前提对结论的语境包含是具有语境同一性的蕴涵关系；二是"如果-那么"三段论推理的有效性基于大小前提各部分在语境同一性下的蕴涵关系；三是对有效性的检验需分析预设语境与实存语境的关系。

基本粒子发现的语境分析是其中一个典型案例研究。它表明：科学的创造及其表征是与语言和逻辑密切相关的。语言的形成先于逻辑，逻辑的产生早于科学的发生。近代科学是基于语言和逻辑而产生的。技术不同于科学，科学在于发现，技术在于发明，在创造性方面也有所不同。创造性是科学家运用语言和逻辑加上已有科学知识，通过记忆、想象和综合分析来凸显的；原始性创造既需要丰富的想象也需要强烈的动机。语言、逻辑和科学起到语境的基底作用，想象和动机起内在心理作用。而且，科学知识的产生体现着科学共同体内部的相互作用，与传统微观的个人认知过程有所不同，它从宏观意义上体现着一种社会知识表征。

社会表征理论重返人文主义话语形态，凸显了特定文化共同体的社会表征，会因新事物的突现而发生重构，揭示了社会表征在变革社会中的自我调节机制。在笔者看来，社会表征主要还是一种语境预设，即个体的存在与认同植根于一种集体性并为社会所塑造。社会表征概念本身也有两个缺陷：一是偏重表征的内容和结构，忽视了社会性表达。因为表征在现实社会中通常不是中立的，而是与种种权利纠葛在一起的；二是重视社会、历史、文化的主体间性，但未触及个人层面动态和多元化的认知过程。

表征说明理论的多样化说明，科学表征具有多样性，笔者将这种多样性归纳为图像认知、指代认知、替代认知、推理认知、结构认知、模型认知、隐喻认知和语境认知。图像认知的一种相似认知，指代认知是一种概念指称，替代认知是一种假设替换，推理认知是一种理性建构，结构认知是一种结构映射，模型认知是一种假设推理，隐喻认知是一种比附类比，语境认知是一种意义显现。

最后一章总结性地给出了语境同一性的方法论原则，并对表征关系做了语境同一性审视。方法论原则包括本体原则、意义制约原则、基本表征关系原则、主体原则、范畴化原则、语境关联原则、中介指涉原则和同一差异原则。这些原则构成了科学表征语境建构的依据。

第十五章

语境实在论：科学表征的基本框架

科学表征若要通过表征工具达到对目标客体的真实可靠的再现，语境实在论立场应该是必需的。一方面，科学表征要求被表征的对象，即目标客体，是真实的、客观的；另一方面，它要求对目标客体的表征要给出特定内容或意义，否则我们就不能理解表征。要实现这个目的，我们就必须将两种客体（表征客体和目标客体）置于特定语境中进行描述与刻画，以再现它们之间的关系。因此，基于实在性的特定语境来探讨科学表征关系就是一种内在的必然要求。语境实在论恰好适应了这种要求。

第一节 科学表征的主要问题

由上述的论述和分析我们已经知道，表征是用一个事物描述另一个相关的事物，具体说就是用源客体 X 作为物理的、语言的、图像的、符号的工具描述目标客体 W，它们构成的关系就是表征关系，其具体形式是物理模型、语言表达、图像描述、数学刻画等。按照这种理解，表征是最小意义上的二元关系 $R\{X,W\}$。这是对表征的一种紧缩理解。

然而，更深刻的问题是：X 表征 W 究竟是什么意思？其结构是什么？是实在的还是非实在的？表征是否承载了内容？是否真实描述了目标客体？对于科学表征，工具 X 通常是模型、数学方程，目标 W 通常是世界的某些方面；

对一般表征，工具 X 通常是日常语言、图像，目标 W 通常是可见的自然现象和社会现象。这两种表征的区别什么？它们是否是更基本的表征——心理表征的一个特例？如前所述，有人认为科学表征并不特殊，它仅是一般表征的一种特例，并不存在所谓的"科学表征问题"；有人则持相反看法，认为科学表征不同于一般表征，其特殊性不仅与语言及语言哲学有关，也与心理学有关，它绝不是一个包含与被包含的关系。波什对于科学表征不构成一个特殊说明的观点提出质疑，认为科学表征是公用的，因而与其嵌入其中的实践紧密联系[1]。公用特性是通过"许可"（licensing）来说明的。"许可"是一套科学实践活动，包括科学共同体建立的"规章制度"，科学家通过这种活动建立一个表征。他通过对洛特卡-沃尔泰拉模型的案例研究，揭示出"许可"如何成为表征关系的一个构成元素。这样，科学表征的构成的任何解释必须说明"许可"，这意味着存在科学表征的一个特殊问题。这实质上是科学知识社会学的进路，即将"社会协商"机制引入科学表征问题。根据这种社会建构论，科学表征原则上是社会建构的结果。由于科学表征依赖于"许可"，因而它是特殊的，即存在一个科学表征的特殊问题。

这些问题构成了科学表征的主要问题及其争论。围绕这些问题产生了不同的表征理论，按照先后顺序归纳起来大体可分为六类：图像论、自然主义、结构主义、指代-替代推理主义、语义论和语用论。这些理论之间一直存在分歧，且争论不断。

我们知道，图像论是 19 世纪物理学家麦克斯韦、玻尔兹曼和赫兹建立科学模型的观点。他们认为模型表征是物理学的支柱，模型是世界图像的本质，科学理论是心理图像，与物理实在具有相似性[2]。这是最基本、最普遍的相似和同构表征观点的混合，也是最受诟病的观点，因为它是依据心理图像叙述的，将目标客体确定为建构外在世界的图像，外在世界完全内在地存在，这仅说明了模型的可表征性（representability）而非表征性（representiveness）。

---

[1] Boesch B, "There Is a Special Problem of Scientific Representation", 2016-07-08, http://philsci-archive.pitt.edu/12269/.

[2] de Regt H W, "Ludwig Boltzmann's Bildtheorie and Scientific Understanding", *Synthese*, Vol. 119, 1999, pp. 115-125.

这本质上是一种心灵哲学的观点，又回到了笛卡儿的外在世界问题上，导致了后来的科学实在论与结构实在论的争论。在笔者看来，图像论不能说明数学方程的表征问题，因为数学方程根本就不是图像，而且图像具有对称性、反身性和传递性，而表征关系不是。正是对图像论这种质疑，表征的自然主义应运而生。

自然主义是相对于超自然的精神现象而言的，主张每一事物都是自然世界的一部分，都可以用自然科学的方法加以研究。乔姆斯基将自然主义分为形而上学的和方法论的两种[①]。前者是本体论自然主义，认为万事万物具有物质性，不存在超物质的实体、属性及事件；后者是一种方法论，承诺科学方法、经验方法可以运用到心智和语言及其他自然现象研究。自然主义的具体形式是目的语义学，它认为表征关系能够由生物学功能概念加以说明，即依据生物功能概念给出心理表征的语义属性的一种自然主义解释，其目的是要说明一个完全物理的行动者的内在状态，如何能够真实地表征它们周围的世界。这意味着表征完全不需要心灵概念，表征就是感受器接受外在信息的过程，是一种"感受器表征"。在科学实践中，表征是使用者参与的过程，而使用者是具有心理活动的主体，所以排除心灵概念不等于排除心理活动。自然主义的目的是用自然科学(生物学)的方法取代心灵哲学的方法，但是这种方法过于僵硬，缺乏心灵的表征恐怕只能是呈现，就像身体没有灵魂一样。自然主义的这种缺陷，促使科学哲学家从结构视角探讨表征的机制。

结构主义表现为同构观(集合-理论说明)、部分同构观和经验结构主义。同构是指数学的映射 $f: X \rightarrow W$，它将科学的主题描述为结构化系统及其形态学，科学的"客体"被描述为"结构化系统中的位置"，如集合中的一个位置，科学理论是通过共有结构(态射)描述这样的客体或系统。结构主义从结构化数据或数据模型开始，避免谈论现象的结构，主张现象结构进入数据模型的高层理论，而且现象结构就是世界本身。然而，同构观受到了强烈批评，因为同构是数学意义上的，实际的表征工具与目标之间根本不是同构的。为此，

---

① Chomsky N, "Naturalism and Dualism in the Study of Language and Mind", In Chomsky N, *New Horizons in the Study of Language and Mind*, Cambridge, New York: Cambridge University Press, 2000, pp. 75-105.

弗雷赫将同构弱化为部分同构,并与模型-理论方法相容。部分同构是作为理论模型与数据模型之间的基本关系起作用的,它们是两个模型的共有部分。也就是说,部分同构就是一个集合-理论结构体。在笔者看来,结构主义的表征观太强,物理表征通常不是同构或部分同构,而是描述或表达。有鉴于此,范·弗拉森的经验结构主义主张测量及其理论化就是表征,对测量及使用理论模型条件的分析可通过索引性、关系性、透视性、内涵性和意向性来完成,测量结果不表示被测量实体是什么,而是在测量结构中"看起来像"什么[1]。这种观点实际上引入了语境分析,因为索引性、关系性、透视性、内涵性和意向性均是语境敏感的。

然而,结构概念同样蕴含了表征关系的对称性、反身性和传递性,这是不少哲学家极力反对的,他们寻求新的解决方法,这就是指代-替代推理主义。休斯发现,科学表征典型地具有"指代""证明"和"诠释"作用,指代是模型的元素指称现象,证明是使用者运用模型得到一个结果,诠释是这个结果得到物理上的说明[2]。而苏雷兹认为,指代-证明-诠释说明对于表征是不充分的,表征还应该包含认知和推理,它本质上是一种类似于"力"的推理力,且有程度地差异——准确表征、真实表征和完全表征,从而形成了指代-推理主义。按照指代-推理主义,X 表征 W,仅当 X 的表征力指向 W,X 允许有能力、有知识的行动者得出关于 W 的推论,而且模型必须满足两个条件:第一是指代,即模型被用来表征系统;第二是替代推理,即模型允许它的使用者执行从模型到系统的具体推理。

康特萨进一步细化和发展了替代-推理主义,指出成为表征要同时满足四个条件:①使用者用工具指代目标;②使用者用 Ω^v 中的每个客体,指代 Ω^T 中的一个且仅一个客体,而且 Ω^T 中的每个客体,被 Ω^v 中的每个客体所指代;③使用者用 R^v 中的 n 元关系,指代 R^T 中的一个且仅一个相关 n 元关系,而且 R^T 中的每个 n 元关系,被 R^v 中的每个 n 元关系所指代;④它们用 Φ^v 中的每个 n 元函数指代 Ω^T 中的一个且仅一个 n 元函数,而且 Ω^T 中的每个 n 元函

---

[1] van Fraassen B C, *Scientific Representation: Paradoxes of Perspective*, Oxford: Clarendon Press, 2008, pp. 11-13.

[2] Hughes R I G, "Models and Representation", *Philosophy of Science*, Vol. 64, 1997, p. 329.

数被 Φ^v 中的一个且仅一个 n 元函数所指代[1]。显然，指代-替代推理的实质是结构映射式的功能替代，更强调指称关系和推理过程，但是忽略了表征的语义内容。这是语义论所极力反对的。

语义论始于集合-理论形式主义，也称科学结构主义。这种观点认为，理论通过模型与世界发生联系，形成一个共有结构，而模型与经验以复杂的方式相联系，理论以一个抽象的逻辑运算作用于世界，并提供那个运算的对等定义[2]。这意味着科学理论由模型家族构成，包括数学和经验模型以及阐述经验模型与经验系统之间联系的假设集[3]。这种集合语义论不过是数学结构主义的翻版，依赖的仍是相似与同构，不能完全说明理论与模型关联世界的方式。范·弗拉森基于几何学发展了语义论，即"几何语义论"，认为一个结构应该是几何结构，它能够被嵌入另一个几何结构，如果第一个结构与第二个结构是部分同构，它们当然是结构同一，而且是嵌入性的一个有限情形[4]。这种将模型定义为几何结构的几何语义论在很大程度上是不适当的，而且数学结构与日常结构之间的界限也是模糊的。这种几何语义论仍然是一种结构主义，它不同于集合语义论的地方在于更强调结构的语义内容，却忽视了产生语义的语境和使用过程。这导致了语义论的语用化倾向。

语用论是作为对语义学的辩护与修正出现的，或者作为语义学的替代形式兴起的[5]。吉尔认为，表征是主体出于某种目的使用工具描述世界的过程，

---

[1] Contessa G, "Representation, Interpretation and Surrogative Reasoning", *Philosophy of Science*, Vol. 74, No. 1, 2007, p. 55.

[2] Brading K, Landry E, "Scientific Structuralism: Presentation and Representation", *Philosophy of Science*, Vol. 73, 2006, p. 575.

[3] Downes S, "The Importance of Models in Theorizing: A Deflationary Semantic View", In Hull D, et al (Eds.), *Proceedings of the Philosophy of Science Association 1992*, Vol. 1, 1992, p. 143.

[4] van Fraassen B C, *The Scientific Image*, Oxford: Oxford University Press, 1980, pp. 41-44.

[5] 20世纪80年代以来，从语用学进路探讨科学表征问题开始兴起，它试图解决"模型何以能表征世界"这种传统语义学问题，并以建模作为主要手段，如基于模型的推理研究，把模型作为替代系统和延展认知。然而问题在于，语用学侧重研究符号与符号使用者的关系，因而强调模型作为工具的使用，只要模型能够做出预测和解释，就是好的模型，至于模型是否可靠地反映和表征了真实世界，则是无关紧要的。这显然忽视了模型表征真实世界的（客观性和实在性）功能，而模型的替代和延展认知功能靠什么来保证？语用学进路难以回答。从语

体现为一个由原理模型、表征模型和实验数据模型产生具体假设和概括的过程。这是一个包括自上而下和自下而上的认知策略，科学家使用模型与世界某些方面的相似性来形成假设和概括，进而产生科学理论。康特萨认为，一个表征应该是一个有效认知推理，仅当使用者能够使用工具进行关于目标的有效替代推理时，工具才是目标客体的一个认知表征。这等于将语义论、语用论与替代-推理主义相结合。问题是，这种混合的语用论，仅仅规定替代推理有效，没有规定结论是真是假，即结论的真假与推理是否有效无关。语用论在表征结果真假上的模棱两可性，使得它在真理问题上受到了批判。这为笔者在语境框架下解决科学表征问题提供了机遇和挑战。

第二节 科学表征的语境实在论框架

语境实在论是有别于科学实在论的一种新解释框架。科学实在论是一种承认科学理论实体的客观性并坚持客观真理的一个流派，其基本观点主要有三个方面[①]：其一，承认微观粒子诸如原子、电子、光子等理论实体的存在；其二，理论实体或理论所描述的状态和过程，只要能被实验验证，就可承认它们是实在的、客观的；其三，大多坚持唯物主义的反映论或真理符合论。

语境实在论一般接受科学实在论的这些基本主张，但更强调语境对于科学理论所描述的核心概念和观点的实在性、客观性的基底作用，强调语境对于理论意义的限制和决定作用。施拉格尔指出了语境实在论作为解释框架不同于分析哲学模式的三个方面[②]：

(1)它不是把语言作为哲学探究的首要材料，而是把经验探询的结果作为

形、语义与语用构成语境的视角看，语境进路就逻辑地涵盖了语用进路，强调模型不仅要有预测和解释功能，更要反映事物的"本来面目"。这是笔者提出语境同一论的原因所在。

① [美]保罗·M. 丘奇兰德：《科学实在论与心灵的可塑性》，张燕京译，中国人民大学出版社2008年版。

② Schlagel R H, *Contextual Realism: A Meta-Physical Framework for Modern Science*, New York: Paragon House, 1986, Preface, p. xiii.

首要材料（如果科学家仅致力于数学形式主义而忽视了实验探究的发现，他们能取得如此大的进步吗？）；

（2）它不依赖逻辑作为澄清概念和论证的工具；

（3）它是系统的，因为它极力说明知识问题的不同方面，如经验探询的层次、量子力学的自相矛盾的结论、神经生理学中的种种研究、心身问题困境、语言指称问题、真理的意义和标准，这些问题相互关联，并蕴含了一种新解释框架——语境实在论。

可以看出，语境实在论已经成为一种新的科学哲学解释范式，它是实在论的语境化，恰如逻辑经验主义是经验主义的逻辑化[①]。实在论作为一种传统哲学观，承认自然对象和属性的客观实在性，通常表现为朴素实在论、直接实在论、批判实在论、常识实在论、科学实在论等不同版本，但其中心思想不外乎是：某些或全部事物的存在独立于我们的心灵，不论我们是否知道或相信它们存在。

语境论被认为是继形式论、有机论、机械论后的一种新的世界观和方法论，它超越传统基础主义、真理符合论和融贯论，是一种不同于机械论和有机论的新世界假设[②]。将语境论与实在论相结合，就构成了语境实在论框架。该框架整合了语境论与实在论的长处，是一种以语境为基底、以实在为特征的新的科学解释范式。这是一种科学解释的"语境纲领"，在本体论意义上，语境不仅是存在的，也是实在的，理论所描述的实体是在特定语境中实现的[③]。语境作为科学解释的基点和新的理论生长点，"无论是以语境实在为特征的本体论立场，以语境范式为核心的认识论路径，还是以语境分析为手段的方法论视角，'语境'所具有的元理论特征，使人们已经不能把语境论仅仅局限于'使科学哲学融合起来'。事实上，作为一种普遍的思维特征，它在世界观的意义上，成为构造世界的新的'根隐喻'"[④]。

[①] 魏屹东：《语境实在论：一种新科学哲学范式》，科学出版社 2015 年版，前言第 V 页。

[②] Pepper S, *World Hypotheses: A Study in Evidence*, Berkeley: University of California Press, 1942, pp. 235-254.

[③] 郭贵春：《后现代科学哲学》，湖南教育出版社 1998 年版，第 88—91 页。

[④] 郭贵春：《隐喻、修辞与科学解释》，科学出版社 2007 年版，第 2 页。

这种新的解释框架蕴含六个基本原理[①]：①本体论原理，即不可被直接观察的过程独立于人心而自在地存在。②方法论原理，即一个真理过程的理论模型建构是对不能被观察的真实世界的机理和结构的模拟。③认识论原理，即理论描述的可能世界与真实世界只具有相似性，它们之间的相似程度是它们具有的共同特性的函数。④语义学原理，即在一定语境中，理论模型与真实系统之间的相似关系决定理论的逼真性。在理想情况下，真理是理论描述的可能世界逼近真实世界的一种极限。⑤价值论原理，即科学理论的建构在最终的意义上总是要受到实验证据的制约，科学的发展总是向着越来越接近真实世界机理的方向发展。⑥伦理学原理，即包括人类在内的自然界具有不可分割的整体性，关于人类行为的评价标准应该建立在人与自然的整体关系上。

这些原理不仅构成了一种本体范式、一种科学的世界观和科学的形而上学框架，也形成了认识论路径、心智范式及语境范式，其中语境分析是方法论，体现为语形、语义和语用的集合，满足了现代科学研究的需求[②]。作为一种世界观或世界假设，语境实在论把整个世界及世界上所有的事物，包括植物、动物、人类，看作是在多层次环境中不断相互作用、不断变化着的实在系统。这种多层次环境被设想为不断变化和积极影响它自己及它的环境的整体。

概括地讲，语境实在论的基本纲领有以下四个[③]。

(1)本体论纲领。人类行为或事件是一个不断变化着的实在的、积极的、能动的和发展的环节。现实是作为积极、持续和变化的实在，它是开放变化过程的不完善、非决定的事实。变化和发展不是某种自相矛盾、瞬息万变或有别于静态、稳定和结构有序的东西。实在是建构或生成持续过程中的存在。生成不是衍生的，而是固有的。在变化过程中，个体是具有意向性的人，不是主动或被动的生物。人的意向性是在一个开放、非决定和不断变化的世界中发展的，人类意志是在社会文化环境中发展起来的。总之，语境实在论强调事件的变化、发展和意志力。

---

① 成素梅、郭贵春：《语境实在论》，《科学技术与辩证法》2004年第3期，第60—64页。
② 殷杰：《语境主义世界观的特征》，《哲学研究》2006年第5期，第94—99页。
③ 魏屹东：《语境论与科学哲学的重建》，北京师范大学出版社2012年版，第160—165页。

(2) 认识论纲领。人类活动或事件不是孤立于社会的,而是植根于意义与关系的社会历史语境之中的。要理解人类行为及其意义,就必须研究它的"语境"——人类行为得以展开的社会政治和历史条件。这种"语境"具有时间和定向行为,即指向过去(行为何时、何地发生)、指向现在(保持行为此在特点的条件)、指向未来(可能性和尚未实现的结果)[1]。由于事件的不断变化特点和嵌套事件的社会语境的基本非确定性和边界开放性,人类经验的每一个概念组织需要得到修正,而且对事实的任何解释不是不证自明的。因此,我们不能谈论关于社会行为任何超历史、超语境地有效的绝对原则,而需要指明形成某种真理和知识陈述的语境边界。

(3) 方法论纲领。事件是边界开放和不断变化的,人对宇宙的最终探求是受语境制约的,获得的知识是相对的和暂时的。人类行动概念化的实质是:它由它的语境解释和建构。科学表征和科学认知是语境化的,脱离语境的表征和认知是无根据的,也是不合理的。

(4) 价值论纲领。科学认知不是纯粹的、无偏见的理想探索过程,而是负荷语境因素的、"被污染"的社会文化过程。研究者不可能超越他们时代的文化边界,而是建构社会知识的积极参与者。事实也不是表征外在客观实在的绝对的、静态的形式,而是在具体的社会、历史语境中发展的。这些语境不仅能够影响什么东西被当作事实,而且引起研究过程本身。因此,"科学产品是语境明确的建构物,它们具有语境化特点和形成过程的利益结构特征,不对其建构过程进行分析就不能恰当地理解它们"[2]。

总之,这四个纲领逻辑地涵盖了哲学的四个领域,即本体论、认识论、方法论和价值论,其含义清楚地表明:要深刻理解和全面把握科学表征,语境本身作为本体基底、语境纲领作为认识框架、语境分析作为认知方法、语境因素作为价值判据,都是不可或缺的。

---

[1] Pepper S, *World Hypotheses: A Study in Evidence*, Berkeley: University of California Press, 1942, p. 232.

[2] Knorr-Cetina K D, *The Manufacture of Knowledge: An Essay on the Constructivist and Contextual Nature of Science*, New York: Pergamon, 1981, p. 5.

第三节　语境作为表征关系的基底

　　对于世界或客观事物的表征，传统哲学始终集中于主体与客体的二元关系。语言哲学关注类语言实体和世界的二元关系，特别是指称与真理之间的语义关系。这是典型的认识论意义上的二元论传统，也就是主客二元划分传统的延续。无主体的世界无疑是一元的，也即原初的宇宙肯定是一元的世界。自从人类从自然界中分化出来以后，人类作为主体凸显，与世界并存，主体-客体二元关系初露端倪。人类发明语言后，就开始通过语言，如文学、艺术、宗教、诗歌等形式描述世界，此时，主体-语言(中介)-客体三元关系就出现了。而人类的活动是有目的的，加上目的这个因素，主体-语言(中介)-客体-目的四元关系就产生了。语言是有内容的，即有意义的，而意义是由语境决定的，因而语境又成为必不可少的一个因素显现出来。这样，主体-语言(中介)-客体-目的-语境的五元关系就自然而然地生成了。这就是笔者主张的关于表征的五元模型，它反映了主体认识世界所包含的要素及其相互作用过程。笔者曾经提出过一个四元模式——主体-语言(中介)-客体-语境，其中缺少目的这个因素[①]。五元模型是对四元模型的补充和修正。

　　可以肯定，表征是人类出现后的事情，更确切地说，是人类发明语言后的事情，而科学表征则是近代科学产生后的事情。也就是说，表征至少是一个二元关系(某物表征某物)，它必须有一个意识行动者在其中。世界本身不能表征自己，世界只能自己呈现，而不能自己再现(表征)，再现需要一个精神实体，也即，需要一个精神实体来描述客体世界。其实，表征本身就意味着用一个描述另一个的意思。那么，是谁来描述呢，当然是人类。除人类外的其他动物目前还没有这个能力，因为它们还没有书面语言，尽管可能有"口语"，如灵长类动物的叫声。在语言没有出现前，人类处于非语境的世界里，还不是真正意义上的人类，而只能算作类人或智人。

　　随着人类智力的发展和社会化程度的提高，表征也相应地由二元发展到

[①] 魏屹东：《广义语境中的科学》，科学出版社2004年版，第23页。

多元，由单纯的日常语言表征发展到抽象符号表征，由个人表征发展到社会表征，由人的表征发展到机器的表征。表征的呈现方式越来越丰富，越来越多样化，也越来越科学合理化，解释力也越来越强。二元表征突出的是主体和客体之间的关系，这必然会引起关于主体性和客体性的关系问题的争论，典型有反映论、符合论和融贯论。反映论主张主体是能动的反映者，客体是被动的被反映者；符合论主张主体的认识必须符合客体的属性；融贯论主张主体的认识必须与客体一致，也就是说，主体是否真正地表征了客体。这是表征的真值问题，也是表征的真理问题。哲学史上对此问题的争论一直不断，还没有定论，也难有定论。

为什么会这样呢？在笔者看来原因之一主要是二元表征没有提及中介问题。我们知道，主体可以直接面对客体并反映客体，但是在大多数情形中，主体不能直接面对客体，也当然难以反映客体，如不可观察客体。即使可观察客体，主体在大多数情况下也难以直接面对，也需要通过某个中介去观察，去认识，去探讨，去表征。因此，表征的中介问题绝不是一个可有可无的简单问题。传统二元表征的缺陷，恰恰就是忽视了中介问题。

那么，主体是通过什么表征客体的呢？这是表征的载体问题，也是表征的中介问题或工具问题。不同的哲学立场会有不同的主张。比如，辩证唯物主义认为是实践，唯心主义认为是心灵，经验主义认为是经验，理性主义认为是理性，等等。笔者认为这些主张都有问题。它们回答的其实是知识产生的根源问题，而不是知识的表征问题。所谓表征，应该是主体通过某个中介对客体(世界)某方面的刻画。在主体和客体都存在的前提下，中介问题就凸显出来了。打个比方说，这是个"我要去北京，如何去的问题"。我和北京是确定的，如何去没有确定。在表征的意义上，就是要解决我如何去北京的问题，而不是解决谁去、去哪里的问题。

关于表征的中介或载体问题，要根据表征的类型来确定。对于心理表征，载体无疑是人脑中的语言和图像，也就是心理语言和心理图像，如思想语言和认知地图；对于知识表征(包括科学表征)，最常见的载体是语言，包括口语和书面语，书面语有日常语言、逻辑与数学语言，其次是图像如绘画、照片，最后是各种模型，如实体模型、数学模型、理论模型。模型表征是自然科学中最常见的，在这个意义上，可以说模型是科学表征的最核心部分。前面论述的各种表征观几乎都涉及模型，说明了模型对于科学研究的重要性。

人类为了什么而表征呢？这是表征的目的问题。人类活动是有目的，比如为了生存，为了认识世界，也即人类是目的导向的。表征也不例外。目的无疑是表征过程中的一个因素。没有目的的表征是不可想象的。二元和三元表征缺乏目的，显然是有缺陷的。更一般地说，人们为何和如何认识世界，其本质是什么？对于哲学，这是目的论和认识论问题；对于科学，这就是认知的科学表征问题。表征概念既包含了目的也包含了认识。也就是说，在表征概念中，目的论和认识论是统一的。比如，一种哲学对此的回答一般是"主体见之于客体，客体反作用于主体"，若进一步追问，如何"见之于"，如何"反作用于"，回答不外是"通过经验"（经验主义）或"凭借理性"（理性主义）或"借助实践"（实践观）等，这又需要对"经验""理性""实践"这些概念做分析和解释，其间充满了分歧与争论。一部认识论史就是一部争论史，各种观点层出不穷，争论不休。

在笔者看来，这种哲学目的论和认识论及其回答总体上都有道理，但过于笼统，对于科学探索意义不大。科学如何探究世界，具体说科学家如何表征世界的某方面？这是科学哲学中的"科学表征问题"，也是认识论的具体化和科学认识论的核心。那么，什么是科学表征？它与一般表征是什么关系？它的机制是什么？有哪些特征？这些是任何关注科学表征问题的人都无法回避的问题。

吉尔认为科学表征是"S 使用 X 表征世界 W 出于目的 P"[①]。在这里，S 可以是个体科学家，也可以是科学家群体，或者是更大的科学共同体；X 是某种工具，如词语、模型、图像、方程、图表、曲线图、照片、理论等，它需要根据具体对象和目的来选择；W 是真实世界的某个方面，P 是 S 要达到的目标。其中的四个要素 S、X、W 和 P 构成一个特定语境 C。这个语境 C 在吉尔那里并没有提及，或许是他忽视了，或许他认为这是理所当然的。这其实是一个自然的推论。准确地说是在一个特定语境 C 中，科学家 S 出于某些具体目的 P，使用 X 表征真实世界 W 的某个方面。这是一个普遍得到认可

---

① Giere R, "How Models Are Used to Represent Reality", *Philosophy of Science*, Vol. 71, No. 5, 2004, p. 744.

的科学表征模式。然而，这个模式中有许多问题并没有搞清楚，争论也自然会围绕这些问题展开。

让我们分析这个普遍模式中包含的问题，然后再对这些问题一一进行分析。S 作为主体的科学家，包括个体和群体，是有意识、有思想和有意图(包括目的 P)的人；X 作为工具或媒介，是科学家设计或创造出来的人工物，它是自然界本来所没有的；W 作为被表征的对象或客体，应该是世界真实具有的属性。于是，根据语境论，这些要素构成的表征关系 R 可以表达为：$R_c = \{S, X, W, P\}$，如果将 P 包含在 S 中，则是 $R_c = \{S, X, W\}$，其中 R_c 表示语境 C 中的关系。这就是说，任何表征关系都是有语境的，脱离语境的关系是不存在的。

这个三元关系包含三种关系。第一是 $S \to X$，这是主体与媒介的关系，如玻尔设计原子模型、达·芬奇画《蒙娜丽莎》；第二是 $S \to W$，这是人与世界的关系，也即主-客关系。传统哲学主要讲的就是这种关系，忽略了主体与媒介的关系，当然也就忽略了媒介与世界的关系；第三是 $X \to W$，这是媒介与世界的关系，或者中介与客体的关系，它是不能用 $S \to X$ 关系代替的。科学表征关注和探讨的就是这种关系。第一种和三种关系的叠加就构成 $S \to X \to W$，这是主体人通过工具作用于世界的关系，其中包含目的。

需要指出的是，这里不需要第二种关系，因为人与世界的关系在表征意义上总是通过某种媒介发生作用的，即使人对世界的直接观察也是通过视觉进行的，尽管眼睛是人体的一部分，眼睛在观察过程中是作为工具使用的，而且对观察结果的描述也需要语言(日常的和形式的)。这里我强调的是在表征意义上，而不是直接接触意义上。人是世界中的人，当然能够与世界直接发生联系，比如摸一块石头而不描述它。这三种关系都是单向的[①]，即一个指向另一个(用"→"表示)，而不能相反。具体说就是人设计模型，模型指向世界，相反则不成立。同样是人画画，画表示真实的风景，而不是风景表示画，不是画画人。因此，表征是一种有向的对应-替代关系。

---

① 说表征是单向的是在意向性意义上讲的，因为表征的本质之一就是意向性。意向性是指涉或关涉，是指向外物的；单向性也同时意味着非对称性和非自反性，因为它不是双向的。当然，在获得信息的意义上，上述三种关系特别是主体-客体、主体-中介关系是双向的，也就是彼此是相互作用的。这里强调和突出的是表征的意向性特征。

在科学实践中，科学家会因学科语境(物理学、化学、生物学等)不同而导致他们的表征工具、对象和目的不同，这就是语境引起的表征关系的变化。根据语境论，在属人的世界，一切都是语境化的，所有描述、表征和刻画都是人做出的。在这个意义上，当我们谈论表征时，主体人的因素就是理所当然的，它是我们认识的前提。或者说，当我们谈论任何事物时，人是包含在其中的，因为是人在说。认识、探索、研究、观察、测量、描述等均以人的存在为前提，在由它们作为动词形成的语句中，人是作为主语存在的，如"伽利略观察月球"。此时，人的因素可以被看着是第三方，如果我们将人从表征关系中暂时剥离，表征关系就凸显为 $R_c = \{X, W\}$，也就是将三元关系转变为二元关系，即 $X \rightarrow W$。事实上，X 中已蕴含了人的因素，因为是人在使用工具，工具不能自己使用自己。

在 $X \rightarrow W$ 表征关系中，渗透人的因素的 X 具有主观性，包括想象力和推理力、意向性、目的性、约束性(在特殊条件下)、描述性、抽象性包括理想化、符号化和虚构性；作为世界的 W，具有客观实在性或非实在性(真实存在或假设存在)；"$\rightarrow$" 具有指向性、非对称性、非反身性、非传递性。X 的主观性是指它的人为性和能动性，其中想象力和推理能力发挥重要作用；意向性是指它的关涉性或指涉性，就是指向他物的属性；目的性是指它的针对性，不是任意的而是特定的；约束性是指它的语境限制条件，如物理学语境；描述性是指它的语言表达力和数学方程的解释力，如化学语言和量子力学方程；抽象性是指它的非经验特征和理想化特征，如理想气体模型；虚构性是指它的非真实性，也即它不是自然中存在的事物，而是人设想的，如以太模型、燃素假设。W 的客观实在性是指自然中真实存在的事物或客体，非实在性是指它是否存在我们并不知道，更没有观察到，它可能只是理论或假说中存在的东西，如独角兽、上帝、N 射线、夸克。"$\rightarrow$" 的指向性是指 X 指向而不是指代 W，前者表示方向，后者表示代替。非对称性是指 X 和 W 不是一一对应的，无论是结构上还是属性方面；非反身性是指 X 不表征自己，如氢原子模型不表征它自身，一幅肖像不表征它自己；非传递性是指 X 不是将自己的属性或结构传递或转移到 W，而是通过它来描述或再现 W 的某些方面。关于 $X \rightarrow W$ 表征关系，前面已经论述过，图像论、指代论、映射论(同构观、同态观)、相似观、推理主义和语义论，都是描述这种二元关系的。

然而,表征又是在哪里进行的呢?这些表征观包括吉尔的四元表征,均没有说明这个问题。表征可以在大脑中进行,这是心理表征;可以在实践,包括社会实践、生产实践、科学实践中展开,这是知识表征。但是,就表征而言,实践这个概念范围广大而模糊。笔者认为最好是在语境中表征。如上所述,语境是伴随人类而存在的,而且是与语言密切相关的。语言产生以后,人类就是语境化的,人类的世界就是语言的世界,语言的界限,也就是人类的界限。维特根斯坦曾经说过,语言的界限就是人认识的界限,这是有道理的,也是正确的。在这个意义上,语境应该是表征的一个因素。或者说,表征是基于语境的表征,没有语境,表征就没有了基底。当然,说语境是基底并不是否认实践在认识过程中的基础作用,如果将表征看作一种特殊的实践,实践自然就是表征的边界。问题是,实践并不决定表征的意义。

因此,把语境作为表征的一个因素,不是因为表征离不开语言,而是因为表征必须具有含义或语义,而含义或语义是由语境决定的。这一点应该没有什么异议。属人的世界一定是语境化的世界,表征也一定是语境中的表征,脱离语境谈表征难以解决表征的语义承载问题。因此,在表征问题上,语境实在论就显得更为合理和适当。

第四节 表征的语境叠加模型

根据语境实在论,任何一个语词及其指称的对象(客体),其意义必然是由它的语境决定的,也就是说,语词的意义依赖于它的语境。两个不同的语词及其指称对象,当发生表征关系时,它们各自的语境也必然发生关联。当两个不同客体的语境因表征的发生而交叉或重叠时,我们说表征关系的语境就形成了。此时,新的语境决定表征关系的意义。表征意味着其中两个客体的各自语境发生交叉或重叠。而交叉或重叠的程度决定表征的深度和完全程度。两个不同语境的交叉面越大,表征关系就越牢固。交叉的程度类似于相似的程度,重叠类似于同构。这样,表征的语境模型就合理地将表征的相似观与同构观融合起来。笔者将这种表征语境的交叉或重叠称为语境叠加模型,

它是语境同一性的具体化:

X 表征 W,当且仅当 X 与 W 在它们构成的新语境 C 中语境地关联。更具体地说,X 表征 W,当且仅当 X 的语境 C_x 与 W 的语境 C_w[①]交叉或重叠,在它们构成的新语境 C_{xw} 中语境地关联(图 15-1)。

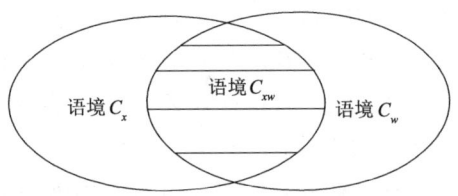

图 15-1 表征关系的语境叠加模型

这里 X 和 W 是两个不同的客体,C_x 和 C_w 分别是 X 和 W 的语境,C_{xw} 是 X 和 W 构成表征关系的新语境。当 X 表征 W 的关系成立时,意味着,X 在它的语境 C_x 中的结构与属性,与 W 在它的语境 C_w 中的结构与属性,在二者叠加形成的语境 C_{xw} 中发生部分或全部重叠。部分交叉或重叠相当于相似或部分同构,完全重叠相当于同构。这样一来,这个简单的模型就能够解释表征的相似、同构与部分同构的观点了。或者说,这些表征观在"语境叠加模

---

① 这里蕴含了一个更为深刻甚至有争议和质疑的问题——目标客体,即被表征的物体或系统,是否有语境?表征工具有语境一般是不会有争议的,因为工具无论是命题、模型还是符号系统,都是人设计和使用的,当然是有其语境的,即它们是在特定语境中被设计和使用的。在科学中,目标客体一般是自然客体或系统,它们不是人为的,而是自然存在的"自然类"。在"物自体"的意义上,它们没有语境,因为语境是人化的结果。但是在范畴化或概念化的意义上,它们应该是有语境的,因为要认识或表征它们,我们必须首先将其概念化,即给它们命名,给它们指定规则,如给"电子"命名,并测量出它的质量、电荷数等属性。也就是说,目标客体虽然是自然客体,但是在被概念化的意义上,它们是有语境的;如果它们没有语境,我们就不能知道或掌握它们的含义,也就根本不能认识它们。由于表征是一种认知过程,它自然会将目标客体纳入其范围并使其概念化,而概念化本身就意味着语境化,因为人们自然而然地会使用熟悉的概念系统刻画未知的系统。正是在这个意义上,笔者认为目标客体也是有其语境的,否则我们就不能知道它们的意义。也就是说,目标客体的意义是建构的而不是发现的。科学研究就是在建构自然系统的意义。意义是不能被发现的,因为自然或世界本身没有意义,是人赋予其以意义。

型"中得到了统一。正是语境的差异性,导致了理解的差异性,而不同语境的交叉或重叠,又使得相互理解成为可能,从而产生了语境同一性。因此,语境同一性是不同主体间相互理解的前提和基础,也是表征可靠的充分必要条件。

在科学表征中,X 通常是模型、曲线图、方程、图像、语句等,W 是自然或世界的某个方面或部分,说 X 表征 W,更准确地说,应该是行动者使用 X 表征 W,因为客体不会自己表征另一个客体,有意向的主体或使用者(人)的介入是至关重要的。缺失使用者,X 就不能表征 W。其实,当我们说到语境时,就蕴含了使用者的存在,只是在表述定义时使用者未出场。

或许有人会问,在两个客体中,X 是人工物,W 是自然物,如果说人工物有语境是可以理解的话,那么说自然物也有语境就令人费解了。这是一个很深刻的问题。语境是人化的结果,人工物当然是语境化的,自然物本身不会自己语境化,而是使用者将其语境化。在科学实践中,当科学家(使用者)面对自然的某部分,即所选择的研究对象(客体 W)时,自然而然地会使用模型、方程等(客体 X)来描述或表征他们的研究对象(客体 W),在科学研究的语境中,使用者、客体 X(研究工具或中介)和客体 W(研究对象)是处于同一语境中的,这就是语境 C_{xw}。

语境 C_x 是使用者与客体 X 共同形成的统一体,语境 C_w 是使用者与客体 W 形成的统一体,使用者将两个不同的语境联系在一起,通过探究两个客体之间的共性,如相似或同构等关系,在形成的交叉或重叠的语境 C_{xw} 中完成表征工作。在表征发生的过程中,使用者是起主导作用的,正是使用者才能将不同的两个客体结合起来,从而形成表征关系。基于行动者的语境表征的语言表述为:

> X 表征 W,当且仅当,S 在其与 X 和 W 构成的新语境 C_{xw} 中对 W 进行探究性重构。形式化结构为:$(X \to W) \in C_{xw}(S: X \to W)$。其中 "$\to$" 代表指向性的表征关系,$S$ 是行动者,X 是源客体,W 是目标客体,$\in$ 的含义是归于或意味着,C_{xw} 代表 S、X、W 共同构成的语境[①]。

[①] 这里有两种情形需要说明:如果使用者 S 首次对目标客体 W 进行表征,那么 X、W 就被统摄于 S 的语境中,它们是同一个语境,也即 S 是在其语境中用 X 表征 W 的;如果使用者

由于语境是变化的，语境中的表征关系也是变化的，语境的转换必然引起表征关系的变化。那么语境是如何变换的？它的变换如何引起表征关系发生变化呢？这是两个极其复杂和难回答的问题[①]。在这里，笔者尝试给出一个可能的解决思路，笔者称之为语境的变换与组合。

我们先考虑第一个问题——语境是如何变换和组合的，也就是由一个语境变化为另一个或几个语境及其组合的问题。在笔者看来，语境不能独立存在，它一定是和特定问题紧密联系的，问题是有含义的。也就是说，语境是特定问题的语境，问题是特定语境中的问题，脱离语境谈问题和脱离问题谈语境都是无意义的。这是一条不变的原理，笔者称之为问题-语境不可分原理。对于一个特定问题如"原子的结构如何"的语境，笔者称之为原始语境 C_0，随着人们对问题的深入探讨和认识，一定会出现新的问题从而形成新的语境比如 $C_1, C_2, C_3, \cdots$。这些新形成的语境能够相互结合而形成语境的组合，用集合表示就是 (C_1, C_2)，(C_1, C_3) 和 (C_2, C_3)，这三个组合语境可进一步结合形成更大的组合语境 (C_1, C_2, C_3)。

根据这个原理，我们知道，每个语境都负载了至少一个问题，其他问题是与这个问题相关的，或是由这个问题衍生的。笔者以"原子的结构如何"这个问题导致的对原子模型的探讨为例，来说明语境的变换与组合。

从古希腊的德谟克利特提出朴素原子论，形成原始语境 (C_0)，到道尔顿的科学原子论，形成语境 (C_1, C_0)，人类经历了漫长的时间。而原子结构模型发展是从1803年道尔顿提出的第一个原子结构模型开始的，其后经过一代代科学家不断的努力，提出新的原子结构模型。道尔顿提出的是一个实心球模型，他认为原子是一个坚硬实心小球、不能再分的粒子，同种元素的原

是 S_i，而且 S_i 是在 S 的基础上对同一个目标客体进行表征，那么 X 和 W 的语境就与 S_i 不同了，此时，S_i 与 X、W 需要通过交叉或重叠形成同一语境才能构成表征关系。这说明，不同的使用者有其特定的语境，当他对目标客体进行表征时，其语境一定要与原来的两个客体的语境交叉或重叠，这是多语境的交叉或重叠问题。对于同一个目标客体或问题的表征，不同使用者及其表征工具与目标客体的语境交叉或重叠，是形成可靠表征关系的必要条件。

① 关于语境的表征、变换与计算，详见魏屹东：《认知科学哲学问题研究》，科学出版社2008年版，第122—129页。在那里，笔者将语境看作一个包含意义的结构，也就是包含问题的结构。

子性质和质量相同。不过,实验证实,这是一个不成功的模型,它没有表征原子的实际结构。1897年,汤姆逊发现了电子,否定了道尔顿的"实心球模型",他于1904年提出一个"葡萄干布丁"模型,形成语境(C_2, C_0),这是第一个有亚原子结构的原子模型。根据该模型,原子是一个带正电荷的球体,电子镶嵌在其中,电子平均分布在整个原子上,负电荷与正电荷相抵消,在受到激发时,电子会离开原子,产生阴极射线。1911年卢瑟福通过α粒子轰击金箔实验(散射实验),否定认了"葡萄干布丁"模型,提出太阳系模型,形成语境(C_3, C_2, C_0)。根据这个模型,原子的大部分体积是空的,电子按照一定轨道围绕一个带正电荷的极小原子核运转,原子的全部正电荷集中在原子核,几乎全部质量均集中在原子核,带负电的电子在核空间绕核运动。1913年玻尔提出量子化轨道模型,形成语境(C_4, C_3, C_2, C_0),为了解释氢原子线状光谱这一现象,玻尔在太阳系模型的基础上提出了核外电子分层排布的原子结构模型。根据这个模型,原子中的电子在有确定半径的圆周轨道上绕原子核运动,不辐射能量;不同轨道上运动的电子具有不同的量子化能量(E),轨道能量值依量子数$n(1, 2, 3, \cdots)$的增大而升高;当电子从一个轨道跃迁到另一个轨道时,会辐射或吸收能量(如果辐射或吸收的能量以光形式表现就形成了光谱)。20世纪20年代以来,在众多科学家努力下,综合以上模型的现代电子云模型诞生了,形成语境$(C_5, C_4, C_3, C_2, C_0)$。在该综合模型中,电子绕核运动形成一个带负电荷的云团,对于具有波粒二象性的微观粒子在一个确定时刻,其空间坐标与动量不能同时测准,这就是海森堡于1927年提出的"测不准原理"。

  由上述分析可知,"原子的结构如何"问题形成的原子结构模型的语境变换与组合的过程为:德谟克利特的朴素原子论(C_0)→道尔顿的实心球模型(C_1, C_0)→汤姆逊的"葡萄干布丁"模型(C_2, C_0)→卢瑟福的太阳系模型(C_3, C_2, C_0)→玻尔的量子化轨道模型(C_4, C_3, C_2, C_0)→现代电子云模型$(C_5, C_4, C_3, C_2, C_0)$。在这一过程中,汤姆逊以后的模型中没有包括道尔顿的实心球模型语境C_1。在笔者看来,在原子模型的发展中,道尔顿的模型对其后的模型几乎没有什么贡献,他基本上沿袭了德谟克利特的原子论。如果考虑道尔顿原子模型的影响,则现代电子云模型$(C_5, C_4, C_3, C_2, C_1, C_0)$、其他模型也可以加上$C_1$。

  现在我们考虑第二个问题——语境变换如何引起表征关系变化。在上述原子结构模型的发展中,每个语境都包括一个基本表征关系 $R_c = \{X,W\}$,即 $f: X \to W$(f 是一个表征函数)。如果考虑使用者,则表征关系变为 $R_c = \{S,X,W\}$;如果再考虑意图或目的,则表征关系为 $R_c = \{S,X,W,P\}$。为叙述方便起见,我们这里仅考虑表征的二元关系,也即最基本的表征关系。笔者仍然以原子结构模型为例来说明。

在德谟克利特的朴素原子论语境(C_0)中,朴素原子论 X 描述或表征了假设的原子结构 W,之所以是假设的原子结构,是因为当时的人们无法知道原子结构,只能以设想的结构模型代替"实际"的原子结构。根据表征关系,此时的 X 和 W 都是假设的,形成的表征关系也是虚拟的而非真实的,至多是接近真实的。笔者将这种表征称为"虚拟表征"。

在道尔顿的模型(C_1,C_0)语境中,被表征物原子 W 未发生变化,但表征物 X 则变成 X_1,表征关系为 $R(x_1,W)$。在这里,x_1 是道尔顿设想的一个模型,不同于德谟克利特的模型 X。由于表现模型发生了变化,尽管表征关系不变,但语境发生了变化。也就是说,使用者发生变化,道尔顿的语境肯定不同于德谟克利特的语境。

在汤姆逊的"葡萄干布丁"模型(C_2,C_0)语境中,表征物 X 则变成 X_2,被表征物原子 W 由于发现电子而发生变化,变为 W'。在这个语境中,表征关系变为 $X_2 \to W'$。表征关系的变化必然引起语境的变化。因此,语境变化与表征关系变化是相互的,同时发生的。由于汤姆逊否定了道尔顿的模型,但没有否定德谟克利特的原子的存在,因而他的模型中,其语境不包括 C_1,而保留了 C_0。

在卢瑟福的太阳系模型(C_3,C_2,C_0)语境中,表征物 X 则变成 X_3,被表征物原子仍然是 W',此时的表征关系是 $X_3 \to W'$。W' 之所以没有变化,是因为卢瑟福否定的是"葡萄干布丁"模型 X_2,并没有否定原子对象 W',而且卢瑟福也继承了汤姆逊的电子带负电荷及其有激发态的观点。

在玻尔的量子化轨道模型(C_4,C_3,C_2,C_0)语境中,表征物 X 则变成 X_4,被表征物原子由 W' 变为 W'_H(H 是氢原子),此时的表征关系是 $X_4 \to W'_H$,而且 W'_H 的内涵不仅比 W' 丰富,也更接近实际,更符合实验结果,解释力也更强。

在现代电子云模型(C_5,C_4,C_3,C_2,C_0)语境中,表征物 X 则变成 X_5,被表征物原子变为 W'_n,此时的表征关系是 $X_5 \to W'_n$。之所以是 W'_n,是因为该模型解释的不仅是某个原子结构，而且是几乎所有原子结构。也就是说，该模型的解释力更强，范围更广，同时预测力也更强。

概言之，随着原子模型语境的变化，它们的表征关系也发生了不变化，表征力更强了，其中包含概念的变化、含义的变化，最终导致理论的变化。理论的变化或更替意味着理论语境发生了重大变化，其中的表征关系肯定也随之发生了变化。在这个意义上，表征关系承载了理论，理论语境包含了表征关系。比如，原子结构模型之后的原子核模型的发展，就说明了理论与表征关系之间的变化关系[①]。

然而，还有一个更深刻的问题需要回答，那就是语境特别是科学语境为什么会发生变化呢？随着时间的推移自然就会发生变化吗？或者说，语境变化是时间演化导致的吗？在笔者看来，语境的变化虽然与时间有关，但是时间不是决定性因素。对于一个语境，如果其构成要素和内容没有变化，随着时间的推移我们也不能说语境也变化了，因为在语境决定含义的意义上，语境没有变化。语境变化的根本原因是在其中增加了新元素或新内容。科学发现和探索的情形就是如此。

笔者以天文学史上太阳系形成的假说或模型的演化为例来详细说明语境变化的原因。到目前为止，根据笔者的梳理，天文学中关于太阳系形成的模型的发展大致经历了八个阶段。

第一阶段是"旋涡说"。太阳系起源的第一个假说可能是笛卡儿于1644年提出的"旋涡说"。该学说主张，在最初的混沌宇宙中，物质微粒逐渐获得了

[①] 1936年玻尔提出液滴核模型，认为原子核的平均结合能近乎是常数，也即，原子核的结合能与核内的核子数近似成正比，表明了核力的饱和性；原子核的体积近似地与核子数成正比，即核物质的密度近乎是常数，表明原子核基本上是不可压缩的，与液滴的不可压缩性相似。根据这种类比，玻尔将原子核看作一个带正电荷的理想液滴，核子近似地均匀地分布在原子核中，核子数越多，液滴越大。后来，玻尔根据这一模型提出复合核模型，成功解释了许多核反应现象。该模型的不足在于没有考虑原子核的内部结构，没有考虑核子的运动，不能说明核的自旋等性质。1951年，玻尔和莫特尔逊提出核结构的综合模型，辩证地综合了液滴核模型和壳层模型。他们假设原子核中既有单粒子运动，又有原子核的整体运动，原子核作为一个整体可以改变形状，产生振动，还可以绕对称轴做整体运动。这两种运动之间强烈地相互影响。1960年，日本的坂田昌一在物质无限可分思想的基础上，引入基底粒子概念，提出基本粒子的"名古屋模型"。

涡流式运动，各种大小不同的涡流及其之间逐渐地摩擦，使得原始物质匀滑，被挤出的一些物质落入涡流中心，在那里逐渐形成了太阳，较细微的物质向外飞散，形成了透明的天空，较大的物质被俘获在涡流中，形成了地球和诸行星，次级涡流俘获的物质形成了卫星。这一假说仅仅是哲学层次的设想，缺乏观测数据和事实证明，现在看来有点幼稚。1698年，惠更斯在《宇宙论》中提出自己的见解，认为恒星是无异于太阳的天体，也有行星围绕它们运转，这些行星与太阳系的行星类似，也可能有生物居住于其上。这给"旋涡说"增加了一些新元素（非观测事实）。直到1944年，德国的魏茨泽克通过引入湍流概念提出太阳系起源的"新旋涡说"，认为太阳形成后，星云因旋转变成盘，星云盘内出现湍流，逐渐形成规则排列的涡旋，后来又出现次级涡旋，在其中形成行星。这一假说由于没有发现湍流而难以成立。

第二阶段是"碰撞说"。1745年，法国科学家布丰在发现彗星（增加新事实）的基础上，提出太阳系起源的"彗星碰撞说"。他认为曾有一颗彗星沿着几乎与太阳表面相切的轨道掠过太阳表面，使太阳发生自转，同时，从太阳上碰出的物质中有一部分围绕太阳运转，逐渐形成行星。这是关于太阳系起源的第一个突变说。显然，它是在彗星经过太阳表面这一事实的基础上形成的。如果没有发现彗星，也就不可能有彗星"碰撞说"的提出，是新的发现事实促成了这一假说的形成。1929年英国的杰弗里斯也认为曾经有一颗恒星擦碰太阳的边缘，使得太阳自转，而碰出来的物质形成了行星系。这一关于太阳系起源的"碰撞说"后来因为缺乏足够的观测证据而被冷落了。

第三阶段是"星云假说"。1754年，康德根据潮汐摩擦现象（这一新事实）提出潮汐使地球自转变慢说，次年又提出太阳系起源的星云假说。他认为原始星云是一团弥漫的微粒，由于万有引力的作用，星云内部大的微粒吸引小的微粒，逐渐形成大团块，最后在中心凝聚成为太阳；外部的微粒和团块在下落过程中因相互碰撞发生偏离，一部分落得太阳上，推动了太阳自转，另一部分则围绕太阳做圆周运动，集聚成行星。这是第一个关于太阳系演化的科学假说，它显然是在牛顿潮汐理论和万有引力理论的基础上形成的，潮汐和万有引力就是增加的新元素。1767年，英国天文学家米歇尔预言存在物理双星，1794年德国的克拉尼指出流星来自太空。1795年，赫歇尔提出太阳结构假说，认为太阳内部是寒冷的固体球，其外被两个云层围绕，外层是炽热发光的厚厚的大气，上有耀眼的云彩。这些新的元素导致了拉普拉斯于 1796 年提出太阳系起源的"星云假说"。他认为太阳是由炽热的气体星云形成的，星云气体因冷却而收缩，自转加快，离心力增大使星云逐渐成为扁平盘状；在星云外缘，离心力超过引力时就分离出一个圆环，其内星云又继续冷却收缩，反复分离出许多环，每个环内的物质又相互吸引，最后形成行星；星云的中心部分形成太阳，较大的原行星在冷却收缩时又重复上述过程形成卫星系统。这一假说比康德的假说更加合理，由于二者在某些方面是一致的，通常被称为康德-拉普拉斯星云假说。1854 年，德国的亥姆霍茨在此基础上又提出太阳引力收缩产能说，认为太阳辐射的能量来自引力收缩，收缩时引力位能转变为热能。这一观点与康德-拉普拉斯星云假说相一致。

第四阶段是"星子说"。1900 年美国的张伯伦等提出太阳系起源的"星子说"。他们认为以前有一颗恒星经过太阳附近，恒星的起潮力在太阳表面形成两股螺旋状的气流，之间汇合成围绕太阳运转的气盘，气盘内的气体逐渐凝聚成固态小团块——星子，星子逐渐聚合成行星和卫星。这一假说是一种星云说和灾变说的汇合体。也就是两种语境结合而形成的一种新语境的产物。1935 年，英国天文学家罗素认为，太阳曾经是双星的一颗子星，另一颗子星被一颗远处来的恒星拉走，因受到太阳起潮力的作用，走时留下一个长条，这个长条内的物质后来形成了行星系统，首先提出太阳系起源的"双星子说"。1936 年英国的里特顿发展了这一假说，认为是另一颗子星与另一颗外来的恒星发生碰撞，碰撞后反向离开，但拉出一长条物质，后来被太阳俘获，逐渐形成行星。这一假说后来被新的事实所否定。

第五阶段是"潮汐说"。1916 年，英国的金斯提出太阳系起源的"潮汐说"。他认为约 20 亿年前，有一个质量比太阳大的恒星运行到太阳附近，使靠近恒星的太阳表面比反面隆起更大的潮，使太阳形如梨状；隆起部分在恒星的吸引下，逐渐脱离太阳而变成朝向恒星的雪茄形长条围绕太阳旋转；后来长条内的气体逐渐凝聚成固态质点，再结合成行星；当行星经过近日点时，因太阳的潮汐作用而抛出物质而形成卫星。1935 年，美国天文学家罗素通过计算证明潮汐作用拉出的物质不足以形成行星，从而否定了这一假说。这是因增加新证据而否定旧语境表征的例子。

第六阶段是"电磁说"。1942 年，瑞典的阿尔文提出太阳系起源的"电磁说"。他认为太阳由一个星际电离气体云的一部分形成，它在形成之初即具有比星际磁场强很多的磁场；电离气体云的另一部分被星际磁场、电离气体云本身的磁场和太阳的磁场的作用而维持在离太阳很近的附近，随着温度的下降，一部分离子和电子合成中性原子，并形成环绕太阳运行的星云。由于原始电离气体云的冷却不均匀，各个部分温度下降不同步，结果演化成行星系统和卫星系统。

第七阶段是"俘获说"。1944 年，苏联的施米特提出太阳系起源的"俘获说"。他认为太阳先形成，几十亿年前太阳在空间运行时，穿入一个气体和尘埃组成的星际云，在其中运行 10 万年。当太阳从其中走出来时，就俘获了一些物质，形成一个围绕太阳运行的星云盘，然后在盘内形成行星和卫星。这一假说与实际不符合，在科学上难以成立。同年，英国的霍伊尔提出太阳系起源的"超新星说"，认为太阳原是双星的一个子星，后来另一个子星发生爆发而成为超新星。它爆发时朝太阳方向抛出大量物质，由于反冲作用，该子星离开太阳，但它抛出的物质有一部分被太阳俘获，逐渐形成行星。这一假说与灾变说一样被冷落。

第八阶段是"原行星说"。1949 年，美国柯伊伯提出太阳系起源的"原行星说"。他认为星云盘中发生引力不稳定性，瓦解成一些大的气体球——原星云；原星云中心部分凝聚成固体，离太阳较近类地球原行星的外部气体被太阳辐射蒸发掉，而离太阳较远的类木星原行星因质量大、温度低，能够保留一部分气体，因而造成"类地"和"类木行星"的差异。该假说不能解释太阳系内的角动量的分布。可以肯定，随着新证据和新事实的发现，新的假说会不断产生，新的语境会不断形成。

关于太阳系起源的假说，从"旋涡说""碰撞说""星云假说""星子说""潮汐说""电磁说""俘获说"到"原行星说"的发展表明：新事实和新元素的增加，是导致语境变化或转换的真正原因。

第五节 表征的语境分类学

语境论表明，所有表征都是人为的或人化的，也即主体人通过各种手段或形式呈现世界的方式，它是一种人化的表征，如心理表征和知识表征。具体说，表征，无论是心理表征还是科学表征，是与语言和环境密切相关的，没有语言，我们就不能描述，没有环境包括自然的、文化的、社会的和历史的因素在内，我们就不能生存。因此，语言和环境在表征过程中起到决定性作用。而语言和环境是语境的不可或缺的成分。

根据笔者的理解，表征是有不同类型的，或者是分层的，因此，就存在划界问题，也是表征的维度问题。上述提及的各种表征理论，就是根据不同标准对表征进行分类——根据表征对象的实在性，如实在表征与虚构表征；根据表征的载体，如语言表征、物理表征；根据表征的功能，如相似、同构；根据表征的呈现方式，如显表征与隐表征、内在表征与外在表征；根据表征的意图属性，如意向表征与无意向表征；等等。如果细分的话，每个表征类还可以继续再分——心理表征与非心理表征；科学表征与非科学表征，科学表征还可分为模型、图解、符号、逻辑、数学方程等，非科学表征可分为图画、雕塑、艺术、审美、舞蹈、临摹写生；语言表征与非语言表征，语言表征还可分为概念、命题、知识等，非语言表征还可分为图像、照片、物理模型等；认知表征与非认知表征；推理表征与非推理表征；自然表征和非自然表征。

这些依据不同标准的表征分类，虽然各有道理但显得有的混乱，因为这些标准的优先性和重要性不明确，内在逻辑性不清晰。笔者根据表征产生的认知根源性，按照有无意识介入、有无心理状态介入、有无语言介入、有无逻辑介入进行分类，因为意识先于心理状态，心理状态先于语言（自然语言），语言先于逻辑（形式符号）[①]。根据意识→心理→语言→逻辑的顺序，笔者将表征做如下分类（图15-2）。

---

① 根据生物进化史、人类学、人类发展史和心理学，人的意识的形成是以生命的存在为前提的，没有生命我们便不能谈论任何有意识的活动。而人有了意识后才会有意图，也就是意向性特征，进而才能够产生心理状态，所以意识是形成心理状态的必要条件。语言无疑是人类意识和心理成熟后的产物，逻辑则是语言完善后产生的，因为从亚里士多德发明逻辑算起，距今也不过两千多年，而语言的产生则至少有上万年的历史。因此，按照意识、心理状态、语言、逻辑的先后顺序来划分表征这种认知行为就是有根据的、合理的。

第十五章　语境实在论：科学表征的基本框架　595

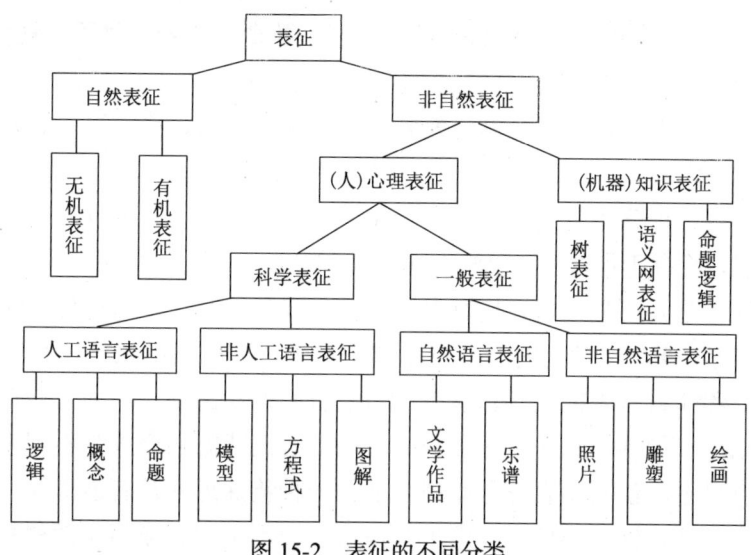

图 15-2　表征的不同分类

(1)按照有无意识介入，表征可分为自然表征①和非自然表征；

(2)自然表征按照有无生命，可分为无机表征(如地层、不同岩石花纹)和有机表征；有机表征可再分为植物表征(如树年轮)和动物表征(如叫声、身体动作、眼神)；

(3)非自然表征也即人为表征，按照有无心理状态介入可分为(人)心理表征和(机器)知识表征(这里特指人工智能的表征)；

(4)知识表征可再分为树表征、语义网表征、命题逻辑、一阶逻辑、脚本等；

(5)心理表征按照有无模型和人工语言的介入，可分为科学表征与一般表征(即非科学表征)；

(6)一般表征按照有无自然语言或日常语言②介入可分为自然语言表征

---

① 如果将表征理解为用一个事物描述另一个事物，那么自然就不是表征，而是呈现，因为自然不会使用一个物体描述另一个物体。说"自然表征"显然是一种拟人的手法，一种隐喻表达策略。

② 自然语言是随人类特定文化演化而自然地形成的语言，如英语、德语、汉语等，它是特定文化圈的人们日常使用的语言，因而也可称日常语言，它不是人造的语言，如计算机程序语言、逻辑语言。在人工智能中，对自然语言的处理是其最困难的问题之一，即自然语言处理。

(文学作品、乐谱)和非自然语言表征(照片、雕塑、绘画、舞蹈、视图);

(7)科学表征按照有无人工语言[①]介入也可分为人工语言表征和非人工语言表征;人工语言表征可再分为概念、命题、文本(论文)等;非人工语言表征可再分为模型、图解、数据表、图像、方程式等。

如果将这种分类方式按阶数表示($0-n$),自然表征属零阶表征,即自己表征自己,没有所指对象,更没有人的参与,是一种一元关系。非自然表征,无论表征者是人还是机器,均有表征的对象或客体存在,是一种二元关系。除机器表征[②]外,涉及人的所有表征都是基于心理状态的表征。也就是说,科学表征和非科学表征(一般表征)都是基于心理状态的,因为它们都是人参与的活动。一句话,凡是有人参与的表征,心理状态的介入是不可避免的。在这种意义上,说科学表征是心理表征的一种特殊形式是有道理的,虽然科学表征有其特殊性。心理表征由于其内在性、不可观察或隐藏性和基础性,属于最高阶表征。其余表征形式介于自然表征与心理表征之间。我们直接面对自然类或实在客体的表征,如物理模型是一阶表征。运用日常语言对目标客体(自然类或可见客体)的描述,是二阶表征。运用抽象符号,如数学方程和逻辑符号的表征,是三阶表征。通过心理图像或地图对外在客体的表征,是四阶表征,如思想语言、心理图式。不同的表征类型有各自的语境,语境的类型也因此不同。在可见的意义上,心理表征是隐表征,其他表征是显表征。表征的类型、表征关系、表征的目标系统、表征的阶数和不同的语境类型及其关系见表15-1。

---

① 人工语言是相对于自然语言的,它是在特定学科中形成的语言,如化学语言、数学语言、物理学语言等。也就是说,每门学科都有自己一套特殊的语言,有专门的术语和表达方式。例如,我们不能用日常语言去写科学论文,也不能用日常语言表达哲学命题,更不能用日常语言表述形式逻辑的规则和计算机程序。

② 如果按照智能分类,非自然表征都是基于智能的表征,无论是人还是机器。当然,机器是人设计的,其智能不外是人的智能的延伸,在这个意义上,机器表征也预设了心理表征。只是与人的心理表征相比,它是间接的(通过机器)。

表 15-1　表征的分类与属性

表征类型	表征关系	表征目标	表征阶数	与心智的关系	表征语境
自然表征	一元关系，反身呈现	自然现象，如树的年轮	零阶	不依赖心智	自然语境
物理表征	二元关系，同构或者相似	自然类或可观察客体	一阶	依赖心智	物理语境
语言表征	二元关系，指代和语句描述	自然类或可观察或不可观察体	二阶	依赖心智	语言语境
数学表征	二元关系，集合、矩阵、方程、曲线图、图表	目标系统的属性或者关系	三阶	依赖心智	思想语境
心理表征	二元关系，意象、心理图像	自然类或非自然类的意象	四阶	依赖心智	心理语境

关于表征的阶数，这里需要做出特别的说明。如果将自然客体的呈现定为零阶表征，那么对它们的直接物理描述就是一阶表征，运用日常语言对客体的间接描述是二阶表征，更抽象的数学表征是三阶表征，因为它超越了日常语言，而一到三阶表征又都依赖于心理表征，因而心理表征是四阶表征。表征的阶数越高，说明表征越复杂、越抽象。

第六节　语境叠加模型对"如果-那么"推理悖论的解决

在本节，笔者运用语境叠加模型来解释"如果-那么"推理(if-then reasoning)中产生的悖论。按照逻辑规则进行推理严格讲是不会产生矛盾的，但形式规则的逻辑真与经验常识的事实真之间存在的"认识鸿沟"，使得推理的有效性常常遭到质疑。"如果-那么"作为基于规则的推理(rule-based reasoning)的主要形式，其由"认识鸿沟"引发的有效性问题通常有蕴涵怪论、三段论悖论、命题预设对有效性的影响三个问题。针对这三个问题，语境交叉或叠加分析给出了"如果-那么"推理有效的三个条件：一是前提对结论的语境包含是具有语境同一性下的蕴涵关系；二是"如果-那么"三段论推理的有效性基于大小前提各部分在语境同一性下的蕴涵关系；三是对有效性的检验需分析预设语境与实存语境的关系。根据这三个条件自然地建构出说明"如果-那么"推理的语境模型及语境层次模型。

一、"如果-那么"推理怪论与语境解释策略

在人工智能中,"如果-那么"推理是一种主要表征形式。其有效性是指形式规则的逻辑无矛盾性或一致性,以及添加语义内容后的经验适当性或实证性。"如果-那么"是基于规则的推理中一种主要的规则表征形式,是以"如果……那么……"作为逻辑词项进行推理的方式。"如果"部分是条件,"那么"部分是结论,在逻辑上分别称为"前件"与"后件"。这种简单有效的推理不仅普遍应用于日常生活中,更是计算机科学、数学、语言学、逻辑学等诸多学科中必不可少的推理方式。作为基于规则的推理的一种主要形式,"如果-那么"推理常常与基于案例的推理、基于模型的推理结合使用。

20世纪60年代,"如果-那么"推理被引入人工智能领域的计算机编程,人工智能专家开创了各种有效的计算机编程系统。第一个人工智能系统是纽威尔(A. Newell)、肖(K. Shaw)和西蒙(H. Simon)于1956年编写的《逻辑理论家》[1]。此后不久,"逻辑理论家"被推广到第一个试图理解人类思维的框架中:GPS 通用问题求解器[2]。GPS 采用规则来模拟人类解决各种类型的问题。1965年斯坦福大学的费根鲍姆(E.A.Feigenbaum)和化学家勒德贝格(J. Lederberg)合作研制出第一个专家系统[3],其中,循规专家系统[4]作为专家系统中的一种主要形式,通过计算机以编程方式模拟人类专家来求解医疗、数学、化学、计算机科学等领域的问题。继 GPS 和循规专家系统之后,在认知

---

[1] [加]P. 萨伽德:《认知科学导论》,朱菁译,中国科学技术大学出版社1999年版,第40页。

[2] GPS 是第一个清楚地把系统中与任务无关的含有通用问题解决机构的部分和系统中包含的任务环境知识区分开来的问题求解程序。

[3] [澳]迈克尔·耐格纳威斯基:《人工智能——智能系统指南》,顾力栩、沈晋惠等译,机械工业出版社2007年版,第17页。

[4] 在循规专家系统中,知识被表示为"if-then"形式的规则,规则的前提("如果"部分)对应于条件;结论("那么"部分)对应于动作:当条件被满足时,专家系统便执行断言结论为真对应的动作。

科学中影响较大的分别是安德森(J. R. Anderson)的 ACT 认知模型[①]和纽威尔、拉伊德和罗森勃卢姆合作开发的 SOAR 认知模型[②]。ACT 与 SOAR 系统均以产生式规则为基础。

在逻辑学领域,数理逻辑中将"如果-那么"称为"蕴涵",形式逻辑中将其称为"充分条件假言推理"。在心理学上被称为刺激-反应,在人工智能上被称为"条件-行动规则"。"如果-那么"被视为逻辑连接词,符号表征是对连接词的逻辑抽象。逻辑学中对该推理的研究集中于逻辑符号表征的真值问题。语言学中将其称为"条件句",这是在最普遍意义上的表达,对条件句的研究包含条件句的分类、句式、语法、意义等。语言学中还关注该推理的语言语法表征力,例如,乔姆斯基认为,我们没有意识到我们表达和理解规则的能力,源于我们处理由规则形成的一系列语法。

然而,"如果-那么"推理形式的简单正确,并非意味着添加语义内容后的推理也正确有效。这就是"如果-那么"推理的有效性问题,其实质是逻辑真与事实真之间的认识鸿沟问题。这种有效性问题包含三个层面:一是指在规则形式正确,即"如果……那么……"推理模式(结构)正确有效的前提下,添加句法内容或命题后形成的推理是否有效;二是由"如果-那么"推理构建的三段论的有效性问题;三是由"如果-那么"推理的特殊性引发的从命题预设与实际情况相符与否判断推理的有效性问题。笔者认为"如果-那么"推理形成的蕴涵怪论、三段论悖论和命题预设问题,均是由缺乏语境分析造成的,添加语义内容等于增加了新的意义,进而设置了新语境,新语境致使推理不在语境同一性条件下进行,故而导致"如果-那么"推理无效。

语境分析之所以有这种功能,是因为"某一事物的意义存在于与其周围事物的关联之中,即在相互关联中理解某一事物,而不能孤立地去理解它。因此,语境是语形、语义和语用的统一"[③]。基于规则的推理是一个基于语

[①] ACT 认识模型是关于认知系统的整合与人脑进行信息加工活动的理论模型。可以通过程序完成认知课题,包括长期记忆与有关活动概念的短期工作记忆,以及可编程的"产生式系统"。

[②] SOAR 认知模型是 1986 年开发的被称为"通用智能的一种框架"的认知系统。该系统的字面意思是,状态、算子与结果是应用算子改变状态和产生结果的认知模型。

[③] 魏屹东:《广义科学中的语境》,科学出版社 2004 年版,第 14 页。

境的认知过程,我们认知世界和使用语言无法脱离语境。也就是说,推理和认知是在相互关联着的语境中进行的,脱离语境的推理会缺乏对意义的理解。或者说,推理的语言表征与语境是一个统一体。语境决定意义,意义受语境制约,"意义的建构过程是在语言符号系统和整体性的语境相互依赖和作用的基础上的,因此对意义的探讨离不开对语境的研究"[①]。因此,对基于规则的推理的研究不仅仅关注规则本身的表征方式是否正确,更应当关注推理背后复杂多变的语境因素。正是缺乏对语境因素的探讨,才导致了认识鸿沟的形成。这种认识鸿沟可通过语境分析来填平。为此,笔者根据语境叠加策略给出用以解释推理怪论的语境同一性原则。

(1) 每个陈述句或命题 P 都有其语境 C_p,C_p 是该陈述句或命题 P 的意义域或意义的限制边界。

(2) 由两个陈述句或命题构成的蕴含复合句 $S(P \rightarrow Q)$,其语境 C_s 是两个陈述句或命题的叠加部分,即 $C_s = C_p * C_q$ ("*"表示"整合"而非"加和")。由于蕴涵关系意味着 $C_p > C_q$,即 C_p 包含 C_q,因此,C_q 就成为该复合句的共同语境。

(3) 由复合句构成的蕴涵三段论 $P \rightarrow Q \rightarrow R$,其语境是分句语境的叠加部分,即 $C_{sn} = C_p * C_q * C_r$,由于 $C_p > C_q > C_r$,即 C_p 包含 C_q,C_q 包含 C_r,因此,C_r 就成为蕴涵三段论的共同语境。

(4) 复合句形成的共同语境,即语境同一是基于规则的推理有效的必要前提,即有效的推理必须是在同一语境中进行的,超越同一语境的推理会产生怪论或悖论,致使推理无效。

二、"如果-那么"推理"实质蕴涵怪论"的语境解释

在数理逻辑中,"如果-那么"记为"→",即"蕴涵"[②]。但是"蕴涵"与"如果-那么"并不完全等同,基于规则的推理在日常的使用中无法脱离语

---

① 周淑敏:《语境研究——传统与创新》,厦门大学出版社 2011 年版,第 2 页。
② "蕴涵"问题从 14 世纪开始被逻辑学家所关注。奥卡姆认为蕴涵是一种假言推理,等同于"如果-那么"。随着现代数理逻辑的发展,逻辑哲学家对蕴涵做了更深入的研究,罗素将蕴涵分为实质蕴涵和形式蕴涵。

境，而蕴涵作为逻辑表征方式，仅仅是规则在逻辑中的符号抽象。蕴涵一般分为形式蕴涵①和实质蕴涵；形式蕴涵是外延而非内涵之间的关系②，实质蕴涵则是关注复合句中分句真假对复句真值影响的逻辑抽象。这里所谈的蕴涵是指实质蕴涵。

实质蕴涵最早可以追溯到古希腊麦加拉-斯多葛学派的费罗(Philo)。他指出，如果前件（"如果"部分）用 P 表示，后件（"那么"部分）用 Q 表示，那么 $P \rightarrow Q$ 的真值与 P 和 Q 的真假情况相关。P 与 Q 真假情况的四种组合——P 真 Q 真、P 真 Q 假、P 假 Q 真、P 假 Q 假中，只有 P 真 Q 假时 $P \rightarrow Q$ 为假（无效），其余均为真。在该真值表中，P 真 Q 假时蕴涵真值为假和 P 假 Q 假时蕴涵真值为真（P 假 Q 假的结论为假，即真值为真）没有异议，但 P 真 Q 真与 P 假 Q 真时，蕴涵为真的有效性在添加了语义内容后（由逻辑语境改变为经验语境后）却产生了怪论。费罗之后，随着现代逻辑的发展，弗雷格、罗素等对费罗蕴涵进行了深入研究，形成了实质蕴涵的"真值函项理论"。但是，这些理论都无法摆脱由实质蕴涵引发的"实质蕴涵怪论"问题。

"实质蕴涵怪论"是指在依照上述的真值函项论进行逻辑推理时，在添加语义后由 P 真 Q 真、P 真 Q 假会产生两个"怪论"：①真命题被任何命题蕴涵。例如，如果 2+2=4，那么雪是白的。②假命题蕴涵任何命题。例如，如果 2+2=5，那么雪是黑的。像这样的符合形式规则推理的蕴涵式，根据经典逻辑都是"永真式"，何以应用到日常推理中却形成了如此多的"怪论"？按照真值函项论，P 假 Q 真时，形成的推理是真的吗？比如，如果天空是红色的，那么大地是黄色的？从常识或经验角度看，我们无法判断二者之间的蕴涵关系或因果关系。由此引起的问题是，推理的有效性是逻辑形式的有效性，还是句法内容的有效性（经验适当性）？上述的推理是否真正有效呢？

针对"蕴涵怪论"问题，刘易斯的"严格蕴涵理论"③、阿克曼等的"相

---

① 形式蕴涵是存在于当对于变元的所有值而言一个蕴涵另一个的命题函项之间的蕴涵。
② 罗素在《数学原理》明确指出，形式蕴涵是一种外延间的关系，而不是内涵间的关系，推理规则所体现的是形式蕴涵关系，形式蕴涵包含在推理规则之内。
③ "严格蕴涵"是指蕴涵式的前后件之间必须有必然的逻辑联系。

干蕴涵"[①]、古德曼等的"共同支撑理论"[②]，以及亚当斯等的"条件概率论"[③]给出了不同解决策略，在一定程度上合理解释了蕴涵怪论。事实上，"逻辑真理之所以被当作'怪论'，原因在于误读，对逻辑公式的意义不是按照逻辑语义学的观点解读，而是按照语言语义学或逻辑语形学的观点解读"[④]。因此，这些理论无论是从对概念的规范，还是从对概率研究的角度，都没有从根本上解决实质蕴涵怪论问题。

在笔者看来，对"蕴涵怪论"问题的解决首先应当弄清怪论产生的根源。数理逻辑追求形式化的符号表征，具有"重形式，轻内容"的特点，而日常语言更符合在低标准语境下的经验性常识。从逻辑的视角看，尽管内容的添加会导致句子无效，但因形式正确该推理本身并没有什么问题。但是，推理不仅仅要做到形式有效，内容的有效性也必须加以考虑，失去语言含义的单纯符号表征固然有其形式意义，但语境化的世界要求我们追求更能够理解的语义表征。因此，在逻辑与经验常识之间往往存在着"认识鸿沟"，因为使用逻辑推理的符号语言形成了"逻辑语境"，而日常的经验与常识形成了"常识语境"。一方面，我们不能在逻辑的层面要求与常识的完全统一；另一方面，不能在常识层面对语言表征过度逻辑符号化。对于"蕴涵怪论"，笔者认为抛去形式化的外衣，追求其普遍的现实意义需要运用语境分析，只有将语境的相关性与逻辑的一致性相结合，才能合理解释"蕴涵怪论"问题。

"$P \rightarrow Q$"的有效性必须满足两个条件：在逻辑上，前提 P 与结论 Q 之间是蕴涵关系，推理符合逻辑的一致性；在语境上，P 的语境 C_p 与 Q 的语境 C_q 之间的关系为 $C_p > C_q$ 且 C_p 包含 C_q，此时二者形成同一语境。若 C_q 超越了 C_p，但形成了交叉关系，交叉部分使得 C_p 和 C_q 仍然形成同一语境，$P \rightarrow Q$

---

① "相干蕴涵"是指前后件在内容方面必须具备某种共同的意义联系，即前件的内容真包含后件的内容，或前后件至少存在共同的命题变元。

② "共同支撑理论"指虚拟条件句"如果 A，那么 B"的真值条件为：当且仅当 A 和某个真语句的集合 S 以及一些规则共同蕴含 B。S 是不能使 A 成立的真句子 C 的集合。

③ "条件概率论"是指条件句可以接近于确定的不同的度被接受，这个度即是指信念，信念的度可被视为命题的概率，"如果 A，那么 B"的信念的度用概率表示为：$P = P_A(B) = P(A, B) / P(A)$。

④ 程仲棠：《关于"蕴涵怪论"及其反例》，《学术研究》2011 年第 8 期，第 13 页。

无论在逻辑上还是经验上均是有效的；而超出的部分在逻辑上和经验上均是无效的。若 C_p 与 C_q 彼此独立，没有形成交叉或者重叠，那么 $P\to Q$ 的推理是完全无效的，只是从一种语境转化到另一个语境而已。大多数怪论的产生属于这种情形。根据语境同一原则，基于规则的推理有效的前提是：P 和 Q 基于语境同一性，即两个命题处于同一语境中。这是任何推理有效的必要条件，不存在某一有效推理的前提与结论的语境相互独立的情形。

一般来说，"如果-那么"推理具有经验性搜索[①]的特点，它依据经验规则达到对问题的求解，而经验规则是依赖语境的，因此，该推理也是依赖语境的。"一个句子当且仅当它所表达的命题或者是分析的，或者是在经验上可证实的，这个句子才是字面上有意义的。"[②] "如果-那么"推理包括两个句子或命题，每一个也应该是分析(合乎逻辑的)的，或者经验可证实的。因而对该推理的前提与结果仅仅依靠逻辑分析是不充分的，还需要加入语境分析与解释，这就是运用语境同一原则。

接下来，我们通过以下例子中的可观察命题与理论命题之间形成的四种情形，来说明语境分析的过程。

  例1：如果雪是白色的(可观察命题)，那么星期五是黑色的(理论命题)。
  例2：如果这个东西是电子(理论命题)，那么那个东西是一朵花(可观察命题)。
  例3：如果猫是哺乳动物(可观察命题)，那么狗是哺乳动物(可观察命题)。
  例4：如果这个东西是电子(理论命题)，那么那个东西是以太(理论命题)。

上述四个例子即前文所指的"实质蕴涵怪论"。我们无法从"白色的雪"

[①] "经验性搜索"是"如果-那么"推理的一个显著特征。推理过程往往是基于经验性规则的，同时对可能结果的推理采取"搜索"的方式。对所有可能的答案进行搜索，利用已有的经验，包括社会的、法律的或习俗等，进行排除，以提高搜索的准确性。

[②] Ayer A J, *Language, Truth, and Logic* (2nd ed.), London: Gollancz, 1946, p. 17.

运用逻辑或科学的证明方式推断出"黑色的星期五"。同样，我们也不能从"电子""哺乳动物猫"推出"花""哺乳动物狗"和"以太"。在这里，逻辑真与事实真并不是同一的，二者之间存在"认识鸿沟"。笔者认为，一种有效的推理不仅仅是单纯的逻辑真，其有效性还应当建立在具有内在因果关系的语义基础上。"逻辑真"是去语境化的逻辑归纳与演绎，"事实真"是基于常识、直觉甚至情感的感官体验，无法脱离境遇和语境而单独存在。有效的推理应该是逻辑真与事实真的统一。由于事实真是无法脱离语境的，因此，推理的有效性也必须建立在语境的基础上。

在上述例子中，每一个命题背后都有一个支持它的语境，复合句的两个分句背后的语境因素应当纳入对该推理有效性的判断当中。可观察命题是可观察语境中的陈述，可以利用经验直接证实；而理论命题不具有直接可观察性，无法用经验直接证实。可观察命题背后的语境可以直接形成交叉或重叠语境，而理论命题与可观察命题、两个理论命题之间不具有直接的关联性，两个命题的语境没有交叉或重叠部分。

由此可推知，形成的语境关系存在以下三种情况。

(1) 在可观察语境中，若两个可观察命题具有实质性的或因果性的语境交叉部分，即形成语境交叉，则可以形成有效推理，利用经验可以做出最优判断；若两个可观察命题的语境没有交叉部分，表明前提与结论的语境不具有同一性，也就缺少内在因果关联性，则无法形成有效的推理，因为因果性也是基于语境的，而缺乏因果关系又反过来表明两个命题并非在同一个语境中。需要指出的是，我们强调的是认知意义上的语境同一，而非同一概念造成的属性同一，如"哺乳动物"是属性同一而非语境同一。在这里，语境的交叉不限于两个语境，可以是两个以上的多重语境交叉，例如，如果猫是哺乳动物，且狗是哺乳动物，那么人是哺乳动物。

(2) 在混合语境中，可观察命题与理论命题(不可观察)分别有各自的语境，两种语境之间若没有交叉，即两个不相关命题背后的语境完全是相互独立的，独立语境之间没有直接关系。正是"语境独立"现象的发生，导致了推理的无效。也就是说，两个不同命题要形成因果关系，需要形成一个共同的语境。具体说，"如果 P 那么 Q"意味着，P 的语境包含了 Q 的语境，或者 Q 的语境在 P 的语境中，即满足蕴涵关系。

(3)在理论语境中,两个不可观察的理论命题有各自的语境,若两个语境交叉或重叠,推理可能是有效的;若两个语境彼此独立,则推理是无效的。

因此,我们运用"如果-那么"进行推理时采取的经验与启发式搜索法则,不是没有限定的普遍范围的搜索,而是在语句形成的语境范围内进行搜索,正是语境为启发式搜索限定了"搜索边界"。搜索边界内的推理不一定有效,但搜索边界外的推理一定无效。

通过分析我们发现,例1和例2无效的原因是两个语境彼此独立,没有形成交叉或重叠关系,不同在于前者的前提是可观察命题,结论是理论命题;后者则相反,而且各自的语境不同。在例1中,前提条件部分的解释是:"雪是白的"当且仅当雪是白的。雪是实际存在的自然物质,"白色"是肉眼可观察的,具有经验的可证实性。而对于结论部分"星期五是黑色的"这一理论命题,"星期五"不是自然物质,无法观察;"黑色的"是人为添加的一种富有情感色彩的隐喻。从"雪白"推不出"星期五是黑色的",反之亦然。两者的语境之间不具有蕴涵关系,也不具有因果关联性,由于不具有语境同一性,所以推理是无效的。

在例2中,前提条件部分的"电子"是一个理论上的概念,无法用肉眼直接观察,且无法运用经验进行判断,此时的语境是理论语境[存在一个被称为"电子"的东西;这里存在一个东西;这个东西是电子(不可观察)],而"花"这样一种物质是用肉眼可以直接观察的,此时的语境是经验语境[存在被称为"花"的一种东西;那里存在一个东西;那里的那个东西是花(可观察)],两种语境没有交叉关系,即没有形成同一个语境,因而这一推理无效。

在例3中,前提条件部分与结论部分有重叠:哺乳动物。不过,这个重叠部分不是语境重叠而是属性重叠。我们不能从一种"哺乳动物"推出另外一种"哺乳动物",二者缺乏必然的因果联系,缺乏因果联系的根本原因在于尽管有重叠,但却不是基于同一个语境的。这样的重叠并非真正的语境重叠,只是语境重叠假象。在推理过程中,我们常常将同一属性与同一语境混淆,该例中"哺乳动物"只是同一属性而非在同一语境中,具有共同的属性不等于具有共同的语境。因此,该推理中的重叠部分不在同一语境中才是导致推理无效的根本原因。例4是两个理论命题之间的推理关系,虽然电子和以太都是不可观察的,同例1和例2一样,各自的语境是彼此独立的,我们从电子的理论推不出以太这种假设的东西,尽管电子理论已经确立,而以太假设已被否定。

总之,逻辑语境与常识语境之间存在的"认识鸿沟",使得逻辑与常识难以统一。基于语境来分析"实质蕴涵怪论"并给出语境解释,笔者认为"如果-那么"推理的有效性不仅仅在于各分句的语义真值,还应当分析各分句背后的语境关联。"如果 P,那么 Q"有效的语境真值条件为:当且仅当 P 与 Q 背后的语境具有包含关系,即 C_p 包含 C_q,C_q 即是语境重叠部分,重叠部分具有语境同一性的因果联系。其实,之所以会产生实质蕴涵怪论,就在于那些怪论误解了蕴涵的实质。蕴涵的定义就已经排除了不相关命题和不相关语境。

三、"如果-那么"推理"三段论悖论"的语境解释

上述分析的是单句推理的有效性问题,这一部分将探讨基于单句形成的三段论推理的有效性问题。三段论从亚里士多德提出至今,一直是形式逻辑和日常生活中必不可少的一种推理方式。利用"如果-那么"规则可以构建如下形式的三段论:

大前提:如果 P,那么 Q;
小前提:如果 Q,那么 R;
结论:因此,如果 P,那么 R。

例如:

如果你平时努力学习,那么你会得到良好的成绩;
如果你得到良好的成绩,那么你可以顺利毕业;
因此,如果你平时努力学习,那么你可以顺利毕业。

上述三段论的逻辑形式是有效的,在两个前提都真的情况下,得到的结论也是真实有效的。由于"如果-那么"推理在形式逻辑上称为"充分条件假

言推理",由此构成的三段论被称为"充分条件假言三段论"。该三段论的有效性分为三种情况:①大前提有效,小前提无效;②大前提无效,小前提有效;③大小前提均有效(有效是指符合上述的单句推理的有效条件)。前两种情形不符合有效条件,形成的三段论推理当然是无效的。而在大小前提均有效的条件下,结论是否一定有效呢?

根据蕴涵的逻辑关系,P、Q、R 之间的关系应该是 $P \rightarrow Q \rightarrow R$,即 P 蕴涵 Q,Q 蕴涵 R,P 蕴涵 R,传递性在其中起关键作用。根据语境同一原则,蕴含推理中的每个命题都有其语境,这些语境之间的关系是:$C_p > C_q > C_r$,即 P 的语境 C_p 包含 Q 的语境 C_q,Q 的语境 C_q 包含 R 的语境 C_r,或者说,R 的语境在 Q 的语境中,Q 的语境又在 P 的语境中(图15-3)。

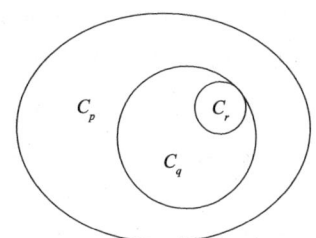

图 15-3 命题 P、Q、R 之间的语境蕴涵关系

这是"如果-那么"三段论推理有效的标准语境模型,其显著特点是推理基于语境同一性。凡符合语境同一原则的三段论推理均是有效的;不符合该语境模型的三段论推理是无效的。

那么为什么这种三段论推理的有效性却遭到了质疑呢?常见的所谓反例是"胡佛悖论""分身乏术悖论"和"滑雪悖论"。这三个反例试图说明:这种三段论的前提是真的,却出现结论是假的情形。接下来,我们运用标准语境模型对这些反例进行剖析,找出其不当之处。

"胡佛悖论"由斯坦纳克尔于 1968 年提出[①],它构成了虚拟语气下"如果-那么"三段论推理的反例。虚拟语气强调说话人的主观愿望,或所说的不一定是事实,甚至与事实相反。该反例的结构如下(其中 P、Q、R 分别指三

---

① Brogaard B, Salerno J, "Counterfactuals and Context", *Analysis*, Vol. 68, 2008, pp. 39-46.

段论的前件与后件):

S_1: 如果胡佛出生在俄罗斯(P), 那么他将是一名俄罗斯领导者(Q);
S_2: 如果他是一名俄罗斯领导者(Q), 那么他将是一名叛国者(R);
S_3: 因此, 如果他出生在俄罗斯(P), 那么他将是一名叛国者(R)。

在该反例中, S_1 与 S_2 的两个前提是正确有效的, 但得出的结论却是无效的, 即 "胡佛出生于俄罗斯" 与 "他是一名叛国者" 之间没有必然的逻辑蕴涵关系。

根据标准语境模型, 在大前提 S_1 中, 语境 C_p(出生于俄罗斯的最高领导人胡佛)包含语境 C_q(胡佛为俄罗斯领导者), 小前提 S_2 中, 语境 C_q 包含语境 C_r(胡佛为叛国者), 这两个前提均符合标准语境模型。之所以会产生悖论, 根本原因在于大前提与小前提形成的语境 C_{s1} 与 C_{s2} 不是同一个语境, 两个推理之间发生了语境的转换, 而语境同一是推理有效的必要前提。语境 C_{s1} 是基于俄罗斯语境(社会主义), 若胡佛出生俄罗斯, 作为俄罗斯的最高领导人必须是共产主义者, 这一点毫无疑问; 语境 C_{s2} 是基于美国语境(资本主义), 胡佛作为美国总统, 不可能是一名俄罗斯领导者, 若是就会被视为叛国者。此时, 从 S_1 到 S_2 的推理中, 语境由俄罗斯语境转变为美国语境, 根本原因是意识形态冲突导致大前提与小前提不具有语境同一性。因此, 该悖论只能算作是政治语境的冲突(苏联与美国冷战, 意识形态冲突), 而非推理意义上的悖论。如果将其置于不存在意识形态冲突的两个语境之中, 悖论也将被消解。所以, 该悖论不足以成为 "如果-那么" 三段论推理的反例。

"分身乏术悖论" 由米兹拉希于 2013 年提出[①], 它代表了陈述语气下 "如果-那么" 三段论推理的反例。陈述语气强调说话人陈述的内容是客观事实, 较少或不含个人的主观情感。该反例如下:

M_1: 如果 t 时我在波士顿(Boston)(P), 那么 t 时我在一个以字母 B

---

① Mizrahi M, "Why Hypothetical Syllogism Is Invalid for Indicative Conditionals", *Thought: A Journal of Philosophy*, Vol. 2, 2013, pp. 40-43.

开头的城市(Q);

M_2：如果 t 时我在以字母 B 开头的城市(Q)，那么在 t 时我可能在巴尔的摩(Baltimore)(R)；

M_3：因此，如果 t 时我在波士顿(P)，那么 t 时我可能在巴尔的摩(Baltimore)(R)。

在这个反例中，M_1 与 M_2 都是正确有效的，但是 M_3 却产生了悖论，一个人在同一时间位于两个不同的位置在物理时空上是不可能的。米兹拉希在提出该反例时也认为以此为框架可以构建出许多类似的反例，因此，"如果-那么"三段论推理的反例并不稀少。为什么会有这样的反例呢？

按照标准语境模型，该反例中的语境发生了变异。语境 C_q(t 时在以字母 B 开头的城市)包含语境 C_p(t 时在波士顿)和语境 C_r(t 时可能在巴尔的摩)，而非语境 C_p 包含 C_q 和 C_r，C_p 与 C_r 之间是并列关系而非蕴涵关系。同时，在该例中以字母 B 开头的城市不具有唯一性，即以字母 B 开头城市的专名问题。我们不仅仅可以构造波士顿、巴尔的摩，甚至北京(Beijing)等同样会产生这样的问题。该反例不仅偏离了标准语境模型，更是披着"如果-那么"三段论推理悖论外衣的文字游戏，缺乏说服力(图 15-4)。

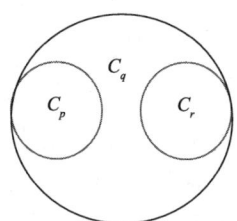

图 15-4 米兹拉希反例的语境分布情形

"滑雪悖论"由克里斯平·赖特于 1983 年提出[①]。该反例如下：

W_1：如果昨天发生了雪崩(P)，那么昨天山谷里有雪(Q)；

---

① Wright C, "Keeping Track of Nozick", *Analysis*, Vol. 43, 1983, p. 137.

W_2：如果昨天山谷里有雪(Q)，那么我会去滑雪(R)；

W_3：因此，如果昨天发生了雪崩(P)，那么我会去滑雪(R)。

该例中，W_1与W_2都是正确有效的，但W_3却违背了起码的常理。没有人会在雪崩时去滑雪，趋利避害是人类的本能。这个反例的语境模型是(图15-5)：语境C_p(发生雪崩)包含部分语境C_q(山谷里有雪)，C_q包含部分语境C_r(去滑雪)，C_p与C_q是彼此独立的，而非标准语境模型的C_p包含C_q，C_q包含C_r。其含义是：发生雪崩山谷会有雪，而山谷有雪未必是雪崩造成的，也可能是下雪的结果；山谷有雪是滑雪的前提，但有雪不必然引起滑雪的行为；而且P与Q中的地点并没有加以限制，"雪崩发生地"与"滑雪的山谷"可能不是同一地点。因此C_r不仅超越了C_q，也与C_p不相关，由于C_p与C_q不具有语境同一性，当然从C_p推不出C_q。

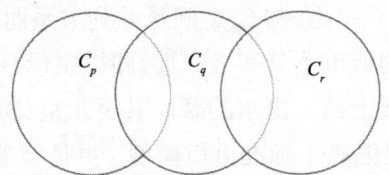

图15-5 赖特反例的语境交叉情形

上述三个反例试图表明"如果-那么"三段论推理不是有效的。若按照标准语境模型，"如果-那么"三段论是完全有效的，无效是因为偏离了标准语境模型。因此，上述三个反例均存在语境漏洞，其推理无效而产生所谓的悖论就是情理中的了。笔者部分赞成斯坦纳克尔和刘易斯试图说明"如果-那么"三段论有效的可能世界语义学的解决策略[①]，但不赞成他们忽视语境在其中所起的重要作用。

很显然，上述三个反例并非"如果-那么"三段论推理的真正悖论，而仅仅是模仿了三段论形式的三段论推理，经不起语境同一性分析。因此，只有符合"$P \rightarrow Q \rightarrow R$"蕴涵关系的三段论才是有效的，偏离语境同一性，或对标准语境模型的变异，均无法形成有效的推理，只会形成看似具有三段论外形

---

① 弓肇祥：《可能世界理论》，北京：北京大学出版社2003年版，第153—163页。

的"推理",实则并非真正的有效推理。据此,笔者给出"如果-那么"三段论推理的有效条件:基于语境同一性,即 $C_p > C_q > C_r$。当然,三段论复合句的有效性也必须建立在单句推理有效性的基础上。

总之,在三段论推理中,命题或陈述 P、Q、R 有各自的语境,且这些语境是分层次的。每一个推理的语境都是置于社会的、文化的、法律的、心理的、宗教的等更大的混合语境之下。推理过程愈加复杂,涉及的语境条件限制也愈多。最底层的是大前提的语境 A,我们将其称为一阶语境,置于其上的是小前提的二阶语境 B,第三层是结论的三阶语境 C。如果增加前提,推理还会形成更高阶的语境 D、E……,语境的层次越高,限制条件越多,且需要考虑低层次的语境因素,即更基本的语境——心理的、社会的、文化的等。当然,语境的阶是有限的,阶的多少由构成复合句的分句数决定。

四、"如果-那么"推理"命题预设"的语境解释

在"如果-那么"推理中,前件和后件包含的预设是一种重要的语境因素。对这种推理的语境分析不能忽视预设因素,因为预设往往会影响推理的有效性。而这一点,我们常常会以为是理所当然而忽视掉。

我们知道,"如果-那么"通常表示条件关系、假设关系、虚拟关系等,其核心性质在于其本身的"条件性"。这一条件性使得"如果-那么"推理是预设性的,说话人表达的往往是一种信念、愿望、想法,而这与实际情况是否相符还未可知。当预设推理与事实相符时,该推理是有效的且有意义的;当预设推理与事实不符时,该推理是无效的,但不一定是无意义的。由此引出的"如果-那么"推理的预设与事实的关系,对于推理有效性产生了重要的影响。

在哲学上,"所谓预设,就是人们把毫无疑问地认为为真的东西作为某个结论的前提,它是一种确定无疑的信念"[①]。也就是说,预设是作为一种形而上学的信念而存在的,它对推理的影响似乎不重要,也往往被忽视。我们深入分析会发现,预设并不是可有可无的,它在逻辑学与语言学中普遍存在,

---

[①] 魏屹东:《语境论与科学哲学的重建》,北京师范大学出版社2012年版,第384页。

是复合句所蕴含的潜在意义。作为一种语境因素，预设直接或间接地对推理产生着潜在的影响。比如，"预设投射"（presupposition projection）[①]就是"如果-那么"推理的一个重要问题。

对复合句预设问题的说明主要有"累积假说""过滤词理论"和"取消装置假设"。累积假说（cumulative hypothesis）是郎格道与萨文[②]提出的，他们认为复合句的预设是各分句预设之和。例如，如果张三与李四停止争吵，那么张三原谅了李四犯下的错误。前提的预设：张三已经与李四争吵过了；结果的预设：李四已经犯错误了；整句的预设：张三与李四争吵过且李四犯过错误。但是下面的例子证明"累积假说"是无效的。例如，如果王五有孩子，那么王五的孩子是秃顶。结果的预设：王五有孩子。该预设与前提预设（事实上王五没有孩子）冲突，因此，该预设无法形成整句的预设。可见，主句的预设并不一定是其前提与结果预设的合取。

过滤词理论[③]是语言学家卡图南提出的，他用"S"代表"如果 P 那么 Q"形式的任何句子，C 为分句（P 或 Q）的预设：

(1) 如果 P 预设 $C(P \gg C)$，那么 S 预设 $C(S \gg C)$；

(2) 如果 Q 预设 $C(Q \gg C)$，那么 S 预设 $C(S \gg C)$，除非 P 语义蕴涵 C。

在(1)中，前提的预设直接为复合句的预设。在(2)中，除非前提语义蕴涵结果的预设，否则结果的预设就是整个复合句的预设。但该理论也存在漏洞，例如，如果我后来意识到我没有告诉他真相，那么我就不会犯这个错误。前提的预设是"没有告诉真相"，即整句的预设，但事实是，"没有意识到没有告诉真相"。

取消装置（Cancelling Device）假设是盖兹达在卡图南预设理论的基础上构建的。该假设强调，在复合句中潜藏着一个预设，即"潜预设"，这一预设

[①] "预设投射"是指由简单句构成复合句时，简单句的预设能否继续保留，成为复合句的预设。

[②] Langendoen D T, Savin H, "The Projection Problem for Presupposition", In Fillmore C, Langendoen D (Eds.), *Studies in Linguistic Semantics*, New York: Holt, Rinehart & Winston, 1971, pp. 373-388.

[③] Karttunen L, "Presupposition of Compound Sentences", *Linguistic Inquiry*, Vol. 4, 1973, pp. 169-193.

有时会成为复合句的"显预设"。但当与复合句话语本身的语义相冲突时，则会被取消。在上例中，"没有告诉真相"这一预设被"没有意识到没有告诉真相"所取消。同样，该理论也有不足，例如，索默斯提出的反例：如果约翰有双胞胎，那么玛丽将不会喜欢他的孩子[①]。在该句中，整句的预设并非"约翰有双胞胎"而是"约翰有孩子"，但后句的语义却无法取消该预设。

上述三个理论试图从语义角度解决推理的预设问题，但均存在漏洞。基于此，笔者认为，预设不仅仅是语义层面的假设性概念，也是一种事实性的语境因素。正是预设本身具有的语境性，使得对预设的研究无法脱离语境。上述三个理论的漏洞均产生于对语境分析的缺失。从实证的角度看，预设只能诉诸经验常识被证实，单纯形式上论证预设本身的有效性是无意义的。正如戴维斯指出的："预设是使一个命题必须具有真值成为真实的东西。"[②]因此，预设对基于规则的推理会产生重要的影响。

我们以下面这个对话情境为例，分析预设在其中起的作用，以及语境的变化。

A："如果张三在此次考试中成绩优异（P），那么他可以顺利毕业（Q）。"

B："张三挂科了。"（R）

当 A 说出他的推断时，张三成绩优异与否未可知，但在 A 的个人信念中，信以为真的预设是张三本次的优异成绩是其得以顺利毕业的必要条件。基于 A 的信念预设的推理在 A 说话的语境下，A 认为他的推理是真的。但是当 B 说出真实的情况是"张三挂科了"时，A 推理语境的预设由于与实存的语境相冲突，因此预设被取消了。而 A 说出的推理也仅仅是与真实情况相冲突的 A 的个人信念，而无法成为真实的推理。这样的推理在 A 的个人信念的语境中是有效的，但对除 A 外的其他人，该推理无效。

[①] Soames S, "How Presuppositions Are Inherited: A Solution to the Projection Problem", *Linguistic Inquiry*, Vol. 13, 1982, pp. 483-545.

[②] Davis W A, *An Introduciton to Logic*, Englewood Cliffs: Prentice-Hall, 1986, pp. 258-259.

如果 B 说："张三确实得到了优异的成绩。"（R）

　　该情况与上例恰好相反。当张三成绩优异与否未可知时，A 说出的仅仅是其信以为真的信念，当 B 说出真实情况是"张三确实取得了优异成绩"时，A 说出的句子的预设由其个人的信念转变为可证实的事实预设。同时，对于除 A 外的其他人看来该推理也是有效的。进一步说，A 做出的推理为 B 说出的语句构成的语境增加了元素，即 B 语句的语境中增添了 A 语句中"张三可以顺利毕业"这一元素。

　　预设的取消与证实对实存语境产生了直接的影响（预设形成的语境称为预设语境，将原有的语境称为实存语境）。预设语境可能为实存语境增添了更多的元素，实存语境可能由于新旧信息的矛盾与冲突而取消预设语境。添加预设语境因素后，语境的变化可能有两种情形：一是实存语境取代预设语境；二是预设语境与实存语境相符且预设语境为实存语境增添元素。由于推理与实际情况相符，因此，预设语境为当下语境增添更丰富、更广泛的元素。

　　总之，分析预设在复合句推理中的作用具有重要的哲学意义。一方面，将预设与语境相结合，强化了推理的可靠性与确定性。预设的形而上学性使得我们对预设不仅需要从本体论的角度，更需要从认识论的视角进行探讨。语境对推理具有制约作用，推理过程必然是基于语境的，语境的不同对推理的结果会产生完全不同的影响。另一方面，将预设与常识经验相结合，表明了推理必然要接受实在性的检验。预设具有经验的可证实性，不是毫无根据的假设，而是必须符合常识经验，常识经验是预设的基础。总之，将预设作为可证实的因素内化于推理中，对蕴含推理的有效性会产生重要影响。

第七节　结　　论

　　通过对"如果-那么"推理产生的实质蕴涵怪论、三段论悖论以及命题预设对推理有效性的影响三方面的分析，笔者对该推理的有效性做了语境同一性解释。"如果-那么"推理的有效性无法脱离语境，无效推理产生的根源是逻辑语境与常识语境之间的"认识鸿沟"造成的。形成语境同一性是任何推理的根本出发点和最终落脚点。就"如果-那么"推理而言，其有效性要满足三个条件：一是单句推理是其前提与结论的语境同一包含关系，当部分包含时，包含部分的推理是有效的，而非包含部分的推理是无效的；二是三段论推理时，大前提与小前提各部分是语境同一包含关系；三是有效性的检验应当充分考虑预设语境与实存语境的关系。任何一种脱离语境的推理（纯符号推理除外）都是不完善的。添加语境因素不仅提高了推理的准确性和可靠性，更是我们日常生活交际所需要的必要条件。可以说，所有悖论的产生均是语境错置造成的，原则上，所有悖论均可依据语境同一性原则和语境叠加模型得到合理解释。

第十六章

科学认知：一种创造性表征

科学的灵魂在于创造。科学的创造及其表征是与语言和逻辑密切相关的。语言的形成先于逻辑，逻辑的产生早于科学的发生。科学史表明：近代科学是基于语言和逻辑而产生的。技术不同于科学，科学在于发现，技术在于发明，在创造性方面也有所不同。基于基本粒子发现的案例分析表明：创造性是科学家运用语言和逻辑加上已有科学知识，通过记忆、想象和综合分析来凸显的；原始性创造既需要丰富的想象，也需要强烈的动机。如果说语言、逻辑和科学起到语境的基底作用，那么想象和动机则起内在心理作用。

第一节 科学创造的语境与表征

今日之世界，可以说是科学技术化的世界，人们的生活、工作和学习的方方面面，以及社会经济发展的方方面面，都与科学技术密切相关。根本原因在于科学技术具有创造性（包括发明与发现）的特质。科学创造性是人类特有的。科学发展史业已表明：在创造过程中，人类无疑会使用语言和逻辑，会运用记忆和想象。那么，什么是创造性，其范围是什么？语言和逻辑在其中起什么作用？科学与技术在创造性方面有什么区别，二者如何互动？如何进行科学创造，如何对其表征？这些问题无疑是格外重要的，它们也正是我们这里要着力探讨的。

就人类的生存范围而言，人类生活在两个世界：一个是固有世界或实在世界，也就是经验领域；另一个是超验世界，也就是形而上的精神领域。前者的表现形式主要是世俗社会或人们的常识世界；后者的表现形式主要是宗教，还可以加上形而上学哲学。

对科学来说，其研究对象决定了它主要存在于固有世界或实在世界范围。也就是说，科学的研究对象是实在世界的各个方面，如物理的、生物的、化学的、地理的等。人类发展史和科学发展史表明：经验的实在性以三个支柱——语言、逻辑和科学为基础[1]。没有人能够准确知道促进人类交流的语言何时出现，距今最少应该有10万年；人类文化的第一个书写记录大约出现在距今1万年前，这是集体记忆的开端；逻辑距今约2500年，由艾皮门尼德[2]提出，而科学[3]的出现距今不过400多年，由伽利略开始。可见，语言的出现最早，逻辑和科学是基于语言的。没有语言，也就谈不上逻辑和科学。在这个意义上，语言具有优先性，没有语言，我们就无法进行表征和交流，更谈不上科学的发展了。而先于语言的是什么呢？笔者认为应该是语境，这里的语境是包括能够促成语言形成的所有因素的集合体，如人类进行的各种活动，如生产、宗教仪式、音乐等。

反过来说，科学不能先于逻辑产生，逻辑不能先于书面语言形成，书面语言也不能先于口语而产生，而口语的形成肯定经历了一个漫长的肢体语言过程。这充分说明，科学的产生离不开语言和逻辑，科学作为人类的主要认知方式，表明认知的发展与语言密切相关。假如没有语言，就不会有科学，因为我们无法描述和表征科学。

当然，在日常生活中，当我们说"语言"时，事实上，我们很少使用逻辑，科学在其中也不起任何作用。对我们人类来说，语言就意味着文学、音乐、艺术、经济、政治等，这些学科在没有发现逻辑和科学之前就已经存在

---

[1] Zichichi A, *Creativity in Science*, Singapore: World Scientific Publishing Co. Pte. Ltd., 1999, p. 3.

[2] 希腊逻辑学家，据说是说谎者悖论的提出者。

[3] 专指自然科学，不包括社会科学和人文科学。这就是近代自然科学，萌发于文艺复兴，其策源地就是意大利的佛罗伦萨。文艺复兴的核心思想是人文主义，语言学、修辞学、文学、艺术是其主要内容，这也充分表明了语言对于自然科学的重要性。

了。也就是说，表征语言的文学、音乐、艺术、经济、政治等，比逻辑和科学的出现要早得多，它们是逻辑和科学形成的基础。在这个意义上，科学的创造性与这些看似无关的学科有着千丝万缕的联系，只是我们没有意识到而已。因此，我们可以说，文学、音乐、艺术、经济、政治等是逻辑和科学的基础，用语境论的术语说就是逻辑和科学的语境因素。

意大利物理学家兹奇奇认为，世界的存在范围由创造性(creativity)、支配(leadership)、创新支配(innovative leadership)和动机(motivation)描述。创造是指产生以前从来不知道或没有被看见或被观察到的东西的能力。支配是指激发和激励人们的能力。创新支配是激发和激励人们做出创造行为的能力。动机是达到目标的动力[①]。在他看来，在人类活动的经验范围，语言、逻辑和科学都需要创造性、支配和动机，其中创造性是最难的。也就是说，在人类活动中，创造性普遍存在于语言、逻辑和科学中。正因为创造性最难，所以在语言、逻辑和科学的产生过程中，创造性就成为人类认知活动的核心。

在语言中，创造性是通过审美、公共诉求、成功等表征的，人们常说的"满足具体的形式审美标准""具有社会价值""漂亮"等，就是创造性的具体体现，它们强化了创造性的必要性。创造性相应地把艺术、音乐、文学的新形式变为现实。反过来，艺术、音乐、文学也成为创造性的表现形式。

在逻辑中，创造性仅有一个表征方式，那就是"无矛盾"。导致自我矛盾的逻辑结构不能存在。也就是说，逻辑系统一定是自洽的、无矛盾的，否则的话，就不称其为逻辑，逻辑本身就意味着"前后一致"。这说明创造新的逻辑结构不能自相矛盾。一个典型的例子是无限或无穷大。在逻辑的意义上，我们不能同时肯定一个事物既有限又无限。

在科学中，创造性也仅有一个有效表征方式——真或假。无论一个命题或理论的描述多么漂亮，科学的观点没有美或丑之分，只有真或假之别。因为科学的目的就是求真。当然，这并不排除科学理论在表征形式上也讲究"漂亮"和"优雅"，如数学方程的简单美。一个科学理论不仅要求在逻辑上无矛盾，而且在实验上也要求可重复。也就是说，一个科学理论首先应该是逻辑

---

① Zichichi A, *Creativity in Science*, Singapore: World Scientific Publishing Co. Pte. Ltd., 1999, p. 4.

结构上严格无矛盾的,而这一点不必然满足科学证明的要求。有许多逻辑理论结构在自然中并没有被发现,比如,无限维的空间没有产生任何自相矛盾。从数学的观点看,无限维空间是存在的,但在我们生活的空间中,维度是有限的(三维空间)。对于科学而言,无限维的空间是不存在的。一个由实验证据支持的理论是伽利略式的科学的逻辑结构。没有实验证据支持的理论就会被放弃。这样,科学中的创造性就是要通过重复性的实验发现真理。或者说,科学的任务就是发现自然的逻辑。

那么,创造性的语境又是什么呢?或者说,是什么前提条件促使了创造性的形成呢?兹奇奇认为是记忆与想象。为了避免重复犯错误,为了不再从零开始探讨,我们需要记忆。为了设想我们从来没有想过或见过的东西,我们需要想象。通过开发记忆和想象,创造性相应地就能够把想象的结果变成现实。如果没有创造性,很难设想有现在的人类的一切。换句话说,记忆是为了避免重复研究,想象是为了拓展研究范围,如不可观察的微粒子,或者广阔无垠的宇宙。

这表明,记忆和想象在创造过程中起背景或语境的作用。在兹奇奇看来,记忆在语言、逻辑和科学中有相同的作用,也就是避免与先前的创造重复。语言中的想象相当于创造新诗、新音乐、新艺术等智力活动。逻辑中的想象意味着运用公理和规则创造新的数学结构。科学中的想象相当于思考一个新的原则、一个新现象和新规律,相当于设想一个新实验或思想实验。

那么,对于一个科学家来说,记忆、想象和创造性是平衡的吗?我们通过兹奇奇亲历的一个真实故事来说明。

物理学家范·纽曼和魏格纳是好朋友与合作者,他们常常讨论物理和数学问题。有一次,范·纽曼告诉兹奇奇,说他能够记得1933年6月25日喝了多少咖啡,并相信他的想象力并非他所表现的那样强大,只是因为他记忆得很多。还说,魏格纳是一个想象力极强的人,而魏格纳的记忆力不如他强。在一次讨论中,魏格纳突然说已经到中午了,他必须马上去参加一个午餐会。当魏格纳要离开时,范·纽曼说,"你那么聪明,为什么不让时间停止呢?"紧接着又说:"对不起,太晚了,你应该让时间倒流。"就是这么一句不经意的话启发了魏格纳,于是他开始思考基本粒子和自然的基本规律。

我们知道,一个基本粒子,无论是电子还是质子,既没有大脑也没有手表,它不能区别过去和将来。如果时间向一个方向或朝相反方向飞逝,基本粒子间的所有基本相互作用必须是不变的。就在范·纽曼邀请魏格纳合作研究的三个月后,魏格纳发现了著名的"时间不变性"(T-Invariance)原理,其中建立了"时间反转算子"(time-reversal operator)。这一原理说明,所有物理规律都应该是"时间不变性"的,比如,物理实在应该保持不变,假如我们能够让时间倒流。

1964年,有人发现K_L介子①在衰减过程中打破了"时间不变性"原理。兹奇奇做了一系列实验来证明,在电磁相互作用中"时间不变性"是否还有效。实验证明,电磁力遵循"时间不变性"原理。魏格纳作为20世纪最伟大的物理学家之一,他创造的"时间反转算子"的操作过程(如反转时间之矢)在自然逻辑中不产生任何矛盾,而且他的原理经受了重复性实验的验证。

这是科学创造性的一个典型例子。它表明:创造性的观念往往源于日常生活,我们不经意间的谈话与交流都有可能导致新观点的涌现,当然,"机遇偏爱有准备的头脑",如果没有对某个问题的长期思考,即使有再多的交流和对话,也不会有助于对重要问题的解决。

第二节 科学技术语境中创造性的差异

创造性在科学和技术中是否相同?表征方式是否有差别?接下来我们讨论这些问题。

在普通人的观念里,科学和技术没有什么不同。其实,二者是两个完全不同但密切相关的领域,前者在于发现,后者在于发明。比如,与魏格纳同时代的著名物理学家费米发明的核消防照明(the lighting of nuclear fire)就不是科学而是技术。可以说,所有科学仪器都是技术的发明,所有科学原理都是科学的发现。

兹奇奇认为,我们必须弄清科学与技术的区别。他把伽利略之前的技术

---

① 一种长寿K-介子。

称为"前科学技术",把伽利略之后的技术称为"后科学技术"[①]。前科学技术是基于试错法产生的,不是根据基本规律的理解产生的,也就是靠的是经验而不是理性原则。这就是为什么在前科学技术时期,人们仅有两个发明:轮子与火。没有人确切地知道轮子和火是谁在何时、何地发明或发现的。但是,我们确实知道的是,对于轮子和火的理解则是发现科学以后的事情。由于伽利略,我们理解了轮子,由于爱因斯坦,我们理解了火。

后科学技术植根于人们对自然基本规律的深刻理解。比如,蒸汽机的发明先于热力学规律的发现,但是由于热力学的产生,人们才对这项技术有了深刻的理解,而且在此基础上产生了许多技术发明。也就是说,科学是技术的思想来源,技术是科学思想的运用。科学要求我们将智力工作投入"发现"中,技术要求我们将智力工作投入"发明"中。因此,科学只能发现而不能发明新的自然规律。技术进步是基于一种新观念,这种新观念以一种新方式将不同"结构"或"部件"结合在一起,并以一种以前从来无人尝试过的方法使用它们。这就是技术创新的含义。

需要指出的是:虽然科学与技术的关系密切,但是二者还不是一回事,技术不仅仅是科学的应用,科学发展有自己的规律,技术进步也有自己的规则。例如,科学与战争武器的关系,不仅仅是科学与技术的关系,其中还包括政治、道德、经济等因素。一旦我们的世界遭到核武器的毁灭,难道这仅仅是科学家或技术专家的责任吗?笔者认为主要是政治家的责任,因为从决定制造武器到决定使用武器都是政治家或政治集团做出的。

为什么这么讲呢?我们知道,在石器时代,人类生产了和平工具和战争武器,铁器时代生产了解剖刀和剑。选择使用解剖刀还是剑是一种文化的选择。选择生产和平工具还是战争武器与科学无关,因为那时科学还不存在。即使有了科学以后,选择生产和平工具还是战争武器也与科学无关。一句话,是人的文化选择问题。

在兹奇奇看来,人们把后科学技术看作是科学的应用其实是一种误解。人类通过科学发现自然规律,通过技术运用自然规律,这与科学没有多少关

---

① Zichichi A, *Creativity in Science*, Singapore: World Scientific Publishing Co. Pte. Ltd., 1999, p. 7.

系。比如，科学家发现核裂变规律，不等于制造了原子弹。人们误把后科学技术当作技术看待。技术是一种决裂的元素，它使得我们在使用它时面临有益于还是有害于人类和社会的选择。比如，机器人技术，如果用于替代人做危险和繁重的工作，无疑是益于人类的；如果将其用于战争则是有害的。

事实上，科学没有好坏之分。但不幸的是，现在有些人将"科学"一词等同于"科学的使用"（工具技术），本质地讲，"科学的使用"不再是"科学本身"，就如同"语言的使用"不再是"语言"，"逻辑的使用"不再是"逻辑"，它们都成为一种工具。工具本身并无好坏之分，只有使用上的差异。

科学中的创造性的一个例子是发现"标准模型"。譬如，根据三个基本结构(即三个基本粒子家族)和三个基本自然力[①]解释我们世界的所有现象的精致综合。逻辑中的创造性的一个例子是被称为"无限"的严格而精致的逻辑结构的创造。语言中的创造性的例子有贝多芬的《第九交响曲》、但丁的《神曲》、屈原的《离骚》、曹雪芹的《红楼梦》等。这些创造性成就都是有益于人类的。

而语言、逻辑和科学的"使用"既可以有益于人类，也可以有害于人类。比如，军事应用科学(applied science)既可以用于战争技术，也可以用于民用技术；应用逻辑而发明的计算机，既可以帮助人们提高工作效率，也可以限制人们的自由。这种技术就如海德格尔所说的是一种"座架"，它把人们"框"在其中不能自拔。应用语言创造的不利于人类的意识形态的典型例子是纳粹主义，有益于人类的则数不胜数，如好的文学作品、好的音乐作品。

总之，语言、逻辑和科学的"使用"具有"两面性"——肯定的和否定的、消极的和积极的、有益的和有害的。我们应该弄清语言、逻辑和科学本身与其"使用"的区别，尽可能取其利而避其害。

还有一个问题需要澄清，那就是"科学的使用"或"应用科学"这个概念蕴含了"科学先于技术"的意思。也就是，人类先发现自然的逻辑，然后运用这些逻辑于实践之中，形成各种技术。科学家对科学的应用要担负责任。这是又一种误解，担负责任的应该是政治团体，不是科学共同体。更糟糕的是，人们认为科学源于技术，这也是一种误解。甚至有人说社会不需要科学

---

① 三个基本粒子是电子、质子和中子，三种基本自然力是电磁力、引力和强相互作用力。

家,如果他们不是为了技术进步的话。技术先于科学的观点出于这样的事实,即近代科学或伽利略式科学产生之前,轮子和火已经被发明了。也就是说,轮子和火的发明与科学无关。

然而,对轮子与火的原理的理解则是伽利略式科学产生以后的事情。发明一种东西不必然意味着理解它为什么工作,知"其然"不一定知"其所以然"。一种科学发现相当于理解所有可能被发明的东西。比如,电磁力这一自然基本力的发现,使得我们能够理解我们的所有感觉——视觉、听觉、嗅觉、触觉、味觉,是同一且唯一基本力的表现方式。这种力源于一种唯一实体"电荷"。当我们关掉电荷,我们的感觉就消失了。这样,所有发明,无论是现在的还是未来的,都与感觉相联系,即使它们还没有真正被使用前,都能够基于电磁力得到理解。也就是说,科学有助于我们认识世界的规律,从而使得我们知其"所以然"。

反过来,一种新技术的发明,也有利于科学的发现。比如,伽利略发明了望远镜,利用这项技术,伽利略发现月球表面不是完美的,太阳表面有黑子,这颠覆了一直认为月球和太阳是完美球体的传统观点。可以说,没有望远镜的发明,就不会有现代天文学。同样,没有显微镜的发明,也就不会有现代微生物学。这说明科学与技术是相辅相成的。如果技术中不渗透自然规律,则技术也是盲目的。技术发明为科学发现添加了"飞翼"。

当然,不是所有的发现都会借助于技术。伽利略对惯性定律和相对性原理的发现就是如此。这些发现既不需要望远镜技术的发展,也不需要任何技术仪器,他用一块石头和一根拴石头的绳子研究了石头的摆动,借此他发现了摆定律。用一块圆石头和一块木板来研究圆石头在木板上的运动,然后变换木板角度,借此他发现了自由落体定律。根据此定律他推测,如果没有空气阻力,羽毛和铁块下落速度是相同的,由此他预见了"真空"的存在。月球表面的情形就是如此。这表明:伽利略的发现依赖的是对自然基本规律存在的信念,而不是望远镜技术的发明。因为石头、绳子、木板不能算作技术,关键是伽利略相信,某一物质一定携带着宇宙创造者的印迹,其规律在时空中处处起作用。伽利略既没有发现摆定律,也没有发现自由落体定律,他发现的是混沌①。毫无疑问,伽利略开启了人类智力的新视界,他的工作表明:科学的任务就是发现自然的逻辑。

还有,爱因斯坦发现相对论也是如此。他曾经说,相对论的发现仅仅靠一张纸和一支铅笔。事实上,相对论的发现主要靠他的想象力,他之所以那样说,那是在工具使用的意义上而言的。没有纸和笔,爱因斯坦照样会发现相对论,只不过他会使用别的什么东西,如黑板和粉笔。这进一步说明:科学的发现,特别是抽象层次上的原理和理论的发现,不一定要借助于技术。

第三节 创新思路与新观点的表征

科学已经告诉我们关于世界的几乎所有方面。现在让我们超越现存世界,进入一个超世界视域。这是科学创新的一种新思路。比如,如果有光,一定有超光存在;如果有电子,一定有超电子;如果有物质,一定有超物质(反物质);如果有恒星,一定有超恒星;如果有能量,一定有暗能量。如果这些东西存在,我们为什么没有观察到它们呢?这就需要科学的创造性发挥作用。

我们知道,原创工作是非常艰难和非常复杂的事情。兹奇奇认为,首先我们需要丰富的想象力。想象丰富不意味着观点越多越好,观点多反而可能适得其反。你必须集中于一个新观点,此新观点你认为是最具原创性的。然后,你必须考虑这个新观点的所有可能结果。在这些结果中,如果有实验证据或数学的严格证明与你的新观点相矛盾,你必须发现或理解其中的缘由。如果你不能消除这个矛盾,那么你以为是的新观点,可能被其他人想到但是已被放弃,因为其他人已经发现了其中的矛盾。此时,你必须格外小心,你能够克服这个矛盾的情形可能发生,如果你比其他人更能够理解其困难所在。你不要限制自己简单地读其他人的论著,你要做的是必须理解所有细节。这是创造性的关键所在,其中,理解发挥着重要作用。

---

① Zichichi A, *Creativity in Science*, Singapore: World Scientific Publishing Co. Pte. Ltd., 1999, p. 12.

而理解是一种认知和智力过程,它由两个基本要素构成[①]。

第一,是你意识到而不是他人。为什么这么说呢?你尽可能深刻地研究和理解你一直思考的新东西的意义。这可能是一个新概念、一个新观点、一个新实验。接着你尽力想象所有可能的结果。这可能花费一天、一周、数月甚至一年的时间。经过废寝忘食地不断思考,有时一筹莫展,突然豁然开朗,找出出路。

第二,有强烈的动机。创新是一个极其艰难和痛苦的过程,其中有许多困难需要克服,克服困难就要有强烈的动机。因为你需要将一个新观念变成真且具体的东西。动机因研究的目标而异,这取决于你的新观念所涉及的问题与自然逻辑的关系,如纯科学,或技术创新形成新实验等。

接下来,笔者将通过兹奇奇亲历的三个新观念和技术创新结合的研究工作来分析科学的创造过程。

第一,填隙(shimming)技术与高精密磁场的产生。使用非常薄的铁片产生多种形式的高精密磁场的观念,是兹奇奇经历数周的冥思苦想得到的。这是一个既省时又省钱的技术。因为如果不是这样,每一项实验都将花费大量时间、物力和财力。比如,机械形成一个磁极就需要一个月,一个多项磁场需要至少六个月,产生第一个高精密磁场这项工程至少需要三年时间。如果运用他的新观点,仅需要一天时间而且几乎无须花钱。假如兹奇奇没有这个新想法,产生高精密磁场的实验也就不能实现了。当然,有了新观念还不够,还需要克服许多技术困难设计新实验来实现新观念。

在兹奇奇的实验中,材料很普通,在市场上很容易买到,但由于观念是新的,实验自然就与以往的不同。事实上,最伟大的创造力在于,当新观念需要实现时,相应的新实验也非常简单。为什么说如果实现一个创新观念的实验非常简单时这个创新就是一个原始创新呢?因为在此之前没有人产生使用这个简单办法的观点。

我们知道,伽利略科学是从两个非常简单的技术创新开始的。一个是摆,另一个是斜面板。摆由一块石头加一根绳子构成。这两件东西是世界上最普

[①] Zichichi A, *Creativity in Science*, Singapore: World Scientific Publishing Co. Pte. Ltd., 1999, p. 17.

通不过的,但是没有人想到用绳子拴住石头,然后研究其运动。伽利略仅使用一块石头和一根绳子,就成功地准确测量了引力的加速度。摆和斜面板就是伽利略的两个技术创新,他使用它们发现了自然逻辑的第一个要素——科学。

发明填隙技术产生高精密磁场是兹奇奇进入欧洲粒子物理研究所开展的第一项创新性研究工作。根据他的设想,实验室制造了"扁磁铁"也叫6米(g-2)磁铁。它是当时世界上最大的磁铁,它能够进行介子这种基本粒子的所谓"异常磁时刻"(anomalous magnetic moment)的第一次高精密测量。这个实验表明,介子是一种与电子同一的粒子,但介子的质量却是电子的200倍。为什么介子比电子重200倍,但其属性几乎与电子相同呢?或者说,如果使用电子得到相同的结果,为什么自然还给介子200倍的质量呢?

为了理解这个问题,我们需要测量一个基本量——介子的"异常磁时刻"。为了得到这个精确的量,我们需要建立一个非常大的磁铁,它具有高精密的磁场和多种形式。这项实验以前从未做过,因为没有人知道如何建造如此复杂和精密的磁场。

第二,预簇射(pre-shower)与新粒子的发现。在兹奇奇60多岁时,他有了寻找一种比介子重的新粒子的想法。在已经观察到的粒子序列中,第一是电子,第二是介子。寻找第三种轻粒子[①]不是一件容易的工作,这需要一种新的创新技术,它能够把电子与其他核粒子区别开来。这种新技术就是预簇射技术,它能够使欧洲粒子物理研究所的科学家做一系列的实验,以识别第三种轻粒子的最佳产生过程,以及寻找它的最佳方法。预簇射技术使得一种被称为J粒子的新粒子的发现成为可能。J粒子的发现非常重要,它是人们熟知的"十一月革命",因为它的发现发生在1974年11月。预簇射技术现在已经被用于所有实验,在这些实验中,你想选择"电子"并确定它不是由一个标准核粒子(介子)模拟的信号。

第三,飞逝时间(time of flight)与核反物质。狄拉克预测的反粒子,如反电子、反质子、反中子等,已经被发现,它们被称为核反物质。那么,对于

---

① 电子和介子叫作轻粒子,以便把它们的性质与夸克的性质区别开来。事实上,物质由夸克和轻粒子构成。

反物质的研究进展怎样呢①？困难有两点：一是实验室中产生的反物质非常少；二是一旦产生了反物质，需要确定它的确具有正质量和恰当的性质。技术上的困难在于测量时间间隔，即飞逝时间。兹奇奇发明了一个简单的仪器——闪烁计数器，他的制造思路是：一旦反粒子产生，（光）信号穿行并到达检测器（四个光电管构成）所花费的时间，必须独立于撞击点，而且电子连接必须引导最小时间量程。这一新的实验仪器能够让兹奇奇测量同一反粒子通过两个检测器的时间间隔，检测结果的精度是前所未有的，达到100兆秒。这一发明导致兹奇奇发现了第一个核反粒子。

这三个例子说明：一个新想法的实现或表征需要一项新技术的支持。新想法不能仅仅停留在大脑中，我们必须想方设法实现它或表征它。实现或表征是需要借助技术手段的。在当代科学研究中，新观念与新技术的结合已经成为一种不二选择。

总之，创造对于一个民族或国家的生存和发展来说，无论怎样强调都不会过分。今日的中国要实现富民强国的"中国梦"，就更需要强调和注重创造。纯语言、纯逻辑和纯科学是我们经验世界的三个支柱，它们构成了创造的语境。在这个语境基底上，人类充分发挥想象和有目的的动机的内在心理作用，认识世界并改造世界。在语言、逻辑和科学的运用中，创造性既能够造福人类也能够祸害人类，这就要看人类自己的选择了。创造性在这些智力活动中的运用，必须受到人类存在的超验价值的制约，这就是人类生存的终极关怀问题。我们只有把超验范围与经验范围紧密结合起来，才能运用语言、逻辑和科学这些工具认识并改造世界，也只有持正确的价值观，才能很好地利用科学的创造性造福人类。

第四节　科学认知的社会表征

根据语境实在论，社会是一种重要的语境因素。相应于科学认知从"小

---

① 丁肇中领导的研究小组自20世纪90年代以来一直致力于反物质的寻求与研究，研究手段已经扩展到太空，即利用太空技术在太空舱中做实验来探询反物质及其性质。

科学"到"大科学"的发展,科学认知的表征的发展,也经历个体知识表征、集体知识表征和社会知识表征三个阶段。科学知识社会学把科学共同体的知识背景、价值取向、利益协商等纳入社会学的分析,使得一直享有客观知识特殊地位的个体科学知识受到了挑战,社会表征理论也对科学知识进行了重新界定,合理地解释了科学共同体对科学知识的社会表征。

科学知识社会学的产生,颠覆了一直以来科学知识所享有的特殊地位,因为它把科学知识的产生理解为科学共同体集体的表征,而不仅仅是科学家对客观事实的真实描述过程。同一时期产生的社会表征理论,将社会、文化、心理等因素纳入科学知识的表征中,强调这些因素在知识形成、表达和描述过程中的重要作用。纵观科学知识的发展历史,我们发现,对科学知识的描述经历了从个体知识表征到集体知识表征再到社会知识表征的转变。这种转变不仅与所处的社会发展背景有关,也体现了科学由"小科学"向"大科学"的转变。

一、个体知识与个体表征

对知识本性的探讨在哲学史上一直占有十分重要的地位。从亚里士多德到培根、洛克、休谟、康德、穆勒等,他们都把知识作为反思的对象,通过对知识的探索来研究认识论问题。近代科学革命以来,特别是18世纪启蒙运动后,科学知识受到特别重视,知识体系被分为"纯知识"和"非纯知识"。前者是指不受社会因素影响和历史条件制约的客观知识;后者则是受社会因素影响和历史条件制约的主观知识[①]。这种二分法的直接后果是把科学知识看作具有某种优越的特殊知识,这不仅对以后的逻辑实证或经验主义、证伪主义或批判理性主义的科学哲学产生了深远影响,还对曼海姆的知识社会学、默顿的功能主义科学社会学对知识的表征产生了深刻影响。

在科学哲学中,20世纪初兴起的逻辑实证或经验主义对科学知识的本性做了系统的解释:科学知识是实证的、客观的,观察独立于理论,观察陈述严格与理论陈述相区分,经验事实被看作是判断知识是否科学的唯一标准。

---

① 浦根祥:《科学知识本性的哲学与社会学解释之争初探》,《自然辩证法研究》1996年第10期,第88页。

可以说，逻辑实证主义对科学知识本性的解释，是当时乃至其后很长一段时期的标准解释，这种科学合理性理论也被称为"标准科学合理性理论"[1]。此后出现的证伪主义，虽然在理论上对逻辑经验主义做了批判，但它仍然主张一种与数理逻辑结合的、静态的科学知识结构分析。因此，无论是逻辑经验主义还是证伪主义，都表达了这样的科学观："科学知识是已证明了的知识。科学理论是严格地从用观察和实验得来的经验事实中推导出来的。……个人的意见、偏好和思辨的想象在科学中完全没有地位，科学是客观的。"[2]可见，在早期的科学哲学家看来，科学知识作为一种标准科学被看作是一种对自然的精确表征，是一种去情境化的、没有任何"杂质"的理论。

在社会学领域，曼海姆的知识社会学也区分了两类知识，"知识"被认为是社会科学知识，是主观的、社会决定的，这与早期科学哲学家反对知识的社会化有所不同。虽然曼海姆克服了自己对知识普遍一致性的盲从，但其思想仍然徘徊于二分法的传统中，强调自然科学知识享有特权，免于社会学解释。这种对科学知识的非对称解释在默顿的功能主义科学社会学中得以延续。默顿的功能主义秉承了逻辑经验主义的"标准科学观"，它虽然以科学知识为研究对象，却是科学建构化的社会学，仍局限于科学知识的外在社会现象的研究，不涉及科学知识的内容及其深层本质，其实质是一种"黑箱式"功能主义社会学，反而为科学圣殿围铸了一层更为坚实的保护墙。

无论是逻辑经验主义，还是知识社会学及科学社会学，都对近代以来认识论一直在致力回答的最核心问题——知识何以可能，认识主体怎样才能获得客观真理和各种信念，做了近乎一致的解释。它们坚信，科学的目标是建构一个按照逻辑规则且不受主观制约的世界图景，强调通过实践检验来判定知识的真假，科学知识因此是特殊的、享有某种优越性的客观知识体系，它是科学家个人对客观世界的主观表征。

显然，在对科学知识的不同理解中，知识社会学虽然考虑到了情境、社

---

[1] 贺建琴：《从科学知识的不同解释模式解析科学知识社会学的发展》，《山东科技大学学报》2006年第3期，第19页。

[2] ［英］查尔默斯：《科学究竟是什么——对科学的性质和地位及其方法的评价》，查汝强译，商务印书馆1982年版，第10页。

会因素，但真正做到彻底理解的却是科学知识社会学。在科学知识社会学之前，对科学知识的研究几乎都是从个体的、微观的角度进行的，所得知识是科学家个人对科学研究的程序、结构、逻辑进行的一种静态研究的结果。科学知识是一种理性因素的积累与重建，高度崇尚逻辑理性，完全排除非理性的因素。科学知识社会学完全反对这种做法，"同原有的认为不同，它脱离了以笛卡儿、康德为代表的研究传统，并不是从认识个体这个角度来研究知识，而是强调对知识进行现象学的考察，直接研究知识的内容与社会因素的关系"[①]。

笔者把科学家个体研究得出的科学知识叫作个体科学知识。与这种知识对应的知识表征形式就是个体表征，也即从微观角度揭示个体认知过程的内部心理机制——信息是如何获得、贮存、加工和使用的。个体表征也因此被称为心理表征，它是信息或知识在大脑中的呈现和记载方式。当人们对外部信息进行加工——输入、编码、转换、存储和提取时，这些信息就以表征的方式显现在大脑中。因此表征一方面反映了客观实在，另一方面又是心理活动要加工的对象。

传统的个体科学知识是关于科学方法的合理重建以及概念命题的逻辑分析，强调对分析、还原和逻辑方法的运用，使科学知识成为一门精密的学科，而不以科学家的个人品质和社会属性为转移。用孔德的实证主义术语讲，自知识从神学阶段、形而上学阶段进入实证阶段后，知识被认为只有建立在经验观察基础上才是科学的，科学家创造知识的过程就是个体的认知过程，这种个体知识是科学家头脑中所具有的信息总和，属于个体表征。这种流行的科学主义看法在当时乃至其后相当一段时间都具有众多的拥护者。

然而，这种个体表征的科学知识是有局限的。科学家在形成这种知识表征的过程中完全排除历史、社会、个人心理等因素，而寻求一种高度精密的、价值中立的科学知识，这显然是不可能实现的。科学家在生产知识的过程中完全是一种静态的、理性的、个人的状态，忽视了知识要为社会所接受、受社会规范和社会标准所影响的状态。这种所谓客观的、标准的科学知识具有

---

① 顾正林：《从个体认识论到社会认识论——当代认识论的另一个转向》，《科学技术与辩证法》2007年第6期，第53页。

某些主观虚妄性,因为在科学知识的生产过程中,从问题的产生、假设的解决,都渗透着研究者的判断、设想、想象和直觉,"在一项探究活动中,心灵的两种功能从头到尾都在联合地发生作用。一种是想象力的刻意的主动力量,另一种是我们称作直觉的自发的整合过程"[①]。因而,个体表征知识在一定程度上并不完善,势必要求一种把社会、环境、文化等综合因素都考虑进去的集体或社会的科学知识观。

二、集体意识与集体表征

个体表征的科学知识是"小科学"时期科学家个人凭借自己的兴趣及主观努力实现的。随着科学与社会的结合越来越紧密,个体知识表征的局限越来越明显,科学知识需要更加宏观、复杂的社会解释,在这种情形下,"集体表征"则不可避免地出现了。

集体表征是迪尔凯姆在《个人表征与社会表征》中提出的。他虽然没有对"集体表征"进行明确定义,但由于致力于推动社会学成为独立学科,主张社会学应该以客观的社会现象为研究对象,从而划清社会学与心理学的界限。在他看来,心理学微观地探讨和研究个体及其心理现象,割裂了个人与社会的联系;个体表征是心理学的范畴与概念,集体表征则是社会学的范畴与概念,知识就是一种集体表征。

集体表征概念意味着,我们所得知识一般都源于社会,知识因此既是一种集体意识,又是一种社会现象,它不过是人对社会的一种符号表征,以及对社会组织与自然环境之间关系的一种认知描述;知识离不开人的社会存在,它只不过是这种集体意识的不同方面,其基础就是社会形式本身。因此,只有将知识作为一种集体表征来分析和考察,才能对社会进行研究。

迪尔凯姆的集体表征主要围绕宗教认知展开。在他看来,宗教是以集体表征方式突现出的知识现象,是前科学知识,并非只是观念系统;宗教仪式也并非只是信仰的附带物,宗教源于实际的、现实的社会,但由于社会须将自身保持为一个连续性的概念,它就以一种"意识形态"的方式表现

---

① Polanyi M, *Science, Faith and Society*, Chicago: University of Chicago Press, 1964, p. 29.

出来[①]。因此，迪尔凯姆解决知识的社会条件问题是借助对宗教的分析来完成的。这种知识便是一种集体表征，它既不是经验的也不是先验的，而是社会的、强制的和权威的。

迪尔凯姆还认为，集体表征是一种静态的表达方式，它缩小了主体及其心理方面的作用，以保证社会因果关系的客观性。也就是说，集体表征是事先建构的，一旦建立便不受个体表征的任何影响，这就是表征的强制性。因此，"表征就是与集体相等的并且是与没有其他表征存在的群体相关联，这就导致表征的静态特点并与封闭的社会联系在一起"[②]。

从个人与社会的二元关系上讲，迪尔凯姆致力于知识社会学的建立，他认为个人与社会是一种不对称关系，社会凌驾于个人之上，集体表征优于个体表征；个体表征也是由于社会传递给个体成员才形成的，这样就会导致集体表征所包含的意义过于宏大、不具体，忽视个体表征反而失去了意义[③]。在迪尔凯姆的具体分析中，尽管他讨论的是关于知识的社会条件问题，但他的宗教知识社会学关注的仍然是古代的、原始的社会和知识形态，这并不完全符合当代社会的发展背景以及科学发展的需求。

当代科学发展已由近代时期以科学家个体研究为主的"小科学"时代，进入当代需要科学家共同体或科学组织之间共同协作的"大科学"时代。科学知识的解释也需要综合考虑当代社会的各种因素。在当代，社会分工日益细化，社会结构更加复杂，不同的社会分工与社会类别交叉存在，导致人们生活在多重文化的环境中并担任多重社会角色。信息的流动日益频繁，就会导致文化之间的交流与碰撞，所以不能用一种既定的结构框架解决先存的问题。作为个体表征与社会表征之间过渡阶段的集体表征，虽然反对从个体的角度解释知识的产生，但也不符合当代社会的背景，不能描述当代社会及文化现象。因此，当代科学知识的表征应该表现为与当代社会相适应的社会表征。

---

① 张秀琴：《表征、情境与视角——古典知识社会学视野中的知识、社会与意识形态》，《辽宁大学学报》2004 年第 3 期，第 90 页。

② Moscovici S, "Presenting Social Representations: A Conversation", *Culture and Psychology*, Vol. 4, No. 3, 1998, p. 219.

③ Moscovici S, "The Origin of Social Representations: A Response to Michael", *New Ideas in Psychology*, Vol. 8, No. 3, 1990, p. 386.

需要指出的是，尽管"社会的"和"集体的"这两个概念在人类语言系统中并没有明显的差异，但"社会表征"和"集体表征"却大不相同。"社会表征"是为了描述社会与个体之间关系所存在和显现的共同领域，它反对偏重于社会或个人的最终结果，认为个体心理与社会文化之间是一种对称、对等的关系，不存在凌驾关系。一旦将个体的具体性与集体性相分离，人们将从这二者的冲突关系中脱离出来。同时，"社会表征"强调现代社会的异质性、动态性、多样性以及社会中群体成员的共识性，强调社会文化与个体心理间的相互依赖、共同发展。它是一种动态结构，是由社会成员构建的，不是与生俱来的，个体创造与社会之间是一种动态的相互作用的关系。它更关注现代社会中集体观念的变化和对差异的探索，正是集体观念中存在差异，才导致社会内部同质性的缺乏。而恰是异质性的存在，才会使一种文化状态存在压力甚至分裂，这就会导致新的社会表征的出现。因此，用社会表征理论解释科学知识的产生就是可理解的了。

三、社会共识与社会表征

法国心理学家莫斯科维奇于1961年发现，当代社会心理学中的意向、态度、刻板印象等概念无力整合心理、社会与文化，而意识形态、世界观、意图等概念又过于宽泛，无法解释社会知识的文化特异性，于是便继承并发展了迪尔凯姆的"集体表征"概念，在《精神分析的公众表象》中首次提出了"社会表征"的概念[①]，并将它定义为"某一群体所共有的价值、观念及实践系统，并认为其兼有两种功能：其一是为个体在特定生活世界中的生存进行定向；其二则是提供可借以进行社会交流及对现实世界与个体、群体历史进行明晰分类的符号，使人际沟通得以实现"[②]。

这样一来，社会表征就构成了集体成员的共有观念、意图、思想和知识。这种共有理念和知识是由社会产生并通过交流而形成的。也就是说，作为社会

[①] 张曙光：《社会表征理论述评——一种旨在整合心理与社会的理论视角》，《国外社会科学》2008年第5期，第21页。

[②] Moscovici S, *La Psychanalyse, Son Image Et Son Public*, Paris: Presses Universitaires de France, 1976, p. 103.

表征的共有知识,它被共同体的所有成员所共有,并成为成员之间沟通的基础。因此,共有知识既源于人们的社会经验与体验,也源于人们凭借传统、习俗、教育、文化和社会交往与交流而接收和传递的信息及知识。总之,社会表征蕴含了一种社会共识。对同一共同体来说,社会共识构成了其成员理解生活在其中的世界的认知构架,也即将人和事物置于一种熟悉的语境中给予习俗化。

从对莫斯科维奇的社会表征概念的分析,我们发现社会文化的主体间性和社会认知的异质性这两个特征。前者是指同一文化共同体成员间共有一定的观念、思想、意象和知识,也即关于特定客体的表征;后者即不同共同体对同一客体彼此不同的表征。这两个特征深刻揭示了文化与认知互构互生的辩证联系。而强调社会成员的交流互动构成了社会表征,社会表征反过来又对社会成员有规约作用。这可以解释科学知识社会学中科学知识的集体间性。

社会表征理论把个人、社会及其互动纳入心理学的研究,用以解释一些社会群体以及社会问题。传统科学哲学给予科学知识的特殊地位,也因此招致了越来越多的批评。20世纪70年代初,受库恩范式革命思想的影响,英国科学社会学家巴恩斯和布鲁尔借鉴知识社会学对默顿的科学社会学和维特根斯坦的哲学进行了批判,建立了科学知识社会学。科学知识社会学的产生改变了这种认知和现状,将科学社会学研究引向科学共同体的认知层面,对长期以来享有免于社会学解释的科学知识特权提出挑战。他们重新对科学知识的本性进行深层反思,认为所有知识,"无论是经验科学知识,还是数学知识都应该对其进行彻底的研究……,没有什么特殊的界限存在于科学知识的本身的绝对的、先验的或存在于合理合法的、真理的或客观的特殊本质之中"[①]。可以看出,科学知识社会学的学者们不满足于对科学知识的纯客观解释,认为只将非理性的、失败的信念和知识状态做社会学解释,是一种不对称立场的外在表现,因此致力于对科学知识的社会学解释。

当然,在科学知识社会学产生之前,就有对这种不对称解释的异议。库恩的"范式"理论是典型代表,它认为不同科学共同体有其专门的研究范式,在范式的选择过程中,只能诉诸科学共同体的非理性因素,如爱好、兴趣、专业背景等;范式之间不可通约,科学的合理性及科学知识的意义只拘

---

① [英]大卫·布鲁尔:《知识与社会意向》,艾彦译,东方出版社2001年版,第7页。

泥于范式的合理性，由所选择的范式决定。库恩探讨了社会和心理因素对理论选择的影响，彰显了非理性因素在科学进步中的积极作用，促使了相对主义方法论的流行，对科学的客观性、理性形成了真正的挑战，打破了以往关于科学知识具有普遍性和经验检验性的观点，对科学知识社会学的形成产生了直接影响。波普的证伪主义、汉森的观察渗透理论，都对逻辑经验主义的知识观进行了批判，强调理论与观察不是独立的，情境因素对科学家观察实验及实验结论有重要影响，否认科学知识是一种天然产物。费耶阿本德认为科学知识并不是区别于宗教、艺术的理性知识，而是一种与宗教、艺术、文化、音乐等相互联系的文化系统。

不难看出，无论是库恩、汉森还是费耶阿本德，在对待科学知识的问题上都反对对科学知识做不对称解释，他们要把科学知识从黑箱中解救出来，并对其做社会学的解释。科学知识社会学更是把科学共同体自身、社会、文化等因素都纳入科学知识的解释中，并对科学知识做对称解释。从起初的"强纲领"到后来的建构论，都否认自然界在科学知识产生中的决定作用，认为科学知识在本质上是建构的，从而试图消解自然科学与人文科学之间的鸿沟，把科学与文化、宗教等平等看待，科学不再具备任何优越性。

总之，科学知识社会学对科学知识的重新理解，冲击了传统科学知识的特殊地位，指出了个体表征的缺陷。更重要的是，通过对科学知识的重新理解，科学知识社会学体现了一种新的认识论——社会认识论。在这种认识论中，知识共同体是科学认知的相关单元，强调"知识共同体"的社会认知的突出地位。这是以往无论是知识社会学还是科学社会学都没有体现的，它们仅仅体现的是科学家个体的活动，这实际上完全忽视了集体认知的效应，忽视了将科学看作"重要的公共知识的社会生产"的观念，科学知识的产生就成为科学共同体集体表征的产物。这与社会表征理论的产生有着相似性，对社会表征的理解有助于全面理解科学知识的产生及其客观性。因此，我们主张用这一范式重新解释科学知识的表征问题。

四、科学知识的社会表征

对科学知识的个体表征做了彻底否定的科学知识社会学重新定义的科

学知识是科学共同体的社会表征吗？社会表征理论又能否解释这种科学知识的产生呢？

第一，科学知识社会学把科学知识的形成看作集体认可的信念。巴恩斯、布鲁尔和柯林斯等的"强纲领"思想，从因果关系上对科学知识进行社会学的解释，以消解其科学合理性合法地位的同时，也坚持经验知识是渗透于理论的，但是理论又受制于科学共同体所信奉的特定范式，理论的选择是科学共同体之间磋商、解释和争论的社会过程和结果，因为个人体验、寻求的东西不一定能成为人们共有的东西，科学共同体的专业背景、学派等不同都会对理论产生影响，这需要集体的协商才能决定，从而强调"看待科学知识的本性，不能对孤立的个体行为和信念进行哲学分析，因为科学知识是社会文化的产品，是文化选择和社会协商的结果"[1]。这是由原来的个人认知，向一种由科学共同体构成的集体或社会认知的转变，因为科学共同体是知识产生的主体甚至是决定者，它因此是遵守同一科学规范的科学家群体。也就是说，科学家在同一科学规范的约束和自我认同下工作，其成员掌握大体相同的文献，接受大体相同的理论，有着共同的探索目标。而知识的产生则是科学共同体与社会环境、社会文化、专家的背景之间主体间性化的结果。

第二，根据莫斯科维奇的社会表征理论，知识表征是通过"锚定"（anchoring）和"具化"（objectifying）这两个概念来实现的。"锚定"意指负责整合原有的知识、内容和意义，将其变成新系统的一个认知过程，并对不熟悉的事物和现象进行命名，明确其指称，也即用熟悉的名词和概念来解释和定义不熟悉的事物和现象，使其获得解释和沟通的过程[2]。或者说，"锚定"是一种规约化、习俗化和约定化的认知过程，它是用已有概念、术语、名称或规则及方法，让新发现的事物和新事实很快地被人们熟悉起来，让人们以熟悉的事物或客体作为图式或框架，来理解、掌握新奇的和陌生的事物或客

---

[1] 郭启贵、高文武：《爱丁堡学派科学知识社会建构论批判》，《河南科技大学学报》2012年第1期，第42页。

[2] Moscovici S, *Social Representations: Explorations in Social Psychology*, Cambridge: Polity Press, 2000, p. 177.

体，以化解我们无法应对新奇概念、现象和事物所产生的不安和烦恼，或是消解或降低由于缺乏相关知识和学科背景而产生的威胁之感受和体验[①]。因此，锚定过程是基于熟悉的事物的认知储存，是对新异和陌生事物进行分类和命名的认知过程。或者说，它将新异的事物归入已知的类别或类型，并将其转化为自身所熟悉的范式和模式。而且，锚定过程在熟悉的类别语境中赋予了社会文化信息更多的内容和意义，使我们在语境化过程中建立起自己的群-己关系，之后产生行为、行动和思考的倾向，并形成对路径的敏感和依赖，进而形成强势和主流的价值观[②]。"具化"是指将各种元素（规范、价值、行为、意图、理念）形成社会框架和文化框架，在沟通过程中将它们整合到表征的不同元素中，并使那些模糊和抽象的观念变得具体化和具象化。而拟人化（personification）和比喻（figuration）则是具化过程的两种路径。进一步说，具化是锚定机制的延续和扩展，它将其隐含的抽象事物和不可见现象，具体化为可见、可触和可控的现实事物和实在现象，以便我们能够理解一般常识知识和特殊科学知识之间的关系，特别是理解从新异事物到熟悉社会现象和人类经验的过程。通过锚定机制，我们将不熟悉的事物置于现实的社会生活中而使其具有内涵和意义，再运用具化机制将抽象的概念、态度和关系，通过编码、解码转化为具体的事物或客体。因此，社会表征就成为一种变化、动态和发展的过程。它首先通过一种内在引导机制，将新奇观念或事物置于熟悉的语境中而赋予其内涵与意义，进而指明社会行动的方向和道路；而后再通过一种外在引导机制，将相应的事物或现象转化为具体的、客观的社会共识物而投放到我们外部的世界之中，从而使其成为现实社会安排和设置的组成部分。

第三，科学知识的产生和承认需要共同体内部的沟通和磋商。一方面，个体的认知产生和评价要成为大家所共识的、集体承认的知识，需要共同体内部的沟通。认知个体遵守行为的共同准则，他们在相互作用中通过交流与

[①] 管健：《社会表征理论及其发展》，《南京师大学报》（社会科学版）2007 年第 1 期，第 94 页。

[②] 杨宜音：《关系化还是类别化——中国人"我们"概念形成的社会心理机制探讨》，《中国社会科学》2008 年第 4 期，第 157 页。

沟通，调整已有的认知表征，以与共同体所要求的行为准则一致，逐渐形成科学共同体的社会表征这种共识。所以，"事实是被集体界定的，任何知识体系由于其制度特征，必然只包含集体认可的陈述"[①]。

另一方面，科学知识的产生不仅是一种合乎逻辑而连贯的认知过程，也是一种与社会态度相关的思维运作过程。通过分类与命名新异事物，我们不仅可以认识它，也可对它做正面或负面评价。而且，科学知识社会学的学者都认为科学知识并不是绝对的，它的产生带有偶然性，因为科学知识本身就带有利益和社会磋商形成的偶然性。实验室结果必须得到不同文化、教育、道德和科学训练的科学家的评价和认可，才能最终融入公共知识体系。因此，科学中的每一个新发现或新结论，都是一个自然推论，它并不仅仅是运用规则推理的结果，也是偶然使用特殊仪器、特殊材料和特殊语言的结果，更是实验人员之间，以及同实验室外的人们之间相互协商的结果。只是在将发现结果写出来发表时，科学家才把自己的活动编成故事，其中强调理性，去除导致这种发现的偶然性和社会磋商[②]。

第四，科学知识的产生还受制于科学共同体的价值观、兴趣、利益选择等，其形成不仅是对共同体语境，以及个人和集体的社会、历史、文化语境的理解，也是对科学家感受他们所相信的那些"无形且不可见"的东西组成的客观世界的理解[③]。因此，科学活动中的协商和共识，比自然界的裁决更重要，甚至连自然规律本身也是科学家集体发现和创造的产物。因此，从本质上讲，科学知识是已被共同体"接受的信念"，而非"正确的信念"。拉图尔、谢廷娜通过对处于科学中心的国家或地区的实验室进行观察，揭示了科学知识的社会构建特征。在他们看来，科学知识是人类创造的，自然而然地具有社会性，它们不是对给定的、不依赖人的自然秩序的解释，而是用可获得材料和社会、经济、文化资源创造的。在谢廷娜看来，科学活动存在资源

---

① [英]巴里·巴恩斯：《科学知识与社会理论》，鲁旭东译，东方出版社 2001 年版，第 24 页。

② [澳]卡林·诺尔-塞蒂纳：《制造知识：建构主义与科学的与境性》，王善博等译，东方出版社 2001 年版，第 88 页。

③ [英]巴里·巴恩斯、大卫·布鲁尔、约翰·亨利编：《科学知识：一种社会学的分析》，邢冬梅、蔡仲译，南京大学出版社 2004 年版，第 101 页。

的分配问题，科学实验就是认知文化的试验场，其中的人员之间的交流和协商体现了一种交换关系。这表明：虽然科学知识是共同体内部共同协商的结果，但设计科学实验时，共同体会将自己的爱好、价值观、偏好等因素考虑进去，从而导致最终结果是共同体与主观情感、环境之间张力的体现。这表明，科学知识是符合共同体本身的利益和需求的。

第五，在科学知识的产生中，"信任"和"权威"能使科学共同体在创造、研究、探索、实验中最终得出大家所接受、认可的结果。"信任"和"权威"深深嵌套于社会互动和探究外部客观世界的活动中。作为一项集体事业的科学，其共同体成员之间的相互信任与依赖，科学家个人的经验陈述与可靠、合理的主张，只有被置于科学共同体的体制化过程中才能建立起来。科学知识不只是通过集体行为获得的，更是通过集体行为保存和认可的。在知识的获得与交流中，交流关系由于包含"信任"和"权威"而具有道德属性。也就是说，科学知识的获得和认可，是由科学共同体的普遍道德秩序支撑的。因而科学共同体不只是个体的集合，还包括它们之间的道德关系及"权威"和"信任"。这种对科学知识的认识是基于不同时空的个体认知者的集体认知。

第五节 结 论

科学知识的产生，体现着科学共同体内部的相互作用。与传统微观的个人认知过程有所不同，它从宏观意义上体现着一种社会知识表征。社会表征理论重返人文主义话语形态，凸显了特定文化共同体的社会表征，会因新事物的突现而发生重构，从而揭示了社会表征在变革社会中的自我调节机制。不过，社会表征主要还是一种语境预设，也就是说，个体的存在与认同植根于一种集体性并为社会所塑造。社会表征概念本身也有两个缺陷：一是偏重表征的内容和结构，忽视了社会性表达。因为表征在现实社会中通常不是中立的，而是与种种权利纠葛在一起的；二是重视社会、历史、文化的主体间性，但未触及个人层面动态和多元化的认知过程，毕竟认知过程主要还是发生在个体头脑中的。尽管如此，社会表征对于我们理解科学表征问题开启了一个新的视角。可以预见,社会表征与延展认知、情境认知的结合,科学知识社会与认知科学、认知神经科学的结合,对于我们进一步探讨科学表征的机制与过程有所助益。

第 十 七 章

认知多样性：科学表征的特性

关于科学表征问题的种种理论充分说明，科学表征的方式绝不是单一的，而是多元的，对于这个问题的说明也不是一种而是有多种。如前所述，表征是用一个事物 A 描述另一个相关事物 B，是一种认知过程。在科学实践中，A 通常是模型或数学方程，如 DNA 模型、麦克斯韦方程，B 是要描述或解释的对象或客体，如自然现象、量子现象。问题是，A 表征 B 是否意味着 A 与 B 相似或同构，或者 A 指代或替代 B，或者 A 推出 B？A 表征 B 是否意味着 A 准确、可靠地反映了 B 的真实情况？或者说，表征是实在的还是非实在的，是否承载了语义或内容？一般表征与科学表征的区别是什么？这些问题不仅形成了所谓的"科学表征问题"，也形成了关于表征的认知多样性问题。

而关于科学表征的不同理论——图像论、结构主义、自然主义、指代论、相似观、同构观、语义论、语用论、推理主义等，一方面，它们是对表征问题的不同方面的探讨，本身说明表征具有多样性；另一方面，它们都要回答理论与世界、模型与对象、语言与现象之间的关系。具体说，一个抽象实体，如模型，如何能够表征某种物理客体，如量子，并使它在特定语境中产生意义？或者说，一个理论或模型，如何能够通过指出理论与数据这些抽象实体之间的一个关系而与现象相关？如果科学准确地提供了自然(现象)的一个表征，那么它究竟表征了什么？是实在、现象还是表象？图像的确描述了我们面前的事物，如一幅描绘真实风景的油画。难道我们也可以说量子力学也像图像一样描述了量子现象吗？它们之间的区别究竟是什么？一般表征，如文学艺术，是以图像或日常语言描述自然现象的，而科学主要是以抽象的、形式化的或数学化的方式刻画表征对象的，如物理学定律对物理现象的数学表达。从认知的视角看，这种直观的表征与抽象的表征之间是否存在共同属性或特征？如果存在，是什么？如果不存在，是什么原因造成的？也就是说，艺术表征与科学表征是否具有相通性？

要认识世界，首先要知道如何表征世界。这说明表征是一种认知方式。无论我们面对的是可观察的现象，还是不可观察的现象，认知的结果无论是潜在的心理表征，还是显在的知识表征，表征在其中都充当重要角色。在探询的意义上，所有表征都是认知过程，只要我们用一个工具描述要探寻的对象。科学作为一种探询活动，认识和把握未知世界是其目的，其中表征是必不可少的，因为表征充当了主体和客体之间的中介。这个中介可以是图像、语言，也可以是模型、方程，缺少这些中介，科学就不会形成知识体系，我们也无从把握世界，更谈不上知识的学习与传播。

不仅如此，围绕表征还产生了一系列重要哲学问题，涉及本体论、认识论、方法论和价值论（真值问题）。本体论要回答表征是什么，认识论要回答表征是否反映了实在，方法论要回答如何表征，价值论要回答表征是否蕴含了意义。这些不同领域的问题彰显了表征的多样性。也就是说，作为认知的表征不是一元的，而是多元的，不是单一的，而是多样的，不是一维的，而是多维的。其认知多样性具体表现为图像认知、指代认知、替代认知、推理认知、结构认知、模型认知、隐喻认知和语境认知。接下来，笔者对这些认知方式做进一步分析。

第一节 作为直观相似的图像认知

图像论是19世纪物理学家奉行的一种表征观点。根据图像论，科学理论是一种心理图像，它是对实在世界的镜像式反映，与实在具有部分相似性。建模过程就像拼图识字那样在科学家心中组织图像，被组织的图像可以是肖像，也可以是符号，还可以是图表、图解。范·弗拉森认为，图像论所说的图像包括成像、绘画和缩放比例。这些不同类型的图像表征的主要特征是相似。原则上，任何事物与其他任何事物以许多方式相似，相似的有效使用一定是选择性的。"相似的出现不是当我们问'什么是表征'问题时，而是当我们陈述'这个或者那个表征如何表征，它如何成功'问题时。"[1]因此，相似作为工具对于表征是不充分的。即使我们认识到相似所起到的作用，它也无须是关于任何可见的或观察的属性。也就是说，相似无须是属性同一的，它可能有程度的不同。成像、绘画和缩放比例的相似程度就是不同的，范·弗拉森按照相似度的高低将成像、绘画和缩放比例的相似看成一个等级结构，一种多重相似，可用形象、成像和意象来描述。这些都是视觉形象，如伽利略对力学现象的科学描述是一种运动学形象，文艺复兴时期的绘画艺术是一种视觉透视。

在范·弗拉森看来，图像表征的相似是高度有序的。例如，纸上的一组字母的空间结构，可能是由那些字母表示的一组事件的时间结构，即空间结构能够表征时间结构，如线段上的点可以表示时间。用可见的表象来描述不可见事物是普遍的，这并不排斥表象的概念，因为某个结构与一个视觉可识别的结构相似，可以精确地位于结构等级上，而不是位于只有可见事物具有的属性的等级上。

表征也可能是某种非存在物。利用相似的表征可能不与任何真实事物相似，如一幅风景画不与任何现实的风景相似。因此，说某物是一个形象、一个图像，并不意味着它描述了现实的任何方面。在所有语境中，理解表征的基本原理是：表征某些不真实的形象在它们起作用的语境中具有其重要性、作用和效果[2]。

绘画是利用相似的一种典型表征，它通过透视点而与成像等其他相似表征相区别。因此，图画必须是具体的和明确的，比如，"某人在花园"的陈述不包括他是否是站立、坐着或者躺着的任何信息，而一幅某人在花园的图画不能漠视这些信息，它必须是明确的。在笔者看来，前者是抽象的，不依赖

---

[1] van Fraassen B C, *Scientific Representation: Paradoxes of Perspective*, Oxford: Clarendon Press, 2008, p. 33.

[2] van Fraassen B C, *Scientific Representation: Paradoxes of Perspective*, Oxford: Clarendon Press, 2008, p. 35.

相似,后者是具象的,大多数情况下依赖相似。可以说,没有相似性,就没有绘画艺术。绘画艺术就是相似性的科学。即使一幅画不与现实对应,它也与现实相似。

与语言描述相比,图像是直观的。例如,"雪是白的"这个陈述,没有见过雪的人不能直观地认知它,用绘画表达这个陈述,画家就会用白纸的底色或白颜色来表现,人们通过视觉就可以直接去认知。即使是心理图像,人们也能够借经验在心中知道"雪是白的"。因此,图像认知主要是一种视觉认知,是一种直观认知,虽然图像论是依附心理学来说明的。语言描述虽然也能够形成心理图像,但是与真实图像还是有差距的。我们可以在心中想象一棵树的形象,但是毕竟与真实的树之间存在差异。也就是说,某物的真实图像与心理图像是不同的东西,虽然它们之间存在许多相似性。

第二节 作为概念指称的指代认知

按照描述论,词语与世界之间是一种指称关系,特别是名词表达的概念是有所指的,无论所指物是实在的还是非实在的。例如"老虎"这种动物,它是指生活在森林中的猫科动物,真实存在的老虎就是老虎概念的指称。"孙悟空"这个概念是指《西游记》中的一个人物,虽然它不是真实存在的,但是在现实世界中有"猴子"这个对应物,因而就有了指称。小说中的虚构也是源于生活的,有相应的对应物。概念有了指称也就有了意义。"老虎"指代老虎,仅当有老虎这种动物在真实世界中存在。"孙悟空"指代孙悟空,仅当在《西游记》的语境中孙悟空存在。根据图像论,指代算不上是表征,因为"老虎"概念与老虎没有任何相似性。在科学中,模型可以指代,如 DNA 模型指代真实基因的结构,但 DNA 模型与基因之间是相似的吗?即使飞机模型也与真实飞机不完全相似。数学方程,如爱因斯坦的质能公式,指代质量、能量与光速的关系吗?显然,说模型指代就有点牵强,说数学方程指代则是荒唐的。模型描述的是要表征客体的结构或关系,数学方程表达的是所描述现象的关系。结构和关系是不能指代的,只能表征。因此,指代是概念的所指（真实指称）或者能指（意向指称），而不是模型和方程所描述的指代。

那么，由概念组成的陈述或命题有指代吗？笔者认为没有。陈述是有意义的语句或命题，它是描述不是指代。例如"雪是白的"这个命题，描述的是雪的白色这个属性，而不是指代"雪"这个物质。所以说，事物的属性是不能指代的，只能描述或表征。概念作为表征是作为一组规则出现的，比如"信息"这个概念，其定义或规则有"信息是消除了的不确定性""信息是系统的组织程度、有序程度""信息是物质、能量的时空不均匀性的表现"等，这些规则一起表征了信息概念的意义。也就是说，具有综合意义的概念才是表征。

总之，单一概念是指代，如"苹果"指代真实的苹果，集体概念是类指代，如"水果"指代一类具有相似属性的东西。如果一个概念包含一组规则，则这个概念就是表征，如系统、基因、分子等概念。指代就像人名代表某人一样，如"秦始皇"指代历史上曾经存在的一个叫嬴政的人，"秦始皇"与嬴政之间没有任何相似性。因此，指代就是用一个概念或类似概念的东西指称某事物（实在或非实在），它作为一种认知是符号化抽象的结果。概念就是一个符号，符号指代某物，符号与指代物之间没有任何相似性。如果说指代是一种表征，那也是一种概念指称，是用一种观念或者一种思想，指代一种事物，而不是用一事物表征另一事物。在这个意义上，指代是任意的，我们可以用任何东西指代其他任何东西，如用桌子上的盐瓶指代英国，用台球指代原子，等等。因此，指代作为一种认知不是依据相似性，而是依据意向性。意向客体与用于指代的东西之间没有任何相似性。表征不仅仅是指代，它还要描述所指物的属性甚至结构。指代作为一种认知是没有问题的，但是作为一种表征是不充分的。

第三节　作为假设替换的替代认知

根据上述论述，虽然指代具有替代的特征，但是指代还不是替代。指代是意向指称，替代则是实际指称。例如，一个名字指代某人，但是不能替代某人，而且一个名字可能有多个人。在表征关系中，若 A 表征 B，根据替代说明，则是用 A 替代 B。例如原子模型是真实原子的替代物，因为真实的原子我们不能观察到，只能用设计的模型替代，因此，模型就是一种假设的理想替换。这种假设替换就像替身演员，替身演员与真实演员之间有相似性，也有不相似性。表征工具 A 与被表征物 B 之间也具有相似与不相似性。替代作为表征主要是功能上的，不是相似与同构上的。因此，替代是功能模拟，不是真实表征。例如，电脑不表征人脑，电脑仅是人脑的功能模拟。或者说，在功能上如计算，电脑能够代替人脑。我们不说电脑的结构和属性，与人脑的完全相同或相似。在这个意义上，替代认知就是一种功能认知，而非结构和属性认知，特别是在认知对象不可观察的情况下。替代表征也是一种功能表征，只要两种事物在功能上相似，就可以相互替代，各种替代产品如甲醇替代汽油、人造心脏替代心脏等。机器人替代人做一些危险的工作，如深海探测，但我们不能说机器人表征了人。

数学方程不能替代要描述的对象，就像它不指代一样，只能刻画关系。例如，牛顿的万有引力定律刻画了任意两个天体之间的引力关系，而不是替代天体之间的相互作用。图像也是描述对象，不是替代，如某人的照片不是对某人的替代。不过，图像是根据相似性表征的，数学方程则不是。替代可以根据相似和同构做出，也可以不根据二者做出，它具有任意性。比如，在儿童捉熊的游戏中，儿童用木桩替代熊，木桩与熊之间既不相似也不同构，木桩只是一种临时指定。

科学模型其实也是一种替代物，基于模型的推理也是一种替代推理。例如，牛顿用设想的刚体替代行星，伽利略用光滑的平板替代无摩擦的表面，哈维用水泵代替心脏。又如，黑体概念是能够全部吸收任何频率的电磁波的理想物体，实际上并不存在，但可以用某种装置近似地替代。设计一个带有小孔的空腔，且小孔对空腔足够小，不妨碍空腔内的平衡。通过小孔射入空腔的所有频率的电磁波，经过腔的内壁多次反射后几乎全部被吸收，这样就可以将空腔上的小孔近似地看成黑体。

在这个意义上，隐喻式类比就是用隐喻体替代隐喻源，计算机隐喻是用计算机替代人脑。在表征的意义上，作为表征工具的中介，如模型、语言、图像、方程等，就是被表征对象的代理，我们不能直接把握现象，但能够通过中介这种代理来认识现象，就像在日常生活中我们常常通过中介办事一样，因为中介比我们专业，如律师就是当事人的代理。

从认知的角度看，表征就是一种认知工具，通过这种工具，我们认识要探询的现象。如果说劳动工具是手的替代，望远镜和显微镜是眼睛的替代，那么认知工具就是脑的认知能力的替代。假如没有这种替代，科学就是不可想象的事情，科学表征也无从谈起。

第四节 作为理性建构的推理认知

根据推理主义，A 表征 B，就是根据 A 推出 B，表征具有"力"的特征，或者说，表征是一种推理能力。A 表征 B，意味着由 A 推知 B 的属性或结构，是一种理性建构过程。推理是一个矢量过程，由 A 指向 B，相反不能成立。苏雷兹认为表征是有方向性和目的性的，是目标取向的，而相似和同构是双向的，所以相似与同构对于表征是不充分的，而且表征是为了认知，不是为了描述。对于科学而言，探索是其本质特征，科学表征是认知过程，当然是推理过程。一种基于模型的推理认为，科学认知是一种建立模型并通过模型进行推理的认知过程，科学理论就是通过模型推理而建立的知识体系。

接下来，笔者以宇宙理论的演化为例说明，它是如何通过基于模型的推理而建立的。1917 年，爱因斯坦根据广义相对论创立第一个有物质无运动的静态宇宙模型，这是一个封闭宇宙系统。1918 年，美国天文学家沙普利通过分析上百个球状星团的空间分布，确认银河系的中心在人马星座方向，并根据球状星团中天琴型变星的光度，测定了它们的距离，推算出太阳系到银河系中心的距离，提出银河系模型，彻底否定了太阳系是宇宙中心的假说。1920 年，荷兰科学家卡普坦根据恒星的密度分布和不同银纬的密度函数作等密度面，得到银河系的圆盘状模型，该模型以太阳系为中心，以银道面为对称平面，中心恒星密集中而边缘稀疏，1922 年他对该模型做了修正，建立卡普坦宇宙模型。这个修正的模型是由 10 个同心、同轴、形状相似，而有各自恒定密度的椭圆球壳层组成的银河系。同年，苏联科学家弗里德曼认为爱因斯坦引力方程既存在静态解，也存在两类膨胀解和一类振动解，建立了"弗里德曼宇宙模型"。1927 年，比利时科学家勒梅特通过求解爱因斯坦引力方程提出一个膨胀宇宙模型,认为宇宙大尺度时空将随时间的推移而膨胀。1948 年,英国科学家邦迪、戈尔德和霍伊尔认为,宇宙的性质在大尺度时空范围内恒定不变,不仅在空间上是均匀的和各向同性的,而且在不同时刻也完全相同;宇宙虽然在不断膨胀,但物质可以连续不断地从虚空中创造出来,形成新的天体和天体系统,从而保持宇宙中物质密度不变。这一假说被称为"稳恒态宇宙模型"。后来,伽莫夫提出大爆炸宇宙学假说,认为宇宙起源于原始火球的大爆炸,今日演化着的动态宇宙是热大爆炸的结果。这是迄今被普遍接受的宇宙模型。从爱因斯坦到伽莫夫,这些科学家不是根据理论模型(相对论)进行推理,就是根据测量的数据模型做进一步的修正,最终得出大爆炸宇宙模型。整个推理过程是围绕模型展开的。

这个例子说明,通过模型进行推理建立科学理论,是科学家通常的做法。在基础科学的研究中,这种推理认知是非常普遍的。不过,这种基于模型的推理与基于符号的逻辑推理是不同的。前者围绕设计的模型展开,其中有数学计算,但无逻辑推演,其结论是事实真(依据经验判断);后者依据规则如矛盾律、排中律等进行逻辑演算,其结论是逻辑真(依据规则判断)。

第五节 作为结构映射的结构认知

结构主义认为,表征是两个事物之间的结构同构。在数学上是映射关系,即 $f: A \to B$。映射是结构的一一对应,集合上是其中的元素的对应,是一种纯粹数学描述。部分同构是弱化的同构,是指表征的两个集合中一部分元素对应,一部分元素不对应,实际探索中的同构大多是部分同构。表征的结构主义是将数学结构主义用于科学实践的结果。将数学理论用于自然科学是现代科学的常态,物理学是应用数学的典型学科,牛顿和爱因斯坦这两个科学大师都是将数学成功用于物理学的高手,经典力学和相对论其实就是数学物理学。因此,基于结构概念进行表征,是科学家经常使用的方法。

结构化学与合成化学是运用几何结构的一个典型学科。结构化学就是研究分子结构的学科,有机合成更是离不开分子结构知识,比如,开库勒对苯环结构的探讨,开启了芳香族化合物的研究。分子手性(分子组成元素相同而空间结构不同)的发现,如左旋酒石酸和右旋酒石酸的分子组成相同,空间结构不同而表现出旋光性不同,使得空间结构成为影响化合物分子属性的重要因素。石墨和金刚石是又一个典型的组成元素相同,而空间结构不同而导致属性极不相同的例子。这两种物质的组成成分都是碳(C),石墨是由不同层次的碳链构成的,表现出滑腻感和乌黑色,金刚石是由四个碳构成的四面椎体结构的,表现出高硬度和高透明度。由于空间结构不同,这两种物质的属性千差万别,价格、用途也大不相同。

晶体结构是基于几何结构的例子。法国科学家奥伊在《晶体结构理论》中认为,方解石等晶体之所以有明显的解理面,是由于晶体是由内在的一些基本单位(组成分子)依照一定规律在空间排列的实体。晶体结构的空间排列必须服从一定的对称规律,不管其组成分子是什么,即晶体的性质是其终极的内部周期性决定的。1830年,赫塞尔发现晶体的宏观对称性,认为晶体的对称理论应该有宏观对称性与微观对称性之分,晶体的理想外形都是一些对称的多面。1850年,布喇菲根据对晶体对称性的考察,提出14种三维空间的晶格点阵[①],这些晶体结构的表征是通过几何结构实现的。

可以说,任何物质都有结构,就连原子、分子这些几乎不可观察的东西也具有结构。小到原子模型、分子模型,大到宇宙模型,均是对结构的探讨。比如医学,如果弄不清人体的结构,恐怕很难产生科学的医学。现代医学是基于科学的医学,基于经验的医学难以认识疾病的真正发生机理。这些事实说明,结构探讨对于科学研究是不可或缺的,结构认知也因此是必需的。

第六节 作为假设推理的模型认知

建模是科学探索的一种重要方式,它是根据对象的属性的人为设计过程。

[①] 这些晶格点阵包括简单三斜晶胞、简单单斜晶胞、底心单斜晶胞、简单正交晶胞、底心正交晶胞、六角晶胞、三角晶胞、体心正交晶胞、面心正交晶胞、简单四方晶胞、体心四方晶胞、简单立方晶胞、体心立方晶胞、面心立方晶胞。

设计是包括一系列假设的理想过程。例如，玻尔的原子定态跃迁量子模型包括五个假说：①能量的辐射不是以连续的方式发射或吸收的，而是在不同定态系统之间有了转移时才会发生；②定态系统的力学平衡定律对于定态系统之间的转移不适用；③若发生两个定态系统之间的转移时，将辐射单色光，辐射的频率 γ 与能量 E 有 $E=h\eta$ 的关系；④带正电的核与绕它运动的一个电子，构成有许多稳定状态的简单系统。在组态之间释放出能量的电子的旋转频率之比为 $h/2\pi$ 的整数倍；⑤任何原子系统的永恒状态，即放出能量最多的状态，将由在某一中心的轨道上运动的电子角动量等条件来决定。为了描述原子在外磁场作用下的行为，索末菲提出空间量子化假，即原子中电子的轨道在空间的取向也是分立的，即量子化的，发展了玻尔的原子理论。

在表征关系中，模型是作为中介与世界发生联系的。维斯玻格认为，建模是使用模型对真实世界现象所做的一种间接理论探究，这个过程可分为三个阶段：第一阶段是建立一个模型；第二阶段是分析、提炼和澄清这个模型的属性及动力学；第三阶段是评价这个模型与世界的关系。如果这个模型与世界足够相似，那么对模型的分析也间接是对这个真实世界现象属性的分析。因此，建模是一种间接表征，对真实世界的分析经模型这个中介[①]。莫根和莫瑞逊认为，模型是作为理论结构与世界之间的自主工具和中介[②]，或者说，模型是一种"替代系统"、一种人造构体，其认识意义是从人工世界到真实世界的跳跃式推理，是基于一种从假设系统到真实系统的归纳跳跃，建模本质上是通过一种延展认知系统从假设到结论的推理[③]。杜克耶认为模型要成为表征，当且仅当：①一个人承认在模型与其目标之间存在一组共有特征；②这组特征有推理能力，并产生能够被经验地检验的结果；③这些结构的相应检验

[①] Weisberg M, "Who Is a Modeler?" *British Journal for the Philosophy of Science*, Vol. 58, No. 2, 2007, p. 210.

[②] Morgan M S, Morrison M, "Models as Mediating Instruments", In Morgan M S, Morrison M (Eds.) *Models as Mediators: Perspectives on Natural and Social Science*, Cambridge: Cambridge University Press, 1999, pp. 12-18.

[③] Kuorikoski J, Lehtnen A, "Incredible Worlds, Credible Results", *Erkenn*, Vol. 70, 2009, p. 120.

与我们的数据和我们心中的具体认知目标一致[①]。由这些观点推知,模型作为认知方式是一种人工假设推理。

第七节 作为比附类比的隐喻认知

隐喻是相对于明喻而言的。明喻的表达模式是"X 像 Y",如"年轻人像早晨八九点钟的太阳"。隐喻的表达模式是"X 是 Y",如"玛丽是天使"。隐喻的实质在于"隐",明喻的实质在于"明","隐"意味着含而不露,"明"意味着显而易见。系词"是"比"像"在表达意义和意图时更强,因此,隐喻比明喻更具表达力和解释力。在这两种表达方式中,X 和 Y 是两类不同的事物,"年轻人与太阳","玛丽与天使"类不同。在表征的意义上,它们使用 Y 表征 X。在第一个例句中,用升起的太阳表征年轻人,而年轻人与太阳之间没有任何相似性,它们的共性是"朝气蓬勃"。在第二个例句中,用天使表征玛丽,玛丽可能与天使在形象上很像,但隐喻说的不是表面意思,而是强调隐含意义,即玛丽像天使一样美丽、善良。再如"泰森是老虎"这个隐喻,泰森与老虎表面上没有任何相似性,但其凶狠程度与老虎很像。这个隐喻强调的就是泰森的凶狠。当然,这三个例子中的某些概念如天使、泰森,对于某些人可能是陌生的,只有掌握了一定知识的人才能理解。比如泰森,如果不知道他是美国的一个拳击手,就不能理解"泰森是老虎"的含义。任何一个语句,包括隐喻与明喻,如果听者缺乏语境,是难以理解其意义的;如果说者缺乏语境,他也不能说出这些语句。这就是语境的基底和支撑作用。

隐喻作为一种认知方式是普遍存在的。日常生活中的隐喻非常普遍,如"你是圣人""他是坏蛋""你是棒槌"等。普通人都能够理解其含义,不用做说明。如果做说明就是多余的,就失去了隐喻的"隐而不言"的功能。也就是说,隐喻是不能言明的,言明了就没有修辞效果了。在科学实践中,隐

[①] Ducheyne S, "Lessons from Galileo: The Pragmatic Model of Shared Characteristics of Scientific Representation", *Philosophia Naturalis*, Vol.43, No.2, 2006, pp. 213-234.

也较普遍，比如，概念隐喻"电流""电场"，用隐喻模式表达就是"电是水流""电是场"。隐喻运用类比将两个不同的事物进行比较，用 Y 的属性说明 X 的特性。例如，用"坏蛋"说明某人是坏人，用"水流"说明电是流动的。Y 是喻源，X 是喻体，即 Y 是表征源，X 是被表征的对象。

作为一种常用的认知和表征方式，隐喻是用一种人们熟悉的事物说明不熟悉的另一事物。比如，电是人们不熟悉的，水流是人们熟悉的，玛丽人们虽然认识，但是不一定了解她。周围许多我们认识的人我们不一定了解，所谓"知人知面不知心"。在探索未知世界时，隐喻的作用就显得更为重要了，因为未知世界我们并不了解。DNA 的结构就是通过双螺旋结构说明的，原子结构就是通过人们熟悉的太阳系结构说明的。对于未知世界，我们只能通过熟悉的事物去认知它，相反则不可能。因此，隐喻认知在探索未知的进程中具有不可替代的作用。事实上，我们将模型、图像、方程等看成表征工具或中介，工具和中介本身就是认知的隐喻，因为图像、方程等并不是通常我们看到的工具，如锤子、扳手等。我们通常使用的工具是我们熟悉的，正因为熟悉，所以才能用于类比说明不熟悉的现象。科学认知也是如此，在这个意义上，科学探询并不神秘，科学原理与科学发现往往是基于简单的生活道理。例如相对性现象，人们在生活中会经常看到，如汽车相当于路面的行驶可以说是路面在动。然而，爱因斯坦提出了相对论，其他人没有。自由落体现象每个人都见过，但是伽利略发现了自由落体定律。这说明"机遇偏爱有准备的头脑"。

总之，隐喻认知告诉我们，要学会向生活学习，处处留心发生在生活中的现象，善于思考，善于比较，及时总结，使用熟悉的东西描述或表征不熟悉的东西。这其实就是创新的实质所在。

第八节　作为意义显现的语境认知

以上几种认知都是基于语境的，因为人是语境化的，脱离语境是无法做解释的。语境是已有知识、理论和假设集，是社会习俗、文化背景等的统一体。不同学科有自己的特有语境，不同时代也有自己的独特语境。就科学而言，科学共同体就是一个语境，只有在这个共同体内，人们才能相互交流、相互理解，正由于此，才有内行和外行之别。这恰恰说明交流和理解是有语境的。

作为科学探讨的认知过程也是有语境的。认知不是凭空想象的，它是依赖于特定社会习俗、文化和语言的探询过程。语境认知就是要将某个问题的相关因素挖掘出来，科学发现就是寻求要解释的问题的未知语境因素的过程，而解释本身是依赖语境的。例如"人体为什么发热"这个问题，有经验的医生会通过观察、询问、检验等手段，找到发热的原因，然后对症下药。找病因的过程和开药方都是语境敏感的，因为这两个过程都需要相当的医学知识、生活常识和治疗经验等，这些就是语境因素。

语境认知的一个突出特征是整体性，语境表征也是如此，因为语境本身就是统一体。根据语境叠加模型，科学表征是科学家为了达到某个目标使用模型等工具描述现象的过程，科学家作为使用者是有知识和能力的主体，并处于一定的共同体中；表征工具（如模型）是科学家针对目标刻意设计的人造物；表征目标是科学家专门挑选出来的研究对象，是被概念化的实体或系统，是"人为之物"而非"自在之物"。这样一来，使用者、工具和目标均是被概念化的实体，必然依赖语境而且受到语境制约。具体说，使用者、工具和目标均有自己的语境，它们的语境叠加构成组合语境——这些实体相互作用形成的统一体。

笔者以哥白尼的"日心说"为例来说明。哥白尼是"日心模型"的设计者，古希腊及中世纪形成的各种宇宙学说构成他的知识背景，他提出的七个假设[①]是日心模型的语境，已有的一系列概念，如太阳、行星、均轮、本轮等及其运行规则（匀速圆周运动），构成了日心体系的语境。这些语境相互作用叠加构成了日心说这个统一体。日心说并不完全正确，对它的修正意味着

---

① 第一，所有天体的轨道不存在一个共同的中心；第二，地球的中心不是宇宙的中心，仅是重力中心和月球轨道中心；第三，所有天体都围绕太阳旋转，宇宙的中心在太阳附近；第四，与恒星所在的天穹的高度相比，日地距离是微不足道的；第五，天穹本身并不运动，其周日旋转是地球自转的反映；第六，太阳的各种运动不是太阳本身固有的，而是地球的运动引起的；第七，行星的视顺行与视逆行是地球和行星共同围绕太阳运动的结果。

对其语境的修正，比如对一些概念如均轮、本轮进行修正，或者弃之不用。语境变化了，日心说的意义也就改变了。这就是语境变换引起认知意义的变化。

显然，认知不仅仅是一个探索过程，它也承载了某种含义，是一个在特定语境中意义显现的过程。根据弗雷格的语境原则，意义是由语境决定的，需要通过语言来阐明的。表征也是一个意义显现的过程，因而也是依赖语境的，而且表征结果——知识，不仅仅是创造者自己知晓的，也要让同行和大众能够理解，这就是知识的交流与传播，这一过程是语境敏感的。因为某一知识如科学原理是有语境的，如果其他人进入不了那种语境，就不能理解原理的意义。例如，天空的星星我们都能够看到，但是每个人看到的是不同的东西。天文学家看到星座，普通人看到星星闪烁，原因是普通人缺乏关于星座的知识，进入不了星座的世界。例如，医生是一个专业性很强的职业，不进行若干年的专业学习和训练是当不了医生的。这些专业学习与训练就是一个医生的语境。现代科学尤为明显，某人不在名师指导下经过十几年的专门学习与专业训练，是不可能成为一名科学家的，自学的成功率几乎为零。这不同于牛顿时代的科学可以通过自学成为科学家，如物理学家法拉第，他主要靠自学成才，但是仍然有名师化学家戴维的指导。这说明从一个语境进入另一个语境是需要经过艰苦学习的，比如，学习一门外语就是从一个语境进入另一个语境。理论上，只要能够进入一个新语境，就能够掌握一门外语，就能够与外国人交流和沟通。这就是语境的聚焦功能。

根据语境叠加原理，新知识的获得是一个形成新语境的过程。例如，学生的学习过程就是学生的语境与教师的语境及所学的文本语境叠加的过程，老师的作用就是让学生能够进入文本语境，从而理解文本的意义。科学知识的产生是科学家设置或创造新语境的过程，例如发现一个新天体，首先要给这个天体命名，赋予其以意义，这就形成了新语境。提出一个新理论，如相对论，就等于产生了新语境——相对论，因为相对论的概念、假设、思想和原理显然是不同于经典力学的。这是两个不同的范式，也是两个不同的语境。语境不同，同一事物显示的意义也不同。比如光在经典力学中是直线传播，在相对论中则可曲线传播,这种意义的改变是新语境(相对时空)所起的作用。光的微粒子说与光的波动说分属不同的两个语境，但在新语境相对论中得到了统一，即波粒二象性。因此，我们可以得出结论：新语境的形成意味着新知识的产生，新知识的产生需要设置新的语境；一个新语境就是一个新世界。

第九节 结 论

上述前七种认知和表征方式是我们日常生活与科学活动中最常见及使用的，还有一些认知和表征方式如基于案例的认知、基于惯例的认知我们没有挖掘。不可否认，这些有待探索的认知和表征方式也是重要的。需要指出的是，语境认知近年来也引起了科学哲学界的重视，这是语境论及语境实在论发展的必然结果。正如一种新的世界假设的提出会引起质疑和争论一样，语境认知也会产生异议。最后笔者要强调的是，语境认知绝不是一个想当然的臆想概念，而是基于语境的一种认知方式，也是一种表征方式。认知也好，表征也罢，终归离不开解释它们的语言，也离不开语言赖以存在和发展的社会，当然也就离不开语境——一种包括语言、已有知识传统、社会习俗和文化特征的统一体。

第十八章

语境同一性：科学表征关系的本质

在本书的最后一章，笔者将在语境实在论框架下从语境同一性方法论视角，对科学表征问题进行鸟瞰式的反思和总结。

第一节 语境概念的必要性

上述关于科学表征的种种理论不外乎是围绕如下问题讨论的：什么是科学表征及其关系？这是构成问题，也是科学表征的本体论问题。如何区分科学表征与非科学表征，判断标准是什么？这是划界问题。如何在不同表征类型，诸如自然语言表征、符号表征、图像表征、心理表征、物理表征等之间做出区分[①]？这是科学表征的分类方法论问题。在什么框架下的表征才是适当的和可靠的？这是科学表征的认识论问题，也是真理和规范问题。

笔者发现，无论是表征的数学结构主义，还是经验结构主义，结构经验主义还是自然主义，语义论还是语用论，功能主义还是推理主义，它们大都忽视了语境在表征中的作用，离开语境谈论表征，无异于离开脸谈论表情。也就是说，表征是"语境敏感"，即表征关系对于语境的依赖性。

[①] 自然语言表征即日常语言表达；符号表征是指逻辑的、化学的和数学的专门语言刻画；图像表征是指图片、照片、图画等的形象展示；心理表征是指在心中形成的表象；物理表征主要指物质模型，如地层模型。

对于这种观点可能会有争议,即表征也可能是语境不敏感的,比如,数学表达的科学定律,一般被认为具有普遍性和客观性,因而是语境不敏感的。在笔者看来,这是看问题的视角不同导致结论的不同。科学定律具有普遍性和客观性,不等于它们是不依赖语境的。普遍性意味着无例外规律的存在,如开普勒第二定律(从行星到太阳的连线,在相同时间里扫过的面积相等),在任何"反设事实"的条件下都是无例外的规律①。假设有一颗巨大的彗星接近木星,这可能改变木星的运行轨迹,此时木星仍然遵循开普勒第二定律吗?若要反驳这个"反设事实"的假设,就需要增加一个附加条件"其他条件不变",即木星不受其他因素如彗星的影响。而"反设事实"不论是真是假,和"其他条件不变"都是依赖语境的。在这个意义上,科学定律也是语境敏感的,只是其数学表达没有增加新元素而没有变化而已,尽管科学定律在很大程度上反映了客观事实(客观性),但是它毕竟是人的发现,发现过程也是依赖语境的。

还有,普遍性有偶然普遍性和规律普遍性之分,前者并不是逻辑上必然的,而且科学定律的应用往往是有条件的,这些都是依赖于语境的。这些事实有力地表明:语境对于表征是必需的,语境概念对于表征关系的说明也是不可或缺的。

有鉴于此,笔者力图在语境框架下,从"表征"概念的再界定入手,通过对基本表征类型的批判性解析,挖掘表征过程具有的指涉性和语境性,进而提出解决科学表征问题的语境同一性方法论及其表征模型,并对表征关系问题做出语境同一性说明。

第二节 科学表征的指涉性

如前所述,"表征"是一个历史悠久、含义不同的术语。中世纪早期的语

---

① 关于"反设事实"和"其他条件不变"的语境依赖性,参见[美]理查德·德特威:《世界观:科学史与科学哲学导论》,李跃乾、张新译,电子工业出版社2014年版,第186—190页;关于普遍性的区分和逻辑必然性,参见[美]欧内斯特·内格尔:《科学的结构——科学说明的逻辑问题》,徐向东译,上海译文出版社2002年版,第55—65页。

言学家昆体良在"某物呈现于心灵"意义上使用名词 represaesentatio，而神学家德尔图良则在物理、心理和道德表征意义上使用该词。近代的哲学家奥卡姆认为 represaesentatio 由直觉认知产生，这意味着表征由它描述的客体引起。

在符号学领域，实用主义哲学家皮尔士将 represent 定义为 stand-in(替代)，即"一个事物代表另一个事物就是这个事物与另一个事物有这样一种关系，使得某个心灵为了某些目的把这个事物当作好像是另一个事物"[①]。他认为，代表是事物的这样一种性质，由于这种性质一个事物就产生一个心理效果代替了另一个事物。具有这种性质的事物被称为代表者(representamen)；心理效果或思想被称为对代表者的解释；代表者所代表的东西被称为代表者的对象。这里的"代表"就是"表征"。一个表征关系由表征者(指号本身)、解释(指号的意义)和对象(指号的指称)三元素组成。而"一个指号是一种记号，它指称它所指的对象，并同时为该对象所影响。……就指号被其对象影响而言，在它与对象之间必然存在有某种共同的东西，而且它指称此对象"[②]。也就是说，一个指号就是一个观念或思想，它指涉的对象就是它之外的客体，而且它们之间存在同一性，因为"就表象(表征)活动而言，观念和对象的区别是被表象者与表象者之间的区别，不管被表象者是否具备或者曾经具备独立于心智的物理存在。我们心智中的观念都是代现物[③]，然而是一个与自身有别之物——一个不可省约的他者——的代现物。这个与观念'本身有别之物'就是表象活动的对象"[④]。这意味着将指号与表征连接起来的是纯粹的关系，这种关系也是一种客观关系，而并非物理存在才使得观念与对象之间的关系成为客观的。也即，表征关系并非物理存在才是客观的，关系本身的

---

① [美]莫里斯：《指号、语言与行为》，罗兰、周易译，上海人民出版社 1989 年版，第 302 页。

② 李幼蒸：《理论符号学导论》，社会科学文献出版社 1999 年版，第 499 页。

③ 这里的表象(representation)即表征，代现物(representamen)即皮尔士的代表者，只是译名不同。这恰恰说明对"表征"这个词的理解和翻译在不同的译者那里存在差异。

④ [美]约翰·迪利：《符号学基础》(第六版)，张祖建译，中国人民大学出版社 2012 年版，第 48—49 页。

存在就是客观的①，如一张故人的照片。在笔者看来，这种表征定义主要是针对命题（语句）表征来说的，命题的语形是指号本身，命题的主词是指号的对象，命题的谓词是指号的解释；若指号（sign）②是一个物理模型或数学方程，这个定义就很难说明，因为没有谓词作为解释项，而且对象、解释也可以是指号，甚至人也是一个指号③。因此，作为符号学的核心概念的"指号"在表征意义上就显得过于宽泛。

为了消除表征概念的多义性带来的歧义，笔者将表征定义为："使用者 S 在特定语境 C 中为解决特定问题 Q，用一个中介客体 X 描述另一个它所指涉的客体 W。"用集合表示就是：$R = \{S, C, Q, X, W, P\}$，紧缩为二元基本关系就是：$R_c(X_s, W_Q)$。该表达式表明：关系是语境中的关系，工具是使用者的工具，问题是关于目标客体的问题。中介客体——语言（符号）的、物理的、图像的——是作为工具使用的，所指涉的客体就是目标客体，两种客体构成的表征关系是一种"中介性指涉关系"。按照怀特海的说法就是"符号性指涉关系"④，"作为符号性指涉起始的这些种类称为'符号类'，而作为符号性指

---

① 这意味着表征关系的存在与所表征的对象存在与否关系不大，比如"以太"并不存在，人们同样将它表征为一种无色、无味、透明、无所不在的介质。这表明一个事实：在经验中，"客观的"本身便是一个不可缺省的特殊范畴；无论是自然的、文化的，还是任何混合的成分，只要是现象就属于这个范畴。"客观的"就是以任何一种方式被经验或知晓的任何存在，不存在一个特定的客观成分在它客观存在的经验以外或以后可能的存在方式。对象从来不首先是事物，它们首先是脱离了关系网络就不能存在的各种关系的交集。

② 指号在皮尔士那里有许多种定义和分类，其中一个被广泛接受的、最接近表征含义的是把指号分为图标（icon）、索引（index）和符号（symbol）。图标是基于相似性的直接表征，如地图、肖像；索引是基于语境的间接表征，如"上午在那里集合"其含义是依赖语境的；符号如文字、音符是基于约定或规定的象征，即抽象表征，例如"鸽子"象征"和平"。在科学中，表征的工具主要是模型，包括物理模型和数学模型，它不是上述三类指号中的任何一个，因此将模型作为指号是不妥的。这是科学表征与指号表征的本质区别。

③ [美]苏珊·哈克：《意义、真理与行动》，陈波、尚建新译，东方出版社 2007 年版，第 87 页。

④ 在怀特海那里，这是一种纯粹的表象直接性感知和因果效验的间接性感知的混合方式，它的一个共同基础是"表征位域"，"表征位域"是直接由感觉经验显示出来的，它是两个表征关系客体具有的同一性，而因果性的过去与未来以及其他同时事件，只是通过它们与这个表征位域的广延性关系间接地被感知的。在怀特海看来，一方面，所有科学观察，比如相对空间位置的测量、温度感觉的确定，都是以表象的直接性知觉方式来完成的，以避免对因果

涉终点的这些种类称为'意义类'"①。"符号类"客体作为"中介"替代所指涉的客体,类似于海德格尔所说的"语言性存在"②;"意义类"客体(实在的或非实在的)是这类"中介"的指称对象,类似于海德格尔所说的"在世之存在"③。按照科学知识社会学家布鲁尔的看法,"说一个符号'表征'的东西意味着它操练着某些对外部的、独立和实在的替代物。表征暗示着两件事:(1)符号或表征;(2)那种被符号化或表达了的实在"④。这说明表征概念意味着符号代表着一种外部独立的实在,二者之间明显存在差异,即形式与实体的差异。不过,这两类客体均是可感知、可测量的,它们之间建立一种互依互存、相互贯通、相互适应的语境关联,这种基于语境的关联⑤就是语境同一性。而正是通过这种同一性,表征关系中的两类不同客体才能形成指涉性认知过程。"指涉的"意指"相关的",说明表征不是任意的,而是有

效验的符号性指涉,这保证了直接观察的准确性而无须再做解释;另一方面,所有科学理论都只是以关联性方式来陈述的,这种关联方式就其可观察来说,涉以纯粹因果效验的方式获得知觉。因此,科学上可以表征出来的,是我们想要知道的东西,它们主要是以因果效验的方式揭示的世界的那些方面,而那些能够明确记录下来的东西,却是主要从表象的直接性方式的知觉中才能发现的。

① [英]怀特海:《过程与实在》,李步楼译,商务印书馆2011年版,第280页。
② [美]理查德·E. 帕尔默:《诠释学》,潘德荣译,商务印书馆2014年版,第200页。
③ [德]海德格尔:《存在与时间》,陈嘉映、王庆节译,生活·读书·新知三联书店2012年版,第84页。
④ [英]大卫·布鲁尔:"左派维特根斯坦与右派维特根斯坦",载[美]安德鲁·皮克林编著:《作为实践和文化的科学》,柯文、伊梅译,中国人民大学出版社2006年版,第282页。在这里,传统科学知识社会学家布鲁尔是用这一观点反驳后科学知识社会学家林奇批判知识社会学家是根据与图像不相称的表征来思考的论点的。林奇认为,知识社会学家将规则看作一种行动的表征,这种行动是不能单独根据其规则来解释的。相反,常人方法论学者将规则看作一种对有秩序行动的表达,它体现在行动中,是行动的表达,本身就是行动。这是科学知识社会学与后科学知识社会学之间的著名争论,其核心是对维特根斯坦关于什么是规则以及如何遵守规则的理解问题。布鲁尔认为任何实践包括科学活动有规则可循,其中也存在像"利益"这样的社会学特征;而林奇则认为,不存在规则以及规则所必然涉及的具体实践活动以外的所谓"特定空间",特别是像"利益"这样的社会学空间。在笔者看来,表征无疑是有规则的,也必须遵守那些规则,否则表征就是任意的指代,也就不存在科学表征问题了。
⑤ 基于语境的关联方式有多种,包括规则对应、结构映射、相似类比、概念指代、模型替代、因果推理等。每一种都能够形成表征关系,但都是在语境框架下形成的。

选择性和针对性的，这就给表征关系加以限定①。按照这种定义，表征是最小意义上的二元基本关系，其本质是"对其他事物的代替，如一幅地图是对它所描绘地形的表征"②，是所表达事物本身的一个替代，人表达的一个中介。表征的这种"中介性指涉关系"能否成立，最终取决于使用者能否根据特定问题在特定语境中使中介客体适应目标客体。

可以看出，这种基于语境框架的表征定义，本质上给出了知识表达的一个构架，包括三个核心组成要素③：①表征是一个涉及两个客体的意向行为，一个是源客体（用于表征某物的一个客体或事件），一个是目标客体（被表征的一个已知客体或事件）；②表征也包括一个编码惯例，即用来说明源客体与目标客体之间恰当相似关系的一组规则；③一个表征机制，用于说明目标客体是如何被表征的。这是一般意义上的表征，本身就是一个框架。

对于科学表征，除上述三个要素外，还有两个特殊属性：一方面，表征总是从某个角度透视的，即表征总是被建立在一个确定的立场上的，比如牛顿力学立足物体的质量、力、速度和加速度概念，忽视其颜色和味道。也就是说，表征是依赖于索引性的，即关联性的，如使用地图时，我们首先要确定我们所在位置（地点），然后才能寻找目的地。另一方面，表征典型地包含解释，即表征负载内容，因为当我们将一个客体表征为某物时，我们需要以某种方式给出解释，即只有概念化那种现象我们才能适当地理解它。这是建立科学理论的前提。

第三节 基本表征策略及其问题

对于基本表征类型的说明，格赖斯主义提供了以下三个策略④。

---

① A 表征 B 不意味着 A 是任意的，A 是根据 B 的特性（结构的或属性的）来建构的，比如原子模型 A 是根据原子 B 的实验数据设计的，而不是随意臆想的。实验数据就是对建构模型的限制性条件。

② [美]劳伦斯·夏皮罗：《具身认知》，李恒威、董达译，华夏出版社2014年版，第157页。

③ Bueno O, "Models and Scientific Representations", In Magnus P, Busch J (Eds.), *New Waves in Philosophy of Science*, Basingstoke: Palgrave Macmillan, 2010, pp. 94-96.

④ Grice H P, "Logic and Conversation", In Cole P, Morgan J (Eds.), *Syntax and Semantics*, Vol. 3, New York: Academic Press, 1975, pp. 22-40.

第一是还原论策略。通用格赖斯主义的核心是还原主张，即所有的表征都将它们的状态归功于对基本表征的特定核心的表征，或者说根据其他更基本的表征类型解释其他表征类型。在许多类的表征实体，如山、水、模型、数学方程中，大多数表征态是从表征的一个特许表征态引出的。这样，我们不需要单独的理论来说明艺术的、语言的、模型的甚至烹饪的表征，所有类型的表征能够以同一方式被解释为源于某种更基本的表征类型——心理表征。这意味着其他形式的表征，包括科学表征，可以还原到心理表征。

第二是语境依赖策略。科学表征能够被置于与其他表征类型的语境关系中来考察。这意味着科学表征依赖于其他类型的表征。科学家一般使用语言、图像、方程等来描述由模型表征的同一目标。如果科学表征从语言表征获得它们的表征态，或者相反，或者科学表征和语言表征从其他某个第三类表征获得它们的表征态，这种表征目标的一致性是可以在特定语境中得到说明的。然而，如果这些表征方式，诸如语言的、图像的、模型的、心理的，不是以这种方法被指明的，那么它们同时具有一致的表征目标就令人奇怪了。因此，一致的表征应该是基于语境同一性的。

第三是蕴含策略。表征可分为基本表征与衍生表征，科学表征就包括在混合表征中。这意味着科学表征是一种导出性表征而非基本表征。或者说，科学表征包含在心理表征中。然而，科学表征与非科学表征的区分是令人困惑的问题，正像科学与非科学的划界一样，如弗洛伊德的无意识模型是科学的还是非科学的？它是否关于某物，如何关于某物，不能不依赖于这种分类。

笔者发现，格赖斯主义这些策略蕴含了表征的普遍性和特殊性问题。普遍性是说存在一种基本表征形式，其他表征形式均可以由它导出；特殊性是指一类表征语境地依赖其他表征来说明。这就是普遍格赖斯主义和特殊格赖斯主义的区分。前者寻求一种最基本的表征，后者寻求一种基于意向的语言学说明；前者区分了基本表征与非基本表征，主张前者解释后者，后者区分了自然表征与非自然表征，认为前者能够解释后者。所谓自然表征是指那些其表征力的构成不依赖于使用者的心理状态的表征，如树木的年轮数量表征了树的年龄。非自然表征是指人与人或某物之间交流信息而产生的表征，这种表征包括语义记号、艺术作品、预先设定的信号等。特殊格赖斯主义试图根据自然表征(客观事实)给出非自然表征(人为描述)的一个还原说明，然后把非自然表征的还原与自然表征的自然主义的还原说明相结合，力图提供表征的一个充分的、自然主义可接受的还原说明，其实质不过是实证主义还原论。

科学表征依赖于自然主义的说明基本上是合理的。然而，这种自然主义进路会面临一个深刻的形而上学问题。正如格赖斯指出的，语言记号是一种表征，我们能够使用以上策略解释"言说者意义"——一个言说者 S 意指某物是说，根据他产生一个信念或作用于一个听者 H 的意向行为说出 U。或者说，在说出语句 U 的过程中，言说者 S 意指 p，当且仅当对于某些听者 H，S 打算以某种方式说出 U，以促使 H 相信 p。显然，格赖斯希望把关于语言记号的言说者意义，还原为这些记号的产生者和听者的心理状态，即言说者做某事的意向状态和听者相信其他某物的状态。这需提供关于心理状态的表征内容的说明。这就走向了极端心理主义，势必会产生心理状态的表征如何说明的形而上学问题。造成这种困境的原因在于格赖斯主义自身的问题。

第一，如前所述，特殊格赖斯主义说明分为两个阶段：第一是根据心理状态这个有待澄清的更基本的东西的表征力解释语言记号的表征力；第二是心理状态的表征需要其他理由来解释对内容的基本承载能力。普遍格赖斯主义也有两个阶段：一是根据基本表征的表征力来解释衍生表征的表征力；二是提出了某些其他理由来解释对内容的基本承载者的表征。问题是，心理状态是基本表征的承载者吗？心理状态与承载它的物理状态（神经系统）的关系是什么？心理状态的表征是否负载了内容或意义？这些问题都是深刻的形而上学秘密。或者说，我们要解决的问题是关于表征的一个基本的、衍生的形而上学说明。

第二，这些高度概括的策略意味着，语言表征可以解决所有非自然表征的说明。在笔者看来，这过于夸大了语言的表征作用，等于将语言置于一个至高无上的地位，用语言排除了其他类型的表征工具。或者说，这等于有了一个全能的表征，它能够说明所有类客体的表征，而不借助心理状态。这与该策略强调心理状态是基本表征的观点相互矛盾。诚然，语言对于认知与表征具有非常重要的意义，但没有语言也可以有表征，如图像、肢体动作、信号等。没有语言，儿童也能够思维。也就是说，语言不是表征的唯一方式或唯一中介。

第三，作为普遍性的反映，这个解释策略对构成表征关系的客体没有设置任何限制。餐桌上的盐瓶能表征夏威夷或别的什么东西，只要你规定前者表征后者即可。这显然是一种心理约定主义。只要我们愿意，就可以用任何东西指代其他任何东西。这个策略让心理状态的表征力过于宽泛，因为它能够仅根据任意规定在两个客体之间产生其他表征关系。如果这样，其结果就是：我们一次性提供心理表征这个形而上学的"免费午餐"，就可以任意用某物表征其他某物。进一步说，使用心理状态的表征说明其他种类的表征，就像用神话解释任何自然现象，如雷公电母、龙王降雨，是一件非常容易的事情了。

第四，格赖斯主义策略混淆了指代关系与表征关系，允许两个明显且不相关客体的表征。一方面，存在某物（或属性、事件、过程）的表征，如盐瓶指代夏威夷；另一方面，存在事实的（或命题、事态、心理状态）表征，如用左手表征席子上的猫家族。在这两种情形中，左手表征它所指的东西（猫家族或关于猫的事实），这个表征关系是根据一个心理状态和它的客体（猫或关于猫的事实）之间保持的一个类比表征关系，加上规定或约定①（它赋予左手表征那个心理状态的属性）而形成的。因此，格赖斯主义策略对于这些不同类型表征的易适用性，是承担表征关系的客体无差别的一个必然推论。正如前面论述的，它几乎没有在表征关系之间设置任何实质性限制，在抽象物和具体物之间，无论大小与远近，都是中立的。

第五，虽然表征关系物之间缺乏限制，但仍然存在似真的语境限制。这个限制在特殊情形中被用于表征工具和目标客体上。在上述例子中，支撑盐瓶和左手的表征力的意图，在缺乏某种交流语境的情形中可能无法实现。这并不是说，像盐瓶和左手这种客体不能作为纯粹的表征工具，而是说，当这

---

① 按照通用格赖斯主义，科学表征是一种衍生表征，它能够根据约定行为被还原到心理表征。这里逻辑地蕴含了一种约定许可（stipulative fiat），即一个科学模型 M 表征一个目标系统 T，当且仅当模型的使用者约定 M 表征 T，比如约定用盐瓶表征夏威夷。约定许可的问题在于，它对于建立表征关系是不充分的，因为约定虽然可以在一定范围达成一致，但是不必然可靠真实地描述目标系统，因为在科学实践中，科学家不能仅仅根据约定任意使用一个模型简单地表征任意一个目标系统，比如用原子模型表征任何目标系统。即使约定许可对于建立某些表征关系是充分的，但它也不能满足认知推理条件，比如我们无论如何不能根据盐瓶推出夏威夷。

些客体能作为纯粹的表征工具时，它们可能实际上不能，因为它们不能服务于既定目标，并给出有效的语境限制。

第四节 表征的语境性与语境同一性方法论

基本表征关系产生了极为深刻的哲学问题：一个客体表征另一个客体究竟是什么意思？其结构是什么？表征是否具有内容，是否可靠地、客观地再现了目标系统？科学表征与非科学表征使用的中介客体差别很大，目标客体也完全不同，它们是否有区别？上述各种表征理论不能合理解释这些问题的根本原因是缺乏对表征概念与表征关系蕴含的语境性的考虑，而过度关注其形式关系、结构相似、语义获得等属性。

理由是，在说明和理解的意义上，无论是中介客体还是目标客体，它们都首先必须在特定语境下由某种语言(自然的或形式的)加以刻画(如命名、形成定律)，"正是通过语言，像世界这样的东西才能够向我们显现"[1]。表征因此无疑是语境化[2]的。由于使用了语言，澄清表征问题就必须从语言与世界的关系这个基本问题开始，尽管"关于语言的重要哲学问题一直被误认为是科学内容与世界性质之间的关系"[3]。因为语言与世界的关系包含了表征的类型、构成、划界和规范问题，而且"世界与语言两者都是超越个人的东西，语言是为了适应于此世界而被创造出来，因此它所听从的是世界而非我们的主体性。在此意义上(而非科学意义上)，语言是客观的"[4]。它一旦产生就是超越个人的而属于情境和语境的东西。这就是表征的语境性。因此，要想给出表征问题的实质性和合理性说明，我们必须优先探讨用于说明该问

---

[1] [美]理查德·E. 帕尔默：《诠释学》，潘德荣译，商务印书馆2014年版，第295页。
[2] 语境化是指对于表征关系中的两个客体在特定语境中的概念化或范畴化。比如，DNA模型表征核糖核酸结构，"模型"是根据双螺旋结构制作的，"核糖核酸"是根据生物化学知识命名的，二者均是依赖语境的。
[3] van Fraassen B C, *The Scientific Image*, Oxford: Oxford University Press, 1980, p. 196.
[4] [美]理查德·E. 帕尔默：《诠释学》，潘德荣译，商务印书馆2014年版，第269页。

题的"语境"概念与语境同一性方法论。

最初提出"语境"（context）概念是为了解决索引词的指谓问题，它仅包含谈话的时间、地点、谈话者、上下文这些决定索引词指谓的各种因素，后来扩展到解决抽象语句的指谓问题，增加了可能世界、听话者、被指的对象和域值等因素。这种静态语境在后来发展到动态语境，指言语交流时不断变化的环境，并增加了谈话者和听话者的知识、信念、意图和态度等新因素[①]。这样，语境在内涵和外延上均得到扩展，成为"文本"（text）的语形、语义和语用的结构关联体，即"上下文"或"文脉"或"语义域"，表现出语言性和非语言性两方面的特征，其任务"在于删选种种适当意义"[②]，其本质在于"具有本体论性的实在"、"在人类行为和思维中最具普遍性的存在"和"具有复杂内在结构性的系统整体"以及具有"方法论的横断性"，因此，"语境从时间和空间的统一上整合了一切主体与对象、理论与经验"[③]。根据这种定义，"语境"就成为科学解释的基点和新的理论生长点，因为"无论是以语境实在为特征的本体论立场，以语境范式为核心的认识论路径，还是以语境分析为手段的方法论视角，'语境'所具有的元理论特征，使人们已经不能把语境论仅仅局限于'使科学哲学融合起来'。事实上，作为一种普遍的思维特征，它在世界观的意义上，成为构造世界的新的'根隐喻'"[④]。这一根隐喻不仅构成了一种本体范式、一种科学的世界观和科学的形而上学框架，也形成了认识论路径、心智范式及语境范式。

然而，词语和命题的意义，并不是人类行为本身的意义。要正确理解人类行为及其意义，就必须研究它的"语境"——人类行为得以展开的社会和历史条件。这是一种将语言层次的"狭义语境"延展到社会和文化层次的"广义语境"[⑤]。这种"广义语境"具有时间和定向行为，即指向过去（行为何时

[①] 黄华新、陈宗明：《符号学导论》，东方出版中心2015年版，第107—108页。
[②] 李幼蒸：《理论符号学导论》，社会科学文献出版社1999年版，第279页。
[③] 郭贵春：《语境与后现代科学哲学的发展》，科学出版社2002年版，第10页。
[④] 郭贵春：《隐喻、修辞与科学解释》，科学出版社2007年版，第2页。
[⑤] 本书是在广义意义上使用语境概念的。这样，"语境"就成为一个包含了语言、社会、历史、文化等因素的综合体。需要澄清的是，"语境"与"背景""情境""环境""综合体"这些概念虽然有相似的地方，但也有明显的相异之处。"背景"是相对于所衬托的主体而言的，

何地发生),指向现在(保持行为此在特点的条件),指向未来(可能性和尚未实现的结果)①。因此,"科学产品是语境明确的建构物,它们具有语境化特点和形成过程的利益结构特征,不对其建构过程进行分析就不能恰当地理解它们"②。也即,科学产品是在特定语境中对客观事实的表征,这种表征是一种对事实的认知构造。因此我们说,"原则上所有科学的事实都有一个表征;这意味着对所有的事实都有一个确定其表征的任务,而且这个任务原则上是可以解决的。……对每个科学的事实来说,原则上都有一个既确实可靠又无时不在的表征,即当且仅当事实存在时才存在的表征。这类表征总是可以通过表示个别情况的各种不同表征之结合而创造出来。因此这样一种表征乃是事实的既充分又必要的条件。因此当我们为科学对象的基本事实创造出上述这类表征时,我们就是建立了这个对象的构造"③。所以,科学表征是对科学事实的构造,这种构造是基于特定语境的。为此笔者提出语境同一论④的如下八个原则。

(1) 本体原则:语境是一切待解释问题的基底,谈论或解决特定问题必须在特定语境中进行。

(2) 意义制约原则:每个概念、命题以及由命题组成的理论体系都有其语

如照片中相对于人物的景色,主体与其背景可以脱离;"情境"是指当下的境遇,是相对于正在发生的事件而言的,如情境对话;"环境"是相对于系统而言的,是指系统的周遭情形;"综合体"是指各种因素的整合,在整合意义上"语境"与它同义;而"语境"是相对于"意义"来说的,因为语境决定意义,"意义"可以是词语的意义,也可以是行动和事件的意义,因此,"语境"概念就不限于是指词语的"上下文",也指行动或事件的历史背景和境遇。这是"语境"含义的认识论扩张。在科学中,成熟的科学理论、已知事实和测量数据相对于考虑要解决的问题,就是该问题的语境因素。由于解释活动是要给出被解释问题的"意义",使用"语境"就比其他相似概念显得更加合理。

① Pepper S, *World Hypotheses: A Study in Evidence*, Berkeley: University of California Press, 1942, p. 232.

② Knorr-Cetina K D, *The Manufacture of Knowledge: An Essay on the Constructivist and Contextual Nature of Science*, New York: Pergamon, 1981, p. 5.

③ [德]鲁道夫·卡尔那普:《世界的逻辑构造》,陈启伟译,上海译文出版社1999年版,第94—95页。

④ 这是笔者解决"科学表征问题"而提出的一种有别于"语境论"的方法论,其核心思想是表征的语境性与表征关系的语境同一性。

境，先前的理论构成后继理论的语境，它们的语境就是它们的语义域或意义的限制边界。

(3) 基本表征关系原则：表征是中介客体与目标客体形成的二元关系；这种表征是依据从目标客体获得的一组基于语境的经验证据确立的。

(4) 主体原则：表征过程是使用者使用中介客体刻画目标客体的认知过程；在此过程中，使用者作为主体起主导作用，具体说，是使用者在自己的语境框架下将两个客体关联起来。

(5) 范畴化原则：在基本表征关系中，中介客体，无论是概念、命题还是理论、模型，均是一种人造工具系统；目标客体，无论存在与否，实在的还是非实在的，均是使用某种语言描述的客体。两种客体都是概念化客体。

(6) 语境关联原则：中介客体与目标客体在特定语境中的关联是构成表征关系的必要前提，即谈论表征问题首先须在同一语义域进行，否则会产生不可靠和错误表征。

(7) 中介指涉原则：为了彰显意义，基于语境同一性[①]的表征须通过概念、命题、理论、模型、思想实验这些中介客体适应性地指涉目标客体，从而形成充分的表征关系。

(8) 同一差异原则：表征作为一种基于语境的认知过程，其结果由于两个客体关联程度和适应程度不同可能是可靠的、不可靠的甚至虚假的。或者说，语境同一性的程度差异和两个客体的适应程度差异是造成表征可靠或不可靠的根源。

原则(1)提供了解决表征问题的基础或本体，规定了该问题得以展开的层次和范围，以避免无穷倒退问题；原则(2)规定了概念、命题和理论的语义的语境依赖性及其语境边界；原则(3)在最小意义上规定了表征关系的二元构成，以及表征得以实现的经验来源；原则(4)规定了表征关系形成的前提和构成两个客体语境同一性的保证；原则(5)规定了表征的两个客体的概念化或范畴化问题及其语境基础；原则(6)规定了表征客体的语境同一性是形成表征关

---

① 语境同一性是指表征关系中两个客体通过语境叠加而在形成的特定语境中联系的性质，即相互依存、相互贯通、相互适应的性质，它使两个客体在属性、结构、表达形式和解释等方面取得一致性。

系的必要条件;原则(7)规定了基于语境同一性的表征关系的充分条件;原则(8)给出了产生不可靠表征和误表征的根源。原则(1)是本体论规定,原则(2)、(3)和(4)是认识论规定,原则(5)、(6)和(7)是方法论规定,原则(8)是价值论(评判意义上)规定。这四个层次共同构成了语境同一方法论。

在表征问题上,语境同一论既坚持工具论(中介客体是一种解释工具),也坚持科学实在论(中介客体真实或近似真实反映世界),是两种哲学立场在语境基底上的融合,从而坚持了语境实在论立场。坚持工具论是要对表征目标做出合理的预测和解释,坚持实在论是要在做出合理预测和解释的同时,还要对世界做出符合其"真实面目"的一致表征。因此,语境同一方法论既集中了工具论和实在论的优点,又在语境整合的意义上超越了它们,因为"表达工具按照不同语境表达不同内容"①。

需要澄清的是,语境同一论主要是一种方法论。它既有别于语境论,也不同于语境实在论,尽管它们之间有交集。语境论是美国哲学家派普提出的继形式论、机械论、有机论之后的一种新的世界观和方法论。它是唯一一种非本体论的世界观,不假定世界由什么构成,超越了传统基础主义、真理符合论和融贯论。其根隐喻是"历史事件",由这个根隐喻衍生的两个核心概念是"变化"与"新奇"。"变化"是通过"性质"的"扩散""集聚"和"融合"展开的;"新奇"是通过"结构"的"组分""组分的语境"和"指称"实现的。"语境"只是其中一个概念,其含义是指事件发生的历时性和关联性②。语境论的前期形式是"实用的自然主义"③,其核心范畴有两个:一套结构性状,包括结构、组分、性质、融合与指称,显示事件的性质;一套语境或环境性状,包括环境、始点、方式、终点、完成与中断,表示一个事件在与其他事件的关系中的位置,事件的性质是在语境中显现的。语境论的后期形式是"认知的语境论",它是一种关于知识归因的认识论,是在回应怀疑论的过程中逐渐形成和发展起来的。它主张特定知识语句表达的命题,依赖于说

---

① 李幼蒸:《理论符号学导论》,社会科学文献出版社 1999 年版,第 503 页。
② Pepper S, *World Hypotheses: A Study in Evidence*, Berkeley: University of California Press, 1942, pp. 235-254.
③ Hahn L E, *A Contextualistic World View: Essay*, Carbondale: The Board of Trustees, Southern Illinois University, 2001, p. 82.

出这个句子的语境,我们不仅拥有知识,而且这些知识是依赖语境的,在语境之外我们不能理解知识。为了应对怀疑论的"无知论证",认知的语境论又分化出多种形式——虚拟条件的、相关选择的、确证的、相对的、解释的、妥协的、证据的、批判的等。显然,语境论是关于知识归因的认识论,它不仅构成了一种科学的世界观和科学的形而上学框架,也形成了认识论路径、心智范式及语境范式,其中语境分析是方法论,体现为语形、语义和语用的语境集合[1]。

语境实在论是施拉格尔首先倡导的一种哲学解释框架,它有三个基本特征[2]:①它不是把语言作为哲学探究的首要材料,而是把经验探询的结果作为首要材料(如果科学家仅致力于数学形式主义而忽视了实验探究的发现,他们能取得如此大的进步吗?);②它不依赖逻辑作为澄清概念和论证的工具;③它是系统的,因为它极力说明知识问题的不同方面,如经验探询的层次、量子力学的自相矛盾的结论、神经生理学中的种种研究、心身问题困境、语言指称问题、真理的意义和标准,这些问题相互关联,并蕴含了一种新解释框架——语境实在论。后期的研究将它扩展并提升为一种新的科学哲学解释范式,其中蕴含了本体论的、方法论的、认识论的、语义学的、价值论的和伦理学的基本原理,指出了不可观察过程的客观性、真理过程的模拟性、理论与所描述世界之间的相似性和逼真性、理论建构过程的实验证据的制约性,以及包括人类的自然界的有机整体性[3]。相比而言,这些特征与语境同一论的原则有明显的差异。

语境同一论虽然也坚持语境论的变化观和历史关联观,也坚持语境实在论的语境实在观和系统整体观,但它是特别针对科学表征问题和两个命题的有效推理而言的,不同之处主要有三方面:①目标客体必须是实际的存在物(尽管可能不可观察),虚构物不是科学表征的内容。这是语境同一论的实在性与客观性的要求。②中介客体连同支撑它的语境被投射到目标客体上,使

---

[1] 殷杰:《语境主义世界观的特征》,《哲学研究》2006年第5期,第94—99页。
[2] Schlagel R H, *Contextual Realism: A Meta-Physical Framework for Modern Science*, New York: Paragon House, 1986, Preface, p. xiii.
[3] 成素梅、郭贵春:《语境实在论》,《科学技术与辩证法》2004年第3期,第60—64页。

得目标客体被语境化，即被纳入使用者的语境范畴①。这是语境同一论区别于语境论和语境实在论的实质所在。③表征关系的成立与否，取决于中介客体的语境能否被可靠地投射到目标客体上，从而产生语境同一性来保证两个客体相互关联与相互作用。这是表征的指涉性和有向性的必然要求，相反则不成立。总之，语境同一论既体现了工具论的中介功能、实在论的客观性要求，也体现了语境论的关联性特征，实现了三者在语境基底上的统一。

表征为什么具有语言性和语境性？可靠的表征关系为什么必须具有语境同一性？中介客体为什么是指涉性和适应性的？根据卡西尔的观点，人是"符号的动物"，"人不再生活在一个单纯的物理宇宙之中，而是生活在一个符号宇宙之中"②。这表明，在属人的世界里，没有什么要认知的东西是能够超越语言性的；在解释活动中，任何说明都是依赖语境的，因为"认知的本质并不是世界中的某个客体对另一个客体的实际反应，而是那种必须以指号为中介的关于某物之为某物的解释"③。而"语言在其本质上作为对境遇的、历史的理解的原初的清晰表达，是某种属于人的存在方式的东西"④。这意味着，表征是一个意识行动者使用某物显现某物的过程，行动者是"语境中的人"，也就是海德格尔所说的"此在的境遇性"⑤。世界不能表征自身⑥，只能显现，因为表征需要一个精神实体来描述世界，因为"语言作为开启一个使世界得以在其中显现自身的空间之力量，这乃是动物所不具有的。例如，动物不能利用它们的交流工具来达到关于一种境遇或环境本身的'理解'，无论是过去还是将来；这只有语言以其真正建构一个世界的力量才能达到"⑦。因此，没有语言的世界是一个非语境的世界，非语境的世界没有意义。语境

---

① 这意味着使用者是处于一定语境中的人，在表征过程中他首先使中介客体语境化，然后运用语境化的中介客体再语境化目标客体，从而使两个客体具有了语境同一性。因此，表征过程是一个语境化与再语境化的过程，这使得使用者连同两个客体处于同一语境中。

② [德]卡西尔：《人论》，甘阳译，上海译文出版社 1986 年版，第 33 页。

③ [德]卡尔-奥托·阿佩尔：《科学主义还是先验诠释学？》，孙周兴译，见洪汉鼎主编：《理解与解释——诠释学经典文选》，东方出版社 2001 年版，第 314 页。

④ [美]理查德·E. 帕尔默：《诠释学》，潘德荣译，商务印书馆 2014 年版，第 201 页。

⑤ [美]理查德·E. 帕尔默：《诠释学》，潘德荣译，商务印书馆 2014 年版，第 200 页。

⑥ 世界或自然只能呈现事实或现象，不是在表征，表征应该有人的认知在其中。

⑦ [美]理查德·E. 帕尔默：《诠释学》，潘德荣译，商务印书馆 2014 年版，第 269 页。

是伴随人类与语言而存在的,人在本质上是语言性的,人类的世界就是语言的世界。按照伽达默尔的说法"拥有语言的同时就拥有了一个世界"[①]。

然而,在特定语境中的表征一定是可靠真实的,或者说能够保证避免不可靠和错误表征吗?答案是不一定。这要根据表征关系中两个客体在特定语境中的指涉关联程度和适应程度来确定,前者是表征的必要条件,后者是表征的充分条件,因为"适应度必须产生于具体的情境(语境)"[②]。例如,概念"花"指代真实的花,必须在由"花"的语形、语义和语用构成的语境中实现。当生成表征关系如命题表达"这朵花是红的"时,"花"与"红色"相关联,而"红色"是有程度差异的如浅红、粉红、深红等。关联越紧密,表征关系就越牢固,表征就会越可靠,如"这朵玫瑰花是深红色的"。关联度类似于相似和同构的程度。

那么,语境关联度由什么来保证呢?当然由作为中介指涉的概念、命题、理论、模型等来保证,这些中介客体是实现语境关联的有效途径,它们越准确、可靠,就越能适应目标客体,如现代电子云模型对原子的刻画。这样,镜像、相似、同构、指代、替代、类比等关系在语境框架中得到了统一。这就是语境同一性对于表征的可靠性和客观性的保证。

通过上述分析可知,语境同一性是可靠表征的充要条件。为此,笔者将语境表征模型表述为:X 表征 W,当且仅当在特定语境 C 中,通过中介客体 X(概念、命题、理论、模型等)适应性地指涉目标客体 W。"适应性地指涉"是说,X 与 W 通过中介客体发生部分或完全匹配,从而使它们在结构、属性、表达方式等方面相一致。对于科学表征,X 通常是模型、曲线图、方程、图像、语句等,W 是世界的某个方面或部分。说 X 表征 W,就意味着行动者使用 X 表征 W,有意向的使用者的介入是至关重要的。缺失使用者,X 就不能表征 W。当使用者面对所选择的研究对象(客体 W)时,自然而然地会选择使用语言或模型或方程等(客体 X)来表征他们的研究对象。例如,我们使用语句"雪是白的"把雪表征为"白的",形式表达就是 S(我们)使用 X(雪是白

[①] [美]理查德·E. 帕尔默:《诠释学》,潘德荣译,商务印书馆2014年版,第268页。
[②] [美]约翰·H. 莫兰:《隐秩序:适应性造就复杂性》,周晓牧、韩晖译,陈禹、方美琪校,上海科技教育出版社2012年版,第94页。

的)将 W(雪)描述为 F(白色)，X 能否可靠表征 W 关键在于 F 能否准确描述 W，这一模式关涉交流语境，"由于交流预设了共同体的某些意义范围，只有在一个语境中，表征的某些模式被确定，且被共同体成员所理解，这一点是可能的"[1]。因此，基于使用者的语境表征可以表述为：X 表征 W，当且仅当使用者 S 在特定语境 C 中，使用 X 对 W 进行探究性和适应性重构。

语境表征的一个典型例子是核物理学[2]。严格讲核物理学还没有形成一个范式来组织该领域中关于原子核的大量实验数据，但是根据几个基本构成成分之间的少量相互作用，我们能够拥有一组语境模型，每一个能够被看作一个合理的有用工具，在某种确定的范围将实验数据关联起来，并提供好的预测和解释。每个语境模型都或多或少指涉一组假设陈述，它们构成了被称为"核理论背景"的知识体系。该知识体系具有语境同一性，因为这些假设共同构成一个组合语境，该语境既限制核物理学的研究范围，也使得所有核的指称意义明确。一旦我们根据这些假设构成组合语境，我们就可以廓清包括在建构已知核境遇中的一个语境模型，尽管不同的模型处理不同的核境遇。

第五节 表征关系的语境同一性审视

根据语境同一方法论，表征关系是一种指涉性关系，其中的中介客体是连接目标客体的途径，这些途径是实现可靠表征的关键因素，是语境同一性的具体体现。对科学表征来说，中介客体主要是概念、理论(命题集)、模型和思想实验，它们与目标客体在特定语境中相互作用，从而实现对目标客体

---

[1] van Fraassen B C, *Scientific Representation: Paradoxes of Perspective*, Oxford: Clarendon Press, 2008, p. 21.

[2] 波内奥罗认为核物理学是一个"唯象模型"，在笔者看来是"语境模型"，因为对核现象的描述是直接依赖测量语境的，没有测量仪器就不会观察到核现象。参见 Boniolo G, *On Scientific Representations: From Kant to a New Philosophy of Science*, Hampshire: Palgrave Macmillan, 2007, pp. 187-192. 关于核物理学内容详见[美]Laurie M. Brown、[美]Abraham Pais、[英]Brian Pippard 爵士编：《20 世纪物理学》(第 1—2 卷)，刘寄星主译，科学出版社 2015 版，第 2 章、第 5 章、第 15 章。

的可靠表征。

第一，概念作为指代在由规则形成的语境中指涉目标客体。根据符号学，一个概念就是一个指号，指代它的目标客体，而规定概念属性的规则是依据对目标客体的观察或测量语境。例如"电子"指代实存的电子，规定其属性的一组规则就是它的测量语境——"一个电子是一个静电场的源""一个电子是一个基本电荷""一个电子是一个带有 $1.6×10^{-19}$ 库仑的电荷""一个电子具有 $9.1×10^{-31}$ 千克的质量"等[1]。因此，理解"电子"的意义就需要掌握由这个概念综合而成的语境。反过来，弄清"电子"这个概念的语境，就掌握了它的意义。按照兰德的说法[2]，一个概念就是两个或两个以上的整体的一个心灵整合，这些整体根据某个专门的特征被区分开来，又由一个专门的定义而结合起来；这里的整体可以是实在的任何方面，诸如实体、属性、行为、质量、关系等，它们是人们知觉到的具体事物或先前形成的概念。一个专门的定义是一个确定命题，一个确定概念整体性质的陈述。因此，就像概念构成的过程是依赖语境的，任何定义也都是依赖语境的。或者说，每个概念就是两个或多个整体的心灵整合，这些整体拥有相同的明确特征，并有被省略的具体测量。比如，相似性就是物体之间的相互作用关系，它们有相同的特征，但却是在不同的测量或程度上，如不同形状（长方形、三角形、立方体、球体等）都是测量上的不同，都可以用线性测量表达为一组图形。这一过程是在特定测量语境中完成的。

为什么作为指代的概念与规定概念意义的规则语境地相关？一方面，概念是由规则给定的，要理解一个概念的意义，就需要掌握它的语境（一组规则或命题），弄清这个概念的语境才能知道其意义；另一方面，概念本身是综合体的一个函数，规则是作为一个组合语境。概念之所以依赖规则，是因为在将它指代的客体归入它时，要依据一些规则，只有按照这些规则，被指代的客体才能归入它。所以，概念作为指代和它依赖的规则是相互关联的，共同

---

[1] Boniolo G, *On Scientific Representations: From Kant to a New Philosophy of Science*, Hampshire: Palgrave Macmillan, 2007, pp. 49-50.

[2] [美]安·兰德：《客观主义认识论导论》，江怡等译，华夏出版社 2007 年版，第 10—12 页。

构成某物的一个指代范畴,规则在其中起到了语境同一性的作用。总之,概念作为指代要说明其指称,规则作为语境要彰显这个概念的意义。它们是认识论这枚硬币的两面。

上述例子充分说明,一组规则就是一组命题,这些命题构成了一个概念的相关语境,要理解一个概念,就要掌握那个概念所涉及的语境。从语义学来看,将一组规则综合于一个概念中,就是赋予它以语义,就是给它加载内容;"语义域"规定概念的范围,也是规定概念所指涉的世界的部分的一个表征。或者说,概念的"语义域"就是其语境规定,语义域发生变化,意义也必然发生变化。一句话,作为指代的概念与它的指称相关,而概念的意义涉及指称的那些规则,规则的综合进一步构成概念指称的一个语境表征。

显然,概念作为指代是意向地指称客体的。被指代的客体可能是经验的(可感知),也可能是意向的(非感知的),即每个指称的所指不都有确定的存在物,如科学中的"以太""燃素"概念就是意向客体,它们被证明是不存在的。这样,指称的客体就有了意向客体与经验客体之分,相应地就有了意向指称和经验指称之别[①]。意向客体和意向指称是概念的而非实际的,是客体而非虚构体,它们仅在认识论意义上是意向的,而不是本体论意义上的。概括地说,意向客体就是我们概念地或意向地知道的客体,它既可能是真实的也可能是虚构的,而经验客体是我们经验地知道的客体,是我们通过感知能够把握的。因此,这两个概念的区分不能仅仅根据"客观存在"与否来判断。这表明概念作为意向客体是存在于我们意图中的"精神体",在其语境中具有独特的和已确定的条件,其本质是可以不依赖于它的存在,由此可以推知:每个概念有一个意向指称,但不一定指代一个经验指称;意向知识能够完全独立于经验知识而存在。概念所指称的客体,无论是意向的还是经验的,都是"概念客体"[②],都有其属性,而且在认识论上是优先的[③],即概念的假设

[①] Boniolo G, *On Scientific Representations: From Kant to a New Philosophy of Science*, Hampshire: Palgrave Macmillan, 2007, pp. 54-56.

[②] "概念客体"是指目标系统,无论是真实存在的还是虚构的,均是由语言概念化的客体,如"夸克"这个概念,在表征的意义上,我们需要给它命名,至于它是否存在并不重要。

[③] Boniolo G, *On Scientific Representations: From Kant to a New Philosophy of Science*, Hampshire: Palgrave Macmillan, 2007, p. 56.

先于概念指称的发现或确定。因为属性是客体本身具有的,即使我们没有认识到它们的存在。根据语境同一方法论,理解概念客体的意义就要掌握其语境和属于这个语境的规则。具体说,意向客体具有意向属性是由包含那些概念客体及其属性的语境决定的,而经验属性是经验地由实验或实践语境决定的。

第二,科学理论作为定律集在特定理论语境中指涉目标客体。一个科学理论是一组定律(原理)集,如牛顿力学是由运动三定律加上万有引力定律构成的,其最终成型得益于惠更斯的向心加速公式、布里阿德的平方反比定律、伽利略的惯性定律以及开普勒的行星运动定律等语境的综合。根据语义论,科学理论由数学模型构成,包括经验模型以及阐述经验模型与经验系统之间联系的假设集。因此,"如果我们将一个理论看成是定律/方程的一个核心集,那么语义论遇到的问题就不会继续发生。比如,当问到经典电动力学的基本结构是什么时,人们自然会立即想到麦克斯韦方程。这些方程形成了一个理论核,许多模型能够由这个理论核来详细说明,而这些模型在将定律用于具体问题境遇中起辅助作用"[①]。根据图像论,科学理论是通过某些规则(定律)客观地建构的图像,它既不是对世界的一种真描述,也不是类真理的说明,而是仅作为自然的一种图像,通过图像说明实在世界。这意味着科学家不是将科学理论看作客观的形式表达,而是尝试使认知主体在特定语境中把握经验数据;科学家不是寻找自然的本质结构,也不是不断地接近这种本质结构,相反,他们是表征的建构者,通过表征使他们能够掌握经验事实,并赋予它们以认知意义。表征的作用不仅被限于一种经济的和连贯的方式经验地知道,还被用于预测未来事件。为了从过去推测未来,我们首先形成自己的关于外部世界的图像或符号,然后给出它的形式表达式。思想中的图像的必然结果总是被描述为自然事件的必然结果。为了满足这些条件,在自然与我们的思想之间一定存在某种一致性,这种一致性就是语境同一性。因此,表征没有告诉我们事物本身如何,而是告诉我们关于事物的概念如何;表征既是我们所知道的,也是通过它我们能知道的。这说明科学理论表征具有假设性。

如果科学理论是对世界的假设性构造,那么它就是"一个概念框架,被

---

① Morrison M, "Where Have All the Theories Gone?" *Philosophy of Science*, Vol. 74, 2007, p. 205.

精心地设计出来以指导实验研究,并揭示那些要不然就会被认为是没有关联的观察材料之间的联系"[1]。理论表征的目的是要建立与世界之间的联系,这种联系又是如何建立的?内格尔认为理论是通过一种抽象演算、一套规则和一个解释模型之间的语境联系建立的,抽象演算构成理论系统的逻辑框架,规则把抽象演算与具体的观察实验材料联系起来,并为抽象演算指定一个经验内容,解释模型则用我们熟悉的材料对抽象演算做出合理的说明[2]。在此过程中,我们需要在建构的表征中选择最好的而不是真实的或类真理的表征。如何选择要满足三个条件:容许性、经验正当性和适当性[3]。容许性是说,在表征理论与思想规律之间存在一致性;在那些容许的理论中,必须选择与经验不矛盾的理论,这就需要经验正当性。如果科学表征是假设的构造物,被制造出来理解实在性,那么实在性在评价标准中将起重要作用。科学表征也只有诉诸经验表征才能被证实或被证伪。适当性是说表征理论要与目标客体匹配,若不一致,那一定是一个无效的理论,也一定不是语境同一性的。显然,在我们决定最适当的表征前,我们应该决定什么是真正本质的东西,什么与这种本质性产生最少的分歧。科学理论允许我们以一般的、抽象的和形式化的方式(定律),组织我们已经知道的经验事实,允许我们至少统计地预测新经验事实,允许我们将认知意义在特定语境中赋予旧的和新的经验事实。因此,科学理论与世界的关系应是一种适应性表征关系,即理论要适应目标客体,也一定是语境关联的。

第三,模型作为推理工具在特定观察或测量语境中指涉目标客体。"模型"一词在不同的语境中有不同的用法。这是模型的分类问题。汤姆逊-琼斯将模型分为五类[4]:①真之制造地图:模型作为源于一种语言的映射,为那种语

---

[1] [美]欧内斯特·内格尔:《科学的结构——科学说明的逻辑问题》,徐向东译,上海译文出版社2002年版,第155页。

[2] [美]欧内斯特·内格尔:《科学的结构——科学说明的逻辑问题》,徐向东译,上海译文出版社2002年版,第107页。

[3] Boniolo G, *On Scientific Representations: From Kant to a New Philosophy of Science*, Hampshire: Palgrave Macmillan, 2007, p. 172.

[4] Thomson-Jones M, "Models and the Semantic View", *Philosophy of Science*, Vol. 73, 2006, pp. 524-535.

言的某些给定语句集提供一种解释并使其为真。②真之制造结构：模型作为一种非语言结构，为某些语句集提供一种解释并使其为真。③数学模型：模型作为一种数学结构，被用于表征一类目标系统。④命题模型：模型作为一个命题集，其成员共同形成目标系统的一个表征。⑤物理模型：模型作为一个真实的、具体的物理客体，被用于表征一类目标系统。

这五种模型包括作为某种物体和赋予那种物体某种角色两个成分，可分为两大类：前两种是一类，它们不仅形成表征关系，而且要求结果为真；后三种是一类，它们只是要求形成表征关系，不要求结果为真。第一类是把模型作为真之制造者，第二类是把模型概念作为表征。这两个类型都把模型看作推理工具，只是一类要求结果的真，另一类不要求而已。奈瑟希安通过分析麦克斯韦建立电磁理论的过程充分说明模型在其中所起的推理作用，并提出一种基于模型的推理方法[1]。显然，模型构成了科学理论核心部分。

由于模型是人在特定语境中设计的，它也被看作一种假扮者、一种虚构表征，本质上可能是心理表征的一个子集[2]，被使用者设计出来表征世界的某些方面，以实现某种认知或实践目的。这似乎在我们居于其中的实际世界与我们建构现实目标的可能世界之间存在一个认识论的鸿沟。然而，当这个实际世界被虚构的想象世界实际地替代时，任何认识论鸿沟都会消失。即使一个虚构模型表征一个可能世界，它是实际世界的一个二阶结果，我们也可能生活于其中，如有些人生活在小说的世界或虚拟网络世界。因此，表征不都是生成的图像，它本身就是生成的。人类及其思想属于实际世界，而实际世界的表征是由虚构给出的。思想的目的不是思想本身，而是它的虚构体，这种虚构体反过来促进了人类的行动和生活。

为了给模型的虚构说明建立一个坚实的基础，弗丽嘉和哈姆特提出五个问题和要满足的两个元理论标准[3]：①两个模型系统何时同一？同一模型系统可能是由不同的科学家以不同方式描述的，许多不同描述实际上指的是同

---

[1] Nersessian N J, *Creating Scientific Concepts*, Cambridge: MIT Press, 2008, pp. 55-58.

[2] Ducheyne S, "Towards an Ontology of Scientific Model", *Metaphysica*, Vol. 9, 2008, p. 119.

[3] Frigg R, Humter M C (Eds.), "Beyond Mimesis and Convention", *Boston Studies in Philosophy of Science*, Vol. 262, 2010, pp. 112-113.

一个模型系统，在什么环境下它们的描述是同一的或一致的？或者说这些模型系统何时被不同描述详细指明呢？②模型系统具有"物理的""具体的"和"物质的"属性吗？如果模型系统在时空中不存在的话，它具有物质属性如何可能？③如何将不存在的东西与存在的东西进行比较呢？如何分析两个相互比较的模型系统的陈述呢？④模型系统的陈述存在对与错的基础是什么？如何在模型系统陈述的真假之间划界呢？划界的标准是什么？显然，我们需要模型系统中的真理，但是我们如何能够做到呢？我们需要什么？⑤如何探讨模型系统的真理属性？如何确证我们的主张？弗丽嘉和哈姆特认为这些问题需要依据两个元标准来回答：一是自然主义，即我们如何使得上述问题有意义。也就是说，我们需要解释科学家如何建立模型，如何推出它们。二是形而上学承诺，即当我们按照文学虚构的思路理解模型系统时，它的形而上学承诺是什么？

笔者认为这些问题和标准可以在语境框架下得到合理解释。笔者将模型分为原理模型、客体模型和语境模型三类。原理模型是保持理论的特征结构的模型，它提供假设表征的一个模拟说明，所表征的世界不是真实世界，而是一种可能世界。物理科学中通常使用这种模型，如广义相对论对宇宙空间的非欧几何的数学描述，理想气体模型对实际气体的描述。客体模型是指理想化的虚构客体，如伽利略斜面和理想摆。这种客体虽然是抽象和理想化的产物，但它能够经验地实现，是抽去某些成分净化后的客体，如质点、点电荷、刚体等。连续电荷分布的情形就是客体模型的一个典型例子。假设电荷在一个物体上的分布是连续的，我们就可以运用微积分来描述，因为微积分的运算是连续的。通过微积分这种数学工具，我们能够描述电荷分布的密度、电场强度等参数。语境模型类似于一种网状结构，用于捕获表面没有关联性的观察事实。在这种模型中，科学家既不拥有把握事实的假设表征，也不拥有一个原理模型能够认知那些事实，他们借用数学的或非数学的工具创造一个语义网，尽量将相关语境因素结合在一起，将数据关联起来解释现象。

建立一个语境模型通常需要借鉴其他理论的结果。例如，黑体辐射的解释从经典电磁理论采取空腔中的辐射必须具有静态的波形式，墙壁上有节点，从几何学导出具有一定频率范围的驻波的数目，然后运用动力学计算热平衡系统中波的平均总能量。通过将不同理论结合起来，科学家得到了能量密度的表达式，也就建构了黑体辐射的一个语境解释模型。也就是说，语境模型是根据已有理论知识的一种网络式探讨模式，在缺乏明确理论的情形下，这种模型特别有用。

那么理论、模型与世界之间是什么关系？吉尔认为它们是一个等级结构，原理模型通过表征模型描述特定假设与概括，实在世界通过实验和数据模型描述特定假设与概括[①]。其中的表征模型类似于客体模型，实验与数据模型类似于语境模型，理论通过两种方法介入实在世界：一种是通过原理模型同客体模型与世界发生联系；另一种是通过语境模型与世界发生联系。科学家通过语境模型直接与世界发生联系，其中也嵌入原理模型和客体模型。或者说，我们介入世界的方式有多种，模型在其中承担了实用工具的角色。当理论假设的表征模型隐含地表征可能世界时，我们实际上是主张在分别由理论、模型和世界所表征的对象之间存在某种同一性。同一不是镜像式的、同构式的，而是建构式的，因为建构的假设表征与在世界中以同样方式认知地建构的东西具有同一性，但建构的同一性与前两种同一性在认识论上是不同的。假设表征与认知建构的世界之间是一个假设同一性，可能世界与认知建构的世界之间是一个虚构同一性。假设同一性是可能经验地实现的，而虚构同一性是不能经验地实现的。

总之，通过虚构把握真实世界的确令人惊奇，这等于从想象的现象来推知实际世界发生的现象。这就是模型提供的可能世界与认知建构的实际世界之间的认知鸿沟问题。如果一个模型建构得足够好，这种鸿沟在特定语境中就可能被消除，如量子力学方程对微观粒子行为的描述。

第四，思想实验作为假想表征在可能世界语境中指涉目标客体。思想实验作为一种想象的实验，它不仅仅是简单的科学发现和论辩的工具，也是一种理想的、在头脑中设计形成的认知模型。库恩将这种实验归纳为三个方面[②]：一是思想实验中所设想的不是任意的情况会服从什么样的似真条件；二是假定每一个成功的思想实验把某种以前的关于世界的知识包含在它的设

---

① Giere R N, "An Agent-Based Conception of Models and Scientific Representation", *Synthese*, Vol. 172, No. 2, 2010, p. 269.

② [美]库恩：《必要的张力》，范岱年、纪树立译，北京大学出版社2005年版，第236页。

计之中，依靠熟悉的数据，思想实验是否能够导致新的知识或新的理解；三是科学家期望从思想实验中得到预想的结果。作为一种理想认知模型，它是又一种基于可能语境的表征，它不是对已知数据进行组织，也不预测新事实，而是对可能境遇的一种理想化的虚构。当然，"思想实验发生在问题-解决的语境中，并要求受到那个语境的限制"①。而且"思想实验使用了模拟的心理模型和建构的状况继承了通过从我们的经验和活动的、我们的知识的概念化以及对世界的假想抽象得来的经验的力量"②。这意味着思想实验是模拟基于模型的推理的序列，其认知过程体现了心理建模的能力，并通过将这种模型与虚构表征比较来理解真实境遇。

科学哲学家波普主张建构理想模型来描述真实境遇，以理解真实行动者的理性，即主张通过实现理性的一个理想模型来判断真实行动者执行的实际行动。认知科学哲学家哈瑞将思想实验看作间接实验，称其为"伽利略型"，认为这是借助想象力探讨不可观察领域的一种技巧③。波内奥罗将思想实验分为两种④：一是解释-澄清型，作为一组要遵循的行为规范来达到某一目标；二是修辞型，作为实际境遇的虚构表征，通过比较来理解实际境遇。前者是出于理论目的而建立的，是一种概念工具，用于反映可能世界，使某种理论问题得到揭示和澄清，爱因斯坦在经典引力理论语境中讨论的光子运动实验⑤就是一种解释-澄清型思想实验，目的是说明一个质子在引力场中运动的频率存在一种红移现象。后者是出于修辞目的而建立的，通过可能世界的论证被描述，并用这种方法支持或反驳一个论题，牛顿用旋转水桶⑥实验来说明绝对时空的存在和绝对运动效应是一个典型的修辞型思想实验，旨

---

① Nersessian N J, *Creating Scientific Concepts*, Cambridge: MIT Press, 2008, p. 179.
② Nersessian N J, "In the Theoretician's Laboratory: Thought Experimenting as Mental Modeling", *PSA: Proceedings of the Biennial Meeting of the Philosophy of Science Association*, No. 2, 1992, p. 297.
③ [英]罗姆·哈瑞：《认知科学哲学导论》，魏屹东译，上海科技教育出版社2006年版，第29—30页。
④ Boniolo G, *On Scientific Representations: From Kant to a New Philosophy of Science*, Hampshire: Palgrave Macmillan, 2007, pp. 197-199.
⑤ 该实验说明，如果光子是一个光学意义上的光子，那么它的频率将向红光谱线运动。
⑥ 这是一个虚构模型，它表征了一个仅由水和桶组成的可能世界。

在说明存在一个可能世界的论证，并支持一个非经验检验的论点。种群遗传学中的哈迪-温伯格模型是两种类型的混合。遗传学家建构一个虚构种群，并通过一系列假设建立一个种群语境模型。这些假设描述了一个完整的虚构世界，特别是一个理想类型的世界，生物学家使用这类模型，通过将真实种群中的基因型频率与哈迪-温伯格频率比较来理解实际境遇。

显然，思想实验作为假想表征是基于可能世界语境的表征，严格讲是一种心理建模。它虽然在经验上是无效的，但也提供了论据：假定了事件假设的和反事实的状态；提供了大量与概括性结论不相关的细节[①]。总之，思想实验在头脑中设想了一个可能世界，猜测性的机制在其中起主要作用，尽管它作为假想表征是不能在实验室检验的。

---

① Norton J, "Thought Experiments in Einstein's Work", In Horowitz T, Gerald J M (Eds.), *Thought Experiments in Science and Philosophy*, Maryland: Rowman and Littlefield, 1991, p. 129.

参 考 文 献

[德]阿图尔·叔本华:《作为意志和表象的世界》,石冲白译,杨一之校,商务印书馆 1986年版。
[澳]艾伦·查尔默斯:《科学究竟是什么》,邱仁宗译,河北科学技术出版社 2002 年版。
[英]艾耶尔:《二十世纪哲学》,李步楼、俞宣孟、苑利均等译,上海译文出版社 1987 年版。
[美]安·兰德:《客观主义认识论导论》,江怡等译,华夏出版社 2007 年版。
[英]安东尼·肯尼:《牛津西方哲学史》(第一卷·古代哲学),王柯平译,吉林出版集团有限责任公司 2015 年版。
[英]安东尼·肯尼:《牛津西方哲学史》(第二卷·中世纪哲学),袁宪军译,吉林出版集团有限责任公司 2015 年版。
[英]安东尼·肯尼:《牛津西方哲学史》(第三卷·近代哲学的兴起),杨平译,吉林出版集团有限责任公司 2015 年版。
[英]安东尼·肯尼:《牛津西方哲学史》(第四卷·现代世界中的哲学),梁展译,吉林出版集团有限责任公司 2015 年版。
安军:《家族相似:科学类比与科学模型的隐喻思维特征》,《科学技术哲学研究》2009 年第 4 期,第 21—25 页。
[英]奥卡姆:《逻辑大全》,王路译,商务印书馆 2014 年版。
白洁:《记忆重构与意象表征》,《自然辩证法研究》2014 年第 6 期,第 114—117 页。
白洁:《心理表征的生存语境认知模型》,《哲学动态》2014 年第 10 期,第 90—97 页。
[美]伯特·C.霍普金斯:《统一性、多样性:柏拉图、亚里士多德和胡塞尔意义上的表象》,《深圳大学学报》(人文社会科学版)2017 年第 1 期。
[英]伯特兰·罗素:《逻辑与知识》,苑莉均译,张家龙校,商务印书馆 2005 年版。
[英]伯特兰·罗素:《人类的知识》,张金言译,商务印书馆 2005 年版。
蔡海锋:《科学模型是虚构的吗?》,《自然辩证法研究》2014 年第 4 期,第 3—9 页。
曹志平:《理解与科学解释》,社会科学文献出版社 2005 年版。
成素梅、郭贵春:《语境实在论》,《科学技术与辩证法》2004 年第 3 期,第 60—64 页。
成素梅:《在宏观与微观之间:量子测量的解释语境与实在论》,中山大学出版社 2006 年版。

程瑞:《时空语境实在论》,《科学技术哲学研究》2011年第1期,第21—27页。
[澳]戴维·罗杰·奥尔德罗伊德:《知识的拱门——科学哲学和科学方法论历史导论》,顾犇等译,商务印书馆2008年版。
戴文赛:《太阳系演化学》,上海科学技术出版社1979年版。
[德]迪特·亨利希:《在康德与黑格尔之间——德国观念论讲座》,乐小军译,商务印书馆2013年版。
董冉功:《隐喻与科学模型》,《科技情报开发与经济》2005年第19期,第186—187页。
杜翠利、李妍、潘蕾等:《自我概念心理表征的神经科学研究》,《学理论》2013年第5期,第65—66页。
[美]杜威:《经验与自然》,傅统先译,商务印书馆2014年版。
[奥]恩斯特·马赫:《感觉的分析》,洪谦等译,商务印书馆1997年版。
[奥]恩斯特·马赫:《认识与谬误》,李醒民译,商务印书馆2013年版。
菲尔·N.约翰逊-莱尔德、张雪梅:《意义的心理表征》,《国际社会科学杂志》(中文版)1989年第1期,第47—64页。
[德]弗雷格:《弗雷格哲学论著选辑》,王路译,王炳文校,商务印书馆2013年版。
符征、李建会:《认知计算主义的六个里程碑》,《科学技术哲学研究》2015年第3期,第22—26页。
高秉江:《图像、表象与范畴—论胡塞尔的直观对象》,《哲学研究》2013年第5期,第82—87页。
郭贵春、成素梅:《当代科学实在论的困境与出路》,《中国社会科学》2002年第2期。
郭贵春、杨烨阳:《科学表征中的隐喻建模——基于语境实在论》,《哲学研究》2016年第2期,第110—116页。
郭贵春、杨烨阳:《隐喻表征的动态层级与语境关联》,《科学技术哲学研究》2014年第5期,第1—8页。
郭贵春:《科学研究中的意义建构问题》,《中国社会科学》2016年第2期,第19—36页。
[加]哈金:《表征与干预》,王巍、孟强译,科学出版社2011年版。
[英]哈罗德·杰弗里:《科学推断》,龚凤乾译,厦门大学出版社2011年版。
[德]海德格尔:《存在与时间》,陈嘉映、王庆节合译,生活·读书·新知三联书店2015年版。
[德]海德格尔:《时间概念史导论》,欧东明译,商务印书馆2014年版。
韩世辉、张逸凡:《自我概念心理表征的文化神经科学研究》,《心理科学进展》2012年第5期,第663—640页。
[美]赫伯特·施皮格伯格:《现象学运动》,王炳文、张金言译,商务印书馆2011年版。
[德]黑格尔:《精神现象学》(上、下卷),贺麟、王玖兴译,上海人民出版社2017年版。
[德]黑格尔:《精神现象学》(英汉对照全译本),王诚、曾琼译,中国社会科学出版社2007年版。
[德]黑格尔:《小逻辑》,贺麟译,上海人民出版社2017年版。
[德]黑格尔:《哲学史讲演录》(第四卷),贺麟译,上海人民出版社2017年版。
[德]胡塞尔:《纯粹现象学通论——纯粹现象学与现象学哲学的观念》(第1卷),李幼蒸译,中国人民大学出版社2014年版。
[德]胡塞尔:《逻辑研究》(第一卷、第二卷第一、二部分),倪梁康译,商务印书馆2015

年版。

[英]怀特海:《过程与实在》,李步楼译,商务印书馆 2011 年版。

[美]怀特海:《思维方式》,刘放桐译,商务印书馆 2006 年版。

[德]加达默尔:《哲学解释学》,夏镇平、宋建平译,上海译文出版社 1998 年版。

[法]加斯东·巴什拉:《科学精神的形成》,钱培鑫译,凤凰出版传媒集团 2006 年版。

江景涛、董国安:《论范·弗拉森的结构经验主义》,《科学技术哲学研究》2014 年第 2 期,第 25—29 页。

[美]卡尔·G.亨普尔:《自然科学的哲学》,张华夏译,中国人民大学出版社 2006 年版。

[英]卡尔·皮尔逊:《科学的规范》,李醒民译,华夏出版社 2003 年版。

[奥]卡林·诺尔-塞蒂纳:《制造知识——建构主义与科学的与境性》,王善博等译,东方出版社 2001 年版。

[德]康德:《纯粹理性批判》(第二版),李秋零译,中国人民大学出版社 2004 年版。

[德]康德:《纯粹理性批判》,邓晓芒译,人民出版社 2009 年版。

[德]康德:《任何一种能够作为科学出现的未来形而上学导论》,庞景仁译,商务印书馆 1997 年版。

[德]康德:《实践理性批判》,韩水法译,商务印书馆 2005 年版。

[法]孔狄亚克:《人类知识起源论》,洪洁求、洪丕柱译,商务印书馆 1997 年版。

[德]莱布尼茨:《人类理智新论》(上、下册),陈修斋译,商务印书馆 2006 年版。

李大超:《科学模型的形态》,《哲学动态》2012 年第 1 期,第 86—90 页。

李恒威、黄华新:《表征与认知发展》,《中国社会科学》2006 年第 2 期,第 34—44 页。

李平、丰正鑫:《科学表征的语用学进路》,《现代哲学》2014 年第 2 期,第 90—97 页。

李文玲、刘谦:《心理表征及其争论》,《心理科学》1992 年第 1 期,第 56—58 页。

李侠、范毅强:《从思想语言到心的计算理论——J.福多思想研究述评》,《哲学动态》2009 年第 5 期,第 64—69 页。

李侠、郭巧懿:《论思想语言与心理表征中的语义加载问题》,《自然辩证法研究》2010 年第 1 期,第 1—5 页。

李侠、王懋超:《当代认识论研究的新方向:心理内容的表征问题》,《长沙理工大学学报》(社会科学版)2011 年第 5 期,第 15—19 页。

李侠:《从幻肢痛现象看心理内容的表征问题》,《自然辩证法研究》2012 年第 7 期,第 1—6 页。

李侠:《关于语义加载与心理内容表征的两个问题研究》,《哲学研究》2011 年第 6 期,第 86—92 页。

李侠:《论感受性在心理内容表征中的作用》,《自然辩证法研究》2015 年第 4 期,第 21—26 页。

李元明:《科学表征语用学两种进路探析》,《科学技术哲学研究》2016 年第 2 期。

李元明:《科学中的例证与假装》,《自然辩证法通讯》2016 年第 1 期,第 56—60 页。

厉才茂:《表象、客体化行为与意向性——早期胡塞尔对意向性基本结构的探索》,《哲学研究》2000 年第 3 期,第 40—44 页。

连灵、游旭群:《三维物体识别的心理表征:角度依赖还是角度独立》,《心理学报》2011 年第 9 期,第 983—992 页。

林定夷：《科学逻辑与科学方法论》，电子科技大学出版社2003年版。

刘闯：《迪昂主题的四个变奏》，《科学文化评论》2012年第5期，第5—32页。

刘高岑：《科学研究中的图像表征方法及其创新功能》，《科学学研究》2011年第12期，第1780—1785页。

刘松林：《类别概念的心理表征》，《心理学动态》1990年第1期，第8—15页。

刘西瑞：《表征的基础》，《厦门大学学报》（哲学社会科学版）2005年第5期，第25—31页。

刘晓力：《表征与行动》，见《"分析哲学：中国与世界"上海国际研讨会暨第七届全国分析哲学研讨会论文集》（未出版），2011年10月28日。

刘宇红、王志霞：《现实表征、心理表征、语言表征》，《湘潭大学学报》（哲学社会科学版）2005年第1期，第147—150页。

鲁品越：《深层生成论：自然科学的新哲学境界》，人民出版社2011年版。

[美]罗蒂：《哲学与自然之镜》，商务印书馆2003年版。

[英]洛克：《人类理解论》（上下），关文运译，商务印书馆1997年版。

[英]曼吉特·库马尔：《爱因斯坦与玻尔关于世界本质的伟大论战》，包新周等译，重庆出版社2012年版。

[法]梅洛-庞蒂：《可见的与不可见的》，罗国祥译，商务印书馆2016年版。

[法]梅洛-庞蒂：《知觉现象学》，姜志辉译，商务印书馆2001年版。

[英]米兰达·布鲁斯-米特福德、菲利普·威尔金森：《符号与象征》，周继岚译，生活·读书·新知三联书店2014年版。

[美]纳尔逊·古德曼：《事实、虚构与预测》，刘华杰译，商务印书馆2012年版。

倪梁康：《现象学及其效应——胡塞尔与当代德国哲学》，商务印书馆2014年版。

牛正兰、李朝东：《表象与感受之奠基关系的现象学澄清》，《西北师大学报》（社会科学版）2017年第5期，第74—78页。

[美]欧内斯特·内格尔：《科学的结构——科学说明的逻辑问题》，徐向东译，上海译文出版社2002年版。

[美]帕特里克·苏佩斯：《科学结构的表征与不变性》，成素梅译，上海译文出版社2011年版。

[法]彭加勒：《科学与方法》，李醒民译，商务印书馆2006年版。

[法]彭加勒：《科学与假设》，叶蕴理译，商务印书馆1989年版。

彭新波：《社会科学中因果关系的模型表征》，《自然辩证法研究》2016年第6期，第9—13页。

[法]皮埃尔·迪昂：《物理学理论的目的与结构》，李醒民译，华夏出版社1999年版。

[瑞士]皮亚杰：《结构主义》，倪连生、王琳译，商务印书馆2006年版。

邱慧青：《科学研究中的数学模型》，《曲阜师范大学学报》（自然科学版）2017年第1期，第59—61页。

申继亮：《心理表征的若干研究》，《心理学动态》1988年第1期，第23—29页。

[美]史蒂芬·科尔：《科学的制造：在自然界与社会之间》，林建成、王毅译，上海人民出版社2001年版。

[荷兰]斯宾诺莎：《知性改进论》，贺麟译，商务印书馆2005年版。

宋荣:《当代西方心灵哲学中心理内容的表征维度》,《江汉论坛》2015年第5期,第50—53页。
苏湛:《让科学回归真实——对两种科学模型的一些思考》,《科学学研究》2005年第3期,第304—309页。
孙保学:《结构同构与科学表征》,《自然辩证法研究》2015年第8期,第9—13页。
孙冠臣:《从表象主义到现象主义——认知语境中的"存在问题"》,《天津社会科学》2012年第6期,第44—49页。
孙小礼:《模型:现代科学的核心方法》,《哲学研究》1993年第2期,第20—26页。
孙正聿:《论哲学的表征意义》,《社会科学战线》1997年第3期,第246—252页。
[美]唐纳德·戴维森:《真理、意义与方法》,牟博译,商务印书馆2012年版。
[英]托马斯·鲍德温编:《剑桥哲学史1870—1945》(上、下册),周晓亮等译,中国社会科学出版社2011年版。
[美]托马斯·库恩:《科学革命的结构》,金吾伦、胡新和译,北京大学出版社2003年版。
王建安、叶德营:《知识分类与知识表征——评赖尔的知识分类和围绕它的争论》,《自然辩证法通讯》2010年第4期,第13—18页。
王瑞明、莫雷、李莹:《知识表征的新观点——知觉符号理论》,《心理科学》2005年第3期,第738—740页。
王巍:《表征与干预:哈金的实在论辩护》,《中国社会科学报》2010年3月18日。
王巍:《结构实在论评析》,《自然辩证法研究》2006年第11期,第34—38页。
王伟:《科学表征理论发展的新趋势》,《人文杂志》2017年第2期,第22—26页。
王亚同、蒋艳菊:《心理表征及其特征》,《河南大学学报》(社会科学版)2006年第3期,第165—170页。
王一峰、张丽、刘春雷等:《空间量化的心理表征》,《心理科学进展》2010年第4期,第560—568页。
王永红:《心理表征和原型实例的结构性审视》,《中南大学学报》(社会科学版)2013年第3期,第233—236页。
魏屹东、常照强:《框架问题的机制化实现与具身化进路——表征主义和反表征主义的困境与出路》,《自然辩证法研究》2011年第3期,第25—29页。
魏屹东、常照强:《语用模型表征:一种基于语境的认知推理》,《科学技术与辩证法》2007年第4期,第44—48页。
魏屹东、管云波:《论科学知识的社会表征》,《人文杂志》2015年第5期,第15—21页。
魏屹东、管云波:《知识表征的社会认识论意义》,《理论探索》2016年第2期,第38—43页。
魏屹东、裴利芳:《论情境化潜意识表征——评德雷福斯的无表征智能理论》,《科学技术与辩证法》2009年第2期,第1—7页。
魏屹东、薛平:《论语言的认知语境与语境认知模型》,《哲学动态》2010年第6期,第52—56页。
魏屹东:《表征概念的起源、理论演变及本质特征》,《哲学分析》2012年第3期,第96—118页。
魏屹东:《广义语境中的科学》,科学出版社2004年版。
魏屹东:《归纳推理与科学说明模型的语境解释》,《南京社会科学》2011年第5期,第47—

55 页。

魏屹东:《计算-表征认知理论的认知语境分析》,《自然辩证法通讯》2003 年第 2 期,第 37—43 页。

魏屹东:《结构主义与科学表征》,《逻辑学研究》2016 年第 2 期,第 61—83 页。

魏屹东:《科学表征:问题、争论与解决路径》,《哲学分析》2016 年第 5 期,第 126—146 页。

魏屹东:《科学创造的表征——基于基本粒子发现的创造性分析》,《理论探索》2014 年第 1 期,第 31—35 页。

魏屹东:《科学思想史:一种基于语境论编史学的探讨》,科学出版社 2015 年版。

魏屹东:《论科学表征的认知多样性》,《南国学术》2016 年第 3 期,第 496—505 页。

魏屹东:《论科学模型的哲学问题》,《山西大学学报》(哲学社会科学版)2017 年第 3 期,第 14—23 页。

魏屹东:《认知、模型与表征:一种基于认知哲学的探讨》,科学出版社 2016 年版。

魏屹东:《认知表征的方法论:隐喻、假设与建模》,《山西大学学报》(哲学社会科学版)2009 年第 5 期,第 24—28 页。

魏屹东:《如何表征科学创造性》,《中国社会科学报》2013 年 11 月 4 日。

魏屹东:《如何认知与表征信息》,《中国社会科学报》2014 年 10 月 2 日。

魏屹东:《心理表征的自然主义解释》,《山西大学学报》(哲学社会科学版)2016 年第 4 期,第 12—19 页。

魏屹东:《心理表征隐喻与框架问题》,《学术月刊》2011 年第 4 期,第 46—52 页。

魏屹东:《语境论的自然进化观》,《山西大学学报》(哲学社会科学版)2012 年第 3 期,第 33—38 页。

魏屹东:《语境论与科学哲学的重建》,北京师范大学出版社 2012 年版。

魏屹东:《语境实在论:一种新科学哲学范式》,科学出版社 2015 年版。

魏屹东:《语境同一论:科学表征问题的一种解答》,《中国社会科学》2017 年第 6 期,第 42—59 页。

魏屹东:《语境与认知推理》,《山西大学学报》(哲学社会科学版)2008 年第 6 期,第 21—26 页。

文祥、曹志平、易显飞:《科学模型的演进及其认识论特征》,《湖南工业大学学报》(社会科学版)2011 年第 4 期,第 29—33 页。

吴彤:《科学研究中的表征——从科学实践哲学的立场看》,《哲学分析》2012 年第 1 期,第 18—30 页。

邢冬梅、蔡仲:《从表征到操作:科学的社会建构困境及出路》,《南京工业大学学报》(社会科学版)2007 年第 3 期,第 5—10 页。

邢冬梅:《表征难题与理性危机》,《学术论坛》2006 年第 3 期,第 44—46 页。

邢冬梅:《理性危机与表征难题的实践解决》,《科学技术哲学研究》2006 年第 3 期,第 57—61 页。

邢冬梅:《从表征到操作:科学的实践转向》,《社会科学》2009 年第 1 期,第 134—138 页。

熊哲宏:《论 J. 福多目的论的心理语义学》,《华中师范大学学报》(哲学社会科学版)1995 年第 4 期,第 8—13 页。

徐英瑾：《心智、语言与机器——维特根斯坦哲学和人工智能科学的对话》，人民出版社 2013 年版。

闫秀梅、莫雷、伍丽梅：《空间描述的复杂程度对文本心理表征的影响》，《心理科学》2010 年第 2 期，第 602—610 页。

杨盛春、贾林祥：《心理表征哲学及其联结主义诠释》，《心智与计算》（电子刊物）2007 年第 2 期。

杨永庚：《哲学概念的心理表征及其应用探讨》，《新疆社会科学》2016 年第 3 期，第 5—9 页。

叶红波：《科学模型的潜科学分类及其意义》，《长春师范学院学报》1995 年第 6 期，第 55—57 页。

殷杰：《语境主义世界观的特征》，《哲学研究》2006 年第 5 期，第 94—99 页。

俞洪亮：《论叙事体中指称关系的心理表征》，《外语与外语教学》2002 年第 1 期，第 15—18 页。

郁振华：《默会认识论视野中的"在世"观念》，《学术月刊》2006 年第 7 期，第 53—60 页。

[英]约翰·齐曼：《可靠的科学知识——对科学信仰中的原因的探讨》，赵振江译，商务印书馆 2003 年版。

张留华：《皮尔士哲学的逻辑面向》，上海人民出版社 2012 年版。

张盼、鲁忠义：《句子理解中颜色信息的心理表征》，《心理学报》2013 年第 4 期，第 406—415 页。

张汝伦：《〈存在与时间〉释义》（上、下册），世纪出版集团 2014 年版。

张旭红、丁志义：《心理表征结构存在的问题及其解决》，《学术交流》2014 年第 8 期，第 147—151 页。

张一兵：《构形与构序：现象学表象的秘密——海德格尔〈形式化与形式显示〉的构境论解读》，《社会科学辑刊》2011 年第 5 期，第 5—10 页。

章宜华：《自然语言的心理表征与词典释义》，《现代外语》1998 年第 3 期，第 49—63 页。

赵晨：《概念隐喻的心理表征：域映射还是结构相似》，《湖北师范学院学报》（哲学社会科学版）2009 年第 5 期，第 132—135 页。

赵民涛：《物体位置与空间关系的心理表征》，《心理科学进展》2006 年第 3 期，第 321—327 页。

周昌忠：《康德表象理论研究——兼论"表象科学观"和"实践科学观"》，《哲学分析》2011 年第 2 期，第 66—74 页。

[德]F. W. 奥斯特瓦尔德：《自然哲学概论》，李醒民译，商务印书馆 2012 年版。

[德]H. 赖欣巴哈：《科学哲学的兴起》，伯尼译，商务印书馆 2010 年版。

[美]W. H. 沃克迈斯特：《科学的哲学》，李德容、王梅、刘绪平译，周昌忠校，商务印书馆 1996 年版。

Abell C, "Canny Resemblance", *Philosophical Review*, Vol. 118, No. 2, 2009, pp. 183-223.

Achinstein P, *Concepts of Science: A Philosophical Analysis*, Baltimore: Johns Hopkins Press, 1968.

Ackerlof G A, "The Market for 'Lemons': Quality Uncertainty and the Market Mechanism", *Quarterly Journal of Economics*, Vol. 84, 1970, pp. 488-500.

Adler J, "Abstraction Is Uncooperative", *Journal for the Theory of Social Behavior*, Vol. 14, No. 2, 1984, pp.165-181.

Agazzi E, "Representations and Scientific realism", *Epistemologia*, XXXV, 2012, pp. 13-29.

Aigrain P, Zhang H J, Petkovic D, "Content-Based Representation and Retrieval of Visual Media: A State-of-the-Art Review", *Multimedia Tools and Applications*, Vol. 3, No. 3, 1996, pp. 177-178.

Ainsworth P, "Newman's Objection", *The British Journal for the Philosophy of Science*, Vol. 60, No. 1, 2009, pp. 135-171.

Ambrosio C, "Iconic Representation and Representative Practices", *International Studies in the Philosophy of Science*, Vol. 28, No. 3, 2014, pp. 255-275.

Anderson J, *The Adaptive Character of Thought*, Hillsdale: Lawrence Erlbaum Associates, 1990.

Anderson M L, "Embodied Cognition: A Field Guide", *Artificial Intelligence*, Vol. 149, No. 1, 2003, pp. 91-103.

Anderson M L, "Representation, Evolution and Embodiment", In Smith D (Ed.), *Evolutionary Biology and the Central Problems of Cognitive Science, Theoria et Historia Scientiarum*, Vol. 9, No. 1, 2005.

Ankeny R A, Leonelli S, "What's So Special about Model Organisms?" *Studies in History and Philosophy of Science*, Vol. 42, No. 2, 2011, pp: 313-323.

Ankeny R, "Model Organisms as Fictions", In Suárez M (Ed.), *Fictions in Science, Philosophical Essays on Modelling and Idealisation*, London: Routledge, 2009, pp. 194-204.

Anshakov O, Gergely T, *Cognitive Reasoning: A Formal Approach*, Berlin: Springer, 2010.

Apostel L, "Towards the Formal Study of Models in the Non-Formal Sciences", *Synthese*, Vol. 12, No. 2-3, 1960, pp. 125-161.

Armstrong D, *A Materialist Theory of the Mind*, London: Routledge, 1968.

Armstrong D, *Belief, Truth and Knowledge*, Cambridge: Cambridge University Press, 1973.

Aronson J L, Harré R, Way E C, *Realism Rescued: How Scientific Progress Is Possible*, Chicago: Open Court, 1995.

Awodey S, *Category Theory*, Oxford: Oxford University Press, 2006.

Bailer-Jones D M, "Models, Metaphors and Analogies", In Machamer P K, Silberstein M (Eds.), *Blackwell Guide to the Philosophy of Science*, Oxford: Blackwell, 2002, pp. 108-127.

Bailer-Jones D M, "When Scientific Models Represent", *International Studies in the Philosophy of Science*, Vol. 17, 2003, pp. 59-74.

Bailer-Jones D M, *Scientific Models in Philosophy of Science*, Pittsburgh: University of Pittsburgh Press, 2009.

Bailey A R, "Representation and a Science of Consciousness", *Journal of Consciousness Studies*, Vol. 14, No. 1, 2007, pp. 62-76.

Baker L R, "Metaphysics and Mental Causation", In Heil J, Mele A (Eds.), *Mental Causation*, Oxford: Oxford University Press, 1993, pp. 75-96.

Barber M J, Clark J W, Anderson C H, "Neural Representation of Probabilistic Information", *Neural Computation*, Vol. 15, No. 8, 2003, pp.1843-1864.

Barbrousse A, Franceschelli S, Imbert C, "Computer Simulations as Experiments", *Synthese*, Vol.

169, No. 3, 2009, pp.557-574.

Barbrousse A, Ludwig P, "Fictions and Models", In Suárez M (Ed.), *Fictions in Science, Philosophical Essays on Modelling and Idealisation*, London: Routledge, 2009, pp. 56-75.

Barbujani G A, Magagni E M, Cavalli-Sforza L L, "An Apportionment of Human DNA Diversity", *Proceedings of the National Academy of Sciences*, Vol. 94, No. 9, 1997, pp.4516-4519.

Barbujani G, Ghirotto S, Tassi F, "Nine Things to Remember about Human Genome Diversity", *Tissue Antigens*, Vol. 82, No. 3, 2013, pp. 155-164.

Barkow J, Cosmides L, Tooby J (Eds.), *The Adapted Mind: Evolutionary Psychology and the Generation of Culture*, New York: Oxford University Press, 1992, pp.3-12.

Barnes E, "Explanatory Unification and Scientific Understanding", *PSA: Proceedings of the Biennial Meeting of the Philosophy of Science Association*, No. 1, 1992, pp.3-12.

Bartels A, "Defending the Structural Concept of Representation", *Theoria*, Vol. 55, 2006, pp.7-19.

Bartha P F A, *By Parallel Reasoning: The Construction and Evaluation of Analogical Arguments*, New York: Oxford University Press, 2010.

Batterman R, "Intertheory Relations in Physics", 2001-01-02, https://plato.stanford.edu/entries/physics-interrelate/.

Bays T, "Skolem's Paradox", 2009-01-12, https://plato.stanford.edu/archives/spr2014/entries/paradox-skolem/.

Beatty J, "What's Wrong with the Received View of Evolutionary Theory?" *PSA: Proceedings of the Biennial Meeting of the Philosophy of Science Association 1980*, No. 2, 1981, pp. 397-426.

Bechtel W P, "Representations and Cognitive Explanations: Assessing the Dynamicist Challenge in Cognitive Science", *Cognitive Science*, Vol. 22, No. 3, 1998, pp.295-317.

Bedau M, "Weak Emergence and Computer Simulation", In Humphreys P, Imbert C (Eds.), *Models, Simulations, and Representations*, London: Routledge, 2012, pp. 91-114.

Bell J, Machover M, *A Course in Mathematical Logic*, Amsterdam: North-Holland, 1977.

Bickhard M H, "The Dynamic Emergence of Representation", In Clapin H (Ed.), *Representation in Mind*, Amsterdam: Elsevier, 2004, pp. 71-90.

Blachowicz J, "Analog Representation beyond Mental Imagery", *Journal of Philosophy*, Vol. 94, 1997, pp.55-84.

Black M, *Models and Metaphors: Studies in Language and Philosophy*, New York: Cornell University Press, 1962.

Block N, "Advertisement for a Semantics for Psychology", *Midwest Studies in Philosophy*, Vol. 10, 1986, pp.615-678.

Block N, "Can the Mind Change the World?" In Boolos G (Ed.), *Meaning and Method: Essays in Honor of Hilary Putnam*, Cambridge: Cambridge University Press, 1989.

Block N, "Functional Role and Truth Conditions", *Proceedings of the Aristotelian Society*, Vol. 61, 1987, pp.157-181.

Boccignone G, Cordeschi R, "Bayesian Models and Simulations in Cognitive Science", *Models &*

Simulations, Vol. 86, No. 3, 2007, pp.219-226.
Boesch B, "There Is a Special Problem of Scientific Representation", 2016-07-08, http://philsci-archive.pitt.edu/12269/.
Bogen J, Woodward J, "Saving the Phenomena", *Philosophical Review*, Vol. 97, 1988, pp.305-352.
Bokulich A, "Explanatory Fictions", In Suárez M (Ed.), *Fictions in Science: Philosophical Essays on Modelling and Idealisation*, London: Routledge, 2009, pp. 91-109.
Bokulich A, "Horizontal Models: From Bakers to Cats", *Philosophy of Science*, Vol. 70, 2003, pp.609-627.
Bokulich A, "How Scientific Models Can Explain", *Synthese*, Vol. 180, No. 1, 2011, pp.33-45.
Bokulich A, *Reexamining the Quantum-Classical Relation: Beyond Reductionism and Pluralism*, Cambridge: Cambridge University Press, 2008.
Bolinska A, "Epistemic Representation, Informativeness and the Aim of Faithful Representation", *Synthese*, Vol. 19, 2012, pp.1-16.
Boniolo G, *On Scientific Representations: From Kant to a New Philosophy of Science*, Hampshire: Palgrave Macmillan, 2007.
Boumans M, "Built-In Justification", In Morgan M S, Morrison M (Eds.), *Models as Mediators: Perspectives on Natural and Social Science*, Cambridge: Cambridge University Press, 1999, pp. 66-96.
Boumans M, "Modeling Strategies for Measuring Phenomena In and Outside the Laboratory", In de Regt H W, Hartmann S, Okasha S, et al. (Eds.), *EPSA Philosophy of Science: Amsterdam 2009*, Dordrecht: Springer, 2012, pp. 1-11.
Brading K, Landry E, "Scientific Structuralism: Presentation and Representation", *Philosophy of Science*, Vol. 73, 2006, pp.571-581.
Braithwaite R, "Models in the Empirical Sciences", In Nagel E, Suppes P, Tarski A (Eds.), *Logic, Methodology and Philosophy of Science: Proceedings of the 1960 International Congress*, Stanford: Stanford University Press, 1962, pp. 224-231.
Braithwaite R, *Scientific Explanation*, Cambridge: Cambridge University Press, 1953.
Brandom R B, "Non-Inferential Knowledge, Perceptual Experience, and Secondary Qualities: Placing McDowell's Empiricism", In Smith N H (Ed.), *Reading McDowell: On Mind and World*, London: Routledge, 2002, pp. 92-105.
Brandom R B, *Articulating Reasons: An Introduction to Inferentialism*, Cambridge: Harvard University Press, 2000.
Brandom R B, *Making It Explicit: Reasoning, Representing and Discursive Commitment*, Cambridge: Harvard University Press, 1994.
Brewer W F, Chinn C A, "Scientists' Responses to Anomalous Data: Evidence from Psychology, History, and Philosophy of Science", In Hull D, Forbes M, Burian R M (Eds.), *Proceedings of the 1994 Biennial Meeting of the Philosophy of Science Association, Volume 1: Symposia and Invited Papers*, Chicago: The University of Chicago Press 1994, pp. 304-313.

Bricker P, Hughes R I G (Eds.), *Philosophical Perspectives on Newtonian Science*, Cambridge: MIT Press, 1990.

Bridgman P W, *The Logic of Modern Physics*, New York: Macmillan, 1927.

Brown J, *The Laboratory of the Mind: Thought Experiments in the Natural Sciences*, London: Routledge, 1991.

Brown M J, "Genuine Problems and the Significance of Science", *Contemporary Pragmatism*, Vol. 7, No. 2, 2010, pp.131-153.

Brown T, *Making Truth: Metaphor in Science*, Urbana: University of Illinois Press, 2003.

Bryant A, "Cognitive Informatics, Distributed Representation and Embodiment", *Brain and Mind*, Vol. 4, No. 2, 2003, pp.215-228.

Brzechczyn K (Ed.), *Idealization XIII: Modeling in History*, Amsterdam: Rodopi, 2009.

Brzezinski J, Nowak L (Eds.), *Idealization III: Approximation and Truth*, Amsterdam: Rodopi, 1992.

Budd M, "How Pictures Look", In Knowles D, Skorupski J (Eds.), *Virtue and Taste*, Oxford: Blackwell, 1993, pp. 154-175.

Bueno O, "Empirical Adequacy: A Partial Structures Approach", *Studies in History and Philosophy of Science* (Part A), Vol. 28, No. 4, 1997, pp. 585-610.

Bueno O, "Models and Scientific Representations", In Magnus P, Busch J (Eds.), *New Waves in Philosophy of Science*, Basingstoke: Palgrave Macmillan, 2010, pp. 94-111.

Bueno O, "Representation at the Nanoscale", *Philosophy of Science*, Vol. 73, No. 5, 2006, pp. 617-628.

Bueno O, Colyvan M, "An Inferential Conception of the Application of Mathematics", *Noûs*, Vol. 45, No. 2, 2011, pp. 345-374.

Bueno O, French S, "How Theories Represent", *The British Journal for the Philosophy of Science*, Vol. 62, No. 4, 2011, pp. 857-894.

Bueno O, French S, Ladyman J, "Models and Structures: Phenomenological and Partial", *Studies in History and Philosophy of Science* (Part B), Vol. 43, No. 1, 2012, pp. 43-46.

Bueno O, French S, Ladyman J, "On Representing the Relationship between the Mathematical and the Empirical", *Philosophy of Science*, Vol. 69, No. 3, 2002, pp. 452-473.

Bunge M, "Analogy, Simulation, Representation", *Revue-Internationale-de-Philosophie*, Vol. 23, 1969, pp. 16-33.

Bush V, *Science: The Endless Frontier*, Washington: National Science Foundation, 1945.

Butler K, "Representation and Computation in a Deflationary Assessment of Connectionist Cognitive Science", *Synthese*, Vol. 104, No. 1, 1995, pp. 71-97.

Butterfield H, *The Origins of Modern Science 1300-1800* (revised edn.), London: Bell, 1957.

Bybee J, *Language, Usage and Cognition*, Cambridge: Cambridge University Press, 2010.

Callender C, "Reducing Thermodynamics to Statistical Mechanics: The Case of Entropy", *The Journal of Philosophy*, Vol. 96, No. 7, 1999, pp. 348-373.

Callender C, Cohen J, "There Is No Special Problem about Scientific Representation", *Theoria*, Vol. 21, No. 55, 2006, pp. 67-85.

Campbell J, *Past, Space and Self*, Cambridge: MIT Press, 1995.

Campbell N, *Physics: The Elements*, Cambridge: Cambridge University Press, 1920.

Carnap R, "Foundations of Logic and Mathematics", In Neurath O, Morris C, Carnap R (Eds.), *International Encyclopaedia of Unified Science* (Vol. 1), Chicago: University of Chicago Press, 1938, pp. 139-213.

Carnap R, "Testability and Meaning", *Philosophy of Science*, Vol. 3, No. 4, 1936, pp. 419-471; Vol. 4, No. 1, 1937, pp. 1-40.

Carnap R, *Foundations of Logic and Mathematics* (International Encyclopedia of Unified Science, Volume 1, Number 3), Chicago: University of Chicago Press, 1939.

Carnap R, *Introduction to Semantics*, Cambridge: Harvard University Press, 1942.

Carnap R, *Logical Foundations of Probability* (2nd ed.), Chicago: University of Chicago Press, 1962.

Carnap R, *Logical Foundations of Probability*, Chicago: Chicago University Press, 1950.

Carnap R, *Philosophical Foundations of Science*, New York: Basic Books, 1966.

Carnap R, *The Continuum of Inductive Methods*, Chicago: University of Chicago Press, 1952.

Carnap R, *The Logical Structure of the World*, George R A (trans.), Berkeley: University of California Press, 1967.

Carnap R, *The Logical Syntax of Language*, London: Kegan Paul, Trench & Trübner, 1937.

Carruthers P, "Autism as Mind-Blindness: An Elaboration and Partial Defence", In Carruthers P, Smith P (Eds.), *Theories of Mind*, Cambridge: Cambridge University Press, 1996.

Carruthers P, "Human Creativity: Its Cognitive Basis, Its Evolution, and Its Connections with Childhood Pretence", *The British Journal for the Philosophy of Science*, Vol. 53, 2002, pp. 225-249.

Carruthers P, "The Cognitive Functions of Language", *Behavioral and Brain Sciences*, Vol. 25, No. 6, 2002, pp. 674-725.

Carruthers P, "Thinking in Language: Evolution and a Modularist Possibility", In Carruthers P, Boucher J (Eds.), *Language and Thought*, Cambridge: Cambridge University Press, 1998.

Carruthers P, *Human Knowledge and Human Nature*, Oxford: Oxford University Press, 1992.

Carruthers P, *Language, Thought and Consciousness*, Cambridge: Cambridge University Press, 1996.

Cartwright N, "In Praise of the Representation Theorem", In Essler W K, Frauchiger M (Eds.), *Representation, Evidence and Justification: Themes from Suppes*, Frankfurt: Ontos Verlag, 2008, pp. 83-90.

Cartwright N, "Models and the Limits of Theories: Quantum Hamiltonians and the BCS Model of Superconductivity", In Morgan M S, Morrison M (Eds.), *Models as Mediators: Perspectives on Natural and Social Science*, Cambridge: Cambridge University Press, 1999, pp. 241-281.

Cartwright N, *How the Laws of Physics Lie*, Oxford: Oxford University Press, 1983.

Cartwright N, *Nature's Capacities and Their Measurement*, Oxford: Oxford University Press, 1989.

Cartwright N, Shomar T, Suárez M, "The Tool Box of Science: Tools for the Building of Models with a Superconductivity Example", In Herfel W, Krajewski W, Niiniluoto I, et al. (Eds.), *Theories and Models in Scientific Processes* (Poznan Studies in the Philosophy of the Sciences and the Humanities, Volume 44), Amsterdam: Rodopi, 1995, pp. 137-149.

Cartwright N, *The Dappled World: A Study of the Boundaries of Science*, Cambridge: Cambridge University Press, 1999.

Carus A W, *Carnap and Twentieth-Century Thought: Explication as Enlightenment*, Cambridge: Cambridge University Press, 2007.

Casati R, Varzi A, *Parts and Places: The Structures of Spatial Representation*, Cambridge: MIT Press, 1999.

Cat J, "Epistemology, Aesthetics and Pragmatics of Scientific and Other Images: Visualization, Representation and Reasoning", In Cat J, *Fuzzy Pictures as Philosophical Problem and Scientific Practice*, Dordrecht: Springer, 2017, pp. 47-67.

Cat J, "Fictions in Science: Philosophical Essays on Modeling an Idealization", *Journal for General Philosophy of Science*, Vol. 43, No. 1, 2012.

Cat J, "The Unity of Science", 2007-08-09, https://plato.stanford.edu/archives/win2014/entries/scientific-unity/.

Cat J, "Vague Pictures: Scientific Epistemology, Aesthetics and Pragmatics of Fuzziness; From Fuzzy Perception to Fuzzy Pictures", In Cat J, *Fuzzy Pictures as Philosophical Problem and Scientific Practice*, Dordrecht: Springer, 2017, pp. 73-82.

Chakravartty A, "The Semantic or Model-Theoretic View of Theories and Scientific Realism", *Synthese*, Vol. 127, No. 3, 2001, pp. 325-345.

Chakravartty A, "Truth and Representation in Science: Two Inspirations from Art", 2007-06-26, http://philsci-archive.pitt.edu/3397/.

Chakravatty A, "Informational versus Functional Theories of Scientific Representation", *Synthese*, Vol. 172, No. 2, 2010, pp. 197-213.

Chalk S J, "SciData: A Data Model and Ontology for Semantic Representation of Scientific Data: Empiricist Structuralism", *Journal of Cheminformatics*, Vol. 8, No. 1, 2016, pp. 54-77.

Chalmers D, *The Conscious Mind*, New York: Oxford University Press, 1996.

Chang H, "The Philosophical Grammar of Scientific Practice", *International Studies in the Philosophy of Science*, Vol. 25, No. 3, 2001, pp. 205-221.

Chater N, Oaksford M, "Programs as Causal Models: Speculations on Mental Programs and Mental Representation", *Cognitive Science*, Vol. 37, No. 6, 2013, pp. 117-1191.

Chomsky N, *Language and Problems of Knowledge: The Managua Lectures*, Cambridge: MIT Press, 1988.

Chrisley R, Ziemke T, "Embodiment", In Nadel L (Ed.), *Encyclopedia of Cognitive Science*,

London: Nature Publishing Group, 2003.

Christensen W D, "Representation and the Meaning of Life", In Clapin H (Ed.), *Representation in Mind*, Amsterdam: Elsevier, 2004.

Chudnoff E, *Cognitive Phenomenology*, London, New York: Routledge, 2015.

Churchland P M, "Conceptual Similarity across Neural and Sensory Diversity: The Fodor Lepore Challenge Answered", *The Journal of Philosophy*, Vol. 95, 1998, pp. 5-32.

Churchland P M, *The Engine of Reason, the Seat of the Soul*, Cambridge: MIT Press, 1995.

Churchland P M, "Eliminative Materialism and the Propositional Attitudes", *Journal of Philosophy*, Vol. 78, 1981, pp. 67-90.

Churchland P, "On the Nature of Explanation: A PDP Approach", *Physica*, Vol. 42, No. 1-3, 1990, pp. 281-292.

Churchland P, *A Neurocomputational Perspective: The Nature of Mind and the Structure of Science*, Cambridge: MIT Press, 1989.

Clancey W, *Situated Cognition: On Human Knowledge and Computer Representations*, Cambridge: Cambridge University Press, 1997.

Clapin H (Ed.), *Philosophy of Mental Representation*, Oxford: Clarendon Press, 2002.

Clark A, "Magic Words: How Language Augments Human Computation", In Carruthers P, Boucher J (Eds.), *Language and Thought: Interdisciplinary Themes*, Cambridge: Cambridge University Press, 1998.

Clark A, *Associative Engines*, Cambridge: MIT Press, 1993.

Clark A, *Being There: Putting Brain, Body, and World Together Again*, Cambridge: MIT Press, 1997.

Clatterbuck H, Sober E, Lewontin R, "Selection Never Dominates Drift (Nor Vice Versa)", *Biology & Philosophy*, Vol. 28, No. 4, 2013, pp. 577-592.

Coffa A J, *The Semantic Tradition from Kant to Carnap: To the Vienna Station*, Cambridge: Cambridge University Press, 1991.

Cohen J, "There Is No Special Problem about Scientific Representation, *Theoria*, Vol. 55, 2006, pp. 67-85.

Colyvan M, "Idealisations in Normative Models", *Synthese*, Vol. 190, No. 8, 2012, pp. 1337-1350.

Contessa G, "Scientific Models and Fictional Objects", *Synthese*, Vol. 172, No. 2, 2010, pp. 215-229.

Contessa G, "Scientific Models and Representation", In French S, Saatsi J (Eds.), *The Continuum Companion to the Philosophy of Science*, London: Continuum Press, 2011.

Contessa G, "Scientific Representation, Interpretation, and Surrogative Reasoning", *Philosophy of Science*, Vol. 74, No. 1, 2007, pp. 48-68.

Contessa G, *Representing Reality: The Ontology of Scientific Models and Their Representational Function*, Dissertation, London: University of London, 2007.

Cornell W E, *Knowledge Representation and Metaphor*, Dordrecht, Boston: Kluwer Academic

Publishers, 1991.

Cowart M, "Embodied Cognition", 2011-07-25, https://plato.stanford.edu/entries/embodied-cognition/.

Crandail B, Cray Klein, Hoffman R, *Working Mind: A Practitioner's Guide to Cognitive Task Analysis*, Cambridge, London: MIT Press, 2006.

Crane T, *The Mechanical Mind: A Philosophical Introduction to Minds, Machines, and Mental Representation*, London: Routledge, 2003.

Craver C F, "Structures of Scientific Theories", In Machamer P K, Silberstein M (Eds.), *Blackwell Guide to the Philosophy of Science*, Oxford: Blackwell, 2002, pp. 550-579.

Craver C F, "When Mechanistic Models Explain", *Synthese*, Vol. 153, No. 3, 2006, pp. 355-376.

Craver C F, *Explaining the Brain: Mechanisms and the Mosaic Unity of Neuroscience*, New York: Oxford University Press, 2007.

Creath R, "Logical Empiricism", 2011-04-04, https://plato.stanford.edu/archives/spr2014/entries/logical-empiricism/.

Creath R, "The Initial Reception of Carnap's Doctrine of Analyticity", *Noûs*, Vol. 21, No. 4, 1987, pp. 477-499.

Crombie A C, "Commitments and Styles of European Scientific Thinking", *Theoria*, Vol. 11, No. 25, 1996, pp. 65-76.

Crombie A C, *Styles of Scientific Thinking in the European Tradition* (Vol. 1-3), London: Duckworth, 1994.

Cummins R C, "Haugeland on Representation and Intentionality", In Clapin H (Ed.), *Philosophy of Mental Representation*, Oxford University Press, 2002.

Cummins R, *Meaning and Mental Representation*, Cambridge: MIT Press, 1989.

Cummins R, *Representations, Targets, and Attitudes*, Cambridge: MIT Press, 1996.

da Costa N C A, French S, "Models, Theories, and Structures: Thirty Years on", *Philosophy of Science*, Vol. 67, 2000, pp. 116-127.

da Costa N C A, French S, "The Model-Theoretic Approach in the Philosophy of Science", *Philosophy of Science*, Vol. 57, No. 2, 1990, pp. 248-265.

da Costa N C A, *Science and Partial Truth: A Unitary Approach to Models and Scientific Reasoning*, Oxford: Oxford University Press, 2003.

Scabia M L D C, Francia G T D, "A Logical Analysis of Physical Theories", *La Rivista del Nuovo Cimento*, Vol. 3, No. 1, 1973, pp. 1-20.

Davidson A, *The Emergence of Sexuality: Historical Epistemology and the Formation of Concepts*, Cambridge: Harvard University Press, 2001.

Davidson D, "On the Very Idea of a Conceptual Scheme", *Proceedings and Addresses of the American Philosophical Association*, Vol. 47, 1974, pp. 5-20.

Davis A, Shrobe H, Szolovits P, "What Is a Knowledge Representation", *AI Magazine*, Vol.14, 1993, pp. 17-33.

de Chadarevian S, Hopwood N, *Models: The Third Dimension of Science*, Stanford: Stanford

University Press, 2004.

de Donato R X, "Fictions in Science: Philosophical Essays on Modeling and Idealization", *Theoria*, Vol. 25, No. 1, 2010, pp. 111-114.

de Donato R X, Bonilla J Z, "Credibility, Idealisation and Model Building: An Inferential Approach", *Erkenntnis*, Vol. 70, No. 1, 2009, pp. 101-118.

de Regt H W, "Ludwig Boltzmann's Bildtheorie and Scientific Understanding", *Synthese*, Vol. 119, No. 1-2, 1999, pp. 113-134.

de Regt H W, Dieks D, "A Contextual Approach to Scientific Understanding", *Synthese*, Vol. 144, No. 1, 2005, pp. 137-170.

de Regt H W, Leonelli S, Eigner K (Eds.), *Scientific Understanding: Philosophical Perspectives*, Pittsburgh: University of Pittsburgh Press, 2009.

Debs T A, Redhead M, *Objectivity, Invariance, and Convention: Symmetry in Physical Science*, Massachusetts: Harvard University Press, 2007.

Decock L, Douven I, "Similarity after Goodman", *Review of Philosophy and Psychology*, Vol. 2, No. 1, 2011, pp. 61-75.

Demopoulos W, "On the Rational Reconstruction of Our Theoretical Knowledge", *The British Journal for the Philosophy of Science*, Vol. 54, No. 3, 2003, pp. 371-403.

Demopoulos W, *Logicism and Its Philosophical Legacy*, Cambridge: Cambridge University Press, 2013.

Dennett D, "Styles of Mental Representation", *Proceedings of the Aristotelian Society*, Vol. 83, 1982, pp. 213-226.

Dennett D, "The Milk of Intentionality", *Behavioral and Brain Sciences*, Vol. 3, 1980, pp. 428-430.

Dennett D, *Brainstorms*, Cambridge: MIT Press, 1978.

Dennett D, *The Intentional Stance*, Cambridge: MIT Press, 1987.

Derman E, *Models Behaving Badly: Why Confusing Illusion with Reality Can Lead to Disaster, on Wall Street and in Life*, New York: Free Press, 2011.

Dermott S F, *The Origin of the Solar System*, New York: John Wiley & Sons, 1978.

Díez J A, "A Program for the Individuation of Scientific Concepts", *Synthese*, Vol. 130, 2002, pp. 13-48.

Díez J A, "Can We Dispense with Mimesis in Representation?", *Metascience*, Vol. 21, No. 1, 2012, pp. 105-110.

Díez J A, "Rationality in Normal Science and the Structure of Theories", *Studies in History and Philosophy of Science*, Vol. 38, 2007, pp. 543-554.

Díez J A, "Scientific Explanation as Ampliative, Specialized Embedding: A Neo-Hempelian Account", *Erkenntnis*, Vol. 79, No. 8, 2014, pp. 1413-1443.

Díez J A, Kahlifa K, Leuridan B, "General Theories of Explanation: Buyers Beware", *Synthese*, Vol. 190, No. 3, 2013, pp. 379-396.

Díez J A, Lorenzano P, "Who Got What Wrong? Fodor and Piattelli on Darwin: Guiding Principles and Explanatory Models in Natural Selection", *Erkenntnis*, Vol. 78. No. 5, 2013, pp. 1143-1175.

Dizadji-Bahmani F, Frigg R, Hartmann S, "Confirmation and Reduction: A Bayesian Account", *Synthese*, Vol. 179, No. 2, 2011, pp. 321-338.

Dizadji-Bahmani F, Frigg R, Hartmann S, "Who's Afraid of Nagelian Reduction?" *Erkenntnis*, Vol. 73, No. 3, 2010, pp. 393-412.

Donnellan K S, "Putting Humpty Dumpty Together Again", *Philosophical Review*, Vol. 77, No. 2, 1968, pp. 203-215.

Downes S, "Heritabilit", 2004-07-15, https://plato.stanford.edu/archives/spr2014/entries/heredity/.

Downes S, "Models, Pictures and Unified Accounts of Representation: Lessons from Aesthetics for Philosophy of Science", *Perspectives on Science*, Vol. 17, No. 4, 2009, pp. 417-428.

Downes S, "The Importance of Models in Theorizing: A Deflationary Semantic View", In Hull D, et al. (Eds), *Proceedings of the Philosophy of Science Association 1992*, Vol. 1, 1992, pp. 142-153.

Dretske F, "Does Meaning Matter?" In Villanueva E (Ed.), *Information, Semantics, and Epistemology*, Cambridge: Blackwell, 1990.

Dretske F, "The Explanatory Role of Content", In Grimm R, Merrill D (Eds.), *Contents of Thought*, Tucson: University of Arizona Press, 1987.

Dretske F, *Explaining Behavior: Reasons in a World of Causes*, Cambridge: MIT Press, 1988.

Dretske F, *Knowledge and the Flow of Information*, Cambridge: MIT Press, 1981.

Dretske F, *Naturalizing the Mind*, Cambridge: MIT Press, 1995.

Dretske F, *Seeing and Knowing*, Chicago: Chicago University Press, 1969.

Dreyfus H L (Ed.), *Husserl, Intentionality and Cognitive Science*, Cambridge: MIT Press, 1982.

Dreyfus H L, "Intelligence without Representation—Merleau-Ponty's Critique of Mental Representation: The Relevance of Phenomenology to Scientific Explanation", *Phenomenology and the Cognitive Sciences*, Vol. 1, No. 4, 2002, pp. 367-383.

Dreyfus H L, "Why Studies of Human Capacities Modeled on Ideal Natural Science Can Never Achieve Their Goal", In Margolis J, Krausz M, Burian R (Eds.), *Rationality, Relativism, and the Human Sciences*, Dordrecht: Martinus Nijhoff, 1986, pp. 3-22.

Ducheyne S, "Scientific Representations as Limiting Cases", *Erkenntnis*, Vol. 76, No. 1, 2012, pp. 73-89.

Ducheyne S, "Towards an Ontology of Scientific Model", *Metaphysica*, Vol. 9, 2008, pp. 119-127.

Dunbar K, "Cognitive Development and Scientific Thinking", In Wilson R, Keil F (Eds.), *The MIT Encyclopedia of Cognitive Science*, Cambridge: MIT Press, 1999.

Dunbar K, "How Scientists Really Reason: Scientific Reasoning in Real-World Laboratories", In Sternberg R, Davidson J (Eds.), *The Nature of Insight*, Cambridge: MIT Press, 1995.

Dunbar K, "How Scientists Think and Reason: Implications for Education", *Journal of Applied Developmental Psychology*, Vol. 21, No. 1, 2000, pp. 49-58.

Dunbar K, "How Scientists Think: Online Creativity and Conceptual Change in Science", In Ward T,

Smith S, Vaid S (Eds.), *Conceptual Structures and Processes: Emergence, Discovery and Change*, Washington: APA Press, 1997.

Dunbar K, "Science", In Runco M, Pritzker S (Eds.), *The Encyclopedia of Creativity*, New York: Academic Press, 1999.

Dunbar K, "The Analogical Paradox: Why Analogy Is So Easy in Naturalistic Settings, Yet So Difficult in the psychological Laboratory", In Gentner D, Holyoak K, Kokinov B (Eds.), *The Analogical Mind: Perspective from Cognitive Science*, Cambridge: MIT Press, 2001.

Dunbar K, "The Scientist in Vivo: How Scientists Think and Reason in the Laboratory", In Magnani L, Nersessian N, Thagard P (Eds.), *Model-Based Reasoning in Scientific Discovery*, New York: Springer, 1999.

Dunbar K, "What Scientific Thinking Reveals about the Nature of Cognition", In Crowley K, Scheenn C D, Okada T (Eds.), *Designing for Science: Implications from Everyday, Classroom, and Professional Settings*, Hillsdale: LEA, 2001.

Dunbar K, *In Vivo Cognition: Knowledge Representation and Change in Real-World Scientific Laboratories.* Paper Presented at the "Society for Research in Child Development", New Orleans, 1993.

Dunbar K, Klahr D, "Developmental Differences in Scientific Discovery Processes", In Klahr D, Kotovsky K (Eds.), *Complex Information Processing: The Impact of Herbert A. Simon*, Hillsdale: Lawrence Erlbaum Associates, 1989.

Dunbar R, *Gossip, Grooming and the Evolution of Language*, London: Faber & Faber, 1996.

Dunbar R, *The Trouble with Science*, London: Faber & Faber, 1995.

Dupré J, *The Disorder of Things*, Cambridge: Harvard University Press, 1993.

Edelman S, "Representation Is Representation of Similarities", *Behavioral and Brain Sciences*, Vol. 21, No. 4, 1998, pp. 449-467.

Edelman S, "Representation without Reconstruction: Computer Vision, Graphics, and Image Processing", *Image Understanding*, Vol. 60, No. 1, 1994, pp. 92-94.

Ehreshefsky M, "Eliminative Pluralism", *Philosophy of Science*, Vol. 59, No. 4, 1992, pp. 671-690.

Einhorn H, Hogarth R, "Confidence in Judgement: Persistence of the Illusion of Validity", *Psychological Review*, Vol. 85, 1978, pp. 395-416.

Einhorn H, Hogarth R, "Judging Probable Cause", *Psychological Bulletin*, Vol. 99, 1986, pp. 3-19.

Einstein A, "On the Method of Theoretical Physics", *Philosophy of Science*, Vol. 1, No. 2, 1934, pp. 163-169.

Ekman P, "An Argument for Basic Emotions", *Cognition and Emotion*, Vol. 6, No. 3-4, 1992, pp. 169-200.

Ekman P, "Universals and Cultural Differences in Facial Expressions of Emotion", In Cole J (Ed.), *Nebraska Symposium on Motivation 1971, Vol.4*, Lincoln: University of Nebraska Press, 1972, pp. 712-717.

Eldredge N, "Information, Economics and Evolution", *Annual Review of Ecology and Systematics*,

Vol. 17, No. 1, 1986, pp. 351-369.

Elgin C Z, "Telling Instances", In Frigg R, Hunter M (Eds.), *Beyond Mimesis and Nominalism: Representation in Art and Science*, Berlin, New York: Springer, 2010, pp. 1-18.

Elgin C Z, *With Reference to Reference*, Indianapolis: Hackett, 1983.

Elgin M, Sober E, "Cartwright on Explanation and Idealization", *Erkenntnis*, Vol. 57, 2002, pp. 441-450.

Elkins J, *The Domain of Images*, Ithaca, London: Cornell University Press, 1999.

Ellen R, *The Cultural Relations of Classification*, Cambridge: Cambridge University Press, 1993.

Elman J, Bates E, Johnson M, et al., *Rethinking Innateness*, Cambridge: MIT Press, 1997.

Emrah A N, "Models, Conjectures and Exploration: An Analysis of Schelling's Checkerboard Model of Residential Segregation", *Journal of Economic Methodology*, Vol. 14, No. 4, 2007, pp. 429-454.

Ericsson K A, Simon H A, *Protocol Analysis: Verbal Reports as Data*, Cambridge: MIT Press, 1984.

Erneling C E, Johnson D M, *The Mind as a Scientific Object: Between Brain and Culture*, Oxford: Oxford University Press, 2005.

Evans E, "Cognitive and Contextual Factors in the Emergence of Diverse Belief Systems: Creation versus Evolution", *Cognitive Psychology*, Vol. 42, No. 3, 2001, pp. 217.

Evans J, "Matching Bias in Conditional Reasoning: Do We Understand It after 25 Years?" *Thinking and Reasoning*, Vol. 4, No. 1, 1998, pp. 45-110.

Evans J, "Thinking and Believing", In Garcia-Madruga J, Carriedo N, Gonzales-Labra M (Eds.), *Mental Models on Reasoning*, Madrid: UNED, 2001, pp. 41-56.

Evans J, Allen J L, Newstead S E, et al., "Debiasing by Instruction: The Case of Belief Bias", *European Journal of Cognitive Psychology*, Vol. 6, No. 3, 1994, pp. 263-285.

Evans J, *Bias in Human Reasoning: Causes and Consequences*, Brighton: Erlbaum, 1989.

Evans J, Handley S, Harper C, et al., "Reasoning about Necessity and Possibility: A Test of the Mental Model Theory of Deduction", *Journal of Experimental Psychology: Learning, Memory and Cognition*, Vol. 25, No. 6, 1999, pp. 1495-1513.

Evans J, *Hypothetical Thinking in Reasoning and Decision Making: ESRC Workshop on Reasoning and Thinking*, London: London Guildhall University, 1999.

Evans J, Newstead S, Byrne R, *Human Reasoning: The Psychology of Deduction*, Hillsdale: Lawrence Erlbaum Associates, 1993.

Evans J, Over D, "Rationality in Reasoning: The Case of Deductive Competence", *Current Psychology of Cognition*, Vol. 16, 1997, pp. 3-38.

Evans J, Over D, *Rationality and Reasoning*, Hove: Psychology Press, 1996.

Facobson A J, *Keeping the World in Mind: Mental Representations and the Science of Mind*, Hampshire: Palgrave Macmillan, 2013.

Falkenburg B, Muschik W (Eds.), "Models, Theories and Disunity in Physics", *Philosophia Naturalis*, Vol. 1, 1998, pp. 127-151.

Feigl H, "The 'Orthodox' View of Theories: Remarks in Defense as Well as Critique", In Radner M, Winokur S (Eds.), *Analyses of Theories and Methods of Physics and Psychology* (Minnesota Studies in the Philosophy of Science, Volume 4), Minneapolis: University of Minnesota Press, 1970, pp. 3-16.

Feigl H, Scriven M, Maxwell G (Eds.), *Minnesota Studies in the Philosophy of Science* (Vol. 2), Minneapolis: University of Minnesota Press, 1958.

Fekete T, "Representational Systems", *Minds and Machines*, Vol. 20, No. 1, 2010, pp. 69-101.

Field H, "Logic, Meaning, and Conceptual Role", *Journal of Philosophy*, Vol. 74, 1977, pp. 379-409.

Field H, "Mental Representation", *Erkenntnis*, Vol. 13, 1978, pp. 9-61.

Files C, "Goodman's Rejection of Resemblance", *British Journal of Aesthetics*, Vol. 36, 1996, pp. 398-412.

Fine A, "Fictionalism", *Midwest Studies in Philosophy*, Vol. 18, 1993, pp. 1-18.

Fine A, "Science Fictions: Comment on Godfrey-Smith", *Philosophical Studies*, Vol. 143, No. 1, 2009, pp. 117-125.

Fodor J A, "Banish DisContent", In Butterfield J (Ed.), *Language, Mind, and Logic*, Cambridge: Cambridge University Press, 1986.

Fodor J A, "Making Mind Matter More", *Philosophical Topics*, Vol. 17, 1989, pp. 59-79.

Fodor J A, *A Theory of Content and Other Essays*, Cambridge: MIT Press, 1990.

Fodor J A, *Psychosemantics*, Cambridge: MIT Press, 1987.

Fodor J A, *Representations: Philosophical Essays on the Foundations of Cognitive Science*, Cambridge: MIT Press, 1981.

Forster M, Sober E, "How to Tell When Simple, More Unified, or Less Ad Hoc Theories Will Provide More Accurate Predictions", *British Journal for the Philosophy of Science*, Vol. 45, 1994, pp. 1-35.

Franceschetti D R, "Biorobotic Simulations Might Offer Some Advantages Over Purely Computational Ones", *Behavioral and Brain Sciences*, Vol. 24, No. 6, 2001, pp. 1058-1059.

French S, "A Model-Theoretic Account of Representation", *Philosophy of Science*, Vol. 70, No. 5, 2003, pp. 1472-1483.

French S, "Reinflating the Semantic Approach", *International Studies in the Philosophy of Science*, Vol. 13, No. 2, 1999, pp. 103-121.

French S, "Remodelling Structural Realism: Quantum Physics and the Metaphysics of Structure", *Synthese*, Vol. 136, No. 1, 2003, pp. 31-56.

French S, Ladyman J, "Superconductivity and Structures: Revisiting the London Account", *Studies in History and Philosophy of Modern Physics*, Vol. 28, No. 3, 1997, pp. 363-393.

French S, Saatsi J, "Realism about Structure: The Semantic View and Nonlinguistic Representations", *Philosophy of Science*, Vol. 73, No. 5, 2006, pp. 548-555.

French S, *The Structure of the World: Metaphysics and Representation*, Oxford: Oxford University

Press, 2014.

Freudenthal H (Ed.), *The Concept and the Role of the Model in Mathematics and Natural and Social Sciences*, Dordrecht: Reidel, 1961.

Friedman M, "Carnap on Theoretical Terms: Structuralism without Metaphysics", *Synthese*, Vol. 180, No. 2, 2011, pp. 249-263.

Friedman M, "The Scientific Image, by B. van Fraassen", *The Journal of Philosophy*, Vol. 79, No. 5, 1982, pp. 274-283.

Friedman M, "Theoretical Explanation", In Healey R (Ed.), *Reduction, Time and Reality: Studies in the Philosophy of the Natural Sciences*, New York: Cambridge University Press, 1981, pp. 1-16.

Friedman M, *Dynamics of Reason*, Stanford: CSLI Publications, 2001.

Friedman M, *Foundations of Space-Time Theories: Relativistic Physics and Philosophy of Science*, Princeton: Princeton University Press, 1983.

Friedman M, *Kant's Construction of Nature: A Reading of the Metaphysical Foundations of Natural Science*, Cambridge: Cambridge University Press, 2013.

Friedman M, *Reconsidering Logical Positivism*, New York: Cambridge University Press, 1999.

Friend S, "Fictional Characters", *Philosophy Compass*, Vol. 2, No. 2, 2007, pp. 141-156.

Frigg R, "Fiction and Scientific Representation", In Frigg R, Hunter M (Eds.), *Beyond Mimesis and Nominalism: Representation in Art and Science*, Berlin, New York: Springer, 2010, pp. 97-138.

Frigg R, "Fiction in Science", In Woods J (Ed.), *Fictions and Models: New Essays*, Munich: Philosophia Verlag, 2010, pp. 247-287.

Frigg R, "Models and Fiction", *Synthese*, Vol. 172, No. 2, 2010, pp. 251-268.

Frigg R, "Scientific Representation and the Semantic View of Theories", *Theoria*, Vol. 21, No. 55, 2006, pp. 49-65.

Frigg R, Bradley S, Machete R L, et al., "Probabilistic Forecasting: Why Model Imperfection Is a Poison Pill", In Anderson H, Dieks D, Wheeler G, et al. (Eds.), *New Challenges to Philosophy of Science*, Dordrecht: Springer Netherlands, 2012, pp. 479-491.

Frigg R, Hartmann S, "Models in Science", 2006-02-27, https://plato.stanford.edu/archives/fall2012/entries/models-science/.

Frigg R, Hartmann S, "Scientific Models", In Sarkar S, et al. (Eds.), *The Philosophy of Science: An Encyclopedia* (Vol. 2), London: Routledge, 2005.

Frigg R, Nguyen J, "Scientific Representation", 2016-10-10, https://plato.stanford.edu/entries/scientific-representation/.

Frigg R, Nguyen J, "The Fiction View of Models Reloaded", *The Monist*, Vol. 99, No. 3, 2016, pp. 225-242.

Frigg R, Reiss J, "The Philosophy of Simulation: Hot New Issues or Same Old Stew?" *Synthese*, Vol. 169, No. 3, 2009, pp. 593-613.

Frigg R, *Re-Presenting Scientific Representation*, Ph. D. Dissertation, London: University of London, 2003.

Frigg R, Votsis I, "Everything You Always Wanted to Know about Structural Realism but Were Afraid to Ask", *European Journal for Philosophy of Science*, Vol. 1, No. 2, 2011, pp. 227-276.

Frisch M, "Models and Scientific Representations or: Who Is Afraid of Inconsistency?" *Synthese*, Vol. 191, No. 13, 2014, pp. 3027-3040.

Gähde U, "Anomalies and the Revision of Theory-Nets: Notes on the Advance of Mercury's Perihelion", In Chiara M D, et al. (Eds.), *Structures and Norms in Science*, Dordrecht: Kluwer, 1997.

Galison P, "History, Philosophy and the Central Metaphor", *Science in Context*, Vol. 2, No. 1, 1988, pp. 197-212.

Galison P, *How Experiments End*, Chicago: University of Chicago Press, 1987.

Galison P, *Image and Logic: A Material Culture of Microphysics*, Chicago: University of Chicago Press, 1997.

Garcia-Carpintero M, Mariti G (Eds.), *Empty Representations: Reference and Non-Existence*, Oxford: Oxford University Press, 2014.

Gardenfors P, "Mental Representation, Conceptual Spaces and Metaphors", *Synthese*, Vol. 106, 1996, pp. 21-47.

Garson J W, "No Representations without Rules: The Prospects for a Compromise between Paradigms in Cognitive Science", *Mind and Language*, Vol. 9, No. 1, 1994, pp. 25-37.

Geary J, *I Is an Other: The Secret Life of Metaphor and How It Shapes the Way We See the World*, New York: Harper Perennial, 2011.

Gelfert A, "Mathematical Formalisms in Scientific Practice: From Denotation to Model-Based Representation", *Studies in History and Philosophy of Science*, Vol. 42, No. 2, 2011, pp. 272-286.

Gelfert A, "Model-Based Representation in Scientific Practice: New Perspectives", *Studies in History and Philosophy of Science*, Vol. 42, No. 2, 2011, pp. 251-252.

Gelfert A, "Scientific Models, Simulation, and the Experimenter's Regress", In Humphreys P, Cyrille Imbert (Eds.), *Models, Simulations, and Representations*, London: Routledge, 2012.

Gelfert A, "Strategies of Model-Building in Condensed Matter Physics: Trade-offs as a Demarcation Criterion between Physics and Biology?" *Synthese*, Vol. 190, No. 2, 2013, pp. 253-272.

Gelfert A, "Synthetic Biology between Technoscience and Thing Knowledge: Studies in History and Philosophy of Science (Part C)", *Studies in History and Philosophy of Biological and Biomedical Sciences*, Vol. 44, No. 2, 2013, pp. 141-149.

Gendler T, *Thought Experiment: On the Powers and Limits of Imaginary Cases*, New York, London: Garland, 2000.

Gentner D, "Analogical Reasoning, Psychology of", In Nadel L (Ed.), *Encyclopedia of Cognitive Science*, London: Nature Publishing Group, 2003, pp. 106-112.

Gentner D, "Are Scientific Analogies Metaphors?" In Miall D (Ed.), *Metaphor: Problems and Perspectives*, Brighton: Harvester Press, 1982, pp. 106-132.

Gibbard A, Varian H, "Economic Models", *Journal of Philosophy*, Vol. 75, 1978, pp. 664-677.

Gick M, Holyoak K, "Analogical Problem Solving", *Cognitive Psychology*, Vol. 12, 1980, pp. 306-355.

Gick M, Holyoak K, "Schema Induction and Analogical Transfer", *Cognitive Psychology*, Vol. 15, No. 1, 1983, pp. 1-38.

Giere R N, "An Agent-Based Conception of Models and Scientific Representation", *Synthese*, Vol. 172, No. 2, 2010, pp. 269-281.

Giere R N, "Essay Review: Scientific Representation and Empiricist Structuralism: Scientific Representation: Paradoxes of Perspective", *Philosophy of Science*, Vol. 76, No.1, 2009, pp. 101-111.

Giere R N, "How Models Are Used to Represent Reality", *Philosophy of Science*, Vol. 71, No. 5, 2004, pp. 742-752.

Giere R N, "No Representation without Representation", *Biology and Philosophy*, Vol. 9, No. 1, 1994, pp.113-120.

Giere R N, "Representing with Physical Models", In Humphreys P, Imbert C (Eds.), *Models, Simulations, and Representations*, London: Routledge, 2012, pp. 42-61.

Giere R N, "The Cognitive Structure of Scientific Theories", *Philosophy of Science*, Vol. 61, No. 2, 1994, pp. 276-296.

Giere R N, "Using Models to Represent Reality", In Magnani L, Nersessian N, Thagard P (Eds.), *Model-Based Reasoning in Scientific Discovery*, New York: Springer, 1999, pp. 41-57.

Giere R N, "Why Scientific Models Should Not be Regarded as Works of Fiction", In Suárez M (Ed.), *Fictions in Science: Philosophical Essays on Modelling and Idealisation*, London: Routledge, 2009, pp. 248-258.

Giere R N, *Explaining Science: A Cognitive Approach*, Chicago: University of Chicago Press, 1988.

Giere R N, *Science without Laws*, Chicago: University of Chicago Press, 1999.

Giere R N, *Scientific Perspectivism*, Chicago: University of Chicago Press, 2006.

Giere R, Bickle B, Mauldin R, *Understanding Scientific Reasoning* (5th ed.), Belmont: Thomson, Wadsworth, 2006.

Gigerenzer G, *Adaptive Thinking: Rationality in the Real World*, Oxford: Oxford University Press, 2000.

Gigerenzer G,Todd P, the ABC Research Group, *Simple Heuristics That Make Us Smart*, Oxford: Oxford University Press, 1999.

Gillett G R, "Representations and Cognitive Science", *Inquiry*, Vol. 32, 1989, pp. 261-277.

Glymour C, "Theoretical Equivalence and the Semantic View of Theories", *Philosophy of Science*, Vol. 80, No. 2, 2013, pp. 286-297.

Godfrey-Smith P, "Models and Fictions in Science", *Philosophical Studies*, Vol. 143, No. 1, 2009, pp. 101-116.

Godfrey-Smith P, "The Strategy of Model-Based Science", *Biology and Philosophy*, Vol. 21, 2006, pp. 725-740.

Godfrey-Smith P, *Theory and Reality: An Introduction to the Philosophy of Science*, Chicago: University of Chicago Press, 2003.

Goldfarb L, Gay D, "What Is a Structural Representation? A Proposal for a Representational Formalism", 2006-07-06, Gay.com /Citeseer/core.ac.uk/ cs.unb.ca/Citeseer.

Gombrich E H, *Art and Illusion*, London: Phaidon Press, 1960.

Goodman N, "A Query on Confirmation", *The Journal of Philosophy*, Vol. 43, No. 14, 1946, pp. 383-385.

Goodman N, "Seven Structures on Similarity", In Goodman N (Ed.), *Problems and Projects*, Indianapolis/New York: Bobs-Merril, 1972, pp. 437-446.

Goodman N, *A Study of Qualities*, Cambridge: Harvard University Press, 1941.

Goodman N, Elgin C, *Reconceptions in Philosophy and Other Arts and Sciences*, Indianapolis: Hackett, 1988.

Goodman N, et al., *Basic Abilities Required for Understanding and Creation in the Arts: Final Report*, Cambridge: Harvard University Press, 1972.

Goodman N, *Fact, Fiction and Forecast*, Cambridge: Harvard University Press, 1955.

Goodman N, *Languages of Art: An Approach to a Theory of Symbols* (2nd ed.), Indianapolis: Bobbs-Merrill, 1968.

Goodman N, Leonard H S, "The Calculus of Individuals and Its Uses", *Journal of Symbolic Logic*, Vol. 5, 1940, pp. 45-55.

Goodman N, *Of Mind and Other Matters*, Cambridge: Harvard University Press, 1984.

Goodman N, Quine W V O, "Steps toward a Constructive Nominalism", *Journal of Symbolic Logic*, Vol. 12, 1947, pp. 105-122.

Goodman N, *The Structure of Appearance* (2nd ed.), Cambridge: Harvard University Press, 1951.

Goodman N, *Ways of Worldmaking*, Indianapolis: Hackett, 1978.

Goodwin W, "Scientific Understanding after the Ingold Revolution in Organic Chemistry", *Philosophy of Science*, Vol. 74, No. 3, 2007, pp. 386-408.

Gorski D P, Grigorieff P, "The Scientific Representation of Reality: Its Difficulties", *Diogenes*, Vol. 15, No. 60, 1967, pp. 20-34.

Gorski D P, Grigorieff P, "The Scientific Representation of Reality: Its Difficulties", *Diogenes*, Vol. 15, No. 60, 1967.

Gould S J, *The Structure of Evolutionary Theory*, Cambridge: Harvard University Press, 2002.

Gregory T J, Trickett S B, Mintz F E, "Connecting Internal and External Representations: Spatial Transformations of Scientific Visualizations", *Foundations of Science*, Vol. 10, No. 1, 2005, pp. 89-106.

Gribbin J, *Science: A History 1543-2001*, London: Penguin Group, 2002.

Griesemer J, "Formalization and the Meaning of Theory in the Inexact Biological Sciences", *Biological Theory*, Vol. 7, No. 4, 2013, pp. 298-310.

Griesemer J, "Material Models in Biology", *PSA: Proceedings of the Biennial Meeting of the*

Philosophy of Science Association 1990, No. 2, 1991, pp. 79-94.

Griesemer J, "Modeling in the Museum: On the Role of Remnant Models in the Work of Joseph Grinnell", *Biology and Philosophy*, Vol. 5, No. 1, 1990, pp. 3-36.

Griesemer J, "Must Scientific Diagrams Be Eliminable? The Case of Path Analysis", *Biology and Philosophy*, Vol. 6, No. 2, 1991, pp. 155-180.

Griesmaier F P, "Causality, Explanatoriness, and Understanding as Modeling", *Journal for General Philosophy of Science*, Vol. 37, No. 1, 2006, pp. 41-59.

Guala F, Psillos S, "Models as Mediators: Perspectives on Natural and Social Science", Morgan M S, Morrison M (Eds.), *Economics and Philosophy*, Vol. 17, No. 2, 2001, pp. 275-294.

Hacking I, "Natural Kinds: Rosy Dawn, Scholastic Twilight", *Royal Institute of Philosophy Supplements*, Vol. 61, 2007, pp. 203-240.

Hacking I, "On Not Being a Pragmatist: Eight Reasons and a Cause", In Misak C (Ed.), *New Pragmatists*, New York: Oxford University Press, 2007, pp. 32-49.

Hacking I, *Historical Ontology*, Cambridge: Harvard University Press, 2002.

Hacking I, *Representing and Intervening: Introductory Topics in the Philosophy of Natural Science*, Cambridge: Cambridge University Press, 1983.

Hacking I, *Scientific Reason*, Taipei: Taiwan University Press, 2009.

Hacking I, *Why Is There Philosophy of Mathematics at All?* Cambridge: Cambridge University Press, 2014.

Halevy A, Madhavan J, "Corpus-Based Knowledge Representation", *International Joint Conference on Artificial Intelligence*, 2003.

Halvorson H, "The Semantic View, If Plausible, Is Syntactic", *Philosophy of Science*, Vol. 80, No. 3, 2013.

Halvorson H, "What Scientific Theories Could Not Be", *Philosophy of Science*, Vol. 79, No. 2, 2012, pp. 183-206.

Hardcastle G, "A Problem-Solving Account of Scientific Explanation", *Philosophy Compass*, Vol. 2, No. 3, 2007, pp. 564-591.

Harman G, "Conceptual Role Semantics", *Notre Dame Journal of Formal Logic*, Vol. 28, 1982, pp. 242-256.

Harris T, "Data Models and the Acquisition and Manipulation of Data", *Philosophy of Science*, Vol. 70, 2003, pp. 1508-1517.

Hartmann S, "Effective Field Theories, Reduction and Scientific Explanation", *Studies in History and Philosophy of Modern Physics*, Vol. 32, 2001, pp. 267-304.

Hartmann S, "Idealization in Quantum Field Theory", In Shanks N (Ed.), *Idealization in Contemporary Physics*, Amsterdam: Rodopi, 1998, pp. 99-122.

Hartmann S, "Models and Stories in Hadron Physics", In Morgan M S, Margaret M (Eds.), *Models as Mediators: Perspectives on Natural and Social Science*, Cambridge: Cambridge University Press, 1999, pp. 326-346.

Hartmann S, "Models as a Tool for Theory Construction: Some Strategies of Preliminary Physics", In Herfel W, Krajewski W, Niiniluoto I, et al. (Eds.), *Theories and Models in Scientific Process* (Poznan Studies in the Philosophy of Science and the Humanities 44), Amsterdam: Rodopi, 1995, pp. 49-67.

Hartmann S, "The World as a Process: Simulations in the Natural and Social Sciences", In Hegselmann R, Müller U, Troitzsch K (Eds.), *Modelling and Simulation in the Social Sciences from the Philosophy of Science Point of View: Theory and Decision Library*, Dordrecht: Kluwer, 1996, pp. 77-100.

Healey R, "Science without Representation", *Analysis*, Vol. 70, No. 3, 2010, pp. 536-547.

Heetz H, *The Principles of Mechanics Presented in a New Form*, New York: Dover Publications, 1956.

Hegselmann R, Müller U, Troitzsch K (Eds.), *Modelling and Simulation in the Social Sciences from the Philosophy of Science Point of View: Theory and Decision Library*, Dordrecht: Kluwer, 1996.

Heil J, Mele A, "Mental Causes", *American Philosophical Quarterly*, Vol. 28, 1991, pp. 61-71.

Hellman D H (Ed.), *Analogical Reasoning*, Dordrecht: Kluwer, 1988.

Hempel C G, "On the 'Standard Conception' of Scientific Theories", In Radner M, Winokur S (Eds.), *Minnesota Studies in the Philosophy of Science* (Vol. 4), Minneapolis: University of Minnesota Press, 1970, pp. 142-163.

Hempel C G, "The Theoretician's Dilemma", In Feigl H, Scriven M, Maxwell G (Eds.), *Minnesota Studies in the Philosophy of Science* (Vol. 2), Minneapolis: University of Minnesota Press, 1958, pp. 37-98.

Hempel C G, *Aspects of Scientific Explanation and Other Essays in the Philosophy of Science*, New York: Free Press, 1965.

Hempel C G, *Fundamentals of Concept Formation in Empirical Science*, Chicago: University of Chicago Press, 1952.

Hempel C G, *Philosophy of Natural Science*, Englewood Cliffs: Prentice-Hall, 1966.

Herfel W, Krajewski W, Niiniluoto I, et al. (Eds.), *Theories and Models in Scientific Process* (Poznan Studies in the Philosophy of Science and the Humanities 44), Amsterdam: Rodopi, 1995.

Hesse M, "Models and Analogy in Science", In Edwards P (Ed.), *The Encyclopedia of Philosophy* (Vol. 5), New York: Macmillan, 1967, pp. 354-359.

Hesse M, *Models and Analogies in Science*, London: Sheed and Ward, 1963.

Hesse M, *The Structure of Scientific Inference*, London: Macmillan, 1974.

Hitchcock C, Velasco J D, "Newtonian and Evolutionary Forces", *Ergo*, Vol. 1, No. 2, 2014, pp. 39-77.

Hochman A, "Against the New Racial Naturalism", *The Journal of Philosophy*, Vol. 110, No. 6, 2013, pp. 331-351.

Hodges W, "Model Theory", 2013-07-17, https://plato.stanford.edu/archives/fall2013/entries/modeltheory/.

Hodges W, *A Shorter Model Theory*, Cambridge: Cambridge University Press, 1997.

Hoffman R, "Metaphor in Science", In Honeck R (Ed.), *Cognition and Figurative Language*, Hillsdale: Lawrence Erlbaum Associates, 1980, pp. 393-423.

Holton G, *Thematic Origins of Scientific Thought: Kepler to Einstein* (2nd ed.), Cambridge: Harvard University Press, 1988.

Holyoak K, Thagard P, *Mental Leaps: Analogy in Creative Thought*, Cambridge: Bradford, 1995.

Hookway C, "Pragmatism", 2008-08-16, https://plato.stanford.edu/archives/win2013/entries/pragmatism/.

Horgan T E, "From Cognitive Science to Folk Psychology: Computation, Mental Representation, and Belief", *Philosophy and Phenomenological Research*, Vol. 52, No. 2, 1992, pp. 449-484.

Horowitz T, Massey G (Eds.), *Thought Experiments in Science and Philosophy*, Lanham: Rowman and Littlefield, 1991.

Hughes R I G, "Models and Representation", *Philosophy of Science*, Vol. 64, 1997, pp. 325-336.

Hughes R I G, "Models, the Brownian Motion, and the Disunities of Physics", In Earman J, Norton J (Eds.), *The Cosmos of Science*, Pittsburgh: University of Pittsburgh Press, 1997, pp. 325-347.

Hughes R I G, "Quantum Logic and the Interpretation of Quantum Mechanics", *PSA: Proceedings of the Biennial Meeting of the Philosophy of Science Association 1980*, 1980, pp. 55-67.

Hughes R I G, "Rationality and Intransitive Preferences", *Analysis*, Vol. 40, No. 3, 1980, pp. 132-134.

Hughes R I G, "Semantic Alternatives in Partial Boolean Quantum Logic", *Journal of Philosophical Logic*, Vol. 14, No. 4, 1985, pp. 411-446.

Hughes R I G, "The Bohr Atom, Models, and Realism", *Philosophical Topics*, Vol. 18, No. 2, 1990, pp. 71-84.

Hughes R I G, "The Logic of Experimental Questions", *PSA: Proceedings of the Biennial Meeting of the Philosophy of Science Association 1982*, 1982, pp. 243-256.

Hughes R I G, "The Philosophy of Quantum Mechanics", *Philosophical Studies*, Vol. 32, 1988, pp. 326-330.

Hughes R I G, "Theoretical Explanation", *Midwest Studies in Philosophy*, Vol. 18, No. 1, 1993, pp. 132-153.

Hughes R I G, "Theoretical Practice: The Bohm-Pines Quartet", *Perspectives on Science*, Vol. 14, No. 4, 2006, pp. 457-524.

Hughes R I G, *The Structure and Interpretation of Quantum Mechanics*, Cambridge: Harvard University Press, 1989.

Hughes R I G, *The Theoretical Practices of Physics: Philosophical Essays*, Cambridge: Cambridge University Press, 2010.

Hughes R I G, van Fraassen B C, "Symmetry Arguments in Probability Kinematics", *PSA: Proceedings of the Biennial Meeting of the Philosophy of Science Association 1984*, 1984, pp. 851-869.

Hull D, "Central Subjects and Historical Narratives", *History & Theory*, Vol. 14, No. 3, 1975, pp. 253-274.

Humphreys P, "Models as Mediators: Perspectives on Natural and Social Science (Ideas in Context, Vol. 52), Morgan M S, Morrison M (Eds.), *Studies in History and Philosophy of Science* (Part B), Vol. 33, No. 2, 2002, pp. 374-377.

Humphreys P, "The Philosophical Novelty of Computer Simulation Methods", *Synthese*, Vol. 169, 2009, pp. 615-626.

Humphreys P, *Extending Ourselves: Computational Science, Empiricism, and Scientific Method*, Oxford: Oxford University Press, 2004.

Humphreys P, Imbert C (Eds.), *Models, Simulations, and Representations*, London: Routledge, 2012.

Ibarra A, Mormann T, "Interactive Representations", *Representaciones*, Vol. 1, No. 1, 2005, pp. 1-20.

Ibarra A, Mormann T, "Scientific Theories as Intervening Representations", *Theoria*, Vol. 55, No. 1, 2006, pp. 21-38.

Isaac A M C, "Objective Similarity and Mental Representation", *Australasian Journal of Philosophy*, Vol. 91, No. 4, 2013, pp. 683-704.

Jackson F, Pettit P, "Causation and the Philosophy of Mind", *Philosophy and Phenomenological Research Supplement*, Vol. 50, 1990, pp. 195-214.

Jackson F, Pettit P, "Program Explanation: A General Perspective", *Analysis*, Vol. 50, 1990, pp. 107-117.

Jammer M, *Concepts of Mass in Classical and Modern Physics*, Cambridge: Harvard University Press, 1961.

Johnson-Laird P N, "Mental Models in Cognitive Science", *Cognitive Science*, Vol. 4, No.1, 1980, pp. 71-115.

Johnson-Laird P N, *Mental Models*, Cambridge: Harvard University Press, 1983.

Jones M R, Cartwright N (Eds.), "Idealization XII: Correcting the Model", *Journal of Physiology*, Vol. 494, No. 4, 2005, pp. 472-476.

Jones M, "Idealization and Abstraction: A Framework", In Jones M, Cartwright N (Eds.), *Idealization XII: Correcting the Model—Idealization and Abstraction in the Sciences* Amsterdam: Rodopi, 2005, pp. 173-217.

Kaplan J M, "Realism, Antirealism, and Conventionalism about Race", *Philosophy of Science*, Vol. 81, No. 5, 2014, pp. 1039-1052.

Kaplan J M, Winther R G, "Prisoners of Abstraction? The Theory and Measure of Genetic Variation, and the Very Concept of 'Race'", *Biological Theory*, Vol. 7, No. 4, 2013, pp. 401-412.

Keijzer F, "Representation in Dynamical and Embodied Cognition", In Ziemke T (Ed.), *Cognitive Systems Research*, Vol. 3, No. 3, 2002, pp. 275-288.

Keller E F, *Reconfiguring Life: Metaphors of Twentieth-Century Biology*, New York: Columbia

University Press, 1995.

Kennedy A G, "A Non-Representationalist View of Model Explanation", *Studies in History and Philosophy of Science Part A*, 2012, pp. 326-332.

Ketland J, "Empirical Adequacy and Ramsification", *The British Journal for the Philosophy of Science*, Vol. 55, No. 2, 2004, pp. 287-300.

Khalifa K, "Inaugurating Understanding or Repackaging Explanation?" *Philosophy of Science*, Vol. 79, No. 1, 2012, pp. 15-37.

Khalifa K, "Is Understanding Explanatory or Objectual?" *Synthese*, Vol. 190, No. 6, 2013, pp. 1153-1171.

Kitcher P, "1953 and All That: A Tale of Two Sciences", *Philosophical Review*, Vol. 93, No. 3, 1984, pp. 335-373.

Kitcher P, *Science, Truth, and Democracy*, New York: Oxford University Press, 2001.

Kitcher P, *The Advancement of Science: Science without Legend, Objectivity without Illusion*, New York: Oxford University Press, 1993.

Kiverstein J, Wheeler M, *Heidegger and Cognitive Science*, Hampshire: Palgrave Macmillan Press, 2012.

Knuuttila T, "Modelling and Representing: An Artefactual Approach to Model-Based Representation", *Studies in History and Philosophy of Science*, Vol. 42, No. 2, 2011, pp. 262-271.

Knuuttila T, "Models, Representation and Mediation", *Philosophy of Science*, Vol. 72, No. 5, 2005, pp. 1260-1271.

Knuuttila T, "Representation, Idealisation and Fiction in Economics: From the Assumptions Issue to the Epistemology of Modelling", In Suárez M (Ed.), *Fictions in Science: Philosophical Essays on Modelling and Idealisation*, London: Routledge, 2009, pp. 205-233.

Knuuttila T, Boon M, "How Do Models Give Us Knowledge? The Case of Carnot's Ideal Heat Engine", *European Journal for Philosophy of Science*, Vol. 1, No. 3, 2011, pp. 309-334.

Knuuttila T, *Models as Epistemic Artefacts: Toward a Non-Representationalist Account of Scientific Representation*, Helsingin: Helsingin Yliopisto, 2005.

Kosslyn S M, *Image and Mind*, Cambridge: Harvard University Press, 1980.

Kosso P, "Scientific Understanding", *Foundations of Science*, Vol. 12, No. 2, 2007, pp. 173-188.

Kripke S, *Wittgenstein on Rules and Private Language*, Cambridge: Harvard University Press, 1982.

Kroes P, "Structural Analogies between Physical Systems", *British Journal for the Philosophy of Science*, Vol. 40, 1989, pp. 145-154.

Kuhn T S, "Objectivity, Value Judgment, and Theory Choice", In Kuhn T S (Ed.), *The Essential Tension: Selected Studies in Scientific Tradition and Change*, Chicago: University of Chicago Press, 1977, pp. 320-339.

Kuhn T S, *The Structure of Scientific Revolutions*, Chicago: University of Chicago Press, 1970.

Kulvicki J, "Pictorial Representation", *Philosophy Compass*, Vol. 1, No. 6, 2006, pp. 535-546.

Kuorikoski J, "Simulation and the Sense of Understanding", In Humphreys P, Imbert C (Eds.),

Models, Simulations, and Representations, London: Routledge, 2012.

Ladyman J, "Structural Realism", 2007-11-17, https://plato.stanford.edu/archives/spr2014/entries/structural-realism/.

Ladyman J, Bueno O, Suárez M, et al., "Scientific Representation: A Long Journey from Pragmatics to Pragmatics", *Metascience*, Vol. 20, No. 3, 2011, pp. 417-442.

Lakatos I, *The Methodology of Scientific Research Programmes* (Philosophical Papers: Volume 1), Cambridge: Cambridge University Press, 1978.

Laudan L, *Progress and Its Problems: Towards a Theory of Scientific Growth*, Berkeley: University of California Press, 1977.

Laurence S, Margolis E, "Concepts and Cognitive Science", In Laurence S, Margolis E (Eds.), *Concepts: Core Readings*, Cambridge: MIT Press, 1999, pp. 3-81.

Laymon R, "Idealizations and the Testing of Theories by Experimentation", In Achinstein P, Hannaway O (Eds.), *Observation Experiment and Hypothesis in Modern Physical Science*, Cambridge: MIT Press, 1985, pp. 147-173.

Laymon R, "Scientific Realism and the Hierarchical Counterfactual Path from Data to Theory", *PSA: Proceedings of the Biennial Meeting of the Philosophy of Science Association*, No. 1, 1982, pp. 107-121.

Laymon R, "Thought Experiments by Stevin, Mach and Gouy: Thought Experiments as Ideal Limits and Semantic Domains", In Horowitz T, Massey G (Eds.), *Thought Experiments in Science and Philosophy*, Lanham: Rowman and Littlefield, 1991, pp. 167-91.

Leng M, *Mathematics and Reality*, Oxford: Oxford University Press, 2010.

Lenhard J, "Computer Simulation: The Cooperation between Experimenting and Modeling", *Philosophy of Science*, Vol. 74, No. 2, 2007, pp. 176-194.

Leonelli S, "Packaging Data for Re-Use: Databases in Model Organism Biology", In Howlett P, Morgan M S (Eds.), *How Well Do Facts Travel? The Dissemination of Reliable Knowledge*, Cambridge: Cambridge University Press, 2010.

Leonelli S, "Performing Abstraction: Two Ways of Modelling Arabidopsis Thaliana", *Biology and Philosophy*, Vol. 23, No. 4, 2008, pp. 509-528.

Leonelli S, Ankeny R, "Re-Thinking Organisms: The Epistemic Impact of Databases on Model Organism Biology", *Studies in the History and Philosophy of the Biological and Biomedical Sciences*, Vol. 43, 2012, pp. 29-36.

Leplin J, "The Role of Models in Theory Construction", In Nickles T (Ed.), *Scientific Discovery, Logic, and Rationality*, Reidel: Dordrecht, 1980, pp. 267-284.

LePore E, Loewer B, "More on Making Mind Matter", *Philosophical Topics*, Vol. 17, 1989, pp. 175-191.

Levins R, "The Strategy of Model Building in Population Biology", *American Scientist*, Vol. 54, No. 4, 1966, pp. 421-431.

Levins R, Lewontin R, *The Dialectical Biologist*, Cambridge: Harvard University Press, 1985.

Levy A, "Modeling without Models", *Philosophical Studies*, Vol. 172, No. 3, 2015, pp. 781-798.

Levy A, "Models, Fictions, and Realism: Two Packages", *Philosophy of Science*, Vol. 79, No. 5, 2012, pp. 738-748.

Lewis R W, "Evolution: A System of Theories", *Perspectives in Biology and Medicine*, Vol. 23, No. 4, 1980, pp. 551-572.

Lindahl H, "Authority and Representation", *Law and Philosophy*, Vol. 19, No. 2, 2000, pp. 223-246.

Liu C, "Deflationism on Scientific Representation", *EPSA11 Perspectives and Foundational Problems in Philosophy of Science*, 2013, pp. 93-102.

Liu C, "Re-Inflating the Conception of Scientific Representation", *International Studies in the Philosophy of Science*, Vol. 29, No. 1, 2015, pp. 41-59.

Liu C, "Symbolic versus Modelistic Elements in Scientific Modeling", *Theoria*, Vol. 30, No.2, 2015, pp. 287-300.

Lloyd D, *Simple Minds*, Cambridge: MIT Press, 1989.

Lloyd E, "A Semantic Approach to the Structure of Population Genetics", *Philosophy of Science*, Vol. 51, 1984, pp. 242-264.

Lloyd E, "Structure of Evolutionary Theory", In Durham W (Ed.), *International Encyclopedia of Social and Behavioral Sciences* (2nd ed.), Amsterdam: Elsevier, 2013.

Lloyd E, "The Nature of Darwin's Support for the Theory of Natural Selection", *Philosophy of Science*, Vol. 50, No. 1, 1983, pp. 112-129.

Lloyd E, *The Structure and Confirmation of Evolutionary Theory*, Princeton: Princeton University Press, 1994.

Loar B, "Conceptual Role and Truth Conditions", *Notre Dame Journal of Formal Logic*, Vol. 23, 1982, pp. 272-283.

Lopes D, *Understanding Pictures*, Oxford: Oxford University Press, Clarendon Press, 1996.

Lorenzano P, "The Semantic Conception and the Structuralist View of Theories: A Critique of Suppe's Criticisms", *Studies in History and Philosophy of Science* (Part A), Vol. 44, 2013, pp. 600-607.

Love A, "Formal and Material Theories in Philosophy of Science: A Methodological Interpretation", In de Regt H W, Hartmann S, Okasha S, et al. (Eds.), *EPSA Philosophy of Science: Amsterdam 2009*, Dordrecht: Springer, 2009, pp. 175-185.

Lowry I, "A Short Course in Model Design", *Journal of the American Institute of Planners*, Vol. 31, No. 2, 1965, pp. 158-166.

Ludwig D, "Against the New Metaphysics of Race", *Philosophy of Science*, Vol. 82, 2015, pp. 1-21.

Lupher T, "Theories or Models? The Case of Algebraic Quantum Field Theory", In Humphreys P, Imbert C (Eds.), *Models, Simulations, and Representations*, London: Routledge, 2012, pp. 25-41.

Lutz S, "On a Straw Man in the Philosophy of Science: A Defense of the Received View", *HOPOS: The Journal of the International Society for the History of Philosophy of Science*, Vol. 2, No. 1,

2012, pp. 77-120.

Lutz S, "What's Right with a Syntactic Approach to Theories and Models?" *Erkenntnis*, Vol. 79, Supplement 8, 2014, pp. 1475-1492.

Lynch M, "Representation Is Overrated: Some Critical Remarks about the Use of the Concept of Representation in Science Studies", *Configurations*, Vol. 2, No. 1, 1994, pp. 137-149.

Lynch M, Woolgar S (Eds.), *Representation in Scientific Practice*, Cambridge: MIT Press, 1990.

Machover M, *Set Theory, Logic and Their Limitations*, Cambridge: Cambridge University Press, 1996.

MacKay A F, "Mr. Donnellan and Humpty Dumpty on Referring", *Philosophical Review*, Vol. 77, No. 2, 1968, pp. 197-202.

Magnani L, "Conjectures and Manipulations: External Representations in Scientific Reasoning", *Mind and Society*, Vol. 3, No. 1, 2002, pp. 9-31.

Magnani L, "Epistemology of Scientific Invention", *Communication and Cognition*, Vol. 21, No. 3-4, 1988, pp. 273-291.

Magnani L, "Scientific Models Are Not Fictions: Model-Based Science as Epistemic Warfar", In Magnani L, Li P (Eds.), *Philosophy and Cognitive Science: Western and Eastern Studies*, Heidelberg/Berlin: Springer, 2012, pp. 1-38.

Magnani L, *Abductive Cognition: The Epistemological and Eco-cognitive Dimensions of Hypothetical Reasoning*, Berlin: Springer Verlag, 2009.

Magnani L, Bardone E, "Sharing Representations and Creating Chances through Cognitive Niche Construction: The Role of Affordances and Abduction", In Iwata S, Oshawa Y, Tsumoto S, et al. (Eds.), *Communications and Discoveries from Multidisciplinary Data*, Dordrecht: Springer, 2008, pp. 3-40.

Magnani L, Carnielli W, Pizzi C (Eds.), *Model-Besed Reasoning in Science and Technology*, Dordrecht: Springer, 2010.

Magnani L, Civita S, Massara G P, "Visual Cognition and Cognitive Modeling", In Cantoni V (Ed.), *Human and Machine Vision: Analogies and Divergences*, New York: Kluwer Academic, Plenum Publishers, 1994, pp. 229-243.

Magnani L, Nersessian N (Eds.), *Model-Based Reasoning: Science, Technology, Values*, Dordrecht: Kluwer, 2002.

Magnani L, Nersessian N, Thagard P (Eds.), *Model-Based Reasoning in Scientific Discovery*, New York: Springer, 1999.

Magnani L, Nersessian N, Thagard P, "Abduction and Scientific Discovery", *Philosophica*, Vol. 61, No. 1, 1998, pp. 51-76.

Magnus P D, Jacob B (Eds.), *New Waves in Philosophy of Science*, Basingstoke: Palgrave Macmillan, 2010.

Mäki U, "Isolation, Idealization and Truth in Economics", In Hamminga B, de Marchi N B (Eds.), *Idealization VI: Idealization in Economics* (Poznan Studies in the Philosophy of the Sciences and the Humanities, Volume 38), 1994, pp. 147-168.

Mäki U, "Missing the World: Models as Isolations and Credible Surrogate Systems", *Erkenntnis*, Vol. 70, No. 1, 2009, pp. 29-43.

Mäki U, "Models and the Locus of Their Truth", *Synthese*, Vol. 180, No. 1, 2011, pp. 47-63.

Mäki U, "The Truth of False Idealizations in Modeling", In Humphreys P, Imbert C (Eds.), *Models, Simulations, and Representations*, London: Routledge, 2012.

Mancosu P, "Mathematical Style", 2009-07-02, https://plato.stanford.edu/archives/spr2010/entries/mathematical-style/.

Mandik P, "Mental Representation and the Subjectivity of Consciousness", *Philosophical Psychology*, Vol. 14, No. 2, 2001, pp. 179-202.

Margenau H, *The Nature of Physical Reality: A Philosophy of Modern Physics*, New York: McGraw-Hill, 1950.

Marker D, *Model Theory: An Introduction*, New York: Springer, 2002.

Mars R B, Shea N J, Kolling N, et al., "Model-Based Analyses: Promises, Pitfalls, and Example Applications to the Study of Cognitive Control", *The Quarterly, Journal of Experimental Psychology*, Vol. 65, No. 2, 2012, pp. 252-267.

Matheson C, Dallmann J, "Historicist Theories of Scientific Rationality", 1996-08-12, https://plato.stanford.edu/archives/fall2014/entries/rationality-historicist/.

Mayo D, *Error and the Growth of Experimental Knowledge*, Chicago: University of Chicago Press, 1996.

McDowell J, *Mind and World*, Cambridge: Harvard University Press, 1994.

McGill A, "Context Effects in Causal Judgement", *Journal of Personality and Social Psychology*, Vol. 57, No. 2, 1989, pp. 189-200.

McGinn C, "The Structure of Content", In Woodfield A (Ed.), *Thought and Context*, Oxford: Oxford University Press, 1982.

McKinsey J C C, Sugar A C, Suppes P, "Axiomatic Foundations of Classical Particle Mechanics", *Journal of Rational Mechanics and Analysis*, Vol. 2, No. 2, 1953, pp. 253-272.

McMullin E, "Galilean Idealization", *Studies in the History and Philosophy of Science*, Vol. 16, 1985, pp. 247-273.

McMullin E, "What Do Physical Models Tell Us?" In van Rootselaar B, Staal J F (Eds.), *Logic, Methodology and Science III*, Amsterdam: North Holland, 1968, pp. 385-396.

Millikan R G, "Representations, Targets and Attitudes", *Philosophy and Phenomenological Research*, Vol. 60, No. 1, 2000, pp. 103-111.

Millikan R G, *Language, Thought and Other Biological Categories*, Cambridge: MIT Press, 1984.

Minsky M, "Matter, Mind, and Models", In Kalenich W (Ed.), *Proceedings of the International Federation for Information Processing Congress* (Vol. 1), Washington: Spartan Books, 1965, pp. 45-49.

Mizrahi M, "Idealizations and Scientific Understanding", *Philosophical Studies*, Vol. 160, No. 2,

2012, pp. 237-252.

Morgan A, "Representations Gone Mental", *Synthese*, Vol. 191, No. 2, 2014, pp. 213-244.

Morgan M S, "Experiments versus Models: New Phenomena, Inference and Surprise", *Journal of Economic Methodology*, Vol. 2, No. 2, 2005, pp. 317-329.

Morgan M, "Experiments without Material Intervention: Model Experiments, Virtual Experiments and Virtually Experiments", In Radder H (Ed.), *The Philosophy of Scientific Experimentation*, Pittsburgh: University of Pittsburgh Press, 2003, pp. 217-235.

Morgan M, "Models, Stories and the Economic World", *Journal of Economic Methodology*, Vol. 8, No. 3, 2001.

Morgan M, Boumans M J, "Secrets Hidden by Two-Dimensionality: The Economy as a Hydraulic Machine", In de Chadarevian S, Hopwood N (Eds.), *Model: The Third Dimension of Science*, Stanford: Stanford University Press, 2004, pp. 369-401.

Morgan M, Morrison M, *Models as Mediators: Perspectives on Natural and Social Science*, Cambridge: Cambridge University Press, 1999.

Morgan M, *The World in the Model: How Economists Work and Think*, New York: Cambridge University Press, 2012.

Mormann T, "Idealization in Cassirer's Philosophy of Mathematics", *Philosophia Mathematica*, Vol. 16, No. 2, 2008, pp. 151-181.

Mormann T, "The Structure of Scientific Theories in Logical Empiricism", In Richardson A, Uebel T (Eds.), *The Cambridge Companion to Logical Empiricism*, Cambridge: Cambridge University Press, 2007, pp. 136-162.

Morris M, "Why There Are No Mental Representations", *Minds and Machines*, Vol. 1, No. 1, 1991, pp. 1-30.

Morrison M, "Fictions, Representations and Reality", In Suárez M (Ed.), *Fictions in Science: Philosophical Essays on Modelling and Idealisation*, London: Routledge, 2009, pp. 110-135.

Morrison M, "Modelling Nature: Between Physics and the Physical World", *Philosophia Naturalis*, Vol. 35, 1998, pp. 65-85.

Morrison M, "Models as Representational Structures", In Hartmann S, Hoefer C, Bovens L (Eds.), *Nancy Cartwright's Philosophy of Science*, New York: Routledge, 2008, pp. 67-90.

Morrison M, "Models, Measurement and Computer Simulation: The Changing Face of Experimentation", *Philosophical Studies*, Vol. 143, No.1, 2009, pp. 33-57.

Morrison M, "One Phenomenon, Many Models: Inconsistency and Complementarity", *Studies in History and Philosophy of Science*, Vol. 42, No. 2, 2011, pp. 342-351.

Morrison M, "Scientific Understanding and Mathematical Abstraction", *Philosophia*, Vol. 34, No. 3, 2006, pp. 337-353.

Morrison M, "Values and Uncertainty in Simulation Models", *Erkenntnis*, Vol. 79, No. 5, 2014, pp. 939-959.

Morrison M, "Where Have All the Theories Gone?" *Philosophy of Science*, Vol. 74, 2007, pp.

195-228.

Morrison M, *Unifying Scientific Theories*, Cambridge: Cambridge University Press, 2000.

Moulines C, "Approximate Application of Empirical Theories: A General Explication", *Erkenntnis*, Vol. 10, No. 2, 1976, pp. 201-227.

Moulines C, "Introduction: Structuralism as a Program for Modelling Theoretical Science", *Synthese*, Vol. 130, No.1, 2002, pp. 1-11.

Muller F A, "The Insidiouely Enchanted Forrest: Essay Review of 'Scientific Representation' by Bas C. van Fraassen", *Studies in History and Philosophy of Science*, Vol. 40, No. 3, 2009, pp. 268-272.

Mulnix J W, "Explanatory Unification and Scientific Understanding", *Acta Philosophica*, Vol. 20, No. 2, 2011, pp. 383-404.

Mundy B, "On the General Theory of Meaningful Representation", *Synthese*, Vol. 67, 1986, pp. 391-437.

Musgrave A, "Unreal Assumptions in Economic Theory: The F-Twist Untwisted", *Kyklos*, Vol. 34, 1981, pp. 377-387.

Nagel E, *The Structure of Science: Problems in the Logic of Scientific Explanation*, New York: Harcourt, Brace and World, 1961.

Nagel T, "Issues in the Logic of Reductive Explanations", In Nagel T *Teleology Revisited and Other Essays in the Philosophy and History of Science*, New York: Columbia University Press, 1979, pp. 95-117.

Nagel T, "What Is It Like to Be a Bat?" *Philosophical Review*, Vol. 83, 1974, pp. 435-450.

Nathan M J, "A Simulacrum Account of Dispositional Properties", *Noûs*, Vol. 49, No.2, 2015, pp. 253-274.

Nersessian N J, "Abstraction via Generic Modeling in Concept Formation in Science", In Jones M, Cartwright N (Eds.), *Correcting the Model: Abstraction and Idealization in Science*, Amsterdam: Rodopi, 2001.

Nersessian N J, "Aether/or: The Creation of Scientific Concepts", *Studies in the History & Philosophy of Science*, Vol. 15, 1984, pp. 175-212.

Nersessian N J, "Faraday's Field Concept", In Gooding D, James F (Eds.), *Faraday Rediscovered: Essays on the Life & Work of Michael Faraday*, London: Macmillan, 1985, pp. 377-406.

Nersessian N J, "How Do Scientists Think? Capturing the Dynamics of Conceptual Change in Science", In Giere R (Ed.), *Minnesota Studies in the Philosophy of Science* (Vol. 15), Minneapolis, London: University of Minnesota Press, 1992, pp. 3-44.

Nersessian N J, "In the Theoretician's Laboratory: Thought Experimenting as Mental Modeling", *PSA: Proceedings of the Biennial Meeting of the Philosophy of Science Association*, No. 2, 1992, pp. 291-301.

Nersessian N J, "Maxwell and the Method of Physical Analogy: Model-Based Reasoning, Generic Abstraction and Conceptual Change", In Malamet D (Ed.), *Reading Natural Philosophy: Essays in History and Philosophy of Science and Mathematics in Honor of Howard Stein on his 70th Birthday*, LaSalle: Open Court, 2001, pp. 129-166.

Nersessian N J, "Model-Based Reasoning in Conceptual Change", In Magnani L, Nersessian N J, Thagard P (Eds.), *Model-Based Reasoning in Scientific Discovery*, New York: Springer, 1999, pp. 5-22.

Nersessian N J, "Opening the Blackbox: Cognitive Science and the History of Science", *Osiris*, Vol. 10, 1995, pp. 194-211.

Nersessian N J, "Reasoning from Imagery and Analogy in Scientific Concept Formation", *PSA: Proceedings of the Biennial Meeting of the Philosophy of Science Association*, No. 1, 1988, pp. 41-47.

Nersessian N J, *Creating Scientific Concepts*, Cambridge: MIT Press, 2008.

Nersessian N J, *Faraday to Einstein: Constructing Meaning in Scientific Theories*, Dordrecht: Martinus Nijhoff, Kluwer Academic Publishers, 1984.

Newman M, "An Inferential Model of Scientific Understanding", *International Studies in the Philosophy of Science*, Vol. 26, No. 1, 2012, pp. 1-26.

Newman M, "EMU and Inference: What the Explanatory Model of Scientific Understanding Ignores", *European Journal for Philosophy of Science*, Vol. 4, No. 1, 2014, pp. 55-74.

Newman M, "Refining the Inferential Model of Scientific Understanding", *International Studies in the Philosophy of Science*, Vol. 27, No. 2, 2013, pp. 173-197.

Nguyen J, "On the Pragmatic Equivalence between Representing Data and Phenomena", *Philosophy of Science*, Vol. 83, No. 2, 2016, pp. 171-191.

Nichols S, Stich S, "A Cognitive Theory of Pretence", *Cognition*, Vol. 74, No.2, 2000, pp. 115-147.

Niiniluoto I, "Analogy and Similarity in Scientific Reasoning", In Helman D H (Ed.), *Analogical Reasoning: Perspectives of Artificial Intelligence, Cognitive Science and Philosophy*, Dordrecht: Kluwer, 1988, pp. 271-298.

Niiniluoto I, "Representation and Truthlikeness", *Foundation of Science*, Vol. 19, No. 4, 2014, pp. 375-379.

Nisbett R, Peng K, Choi I, et al., "Culture and Systems of Thought: Holistic vs. Analytic Cognition", *Psychological Review*, Vol. 108, No. 2, 2001, pp. 291-310.

Nisbett R, Ross L, *Human Inference: Strategies and Shortcomings of Social Judgement*, Englewood: Prentice-Hall, 1980.

Nisbett R, Wilson T, "Telling More Than We Can Know: Verbal Reports on Mental Processes", *Psychological Review*, Vol. 84, No. 3, 1977, pp. 231-259.

Norenzayan A, Nisbett R, Smith E, et al., *Rules vs. Similarity as a Basis for Reasoning and Judgement in East and West*, Ann Arbor: University of Michigan, 1999.

Norton J, "Thought Experiments in Einstein's Work", In Horowitz T, Massey G (Eds.), *Thought Experiments in Science and Philosophy*, Lanham: Rowman and Littlefield, 1991, pp. 129-148.

Nowak L, *The Structure of Idealization: Towards a Systematic Interpretation of the Marxian Idea of*

Science, Dordrecht: Reidel, 1979.

O'Brien G, "Connectionism, Analogicity and Mental Content", *Acta Analytica*, Vol. 22, 1999, pp. 111-136.

O'Brien G, Opie J, "A Connectionist Theory of Phenomenal Experience", *Behavioral and Brain Sciences*, Vol. 22, 1999, pp. 127-148.

O'Brien G, Opie J, "Finding a Place for Experience in the Physical-Relational Structure of the Brain", *Behavioral and Brain Sciences*, Vol. 22, 1999, pp. 966-967.

O'Brien G, Opie J, "Putting Content into a Vehicle Theory of Consciousness", *Behavioral and Brain Sciences*, Vol. 22, 1999, pp. 175-196.

O'Brien G, Opie J, "Structural Resemblance and Neural Computation", *Communication & Cognition An Interdisciplinary Quarterly Journal*, Vol. 25, 2001, pp. 221-242.

O'Keefe J, Dostrovsky J, "The Hippocampus as a Spatial Map: Preliminary Evidence from Unit Activity in the Freely-Moving Rat", *Brain Res*, Vol. 34, 1971, pp. 171-175.

O'Keefe J, Nadel L, *The Hippocampus as a Cognitive Map*, Oxford: Oxford University Press, 1978.

Oakhill J, Garnham A (Eds.), *Mental Models in Cognitive Science: Essays in Honor of Philip Johnson-Laird*, Hove: Psychology Press, 1996.

Occhipinti S, Siegal M, "Cultural Evolution and Divergent Rationalities in Human Reasoning", *Ethos*, Vol. 24, No. 3, 2010, pp. 510-526.

Occhipinti S, Siegal M, "Reasoning about Food and Contamination", *Journal of Personality and Social Psychology*, Vol. 66, No. 2, 1994, pp. 243.

Olby R, *The Path to the Double Helix*, London: Macmillan, 1974.

Oliver K, "Keller's Gender/Science System: Is the Philosophy of Science to Science as Science Is to Nature?" *Hypatia*, Vol. 3, No. 3, 1989, pp. 137-148.

Oppenheim P, Putnam H, "Unity of Science as a Working Hypothesis", In Feigl H, Maxwell G, Scriven M (Eds.), *Minnesota Studies in the Philosophy of Science*, Minneapolis: University of Minnesota Press, 1958, pp. 3-36.

Oppenheimer J R, "Analogy in Science", *American Psychologist*, Vol. 11, No. 3, 1965, pp. 127-135.

Osherson D, Smith E, Wilkie O, et al., "Category Based Induction", *Psychological Review*, Vol. 97, 1990, pp. 185-200.

Paivio A, *Mental Representation: A Doul Coding Approach*, Oxford: Oxford University Press, 1986.

Palmer S, "Fundamental Aspects of Cognitive Representation", In Rosch E, Lloyd B (Eds.), *Cognition and Categorization*, Hillsdale: Lawrence Erlbaum Associates, 1978, pp. 101-116.

Palmer S, *Vision Science: From Photons to Phenomenology*, Cambridge: MIT Press, 1999.

Panksepp J, *Affective Neuroscience: The Foundations of Human and Animal Emotions*, Oxford: Oxford University Press, 1998.

Papineau D, "The Evolution of Knowledge", In Carruthers P, Chamberlain A (Eds.), *Evolution and the Human Mind*, Cambridge: Cambridge University Press, 2000.

Papineau D, *Reality and Representation*, Oxford: Blackwell, 1984.

Parker G, "Searching for Mates", In Krebs J, Davies N (Eds.), *Behavioural Ecology: An Evolutionary Approach*, Oxford: Blackwell, 1978.

Parker W S, "Does Matter Really Matter? Computer Simulations, Experiments and Materiality", *Synthese*, Vol. 169, 2009, pp. 483-496.

Parker W S, "Franklin, Holmes and the Epistemology of Computer Simulation", *International Studies in the Philosophy of Science*, Vol. 22, No. 2, 2008, pp. 165-183.

Parker W S, "Getting (Even More) Serious about Similarity", *Biology and Philosophy*, Vol. 30, No. 2, 2015, pp. 267-276.

Passmore C, Gouvea J S, "Models in Science and in Learning Science: Focusing Scientific Practice on Sense-making", In Matthews M (Ed.), *International Handbook of Research in History, Philosophy and Science Teaching*, Dordrecht: Springer, 2014, pp. 1171-1202.

Patton L, "Scientific Understanding", *Isis*, Vol. 101, No. 4, 2009, pp. 932-933.

Payne J, "The Scarecrow's Search: A Cognitive Psychologist's Perspective on Organizational Decision-Making", In Shapira Z (Ed.), *Organizational Decision-making*, Cambridge: Cambridge University Press, 1997, pp. 353-374.

Payne J, Bettman J, Johnson E, *The Adaptive Decision-Maker*, Cambridge: Cambridge University Press, 1993.

Pearce J, Hall G, "A Model of Pavlovian Learning: Variations in the Effectiveness of Conditioned But Not of Unconditioned Stimuli", *Psychological Review*, Vol. 87, 1980.

Pearl J, Verma T, "A Theory of Inferred Causation", *Studies in Logic & the Foundations of Mathematics*, Vol. 134, No. 6, 1995, pp. 789-811.

Peng E M, "Mental Representation and Cognitive Science", *Mind and Language: Collected Papers From 1995 International Workshop on Mind and Language*, No. 151, 1999.

Perdomo I, "Scientific Activity as an Interpretative Practice: Empiricism, Constructivism and Pragmatism", *Springer Netherlands*, Vol. 368, 2014, pp. 39-61.

Perini L, "Scientific Representation and the Semiotics of Pictures", In Magnus P D, Busch J (Eds.), *New Waves in Philosophy of Science*, Journal of Infectious Diseases, Vol.179, No.6, 2010, pp. 1356-1364.

Perner J, *Understanding the Representational Mind*, Cambridge: MIT Press, 1991.

Pero F, Suárez M, "Varieties of Misrepresentation and Homomorphism", *European Journal for Philosophy of Science*, Vol. 6, No. 1, 2016, pp. 71-90.

Perrig W, Kintsch W, "Propositional and Situational Representations of Text", *Journal of Memory and Language*, Vol. 24, No. 5, 1985, pp. 503-518.

Peschard I, "Making Sense of Modeling: Beyond Representation", *European Journal for Philosophy of Science*, Vol. 1, No. 3, 2011, pp. 335-352.

Piaget J, *Judgement and Reasoning in the Child*, London: Routledge & Kegan, 1928.

Pickering D, *Science as Practice and Culture*, Chicago: University of Chicago Press, 1992.

Pickstone J V, *Ways of Knowing: A New History of Science, Technology and Medicine*, Chicago:

University of Chicago Press, 2000.

Pigliucci M, Müller G B, *Evolution: The Extended Synthesis*, Cambridge: MIT Press, 2010.

Pincock C, "Abstract Representations and Confirmation", 2009-04-22, http://philsci-archive.pitt.edu/4568/.

Pincock C, "Carnap's Logical Structure of the World", *Philosophy Compass*, Vol. 4, No. 6, 2009, pp. 951-961.

Pincock C, "Exploring the Boundaries of Conceptual Evaluation", *Philosophia Mathematica*, Vol. 18, No. 1, 2010, pp. 106-121.

Pincock C, "Fictions in Science: Philosophical Essays on Modeling and Idealization", *International Studies in the Philosophy of Science*, Vol. 25, No. 2, 2011, pp. 196-199.

Pincock C, "From Sunspots to the Southern Oscillation: Confirming Models of Large-Scale Phenomena in Meteorology", *Studies in History and Philosophy of Science*(Part A), Vol. 40, No. 1, 2009, pp. 45-56.

Pincock C, "Mathematical Explanations of the Rainbow", *Studies in History and Philosophy of Science*(Part B), Vol. 42, No. 1, 2011, pp. 13-22.

Pincock C, "Mathematical Idealization", *Philosophy of Science*, Vol. 74, No. 5, 2007, pp. 957-967.

Pincock C, "Mathematical Models of Biological Patterns: Lessons from Hamilton's Selfish Herd", *Biology and Philosophy*, Vol. 27, No. 4, 2012, pp. 481-496.

Pincock C, "Mathematical Structural Realism", In Bokulich A, Bokulich P (Eds.), *Scientific Structuralism*, Vol. 281, 2010, pp. 67-79.

Pincock C, "Mathematics, Science, and Confirmation Theory", *Philosophy of Science*, Vol. 77, No. 5, 2010, pp. 959-970.

Pincock C, "Modeling Reality", *Synthese*, Vol. 180, No. 1, 2011, pp. 19-32.

Pincock C, "On Batterman's 'On the Explanatory Role of Mathematics in Empirical Science'", *British Journal for the Philosophy of Science*, Vol. 62, No. 1, 2011, pp. 211-217.

Pincock C, "Overextending Partial Structures: Idealization and Abstraction", *Philosophy of Science*, Vol. 72, No. 5, 2005, pp. 1248-1259.

Pincock C, "Towards a Philosophy of Applied Mathematics", In Bueno O, Linnebo Ø (Eds.), *New Waves in Philosophy of Mathematics*, Hampshire: Palgrave Macmillan, 2009, pp. 59-79.

Pincock C, "van Fraassen BC Scientific Representation: Paradoxes of Perspective", *British Journal for the Philosophy of Science*, Vol. 62, No. 3, 2011, pp. 677-682.

Pincock C, Baker A, Paseau A, et al., "Science and Mathematics: The Scope and Limits of Mathematical Fictionalism", *Metascience*, Vol. 21, No. 2, 2012, pp. 269-294.

Pincock C., *Mathematics and Scientific Representation*, Oxford: Oxford University Press, 2012.

Pinker S, *Language Learnability and Language Development*, Cambridge: Harvard University Press, 1984.

Polanyi M, *Personal Knowledge*, Chicago: University of Chicago Press, 1958.

Pollard P, Evans J, "On the Relationship between Content and Context Effects in Reasoning",

American Journal of Psychology, Vol. 100, 1987, pp. 41-60.

Popper K, "The Myth of the Framework", In Notturno M A (Ed.), *The Myth of the Framework: In Defence of Science and Rationality*, Abingdon: Routledge, 1996, pp. 33-64.

Popper K, *Conjectures and Refutations*, London: Routledge, Kegan Paul, 1963.

Popper K, *Objective Knowledge*, Oxford: Oxford University Press, 1972.

Popper K, *The Logic of Scientific Discovery*, London: Hutchinson, 1959.

Popper K, *The Open Society and Its Enemies*, London: Routledge, 1959.

Portides D, "Seeking Representations of Phenomena: Phenomenological Models", *Studies in History and Philosophy of Science*, Vol. 42, No. 2, 2011, pp. 334-341.

Potochnik A, "Explanation and Understanding", *European Journal for Philosophy of Science*, Vol. 1, No. 1, 2011, pp. 29-38.

Poznic M, "Representation and Similarity: Suárez on Necessary and Sufficient Conditions of Scientific Representation", *Journal for General Philosophy of Science*, Vol. 47, No. 2, 2016, pp. 331-347.

Pritchard J K, Stephens M, Donnelly P, "Inference of Population Structure Using Multilocus Genotype Data", *Genetics*, Vol. 155, No. 2, 2000, pp. 945-959.

Przełęcki M, *The Logic of Empirical Theories*, London: Routledge, Kegan Paul, 1969.

Psillos S, "The Cognitive Interplay between Theories and Models: The Case of 19th Century Physics", In Herfel W, Krajewski W, Niiniluoto I, et al. (Eds.), *Theories and Models in Scientific Process* (Poznan Studies in the Philosophy of Science and the Humanities 44), Amsterdam: Rodopi, 1995, pp. 105-133.

Purves G M, "Finding Truth in Fictions: Identifying Non-Fictions in Imaginary Cracks", *Synthese*, Vol. 190, No. 2, 2013, pp. 235-251.

Putnam H, "Minds and Machines", In Hook S (Ed.), *Dimensions of Mind*, Cambridge: Harvard University Press, 1960, pp. 138-164.

Putnam H, "The Analytic and the Synthetic", In Feigland H, Maxwell G (Eds.), *Minnesota Studies in the Philosophy of Science* (Vol. III), Minneapolis: University of Minnesota Press, 1962.

Putnam H, "The Meaning of 'Meaning'", *Minnesota Studies in Philosophy of Science*, Vol. 7, 1975.

Putnam H, "The Nature of Mental States", In Capitan W, Merrill D (Eds.), *Art, Mind and Religion*, Pittsburgh: University of Pittsburgh Press, 1967.

Putnam H, "What Theories Are Not", In Nagel E, Suppes P, Tarski A (Eds.), *Logic, Methodology, and Philosophy of Science: Proceedings of the 1960 International Congress*, Stanford: Stanford University Press, 1962, pp. 240-251.

Quine W, "On What There Is", In Quine W, *From a Logical Point of View*, Cambridge: Harvard University Press, 1953.

Quine W, "Two Dogmas of Empiricism", *Philosophical Review*, Vol. 60, 1951.

Quine W, *Word and Object*, Cambridge: MIT Press, 1960.

Radman Z (Ed.), *Knowing without Thinking: Mind, Action, Cognition, and the Phenomenon of the*

Background, Hampshire: Palgrave Macmillan, 2012.

Ramsey W, *Representation Reconsidered*, Cambridge: Cambridge University Press, 2007.

Reber A, *Implicit Learning and Tacit Knowledge*, Oxford: Oxford University Press, 1993.

Redhead M, "Models in Physics", *British Journal for the Philosophy of Science*, Vol. 31, 1980, pp. 145-163.

Redhead M, "Quests of a Realist", *Metascience*, Vol. 10, No. 3, 2001, pp. 341-347.

Redhead M, "The Intelligibility of the Universe", In O'Hear A (Ed.), *Philosophy at the New Millennium, Royal Institute of Philosophy Supplements (48)*, Cambridge: Cambridge University Press, 2001, pp. 73-90.

Redhead M, *From Physics to Metaphysics*, Cambridge: Cambridge University Press, 1996.

Redhead M, *Incompleteness, Nonlocality, and Realism: A Prolegomenon to the Philosophy of Quantum Mechanics*, Oxford: Oxford University Press, 1987.

Reeves H (Ed.), On the Origin of the Solar System, Dermott S F, *The Origh of Solar System*, New York: Wiley, 1978, pp. 1-17.

Reichenbach H, *Experience and Prediction: An Analysis of the Foundations and the Structure of Knowledge*, Chicago: University of Chicago Press, 1938.

Reichenbach H, *The Axiomatization of the Theory of Relativity* (with an Introduction by Salmon W C), Berkeley: University of California Press, 1969.

Reichenbach H, *The Direction of Time*, Berkeley: University of California Press, 1956.

Reichenbach H, *The Theory of Relativity and a Priori Knowledge* (with an Introduction by Reichenbach), Berkeley: University of California Press, 1965.

Reiss J, "Beyond Capacities", In Bovens L, Hartmann S (Eds.), *Nancy Cartwright's Philosophy of Science*, London: Routledge, 2006, pp. 1-34.

Reiss J, "Causal Inference in the Abstract or Seven Myths about Thought Experiments", In *Causality: Metaphysics and Methods Technical Reports*, CTR 03/02, 2003.

Rescher N, *Cognitive Pragmatism: The Theory of Knowledge in Pragmatic Perspective*, Pittsburgh: University of Pittsburgh Press, 2001.

Resnik M D, *Mathematics as a Science of Patterns*, Oxford: Oxford University Press, 1997.

Rice S, *Evolutionary Theory: Mathematical and Conceptual Foundations*, Sunderland: Sinauer Associates, 2004.

Richards R, "The Structure of Narrative Explanation in History and Biology", In Nitecki M, Nitecki D (Eds.), *History and Evolution*, Albany: SUNY Press, 1992, pp. 19-53.

Richardson A, "Engineering Philosophy of Science: American Pragmatism and Logical Empiricism in the 1930s", *Philosophy of Science*, Vol. 69, No. S3, 2002, pp. 36-47.

Rickard J T, Aisbett J, Gibbon G, "Knowledge Representation and Reasoning in Conceptual Spaces", *Foundations of Computational Intelligence*, FOCI 2007, IEEE Symposium (2007-04-05), 2007, pp. 583-590.

Riegler A (Ed.), *Understanding Representation in the Cognitive Sciences: Does Representation

Need Reality, Dordrecht: Kluwer Academic Publisher, 1999.

Ritchie L D, *Context and Connection in Metaphor*, New York: Portland State University, 2006.

Robinson W S, "Representation and Cognitive Explanation", In Riegler A (Ed.), *Understanding Representation in the Cognitive Sciences: Does Representation Need Reality*, Dordrecht: Kluwer Academic Publisher, 1999.

Rodney A, "Intelligence without Representation", *Artificial Intelligence*, Vol. 47, No. 1-3, 1991, pp. 139-159.

Rogoff B, Lave J (Eds.), *Everyday Cognition: Its Development in Social Context*, Cambridge: Harvard University Press, 1984.

Rohrlich F, "Computer Simulations in the Physical Sciences", *Proceedings of the Philosophy of Science Association*, Vol. 2, 1991, pp. 507-518.

Rohrlich F, "Scientific Explanation: From Covering Law to Covering Theory", *PSA: Proceedings of the Biennial Meeting of the Philosophy of Science Association 1994*, 1994, pp. 69-77.

Rollins M, "Pictorial Representation: When Cognitive Science Meets Aesthetics", *Philosophical Psychology*, Vol. 12, No. 4, 1999, pp. 387-413.

Rosenberg G, Anderson M L, "A Brief Introduction to the Guidance Theory of Representation", *Proceedings of the 26th Annual Conference of the Cognitive Science Society*, 2004.

Rosenblueth A, Wiener N, "The Role of Models in Science", *Philosophy of Science*, Vol. 12, No. 4, 1945, pp. 316-321.

Rueger A, "Perspectival Models and Theory Unification", *British Journal for the Philosophy of Science*, Vol. 56, 2005, pp. 579-594.

Rupert R D, "Mental Representations and Millikan's Theory of Intentional Content: Does Biology Chase Causality?" *Southern Journal of Philosophy*, Vol. 37, No. 1, 1999, pp. 113-140.

Rusanen A-M, Lappi O, "An Information Semantic Account of Scientific Models", In de Regt H W, Hartmann S, Okasha S, et al. (Eds.), *EPSA Philosophy of Science: Amsterdam 2009*, Dordrecht: Springer, 2009, pp. 315-328.

Saatsi J, "Idealized Models as Inferentially Veridical Representations: A Conceptual Framework", In Humphreys P, Imbert C (Eds.), *Models, Simulations, and Representations*, London: Routledge, 2012.

Salis F, "Fictional Entities", In Branquinho J, Santos R (Eds.), *Online Companion to Problems in Analytic Philosophy*, Lisbon: Centre of Philosophy, University of Lisbon, 2013, pp. 1-35.

Salmon W, *Scientific Explanation and the Causal Structure of the World*, Princeton: Princeton University Press, 1984.

Sawyer K R, "Social Explanation and Computational Simulation", *Philosophical Explorations*, Vol. 7, No. 3, 2004, pp. 219-231.

Schaffner K F, "Correspondence Rules", *Philosophy of Science*, Vol. 36, No. 3, 1969, pp. 280-290.

Schaffner K F, "Reductionism in Biology: Prospects and Problems", *PSA: Proceedings of the Biennial Meeting of the Philosophy of Science Association 1974*, 1976, pp. 613-632.

Schaffner K F, "The Watson-Crick Model and Reductionism", *The British Journal for the Philosophy of Science*, Vol. 20, No. 4, 1969, pp. 325-348.

Schaffner K F, *Discovery and Explanation in Biology and Medicine*, Chicago: University of Chicago Press, 1993.

Schiffer S, *Remnants of Meaning*, Cambridge: MIT Press, 1987.

Schlick M, *General Theory of Knowledge*, LaSalle: Open Court, 1925.

Schmidt H-J, "Structuralism in Physics", 2002-11-24, https://plato.stanford.edu/archives/spr2014/entries/physics-structuralism/.

Schonbein W, "The Linguistic Subversion of Mental Representation", *Minds and Machines*, Vol. 22, No. 3, 2012, pp. 235-262.

Schopenhauer A, *The World as Will and Representation*, Norman J, Welchman A, Janaway C (Eds.) (trans.), New York: Cambridge University Press, 2010.

Schwartz D, Black J, "Analog Imagery in Mental Model Reasoning: Depictive Models", *Cognitive Psychology*, Vol. 30, No. 2, 1996, pp. 154-219.

Searle J R, *The Rediscovery of the Mind*, Cambridge: MIT Press, 1992.

Segal G, "Representing Representations", In Carruthers P, Boucher J (Eds.), *Language and Thought: Interdisciplinary Themes*, Cambridge: Cambridge University Press, 1996, pp.476-490.

Sen A, *Choice, Welfare, and Measurement*, Cambridge: Harvard University Press, 1985.

Shagrir O, "Structural Representations and the Brain", *British Journal for the Philosophy of Science*, Vol. 63, No. 3, 2012, pp. 519-545.

Shanks N (Ed.), *Idealization in Contemporary Physics*, Amsterdam: Rodopi, 1998.

Shapin S, Schaffer S, *Leviathan and the Air-Pump: Hobbes, Boyle, and the Experimental Life*, Princeton: Princeton University Press, 1985.

Shapiro S, *Philosophy of Mathematics: Structure and Ontology*, Oxford: Oxford University Press, 1997.

Shapiro S, *Thinking about Mathematics*, Oxford: Oxford University Press, 2000.

Shech E, "Scientific Misrepresentation and Guides to Ontology: The Need for Representational Code and Contents", *Synthese*, Vol. 192, No. 11, 2015, pp. 3463-3485.

Shelley C, "Visual Abductive Reasoning in Archeology", *Philosophy of Science*, Vol. 63, No. 2, 1996, pp. 278-301.

Shepard R, "Multidimensional Scaling, Tree-Fitting, and Clustering", *Science*, Vol. 210, 1980, pp. 390-398.

Shepard R, Chipman S, "Second-Order Isomorphism of Internal Representations: Shapes of States", *Cognitive Psychology*, Vol. 1, 1970, pp. 1-17.

Shepard R, Metzler J, "Mental Rotation of Three-Dimensional Objects", *Science*, Vol. 171, 1971, pp. 701-703.

Siewert C, *The Significance of Consciousness*, Princeton: Princeton University Press, 1998.

Simon H, "The Axiomatization of Classical Mechanics", *Philosophy of Science*, Vol. 21, No.4, 1954, pp. 340-343.

Simon H, "The Axiomatization of Physical Theories", *Philosophy of Science*, Vol. 37, No. 1, 1970, pp. 16-26.

Simon H, *Models of Man*, New York: Wiley, 1957.

Sismondo S, Gissis S (Eds.), "Modeling and Simulation", *Science in Context*, Vol. 12, 1999, pp. 275-292.

Skyrms B, *Evolution of the Social Contract*, Cambridge: Cambridge University Press, 1996.

Smith B C, *On the Origin of Objects*, Cambridge: MIT Press, 1996.

Sneed J, *The Logical Structure of Mathematical Physics* (2nd ed.), Dordrecht: Reidel, 1979.

Sorensen R, *Thought Experiments*, New York: Oxford University Press, 1992.

Spector M, "Models and Theories", *British Journal for the Philosophy of Science*, Vol. 16, 1965, pp. 121-142.

Spelke E, "Initial Knowledge: Six Suggestions", *Cognition*, Vol. 50, 1994, p. 431.

Spelke E, Breinlinger K, Macomber J, et al., "Origins of Knowledge", *Psychological Review*, Vol. 99, No. 4, 1992, pp.605-632.

Spelke E, Vishton P, von Hofsten C, "Object Perception, Object-Directed Action, and Physical Knowledge in Infancy", In Gazzaniga M (Ed.), *The Cognitive Neurosciences*, Cambridge: MIT Press, 1995.

Spencer M, *Reason and Representation in Scientific Simulation*, Doctoral thesis, Goldsmiths, University of London, 2012.

Sperber D, Cara F, Girotto V, "Relevance Theory Explains the Selection Task", *Cognition*, Vol. 57, No. 1, 1995, pp. 31-95.

Sperber D, *Explaining Culture: A Naturalistic Approach*, Oxford: Blackwell, 1996.

Staley K W, *The Evidence for the Top Quark: Objectivity and Bias in Collaborative Experimentation*, Cambridge: Cambridge University Press, 2004.

Stalnaker R, "On the Representation of Context", *Journal of Logic, Language and Information*, Vol. 7, No. 1, 1998, pp. 3-19.

Stampe D, "Towards a Causal Theory of Linguistic Representation", *Midwest Studies in Philosophy*, Vol. 2, 1977, pp. 42-63.

Stampe D, "Verificationism and a Causal Account of Meaning", *Synthese*, Vol. 69, 1986, pp. 107-137.

Stegmüller W, "The Structuralist View: Survey, Recent Developments and Answers to Some Criticisms", In Niiniluoto I, Tuomela R (Eds.), *The Logic and Epistemology of Scientific Change I*, Amsterdam: North Holland, 1979.

Stegmüller W, *The Structure and Dynamics of Theories*, New York: Springer, 1976.

Sterelny K, *Thought in a Hostile World*, Oxford: Blackwell, 2003.

Stich S, *From Folk Psychology to Cognitive Science*, Cambridge: MIT Press, 1983.

Stoeltzner M, "Model Dynamics: Epistemological Perspectives on Science and Its Education", In

Humphreys P, Imbert C (Eds.), *Models, Simulations, and Representations*, London: Routledge, 2012.

Strevens M, "No Understanding without Explanation", *Studies in History and Philosophy of Science* (Part A), Vol. 44, No. 3, 2013, pp. 510-515.

Suárez M, "An Inferential Conception of Scientific Representation", *Philosophy of Science*, Vol. 71, 2004, pp. 767-779.

Suárez M, "Comment on van Fraassen Scientific Representation: Paradoxes of Perspective", In Ladyman J, Bueno O, Suárez, et al., *Scientific Representation: A Long Journey from Pragmatics to Pragmatics, Metascience*, Vol. 20, No. 3, 2011, pp. 428-433.

Suárez M, "Deflationary Representation, Inference, and Practice", *Studies in History and Philosophy of Science* (Part A), Vol. 49, 2015, pp. 36-47.

Suárez M, "Scientific Fictions as Rules of Inference", In Suárez M (Ed.), *Fictions in Science: Philosophical Essays on Modelling and Idealisation*, London: Routledge, 2009, pp. 158-178.

Suárez M, "Scientific Realism: The Galilean Strategy, and Representation", *Poznan Studies in the Philosophy of the Science*, Vol. 101, 2011, pp. 269-292 (24).

Suárez M, "Scientific Representation, Denotation, and Fictional Entities", *Springer International Publishing*, Vol. 1, No. 2, 2015, pp. 331-341.

Suárez M, "Scientific Representation: Against Similarity and Isomorphism", *International Studies in the Philosophy of Science*, Vol. 17, 2003, pp. 225-244.

Suárez M, "Scientific Representation", *Philosophy Compass*, Vol. 5, No. 1, 2010, pp. 91-101.

Suárez M, "The Pragmatics of Scientific Representation", *Centre for Philosophy of Natural & Social Sciece*, DP 66/02, 2002.

Suárez M, "The Role of Models in the Application of Scientific Theories; Epistemological Implications", In Morgan M S, Morrison M (Eds.), *Models as Mediators: Perspectives on Natural and Social Science*, Cambridge: Cambridge University Press, 1999, pp. 168-196.

Suárez M, "Theories, Models, and Representations", In Magnani L, Nersessian N J, Thagard P (Eds.), *Model-Based Reasoning in Scientific Discovery*, New York: Springer, 1999, pp. 75-83.

Suárez M, Cartwright N, "Theories: Tools versus Models", *Studies in History and Philosophy of Modern Physics*, Vol. 39, No. 1, 2008, pp. 62-81.

Suárez M, Dorato M, Redei M (Eds.), *EPSA Epistemology and Methodology of Science*, Dordrecht: Springer, 2009.

Suárez M, Sole A, "On the Analogy between Cognitive Representation and Truth", *Theoria*, Vol. 55, 2006, pp. 39-48.

Suppe F, "Understanding Scientific Theories: An Assessment of Developments", *PSA: Proceedings of the Biennial Meeting of the Philosophy of Science Association 1998*, No. 2, 2000, pp. 102-115.

Suppe F, *The Semantic View of Theories and Scientific Realism*, Urbana and Chicago: University of Illinois Press, 1989.

Suppe F, *The Structure of Scientific Theories*, Urbana: University of Illinois Press, 1977.

Suppes P, "A Comparison of the Meaning and Uses of Models in Mathematics and the Empirical Sciences", *Synthèse*, Vol. 12, 1960, pp. 287-301.

Suppes P, "Linguistic Markers of Recovery: Underpinnings of First Person Pronoun Usage and Semantic Positions of Patients", *Philosophy, Psychiatry and Psychology*, Vol. 9, No. 2, 2001, pp. 127-129.

Suppes P, "Models and Simulations in Brain Experiments", In Humphreys P, Imbert C (Eds.), *Models, Simulations, and Representations*, London: Routledge, 2012, pp. 19-38.

Suppes P, "Models of Data", In Nagel E, Suppes P, Tarski A (Eds.), *Logic, Methodology and Philosophy of Science: Proceedings of the 1960 International Congress*, Stanford: Stanford University Press, 1962, pp.252-261.

Suppes P, "The Desirability of Formalization in Science", *The Journal of Philosophy*, Vol. 65, No. 20, 1968, pp. 651-664.

Suppes P, "The Plurality of Science", *PSA: Proceedings of the Biennial Meeting of the Philosophy of Science Association 1978*, No. 2, 1978, pp. 3-16.

Suppes P, "What Is a Scientific Theory?", In Morgenbesser S (Ed.), *Philosophy of Science Today*, New York: Basic Books, 1967, pp. 55-67.

Suppes P, *Introduction to Logic*, Princeton: D. Van Nostrand Co., 1957.

Suppes P, *Representation and Invariance of Scientific Structures*, Stanford: CSLI Publications, 2002.

Swoyer C, "Relativism", 2003-02-02, https://plato.stanford.edu/archives/win2014/entries/relativism/.

Swoyer C, "Structural Representation and Surrogative Reasoning", *Synthese*, Vol. 87, 1991, pp. 449-508.

Tegmark M, "The Mathematical Universe", *Foundations of Physics*, Vol. 38, No. 2, 2008, pp. 101-150.

Teller P, "Fictions, Fictionalization and Truth in Science", In Suárez M (Ed.), *Fictions in Science: Philosophical Essays on Modelling and Idealisation*, London: Routledge, 2009, pp. 235-247.

Teller P, "How We Dapple the World", *Philosophy of Science*, Vol. 71, 2004, pp. 425-447.

Teller P, "Twilight of the Perfect Model", *Erkenntnis*, Vol. 55, 2001, pp. 393-415.

Teller P, Redhead M, "Is Indistinguishability in Quantum Mechanics Conventional?" *Foundations of Physics*, Vol. 30, No. 6, 2000, pp. 951-957.

Thagard P, "How to Make Decisions: Coherence, Emotion, and Practical Inference", In Millgram E (Ed.), *Varieties of Practical Inference*, Cambridge: MIT Press, 2001.

Thagard P, *Coherence in Thought and Action*, Cambridge: MIT Press, 2000.

Thagard P, *Computational Philosophy of Science*, Cambridge: MIT Press, 1988.

Thagard P, *Conceptual Revolutions*, Princeton: Princeton University Press, 1992.

Thagard P, Holyoak K, Nelson G, et al., "Analog Rerieval by Constraint Satisfaction", *Artificial Intelligence*, Vol. 46, No. 3, 1990, pp. 259-310.

Thagard P, *How Scientists Explain Disease*, Princeton: Princeton University Press, 1999.

Thagard P, Shelley C, "Emotional Analogies and Analogical Inference", In Gentner D, Holyoak K,

Kokinov B (Eds.), *The Analogical Mind: Perspectives from Cognitive Science*, Cambridge: MIT Press, 2001.

Thagard P, Zhu J, "Acupuncture, Incommensurability, and Conceptual Change", In Sinatra G, Pintrich P (Eds.), *Intentional Conceptual Change*, Hillsdale: Lawrence Erlbaum Associates, 2003.

Thau M, *Consciousness and Cognition*, Oxford: Oxford University Press, 2002.

Thelan E, Smith L, *A Dynamic Systems Approach to the Development of Cognition and Action*, Cambridge: MIT Press, 1994.

Thompson P, "Formalisations of Evolutionary Biology", In Matthen M, Stephens C (Eds.), *Philosophy of Biology*, Amsterdam: Elsevier, 2007, pp. 485-523.

Thompson P, *The Structure of Biological Theories*, Albany: SUNY Press, 1989.

Thomson-Jones M, "Missing Systems and the Face Value Practice", *Synthese*, Vol. 172, No. 2, 2010, pp. 283-299.

Thomson-Jones M, "Modelling without Mathematics", *Philosophy of Science*, Vol. 79, No. 5, 2012, pp. 761-772.

Thomson-Jones M, "Structuralism about Scientific Representation", In Bokulich A, Bokulich P (Eds.), *Scientific Structuralism*, Dordrecht: Springer, 2011, pp. 119-141.

Tomasello M, *Constructing a Language: A Usage-Based Theory of Language Acquisition*, Cambridge: Harvard University Press, 2003.

Toon A, "Models as Make-Believe", In Frigg R, Hunter M (Eds.), *Beyond Mimesis and Convention: Representation in Art and Science*, Boston Studies in the Philosophy of Science, Vol. 262, 2010, pp.71-96.

Toon A, "Playing with Molecules", *Studies in History and Philosophy of Science*, Vol. 42, 2011, pp. 580-589.

Toon A, "Similarity and Scientific Representation", *International Studies in the Philosophy of Science*, Vol. 26, No. 3, 2012, pp. 241-257.

Toon A, "The Ontology of Theoretical Modelling: Models as Make-Believe", *Synthese*, Vol. 172, 2010, pp. 301-315.

Toon A, *Models as Make-Believe: Imagination, Fiction and Scientific Representation*, Hampshire: Palgrave Macmillan, 2012.

Toulmin S, *Human Understanding: The Collective Use and Evolution of Concepts*, Princeton: Princeton University Press, 1972.

Tuomi J, "Evolutionary Synthesis: A Search for the Strategy", *Philosophy of Science*, Vol. 59, No. 3, 1992, pp. 429-438.

Tuomi J, "Structure and Dynamics of Darwinian Evolutionary Theory", *Systematic Zoology*, Vol. 30, No. 1, 1981, pp. 22-31.

Tversky A, "Features of Similarity", *Psychological Review*, Vol. 84, No. 4, 1977, pp. 327-352.

Tversky A, Kahneman D, "Judgement under Uncertainty: Heuristics and Biases", *Science*, Vol. 185,

No. 4157, 1974, pp. 1124-1131.

Tweney R D, "Mathematical Representations in Science: A Cognitive-Historical Case History", *Topics in Cognitive Science*, Vol. 1, No. 4, 2009, pp. 758-776.

Tweney R, "Faraday's Discovery of Induction: A Cognitive Approach", In Gooding D, James F (Eds.), *Faraday Rediscovered*, New York: Stockton Press, 1985, pp. 189-210.

Tweney R, Chitwood S, "Scientific Reasoning", In Newstead S, Evans J (Eds.), *Perspectives on Thinking and Reasoning: Essays in Honour of Peter Wason*, Hillsdale: Lawrence Erlbaum Associates, 1995.

Tye M, *Consciousness, Color, and Content*, Cambridge: MIT Press, 2000.

Tye M, *The Imagery Debate*, Cambridge: MIT Press, 1991.

Ubbink J B, "Model, Description and Knowledge", *Synthese*, Vol. 12, No. 2, 1960, pp. 302-319.

Vacariu G, Terhesiu D, Vacariu M, "Toward a Very Idea of Representation", *Synthese*, Vol. 129, No. 2, 2001, pp. 275-295.

Vaihinger H, *The Philosophy of "As If": A System of the Theoretical, Practical and Religious Fictions of Mankind*, Ogden C K (trans.), London: Routledge, Kegan Paul, 1924.

van Benthem J, "The Logic of Empirical Theories Revisited", *Synthese*, Vol. 186, No. 3, 2012, pp. 775-792.

van Camp W, "Explaining Understanding (or Understanding Explanation)", *European Journal for Philosophy of Science*, Vol. 4, No. 1, 2014, pp. 95-114.

van Fraassen B C, "Interpretation of Science: Science as Interpretation", In Hilgevoord J (Ed.), *Physcis and Our View of the World*, Cambridge: Cambridge University Press, 1994.

van Fraassen B C, "Meaning Relations among Predicates", *Noûs*, Vol. 1, No. 2, 1967, pp. 161-179.

van Fraassen B C, "On the Extension of Beth's Semantics of Physical Theories", *Philosophy of Science*, Vol. 37, No. 3, 1970, pp. 325-339.

van Fraassen B C, "Representation: The Problem for Structuralism", *Philosophy of Science*, Vol. 73, No. 5, 2006, pp. 536-547.

van Fraassen B C, "Science as Representation: Flouting the Criteria", *Philosophy of Science*, Vol. 71, No. 5, 2004, pp. 794-804.

van Fraassen B C, "Structure and Perspective: Philosophical Perplexity and Paradox", In Marisa L D C (Ed.), *Logic and Scientific Methods*, Dordrecht: Kluwer, 1997, pp. 511-530.

van Fraassen B C, "Theory Construction and Experiment: An Empiricist View", *PSA: Proceedings of the Biennial Meeting of the Philosophy of Science Association 1980*, No. 2, 1981, pp. 663-678.

van Fraassen B C, Hughes R I G, Harman G, "A Problem for Relative Information Minimizers, Continued", *British Journal for the Philosophy of Science*, Vol. 37, No. 4, 1986, pp. 453-463.

van Fraassen B C, *Laws and Symmetry*, Oxford: Oxford University Press, 1989.

van Fraassen B C, *Scientific Representation: Paradoxes of Perspective*, Oxford: Clarendon Press, 2008.

van Fraassen B C, *The Scientific Image*, Oxford: Oxford University Press, 1980.

van Riel R, van Gulick R, "Scientific Reduction", 2014-04-08, https://plato.stanford.edu/archives/sum2014/entries/scientific-reduction/.

van Staden C W, "Linguistic Markers of Recovery: Theoretical Underpinnings of First Person Pronoun Usage and Semantic Positions of Patients", *Philosophy, Psychiatry, and Psychology*, Vol. 9, No. 2, 2002, pp. 105-121.

van Valen L, "Domains, Deduction, the Predictive Method, and Darwin", *Evolutionary Theory*, Vol. 1, 1976, pp. 231-245.

Velichkovsky B, Rumbaugh D (Eds.), *Communicating Meaning: The Evolution and Development of Language*, Hillsdale: Lawrence Erlbaum Associates, 1996.

Vicedo M, "Scientific Styles: Toward Some Common Ground in the History, Philosophy, and Sociology of Science", *Perspectives on Science*, Vol. 3, 1995, pp. 231-254.

Vicente K, Brewer W, "Reconstructive Remembering of the Scientific Literature", *Cognition*, Vol. 46, 1993.

Vickers P, "Can Partial Structures Accommodate Inconsistent Science?" *Principia*, Vol. 13, No. 2, 2009, pp. 233-250.

von Eckardt B, "The Explanatory Need for Mental Representations in Cognitive Science", *Mind and Language*, Vol. 18, No. 4, 2003, pp. 427-439.

Vorms M, "Formats of Representation in Scientific Theorizing", In Humphreys P, Imbert C (Eds.), *Models, Simulations, and Representations*, London: Routledge, 2011, pp. 250-273.

Vorms M, "Models of Data and Theoretical Hypotheses: A Case-Study in Mendelian Genetics", *Synthese*, Vol. 190, No. 2, 2013.

Vorms M, "Representing with Imaginary Models: Formats Matter", *Studies in History and Philosophy of Science*, Vol. 42, 2011, pp. 287-295.

Vorms M, "The Theoretician's Gambits: Scientific Representations, Their Formats and Content", In Magnani L, Carnielli W, Pizzi C (Eds.), *Model-Based Reasoning in Science and Technology: Abduction, Logic, and Computational Discovery*, Berlin, Heidelberg: Springer-Verlag, 2010, pp. 533-558.

Vorms M, "Theorising and Representational Practices in Genetics", *Functional Analysis & Applications*, 2015.

Vosniadou S, Brewer W, "Mental Models of the Earth: A Study of Conceptual Change in Childhood", *Cognitive Psychology*, Vol. 24, No. 4, 1992, pp. 535-585.

Vygotsky L, *Mind in Society: The Development of Higher Psychological Processes*, Cambridge: Harvard University Press, 1978.

Vygotsky L, *Thought and Language*, Cambridge: MIT Press, 1962.

Wallis C, "Asymmetric Dependence, Representation, and Cognitive Science", *Southern Journal of Philosophy*, Vol. 33, No. 3, 1995, pp. 373-401.

Wallis C, "Representation and the Imperfect Ideal", *Philosophy of Science*, Vol. 61, No. 3, 1994, pp. 407-428.

Walton D, *Abductive Reasoning*, Tuscaloosa: The University of Alabama Press, 2004.

Walton K L, *Mimesis as Make-Believe: On the Foundations of the Representational Arts*, Cambridge: Harvard University Press, 1990.

Waskan J, "Knowledge of Counterfactual Interventions through Cognitive Models of Mechanisms", *International Studies in the Philosophy of Science*, Vol. 22, No. 3, 2008, pp. 259-275.

Weber M, *The Methodology of the Social Sciences*, New York: Free Press, 1949.

Weisberg M, "Challenges to the Structural Conception of Chemical Bonding", *Philosophy of Science*, Vol. 75, No. 5, 2008, pp. 932-946.

Weisberg M, "Getting Serious about Similarity", *Philosophy of Science*, Vol. 79, No. 5, 2012, pp. 785-794.

Weisberg M, "Interpreting Aristotle on Mixture: Problems about Elemental Composition from Philoponus to Cooper", *Studies in the History and Philosophy of Science*, Vol. 35, No. 4, 2004, pp. 681-706.

Weisberg M, "Who Is a Modeler?" *British Journal for the Philosophy of Science*, Vol. 58, No. 2, 2007, pp. 207-233.

Weisberg M, Muldoon R, "Epistemic Landscapes and the Division of Cognitive Labor", *Philosophy of Science*, Vol. 76, No. 2, 2009, pp. 225-252.

Weisberg M, *Simulation and Similarity: Using Models to Understand the World*, New York: Oxford University Press, 2013.

Wessels L, "Laws and Meaning Postulates in van Fraassen's View of Theories", *PSA: Proceedings of the Biennial Meeting of the Philosophy of Science Association 1974*, 1976, pp. 215-234.

Wheeler M, *Reconstructing the Cognitive World: The Next Step*, Cambridge: MIT Press, 2005.

Wigner E, "The Unreasonable Effectiveness of Mathematics in the Natural Sciences", *Communications on Pure and Applied Mathematics*, Vol. 13, 1960, pp. 1-14.

Williams M, "Deducing the Consequences of Selection: A Mathematical Mode", *Journal of Theoretical Biology*, Vol. 48, 1970, pp. 343-385.

Williams M, "The Logical Status of Natural Selection and Other Evolutionary Controversies: Resolution by Axiomatization", In Bunge M (Ed.), *The Methodological Unity of Science*, Dordrecht: Reidel, 1973, pp. 84-102.

Wilson F, *The Hand: How Its Use Shapes the Brain, Language and Human Culture*, New York: Pantheon, 1998.

Wilson M, "Six Views of Embodied Cognition", *Psychonomic Bulletin and Review*, Vol. 9, No. 4, 2002, pp. 625-636.

Wilson M, "The Case for Sensorimotor Coding in Working Memory", *Psychonomic Bulletin and Review*, Vol. 8, 2001, pp. 44-57.

Wimsatt W C, *Re-Engineering Philosophy for Limited Beings: Piecewise Approximations to Reality*, Cambridge: Harvard University Press, 2007.

Wimsatt W, "False Models as Means to Truer Theories", In Nitecki N, Hoffman A (Eds.), *Neutral*

Models in Biology, Oxford: Oxford University Press, 1987, pp. 23-55.

Winograd T, Flores F, *Understanding Computers and Cognition*, New York: Addison-Wesley, 1987.

Winsberg E, "A Function for Fictions: Expanding the Scope of Science", In Suárez M (Ed.), *Fictions in Science: Philosophical Essays on Modelling and Idealisation*, London: Routledge, 2009, pp. 197-191.

Winsberg E, "Simulated Experiments: Methodology for a Virtual World", *Philosophy of Science*, Vol. 70, 2003, pp. 105-125.

Winsberg E, "Simulations, Models and Theories: Complex Physical Systems and Their Representations", *Philosophy of Science*, Vol. 68, 2001, pp. 442-454.

Winsberg E, *Science in the Age of Computer Simulation*, Chicago: University of Chicago Press, 2010.

Winsberg E, *Science in the Age of Computer Simulation*, Chicago: Chicago University Press, 2011.

Winther R G, "Fisherian and Wrightian Perspectives in Evolutionary Genetics and Model-Mediated Imposition of Theoretical Assumptions", *Journal of Theoretical Biology*, Vol. 240, No. 2, 2006, pp. 218-232.

Winther R G, "Interweaving Categories: Styles, Paradigms, and Models", *Studies in History and Philosophy of Science* (Part A), Vol. 43, No. 4, 2012, pp. 628-639.

Winther R G, "Mathematical Modeling in Biology: Philosophy and Pragmatics", *Frontiers in Plant Evolution and Development*, Vol. 3, 2012, p. 102.

Winther R G, "Parts and Theories in Compositional Biology", *Biology and Philosophy*, Vol. 21, No. 4, 2006, pp. 471-499.

Winther R G, "Part-Whole Science", *Synthese*, Vol. 178, No. 3, 2011, pp. 397-427.

Winther R G, "Schaffner's Model of Theory Reduction: Critique and Reconstruction", *Philosophy of Science*, Vol. 76, No. 2, 2009, pp. 119-142.

Winther R G, "Systemic Darwinism", *Proceedings of the National Academy of Sciences*, Vol. 105, No. 33, 2008, pp. 11833-11838.

Winther R G, "The Genetic Reification of 'Race'? A Story of Two Mathematical Methods", *Critical Philosophy of Race*, Vol. 2, No. 2, 2014, pp. 204-223.

Wollheim R, *Painting as an Art*, Cambridge: Harvard University Press, 1987.

Wood B, "The Oldest Whodunnit in the World", *Nature*, Vol. 385, 1997, pp. 292-293.

Wood B, Collard M, "The Human Genus", *Science*, Vol. 284, No. 5411, 1999, p. 65.

Woods J, "Fictionality and the Logic of Relations", *Southern Journal of Philosophy*, Vol. 7, No. 1, 1969, pp. 51-63.

Woods J, "Fictions and Their Logic", In Jacquette D (Ed.), *Philosophy of Logic*, Amsterdam: North Holland, 2006, pp. 65-80.

Woods J, "Ignorance and Semantic Tableaux: Aliseda on Abduction", *Theoria*, Vol. 22, No. 3, 2007, pp. 305-318.

Woods J, "Is the Theoretical Unity of the Fallacies Possible?", *Informal Logic*, Vol. 16, No. 2, 1994, pp. 77-85.

Woods J, Isenberg J, "Psychologizing the Semantics of Fiction", *Methodos Savoirs Et Textes*, No. 10, 2010, pp. 1-24.

Woodward J, *Making Things Happen: A Theory of Causal Explanation*, New York: Oxford University Press, 2003.

Worrall J, "An Unreal Image", *The British Journal for the Philosophy of Science*, Vol. 35, No. 1, 1984, pp. 65-80.

Yablo S, *Aboutness*, Princeton: Princeton University Press, 2014.

Ylikoski P, "The Illusion of Depth of Understanding in Science", In de Regt H W, Leonelli S, Eigner K (Eds.), *Scientific Understanding: Philosophical Perspectives*, Pittsburgh: University of Pittsburgh Press, 2009, pp. 100-119.

Zahidi K, "Non-Representationalist Cognitive Science and Realism", *Phenomenology and the Cognitive Sciences*, Vol. 13, No. 3, 2014, pp. 461-475.

Ziemke T, "What's That Thing Called Embodiment?", In *Proceedings of the 25th Annual Meeting of the Cognitive Science Society*, Hillsdale: Lawrence Erlbaum, 2003, pp. 1305-1310.

Ziman J, *Real Science: What It Is, and What It Means*, Cambridge: Cambridge University Press, 2000.

Zvelebil M, "Clues to Recent Human Evolution from Specialized Technology", *Nature*, Vol. 307, No. 5949, 1984.

附　录

附录1　本书各种科学表征理论和模型概念图谱

附表1　表征观点

表征理论	表征工具	表征关系
同形观	物理客体	形式同一
相似观	图形	相似性
因果观	语言	因果关系
指称论	概念、范畴	指代关系
图像论	心理图像	心理形象
虚构论	扮假者	假想关系
指南观	地图	咨询关系
同构论	集合、矩阵	结构同一
语义论	模型、方程式	集合-理论
语用论	概念、规则、模型	使用关系
结构主义	数学工具	映射关系
结构经验主义	规则、模型、数据	等级结构
结构语义论	物理设计	模型匹配
自然主义	生物功能相似	意向图式
推理主义	模型	替代推理
功能主义	概念、模型、理论	理念展现
语境同一论	模型、命题、理论	语境同一

附表 2　科学表征模型

提出者	模型	含义
休斯	DDI 模型	指代-证明-诠释
弗丽嘉	DDD 模型	指代-显示-指定
弗丽嘉等	DEKI 模型	指代-例示-键控-转嫁
杜凯恩	PMSC	语用-模型-共有-特性
杜凯恩	PLC 模型	语用-限制-案例
吉尔	SXWP 模型	使用者-工具-世界-目的
范·弗拉森	XYF 模型	工具-目标-属性
苏雷兹	AI 模型	行为体-推理
魏屹东	COP 模型	语境-叠加

附表 3　科学模型的表征概念

概念	定义
约定许可	科学模型 M 表征一个目标系统 T，当且仅当模型的使用者约定 M 表征 T
物理设计	科学模型 M 表征目标系统 T，当且仅当模型的物理设计使 M 表征 T
相似概念	相似性 1：科学模型 M 表征目标系统 T，当且仅当 M 和 T 相似。 相似性 2：科学模型 M 表征目标系统 T，当且仅当 M 和 T 在相关方面和相关程度上相似。 相似性 3：科学模型 M 表征目标系统 T，当且仅当存在一个行为体 A，它出于目的 P 使用 M 表征 T，这一过程是通过提出一个理论假设 H 详细说明 M 和 T 之间的相似性（在某些方面和某种程度）实现的
结构概念	结构 S 通常指"数学结构"或"集合-理论结构"，其定义是：客体的一个被称为结构的域的非空集合 U 和一个关于关系 U 的索引集合 R，使用索引部分 n 元关系，这种关系可能没有被限定，不论某些 n 组元是否在其延伸范围。 结构主义 1：科学模型 M 表征目标系统 T，当且仅当 S_M 和 S_T 同构。 结构主义 2：科学模型 M 表征目标系统 T，当且仅当存在一个行为体 A，它使用 M 表征 T，这是通过提出一个理论假设 H 详细说明 S_M 和 S_T 同构之间的同构实现的
推理概念	紧缩的推理主义：M 表征 T 仅当 (1) M 的表征力指向 T；(2) M 允许有能力和知识的行为体进行关于 T 的具体推理。 膨胀的推理主义：M 是某个目标 T 的一个认知表征，对一个使用者来说，当且仅当这个使用者根据 T 采用 M 的一个解释
虚构概念	科学模型 M 是目标系统 T 的一个科学表征，当且仅当 M 起到扮假游戏中支柱的作用，扮假规定了关于 T 的想象之物
表征-充当	科学模型 M 是目标系统 T 的一种认知表征，当且仅当 (1) M 指代 T；(2) M 是例示属性 $P_1,\cdots,P_n$ 的一个 Z-表征 T；(3) M 将 $P_1,\cdots,P_n$ 转嫁到 T
语境叠加	科学模型 M 表征目标系统 T，当且仅当 (1) 模型的语境 C_M 与目标语境 C_T 交叉或重叠形成共有语境；(2) 在共有语境中 M 对 T 进行解释性重构

附录 2 外国人名译名对照表

鉴于本书参考和引用了大量的外文文献，有必要列出外国人名译名对照表。以下仅列出文本中有中译名的外国人名。

阿伯拉尔 Abelard
阿奇斯坦 Achinstein, P.
阿加齐 Agazzi, E.
阿奎拉 Aquila, R. E.
阿罗逊 Aronson, J. L.
阿威洛依 Averroes
阿维森纳 Avicenna
拜勒-琼斯 Bailer-Jones, D. M.
拜勒 Bailey, A. R.
巴恩斯 Barnes, B.
巴特尔 Bartels, A.
伯曼 Berman, J.
拜特 Beth, E.
布兰克 Black, M.
布洛赫 Bloch, F.
布洛克 Block, N.
布鲁尔 Bloor, D.
波什 Boesch, B.
波林斯卡 Bolinska, A.
玻尔兹曼 Boltzmann, L.
波内奥罗 Boniolo, G.
布拉丁 Brading, K.
布莱怀特 Braithwaite, B.

布拉多姆 Brandom, R.
布雷塔诺 Brentano, F.
布亚特 Bryant, A.
布赞克兹 Brzechczyn, K.
布诺 Bueno, O.
勃艮第奥 Burgundio
布里丹 Buridan, J.
巴特勒 Butler, K.
拜恩 Byrne, A.
卡勒德 Callender, C.
卡尔纳普 Carnap, R.
卡特赖特 Cartwright, N.
卡特 Cat, J.
谢廷娜 Cetina, K.
查克拉瓦迪 Chakravartty, A.
乔克 Chalk, S. J.
查尔莫斯 Chalmers, D.
卡特 Chater, N.
乔姆斯基 Chomsky, N.
丘奇兰德 Churchland, P. M.
克拉克 Clark, A.
柯林斯 Colins, H.
科恩 Cohen, J.

考里范 Colyvan, M.
考姆普提斯 Compotista, G.
康特萨 Contessa, G.
克莱恩 Crane, T.
克雷索恩 Crathorn, W.
卡明斯 Cummins, R.
达·卡斯塔 Da Costa, N. C. A.
戴维斯 Davis, R.
戴维斯 Davis, W. A.
戴维逊 Davidson, D.
戴布斯 Debs, T. A.
迪·盖特 De Gegt, H.
迪·多纳托 De Donato, X.
丹尼特 Dennett, D.
迪特利克 Dietrich, E.
迪兹 Diez, J.
唐尼斯 Downes, S.
德雷特斯克 Dretske, F.
德雷福斯 Dreyfus, H. L.
杜恒 Duhem
唐恩 Dunn, M.
埃德尔曼 Edelman, S.
埃尔金 Elgin, C.
艾皮门尼德 Epimenide
费米 Fermi, E.
法因 Fine, A.
弗莱明 Flemins, J. M.
弗洛凯 Floquet, G.
福多 Fodor, J. A.
弗雷赫 French, S.

弗丽嘉 Frigg, R.
弗里希 Frisch, M.
加里森 Galison, P.
盖兹达 Gazdar
盖尔弗特 Gelfert, A.
盖革 Geiger, H.
吉尔 Giere, R.
吉尔登哈斯 Gildenhuys, P.
高德弗里-史密斯 Godfrey-Smith, P.
冈布里奇 Gombrich, E. H.
古德曼 Goodman, N.
高斯基 Gorski, D. P.
格力高里弗 Grigorieff, P.
格赖斯 Grice, H. P.
哈金 Hacking, I.
哈尔丹 Haldane, R. B.
哈德格里 Hardegree, G.
哈特曼 Hartmann, S.
豪格兰德 Haugeland, J.
哈瑞 Harré, R.
赫兹 Heetz, H.
海西 Hesse, M.
海里根 Heylighen, F.
希尔 Hill, G. W.
霍夫堡 Hofbauer, J.
霍根 Horgan, T.
休斯 Hughes, R. I. G.
胡姆皮雷斯 Humphreys, P.
哈特 Hunt, B. J.
哈特尔 Hunter, M.

胡塞尔 Husserl, E.
伊巴拉 Ibarra, A.
伊姆伯特 Imbert, C.
詹韦 Janaway, C.
琼斯 Jones, M.
约翰逊 Johnson, M.
卡尔哈特 Kalhat, J.
卡图南 Karttunen, L.
凯里 Kelly, G.
开尔文 Kelvin, L.
肯尼迪 Kennedy, A. G.
哈里法 Khalifa, K.
肯英 King, P.
克努蒂拉 Knuuttila, T.
科斯林 Kosslyn, S. M.
库尔维奇 Kulvicki, J.
库恩 Kuhn, T. S.
拉考夫 Lakoff, G.
兰德里 Landry, E.
兰格克尔 Langacker, R. W.
郎格道 Langendoen, D. T.
拉图尔 Latour, B.
拉皮 Lappi, O.
莱德迈尔 Leidlmair, K.
勒普林 Leplin, J.
莱文恩 Levine, J.
刘易斯 Lewis, D.
刘闯 Liu, C.
劳埃德 Lloyd, D.
洛佩斯 Lopes, D.

李雅普诺夫 Lyapunov, A.
利康 Lycan, W. G.
林奇 Lynch, M. L.
马格纳尼 Magnani, L.
马迪克 Mandik, P.
马尔斯 Mars, R. B.
马斯登 Marsden, E.
麦克斯韦 Maxwell, J. C.
麦金 McGinn, C.
密立根 Millikan, R. G.
米兹拉希 Mizrahi, M.
莫根 Morgan, M.
莫曼 Mormann, T.
莫里森 Morrison, M.
莫里斯 Morris, M.
莫斯科维奇 Moscovici, S.
蒙代尔 Mundell, R. A.
穆迪 Mundy, B.
纳戴尔 Nadel, L.
内格尔 Nagel, E.
耐格纳威斯基 Negnevitsky, M.
奈瑟希安 Nersessian, N. J.
纽曼 Newman, M.
诺曼 Norman, J.
奥卡斯福德 Oaksford, M.
奥肯夫 O'Keefe, J.
帕尔默 Palmer, S. E.
帕皮诺 Papineau, D.
佩恩 Payne, E. F. J.
皮卡克 Peacocke, C.

皮尔士 Peirce, C. S.
派里尼 Perini, L.
派斯卡德 Peschard, I.
皮特罗斯基 Pietroski, P.
平克 Pincock, C.
普尔 Poole, D.
波普 Popper, K. R.
普迪德斯 Portides, D.
珀维斯 Purves, G.
普特南 Putnam, H.
派里夏恩 Pylyshyn, Z.
昆体良 Quintilianus, M. F.
拉姆森 Ramsey, W.
瑞海德 Redhead, M.
阿奎拉 Richard, E.
鲁德尼 Rodney, A.
罗林斯 Rollins, M.
罗兰兹 Rowlands, M.
卢瑟福 Rutherford, E.
鲁珀特 Rupert, R. D.
鲁萨宁 Rusanen, A.-M.
萨文 Savin, H.
施拉格尔 Schlagel, R. H.
斯库贝纳 Schonbein, W.
叔本华 Schopenhauer, A.
薛定谔 Schrdiner, E.
塞尔 Searl, J. R.
沙格利 Shagrir, O.
夏皮尔 Shapere, D.
夏皮罗 Shapiro, L. A.

西格姆德 Sigmund, K.
史密斯 Smith, B. C.
史密斯 Smith, D. W.
舒马克 Shoemaker, S.
索默斯 Soames, S.
索勒 Solé, A.
斯坦纳克尔 Stalnaker
苏雷兹 Suárez, M.
苏佩 Suppe, F.
萨普斯 Suppes, P.
斯沃叶 Swoyer, C.
塔尔斯基 Tarski, A.
泰勒 Teller, P.
德尔图良 Tertullian
萨伽德 Thagard, P.
汤姆逊 Thomson, J. J.
汤姆逊-琼斯 Thomson-Jones, M.
图尔曼 Tolman, E. C.
托马塞洛 Tomasello, M.
杜纳 Toon, A.
泰伊 Tye, M.
范·弗拉森 van Fraassen, B. C.
伏尔泰拉 Volterra, V.
范·埃卡德 Von Eckardt, B.
范·纽曼 Von Neumann, J.
沃姆斯 Vorms, M.
沃尔顿 Waldon, K. L.
沃思坎 Waskan, J. A.
魏尔斯特拉斯 Weierstrass, K.
维斯博格 Weisberg, M.

威尔曼 Welchman, A.
外尔 Weyl, H.
维勒 Wheeler, M.
魏格纳 Wigner, E.
维姆萨特 Wimsatt, W. C.
威斯伯格 Winsberg, E.
乌尔亥姆 Wollheim, R.

伍兹 Woods, J.
伍尔加 Woolgar, S.
乌拉尔 Worrall, J.
怀特 Wright, C.
载姆拉-波尼拉 Zamora-Bonilla, J.
兹奇奇 Zichichi, A.

索　引

B

表象　49, 53, 54, 63, 72, 77, 83, 91, 94～105, 322, 331, 362, 363, 365, 366, 367, 368, 369, 641, 643, 656, 658～660

表征
　—个体表征　628, 630～632, 635
　—集体表征　631～633, 635
　—科学表征　1～8, 10, 11, 13, 14, 16～19, 21～30, 32～37, 40, 41, 43～55, 57, 61, 66～79, 81, 83～85, 106, 110, 155～159, 165, 167, 168, 180～187, 189～193, 196～201, 203～205, 215, 219, 222, 224, 225, 227, 236, 237, 239, 241, 248～250, 252, 259, 260, 262, 265, 270～272, 276, 278～280, 283, 287, 288, 290, 291, 295, 306, 308, 315～317, 324, 348, 350, 351, 356, 359, 365, 369, 371, 384, 395, 397, 398, 400～402, 405～414, 422, 430, 432, 445, 453～456, 464, 467, 470, 472～475, 477, 479～481, 483, 486～490, 493, 495, 496, 499～512, 515, 516, 518, 525, 554, ～563, 565, 567～571, 573～575, 578～582, 586, 594～596, 639, 641, 647, 653, 656, 657, 659～665, 667, 670, 672, 673, 677
　—社会表征　108, 276, 568, 580, 627, 628, 631～640
　—心理表征　20, 37～42, 44, 49, 53, 57～65, 70, 73, 76, 77, 79, 83～85, 88, 92, 95, 96, 100, 103, 106, 107, 125, 126, 132, 135, 140, 146, 147, 167～170, 185, 193, 195～197, 204, 252, 316, 320, 369, 371～373, 375, 376, 381～385, 387～389, 393, 400, 401, 404, 405, 412, 413, 441, 455, 494, 511, 568, 571, 572, 580, 584, 594～597, 630, 642, 656, 662, 664, 678
　—知识表征　47, 52, 54, 55, 59, 70, 77, 85, 86, 87, 105, 107, 115～118, 130, 137, 373, 383, 511, 568, 580, 584, 594, 595, 628, 630, 631, 636, 639, 642

表征-充当　181, 474～478

表征主义　23, 38, 40, 48, 49, 54, 73, 83, 84, 102, 112, 113, 119, 121, 123, 127, 132, 147, 148, 151～154, 185, 187, 194, 196, 369, 526, 552

波内奥罗　3, 70, 76, 92, 93, 398, 518, 519, 520, 522, 523, 525, 526, 528～530, 533～535, 537, 673, 681

布拉丁　206, 210, 212, 213, 215～219

C

测量语境 338, 673, 674, 677
抽象直接表征 18, 184, 398, 540, 541, 543, 544, 548

D

丹尼特 41, 63, 85, 86, 114, 115, 122, 124, 196
德雷福斯 65, 119, 129, 147, 150～152
笛卡儿 3, 151～153, 297, 316, 324, 375, 389, 572, 590, 630
杜凯恩 74, 77, 167, 168, 554, 556～562
多样性 7, 18, 37, 44, 55, 69, 73, 78, 131, 198, 262, 369, 419, 486, 495, 504, 507, 516, 517, 568, 633, 641, 642

F

翻译钥匙 20, 185, 477
反表征主义 65, 84, 147, 150, 151, 153, 154
反实在论 3, 14, 15, 54, 72, 74, 75, 78, 83, 177, 178, 181, 182, 211, 236, 237, 275, 276, 295, 315, 317, 359, 410, 467, 525
范·弗拉森 1～3, 13, 14, 24, 25, 28, 29, 51, 68, 74, 76, 156, 166, 174, 181, 186, 188, 189, 203, 204, 208, 217, 232～237, 239, 243, 245, 315～322, 324, 326～337, 340, 342～344, 349, 350, 352, 353, 355～369, 431, 434, 479, 481, 490, 573, 574, 642, 643
弗雷格 25, 70, 93, 113, 120, 518, 519, 601, 654
弗雷赫 24, 45, 156, 213, 214, 218～220, 224, 241～243, 248, 405, 431, 433, 434, 573
弗丽嘉 7, 15, 16, 20, 28, 45, 68, 165, 181, 296, 298～300, 397, 430～464, 466～468, 470～474, 476, 477, 486, 547, 678
福多 38, 41, 108, 119, 120, 122, 136, 147, 381, 382

G

概念空间 204, 345, 383, 384～393
格赖斯主义 397, 400～406, 408～413, 558, 661～664
工具主义 4, 41, 47, 77, 142, 196, 252, 276
功能主义 41, 65, 70, 72, 77, 78, 111, 112, 121, 141, 142, 196, 371, 382, 397, 398, 517, 518, 526, 533, 567, 628, 629, 656
共有结构 185, 203, 205～219, 572, 574

H

海德格尔 65, 96, 97, 147, 150～154, 622, 660, 671
黑格尔 96～99, 102, 542
胡塞尔 53, 96, 97, 99, 119～121

J

吉尔 1, 13, 14, 26, 27, 29, 37, 38, 45, 51, 68, 74, 76, 156, 174, 181, 189, 203, 212, 243, 244～273, 275, 276, 296, 309, 311, 321, 329, 397, 437, 479, 481, 483, 496, 527, 539, 543, 574, 581, 584, 680
建模 1, 4, 5, 7～14, 17, 18, 20～24, 26, 27, 30, 34, 36, 38, 43, 46, 47, 50, 51, 55, 57, 65～67, 74, 75, 83, 127, 135, 138, 140, 142, 155, 158, 159, 171, 172, 177, 181, 182, 184～188, 190～192, 194, 203, 211, 224, 242, 247, 253, 322, 324, 326, 327, 329, 343, 358, 364, 397, 398, 432, 447, 449, 451, 455～458, 461, 466～470, 472, 473, 496, 501, 511, 516, 539, 540, 543～545, 547～553, 574, 642, 649, 650, 681, 682
结构经验主义 4, 68, 69, 74, 203～205, 217, 236, 250, 369, 656
结构语义论 397, 430
结构主义 4, 17, 20, 24, 29, 47, 52, 57, 68～70, 72, 74, 77, 78, 95, 141, 142, 160, 164, 187, 190, 203～208, 210, 211, 213, 215～217,

219, 220, 222, 224, 225, 228, 236, 237, 252, 278, 279, 291, 292, 294～296, 299～301, 315, 316, 348～352, 355～359, 361, 362, 369, 430～436, 438, 442～449, 451, 452, 458, 459, 461, 498, 518, 567, 571, 572, 574, 641, 648, 656

紧缩主义 29, 397, 399, 513, 514, 516, 517

K

康德 3, 8, 53, 70, 75, 91～93, 98～101, 104, 105, 158, 331, 350, 398, 518, 519, 524, 591, 628, 630

康特萨 31, 34, 69, 191, 203, 278～288, 290～314, 412～417, 419, 421, 422, 424～428, 558, 573, 575

科学认知 12, 14, 47, 73, 105, 142, 159, 171, 182, 204, 370, 398, 539, 567, 578, 616, 627, 628, 635, 647, 652

可靠性 11, 71, 72, 170, 227, 228, 293, 306, 314, 333, 369, 457, 475, 476, 480, 536, 548～550, 614, 615, 672

框架问题 64, 65, 84, 132, 133, 137, 139, 140, 143～154

L

兰德里 206, 210, 212, 213, 215～219
类比方法 269
理想化 4, 9, 14, 17, 18, 21～23, 27, 46, 56, 73～76, 84, 157, 160, 162～164, 168, 169, 171, 172, 177～179, 182～185, 187, 199, 200, 214, 219, 222, 224, 225, 227, 238, 240, 247, 254, 269, 310, 325, 326, 343, 346, 384, 390, 410, 424, 425, 426, 447, 449, 452, 455, 456, 473, 477, 491, 527, 529, 531, 544, 545, 547, 548, 559, 561～563, 583, 679, 681

M

密立根 37, 39, 193, 194, 204, 326, 371, 378, 379, 380

命题范式 204, 381～383, 386, 388～390
命题态度 38, 72, 86, 112, 115, 118, 121～123, 147, 381, 382
模型
—角色模型 539
—科学模型 1, 3, 7, 8, 10, 12, 21, 26, 29, 35, 50, 52, 55, 56, 66, 74, 76, 156, 158, 160～162, 165～173, 177, 179, 180, 186, 189, 193, 204, 205, 224, 236, 242, 243, 250, 251, 254, 273, 274, 275, 276, 280, 283, 284, 306, 307, 309, 360, 405, 410, 411, 413, 422, 424～426, 428, 429, 431～433, 436, 442, 447, 448, 454, 457, 459, 472～474, 476～478, 562, 563, 571, 646, 664
—认知模型 7, 65, 129, 149, 169, 204, 252, 254, 255, 257, 280, 378, 390, 599, 680
—数学模型 9, 16, 18, 39, 55, 56, 76, 84, 142, 156, 160, 161, 166, 170, 171, 184, 207, 211, 222, 231, 234, 238, 242, 243, 247, 248, 262, 346, 358, 454, 478, 506, 528, 539, 540, 542, 543, 580, 659, 676, 678
—语境模型 64, 79, 584, 598, 607～610, 673, 679, 680, 682

模型-系统 456～468, 470～474
莫里森 6, 7, 12, 74, 203, 245～249, 479, 539
目标客体 13, 26, 33, 36, 56, 67, 138, 142, 162, 163, 169, 177, 189, 253～255, 372, 375, 376, 390, 397, 400, 407, 408, 416, 420, 421, 430, 435, 475, 482, 483, 486～489, 491, 493, 494, 498～500, 502, 503, 507～511, 515, 517, 550～553, 555, 567, 570, 571, 575, 585, 586, 596, 659, 661, 664, 665, 668, 670～674, 676, 677, 680
目标重设 84, 426, 428, 429

P

皮尔士　17, 19, 22, 35, 59, 185, 658, 659
普特南　2, 38, 112, 211, 227, 252, 295, 349, 353～355, 359, 436～438, 490

Q

丘奇兰德　39, 122, 575

R

认知人造物　398, 551, 552, 554
认知资源　251

S

萨普斯　14, 156, 166, 182, 203, 208, 209, 212, 215, 229～232, 241, 431, 433
实在论　2, 5, 6, 12, 15, 16, 29, 41, 45, 46, 48, 51, 54, 72～74, 77, 78, 83, 112, 122～124, 147, 160, 162, 165, 177～180, 182, 183, 196, 198～200, 203, 205, 210～212, 217, 218, 237, 259, 264, 265, 275, 295, 309, 315, 316, 331, 349, 353, 357～359, 361, 364, 386, 397, 401, 402, 410～412, 432, 467, 470, 522, 567, 570, 572, 575, 576, 669～671
实质蕴涵　600～603, 606, 614
适应性　24, 46, 67, 78, 188, 210, 214, 375, 378, 668, 671, 672, 673, 677
叔本华　101, 103～105
思想实验　3, 12, 70, 159, 170, 296, 380, 398, 436～438, 469, 518, 528, 530～532, 549, 553, 619, 668, 673, 680～682
苏雷兹　1, 4, 7, 22, 25, 28, 30, 32～34, 44, 60, 69, 74, 77, 156, 191, 198, 203, 224, 270, 278～280, 283, 287～290, 292, 295, 308, 317, 398, 409, 431, 435, 438, 479～486, 488～508, 511, 512, 514, 516, 551, 554～556, 558, 573, 647
苏佩　13, 14, 181, 232

T

态射　213, 226, 292, 294～296, 298～302, 497, 572
替代推理　20, 31, 32, 34, 67, 69, 73, 75, 168, 169, 171, 185, 188, 191, 203, 204, 279～281, 283, 284, 286～293, 296, 302, 304, 398, 414～416, 418～422, 455, 476, 479, 484, 499, 501～503, 505, 551, 555, 556, 562, 571, 573～575
同构关系　52, 156, 182, 238, 241, 244, 295, 319, 350, 412, 460, 461, 470, 487, 492, 496
同构观　24, 25, 37, 45, 52, 62, 69, 77, 106, 138, 141, 157, 188, 193, 203, 232, 238, 247, 278, 279, 350, 431, 437, 479, 481, 482, 485, 488, 495, 556, 572, 583, 584, 641
同态　7, 24, 26, 45, 47, 77, 167, 171, 188, 199, 212～214, 222, 226～228, 292, 295, 319, 356, 357, 358, 412, 460, 497～499, 517, 560, 583
图像关系　99, 470
图像论　4, 10, 11, 53, 70, 78, 141, 155, 158, 226, 315, 321, 351, 360, 397, 524, 571, 583, 641, 642, 644, 676
推理主义　35, 60, 74, 78, 106, 137, 141, 142, 193, 203, 278, 397, 398, 479, 484, 508, 510, 516, 518, 556, 558, 573, 575, 583, 641, 647, 656

W

维特根斯坦　93, 119, 155, 344, 345, 379, 584, 634, 660
物理设计　68, 430, 431, 432, 447, 448, 449, 450～453

X

行为体　85, 86, 107, 118, 150, 190, 479
相似关系　23, 56, 62, 69, 163, 182, 225, 241,

244, 308, 373, 376, 412, 484, 491, 492, 543, 577, 661

相似观　26, 29, 62, 69, 77, 106, 108, 110, 111, 138, 141, 189, 190, 203, 232, 244, 278, 279, 306, 317, 437, 479, 481, 482, 485, 488, 495, 583, 584, 641

相似性　11, 20, 22, 23, 25~27, 30, 34, 45, 50, 56, 58, 62, 68, 70, 85, 91, 94, 110, 138, 141, 142, 159, 187~189, 192, 199, 203, 212, 222, 232, 244, 250, 262~265, 269, 270, 306~314, 317~319, 321, 323, 324, 372, 375, 391, 393, 408, 437, 456, 481, 482, 484~487, 491, 492, 496, 499, 519, 528, 543, 549, 550, 551, 555, 556, 571, 575, 577, 635, 642, 644~646, 651, 659, 670, 674

形式主义　7, 47, 70, 230, 232, 235, 241~244, 247, 267, 327, 534, 574, 576, 670

休斯　3, 23, 25, 30, 33, 74, 77, 156, 169, 190, 405, 501, 502, 503, 554, 573

虚构论　51, 56

虚构体　33, 165, 185, 272, 273, 275~277, 458, 463, 470, 521, 527, 675, 678

Y

延展认知　398, 548~551, 574, 640, 650

意向客体　19, 38, 521, 522, 523, 645, 675

意向图式　204, 371

意向性　39, 47, 48, 50, 53, 54, 64, 72, 73, 78, 83, 86, 106, 109, 114, 118~121, 124, 127, 130, 131, 153, 195, 272, 295, 316, 319, 320, 348, 398, 435, 494, 553, 556, 573, 577, 582, 583, 594, 645

意象　12, 48, 59, 64, 72, 83, 86, 95, 118, 121, 123, 125, 126, 149, 150, 159, 167, 193, 321, 324, 392, 597, 634, 643

因果观　108, 180

因果性　42, 84, 102, 104, 119, 121, 123, 197, 374, 604, 659

隐喻　12, 50, 58, 59, 62, 64, 65, 71, 74, 83, 88, 107, 115, 132~143, 146~149, 153, 204, 232, 269, 278, 319, 329~331, 381, 387~389, 391~393, 471, 475, 503~505, 553, 568, 576, 595, 605, 642, 646, 651, 652, 666, 669

映射　38, 47, 52, 59, 60, 62, 69, 74, 99, 106, 139, 141, 161, 194, 204, 205, 214, 225~228, 238, 242, 319, 354, 356~358, 360, 373, 376~378, 390, 392, 393, 434, 439, 441, 449, 458, 460, 476, 482, 483, 497, 499, 515, 569, 572, 574, 583, 648, 660, 677

语境叠加　72, 73, 78, 79, 568, 584, 585, 597, 600, 615, 653, 654, 668

语境化　48, 50, 65, 76, 131, 149, 153, 173, 449, 576, 578, 583~586, 602, 604, 637, 652, 665, 667, 671

语境交叉　78, 568, 587, 597, 604, 605, 610

语境论　36, 52, 69, 70, 73, 76, 77, 118, 246, 247, 249, 259, 318, 320, 362, 364, 365, 378, 391, 437, 449, 455, 496, 503, 505, 520, 567, 576, 577, 582, 583, 593, 611, 618, 655, 666, 667, 669, 670

语境实在论　50, 51, 72, 567, 568, 570, 575~577, 584, 627, 655, 656, 669, 670

语境同一论　66, 78, 575, 667, 669, 670

语境同一性　66, 73, 78, 79, 567~569, 585, 586, 597, 599, 600, 603, 605~608, 610, 614, 656, 657, 660, 662, 666~668, 671~673, 675~677

语境性　320, 567, 613, 657, 665, 667, 671

语境依赖　73, 86, 107, 129, 317, 319, 348, 365, 657, 662, 668

语义论　4, 12~14, 20, 24, 28, 33, 52, 68, 72, 77, 78, 142, 155, 156, 166, 174, 179, 181, 182, 188~190, 203, 204, 207, 208, 210, 216, 229~232, 235~241, 244~249, 346, 356, 361, 431~437, 446, 455, 468, 489,

497, 518, 526, 539, 545, 553, 567, 571, 574, 575, 583, 641, 656, 676

语用论　69, 77, 78, 168, 174, 180, 203, 204, 278, 317, 320, 571, 574, 641

Z

支柱　8, 104, 140, 158, 463～467, 470, 571, 617, 627

指称　1, 2, 13, 14, 26, 30, 35, 39, 49, 68, 72, 74, 76, 89, 99, 107, 108, 112, 119～121, 127, 132, 136, 156, 164, 165, 173, 174, 179, 182, 185, 189, 190, 195, 203, 216, 226, 228, 235, 250, 252, 259, 261, 275, 319, 334, 341, 348～350, 352, 354, 360, 382, 391, 392, 407, 414, 437, 438, 440, 443～446, 453, 456, 457, 475, 477, 485, 487, 493, 500, 509, 512, 513, 519～523, 533, 543, 568, 573, 574, 576, 579, 584, 636, 644, 645, 658, 660, 669, 670, 673, 675

指称论　112

指代　20, 25, 30, 33, 34, 36, 38, 43, 44, 50, 69, 74, 94, 106, 112, 127, 142, 156, 169, 181, 185, 188, 190, 191, 193, 197, 203, 204, 219, 278, 279, 281, 284～286, 288, 291, 292, 296～298, 301, 303～305, 307, 323, 329, 336, 338, 341, 352, 363, 378, 380, 397, 405, 410, 413, 415, 416, 419, 420, 422, 424, 428, 432, 456, 458, 464, 467, 471～473, 475～478, 493, 501～504, 507, 519, 555, 560, 568, 571, 573, 583, 597, 641, 642, 644～646, 660, 664, 672, 674, 675

指号　94, 658, 659, 671, 674

指涉性　54, 583, 657, 660, 671

中介客体　659, 665, 668～673

自然主义　30, 39, 48, 59, 65, 69, 72, 74, 77, 78, 124, 126, 137, 160, 194, 203, 204, 251, 252, 262, 369, 371, 378, 380, 382, 398, 403, 463, 479, 481, 484, 495～499, 549, 567, 571, 572, 641, 656, 663, 669, 679

最小主义　33, 279, 513～517

后 记

《科学表征：从结构解析到语境建构》一书，经过五年多的潜心研究终于脱稿了。它是我承担的国家社会科学基金项目"科学表征问题研究"（12BZX018）的最终成果。该项目于2012年1月启动，2015年6月底完成，2016年5月通过了结项验收。之后，我又花费近两年的时间对该成果进行了补充与修改，使其更加完善。很幸运的是，该成果入选了2017年的"国家哲学社会科学成果文库"。在修改过程中，我认识到，科学表征不仅是一个很重要的科学哲学问题，更是科学认知的一个十分重要的方面。可以说，没有科学表征，就不会有科学知识。表征在科学发现和创造成为科学理论的过程中扮演了不可替代的角色。

尽管关于科学表征的理论不少，但我仍然觉得这些理论并没有完全合理地解释和说明科学表征问题。鉴于此，我提出了一种语境叠加解释模型，提出语境解释的根本原因在于，任何说明和解释，任何认知与探索，都是基于语境的，都是以语境为界限的；任何概念的获得和定义，任何陈述或命题的理解，都是语境敏感的。然而，进一步的问题是，语境说明是最佳说明吗？有没有无语境的情形？最初的概念、观念在语言还没有形成或完善时也是依赖语境的吗？科学表征与非科学表征究竟有何不同？自然客体能否自我表征？心理表征是否是最基本的表征？虚构在表征中起到何种作用？表征客体与被表征客体之间究竟是一种什么关系？这些问题尽管在本书中或多或少都涉及了，也给出了可能的解答，但仍需要做更深入的研究。

近期通过重读达尔文的《物种起源》，我意识到适应性可能是表征的一个本质特征，先前的主流表征理论几乎没有提及这一点。这启发我从适应性角度对科学表征问题重新进行思考,这就是"科学认知的适应性表征问题"。这使得关于科学表征问题的研究得以更深入地进行。在这里,我要感谢国家社会科学基金对我所做研究的持续、大力支持,我将全身心地投入该项目的研究,力争做出高质量的成果。

魏屹东

2017 年 10 月 28 日

于山西大学蕴华庄寓所